■2025年度中学受験用

桐朋中学

6年間(＋3年間HP掲載)スーパー過去問

入試問題と解説・解答の収録内容

2024年度　1回	算数・社会・理科・国語	実物解答用紙DL
2024年度　2回	算数・社会・理科・国語	実物解答用紙DL
2023年度　1回	算数・社会・理科・国語	実物解答用紙DL
2023年度　2回	算数・社会・理科・国語	実物解答用紙DL
2022年度　1回	算数・社会・理科・国語	実物解答用紙DL
2022年度　2回	算数・社会・理科・国語	実物解答用紙DL
2021年度　1回	算数・社会・理科・国語	
2021年度　2回	算数・社会・理科・国語	
2020年度　1回	算数・社会・理科・国語	
2020年度　2回	算数・社会・理科・国語	
2019年度　1回	算数・社会・理科・国語	

2018～2016年度（HP掲載）

「カコ過去問」
（ユーザー名）koe
（パスワード）w8ga5a1o

問題・解答用紙・解説解答DL

◇著作権の都合により国語と一部の問題を削除しております。
◇一部解答のみ（解説なし）となります。
◇９月下旬までに全校アップロード予定です。
◇掲載期限以降は予告なく削除される場合があります。

～本書ご利用上の注意～　以下の点について，あらかじめご了承ください。

★別冊解答用紙は巻末にございます。実物解答用紙は，弊社サイトの各校商品情報ページより，一部または全部をダウンロードできます。
★編集の都合上，学校実施のすべての試験を掲載していない場合がございます。
★当問題集のバックナンバーは，弊社には在庫がございません（ネット書店などに一部在庫あり）。

合格を勝ち取るための

『スーパー過去問』の使い方

本書に掲載されている過去問をご覧になって，「難しそう」と感じたかもしれません。でも，多くの受験生が同じように感じているはずです。なぜなら，中学入試で出題される問題は，小学校で習う内容よりも高度なものが多く，たくさんの知識や解き方のコツを身につけることも必要だからです。ですから，初めて本書に取り組むさいには，点数を気にしすぎないようにしましょう。本番でしっかり点数を取れることが大事なのです。

過去問で重要なのは「まちがえること」です。自分の弱点を知るために，過去問に取り組むのです。当然，まちがえた問題をそのままにしておいては意味がありません。

本書には，長年にわたって中学入試にたずさわっているスタッフによるていねいな解説がついています。まちがえた問題はしっかりと解説を読み，できるようになるまで何度も解き直しをしてください。理解できていないと感じた分野については，参考書や資料集などを活用し，改めて整理しておきましょう。

このページも参考にしてみましょう！

◆どの年度から解こうかな　「入試問題と解説・解答の収録内容一覧」

本書のはじめには収録内容が掲載されていますので，収録年度や収録されている入試回などを確認できます。

※著作権上の都合によって掲載できない問題が収録されている場合は，最新年度の問題の前に，ピンク色の紙を差しこんでご案内しています。

◆学校の情報を知ろう‼「学校紹介ページ」

このページのあとに，各学校の基本情報などを掲載しています。問題を解くのに疲れたら息ぬきに読んで，志望校合格への気持ちを新たにし，再び過去問に挑戦してみるのもよいでしょう。なお，最新の情報につきましては，学校のホームページなどでご確認ください。

◆入試に向けてどんな対策をしよう？「出題傾向＆対策」

「学校紹介ページ」に続いて，「出題傾向＆対策」ページがあります。過去にどのような分野の問題が出題され，どのように対策すればよいかをアドバイスしていますので，参考にしてください。

◇別冊「入試問題解答用紙編」

本書の巻末には，ぬき取って使える別冊の解答用紙が収録してあります。解答用紙が非公表の場合などを除き，（注）が記載されたページの指定倍率にしたがって拡大コピーをとれば，実際の入試問題とほぼ同じ解答欄の大きさで，何度でも過去問に取り組むことができます。このように，入試本番に近い条件で練習できるのも，本書の強みです。また，データが公表されている学校は別冊の１ページ目に過去の「入試結果表」を掲載しています。合格に必要な得点の目安として活用してください。

本書がみなさんの志望校合格の助けとなることを，心より願っています。

株式会社　声の教育社　編集部

桐朋中学校

所在地 〒186-0004 東京都国立市中3-1-10

電　話 042-577-2171(代)

ホームページ https://www.toho.ed.jp/

交通案内 JR中央線「国立駅」，JR南武線「谷保駅」より徒歩15分
またはバス「桐朋(学園)」下車

くわしい情報は
ホームページへ

トピックス

★例年6月に実施の桐朋祭(文化祭)では，学校生活や入試など相談可。
★第1回・第2回試験を同時出願した場合に限り，受験料が割引となる(参考：昨年度)。

創立年
昭和16年

男子校

高校募集
あり

応募状況

年度	募集数	応募数	受験数	合格数	倍率
2024	①約120名	375名	347名	142名	2.4倍
	②約 60名	640名	515名	228名	2.3倍
2023	①約120名	380名	353名	144名	2.5倍
	②約 60名	597名	460名	216名	2.1倍
2022	①約120名	317名	299名	150名	2.0倍
	②約 60名	512名	394名	231名	1.7倍
2021	①約120名	412名	367名	148名	2.5倍
	②約 60名	646名	458名	247名	1.9倍
2020	①約120名	411名	366名	159名	2.3倍
	②約 60名	674名	472名	247名	1.9倍

2023年度の主な大学合格実績

<国公立大学・大学校>

東京大，京都大，東京工業大，一橋大，東北大，北海道大，筑波大，東京外国語大，千葉大，横浜国立大，電気通信大，防衛医科大，東京都立大

<私立大学>

慶應義塾大，早稲田大，上智大，国際基督教大，東京理科大，明治大，青山学院大，立教大，中央大，法政大，東京慈恵会医科大，順天堂大

本校の特色

中高6か年を通して学問的体系を重視しながら，思春期・青年期の生徒の発達に応じたカリキュラムを展開します。自主教材などを豊富に使用し，アカデミックな雰囲気の中で学ぶ喜びを実感できるような，より洗練された，魅力ある授業を目指しています。芸術や体育など実技教科にも十分な時間を配当し，バランスの取れた全人教育を目指しています。

また，本校は自主的精神にあふれた「仲間」という関係を大切にしています。校舎には，大小さまざまに自由な人の集まりが形成される仕掛けが施されており，新たな文化を創出する主体的な姿勢を育んでいます。

入試情報（参考：昨年度）

【各回共通】
試験科目：国語・算数(各50分・100点満点)
　　　　　社会・理科(各30分・60点満点)

【第１回】
出願期間：2024年１月10日０時00分
　　　　　〜2024年１月29日23時59分(HP)
試 験 日：2024年２月１日
合格発表：2024年２月１日22時(HP)

【第２回】
出願期間：2024年１月10日０時00分
　　　　　〜2024年２月１日23時59分(HP)
試 験 日：2024年２月２日
合格発表：2024年２月３日14時(HP)
※入学手続は合格発表後，２月４日12時まで

編集部注一本書の内容は2024年3月現在のものであり，変更されている場合があります。正確な情報は，学校のホームページ等で必ずご確認ください。

算数 出題傾向＆対策

◆基本データ（2024年度１回）

試験時間／満点	50分／100点
問題構成	・大問数…７題 計算問題１題（３問）／応用小問１題（３問）／応用問題５題 ・小問数…19問
解答形式	解答らんには単位が印刷されている。応用問題では考え方を書く設問もある。
実際の問題用紙	Ｂ５サイズ，小冊子形式
実際の解答用紙	Ｂ４サイズ

◆過去６年間の出題率トップ５

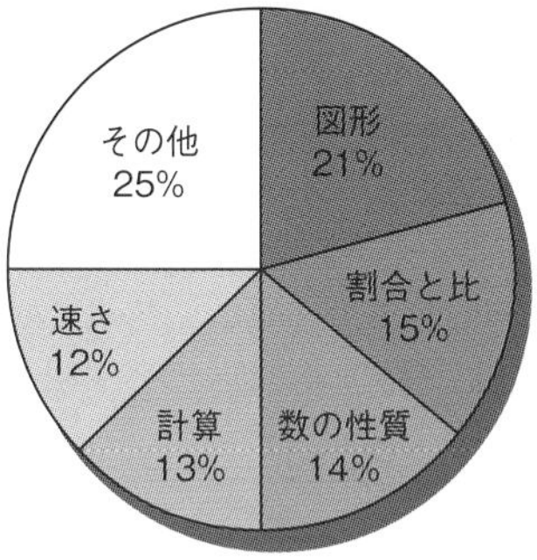

※　配点（推定ふくむ）をもとに算出

◆近年の出題内容

【　2024年度１回　】			【　2023年度１回　】		
大問	1	四則計算	大問	1	四則計算
	2	割合，旅人算，長さ		2	つるかめ算，比の性質，面積
	3	調べ，つるかめ算		3	仕事算，つるかめ算
	4	平均，条件の整理		4	売買損益
	5	仕事算		5	速さ，旅人算
	6	条件の整理		6	整数の性質
	7	整数の性質		7	整数の性質，条件整理

◆出題傾向と内容

１題めは計算問題，２題めは応用小問の集合題で，残りの大問が応用問題という構成になっています。計算問題は小数・分数の基本的な四則計算で，応用小問も標準的なものです。応用問題は，前半の大問は各分野の応用小問をやや難しくした程度ですが，後半の大問はかなりの思考力が必要です。したがって，**計算問題，応用小問，応用問題の前半をすばやく確実に解いて，応用問題の後半でじっくり考えられるようにする**ことが，攻略のポイントのひとつといえます。

応用問題は，数量分野からは，規則性，割合と比，表の読み取り，場合の数などが出題されています。図形分野は，長さや面積を求めるものが大半ですが，長方形の紙を並べた図形の周を考える出題など，ほかの分野とからめた問題も見られます。特殊算からの出題は比較的多く，最近では旅人算，消去算，推理算，相当算などが出されています。

◆対策～合格点を取るには？～

数量分野では，特に数の性質，規則性，場合の数などをマスターしましょう。参考書にある重要事項を整理し，さらに類題を数多くこなして，基本的なパターンを身につけてください。

図形分野は，面積や体積ばかりでなく，長さ，角度，展開図，縮尺，相似比と面積比，体積比などの考え方や解き方をはば広く身につけ，割合や比を使ってすばやく解けるようになること。また，図形をいろいろな方向から見たり分割してみたりして，図形の性質もおさえておきましょう。

特殊算は，参考書などにある「○○算」というものの基本を学習し，問題演習を通じて公式がスムーズに活用できるようになりましょう。

なお，全体を通していえることですが，算数では答えを導くまでの考え方や式がもっとも大切なので，**ふだんからノートに自分の考え方，線分図，式を，後から見返しやすいようにていねいに書く習慣をつけておきましょう。**

算数 出題分野分析表

分野＼年度		2024		2023		2022		2021		2020		2019
		1回	2回	1回	2回	1回	2回	1回	2回	1回	2回	
計算	四則計算・逆算	●	●	●	●	●	●	●	●	●	●	●
	計算のくふう											
	単位の計算											
和と差	和差算・分配算		○				◎		○			
	消去算		○						○			○
	つるかめ算	○		◎	○	○		○			○	
	平均とのべ	○			◎				○		○	
	過不足算・差集め算						◎		○	○		
	集まり											
	年齢算								○			
割合と比	割合と比	○	○				○					○
	正比例と反比例					○						
	還元算・相当算							○	○	◎		
	比の性質			○	○					○	○	
	倍数算										○	
	売買損益			○								○
	濃度							○				
	仕事算	○		○					○	○	○	
	ニュートン算											○
速さ	速さ			○				○			○	
	旅人算	○	○	○	○							
	通過算											
	流水算								○			○
	時計算											
	速さと比		○			○	○		○			○
図形	角度・面積・長さ	○	◎	○	●	○	○	◎	○	◎		○
	辺の比と面積の比・相似		○					○			○	○
	体積・表面積											
	水の深さと体積		○				○				○	
	展開図											○
	構成・分割					○						
	図形・点の移動									◎	○	
表とグラフ			○								○	
数の性質	約数と倍数											
	N進数											
	約束記号・文字式											
	整数・小数・分数の性質	○	○	◎	◎	○	○	○	○	◎		○
規則性	植木算					○						
	周期算											
	数列											
	方陣算											
	図形と規則		○									
場合の数												
調べ・推理・条件の整理		●		○		○	○	○	○	○	○	◎
その他												

※ ○印はその分野の問題が１題，◎印は２題，●印は３題以上出題されたことをしめします。

社会 出題傾向＆対策

◆基本データ（2024年度１回）

試験時間／満点	30分／60点
問　題　構　成	・大問数…３題 ・小問数…23問
解　答　形　式	記号選択・正誤・整序・用語記入・記述問題など，バラエティーに富んでいる。記述問題に字数制限はなく，それぞれ１～４行の解答らんがあたえられている。
実際の問題用紙	Ｂ５サイズ，小冊子形式
実際の解答用紙	Ｂ４サイズ

◆過去６年間の分野別出題率

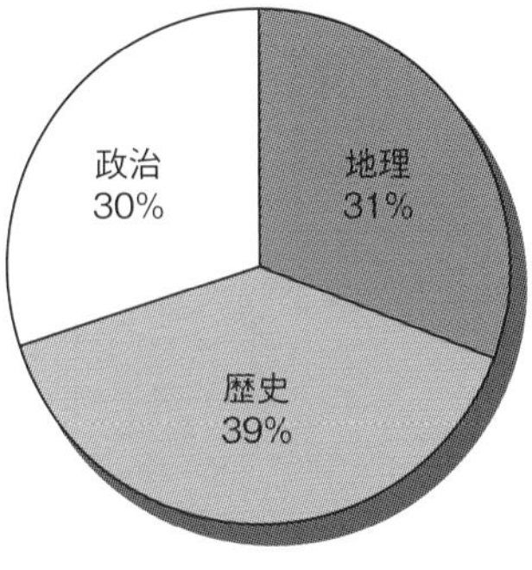

※　配点（推定ふくむ）をもとに算出

◆近年の出題内容

【　2024年度１回　】			【　2023年度１回　】		
大問	1	〔歴史〕各時代の歴史的なことがら	大問	1	〔歴史〕各時代の歴史的なことがら
	2	〔地理〕各地方の特色と世界の地理		2	〔総合〕天気・気候を題材にした問題
	3	〔政治〕兵器の貿易を題材にした問題		3	〔政治〕現代の子どもを題材にした問題

◆出題傾向と内容

細かい知識を問うようなものはほとんどなく，**基礎知識をためすことを中心においた問題**になっています。

地理分野では，日本とそのまわりの国々のようす，日本の主な河川とその流域の地勢と産業，日本の工業などが出題されています。各地で起きた地震や火山の噴火，土砂災害を題材にした出題も見られます。地図・グラフの読み取りや日本とかかわりの深い国々についての問題もあり，知識事項の確認をこえた深い内容になっています。

歴史分野では，各時代のおもなできごとや人物を年代順にならべかえるもの，史料の読み取り，歴史用語，できごとの内容についての記述などが出題されています。教科書を中心に年表や史料をよく見ていれば，比較的簡単に答えられるものばかりです。

政治分野では，選挙と政治，憲法と平和，社会保障，国際連合などをテーマに，時事的なことがらをからめて出題されています。基礎知識を問うほかに，説明文や憲法の条文などを引用した文章を読んだうえで，民主政治において大切なもの，国際的な情報格差の問題などを記述するものも見られます。知識はもとより，政治や時事への関心が問われているともいえます。

◆対策～合格点を取るには？～

問題のレベルは標準的ですから，**まず基礎を固めることを心がけてください。**説明がていねいでやさしい標準的な参考書を選び，基本事項をしっかりと身につけましょう。

地理分野では，地図とグラフが欠かせません。つねにこれを参照しながら，白地図作業帳を利用して地形と気候をまとめ，そこから産業のようすへと広げていってください。

歴史分野では，教科書や参考書を読むだけでなく，自分で年表を作って覚えると学習効果が上がります。それぞれの分野ごとにらんを作り，ことがらを書きこんでいくのです。できあがった年表は，各時代，各分野のまとめに活用できます。

政治分野では，日本国憲法の基本的な内容と三権についてはひと通りおさえておいた方がよいでしょう。また，時事問題については，新聞やテレビ番組などでニュースを確認し，国の政治や経済の動き，世界各国の情勢などについて，ノートにまとめておきましょう。

社会　出題分野分析表

分野 ＼ 年度			2024		2023		2022		2021		2020		2019
			1回	2回	1回	2回	1回	2回	1回	2回	1回	2回	
日本の地理	地図の見方		○	○									
	国土・自然・気候		○	○	○		○	○	○		○	○	○
	資源					○				○	○		
	農林水産業		○	○	○	○	○		★			○	○
	工業		○			○						○	○
	交通・通信・貿易			○			○	○	○			○	
	人口・生活・文化		○	○		○					○	○	
	各地方の特色				○		★						
	地理総合		★	★		★		★		★	★	★	★
世界の地理			○	○	○	○	○	○	○	○	○	○	
日本の歴史	時代	原始～古代	○	○	○	○	○	○	○	○	○	○	○
		中世～近世	○	○	○	○	○	○	○	○	○	○	○
		近代～現代	○	○	○	○	○	○	○	○	○	○	○
	テーマ	政治・法律史											
		産業・経済史											
		文化・宗教史											
		外交・戦争史											
		歴史総合	★	★	★	★	★	★	★	★	★	★	★
世界の歴史													
政治	憲法							○	○	○		○	
	国会・内閣・裁判所				○	○		○				○	○
	地方自治												
	経済		○	○		○						○	
	生活と福祉				○					★	★		
	国際関係・国際政治		★	○			★	○	★				
	政治総合				★			★				★	★
環境問題				★									
時事問題				○				○				○	○
世界遺産						○						○	
複数分野総合					★	★							

※　原始～古代…平安時代以前，中世～近世…鎌倉時代～江戸時代，近代～現代…明治時代以降

※　★印は大問の中心となる分野をしめします。

理科 出題傾向＆対策

◆基本データ（2024年度１回）

試験時間／満点	30分／60点
問題構成	・大問数…４題 ・小問数…23問
解答形式	記号選択と適語・数値の記入が中心だが，１行で書かせる記述問題も出題されている。記号選択は，あてはまるものを複数選択するものもある。作図は出ていない。
実際の問題用紙	Ｂ５サイズ，小冊子形式
実際の解答用紙	Ｂ４サイズ

◆過去６年間の分野別出題率

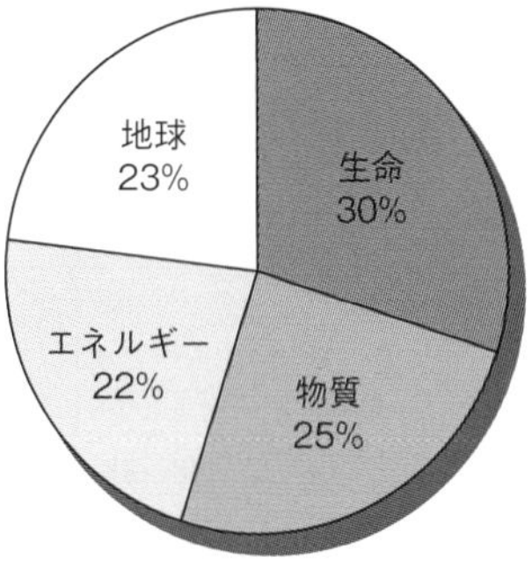

※　配点（推定ふくむ）をもとに算出

◆近年の出題内容

【　2024年度１回　】			【　2023年度１回　】		
大問	1	**〔エネルギー〕**光の屈折	大問	1	**〔エネルギー〕**てこ
	2	**〔物質〕**中和反応		2	**〔物質〕**ものの溶け方
	3	**〔生命〕**トマト		3	**〔生命〕**ヒトのからだのつくり
	4	**〔地球／環境〕**気候変動		4	**〔地球〕**惑星の動きと見え方

◆出題傾向と内容

全般的に，**実験，観察，観測をもとに出題されるものがほとんど**で，中途はんぱな勉強では高得点が得られないようにくふうされています。

「生命」は，植物のつくりとはたらき，動物のしくみ，ヒトのからだのつくりなどから，まんべんなく出題されます。単なる暗記だけでは答えられないような，説明文と実験やグラフ・表をもとに答える問題が一般的です。

「物質」からは，気体の発生，ものの溶け方，水溶液の性質などを中心に，総合的な内容が出題されています。

「エネルギー」からは，てんびんのつり合い，電気回路，物体の運動などが取り上げられています。これらの分野では正確な知識だけでなく，計算力も要求されます。

「地球と宇宙」では，月の観察，日食，星座の名称と季節，台風と災害，火山とプレートの動きなどが出されていますが，記号選択と用語記入がやや多くなっています。

◆対策～合格点を取るには？～

基礎的な知識をできるだけ早いうちに身につけ，そのうえで，問題集などで演習をくり返すのがよいでしょう。

「生命」は，身につけなければならない基本知識の多い分野です。ヒトのからだのしくみ，動物や植物のつくりと成長などを中心に，ノートにまとめながら知識を深めましょう。

「物質」は，気体や水溶液，ものの溶け方を中心に学習するとよいでしょう。また，中和や濃度，気体の発生など，表やグラフをもとに計算させる問題にも積極的に取り組みましょう。

「エネルギー」では，よく出される力のつり合いを重視しましょう。ばね，てこ，輪軸，ふりこの運動などについて，実験のようすやグラフの読み取りなどに注意しながら，さまざまなパターンの計算問題にチャレンジしてください。

「地球」では，太陽・月・地球の動き，季節と星座の動きがもっとも重要なポイントです。また，天気と気温・湿度の変化，地層のでき方などもきちんとおさえておきましょう。

理科 出題分野分析表

分野 ＼ 年度		2024		2023		2022		2021		2020		2019
		1回	2回	1回	2回	1回	2回	1回	2回	1回	2回	
生命	植物	★							★			
	動物		★	○		★	★			★		
	人体			★	○							★
	生物と環境				★			★			★	
	季節と生物											
	生命総合											
物質	物質のすがた					★						
	気体の性質									○		
	水溶液の性質	★										
	ものの溶け方			★		○	★					
	金属の性質											
	ものの燃え方											
	物質総合		★		★			★	★	★	★	★
エネルギー	てこ・滑車・輪軸			★					★		★	
	ばねののび方		○		★							
	ふりこ・物体の運動					○	★	★				
	浮力と密度・圧力		○							★		
	光の進み方	★										
	ものの温まり方											
	音の伝わり方					○						★
	電気回路											
	磁石・電磁石											
	エネルギー総合		★			★						
地球	地球・月・太陽系			★		★		★	★		★	★
	星と星座				★							
	風・雲と天候						★					
	気温・地温・湿度										○	
	流水のはたらき・地層と岩石											
	火山・地震		★							★		
	地球総合	○										
実験器具												
観察												
環境問題		★										
時事問題						○						
複数分野総合												

※ ★印は大問の中心となる分野をしめします。

国語 出題傾向＆対策

◆基本データ(2024年度１回)

試験時間／満点	50分／100点
問題構成	・大問数…２題 文章読解題２題 ・小問数…20問
解答形式	記号選択，本文中のことばの書きぬき，適語の記入，記述問題など，バラエティーに富んでいる。記述問題は，すべて字数制限がない。
実際の問題用紙	Ｂ５サイズ，小冊子形式
実際の解答用紙	Ｂ４サイズ

◆過去６年間の分野別出題率

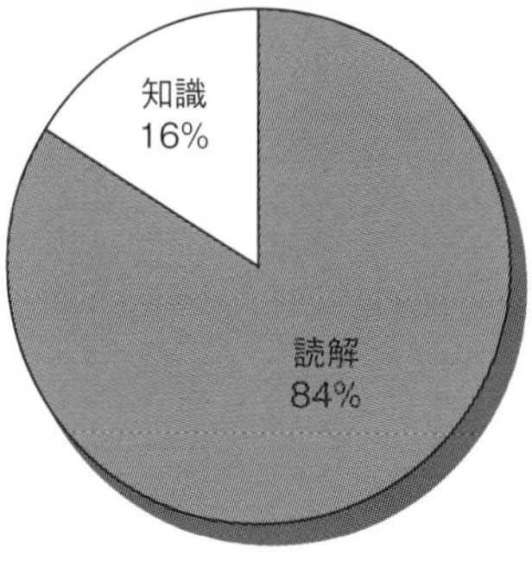

※　配点(推定ふくむ)をもとに算出

◆近年の出題内容

【　2024年度１回　】			【　2023年度１回　】		
大問	一	〔小説〕志津栄子『雪の日にライオンを見に行く』(約3600字)	大問	一	〔小説〕浅野竜『シャンシャン，夏だより』(約3200字)
	二	〔随筆〕くどうれいん「なにが赤裸々」(約4200字)		二	〔随筆〕川上弘美「溶けてゆく淡雪のように」(約3600字)

◆出題傾向と内容

本校の国語の特ちょうとして真っ先にあげられるのは，**文章読解題がメイン**だということです。それも，指示語の内容や接続語などの空らん補充，品詞の用法など，読解の基礎となることがらはあまり見られません。「なぜ～なのですか」「どんなものか」といった内容の読み取りを記述で答えさせる本格的なものがめだっています。しかも，文章中からの書きぬきばかりでなく，自分のことばで説明するもの(数行にわたる設問もある)が数多く見られます。

取り上げられる文章は，**小説・物語文や随筆が多く**，説明文・論説文からはあまり出されていません。内容では，情景や作者(または登場人物)の心情を判断させるものが多く，きめの細かい読解力が要求されます。

漢字の読み・書き取りについては，読解中心の傾向のわりに出題量は案外多く，配点も高いので，確実に得点しておきたいところです。

◆対策～合格点を取るには？～

本校の国語は，読解力と表現力をみる問題がバランスよく出されていますから，**読解力を身につけ，その上で表現力を養う**ことをおすすめします。

まず，読む力をつけるために，物語文，随筆，説明文など，ジャンルは何でもよいですから精力的に読書をし，的確な読解力を養いましょう。

そして，書く力をつけるために，感想文を書いたり，あらすじをまとめたりするとよいでしょう。ただし，本校の場合はつっこんだ設問が多いので，適切に答えるには相当な表現力が求められます。文脈や心情の流れをしっかりつかみ，自分の考えや感想をふまえて全体を整理し，その上で文章を書くことが大切です。自分の頭でまとめたことがらを，文章で正確に表現することを意識しましょう。

なお，ことばのきまり・知識に関しては，参考書を１冊仕上げておけばよいでしょう。また，漢字や熟語については，読み書きはもちろん，同音(訓)異義語，その意味についても辞書で調べておくようにするとよいでしょう。

国語 出題分野分析表

分野＼年度			2024		2023		2022		2021		2020		2019
			1回	2回	1回	2回	1回	2回	1回	2回	1回	2回	
読解	文章の種類	説明文・論説文							★	★			
		小説・物語・伝記	★	★	★	★			★		★	★	★
		随筆・紀行・日記	★	★	★	★	★	★		★	★	★	★
		会話・戯曲											
		詩											
		短歌・俳句											
	内容の分類	主題・要旨											
		内容理解	○	○	○	○	○	○	○	○	○	○	○
		文脈・段落構成											
		指示語・接続語	○	○	○	○		○				○	
		その他	○	○	○	○	○	○	○	○	○	○	○
知識	漢字	漢字の読み											
		漢字の書き取り	○	○	○	○	○	○	○	○	○	○	○
		部首・画数・筆順											
	語句	語句の意味				○	○					○	○
		かなづかい											
		熟語						○					
		慣用句・ことわざ	○		○	○		○	○				
	文法	文の組み立て											
		品詞・用法											
		敬語											
	形式・技法												
	文学作品の知識				○								
	その他				○								
	知識総合												
表現	作文												
	短文記述								○				
	その他												
放送問題													

※　★印は大問の中心となる分野をしめします。

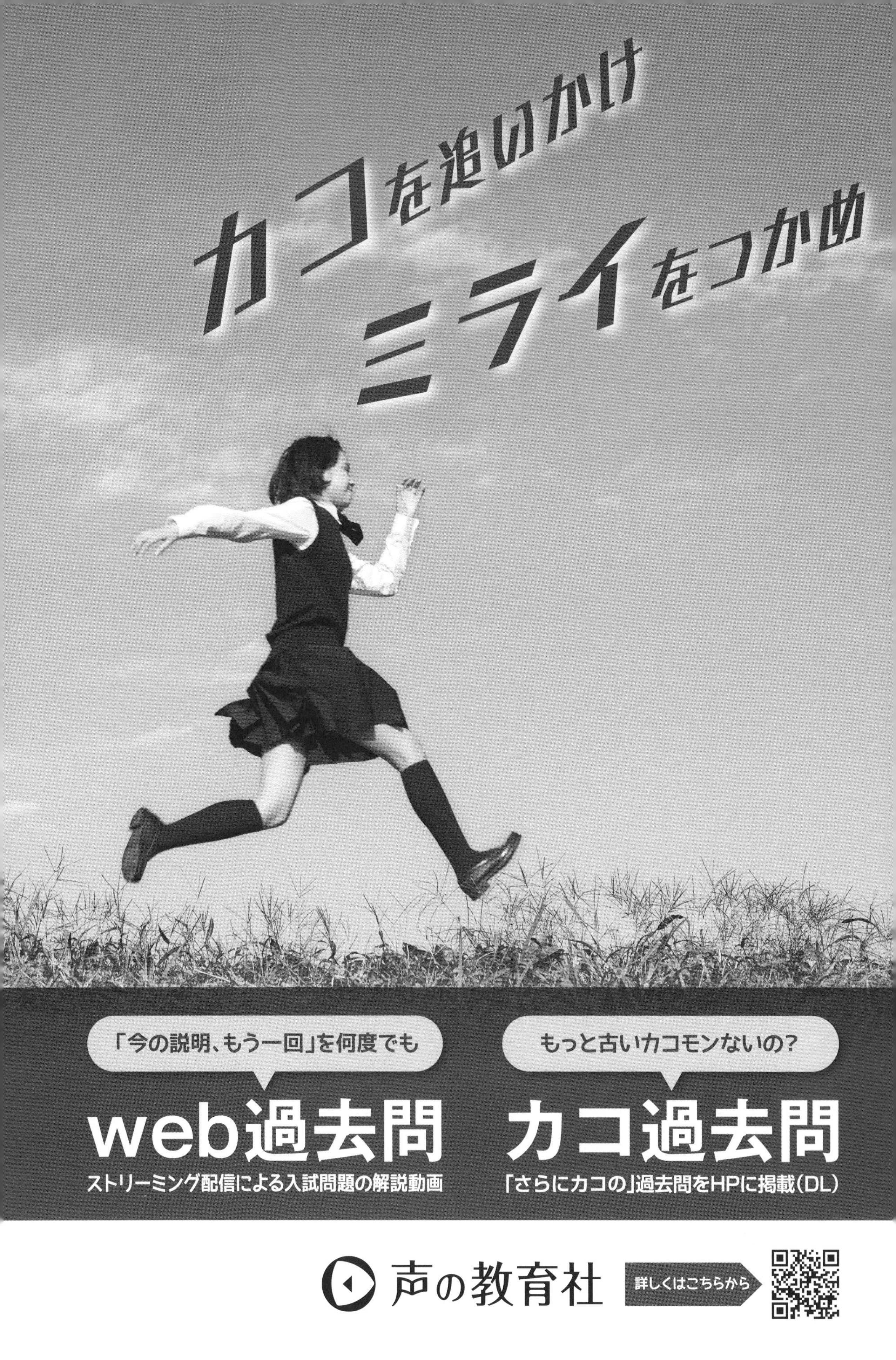
カコを追いかけ
ミライをつかめ
「今の説明、もう一回」を何度でも
web過去問
ストリーミング配信による入試問題の解説動画
もっと古いカコモンないの?
カコ過去問
「さらにカコの」過去問をHPに掲載(DL)
声の教育社
詳しくはこちらから

2024年度 桐朋中学校

【算　数】〈第１回試験〉(50分)〈満点：100点〉

1　次の計算をしなさい。

(1)　$\frac{9}{22}-\frac{1}{11}+1\frac{1}{2}$

(2)　$(3.4-1.2)\div0.8+3.75\times0.6$

(3)　$1\frac{4}{35}\div\left(1.1\times0.5-0.3\div\frac{6}{5}\right)$

2　次の問いに答えなさい。

(1)　しのぶさんは，いくらかのお金を持って，ある商品を買いに行きました。定価で買うと50円余《あま》りますが，定価の２割引きで買えたので160円余りました。この商品の定価はいくらですか。

(2)　Ａ君とＢ君は，自転車でＰ地を同時に出発してＱ地に行きました。Ｂ君はＡ君より12分遅れてＱ地に着きました。Ａ君，Ｂ君の走る速さはそれぞれ分速300m，分速200mです。PQ間の道のりは何mですか。

(3)　右の図は，円と長方形ABCDを重ねた図形で，円の中心は点Ａです。辺ADの長さと円の直径の長さが等しく，円の面積と長方形ABCDの面積が等しいとき，この図形の周の長さ(太線の長さ)は何cmですか。円周率を3.14として計算しなさい。

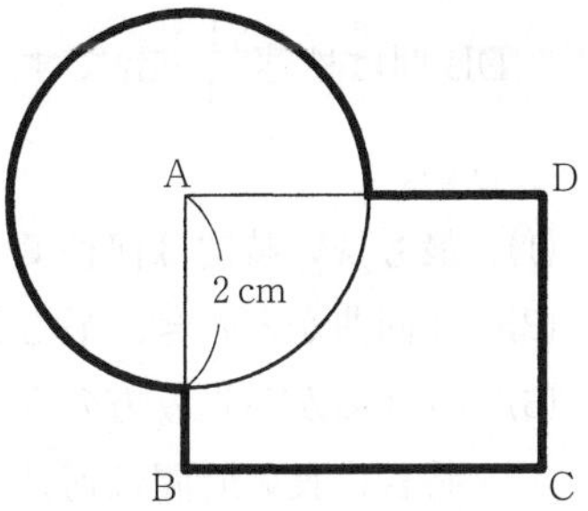

3　ある店で，１個20円の赤玉と１個15円の青玉を売っています。赤玉を100個買うごとに無料で白玉を２個もらえます。青玉を50個買うごとに無料で黒玉を１個もらえます。ひろし君は，赤玉と青玉をそれぞれ何個か買ったところ，白玉を黒玉より３個多くもらい，４色の玉の個数の合計は559個でした。

(1)　ひろし君は黒玉を何個もらいましたか。

(2)　ひろし君が支払った金額は全部で10140円でした。赤玉と青玉をそれぞれ何個買いましたか。答えだけでなく，途中の考え方を示す式や図などもかきなさい。

4　だいすけ君は算数のテストを７回受けました。１回目の得点は73点で，３回ごとの得点の平均は右の表のようになっています。

１回目から３回目まで	79点
２回目から４回目まで	84点
３回目から５回目まで	88点
４回目から６回目まで	89点
５回目から７回目まで	90点

(1)　２回目の得点と５回目の得点ではどちらが何点高いですか。

(2)　７回目の得点は何点ですか。

(3)　７回のテストのうち，２回目の得点が最も低く，最も高い得点は97点でした。２回目の得点は何点ですか。

5　３つのポンプＡ，Ｂ，Ｃがあり，これらのポンプを使って，水そうに水を入れたり，水そうから水を出したりします。空《から》の水そうにＡで水を入れ，同時にＢで水を出すと18分で満水になります。また，空の水そうにＡで水を入れ，同時にＣで水を出すと12分で満水になります。ただし，ポンプが１分間に入れる水の量と１分間に出す水の量は同じです。

⑴　空の水そうにＢで水を入れ，同時にＣで水を出すと何分で満水になりますか。

⑵　空の水そうにＢとＣで水を入れ，同時にＡで水を出しました。１分後にＡだけを止めたところ，水を入れはじめてから４分後に水そうは満水になりました。空の水そうにＡで水を入れると，何分何秒で満水になりますか。

6　右の図のように，縦《たて》３cm，横７cm の長方形を，１辺が１cm の正方形に区切りました。点Ｐは点Ａから点Ｂまで正方形の辺上を，道のりが最も短くなるように進みます。また，点Ｐの速さは，点Ａを出発したとき秒速１cm で，曲がるたびに速さが半分になります。たとえば，点Ｐが点Ａから点Ｃ，Ｄを通って点Ｂまで進むとき，点Ｐの速さは AC 間は秒速１cm，CD 間は秒速 $\frac{1}{2}$ cm，DB 間は秒速 $\frac{1}{4}$ cm です。点Ａから点Ｂまで進むのにかかる時間について，次の問いに答えなさい。

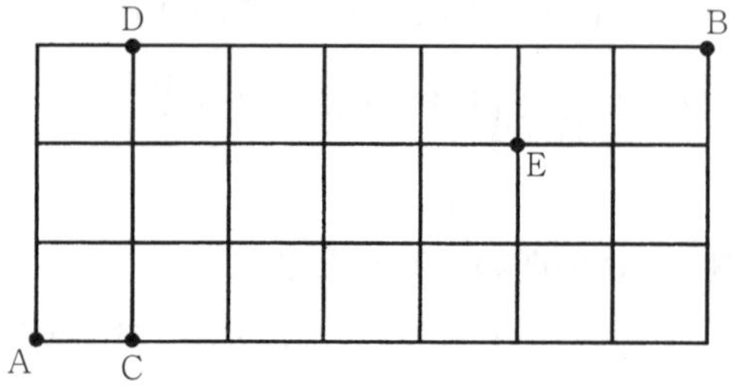

⑴　最も長い時間は何秒ですか。また，最も短い時間は何秒ですか。

⑵　４回曲がるとき，最も長い時間は何秒ですか。また，２番目に長い時間は何秒ですか。

⑶　５回曲がる進み方のうち，点Ｅを通るものを考えます。最も長い時間は何秒ですか。また，２番目に長い時間は何秒ですか。

7　１以上のいくつかの異なる整数を１列に並べます。並べ方は，となり合う４つの数をどこに選んでも，それらを並んでいる順にA，B，C，Dとすると，$A:B=C:D$となるようにします。

たとえば，１，２，３，６，９，18と並んでいる６つの整数は，1：2=3：6，2：3=6：9，3：6=9：18 となっています。

⑴　９個の整数が並んでいます。１番目の数が３，２番目の数が２，３番目の数が６のとき，９番目の数を求めなさい。

⑵　N個の整数が並んでいます。１番目の数が１，N番目の数が108のとき，Nとして考えられる数のうち，最も大きいものを求めなさい。

⑶　７個の整数が並んでいます。６番目の数と７番目の数の和は2024です。また，３番目の数は１番目の数の倍数です。このとき，１番目の数として考えられる数のうち，最も大きいものを求めなさい。

【社　会】〈第１回試験〉（30分）〈満点：60点〉

1　次の**ア**～**カ**の文を読み，下の問いに答えなさい。

ア．このころ，鶴岡八幡宮で将軍が暗殺されました。暗殺した人物はイチョウの木に隠《かく》れていたといわれています。この数年後，承久の乱がおこりました。

イ．このころの人々は土器で煮《に》たきをしたり，弓矢を使って狩《か》りをおこなったりして暮らしていましたが，食材や木材として利用するために，クリの栽培《さいばい》をおこなっていた地域もありました。

ウ．このころ，正倉院がつくられました。正倉院は雨風に強いヒノキでつくられていて，聖武天皇ゆかりの宝物などがおさめられました。

エ．このころ，日米の友好のあかしとして，日本からアメリカにサクラが贈《おく》られました。また，アメリカとの交渉《こうしょう》がすすんで，日本が関税自主権を回復したころでもありました。

オ．このころ，太平洋戦争が長引いて燃料不足におちいると，政府は国民に松やにや松根油など，マツから油を採取するように国民に促《うなが》しました。

カ．このころ，豊臣秀吉は伏見《ふしみ》城をつくるにあたって，秋田氏に秋田のスギを献上《けんじょう》させました。

問１．**ア**～**カ**の文があらわしている時代を古い方から順にならべかえて，記号で答えなさい。

問２．次の①～⑤の文が示す出来事は**ア**～**カ**の文のあらわす時代のどれと関係が深いか，記号で答えなさい。関係の深い文がないときは，記号**キ**で答えなさい。

①　竹崎季長が元との戦いで活やくした。

②　中学生や女学生が兵器工場などに動員された。

③　漢字をくずしたひらがながつくられた。

④　豊かなめぐみをねがって土偶がつくられた。

⑤　ロシアの勢力拡大をおさえるために日英同盟が結ばれた。

問３．**ア**の文について。

⑴　承久の乱の後，幕府が西国を監視《かんし》するため京都に設置した組織を漢字で答えなさい。

⑵　承久の乱の約10年後につくられた，武士の裁判の基準となるきまりを漢字で答えなさい。

問４．**イ**の文について。このころに捨てられた貝がらがつもってできた遺跡《いせき》を何といいますか，漢字で答えなさい。

問５．**ウ**の文について。正倉院は何という建築様式でつくられていますか。解答らんにあてはまるように漢字で答えなさい。

問６．**エ**の文について。関税自主権を回復したときの外務大臣はだれですか，漢字で答えなさい。

問７．**オ**の文について。太平洋戦争のはじめに日本が攻撃《こうげき》したイギリス領の半島名を，解答らんにあてはまるように答えなさい。

問８．**カ**の文について。豊臣秀吉が百姓に対しておこなった二つの政策の内容をあげ，それぞれのねらいについて具体的に説明しなさい。

2　次の**図１**の**ア**～**キ**は，北海道地方，東北地方，関東地方，中部地方，近畿地方，中国・四国地方，九州地方でそれぞれ最も人口の多い市を示したものです。これを見て，問いに答えなさい。

図１

(地理院地図より作成)

問１．次の①～③の文は，**ア**～**キ**の市のいずれかについて説明したものです。それぞれの文が示している市として最もふさわしいものを，**ア**～**キ**から一つずつ選び，記号で答えなさい。

①　伊勢湾に面し，城下町として発展してきた。

②　市内の北部を淀川が流れている。

③　博多湾沿岸の地域は古くからの港町である。

問２．2024年２月の時点で，**ア**～**キ**の市すべてに共通することがらを述べた文として最もふさわしいものを，次の**あ**～**え**から一つ選び，記号で答えなさい。

あ．空港がある。

い．新幹線の駅がある。

う．政令指定都市である。

え．プロ野球球団の本拠《ほんきょ》地球場がある。

問３．**ア**の市は石狩平野の南西部に位置しています。石狩平野は北海道の中でも米づくりが盛んな地域として知られていますが，次の**あ**～**え**から，北海道で開発された米の品種ではないものを一つ選び，記号で答えなさい。

あ．きらら397　　**い**．ななつぼし

う．はえぬき　　**え**．ゆめぴりか

問４．**イ**の市では，例年８月に「七夕まつり」が開催《かいさい》されます。「七夕まつり」は「竿燈《かんとう》まつり」や「ねぶた祭」とともに「東北三大祭り」に数えられますが，「竿燈まつり」と「ねぶた祭」

はそれぞれどの県で開催されるものですか。次の**あ**～**か**から一つずつ選び，記号で答えなさい。

あ．青森県　　**い**．秋田県　　**う**．岩手県

え．福島県　　**お**．宮城県　　**か**．山形県

問５．**ウ**の市の東部には，みなとみらい21地区があります。次の**図２**・**図３**は，現在のみなとみらい21地区の周辺を示した，発行時期の異なる地形図の一部を拡大したものです。これらを見くらべて，現在みなとみらい21地区があるところには，かつてどのような施設《しせつ》が存在していたか，説明しなさい。

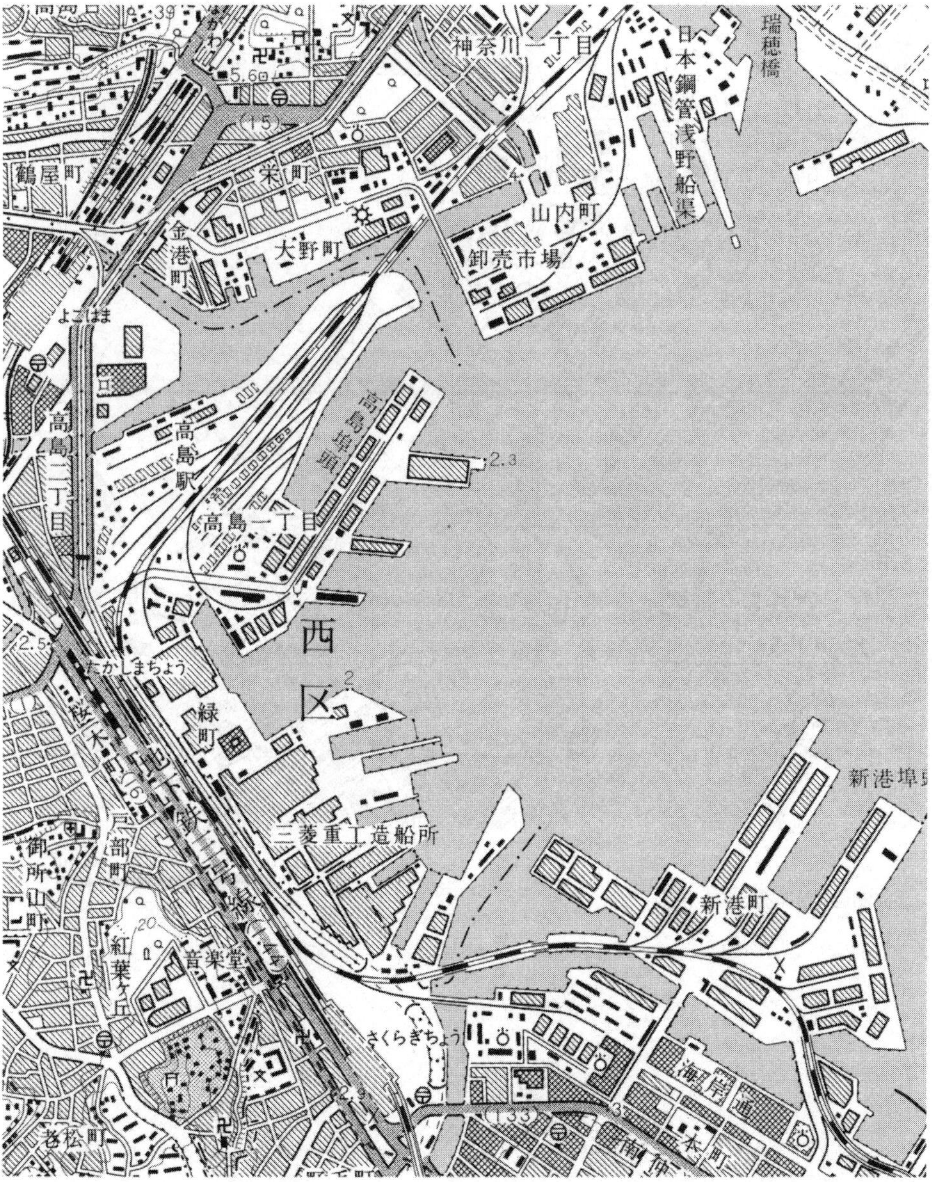

図２　昭和57(1982)年発行の地形図

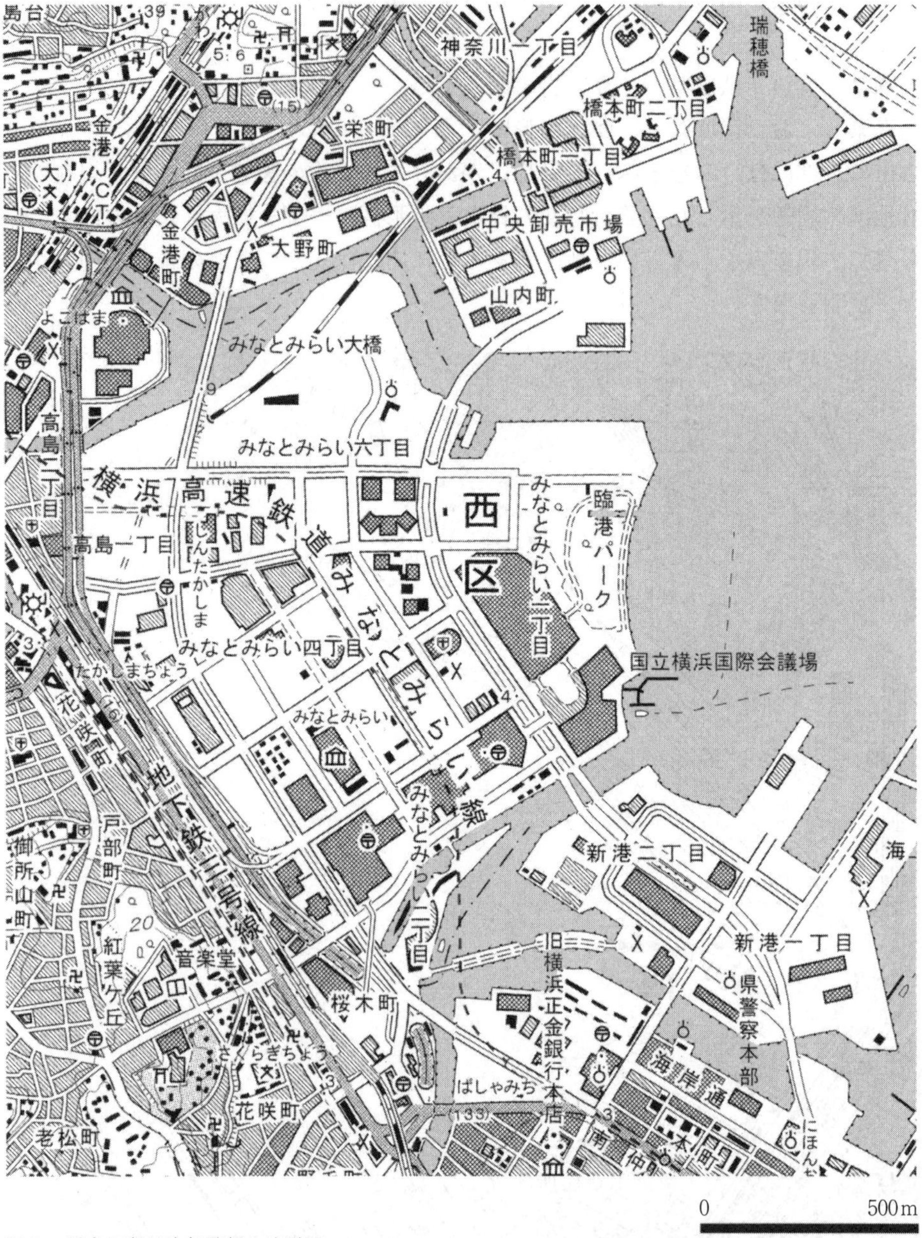

図３　平成25(2013)年発行の地形図

問６．**エ**の市がある県では，自動車などの輸送用機械の生産が盛んです。次の**図４**は輸送用機械器具の製造品出荷額等上位の県(2019年)を示したものですが，**A**にあてはまる県として最もふさわしいものを，下の**あ**～**え**から一つ選び，記号で答えなさい。

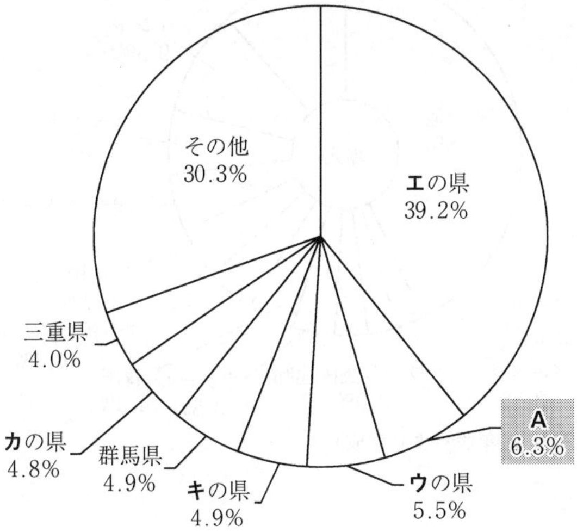

図４

(『日本国勢図会』より作成)

あ．愛媛県　　**い**．熊本県
う．静岡県　　**え**．新潟県

問７．**オ**の市では，2025年に万博の開催が予定されています。前回の万博はアラブ首長国連邦の都市で開催されましたが，その都市名を答えなさい。

問８．**カ**の市の中心部は，市内を流れる太田川によって形成されたある地形の上に位置しています。この地形は，一般《いっぱん》的に河口付近に形成されるものですが，その名称《めいしょう》を答えなさい。

問９．**キ**の市は，ワインの産地として有名なフランスのボルドー市と姉妹都市になっています。右の**表１**はワインおよびその原料となる果物の生産量上位の国を示したものです。**A**と**B**にあてはまる国の組み合わせとして，最もふさわしいものを，次の**あ**～**え**から一つ選び，記号で答えなさい。また，ワインの原料となる果物の名称もあわせて答えなさい。

表１

ワインの生産量(2018年)		ワインの原料の生産量(2019年)	
A	541	**B**	1428
フランス	489	**A**	790
スペイン	444	アメリカ	623
アメリカ	238	スペイン	575
B	192	フランス	549

(単位　万トン)
(『データブック オブ・ザ・ワールド』より作成)

あ．**A**－イタリア　**B**－中国
い．**A**－イタリア　**B**－ブラジル
う．**A**－中国　　　**B**－イタリア
え．**A**－中国　　　**B**－ブラジル

問10．**ア**～**キ**の分布を見ると，大都市は関東地方から九州地方にかけての沿岸地域に集中していることが読み取れます。人口だけでなく，工業も集積しているこの地域は何と呼ばれるか，名称を答えなさい。

3　**図５**についての生徒と先生の対話文を読み，問いに答えなさい。

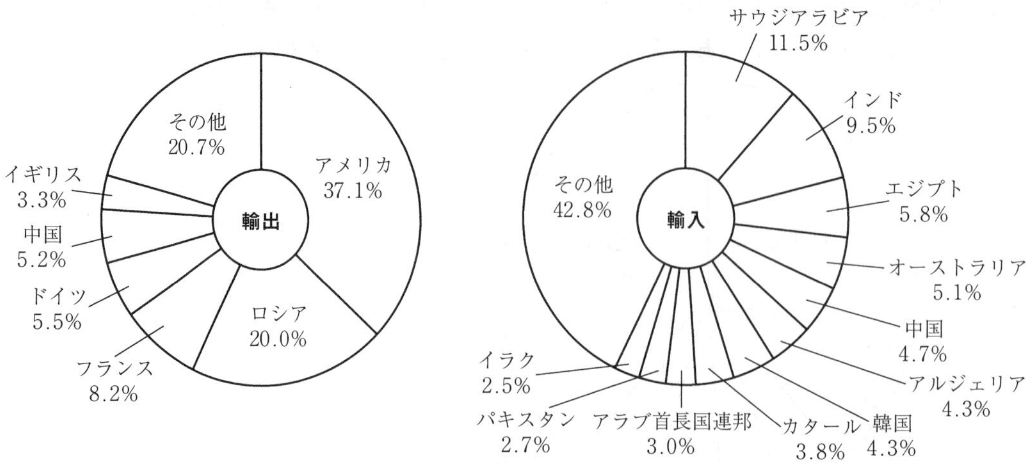

図５　**※通常兵器の輸出入の割合**　（『世界国勢図会 2021/22年版』より作成）
※大量破壊《はかい》兵器（核兵器《かくへいき》など）以外の武器のこと。

先生ー**図５**を見て，何が考察できるかな。

生徒ーアメリカとロシアの輸出割合が高いですね。

先生ー第二次世界大戦後，(1)世界の国ぐにはアメリカとロシア（当時のソ連）を中心に，それぞれ西側陣営《じんえい》と東側陣営に分かれて，激しく対立するようになったよね。

生徒ー東西【１】ですね。両陣営のにらみ合いが続いたんですよね。

先生ーそうだね。にらみ合いのなかで(2)核兵器を競い合うように作ったんだよ。1945年～2017年の核実験の回数もアメリカとロシアで80％をしめるんだ。ちなみに，武器輸出国のなかの，アメリカ・ロシア・フランス・中国・イギリスの共通点はわかるかな。

生徒ー国際連合の【２】の常任理事国ですね。国際平和を守り，国どうしの争いなどを解決することを目的としている機関の中心となる国ぐになのに不思議ですね。

先生ー武器輸入国にはさまざまな国があるけれど，よく調べてみると，【３】国が多く，紛《ふん》争《そう》地帯を抱《かか》えている国もあるんだ。

生徒ー先進国で生産された兵器が，【３】国の紛争に使用されているのですね…。

先生ー【１】が終わったあと，核戦争や大規模な戦争の心配は低下したのだけれど，地域紛争やテロ，貧困や飢餓《きが》，感染症《かんせんしょう》，環境破壊，難民などの問題が地球規模で表面化してきたんだ。

生徒ーグローバル化によって，(3)北半球におもに位置する先進国と南半球におもに位置する【３】国の経済格差が拡大していることも地球規模の問題ですね。

先生ー「国が自国の領土や国民を守る」だけでなく，地球規模で「一人ひとりの人間を守る」という考え方が登場したのも，【１】が終わった時期なんだよ。

生徒ー国の枠《わく》にこだわらず，地球規模で活やくする(4)NGOも重要な役割を果たしているといえますね。

問１．【１】～【３】にあてはまる語句を漢字で答えなさい。ただし，【１】は２文字，【２】は７文字，【３】は４文字でそれぞれ答えなさい。同じ番号には同じ語句が入ります。

問２．下線部(1)に関連して。アメリカを中心とする西側の国ぐにで結成された軍事同盟に

NATOがあります。このNATOを日本語で何というか，漢字で答えなさい。

問３．下線部(2)に関連して。次の**ア**〜**ウ**の文について，内容が正しければ**○**を，正しくなければ**×**を，それぞれ記しなさい。

ア．2016年，アメリカのオバマ大統領が，被爆地《ひばくち》である広島をアメリカ大統領として初めて訪問し，「核なき世界」の実現に向けた意欲を示した。

イ．2017年，核兵器の使用や保有，核兵器による威嚇《いかく》を禁止する内容の核兵器禁止条約が国連で採択《さいたく》され，日本もこれに参加した。

ウ．2018年，大韓民国と北朝鮮(朝鮮民主主義人民共和国)とのあいだで開かれた南北首脳会談のなかで，朝鮮半島の非核化を目指すことが宣言され，1953年から休戦状態であった朝鮮戦争が正式に終結した。

問４．下線部(3)に関連して。企業《きぎょう》や消費者が，[3]国で生産された原材料や製品を適正な価格で買うことで，その国ぐにの生産者や労働者の生活改善と自立を目指す運動を何といいますか。カタカナで答えなさい。

問５．下線部(4)にあてはまる組織をすべて選び，記号で答えなさい。

あ．青年海外協力隊　**い**．国連の平和維持《いじ》活動　**う**．ユニセフ

え．国境なき医師団　**お**．セーブ・ザ・チルドレン

【理　科】〈第１回試験〉（30分）〈満点：60点〉

1　次の文章を読み，以下の問いに答えなさい。

光はまっすぐ進むことが知られていますが，虫めがね(以下，レンズとします)を用いると，光は折れ曲がり集まります。光が折れ曲がる現象について考えていきましょう。

図１はガラスでできたレンズに日光があたり，光が集まる様子を途中《とちゅう》まで示しています。

図２のように，ガラスブロックＡ～Ｅを並べ，レーザー光をあてたところ，図１のレンズと同じように光は折れ曲がり集まりました。

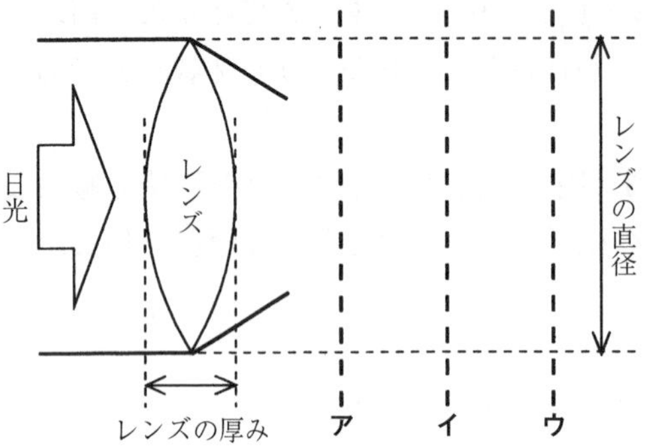

図１

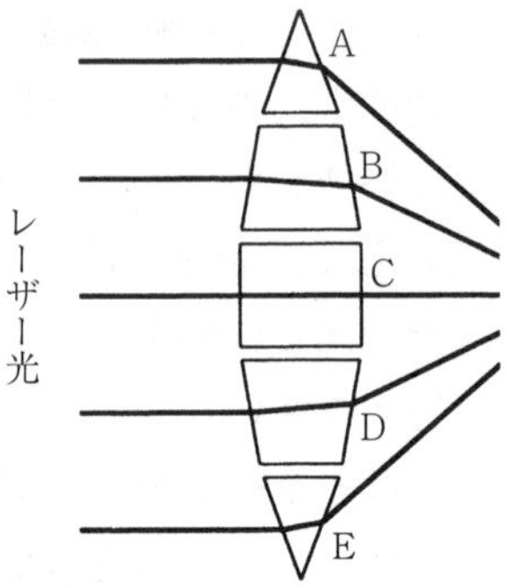

図２

問１　図１で，レンズの右側の点線の位置に紙を置くとき，紙が最も明るくなる位置はどこですか。図１の**ア**～**ウ**から１つ選び，記号で答えなさい。

問２　図１のレンズを，直径が同じで厚みが薄《うす》いレンズに取り替《か》えました。日光が一点に集まる位置は，図１に対してどのようになりますか。次のア～ウから１つ選び，記号で答えなさい。

ア．レンズに近づく　　イ．変わらない

ウ．レンズから遠ざかる

問３　図１のレンズを，厚みが同じで直径が大きいレンズに取り替えました。このレンズを用いて，日光が一点に集まった位置の明るさは，問１の明るさに対して，どのようになりますか。次のア～ウから１つ選び，記号で答えなさい。

ア．明るくなる　　イ．変わらない　　ウ．暗くなる

問４　図２のＡ～Ｅを向きを変えずに並べ替えて，レーザー光の道すじが交わらず広がるようにするには，どのように並べればよいですか。上から並べる順番にＡ～Ｅの記号で答えなさい。例えば，図２であれば，ABCDEとなります。

問５　傾《かたむ》けた直方体ガラスブロックに対して，レーザー光をあてたときの光の道すじはどのようになると考えられますか。次の文章の(①)(②)にあてはまる最も適した記号を，右の**ア**～**シ**から選び，それぞれ記号で答えなさい。

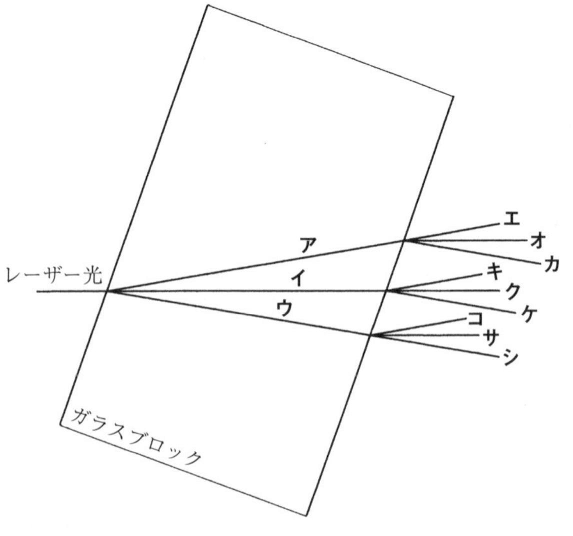

図２を参考にすると，ガラスブロック内を進む光は(①)の道すじを通ることが分かる。また，ガラスブロックを出た光は(②)の道すじを通ることが分かる。

2 次の文章を読み，以下の問いに答えなさい。

酸性の水溶液《すいようえき》とアルカリ性の水溶液を混ぜ合わせると，たがいの性質を打ち消し合います。このことを中和といいます。中和を利用しているものは多く，乾燥《かんそう》すると色が消えるスティックのりもその一つです。色が消える理由は，のりの成分にBTB溶液のような酸性かアルカリ性かで色が変化する物質がふくまれているからです。のりがケースに入っている状態ではアルカリ性に保たれていますが，紙に塗《ぬ》ると空気中の二酸化炭素と反応したり，紙の持つ酸性成分と反応したりしてアルカリ性から中性に変化するので色が消えていくのです。他にも，温泉地における中和事業などが有名な例として挙げられます。草津《くさつ》温泉周辺の湯川では強酸性の温泉成分が多くふくまれているので，川の水を暮らしに利用することができず，コンクリートの橋をかけることもできませんでした。また，生き物もすめないため「死の川」と呼ばれていました。そこで，アルカリ性を示す石灰《せっかい》を直接川に流しこむことで中和を行っています。石灰の投入量は１日平均で55トンにもおよびますが，現在では農業用水として利用できるようになり，様々な生き物の姿も確認《かくにん》できるようになりました。このように，うまく中和を利用できればよいのですが，酸性の洗剤《せんざい》とアルカリ性の洗剤を一緒《いっしょ》に使ってしまい，中和により洗浄《せんじょう》効果が弱まってしまうというような失敗もあります。酸性やアルカリ性，中和などについてしっかりと理解することが大切です。

そこで，中和に関する以下の実験を行いました。なお，実験で使用した塩酸および水酸化ナトリウム水溶液はそれぞれ同じ濃度《のうど》のものとします。

【実験１】

塩酸60mLに様々な量の水酸化ナトリウム水溶液を加え，A～Fのビーカーをつくりました。できた水溶液を蒸発させて残った固体の重さを量り，表にしました。

	A	B	C	D	E	F
水酸化ナトリウム水溶液の体積(mL)	10	20	30	40	50	60
残った固体の重さ(g)	1.5	3.0	4.5	5.8	6.8	7.8

【実験２】

水酸化ナトリウム水溶液60mLに様々な量の塩酸を加え，G～Lのビーカーをつくりました。できた水溶液を蒸発させて残った固体の重さを量りました。

	G	H	I	J	K	L
塩酸の体積(mL)	20	40	60	80	100	120
残った固体の重さ(g)						

問１ 身の回りにあるもので塩酸や水酸化ナトリウム水溶液が主成分となっているものを，次のア～カからそれぞれ選び，記号で答えなさい。

ア．酢《す》　　イ．トイレ用洗剤

ウ．炭酸水　　エ．虫さされ薬

オ．油よごれ用洗剤　　カ．重曹《じゅうそう》

問２ 【実験１】について，各ビーカーにBTB溶液を加えたときに，溶液の色が黄色に変化するものを，A～Fからすべて選び，記号で答えなさい。

問３　【実験１】について，Fのビーカーにふくまれている水酸化ナトリウムの重さは何gですか。

問４　【実験２】の結果をグラフにするとどのような形になりますか。【実験１】の結果をもとに，適当なものを，次のア～キから１つ選び，記号で答えなさい。なお，加えた塩酸の体積は120mLまでとします。

ア．
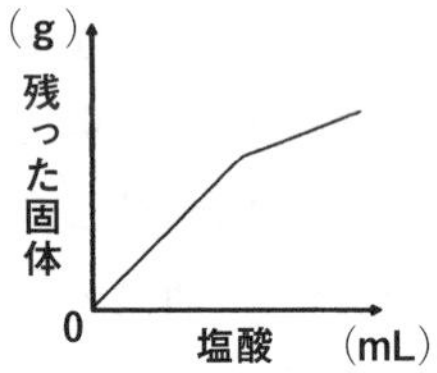

イ．
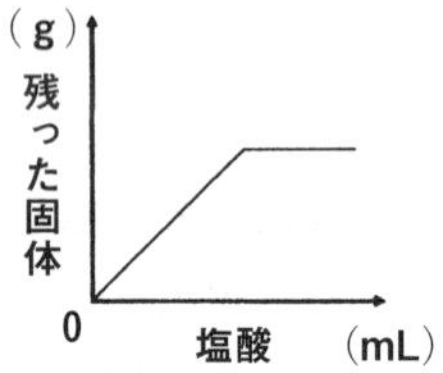

ウ．
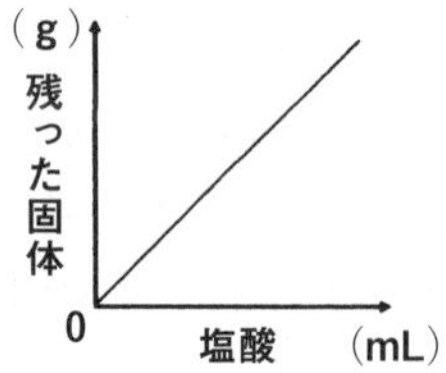

エ．
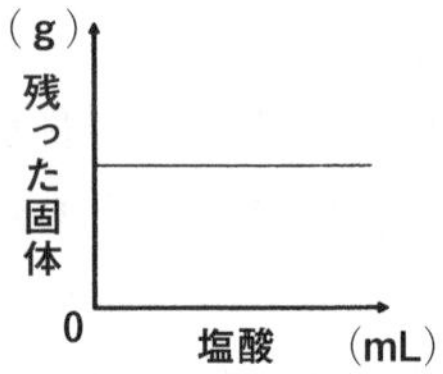

オ．
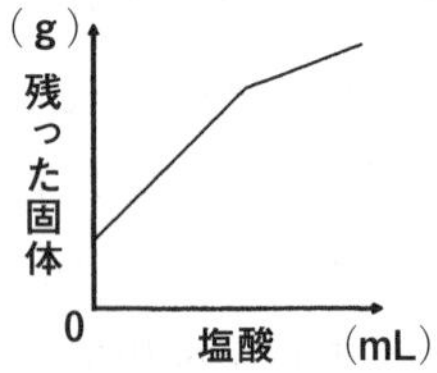

カ．
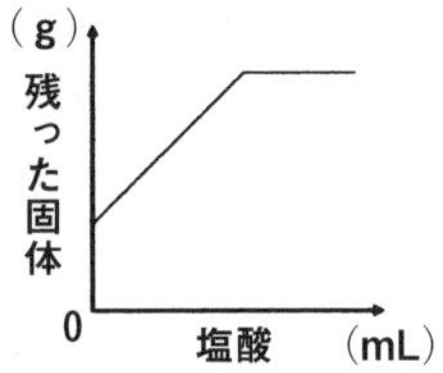

キ．
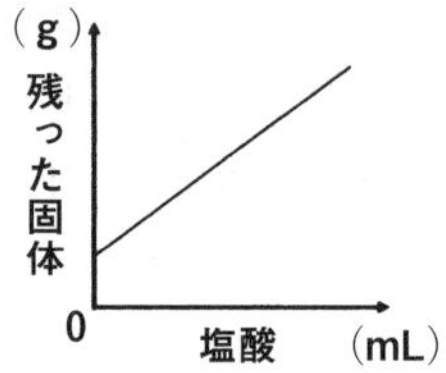

問５　【実験２】のG～Lと同じ条件のビーカーを用意して，各ビーカーにアルミニウムを加えると，１つだけあわが出ないビーカーがありました。そのビーカーはどの条件と同じビーカーですか。G～Lから１つ選び，記号で答えなさい。

問６　実験に用いた水酸化ナトリウム水溶液の濃度は9.09％でした。この濃度の水溶液をつくるためには，100gの水に何gの水酸化ナトリウムを溶《と》かせばよいですか。割り切れない場合は小数第１位を四捨五入して整数で答えなさい。

なお，$9.09=9\frac{1}{11}$ として計算しても構いません。

問７　問６で求めた重さの水酸化ナトリウムを100gの水に溶かして水溶液をつくったところ，9.09％よりも小さい値になりました。その理由はいくつか考えられますが，そのうちの一つを以下の文の空所に合うような形で本文から14字で抜《ぬ》き出《だ》して答えなさい。

理由：水酸化ナトリウムが［　　14字　　］から，濃度がうすまった。

3　次の文章を読み，以下の問いに答えなさい。

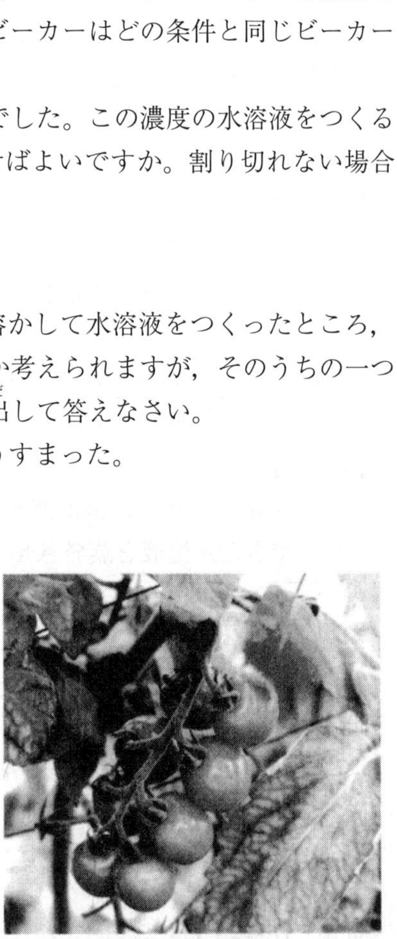

トマトは，世界的に見て主要な果実で，温暖な気候では主に１年生植物として成長します。また，右の写真のように１つのふさ(以下，果房《かぼう》とします)にいくつかの果実を実らせます。

世界におけるトマトの生産量は増加していて，とても大きな市場となっています。次のページの表は，ある年におけるトマトの生産量トップ10の国の総生産量をまとめたものです。また，この年における全世界の総生産量は，１億9000万トンでした。

表1

国名	総生産量(万トン)
1　中国	6760
2　インド	2120
3　トルコ	1310
4　アメリカ	1000
5　イタリア	660
6　エジプト	620
7　スペイン	500
8　メキシコ	400
9　ブラジル	360
10　ナイジェリア	350

問1　全世界の総生産量のうち，生産量トップ3の3国で占《し》める割合(%)を求めなさい。なお，割り切れない場合は，小数第1位を四捨五入して整数で答えなさい。

トマトの果実は，光合成によってつくられた栄養分を用いて成長していきますが，いろいろな品種があるため，栽培《さいばい》方法などについて多くの実験が行われてきました。

問2　光合成とは，どのようなはたらきか簡単に説明しなさい。

問3　光合成によってつくられた栄養分は，果実まで運ばれます。栄養分が通る構造の名称《めいしょう》を答えなさい。

図1は，トマトの開花から果実が成熟するまでの期間における，温度と果実の成長速度の関係を示したグラフです。このグラフをつくるために行った実験は，同じ品種のトマトを用いて温度以外の条件(1果房あたりの果実の数や光の量など)をすべて同じにして行っています。

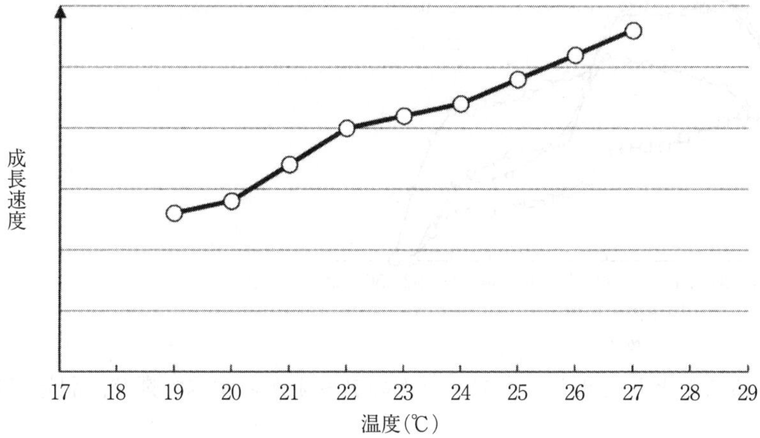

図1

問4　図1から言えることとして正しいものを，次のア～エからすべて選び，記号で答えなさい。

ア．26℃よりも38℃の方が成長速度が速い。

イ．成熟するまでの期間は，19～27℃では高温になるほど短くなる。

ウ．昼と夜の気温の変化が大きいほど，大きな果実になる。

エ．20℃よりも26℃の方がさかんに光合成をしている。

次のページの図2は，開花後の日数と果実1つあたりの重さの関係を示したグラフです。このグラフをつくるために行った実験は，1果房あたり果実が1つ実ったもの(A)，果実が2つ実ったもの(B)，果実が８つ実ったもの(C)，果実が８つ実ったものから開花18日後に７つの果実を取り除いたもの(D)で，１果房あたりの果実の数以外の条件（温度や光の量など）をすべて同じにして行っています。また，重さは乾燥《かんそう》させて，水分をぬいてからはかりました。

図３は，開花後の日数と果実の成長速度（１日に増加した重さ）の関係を示したグラフです。このグラフをつくるのに用いた実験結果は，図２の実験で得たものです。

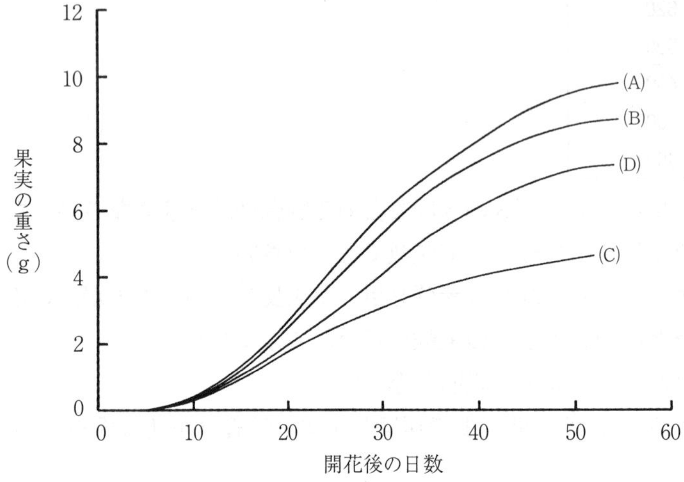

図２

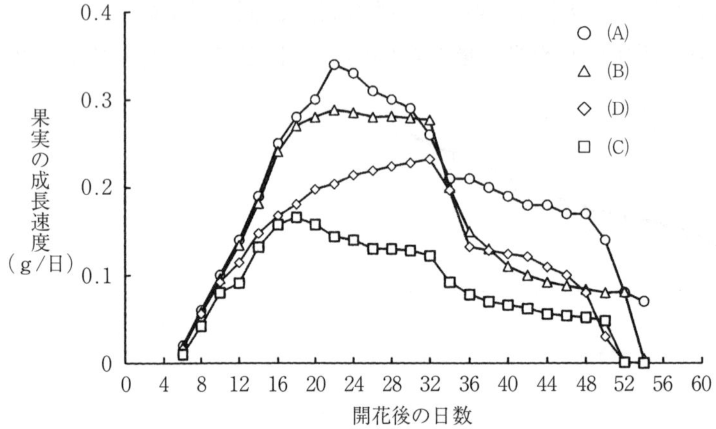

図３

問５　図２と図３から言えることとして正しいものを，次のア～オからすべて選び，記号で答えなさい。

ア．果実の数が１つのものは，開花52日でも成長している。

イ．１果房あたりの果実の数による果実の成長のちがいは，開花18日後からみられる。

ウ．22～26℃で生育させていると，温度が高いほど果実の重さは大きくなる。

エ．果実の数が２つのものは，最も重くなっている開花20～30日で収穫するのが良い。

オ．果実を取り除く作業は，果実の成長に悪影響《あくえいきょう》を与《あた》えない。

問６　図２と図３より，１果房あたりの果実の数が少ないほど果実の成長が速いことが分かります。その理由を「栄養分」という言葉を使って説明しなさい。

4 次の文章を読み，以下の問いに答えなさい。

国連は気候変動について2021年の報告書の中で，「人間の活動によって，地球が温暖化しているのは疑いの余地がない。」と断言し，「熱波や豪雨《ごうう》，干ばつなどの気候危機は続く。危機を和《やわ》らげるのは，我々の選択《せんたく》にかかっている。」と警告しています。私達の暮らす地球は着実に温暖化が進行しています。

温暖化の原因の一つは，A地層から採り出したB化石燃料を燃やすことです。これによって生まれたエネルギーは電気になったり，自動車などの動力になったりして，私達の生活を快適にしてくれます。しかし，化石燃料を燃やすとエネルギーだけでなく，[①]も発生して大気中に放出されます。この[①]が地球温暖化をもたらすC温室効果ガスの一つなのです。人間が化石燃料を大量に消費して，大気中の[①]が増加すると，地球温暖化が着実に進んでいくことになります。

現在の地球の平均気温は産業革命以前と比べると約1.1℃上昇《じょうしょう》しています。温暖化がこのまま進めば，D氷河がとけて海面が上昇し，低い土地が水没《すいぼつ》していきます。それだけでなく，ゲリラ豪雨や台風の巨大化《きょだいか》といった異常気象，熱波による山火事，熱帯での感染症《かんせんしょう》が広がっていくことなどの影響《えいきょう》が心配されています。

問１　下線部Aについて，地層の説明として正しいものを，次のア～エから１つ選び，記号で答えなさい。

ア．宇宙にただよっていた岩石のかけらが，地球に落ちてきたもの。

イ．地下の深い所で岩石がとけて生じた高温の液体。

ウ．泥《どろ》・砂・れきなどからなるたい積物，またはたい積岩が積み重なったもの。

エ．地下のマグマの熱や，地中ではたらく押《お》しつぶす力などによって，すがたや性質が変わってしまった岩石のこと。

問２　下線部Bについて，化石燃料にあたるものを，次のア～カからすべて選び，記号で答えなさい。

ア．オゾン　　イ．天然ガス　　ウ．石炭

エ．酸素　　オ．石油　　カ．酸性雨

問３　文章中の[①]にあてはまる語句を漢字で答えなさい。

問４　下線部Cについて，[①]よりも大気中の量が多く温室効果が高いものを，次のア～オから１つ選び，記号で答えなさい。

ア．酸素　　イ．メタン　　ウ．水蒸気

エ．アルゴン　　オ．オゾン

問５　下線部Dについて，南極やグリーンランド，山岳《さんがく》地域にある氷河の体積は2750万 km^3 と推定され，面積は地球の表面積５億1000万 km^2 のおよそ10％を占《し》めています。この氷河がすべてとけて海に流れ込《こ》んだとして，(1)～(3)を求めなさい。なお，１km^3 は１兆リットルになりますが，ここでは km^3 を体積の単位として使います。また，指定された単位で答え，割り切れない場合は，小数第１位を四捨五入して整数で答えなさい。

(1)　海の面積はいくらになりますか。海の面積は地球の表面積の70％とし，単位は万 km^2 で答えなさい。

(2)　氷河がすべて水になったとき，その水の体積はいくらになりますか。水が氷に変わるとき，変化する体積の割合を10%とし，単位は万 km^3 で答えなさい。

(3)　(2)の水がすべて海に流れ込んだとき，海面は今よりもどのくらい上昇しますか。海の面積は変わらないものとし，単位はmで答えなさい。

ウ　自分も特別な体験を包みかくさず書いていると思われることが、やりきれないから。

エ　その場かぎりのほめ言葉をかけられて、かえって仕事へのやる気が失われてしまったから。

問十一　――線部⑧について、次の各問に答えなさい。

(1)　多くの人が、いいエッセイの条件は赤裸々であることだと考えているのはなぜか。本文の内容をふまえて説明しなさい。

(2)　筆者はエッセイがどのようなものであってほしいと考えているか。その例としてふさわしいものを次の中から選び、記号で答えなさい。

ア　秘密を赤裸々に明かすエッセイ

イ　コンクールで賞がとれるエッセイ

ウ　友達と喧嘩したことについてのエッセイ

エ　どんな人にとってもお手本になるエッセイ

オ　ロシアンブルーのおなかの描写についてのエッセイ

が、わたしはそもそも、勇気が必要なことなど一つも書いていない。

親が見て悲しむもの、書いて誰かが悲しむものは、できるだけ書かないよう努力をしているつもりで、（これは！）と胸をぎゅっとつかみたくなるような物事のことは、まだまだ、何にも書いていない。エッセイに書いていない、書いてたまるかよと思いながら大事にしている思い出や気持ちが、わたしには本当に山ほどある。

⑧エッセイは赤裸々でなければいけないのだろうか。赤裸々ならほんとうにおもしろいのだろうか、ちゃんと隠《かく》しまくっているわたしのエッセイをあなたが赤裸々だと思うとき、そのなにが赤裸々なのだろうか。赤裸々って、なんなのだ。そもそも、赤裸々って文字が怖い。裸《はだか》かつ赤いなんて。ひりひりしている。エッセイを書くときなるべくひりひりしたくない。暮らしているだけでひりひりすることはいくらでもあるのだから、エッセイを書くときと読むときくらい、いいきもちでいたいじゃないのさ、といまは思う。

（くどうれいん「なにが赤裸々」による）

＊ まとまるくん…消しゴムの商品名。
ロシアンブルー…猫の品種名。

問一 ＝線部**a**〜**d**のカタカナを漢字に直しなさい。

問二 ――線部①「そういう子だった」とあるが、「わたし」は自分をどういう子だったと思っているか。説明しなさい。

問三 ――線部②で「わたし」が「本当に特別になった気がした」のはなぜか。その説明として最もふさわしいものを次の中から選び、記号で答えなさい。

ア 先生と一緒に努力した経験がもとで作文で賞をもらって、自分自身に誇れるものができたから。

イ 他の人とただ違うというだけではなく、自分は作文が得意だったことを確認することができたから。

ウ 一つのことに長い時間向き合って、しかも何度もやり直すほど努力したのは初めてのことだったから。

エ たんに「みんながしないこと」をしているのではなく、他の人ができないことをしている実感があったから。

問四 ――線部③について。「もう、一位は取れない」のは「わたし」自身にだけ問題があるのではなく、別の理由も挙げられている。それが書かれている**段落**を探し、その最初の五字をぬき出しなさい。

問五 [Ⅰ]を補うことばとして最もふさわしいものを次の中から選び、記号で答えなさい。

ア 善人　イ 幸福　ウ 不利
エ 自然　オ 特異

問六 ――線部④とほぼ同じことをいっている部分を、次の[　]にあてはまる形で**これより後の**本文から二十字以内で探し、ぬき出しなさい。

[　　　　]こと。

問七 [Ⅱ]を補うのにふさわしいことばを二字で答えなさい。

問八 ――線部⑤とはどういうことか。本文中のことばを用いて、くわしく説明しなさい。

問九 ――線部⑥の例として最もふさわしい部分を**これより後の**本文から二十字程度で探し、ぬき出しなさい。

問十 ――線部⑦の理由として最もふさわしいものを次の中から選び、記号で答えなさい。

ア 同じようなやりとりを何回もくり返すことに、うんざりしてしまったから。

イ エッセイがどうあるべきかを考えていない人との仕事は、たえられないから。

いうこともその時に知った。

エッセイに大切なことは四季と五感であること、石ころひとつで四枚書ける人が作家にふさわしいこと、④自分の中で煮《に》えたぎっていることはまだ書くべきではないこと、自分の中のとっておきのエピソードほど、そう簡単に書かないこと。わたしはそれから毎年この随筆賞の合評《がっぴょう》会に参加して、たくさんメモを取った。わたしがずっと思っていたような違和感《いわかん》を解いてもらえるとても**c**キチョウな機会だった。

わたしはいまもエッセイを書きながら（でもこれはきっと、お手本のエッセイではないのでしょうね）と常に思っている。（でも、それでいいさ）とも思っている。エッセイの書き方講座を依頼《いらい》されることもあるのだけれど、わたしは賞を取れるエッセイを書くことができないから、講座を持つつもりはない。

たくさん応募したからこそ思うが、世の中にあふれる、特に学生向けのエッセイ・作文コンクールは、本当はよい作文を求めているのではなかったりする。［Ⅱ］を開けてみると「エピソードトークの募集」や、「主催《しゅさい》者の理念にマッチする適切な人間」の募集のように思う。それは、予算をつけて賞を運営する以上当然のことだと今はわかる。しかし、それに消耗《しょうもう》してしまったわたしは、あなたの大事なエピソードをそんなにかんたんに寄越《よこ》してやるなよ、と思ってしまう。

ごくまれに、母校の部活に顔を出している。新入部員の初めて書いたエッセイを読ませてもらう機会があるたびに、とてもへとへとのうんざりになる。努力、苦労、人間関係のトラブル。それらがほとんどなのだ。

かつて前述《ぜんじゅつ》の合評会で一般から募集した作品を拝見した時も同様だった。介護、亡き親、過去の仕事自慢《じまん》。そればかりなのだ。努力、苦労、人間関係を書いた若者たちが、大人になって介護、亡き親、過去の仕事自慢を書く。それはとても退屈《たいくつ》なことだとわたしは思った。

たしかに作文によって自分の人生を省《かえり》みることは大切だけれど、文章表現ができることの豊かさはもっといろんな色でひかるはずだ。

友達と喧嘩《けんか》したエッセイを書く生徒に「これ、その喧嘩相手に見せられる？」と言うと、たいてい青ざめる。そうして「それよりも、この＊ロシアンブルーのおなかの描写《びょうしゃ》、とってもおもしろいからこれだけで四百字書きなよ」というと、今度はぽっと赤くなって「これでいいんですか」と言う。これでいいどころか、これだからいいじゃん。ロシアンブルーのおなかが曇天《どんてん》みたいだってことの方が、見せられない相手のいる原稿よりずっといい。エッセイは腹いせのためでも自己**d**キュウサイのためでもなく、⑤くだらないと思うようなことを眺《なが》めて、ちょっといいなって思うための額縁《がくぶち》なんだからさあ。

さあ、エッセイを書いてください。と言われた時にきっとみんな思うのだ。（なにか特別な体験はないか）（なにか面白いエピソードはないか）と。そうして差し出されるエピソードは似通っていく。全員もっと面白い体験が本当はあるのに、その面白さを、一番の本人がかたくなに信じない。

だれにでも通じる濃いエピソードを出そうと焦《あせ》り、まだ自分の中でも整理がついていないかもしれない、人の死、大きな失敗を書いたりもする。しかしそういった、⑥読んだ方からすれば「感動しました」「書いてくれてありがとう」以外の感想がすべて暴力になるかもしれないような作文は、本当に良い作文なのだろうか。わたしは（書くことで特別な体験になる）（書くことで面白くなる）と本気で信じている。

たまに、「くどうさんはエッセイを書ける勇気があってすごいですね」と言われることがあって、わたしはそのたびに⑦こころの大広間に大の字になって「あーあ、やってらんねえぜ」と言う。赤裸々に曝《さら》け出しながら暮らしていてすごいですね、と言いたいのかもしれない任の先生は本当にいい先生だった。

わたしの作文がよい作文だったからそう声を掛けてくれたのか、保育園から既《すで》に友人関係が **a** コウチクされている小さな小学校に、入学直前に越してきて馴染《なじ》めずにいるわたしを気にかけてくれていたのかは定かではない。けれど、とにかくあの、暑い夏の教室で、先生とふたりきりで向かい合って原稿用紙に＊まとまるくんを走らせては鉛筆で書き足す。②あのとき、はじめてわたしは本当に特別になった気がした。

そうして直して出した作文が入賞した。たしか佳作《かさく》とか、そのくらいだったと思う。小さな村の作文コンクールはそもそも競争率が低いのに、それでも一位は取れなかった。昔からわたしは、とにかくとことん作文で一位が取れない人間なのだ。

しかし、そんなことを当時はまったく気にしていなかった。最優秀賞も入賞も、ひとしく宝物だった。母も祖父母も、賞状を持って帰るととても褒めてくれた。お寿司《すし》食べようか、というくらい喜んでくれた。「ああ、わたしは作文だ。わたしは作文が得意。もっと作文が得意になりたい」そればかり思っていた。

読書感想文コンクール、詩のコンクール、思い出のなんとかコンクール……応募《おうぼ》できるものはできるだけ応募するようになった。先生が見てくれたり、母が見てくれたりして、必ず直しながら出した。そういう応募が高校に入るまで続いた。はじめは入賞するだけでうれしかったものが、次第にできるだけ上の賞が欲しくなった。しかし、どう頑張《がんば》っても一位になることはなかった。

③わたしが学生として応募をする限り、もう、一位は取れないんだろうな、と、ある日絶望した。作品集が送られてきて読んでみると、わたしの上にある作品のほとんどが「できなかった逆上がりができるようになった」「弟が **b** コッセツしてはじめて介護をした」「友達とけんかをして仲直りした」「亡くなったおばあちゃんとの思い出」「けがをした猫をたすけた」などというものだった。どんなコンクールでもそうだった。

わたしはそのつど、星空がきれいだったこと、おじいちゃんのおでこのしわがいっぱいで面白かったこと、終業式のからっぽになった机が好きだということを書いていた。それで一位が取れないのはなんというか（なるほど）だった。わたしの作文には、エピソードが足りないのだ。みんなもっと苦労していたり、傷ついていたり、人助けをしていたり、赤裸々だったりした。

けれどわたしには、とりたてて不幸もなければ、苦労もなく、赤裸々に明かさなければいけない秘密もなかった。正確に言うと、言いたい意地悪なことはたくさんあったけれど、それを（書くべき）とは思えなかった。

不幸、あるいは［ Ⅰ ］でなければいい作文は書けないのか。そういう極端《きょくたん》な気持ちに、その頃は襲《おそ》われた。とはいえ、目つきの悪いわたしは、作文に書くために自分を［ Ⅰ ］にすることはできなかった。目つきが悪いまま、不幸でも赤裸々でもない話を書き続けるほかなかった。

中学生の頃にはもう一位を取ることはあきらめていたが、東日本大震災が起きていよいよ本当にあきらめた。あきらめたころ、わたしの住んでいる岩手県で一番大きな随筆賞をいただいた。岩手日報随筆賞というもので、学生対象の奨励《しょうれい》賞もあったのに、一般の人たちも含めての一番の大会賞だった。

春の雨が降るなか教科書を買いに行き、わたしの本名である「れいん」にとやかく言ってくる大人って本当にうるさいな、と思ったことを率直に描いたものだった。審査《しんさ》員のみなさんは、びっくりするほど褒めてくれた。くやしい、と言われることがこんなにうれしいのだと

ウ　母さん　　エ　子ども

問五　――線部②について。アズがこのように考えた理由をわかりやすく説明しなさい。

問六　――線部③について。この時の唯人の思いをくわしく説明しなさい。

問七　――線部④について。この時の唯人について説明したものとして最もふさわしいものはどれか。次の中から選び、記号で答えなさい。

ア　アズを傷つけようとする文香を止めたいと思う一方で、自分がかばうことでアズが余計にからかわれるのではないかと不安におそわれている。

イ　クラスメイトがアズをからかっているのを止めるというふだんの自分ならできないことを無理にやろうとして、精神的に追いつめられている。

ウ　今にも言い争ってしまいそうな文香とアズの勢いにおされながらも、二人のけんかを止められるのは自分だけだと気持ちを奮い立たせている。

エ　クラスメイトにいくじなしだと思われることをおそれて、アズを助けるためのことばを続けられずにいる自分の弱さに怒りをつのらせている。

問八　――線部⑤とあるが、唯人に自分でもおどろくような行動をさせたものは何なのか。最もふさわしいものを次の中から選び、記号で答えなさい。

ア　無責任な大人の態度への不信感

イ　弱い者いじめに対する憎《にく》しみ

ウ　級友の軽はずみな言動への憤《いきどお》り

エ　けなげなアズに対する恋心

問九　＝＝線部a～cのカタカナを漢字に直しなさい。

二　次の文章を読んで、後の問に答えなさい。

　不幸じゃなくても、赤裸々《せきらら》じゃなくても、エッセイは書ける。わたしはもう五年近く、そう念じるようにしてエッセイを書いている気がする。

　エッセイ、随筆《ずいひつ》、と意識して書くようになったのは、高校で文芸部に所属してからのことだ。しかし、小学生のころからわたしは「作文コンクール」と言われるようなものに熱心に取り組んでいた。

　小学生のわたしは、いまよりずっと目つきが悪かった。日焼けして肌《はだ》が浅黒く、しかし運動はからきしできず、ピアノの教室もすぐにやめてしまい、だからといって家にゲーム機があるわけでもない。漫画《まんが》がそんなに好きでもないから絵を描くのも得意ではない。勉強だって、田舎《いなか》の小学校の中ではできるほうでも、わたしよりできる子は何人もいる。

　勉強は、ふつう。運動は、ピアノは、絵は、ゲームは、できない。そういうわたしは学級委員長であることだけが自分の誇《ほこ》りであるような生徒だった。「男子、そこ、ホウキちゃんとやって！」と言い、先生に褒《ほ》められることだけが、自分が認められたような気がしていた。先生の手伝いを率先《そっせん》してやって、みんなが引き受けたがらない役割や仕事を引き受けて、そうして「みんながしないこと」をする自分が特別だと信じていた。①そういう子だった。

「ちょっと残って書いてみない？」

　あれは小学二年生くらいだろうか。夏休み前の終業式に先生からそう声を掛《か》けられたとき、だから、とてもうれしかった。国語の宿題で出した作文を、コンクールに出すために少し直さないかと言われたのだ。ほかの子はたぶん、はやく帰りたかったんだと思う。わたしの担ズの善意がふみにじられていくように思えた。

　くそ！　言われへん。

　おれはなんちゅういくじなしなんや。くやしくてたまらん。

　唯人の中で、イラ立ちだけがどんどんふくらんでいく。

「どうした、唯人くん、具合が悪いん？」

　となりにすわっている里菜《りな》が心配そうに顔をのぞいてきた。

　唯人は額の汗《あせ》をぬぐった。④きんちょうしていやな汗が出ていた。

　そのとき、

「なあ、よし子ちゃん」

　文香がシートベルトを外してアズに近づくと、うれしそうに肩《かた》をちょんとつついた。

「文香さん、ちゃんとすわってて」

　注意するみのり先生。

「何なの！」

　文香の手をはらいのけるアズ。

　ほぼ同時に、唯人が立ち上がった。

「お、おい！」

　力いっぱいさけんでいた。

「も、もう、ええかげんにしといてくれ！」

　バスの中は静まり返り、みんなが一斉《いっせい》に声のするほうを見てきた。それが唯人だとわかると、だれもが信じられないという顔になった。

　唯人は、あわててシートにこしを下ろした。にぎりしめていたげんこつをゆるめ、自分のほおに手を当てた。顔がカッカッと熱い。

「うそやろ！」

「唯人やんか。唯人がおこった？」

「ありえへんで」

「おれら、やり過ぎたんか」

みんながわやわやと言い始めたけど、唯人にはもう聞こえなかった。

　⑤一番おどろいていたのは唯人自身だった。

　学校に着いて、窓の外を見ると、アズがバスから降りて走りだしていた。教室にランドセルを取りにもどらないで、家に帰ってしまったのだ。

（志津栄子「雪の日にライオンを見に行く」による）

＊浩也が言っていた「バクハツ」…アズが急に怒り出すことを、浩也が「バクハツ」と呼んだのにならって、他のクラスメイトもそう呼んでいた。

問一　Ⅰ を補うのにふさわしいことばを本文から漢字二字でぬき出しなさい。

問二　Ⅱ を補うのにふさわしいことばを漢字一字で答えなさい。

問三　――線部①について。アズがこのように言った理由として最もふさわしいものはどれか。次の中から選び、記号で答えなさい。

ア　おばあさんがアズを子どもあつかいしていることを利用して、わざとあまえるようにしてわがままを聞いてもらおうと思ったから。

イ　ゼリーをこぼして落ちこんでいるおばあさんの姿を見るのが心苦しくて、話題を変えることで失敗を忘れてほしいと思ったから。

ウ　アズを本当の子どもだと思いこんでいることは否定しないで、おばあさんの分のゼリーは自分で食べてもらおうと思ったから。

エ　アズがおばあさんのために作ってきたゼリーだということを伝えて、なるべくこぼさないように食べてほしいと思ったから。

問四　Ⅲ を補うのにふさわしいことばを次の中から選び、記号で答えなさい。

ア　ふるさと　　イ　おやつタイム

「ほんまに感心するわ。ちょっと見直したかもしれん」

さっきからアズがおばあさんにやさしくしているのを見て、本気でそう思ったようだ。いいと思ったらいいと言う。文香ははっきりしている。

アズは返事を迷っていた。思いもかけず、文香からそんなふうにみとめられて、どう返したらいいのかわからないのだろう。バツが悪そうに横を向いてしまった。

「けどなぁ、『あっ、はい、よし子です』って、けっさくやな」

文香は笑いながらまわりの子に話していた。

帰りのバスの中でも、文香は、「よし子です」のフレーズがツボにはまったらしく、おかしそうに何度も言って、アズのことをいじろうとした。

それは愛情表現みたいなものだった。＊浩也《ひろや》が言っていた「バクハツ」と同じで、からかっているようにも見えるけど、アズのことをみとめているからこそ、そんなふうにみんなの中に引きこもうとする文香のやり方だった。

文香はおもしろがって、しつこくみんなをあおっていた。

「おや。あれま！」

お調子者の佑太《ゆうた》がすぐに食いついて、文香のあとに続いた。

「よし子ちゃんやないの」

さらに他の子たちが声を合わせた。

「あっ、はい、よし子です！」

みんなはどっと笑いこけた。手をたたく子もいた。

「なんでやねん」

「あはは。けっさくや」

ギャグは大ウケして、バスの中はもり上がった。悪意のないいじり。けどそれは紙一重《かみひとえ》。相手に受け入れられなかったらアウトだ。こんなとき、アズだって適当に笑っていたら文香たちと仲間になれるのかもしれないのに、とうてい無理なことだった。そんな洗礼を受けるのはごめんだとかたくなにこばんでいる。

あんなギャグ、アズには通じひんな。どないしよ。もうそろそろヤバイやろ。

アズを助けたい。

そのとき強く思った。

「や、や、やめ……」

言いかけたけど、続かない。

おれが言わなあかん。

けど言われへん。何もできひん。

笑いの中心にいる文香を止めるなんて、そんなこと、おれにはできっこないんや。

唯人は助けを求めるように、みのり先生のほうを見た。先生は「よし子ちゃん」の事情を知らないから、またいつものバカさわぎくらいに思っているのか、だまってシートにもたれていた。施設**b**ホウモンが無事に終わって、ほっとしているのかもしれない。

アズは前のほうにすわっていて、唯人の位置からはすがたが見えない。けれど唯人には、今アズがどんな顔をしているか**c**ソウゾウできた。もうバクハツ寸前のアズの顔。

「お、おい、ふ、ふ、ふみ……」

唯人はじりじりした。

出てこい。声、出てこい。

のどのおくにつかえている何かをはき出したい。アズをかばってやりたい。こんなとこでまた文香とけんかなんかしてほしくない。③それよりも何よりもあのおばあさんの前で「よし子ちゃん」を演じたア入れようとした。するりとゼリーは落ちて、エプロンのポケットに入った。おばあさんはポケットに手を入れてゼリーをつかもうとしたけど、うまくつかめるはずもなく、悲しそうな様子だった。

アズが近くにあったウエットティッシュでおばあさんの手をふいた。

「いいの、いいの。①今日はお母さんのためにあたしがこのゼリーを作ったんですよ。だから、お母さんに全部食べてほしいんです」

「おや、そうかい。じゃ、いただこうかね」

「どうぞ、どうぞ。ゆっくりめしあがってください」

アズはうまいこと調子を合わせていた。

「よし子ちゃん、今夜はとまっていけるやろ？」

「えっ、ええ」

「もうどこにも行かんといてな」

「はい。心配しないでください」

アズはもう迷うことなくよし子ちゃんになりきっていた。

ゼリーを食べ終わって、おばあさんはベッドに横になろうとした。

「あたしがねかせましょうか」

アズはおばあさんから人形を受け取ると、自分のひざの上にのせた。手も足もくたんくたんとたよりなく折れ曲がって目だけパッチリと開けている、おばあさんの宝物。

うさぎおいし　かのやま
こぶなつりし　かのかわ……

人形の頭をなでながら、アズがそうっと歌い始める。そうしているうちに、おばあさんはもう、とろとろとねむりについた。唯人はアズの歌に引きこまれていった。

ふっと、唯人のかすかな記憶《きおく》がよみがえってきた。

母さんが歌っていた、ふるさと。

唯人は知らず知らずのうちにアズの歌に合わせてくちびるを動かしていた。歌だなんてとても言えない、ほとんどだれにも聞き取ることのできない小さな声だった。

「唯人くんの歌、初めて聞いたわ」

アズに聞かれて ａテれくさくなった。

「あっ、やめないでよ。いい声なんだから」

アズは真顔でそう言った。

おばあさんの横に人形を置くと、アズはぽつりと言った。

「なんかさぁ……、あたし、悲しくなってきちゃった」

「ん？」

「だって、自分のことはわすれちゃってるのに、［Ⅲ］のことはわすれないなんて」

アズは心を痛めているみたいだった。

「きっと……」

唯人はどうにかしてアズにこたえたいと思って、一生懸命《いっしょうけんめい》に考えた。

「きっと、しまってあるんやで」

「えっ」

「心の中の一番大事なとこに」

「そっか、そうだよね。②だから、あたし、今日はよし子ちゃんでいいんだ」

納得《なっとく》がいったのか、アズは素直《すなお》にうなずいていた。

よかった。うまいこと伝わったみたいや。

唯人がほっとしていると、文香《ふみか》が近づいて来た。

「あんた、なかなかええとこあるやん」

いつもの上から目線の言い方じゃなかった。

2024年度 桐朋中学校

【国語】〈第一回試験〉（五〇分）〈満点：一〇〇点〉

一 次の文章を読んで、後の問に答えなさい。

大阪に住む小学五年生の唯人《ゆいと》は、人前で話すことが苦手で、いつも伝えたいことを人に伝えられずにいるが、先生やクラスメイトに見守られながら過ごしていた。ある時、緊張《きんちょう》のあまりしゃべれなくなって教室から逃《に》げ出してしまったことを転校生のアズに責め立てられて、唯人はそんな自分が好きではないことに気付く。アズは、いつもふてくされた態度をとってクラスになじもうとせず、人とぶつかってばかりだった。以下は、唯人たちのクラスが老人福祉施設《ふくししせつ》のクリスマス会に参加する場面である。

交流タイムになると、唯人たちは数人ずつ、施設に入所している人の部屋に入った。そこは女の人ばかりの六人部屋だった。ベッドのわきに小さなテーブルとおばあさん用のイス。身の回りのものを入れるタンスが置いてある。ほとんど病院の部屋と同じだ。ここでくらしているのかと思うと切なくなる。

紙芝居《かみしばい》が終わったあたりから気になっていたけど、背中に人形をくくりつけたおばあさんがいた。

「だれをおんぶしているんです？」

アズが聞いた。

「この子はうちの大切な子どもですやん」

それは、古ぼけたミルク飲み人形だった。おばあさんは、後ろに手を回して、赤んぼうをあやすように、人形のおしりをぽんぽんとたたいている。

イスにすわろうとしたおばあさんを手伝って、アズがおんぶひもをほどいて、人形を手わたすと、おばあさんはぎゅっと胸にだきしめた。

「ええ子やな。ほんまにええ子、ええ子。あんたはうちの［Ⅰ］やで」

幸せそうにつぶやいた。

まるで本物の赤んぼうみたいに、人形を自分のベッドにねかせると、おばあさんはアズの顔をじいっと見た。

「おや。あれま！　あんたはよし子ちゃんやないの。よう帰って来てくれたなぁ」

おばあさんはアズの手をにぎりしめた。アズはちがいますと言いかけたのに、おばあさんはもう、アズの手を放そうとはしなかった。

ちょっとマズイんやないか、この人……。

唯人は心配になってきた。

「あっ、はい、よし子です」

アズが［Ⅱ］をくくったように返事をすると、おばあさんは安心したらしく、笑顔《えがお》を見せた。

おやつタイムになると、施設の計らいで子どもたちにもフルーツゼリーが配られた。

お年寄りたちに、施設の職員の人たちが手際《てぎわ》よくエプロンを身に着けさせた。食べこぼしを受けるための大きなポケットがついたビニール製のエプロンだ。

折りたたんであったパイプイスを起こして、唯人たちはおばあさんと向かい合った。

「さあさあ、母さんの分もお食べ」

おばあさんは自分のスプーンでゼリーをすくって、アズのカップに

2024年度

桐 朋 中 学 校　▶解説と解答

算 数　＜第１回試験＞（50分）＜満点：100点＞

解 答

1 (1) $1\frac{9}{11}$　(2) 5　(3) $3\frac{5}{7}$　**2** (1) 550円　(2) 7200m　(3) 19.7cm　**3** (1) 3個　(2) **赤玉**…378個，**青玉**…172個　**4** (1) 5回目の得点が12点高い　(2) 91点　(3) 70点　**5** (1) 36分　(2) 4分30秒　**6** (1) **最も長い時間**…319秒，**最も短い時間**…13秒　(2) **最も長い時間**…103秒，**２番目に長い時間**…97秒　(3) **最も長い時間**…127秒，**２番目に長い時間**…119秒　**7** (1) 48　(2) 8　(3) 252

解 説

1 **四則計算**

(1) $\frac{9}{22}-\frac{1}{11}+1\frac{1}{2}=\frac{9}{22}-\frac{2}{22}+1\frac{11}{22}=\frac{7}{22}+1\frac{11}{22}=1\frac{18}{22}=1\frac{9}{11}$

(2) $(3.4-1.2)\div0.8+3.75\times0.6=2.2\div0.8+2.25=2.75+2.25=5$

(3) $1\frac{4}{35}\div\left(1.1\times0.5-0.3\div\frac{6}{5}\right)=\frac{39}{35}\div\left(0.55-\frac{3}{10}\times\frac{5}{6}\right)=\frac{39}{35}\div\left(\frac{11}{20}-\frac{1}{4}\right)=\frac{39}{35}\div\left(\frac{11}{20}-\frac{5}{20}\right)=\frac{39}{35}\div\frac{6}{20}=\frac{39}{35}\div\frac{3}{10}=\frac{39}{35}\times\frac{10}{3}=\frac{26}{7}=3\frac{5}{7}$

2 **割合，旅人算，長さ**

(1) 定価の２割引きで買うと，定価で買うよりもお金が，160－50＝110(円)多く余るので，定価の２割が110円にあたる。よって，定価は，110÷0.2＝550(円)とわかる。

(2) Ａ君がＱ地に着いてから，Ｂ君は分速200ｍで12分進んでＱ地に着いたので，Ａ君はＱ地に着くまでにＢ君よりも，200×12＝2400(ｍ)多く進んだことになる。また，１分間にＡ君はＢ君よりも，300－200＝100(ｍ)多く進むから，Ａ君がＱ地に着いたのは出発してから，2400÷100＝24(分後)とわかる。よって，PQ間の道のりは，300×24＝7200(ｍ)と求められる。

〔**ほかの解き方**〕 Ａ君とＢ君の速さの比は，300：200＝３：２だから，PQ間を進むのにかかる時間の比は，$\frac{1}{3}:\frac{1}{2}$＝２：３となる。この比の，３－２＝１にあたる時間が12分なので，Ａ君はPQ間を進むのに，12×２＝24(分)かかる。よって，PQ間の道のりは，300×24＝7200(ｍ)と求めることもできる。

(3) 右の図で，辺ADの長さ(長方形ABCDの横の長さ)は円の直径と等しいので，２×２＝４(cm)である。また，長方形ABCDの面積は円の面積と等しく，２×２×3.14＝12.56(cm^2)だから，長方形ABCDの縦の長さは，12.56÷４＝3.14(cm)となる。よって，太線のうち，直線の部分の長さは，(3.14＋４)×２－２×２＝10.28(cm)とわかる。さらに，太線のうち，曲線の部分の長さは半径２cmの

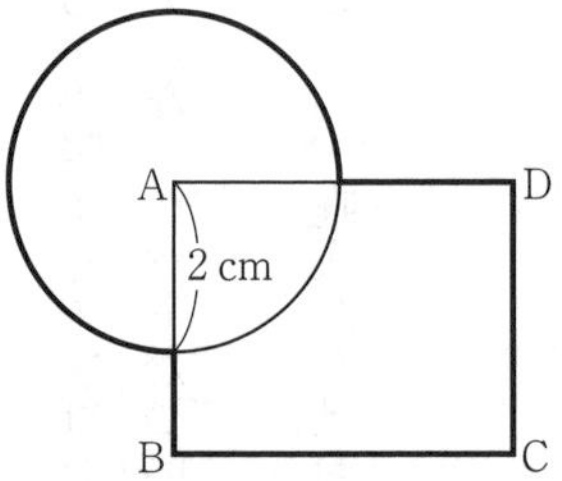

円周の$\frac{3}{4}$なので，２×２×3.14×$\frac{3}{4}$＝9.42(cm)となる。したがって，太線の長さは，10.28＋9.42＝19.7(cm)である。

3 調べ，つるかめ算

⑴　買った赤玉は559個より少ないので，559÷100＝５余り59より，もらった白玉は，２×５＝10(個)以下である。また，黒玉は白玉より３個少なく，白玉の個数は２の倍数だから，(白玉，黒玉)の個数の組は，(10個，７個)，(８個，５個)，(６個，３個)，(４個，１個)が考えられる。(白玉，黒玉)＝(10個，７個)の場合，買った赤玉は，100×(10÷２)＝500(個)以上，買った青玉は，50×７＝350(個)以上となり，４色の合計が559個より多くなるので，条件に合わない。同様に，(白玉，黒玉)＝(８個，５個)の場合も４色の合計が559個より多くなるので，条件に合わない。(白玉，黒玉)＝(６個，３個)の場合，買った赤玉は，100×(６÷２)＝300(個)以上，300＋100＝400(個)未満で，買った青玉は，50×３＝150(個)以上，150＋50＝200(個)未満となり，４色の合計が559個になることは考えられる。(白玉，黒玉)＝(４個，１個)の場合，買った赤玉は，100×(４÷２)＝200(個)以上，200＋100＝300(個)未満で，買った青玉は，50×１＝50(個)以上，50＋50＝100(個)未満となり，４色の合計が559個未満となるので，条件に合わない。以上より，白玉は６個，黒玉は３個もらったとわかる。

⑵　⑴より，買った赤玉と青玉の個数の合計は，559－(６＋３)＝550(個)である。もし，赤玉を550個買ったとすると，代金は，20×550＝11000(円)となり，実際よりも，11000－10140＝860(円)多くなる。赤玉１個を青玉１個にするごとに代金は，20－15＝５(円)ずつ少なくなるから，買った青玉の個数は，860÷５＝172(個)で，買った赤玉の個数は，550－172＝378(個)と求められる。

4 平均，条件の整理

⑴　３回ごとの得点の合計は，問題文中の表に書かれた点数の３倍だから，右の表のようになる。この表で，㋒から㋑をひくと，５回目の得点から２回目の得点を引いた点数になるので，264－252＝12(点)より，５回目の得点の方が２回目の得点よりも12点高い。

㋐	１回目から３回目まで	237点
㋑	２回目から４回目まで	252点
㋒	３回目から５回目まで	264点
㋓	４回目から６回目まで	267点
㋔	５回目から７回目まで	270点

⑵　㋑から㋐をひくと，４回目は１回目よりも，252－237＝15(点)高いので，４回目の得点は，73＋15＝88(点)とわかる。また，㋔から㋓をひくと，７回目は４回目よりも，270－267＝３(点)高いので，７回目の得点は，88＋３＝91(点)と求められる。

⑶　㋓から㋒をひくと，６回目は３回目よりも，267－264＝３(点)高い。また，５回目は２回目より得点が高く，１回目，４回目，７回目はいずれも97点ではないので，最も得点が高かったのは，５回目か６回目である。しかし，２回目の得点は７回のテストのうち最も低いから，１回目の73点より低い。すると，５回目の得点は，73＋12＝85(点)より低く，97点にはならないから，最も得点が高いのは６回目で，その得点は97点とわかる。よって，３回目の得点は，97－３＝94(点)となるので，２回目の得点は㋐から１回目，３回目の得点を引いた，237－73－94＝70(点)と求められる。

5 仕事算

⑴　満水にした水そうの水の量を，18と12の最小公倍数の$\boxed{36}$とし，ポンプＡ，Ｂ，Ｃが１分間に入れたり出したりする水の量をそれぞれ，Ⓐ，Ⓑ，Ⓒと表すことにする。Ａで水を入れ，Ｂで水を出すと，１分間に水そうの水は，$\boxed{36}$÷18＝$\boxed{2}$だけ増えるから，ⒶはⒷより$\boxed{2}$多い。また，Ａで水を入

れ，Ｃで水を出すと，１分間に水そうの水は，$\boxed{36}$÷12＝$\boxed{3}$だけ増えるから，ⒶはⒸより$\boxed{3}$多い。よって，ⒷとⒸではⒷの方が，$\boxed{3}$－$\boxed{2}$＝$\boxed{1}$だけ多いから，Ｂで水を入れ，Ｃで水を出すと，１分間に$\boxed{1}$だけ水が増える。したがって，36÷１＝36(分)で満水になる。

(2)　ⒷはⒶより$\boxed{2}$少なく，ⒸはⒶより$\boxed{3}$少ないので，ＢとＣで１分間に入れる水の量は，(Ⓐ－$\boxed{2}$)＋(Ⓐ－$\boxed{3}$)＝Ⓐ×２－$\boxed{2}$－$\boxed{3}$＝Ⓐ×２－$\boxed{5}$と表せる。よって，満水になるまでの４分間でＢとＣから入れた水の量は，(Ⓐ×２－$\boxed{5}$)×４＝Ⓐ×２×４－$\boxed{5}$×４＝Ⓐ×８－$\boxed{20}$となる。また，４分間のうち１分間だけＡで水を出したので，満水になった水の量は，ＢとＣから入れた水の量よりもⒶだけ少なくなり，右の図のように表せる。この図から，Ⓐ×８－Ⓐ＝$\boxed{36}$＋$\boxed{20}$，Ⓐ×７＝$\boxed{56}$，Ⓐ＝$\boxed{56}$÷７＝$\boxed{8}$となるから，空の水そうにＡで水を入れると，36÷８＝4$\frac{1}{2}$(分)，60×$\frac{1}{2}$＝30(秒)より，４分30秒で満水になる。

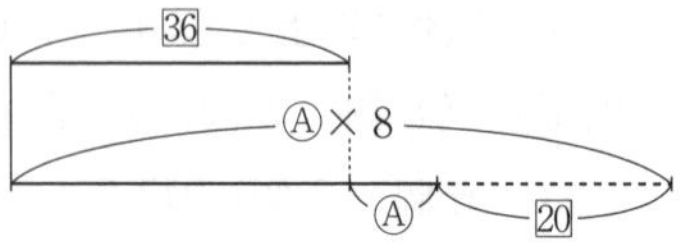

6　条件の整理

(1)　点Ｐは道のりが最も短くなるように進むので，右または上に進み，全部で，３＋７＝10(cm)進む。まず，かかる時間を長くするには，曲がる回数をできるだけ多くし，なるべく早くに曲がるとよい。すると，最も時間が長くなる進み方は下の図１の進み方となる。ここで，１cm進むのにかかる時間は，１回曲がるごとに２倍になるから，はじめは，１÷１＝１(秒)で，１回目に曲がると，１×２＝２(秒)，２回目に曲がると，２×２＝４(秒)，３回目に曲がると，４×２＝８(秒)，…のようになる。よって，図１の経路でかかる時間，つまり，最も長い時間は，１×１＋２×１＋４×１＋８×１＋(８×２)×１＋(８×２×２)×１＋(８×２×２×２)×４＝１＋２＋４＋８＋16＋32＋64×４＝319(秒)と求められる。次に，かかる時間を短くするには，曲がる回数をできるだけ少なくし，なるべく遅《おそ》くに曲がるとよい。よって，最も時間が短くなる進み方は，１回だけ曲がる進み方のうち，下の図２の進み方だから，かかる時間は，１×７＋２×３＝13(秒)となる。

(2)　４回曲がるとき，１cmを１秒，１cmを２秒，１cmを４秒，１cmを８秒で進む道のりをそれぞれ１cmずつにし，１cmを，８×２＝16(秒)で進む道のりを，10－１×４＝６(cm)にできれば，かかる時間を最も長くできる。しかし，１cmを16秒で進む道のりを６cmにするには，下の図３の点Ｄから１回も曲がらずに進む必要があり，その場合，曲がる回数は全部で３回以下になってしまう。そこで，１cmを16秒で進む道のりを１cm減らして５cmにし，１cmを８秒で進む道のりを１cm増やして２cmにすることを考えると，下の図４の進み方がある。よって，最も長い時間は，１×１＋２×１＋４×１＋８×２＋16×５＝１＋２＋４＋16＋80＝103(秒)と求められる。次に，図４の進み方から１cmを８秒で進む道のりを１cm減らして，１cmを４秒で進む道のりを１cm増やすことができれば，その進み方が２番目にかかる時間の長い進み方となるが，そのような進み方はない。そこで，１cmを８秒で進む道のりを１cm減らして，１cmを２秒で進む道のりを１cm増やすことを考えると，下の図５の進み方がある。よって，２番目に長い時間は，103－８＋２＝97(秒)となる。

(3)　ＥからＢへ進む間に少なくとも１回曲がるので，点Ｅで曲がる場合，ＡからＥへ進む間に曲がれる回数は，５－(１＋１)＝３(回)以下となる。すると，点Ｅで曲がる場合に最も時間がかかる進み方は下の図６の進み方となる。このとき，かかる時間は，１×１＋２×１＋４×１＋８×４＋16

×１＋32×２＝１＋２＋４＋32＋16＋64＝119(秒)と求められる。次に，点Ｅで曲がらない場合，１cmを32秒で進む道のりを２cmにすると，図６のＦかＧで曲がった後，Ｈで曲がることになるが，その進み方では曲がる回数が全部で４回以下となってしまう。よって，１cmを32秒で進む道のりを１cmにして，１cmを16秒で進む道のりをできるだけ長くすることを考えると，下の図７の進み方が，点Ｅで曲がらない場合に最も時間がかかる進み方となる。このとき，かかる時間は，１×１＋２×１＋４×１＋８×１＋16×５＋32×１＝１＋２＋４＋８＋80＋32＝127(秒)となり，５回曲がる進み方のうち点Ｅを通るものの中で，最も長い時間は127秒とわかる。また，点Ｅで曲がらない進み方のうち，２番目に時間の長い進み方は，図７の進み方から１cmを16秒で進む道のりを１cm減らして，１cmを４秒で進む道のりを１cm増やすと，下の図８のような進み方が考えられる。このときにかかる時間は，127－16＋４＝115(秒)で，119秒より短いから，２番目に長い時間は119秒とわかる。

図１
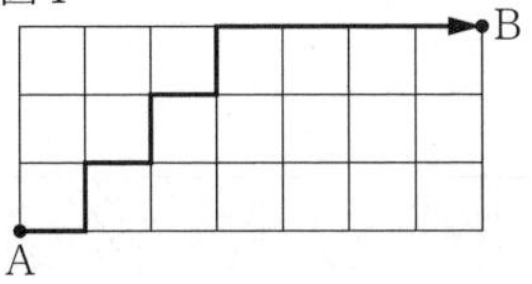

図２
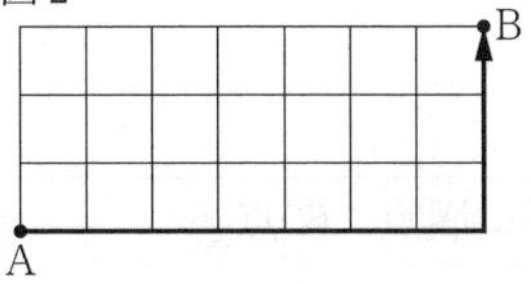

図３
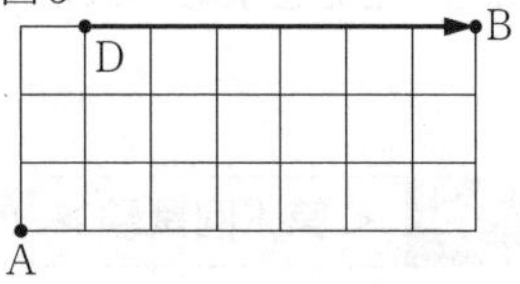

図４
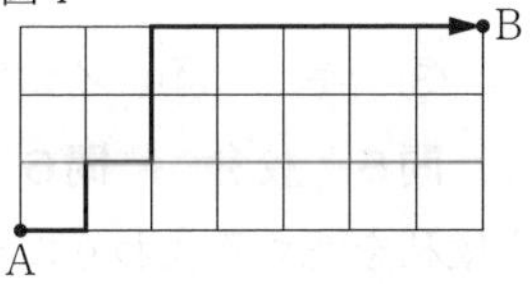

図５
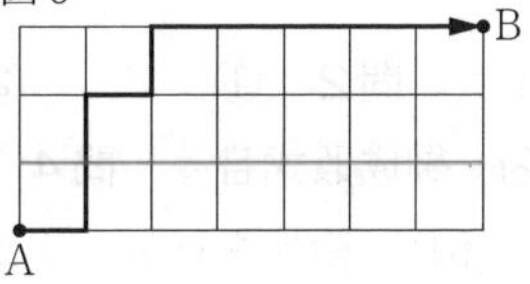

図６
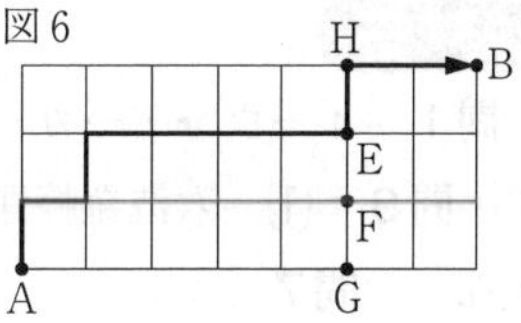

図７
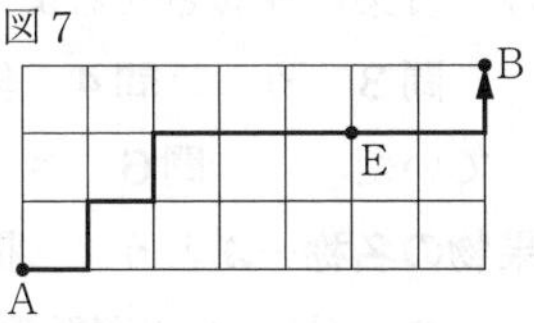

図８
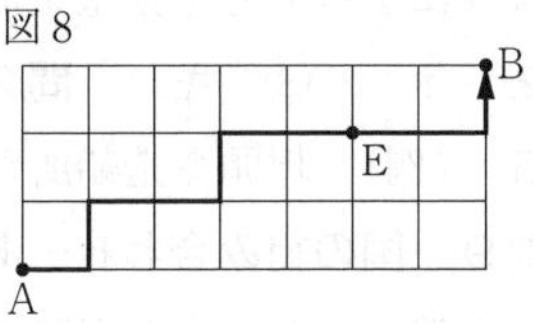

7　整数の性質

(1)　並んでいる整数を１番目から順に，A，B，C，D，E，F，…とする。まず，$A:B=C:D$より，CがAの○倍だとすると，DはBの○倍になる。すると，$B:C=D:E$で，DはBの○倍だから，EはCの○倍になる。さらに，$C:D=E:F$で，EはCの○倍だから，FはDの○倍になる。このように，３番目が１番目の○倍だとすると，並んでいる整数の○倍がその整数の２つ後の数になる。よって，１番目が３，３番目が６のとき，３番目は１番目の，６÷３＝２(倍)だから，５番目は，６×２＝12，７番目は，12×２＝24，９番目は，24×２＝48となる。

(2)　２番目の整数をB，３番目の整数をCとすると，３番目は１番目の，C÷１＝C(倍)なので，５番目は(C×C)，７番目は(C×C×C)，…のようになる。よって，奇数《きすう》番目の整数は１にCを次々とかけていった数となる。また，４番目は(B×C)，６番目は(B×C×C)，…というように，偶数《ぐうすう》番目の整数はBにCを次々とかけていった数となる。ここで，108＝４×27＝２×２×３×３×３より，108は１に同じ整数を何個かかけた積の形では表せないから，108を奇数番目に並べることはできない。一方，108＝４×３×３×３，108＝27×２×２のように，１以外の整数に同じ整数を何個かかけた積の形では表せるので，108を偶数番目に並べることはできる。このとき，２番目を４，３番目を３にすると，$4\times3\times3\times3=108$より，108は２番目から，$2\times3=6$（個）後の数，つまり，$2+6=8$（番目）の数となる。また，２番目を27，３番目を２にすると，$27\times2\times2=108$より，108は２番目から，$2\times2=4$（個）後の数，つまり，$2+4=6$（番目）の数となる。よって，N番目の数が108のとき，Nとして考えられる最も大きい数は８とわかる。

(3)　１番目の数をA，２番目の数をBとし，３番目の数がAの□倍だとすると，３番目の数は１番目の数の倍数なので，□は整数である。また，６番目は（$B\times$□$\times$□），７番目は（$A\times$□$\times$□$\times$□）と表せるので，６番目と７番目の数の和は，$B\times$□$\times$□$+A\times$□$\times$□$\times$□$=$（$B+A\times$□）$\times$□$\times$□となる。よって，（$B+A\times$□）$\times$□$\times$□$=2024$と表せるが，$2024=8\times253=2\times2\times2\times11\times23$より，□にあてはまる整数は２しかない。すると，$(B+A\times2)\times2\times2=2024$より，$B+A\times2=2024\div(2\times2)=506$となり，$(A\times2)$は偶数で，$B$は０ではないから，$(A\times2)$として考えられる最も大きい数は504である。したがって，A（１番目の数）として考えられる最も大きい数は，$504\div2=252$と求められる。

社会　＜第１回試験＞（30分）＜満点：60点＞

解　答

1　**問１**　イ→ウ→ア→カ→エ→オ　**問２**　①　ア　②　オ　③　キ　④　イ　⑤　エ　**問３**　(1)　六波羅探題　(2)　御成敗式目　**問４**　貝塚　**問５**　校倉　**問６**　小村寿太郎　**問７**　マレー　**問８**　（例）　検地を行い，土地を耕す権利を認める代わりに年貢を納める義務を負わせた。また，刀狩りによって刀や鉄砲を取り上げ，農業に専念させるようにした。　**2**　**問１**　①　エ　②　オ　③　キ　**問２**　う　**問３**　う　**問４**　**竿燈まつり**…い　**ねぶた祭**…あ　**問５**　（例）　埠頭や造船所が存在していた。　**問６**　う　**問７**　ドバイ　**問８**　三角州　**問９**　**国の組み合わせ**…あ　**果物の名称**…ぶどう　**問10**　太平洋ベルト　**3**　**問１**　**1**　冷戦　**2**　安全保障理事会　**3**　発展途上（開発途上）　**問２**　北大西洋条約機構　**問３**　**ア**　○　**イ**　×　**ウ**　×　**問４**　フェアトレード　**問５**　え，お

解　説

1　各時代の歴史的なことがらについての問題

問１　アは承久の乱（1221年）が起こったとあるので鎌倉時代，イは土器や弓矢を使って狩りが行われたとあるから縄文時代，ウは聖武天皇とあるので奈良時代，エは関税自主権の回復（1911年）とあるので明治時代，オは太平洋戦争（1941～45年）とあることから昭和時代，カは豊臣秀吉とあるから安土・桃山時代が当てはまる。よって，時代の古い順にならべかえるとイ→ウ→ア→カ→エ→オになる。

問２　①　竹崎季長《たけざきすえなが》は鎌倉時代の肥後《ひご》国（熊本県）の御家人で，自分が元寇《げんこう》（元軍の襲来《しゅうらい》）で活躍《かつやく》したことを主張するため，その戦いぶりを絵師に描《えが》かせたことで知られる（「蒙古《もうこ》襲来絵《え》詞《ことば》」）。よって，アが当てはまる。　②　太平洋戦争末期になると労働力不足が深刻になり，中学生や女学生が軍需《ぐんじゅ》工場などに動員された。よって，オが当てはまる。　③　ひらがなが発明されたのは平安

時代のことなので，当てはまる時代がない。よって，キが当てはまる。　④　土偶は，縄文時代に生活の安全や多産，えものが豊かであることを祈《いの》るまじないに用いたと考えられている土人形である。よって，イが当てはまる。　⑤　日英同盟は，ロシアの極東進出に対抗《たいこう》するため，日本とイギリスとの間で1902年に結ばれた。よって，エが当てはまる。

問３　(1)　承久の乱に勝利した鎌倉幕府は，朝廷《ちょうてい》と西国の御家人を監視《かんし》するため，京都に六波羅探題を設置した。　(2)　御成敗式目（貞永《じょうえい》式目）は，1232年に鎌倉幕府の第３代執権北条泰時が制定した初の武家法で，源頼朝以来の先例や武家社会の慣習，道徳をもとにした51か条からなり，のちの武家法の手本となった。

問４　貝塚は捨てられた貝がらなどが積み重なった縄文時代の遺跡《いせき》で，動物や魚の骨，土器，石器の破片《はへん》などが出土することから，当時の人々の生活を知ることができる。

問５　東大寺の正倉院は，切り口が三角形や四角形，台形の形をした木を井の字形に組み上げて壁《かべ》にした「校倉《あぜくら》造」の建物で，聖武天皇の遺品が保管され，遠く西アジアや南アジアからもたらされた珍《めずら》しい文物も納められていた。

問６　1911年，外務大臣の小村寿太郎はアメリカと交渉《こうしょう》し，関税自主権の回復に成功した。小村寿太郎はまた，日露戦争の講和会議でも日本の代表を務め，ロシアとポーツマス条約を結んでいる。

問７　太平洋戦争は，1941年12月８日，日本軍がハワイの真珠湾《しんじゅわん》にあるアメリカ海軍基地を奇襲《きしゅう》攻撃《こうげき》するのとほぼ同時に，イギリス領のマレー半島に上陸作戦を開始したことにより始まった。

問８　豊臣秀吉は検地（太閤《たいこう》検地）と刀狩りを行って，兵農分離《ぶんり》を進めた。全国的に行った検地では，農民に土地の耕作権を認める代わりに，年貢を確実に納めることを義務づけた。また，1588年に刀狩令を出し，農民から武器を取り上げて一揆《いっき》が起こるのを防ぎ，農耕に専念させるようにした。この２つの政策により，武士と農民の身分をはっきりと区別した。

2　各地方の最大都市を題材にした問題

問１　図１のアは札幌市，イは仙台市，ウは横浜市，エは名古屋市，オは大阪市，カは広島市，キは福岡市である。　①　名古屋市は伊勢湾《わん》に面し，江戸時代に「徳川御三家」の１つである尾張藩の城下町として栄えた。　②　大阪市は大阪湾に面し，市内の北部に琵琶湖（滋賀県）を水源とする淀川（全長約75km）が流れている。　③　福岡市は博多湾に面し，古くから港町として栄えてきた。

問２　図１の７つの都市は，全て政令指定都市である。「政令指定都市」は，東京（23区）を除き，人口50万人以上（実際には一定の条件を満たした人口がほぼ70万人以上）の都市で，ほぼ府県なみの行財政権を持ち，府県を経由しないで国と直接行政上の手続きができる。全国に20市ある。なお，「あ」について，市に空港があるのは，札幌市（札幌飛行場で通称は丘珠《おかだま》空港）と福岡市（福岡国際空港）の２市。「い」の新幹線の駅は，札幌市にはない（2030年に新函館北斗《ほくと》―札幌間が開業予定）。「え」について，「北海道日本ハムファイターズ」の本拠《ほんきょ》地球場は北広島市にある。

問３　「はえぬき」は山形県の銘柄《めいがら》米なので，「う」が当てはまらない。

問４　「竿燈《かんとう》まつり」は，秋田市で８月３日～６日に行われる夏祭。提灯《ちょうちん》をたくさんつけた竹ざおを肩や額，腰などにのせて市内をねり歩く。「ねぶた祭」は青森市で８月２日～７日に行われる夏祭。紙と針金を用いてつくった立体的な造形の山車《だし》を引き，笛や太鼓《たいこ》の囃子《はやし》とともに市内をねり歩く。なお，「東北三大祭り」に山形市の花笠《はながさ》まつりを加えて，「東北四大祭り」という場合がある。

いずれも８月上旬に行われ，この時期には全国から多くの観光客が訪れる。

問５　図３にある「みなとみらい21地区」は埋《う》め立て地に形成されたもので，昭和57(1982)年の図２の地形図を見ると，沿岸部に「高島埠頭《ふとう》」と「三菱《みつびし》重工造船所」があったことがわかる。

問６　図４において，輸送用機械の生産額は愛知県(図１のエ)が40％近くを占《し》めて全国第１位で，第２位は浜松市を中心とする県西部で自動車やオートバイの生産がさかんな静岡県となっている。以下，神奈川(ウ)・福岡(キ)・群馬・広島(カ)の各県が続く。

問７　2020年の国際博覧会(万博)は，アラブ首長国連邦を構成する７首長国の１つであるドバイ首長国(埼玉県と同程度の面積)の都市ドバイで開催《かいさい》された。アラブ首長国連邦(首都アブダビ)は西アジアにあるイスラム教国で，日本にとって，サウジアラビアにつぐ原油輸入国となっている。

問８　太田川は広島県西部の冠《かんむり》山(標高約1340m)を水源とし，広島市街地で６つに分流して広島湾に注ぐ。河口付近には，上流から運ばれてきたつぶの細かい土砂が堆積《たいせき》した平らな地形である「三角州」が形成されている。

問９　ワインはぶどうを原料とする醸造《じょうぞう》酒で，その生産量はイタリアが世界一である。また，原料のぶどうの生産量は中国(中華人民共和国)が世界一になっている。よって，組み合わせは「あ」になる。

問10　関東南部から，東海・近畿中央部・瀬戸内を経て，九州北部にいたる帯状の工業地域を「太平洋ベルト」という。日本の全人口の約６割，工業出荷額の約７割を占め，交通網《もう》も発達している。

3　通常兵器の輸出入を題材にした国際社会についての問題

問１　**１**　第二次世界大戦後の世界は，アメリカを中心とする資本主義国(西側)とソ連を中心とする社会主義国(東側)に分かれてはげしく対立した。この東西対立は，直接武器をとって戦わなかったことから「冷戦(冷たい戦争)」と呼ばれ，1989年の米ソ首脳によるマルタ会談により，冷戦の終結宣言が出されるまで続いた。　**２**　安全保障理事会は世界の平和と安全を守る国際連合の中心機関で，常任理事国５か国と総会で選出される任期２年の非常任理事国10か国の，計15か国で構成される。常任理事国はアメリカ・ロシア・イギリス・フランス・中国(中華人民共和国)の５か国で，常任理事国のうち１か国でも反対すれば議決が無効になる「拒否《きょひ》権」が認められている。　**３**　図５の通常兵器の輸入国を見ると，発展(開発)途上国が多いことがわかる。

問２　NATOは「北大西洋条約機構」の略称で，もとは東西冷戦の時代にアメリカが西側諸国にはたらきかけてできた軍事同盟である。加盟国は2023年時点で，アメリカ，カナダとヨーロッパの31か国だったが，24年にスウェーデンの加盟が決まったことで，合計32か国となった(2024年３月現在)。

問３　**ア**　2016年，アメリカのオバマ大統領が被爆《ひばく》地の広島を訪問したが，これはアメリカ大統領として史上初のことであった。オバマ大統領は就任直後の2009年にチェコの首都プラハを訪問したとき，「核なき世界」の実現を目指すとする演説を行っている。　**イ**　2017年，国際連合の総会で核兵器禁止条約が採択《さいたく》され，2021年に発効した。しかし，唯一《ゆいいつ》の戦争被爆国である日本はアメリカの「核の傘《かさ》」で守られているとして，参加していない。　**ウ**　2018年の南北首脳会談では，韓国(大韓民国)と北朝鮮(朝鮮民主主義人民共和国)とが「板門店《パンムンジョム》宣言」に署名し，朝鮮半島の完全な非核化を南北の共通目標にするとしたが，朝鮮戦争(1950～53年)の終結宣言は出されていない。

問４　ココアやコーヒーなどの換金《かんきん》作物や伝統工芸品など，発展途上国で生産される原料や製品を，輸入者が生産者から適正な価格で継続的に買い取って先進国の市場で販売することで，途上国の生産者や労働者の生活改善と自立を目指す運動の仕組みを「フェアトレード」という。直訳すると「公平・公正な取引」ということで，消費者が公平・公正に取引された商品を認識できるように，フェアトレード商品に認証ラベルをつけているものもある。

問５　NGOは「非政府組織」の略称で，国境を越《こ》えて活動する民間団体のこと。人権擁護《ようご》活動を行うアムネスティ・インターナショナル，医療《いりょう》支援《しえん》を行う国際赤十字赤新月《せきしんげつ》社連盟・国境なき医師団，子どもの権利保護を目的としたセーブ・ザ・チルドレンなどがある。よって，「え」と「お」の２つが当てはまる。「あ」の青年海外協力隊は，日本政府がおこなう政府開発援助《えんじょ》(ODA)の一環《いっかん》として国際協力機構(JICA)が実施《じっし》する海外ボランティア派遣《はけん》制度，「い」の国連平和維持《いじ》活動(PKO)と「う」のユニセフ(国連児童基金)は国際連合の活動である。

理　科　＜第１回試験＞（30分）＜満点：60点＞

解　答

1　**問１**　イ　**問２**　ウ　**問３**　ア　**問４**　EDCBA　**問５**　①　ウ　②　サ
2　**問１**　**塩酸**…イ　**水酸化ナトリウム水溶液**…オ　**問２**　A，B，C　**問３**　2.4g　**問４**　カ　**問５**　K　**問６**　10g　**問７**　空気中の二酸化炭素と反応した
3　**問１**　54%　**問２**　(例)　日光を受け栄養分を合成するはたらき　**問３**　師管　**問４**　イ，エ　**問５**　ア，オ　**問６**　(例)　１果実あたりへ運ばれる栄養分が多くなるため。
4　**問１**　ウ　**問２**　イ，ウ，オ　**問３**　二酸化炭素　**問４**　ウ　**問５**　(1)　35700万km^2　(2)　2500万km^3　(3)　70m

解　説

1　光の屈折《くっせつ》についての問題

問１　図１でレンズを通った光を延長すると，イの位置で光が一点に集まり，最も明るくなる。なお，この光が集まる点を焦点《しょうてん》という。

問２　レンズの厚みが薄《うす》くなると，光の折れ曲がり方が小さくなるので，日光が一点に集まる位置はレンズから遠ざかる。

問３　レンズの直径が大きくなると，レンズを通る光の量が多くなるので，それらの光が一点に集まった位置の明るさは問１の明るさより明るくなる。

問４　右の図のようにA～Eを並べ替《か》えると，レーザー光の道すじが交わらず広がるようになる。

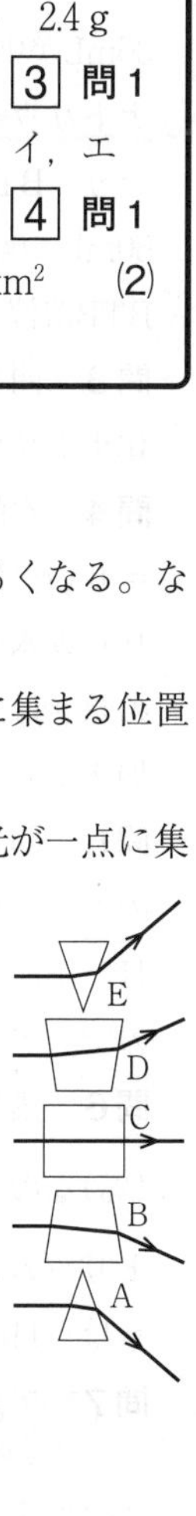

問５　直方体のガラスブロックの面にななめに当たったレーザー光は，ガラスの面から遠ざかるように折れ曲がって進むので，ウの道すじを通る。そして，ガラス中から空気中に出るときは，ガラスの面に近づくように折れ曲がって進む。このとき，直方体のガラスに入射する光とガラス中から出る光は平行になるので，サの道すじを通る。

2　水溶液《すいようえき》の中和についての問題

問１　酸性の水溶液はトイレの汚《よご》れを溶《と》かすので，強い酸性の塩酸がトイレ用洗剤《せんざい》の主成分としてふくまれていることが多い。また，強いアルカリ性の水酸化ナトリウム水溶液は油汚れを溶かす性質があるので，油汚れ用洗剤の主成分となっていることが多い。

問２　塩酸に水酸化ナトリウム水溶液を加えていくと，塩酸と水酸化ナトリウム水溶液が中和して食塩ができる。実験１の表より，水酸化ナトリウム水溶液10mLが中和したときにできる食塩の重さは1.5ｇなので，水酸化ナトリウム水溶液１mLが中和したときにできる食塩の重さは，1.5÷10＝0.15(ｇ)とわかる。また，完全に中和して塩酸がなくなったあと，さらに水酸化ナトリウム水溶液を加え続けると，蒸発させたときに，残った水酸化ナトリウム水溶液に溶けていた水酸化ナトリウムが残る。ＥとＦから，水酸化ナトリウム水溶液10mLに溶けている水酸化ナトリウムの重さは，6.8－5.8＝1.0(ｇ)なので，水酸化ナトリウム水溶液１mLには，1.0÷10＝0.1(ｇ)の水酸化ナトリウムが溶けている。仮に，水酸化ナトリウム水溶液60mLがすべて中和したとすると，0.15×60＝９(ｇ)の食塩ができることになる。中和する水酸化ナトリウム水溶液が１mL減り，中和せずに残る水酸化ナトリウム水溶液が１mL増えたとすると，残る固体の重さは，0.15－0.1＝0.05(ｇ)減る。よって，加えた水酸化ナトリウム水溶液が60mLで，残った固体の重さが7.8ｇになるとき，中和せずに残った水酸化ナトウム水溶液の体積は，(９－7.8)÷0.05＝24(mL)なので，中和した水酸化ナトリウム水溶液の体積は，60－24＝36(mL)となる。つまり，塩酸60mLと水酸化ナトリウム水溶液36mLが中和し，食塩が，0.15×36＝5.4(ｇ)できることがわかる。したがって，塩酸60mLに水酸化ナトリウム水溶液を10mL，20mL，30mL加えたＡ，Ｂ，Ｃでは，中和後に塩酸が残るので酸性となり，BTB溶液を加えると黄色に変化する。なお，塩酸60mLに水酸化ナトリウム水溶液を40mL，50mL，60mL加えたＤ，Ｅ，Ｆでは中和後に水酸化ナトリウム水溶液が残るのでアルカリ性となり，BTB溶液を加えると青色に変化する。

問３　問２より，Ｆで残った固体7.8ｇにふくまれている食塩は5.4ｇなので，ふくまれている水酸化ナトリウムの重さは，7.8－5.4＝2.4(ｇ)となる。

問４　水酸化ナトリウム水溶液60mLに塩酸を加えないとき，水酸化ナトリウムの固体が，0.1×60＝６(ｇ)残る。問２より，塩酸60mLと水酸化ナトリウム水溶液36mLが中和するので，水酸化ナトリウム水溶液60mLと完全に中和する塩酸の体積は，$60\times\frac{60}{36}=100$(mL)で，このときにできる食塩の重さは，0.15×60＝９(ｇ)となる。塩酸に溶けている塩化水素は気体なので，塩酸を100mL以上加えても，残った固体の重さは９ｇのまま変化しない。以上より，カのようなグラフになる。

問５　問４より，水酸化ナトリウム水溶液60mLと塩酸100mLで完全に中和するので，実験２のＫのときに完全に中和して食塩水になっており，アルミニウムを加えてもあわが出ない。なお，Ｇ，Ｈ，Ｉ，Ｊでは中和後に水酸化ナトリウム水溶液が残っており，Ｌでは中和後に塩酸が残っているので，アルミニウムを加えると水素を発生させながら溶ける。

問６　濃度《のうど》が$9.09\left(=9\frac{1}{11}\right)$％の水酸化ナトリウム水溶液にふくまれる水の割合は，$100-9\frac{1}{11}=90\frac{10}{11}$(％)なので，100ｇの水の割合が水溶液全体の$90\frac{10}{11}$％にあたる。よって，このときできる水酸化ナトリウム水溶液全体の重さは，$100\div\left(90\frac{10}{11}\div100\right)=110$(ｇ)なので，加える水酸化ナトリウムの重さは，110－100＝10(ｇ)と求められる。

問７　アルカリ性に保たれたスティックのりと同様に，水酸化ナトリウムは空気中の二酸化炭素と反応して別の物質（炭酸ナトリウム）に変化する。水酸化ナトリウムが減った分，つくった水酸化ナトリウム水溶液の濃度が小さい値になったと考えられる。

3 トマトの成長についての問題

問１　生産量トップ３の３国の総生産量は，6760万＋2120万＋1310万＝10190万（トン）なので，全世界の総生産量に占《し》める割合は，10190万÷19000万×100＝53.6…より，54％となる。

問２　根から吸収した水と，葉などから吸収した二酸化炭素をもとに，日光のエネルギーを使って栄養分を合成するはたらきを光合成といい，このとき酸素が発生する。

問３　光合成によってつくられたでんぷんは，水に溶けやすい糖に変えられ，師管を通って果実まで運ばれる。

問４　図１のグラフからわかることは，19℃から27℃までの成長速度であり，38℃の成長速度はわからない。また，昼と夜の気温の変化の大きさは読み取れない。

問５　図２より，開花10日後ごろから１果房《かぼう》あたりの果実の数による果実の成長のちがいがみられ，果実の数が２つのもの（B）が最も重くなるのは開花50～60日で，収穫《しゅうかく》に適した時期は述べられていない。また，図２，図３から，温度のちがいによる果実の重さの変化を読み取ることはできない。

問６　１果房あたりの果実の数が少ないと，１果実あたりへ運ばれる栄養分が多くなるので，果実の成長が速く，大きく育つと考えられる。

4 気候変動についての問題

問１　川の流れによって運ばれてきた泥《どろ》，砂，れきが海底にたい積したものや，火山灰などがたい積したものが層状に重なったものを地層という。

問２　大昔の植物やプランクトンなどの生物が長い年月をかけて変化してできた，石油や石炭，天然ガスなどの燃料を化石燃料という。

問３　化石燃料を燃やすと，二酸化炭素が発生する。大気中の二酸化炭素が増加することによって，地球の平均気温が上がり，地球温暖化が進行していると考えられている。

問４　二酸化炭素やメタン，水蒸気などの温室効果ガスには，地面からの放射熱を吸収して再び地表へ放出する性質があり，これにより地表付近の大気の温度が上がるしくみを温室効果という。水蒸気は二酸化炭素よりも大気中の量が多いため，温室効果が高いと考えられる。

問５　(1)　海の面積は地球の表面積の70％なので，51000万×0.7＝35700万（km^2）となる。　(2)　水が氷に変化すると体積は10％増加して，１＋0.1＝1.1（倍）になる。よって，2750万km^3の氷河がすべて水に変化したときの体積は，2750万÷1.1＝2500万（km^3）と求められる。　(3)　海の面積は３億5700万km^2，流れ込《こ》む水の体積は2500万km^3で，海に水が流れ込むことによって上昇《じょうしょう》する高さは，（水の体積）÷（海の面積）で求められるから，2500万÷35700万×1000＝70.0…より，70mとわかる。

国　語　＜第１回試験＞（50分）＜満点：100点＞

解　答

一　**問１**　宝物　　**問２**　腹　　**問３**　ウ　　**問４**　エ　　**問５**　（例）　もの忘れが進んでいる

おばあさんにとって忘れられないほど大切な子どもを自分が演じることに後ろめたさを覚えていたが，唯人のことばを受けて，おばあさんは本当に大切な思い出をふだんは心の奥にしまっているからこそ，今日だけでも大切な人と過ごしているような気分になるための手伝いができたのだと思えたから。　**問６**　(例)　アズが「よし子ちゃん」になりきっていたのをそばで見ていて，心を痛めながらもおばあさんに寄りそっていたことを知っているため，その思いやりにあふれる行動をその場のふんいきだけでからかって傷つけることが人として許せないという思い。　**問７**　イ　**問８**　ウ　**問９**　下記を参照のこと。　二　**問１**　下記を参照のこと。　**問２**　(例)　他にとりえがなく，みんなが引き受けたがらない学級委員長を引き受けたことだけに，自分らしさがあると信じていた子。　**問３**　エ　**問４**　たくさん応　**問５**　ア　**問６**　(例)　まだ自分の中でも整理がついていない　**問７**　ふた　**問８**　(例)　エッセイとは，特別な体験を赤裸々に書くものではなく，ありふれたことでも，文章表現の豊かさによって特別な体験や面白いものに思えるようにするものだということ。　**問９**　親が見て悲しむもの，書いて誰かが悲しむもの　**問10**　ウ　**問11**　(1)　(例)　普通は書くことができない，隠しておきたいようなエピソードを，勇気をもって書くことができることが，エッセイの読者に感動を与えると考えているから。　(2)　オ

●漢字の書き取り

一　**問９**　a　照(れ)　b　訪問　c　想像　二　**問１**　a　構築　b　骨折　c　貴重　d　救済

解　説

一　**出典：志津栄子《しずえいこ》『雪の日にライオンを見に行く』**。認知症《にんちしょう》のおばあさんに温かく寄りそったアズの言動をからかい，アズを傷つけた級友の文香《ふみか》たちに，人前で話すことが苦手な唯人《ゆいと》は大声で注意する。

問１　おばあさんは人形を大切そうにあつかい，「ほんまにええ子」だと言っている。少し後の，アズがその人形をねかしつけようとする場面では，人形はおばあさんの「宝物」と表現されている。

問２　「腹をくくる」は，“覚悟《かくご》を決める”という意味。自分のことを娘《むすめ》の「よし子ちゃん」だと思いこんでいるらしいおばあさんを安心させるため，アズは「よし子ちゃん」になりきろうとしている。

問３　おばあさんが自分のゼリーを，自分の子どもだと思いこんでいるアズに食べさせようとした場面である。子どもを大事に思っているらしいおばあさんの気持ちをくんだアズは，おばあさんの思いちがいは指摘《してき》せずに，おばあさんの分のゼリーはおばあさんに食べてもらおうとしている。

問４　認知症のおばあさんに自分の子どもの「よし子ちゃん」だとかんちがいされたアズは，「よし子ちゃん」になりきっておばあさんを安心させるが，自分のことは忘れても「子ども」のことは忘れず，アズに自分のゼリーを食べさせようとまでするおばあさんの姿に心を痛めている。

問５　唯人が言った「心の中の一番大事なとこ」に「しまってある」ものとは，子どもとの思い出のことだと考えられる。もの忘れが進んでも忘れないほどに，おばあさんにとって大切な子どもの「よし子ちゃん」を自分が演じていいのかと，アズは後ろめたさも感じていたと思われる。だが，唯人の言葉を聞いて，ふだんは心の奥《おく》に本当に大切な思い出をしまっているおばあさんに，せめて

今日だけでも大切な人と過ごしている気分になってほしい，そのための手伝いを自分はしているのだとアズは考えることができ，「よし子ちゃん」を演じてよかったのだと思えたのである。

問６　何よりも子どもが大切なおばあさんの気持ちに寄りそうため，アズは「よし子ちゃん」になりきって演じていた。だが，文香たちは悪意がないとはいえ，その思いやりあふれる行動を大勢でおもしろおかしく茶化し，からかってアズを傷つけている。心を痛めながらもおばあさんに寄りそうアズを近くで見ていた唯人は，その文香たちの行動が人として許せないと感じたのである。

問７　前書きにあるとおり，唯人は人前で話すことを非常に苦手にしている。だが，おばあさんに深い思いやりをもって接したアズがそのためにからかわれ，笑われているのががまんできず，アズをかばうために文香たちに“やめろ”と言おうとしている。だが，ふだんの自分ではとてもできないことを無理にしようとしているため，きんちょうにおそわれているのだから，イがあてはまる。

問８　唯人自身がおどろいた唯人の行動とは，おばあさんを思いやったアズの行動をおもしろがって茶化し，アズを傷つけた文香たちに対して大声で注意し，アズをかばったことを指す。唯人にその行動を起こさせたのは，悪意のないままアズを安易に傷つけた文香たちの言動なので，ウが選べる。

問９　**a**　音読みは「ショウ」で，「照明」などの熟語がある。　**b**　ほかの人の家を訪ねること。　**c**　実際には経験していないことを，頭の中で思いうかべたり，考えたりすること。

二　**出典：くどうれいん「なにが赤裸々《せきらら》」**。エッセイとは特別な体験を赤裸々に書くものではなく，豊かな文章表現で，ありふれた題材を特別で面白《おもしろ》いものに思えるように書くものだと述べている。

問１　**a**　あるものを組み立て，築きあげること。　**b**　体の骨を折ること。　**c**　とても大切なようす。　**d**　苦しんでいる人を救い，助けること。

問２　「そういう」とあるので，同じ段落に書かれている，「わたし」についての描写《びょうしゃ》をまとめる。取り立ててとりえといえるようなものはなく，みんなが引き受けたがらない学級委員長を引き受けたことだけに自分の特別さ，かけがえのなさ，ひいては自分らしさがあると信じていた子だったのである。

問３　「あのとき」とは，コンクールに出すために先生と向かい合って作文の手直しをしたときを指す。学級委員長という「みんながしないこと」をする自分を「わたし」は特別だと思っていたものの，「あのとき」はだれにでもできることではないことを経験し，ぼう線部②のように感じたのだから，エが合う。

問４　ぼう線部③のある段落の次の段落では，「わたし」の作文はエピソード不足だという「わたし」自身に関する問題点が説明されている。「たくさん応募《おうぼ》したからこそ思うが」で始まる段落には，学生向けのエッセイ・作文コンクールでは必ずしもよい作文は求められていないという，コンクールの特性にまつわる理由が述べられている。

問５　続く部分に「極端《きょくたん》」とあるので，空らんⅠには「不幸」と相反する内容のアかイが入ると考えられる。また，「目つきの悪いわたし」と書かれていることに注目する。目つきが悪いと怒《おこ》っているようなこわい表情に見られるので，空らんⅠにはアの「善人」が合う。

問６　「煮《に》えたぎる」は煮えてさかんにわきたつことを意味するので，自分の中で「煮えたぎっている」とは，まだそのことに対する感情が落ち着かず，客観的な視点から冷静には見られないようすを指す。読み進めていくと，ぼう線部⑥のすぐ前の「まだ自分の中でも整理がついていない」がぬき出せる。

問７　「ふたを開ける」は，物事の実際のようすを見ること。この場合は，学生向けのエッセイ・作文コンクールの実態について，本当に求めているものは実はよい作文ではないことを言っている。

問８　エッセイについての筆者の考えを前後からまとめる。努力，苦労，人間関係のトラブルなどを書いた似通ったエッセイに筆者はうんざりし，特別な体験を赤裸々に曝《さら》け出しながら書くのがエッセイではないと考えている。ありふれていてくだらないと思えるようなことを，文章表現の豊かさによって特別な体験や面白いものにするのがエッセイだとすればよい。

問９　ぼう線部⑥の直前には前に書かれている内容を指す「そういった」があるので，「まだ自分の中でも整理がついていないかもしれない，人の死，大きな失敗」などを書いた作文がぼう線部⑥の例になる。筆者はこういった作文を必ずしも「良い作文」とは考えていないので，筆者が「できるだけ書かないよう努力をしているつもり」だという「親が見て悲しむもの，書いて誰かが悲しむもの」がぬき出せる。

問10　次の文に注目する。「エッセイを書ける勇気があってすごい」と筆者に言う人は，筆者も特別な体験を赤裸々に包み隠《かく》さず書いていると考えているのだろうが，そうではないと筆者は書いている。そのため，そう思われることがやりきれなくてぼう線部⑦のように思うのだから，ウがよい。

問11　(1)　ぼう線部⑦のある段落に注目する。普通《ふつう》は書けない，隠しておきたいようなことを勇気をもって赤裸々に曝け出すことは「すごい」ことであり，エッセイの読者に感動を与えると多くの人が考えているからである。　(2)　最後の段落から，筆者は赤裸々に秘密を明かすエッセイが本当に面白いのかと疑問を持っていることがわかる。ぼう線部④のある段落の次の段落では，「お手本のエッセイ」や「賞を取れるエッセイ」を自分は書けないと筆者は述べている。また，ぼう線部⑤のある段落では，ありふれた題材を面白く書くため，「友達と喧嘩《けんか》したエッセイ」より「ロシアンブルーのおなかの描写」についてのエッセイを書くようにすすめているので，オが選べる。

2024年度 桐朋中学校

【算　数】〈第２回試験〉(50分)〈満点：100点〉

1 　次の計算をしなさい。

(1) $2\frac{1}{4}-1\frac{2}{3}+\frac{7}{12}$

(2) $3.2\times1.5+(9.1-0.7)\div2.8$

(3) $1.25\div\left(1\frac{1}{9}-\frac{5}{6}\right)\times\left(0.45+\frac{1}{12}\right)$

2 　次の問いに答えなさい。

(1) 長さが１m25cmのリボンを２つに切って姉と妹で分けたところ，姉のリボンの長さは妹のリボンの長さの２倍より８cm長くなりました。姉のリボンの長さは何cmですか。

(2) ３つのかぼちゃA，B，Cの重さを比べました。Aの重さはBの重さの $\frac{4}{7}$ 倍，Cの重さはAの重さの $5\frac{5}{6}$ 倍でした。Bの重さはCの重さの何倍ですか。

(3) ある店で，商品A，Bが売られています。昨日は，A，Bはどちらも定価の１割引きで売られていたので，A，Bを１つずつ買い，代金は1620円でした。今日は，Aは定価で，Bは定価の２割引きで売られているので，A，Bを１つずつ買うと代金は1602円となります。A，Bの定価はそれぞれいくらですか。

3 　兄と弟は，同時に家を出発して，歩いて図書館に行きました。兄は，家を出発してから２分後に忘れ物に気づき，すぐに歩いて家に戻りました。２人は，家から140m離れた地点ですれちがいました。２人の歩く速さは一定で，兄の歩く速さと弟の歩く速さの比は7：5です。

(1) ２人がすれちがったのは，家を出発してから何分何秒後ですか。

(2) 兄は，家に戻ってから３分後に再び家を出発して，歩いて図書館に向かいました。２人は同時に図書館に着きました。家から図書館までの道のりは何mですか。答えだけでなく，途中の考え方を示す式や図などもかきなさい。

4 　縦《たて》18cm，横30cmの長方形を底面とする高さ14cmの直方体の形をした空《から》の水そうがあります。この水そうの中に，１辺が６cmの立方体10個を次のページの＜図＞のように上下２段に重ねて置いていきます。下の段の立方体の底面は水そうの底面に重なり，上の段の立方体の底面は水そうの底面に平行になるようにします。10個の立方体を置いたあと，水そうに水を一定の割合で入れたところ，水を入れはじめてからの時間と水面の高さの関係をグラフに表すと，次のページの＜グラフ＞のようになります。水面の高さが14cmになったとき，入れた水の体積と立方体10個の体積の和は水そうの容積と等しくなりました。

＜図＞

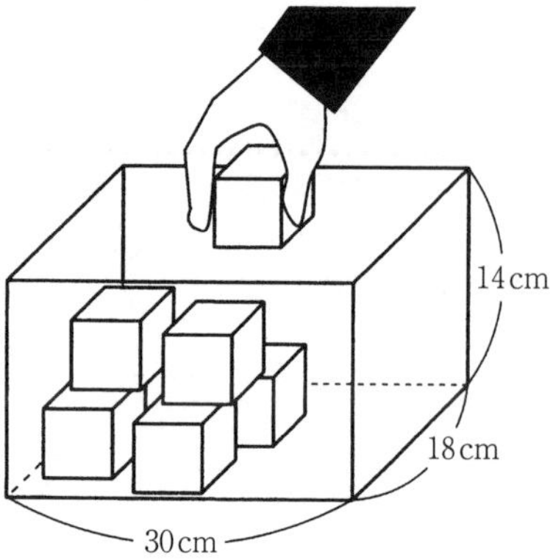

＜グラフ＞

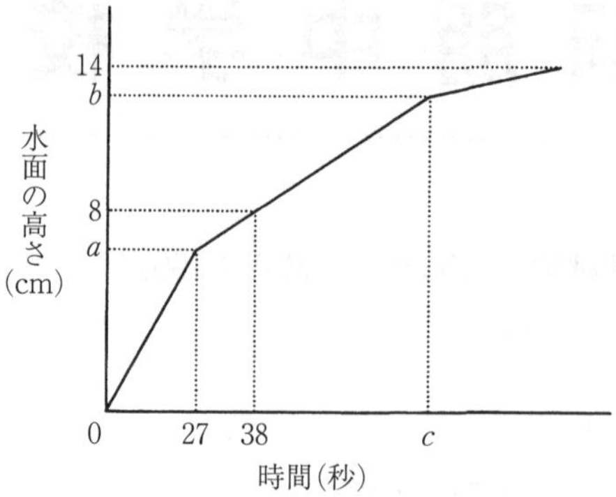

(1)　＜グラフ＞で，a，b，c の値を求めなさい。

(2)　水を入れる割合は毎秒何 cm^3 ですか。

(3)　下の段にある立方体の個数を求めなさい。

5　右の図の四角形ABCDは平行四辺形で，辺ADの長さは16cm，高さは10cmです。E，Fは辺BC上の点で，BE＝EFです。また，Gは辺CD上の点で，CG＝GDです。

(1)　三角形ABEの面積と三角形GFCの面積の和は何 cm^2 ですか。

(2)　三角形AEGの面積は $63cm^2$ です。BEの長さは何cmですか。

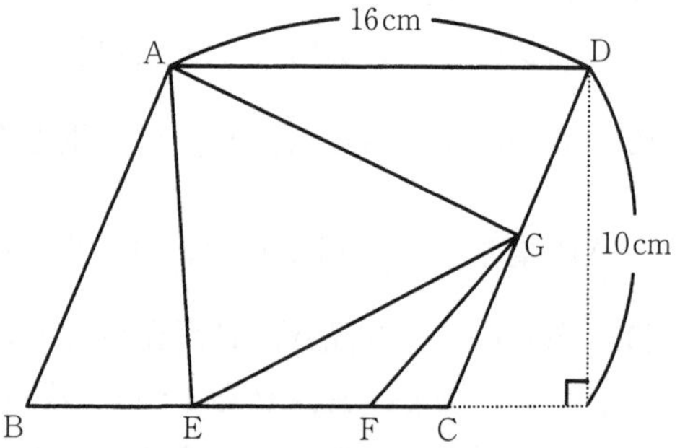

6　１辺が１cmの正三角形の形をした白いタイルと黒いタイルがたくさんあります。初めに，机の上に白いタイル１枚と黒いタイル３枚を並べ，次のページの＜図形１＞をつくります。このあと，白いタイルと黒いタイルを次の操作のように机の上にすき間なく並べて図形をつくります。ただし，タイルとタイルは辺がぴったり重なるように並べ，同じ色の２枚のタイルの辺は重ならないようにします。

操作	①　つくった図形の外側に，何枚かの白いタイルを並べる。並べ方は，黒いタイルのすべての辺が白いタイルの辺と重なるようにする。 ②　①で並べた白いタイルの外側に，何枚かの黒いタイルを並べる。並べ方は，白いタイルのすべての辺が黒いタイルの辺と重なるようにする。

この操作を＜図形１＞に行うと，次のページの＜図形２＞になります。操作を繰り返し，＜図形３＞，＜図形４＞，……をつくります。

(1)　＜図形４＞の白いタイルの枚数は＜図形３＞の白いタイルの枚数より何枚多いですか。

(2)　＜図形６＞の白いタイルの枚数と黒いタイルの枚数はそれぞれ何枚ですか。

(3)　＜図形N＞で白いタイルと黒いタイルの枚数の和が初めて2024枚より多くなりました。Nの値を求めなさい。また，このときの＜図形N＞の白いタイルと黒いタイルの枚数の和は何枚ですか。

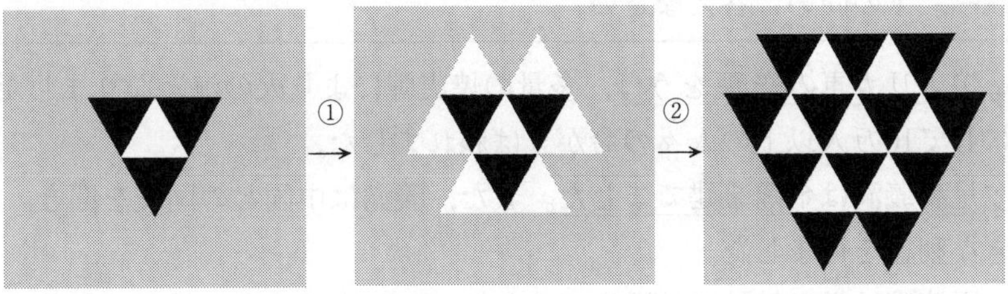

＜図形１＞　　　　　　　　　　　　＜図形２＞

7　N，a，bは０でない整数とします。Nはaより大きい数で，bはNをaで割ったときの余《あま》りです。Nにbを１つずつ加えた数が初めてaで割り切れるとき，bを加えた回数を(N, a)と表すことにします。

たとえば，$N=10$，$a=8$のとき，$b=2$です。$10+2=12$，$10+2+2=14$，$10+2+2+2=16$となるので，初めて８で割り切れるのは２を３回加えた16のときです。よって，$(10, 8)=3$となります。

(1)　$(58, 12)$を求めなさい。

(2)　次の文章の㋐，㋑，㋒，㋓にあてはまる数を求めなさい。

> $(N, a)=4$，$b=9$となるようなaは２つあり，それらを小さい順に書くと，［㋐］，［㋑］です。
> $a=$［㋐］のとき，Nとして考えられる数のうち，200に最も近いものは$N=$［㋒］です。
> また，$a=$［㋑］のとき，Nとして考えられる数のうち，200に最も近いものは$N=$［㋓］です。

(3)　$(100, a)=12$となるようなaを求めなさい。考えられるものをすべて書きなさい。

【社　会】〈第２回試験〉（30分）〈満点：60点〉

1　次の**Ａ〜Ｆ**の文を読み，下の問いに答えなさい。

Ａ．この場所は，(ア)アメリカ軍の空襲《くうしゅう》をうけ，多量の焼夷弾により火の海となりました。この空襲で一夜にして10万人以上の人々の命がうばわれました。

Ｂ．この場所に，(イ)足利義満は金閣を建てました。また，義満は中国との国交を開き，中国との貿易で大きな利益を得ました。

Ｃ．この場所に，(ウ)平清盛は厳島神社の社殿《しゃでん》をつくりなおし，平氏の守り神として敬いました。また，清盛は中国との貿易もさかんにおこないました。

Ｄ．この場所に，(エ)中国の都をまねて平城京がつくられ，遷都《せんと》がおこなわれました。平城京には天皇の住む宮殿と役所が置かれ，貴族のやしきや役人の家なども建てられました。

Ｅ．この場所で，生活に苦しむ人々を救うために，(オ)大塩平八郎が同志を集めて兵をあげました。この反乱は１日でおさえられました。

Ｆ．この場所で，(カ)西郷隆盛をかついだ士族たちが西南戦争を起こしました。この反乱は政府の軍隊によってしずめられました。

問１．下線部(ア)〜(カ)があらわしている時代を古い方から順にならべかえて，**ア〜カ**の記号で答えなさい。

問２．**Ａ〜Ｆ**の文中の「この場所」を**図１**の**あ〜し**から選び，それぞれ記号で答えなさい。

図１

問3．次の①～④の文は，下線部(ア)～(カ)のあらわす時代のどれと関係が深いか，**ア～カ**の記号で答えなさい。関係の深い文がないときは，記号**キ**で答えなさい。

① 日本で初めてラジオ放送がおこなわれました。

② 歌舞伎や人形浄瑠璃の作者であった近松門左衛門が，町人や武士たちの生活をえがいて人気を集めました。

③ 東京・横浜間で公衆電報が始まりました。

④ 観阿弥と世阿弥の親子によって能が大成されました。

問4．**A**の文について。この空襲と同じ年の出来事を次の**あ～お**から二つ選び，記号で答えなさい。

あ．日本と軍事同盟を結んでいたドイツが連合国側に降伏《こうふく》しました。

い．占領《せんりょう》したナンキン(南京)で，日本軍が多くの中国人の命をうばいました。

う．日米安全保障条約が結ばれ，日本の独立回復後もアメリカ軍が日本の基地にとどまることになりました。

え．選挙法が改正され，20歳以上のすべての男女に選挙権が認められました。

お．満州を広く占領した日本軍が満州国を建国させました。

問5．**B**・**C**・**D**の文について。文中にある中国の国家名(王朝の名称《めいしょう》)の組み合わせとして正しいものを，次の**あ～か**から一つ選び，記号で答えなさい。

あ．**B**－唐　**C**－宋　**D**－明　　**い**．**B**－唐　**C**－明　**D**－宋

う．**B**－明　**C**－唐　**D**－宋　　**え**．**B**－明　**C**－宋　**D**－唐

お．**B**－宋　**C**－唐　**D**－明　　**か**．**B**－宋　**C**－明　**D**－唐

問6．**D**の文の下線部(エ)について。この時代の，地方の特産物を納める税を何といいますか，漢字で答えなさい。

問7．**E**の文の下線部(オ)について。この時代には交通路が発達し，五街道とよばれる幹線道路が整備されました。五街道の起点となったのはどこですか，その地点を漢字で答えなさい。

問8．**F**の文の下線部(カ)について。この後，大日本帝国憲法が発布されました。現在の日本国憲法では，国民の権利をおかすことのできない永久の権利として保障し，国民の義務を勤労・納税・教育としています。これと比べて，大日本帝国憲法では，国民の権利と国民の義務をどのように定めていましたか，それぞれ説明しなさい。

2 次の文章を読み，下の問いに答えなさい。

日本の(1)空港には，空港の知名度向上や利用促進《そくしん》のために愛称《あいしょう》を持つ空港がたくさんあります。空港の愛称にはそれぞれパターンがあります。

たとえば，(2)宮崎ブーゲンビリア空港や(　**A**　)釧路空港，(3)対馬やまねこ空港などは，その地を代表する花や動物などの名前に関するものが愛称になっています。また，(4)高知龍馬空港や(　**B**　)桃太郎空港など，その地ゆかりの人物や物語に関するものも見られます。

(5)鹿児島県にある徳之島には徳之島子宝空港があります。島には，横から見ると妊婦《にんぷ》が横たわった形に見える寝姿山があること，島内の三つの自治体は他の市区町村と比べても(6)合計特《とく》殊《しゅ》出生率が高くなっていることなどからこの愛称がつきました。

問1．(**A**)について。次の設問①・②に答えなさい。

① （**A**）には，国の特別天然記念物となっている，ある鳥の名前が入ります。次の**あ**～**え**から適当なものを選び，記号で答えなさい。

あ．おおわし　**い**．うぐいす　**う**．たんちょう　**え**．はくちょう

② ①の鳥の生息地として有名な場所として釧路湿原があります。この湿原は，多様な生態系を持つ湿地を保全することを目的とした条約の登録地として有名です。この条約は，一般的には採択《さいたく》された都市の名前を冠《かん》して呼ばれます。この条約の名称を答えなさい。

問２．（**B**）に入る地名として適当なものを次の**あ**～**え**から選び，記号で答えなさい。

あ．岡山　**い**．広島　**う**．福島　**え**．三重

問３．下線部(1)について。次の表は，日本の主な航空貨物を，輸出入別に品目とその割合とで示したものです(2021年)。表中の**ア**・**イ**には，**あ**～**か**のいずれかが入ります。**ア**・**イ**にあてはまるものを選び，それぞれ記号で答えなさい。

輸出			輸入		
品目	億円	%	品目	億円	%
ア	47,000	17.7	**イ**	37,772	15.3
科学光学機器	14,609	5.5	**ア**	30,852	12.5
金属および同製品	9,923	3.7	事務用機器	17,688	7.2
電気計測機器	9,391	3.5	科学光学機器	14,470	5.9
イ	6,979	2.6	航空機	5,731	2.3
合計(その他含む)	266,030	100.0	合計(その他含む)	246,887	100.0

(『データブック オブ・ザ・ワールド』より作成)

あ．医薬品　**い**．映像機器　**う**．乗用自動車

え．石炭　**お**．半導体等電子部品　**か**．木材

問４．下線部(2)について。次の表は，熊本県，佐賀県，宮崎県の農業産出額，およびその品目別割合を示したものです(2021年)。宮崎県にあたるものを**あ**～**う**から選び，記号で答えなさい。

	農業産出額(億円)	品目別割合(%)			
		米	野菜	果実	畜産
あ	1,219	18.6	28.1	16.2	28.1
い	3,407	10.6	35.8	9.9	35.0
う	3,348	5.2	20.3	3.9	64.4

(『データブック オブ・ザ・ワールド』より作成)

問５．下線部(3)について。次の設問①・②に答えなさい。

① 以下に示した島のうち対馬にあたるものを**あ**～**え**から選び，記号で答えなさい。

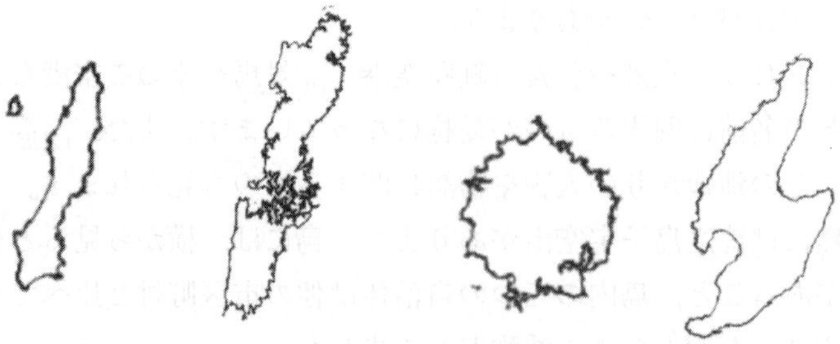

あ．　**い**．　**う**．　**え**．

＊４つの島の縮尺《しゅくしゃく》は同じではない

② 対馬はどの都道府県に属するか，漢字で答えなさい。

問６．下線部(4)について。次の雨温図は，金沢市，高知市，那覇市，福岡市のいずれかのものです。高知市の雨温図として適当なものを次の**あ**～**え**から選び，記号で答えなさい。

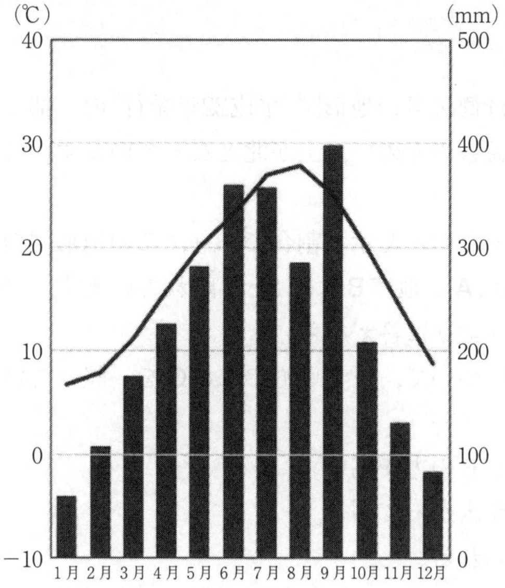

あ．

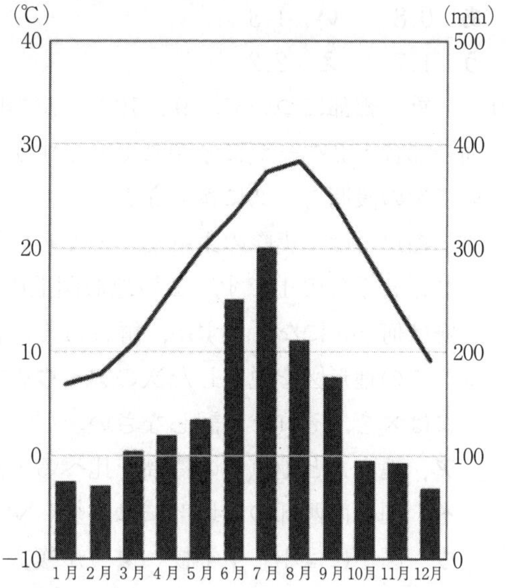

い．

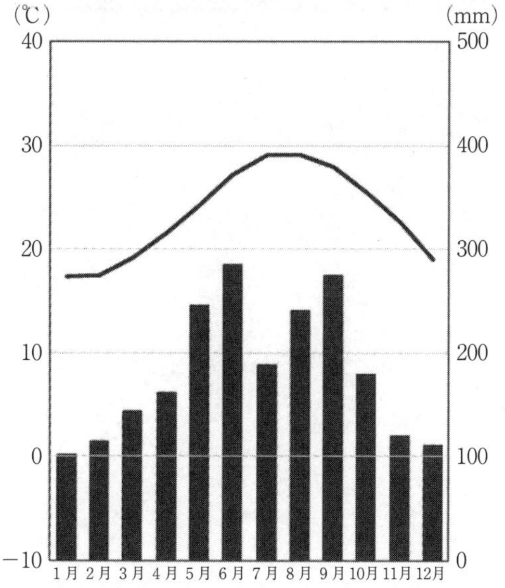

う．

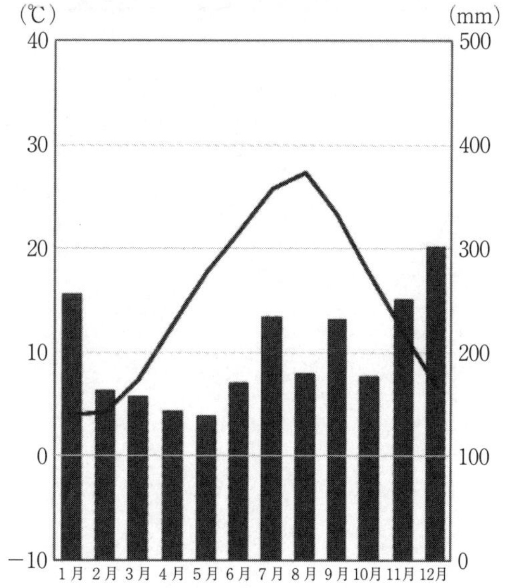

え．

(『データブック オブ・ザ・ワールド』より作成)

問７．下線部(5)について。次の設問①・②に答えなさい。

① 鹿児島県は離島《りとう》の多い県として有名です。日本の島の数は2023年２月に数え直しが行われ，14,125島となっています。現在，鹿児島県よりも離島が多い道県を次の**あ**～**え**から選び，記号で答えなさい。

あ．青森県　　**い**．静岡県

う．兵庫県　　**え**．北海道

② 海に面していない都道府県は全部でいくつありますか。数字で答えなさい。

問８．下線部(6)について。合計特殊出生率とは一人の女性が生涯《しょうがい》に産むとされる子どもの人数を示した数値のことです。日本の合計特殊出生率（2021年）に一番近い数値を次の**あ**～**え**から選び，記号で答えなさい。

あ．0.8　　**い**．1.3

う．1.7　　**え**．2.2

問９．二重下線部について。９，10ページの図は徳之島の地形図（平成22年発行）の一部です。紙面の都合上２ページに分かれていますが一続きのもので，上が北となっています。これについて次の設問①・②に答えなさい。

①　縮尺とは，実際の距離《きょり》をどのくらい縮めたのかを示す割合であり，この地形図の縮尺は，２万５千分の１です。この地形図上の地点**A**と地点**B**は約８cm離《はな》れています。実際の距離は何kmになりますか，解答らんに合うように答えなさい。

②　この地形図を説明した次の**ア**～**ウ**の文について，正しいものには**○**を，誤っているものには×を，それぞれ記しなさい。

ア．地点**A**と地点**B**の標高を比べると地点**B**の方が高い。

イ．図の南西部の低地部には，畑（ **∨** ）が広がっている。

ウ．図中には小・中学校（ **文** ）が複数見られる。

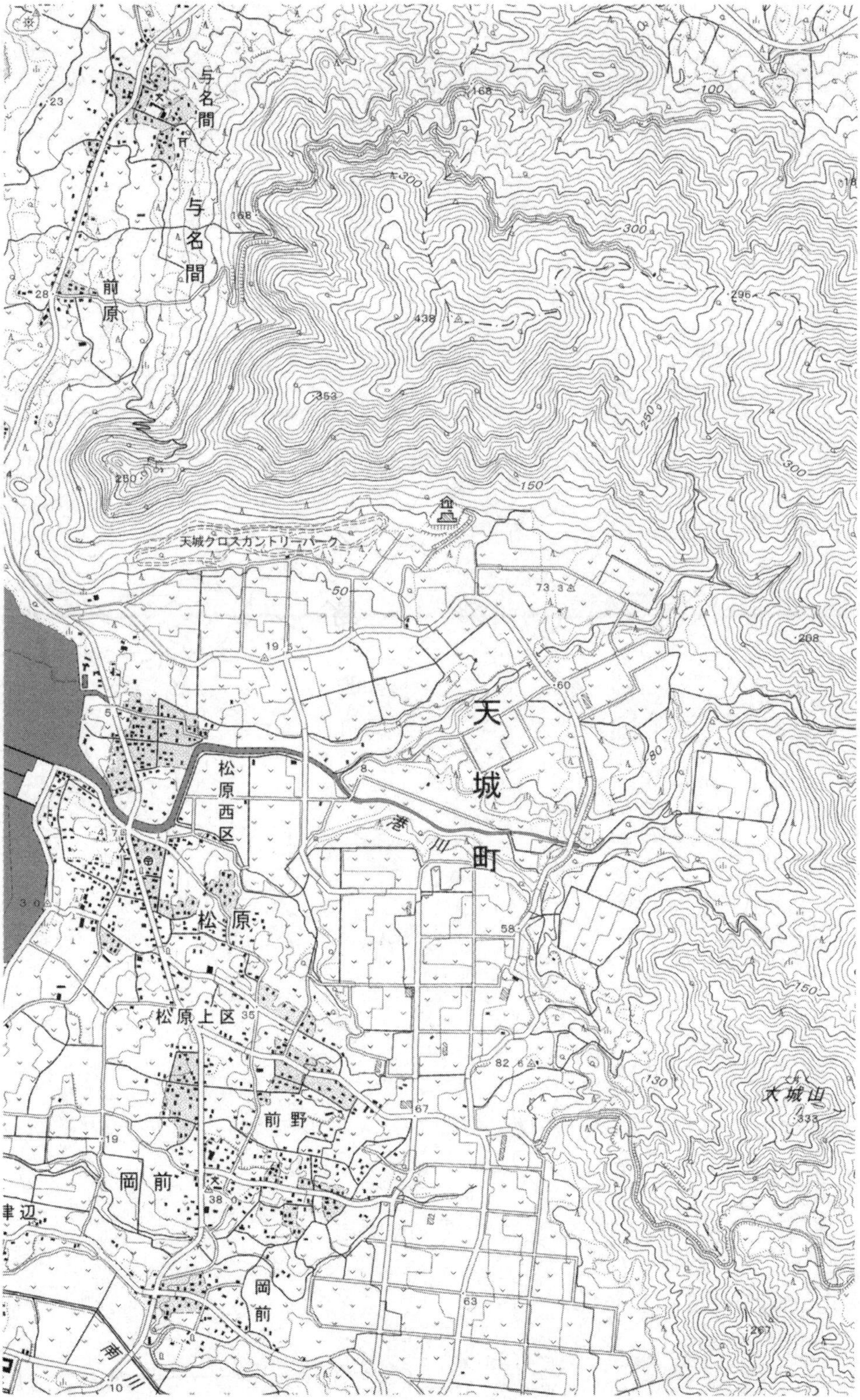
与名間
与名間
前原
天城クロスカントリーパーク
天城町
松原西区
松原
松原上区
前野
岡前
岡前
大城山

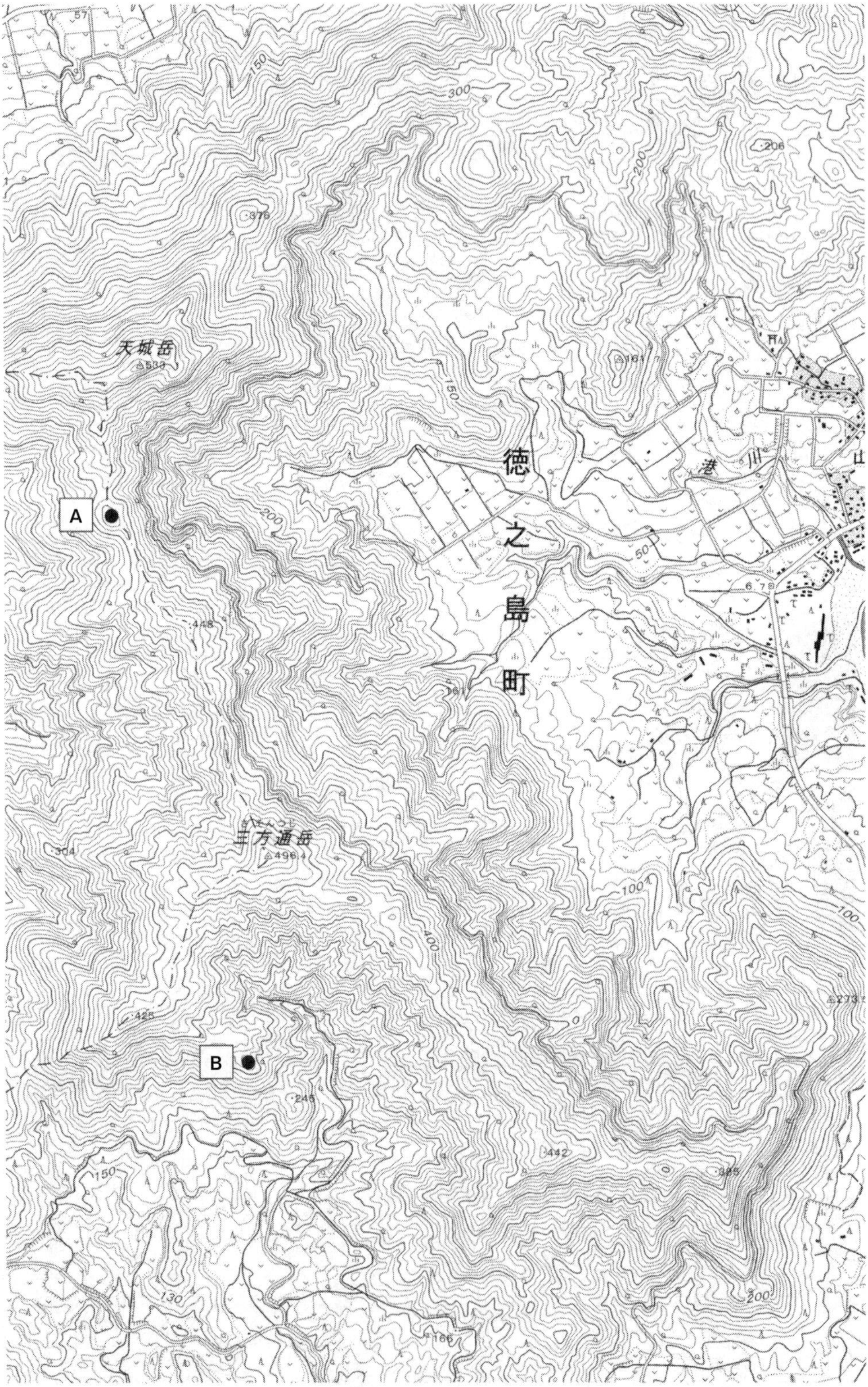
天城岳
533
A
376
448
徳
之
島
町
三方通岳
496.4
304
425
B
245
442
385
206
161
300
200
150
100
130
166

3 次の文章を読み，下の問いに答えなさい。

地球温暖化の原因を探る研究で，2021年，アメリカ・プリンストン大学の真鍋淑郎《まなべしゅくろう》さんがノーベル[1]賞を受賞しました。真鍋さんは，地球全体の気温の変化をコンピューターで予測する気候モデルを考案し，二酸化炭素の増加が地球温暖化にどのような影響《えいきょう》をもたらすのかを分析《ぶんせき》する基礎《きそ》を打ち立てました。

自然環境《かんきょう》は，産業革命が始まり人間の経済活動が活発になった18世紀後半以降大きく変わっていき，そのなかで大気汚染《おせん》などの公害が発生しました。日本でも(1)水俣《みなまた》病などの公害病が発生し，高度経済成長の時期には，原因物質を排出《はいしゅつ》していた企業《きぎょう》の責任が裁判の場で問われることとなりました。そして20世紀後半以降，人間の経済活動が地球的規模で広がるなか，地球環境を守ることは人類共通の課題であると考えられるようになりました。この課題は現在(2)「環境問題」と呼ばれています。

さまざまある環境問題のうち，地球温暖化を食い止めることは，緊急《きんきゅう》性の高い課題とされています。地球温暖化の原因の一つとされる二酸化炭素は石油・石炭・天然ガスなどの[2]燃料を燃やすことで発生するため，(3)二酸化炭素を出さない自動車の開発も，近年進んでいます。

国際社会は現在，2020年以降の温室効果ガス排出削減《さくげん》のための新たな枠組《わくぐ》みであるパリ協定のもと，具体的な目標を持って努力することとなっています。(4)日本も，国際社会の一員として，目標達成に向けた一層の努力が求められています。

問１．文章中の[1]・[2]について次の設問①・②に答えなさい。

① [1]にあてはまる語句を次の**あ**～**え**から選び，記号で答えなさい。

あ．経済学　　**い**．化学

う．生理学・医学　　**え**．物理学

② [2]にあてはまる語句を漢字２文字で答えなさい。

問２．下線部(1)に関連して。国連の働きかけにより2017年，水俣条約が発効しました。この条約により，採掘《さいくつ》・貿易・利用・大気への排出・水および土壌《どじょう》への放出・廃棄《はいき》などが制限される物質は何ですか。漢字２文字で答えなさい。

問３．下線部(1)・(2)に関連して。以下の**あ**～**え**のできごとは，公害問題や環境問題に関する日本や世界でのできごとを示したものです。これらを年代の古い方から順にならべかえて，記号で答えなさい。

あ．日本で環境庁が設置された翌年に，「かけがえのない地球」というスローガンのもと，国連人間環境会議がスウェーデンのストックホルムで開催《かいさい》された。

い．国際連合の主催《しゅさい》により「環境と開発に関する国際連合会議」がブラジルのリオ・デ・ジャネイロで開催された翌年に，日本で環境基本法が制定された。

う．日本で公害対策基本法が制定された翌年に，日本のGNP(国民総生産)は世界第２位となった。

え．日本で環境省が発足した翌年に，国際連合の主催により「持続可能な開発に関する世界首脳会議」が南アフリカ共和国のヨハネスブルグで開催された。

問４．下線部(3)に関連して。以下の自動車技術をめぐる**あ**～**う**の文について，内容に誤りがあるものを一つ選び，記号で答えなさい。

あ．ハイブリッド・カーとは，ガソリンで動かすモーターと，電気で動かすエンジンの両方を組み合わせて動力としている車のことである。

い．燃料電池車とは，水素と空気中の酸素から作り出した電気で走る自動車のことで，国内の一部自治体では，この仕組みで動く公営バスを導入している。

う．ヨーロッパ連合は当初，2035年以降は域内でのガソリン車の製造・販売《はんばい》を禁止する方針を掲《かか》げていたが，2023年，条件付きでこれを認める方針に転換《てんかん》した。

問５．下線部(4)に関連して。2012年から環境省は，石油・石炭・天然ガス等の価格に特別な税金を上乗せする「地球温暖化対策のための税」を導入しました。環境省は，この税制には「価格効果」と「財源効果」の両方による二酸化炭素削減効果が見込《みこ》まれる，としています。この「地球温暖化対策のための税」について，次の設問①・②に答えなさい。

① 以下は，ここで言う「価格効果」について，その内容を説明した文です。文中の［A］・［B］・［C］にあてはまる表現は，解答用紙にある二つの表現のうちどちらですか。それぞれ選び，〇で囲みなさい。

> この税金が課されると，二酸化炭素を排出する石油・石炭・天然ガス等の燃料の価格が［A］ので，これらの燃料を欲しがっていた人びとの多くは燃料を［B］ようになる。これにより石油・石炭・天然ガス等の燃料の消費量が［C］ことになり，二酸化炭素の排出量が削減される。

② 環境省は，この税制には，発電事業に関連して「財源効果」があるとしています。環境省が言う「財源効果」とはどのようなものですか。発電方法の具体例を複数挙げて，かつ，それらの発電方法に共通する特徴《とくちょう》についてふれながら説明しなさい。

【理　科】〈第２回試験〉（30分）〈満点：60点〉

1　次の文章を読み，以下の問いに答えなさい。

いろいろな量をはかるとき，その量を直接はかるのではなく，別の量をはかって求めることがあります。直接はかる例としては，定規で長さをはかることがあげられます。別の量をはかって求める例は，ばねの伸《の》びから重さを求める「ばねばかり」があげられます。ばねの伸びとつるしたおもりの重さの関係から，伸びに対応した目盛りをつけて，重さをはかります。

問１　図１は，あるばねについて，「ばねの伸び」とつるした「おもりの重さ」の関係を表しています。ばねの伸びが５cmのとき，ばねにつるしている物体の重さは何kgになりますか。

また，重さが4.5kgの物体をばねにつるしたとき，ばねの伸びは何cmになりますか。

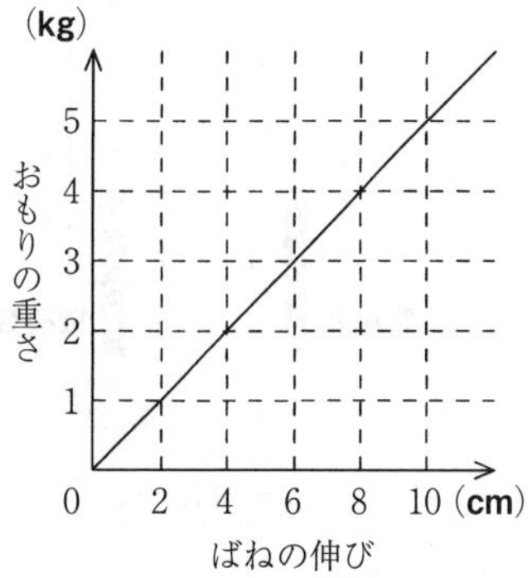

図１

問２　問１のばねを用いて，「ばねばかり」を作ります。200gごとに目盛りをつけるとすると，その間隔《かんかく》は何cmになりますか。

別の量をはかって求める他の例として，船の重さを表す排水《はいすい》トン数があげられます。これは水中に入っている船の体積から船の重さを求めるものです。この体積に等しい水の重さが船の重さと等しくなり，水の重さが船にはたらく浮力《ふりょく》となります。

この考え方を用いて，以下の手順でおもちゃの船の重さを求めました。なお，水$1\,cm^3$あたりの重さは１gとします。

①　洗面器に水を満たし，船を浮《う》かべ，こぼれた水を他の容器で受ける。

②　こぼれた水の体積から，その重さを求める。

問３　こぼれた水の体積は$300\,cm^3$でした。船の重さは何gですか。

おもちゃの船を海と洗面器の水に浮かべると，その違《ちが》いから海水$1\,cm^3$あたりの重さが求められます。船の浮き方を調べると，洗面器の水に浮かべた方が海水のときより$6\,cm^3$だけ多く水中に入っていることが分かりました。

問４　上の結果から，海水$1\,cm^3$あたりの重さは何gですか。答えだけでなく，途中《とちゅう》の考え方を示す式もかきなさい。割り切れない場合は，小数第３位を四捨五入し，小数第２位まで求めなさい。

2　次の文章を読み，以下の問いに答えなさい。

水をH型のガラス管に満たし，そのガラス管に下から電極を差した装置を用意しました。次のページの図のように電池をつなぐと，電極**A**，電極**B**から泡《あわ》が発生し，ガラス管の上部にそれぞれ気体**X**，気体**Y**がたまりました。電極**A**の上のゴム栓《せん》をあけて気体**X**にマッチの火を近づけるとポンと音を立てて燃えました。また，同様に気体**Y**の中に線香《せんこう》の火を入れると激しく燃え始めました。このように，電気を使って水や水よう液などを別の物質に変えることを「電気分解」といいます。

電池の個数と電池をつないだ時間を様々に変えて水の電気分解を行いました。この時に流れた電流の大きさと発生する気体**X**・**Y**の体積を次のページの表１にまとめました。なお，電気分解で用いた電池はすべて同じ性能であったとします。

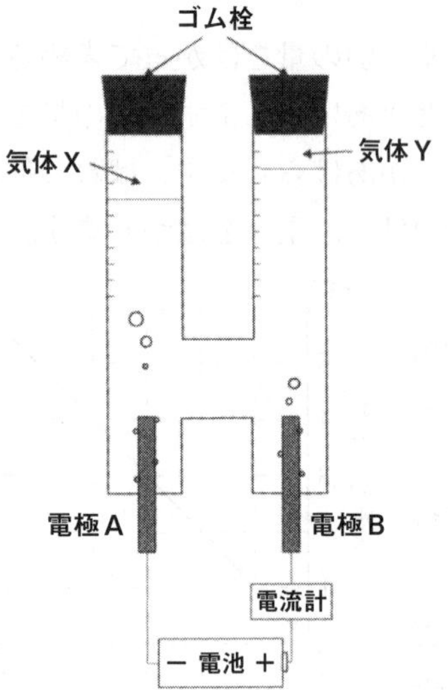

表1．水の電気分解の結果

	実験1	実験2	実験3	実験4	実験5	実験6
直列につないだ電池の数(個)	1	2	2	3	3	5
流れた電流の大きさ(A)	0	0.3	0.3	0.8	0.8	1.8
電池をつないだ時間(秒)	200	120	600	600	45	(あ)
気体**X**の体積(mL)	0	6	30	80	6	12
気体**Y**の体積(mL)	0	3	15	40	3	(い)

次に，塩酸を電気分解したところ，電極**A**の上には気体**X**，電極**B**の上には気体**Y**ではなく気体**Z**がたまりました。気体**Z**の中に赤いバラの花びらを入れてしばらく置くと，花びらが徐々《じょじょ》に白くなりました。塩酸の電気分解についても電池の個数と電池をつなぐ時間を変えて実験を行い，結果を表2にまとめました。

表2．塩酸の電気分解の結果

	実験7	実験8	実験9
直列につないだ電池の数(個)	2	3	4
流れた電流の大きさ(A)	0.5	1.0	1.5
電池をつないだ時間(秒)	36	18	12
気体**X**の体積(mL)	3.0	3.0	3.0
気体**Z**の体積(mL)	2.9	2.9	2.9

問1　気体**X**～**Z**を次のア～クから選び，それぞれ記号で答えなさい。ただし，気体**Z**は，水道水の消毒に用いられています。

ア．ちっ素　イ．酸素　ウ．アルゴン　エ．二酸化炭素
オ．塩素　カ．アンモニア　キ．塩化水素　ク．水素

問2　表1の(あ)，(い)に当てはまる数字をそれぞれ整数で答えなさい。

問3　次の(1)～(3)について，水の電気分解の結果から考えられることとして正しいものには○を，誤っているものには×を答えなさい。

(1)　実験1で電池をもう1個並列《へいれつ》に増やすと電気分解が起こるようになる。
(2)　実験で用いた電池1個で電気分解できる物質は存在しない。
(3)　電気分解が起こらないと電流が流れない。

問４　もし電池を細かく切り分けて使用することができるとしたら，水を電気分解するために最低何個分の電池を直列につなぐ必要がありますか。小数第１位まで求めなさい。ただし，電池を10分の１に切り分けると，電池としての働きも10分の１になるものとします。また，必要に応じて右の方眼を使ってもかまいません。

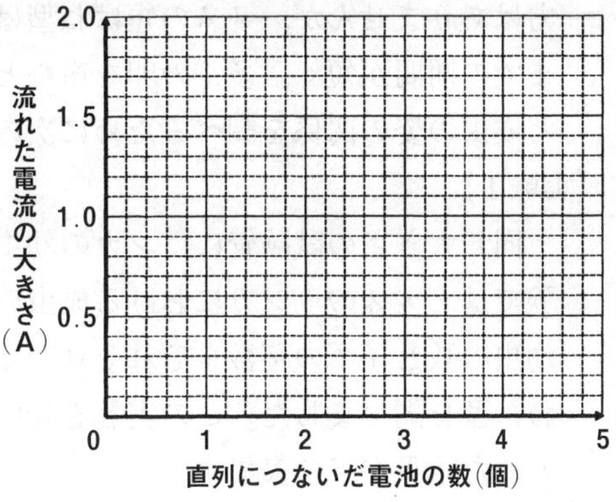

問５　塩酸の電気分解を行うと，気体**X**と気体**Z**が１：１の体積比でできることが知られています。しかし，表２を見ると，発生した気体**X**と気体**Z**の体積比は１：１になっていません。この理由を説明しなさい。ただし，気体**Z**を集めるときには，気体**X**・**Y**とは異なる捕集《ほしゅう》方法を用います。

問６　塩酸は塩化水素が水にとけた物質です。実験７～９において，電極**B**から気体**Y**ではなく気体**Z**が発生したのは，水より塩化水素が先に電気分解されたからです。この理由を，問４をふまえて説明しなさい。

3　次の文章を読み，以下の問いに答えなさい。

こん虫のなかには，同じ種類であっても育つ環境《かんきょう》により異なる姿や性質をもつ個体が現れることがあります。例えばトノサマバッタは，幼虫のときに近くにいる同種の数(これを個体群密度とします)によって，成虫の姿が変わります。この例では，幼虫のときの個体群密度が(　a　)場合，はねが(　b　)成虫になり広い範囲《はんい》を移動できるようになります。これはかぎられた生活空間をめぐる仲間どうしの競争を防ぐためだと考えられます。

問１　(a)と(b)に当てはまる言葉の組み合わせとして正しいものを，次のア～エから１つ選び，記号で答えなさい。

ア．(a)―高い　(b)―長い　　イ．(a)―低い　(b)―長い

ウ．(a)―高い　(b)―短い　　エ．(a)―低い　(b)―短い

問２　トノサマバッタのように，幼虫が脱皮《だっぴ》するごとに成長して，**さなぎの時期を経ないで**成虫の形態に姿を変えることを何といいますか。漢字で答えなさい。

右の写真のトビイロウンカ(以下はウンカとします)は稲作《いなさく》においてイネの茎《くき》に寄生し，イネの<u>師管に口を直接差し込《こ》み，栄養分を吸い取り</u>枯《か》らしてしまう害虫として古くから知られています。

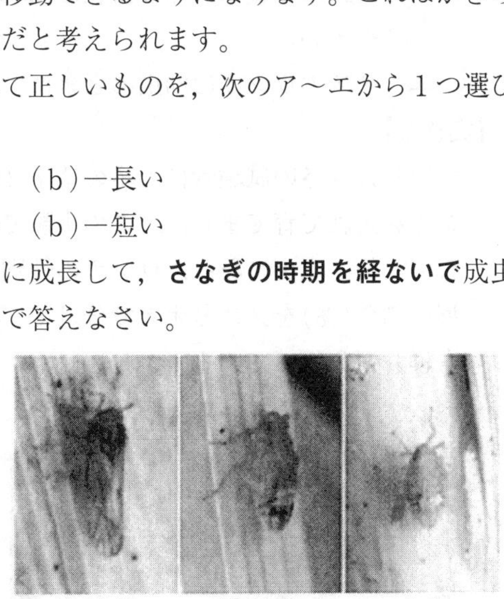

長ばね型　　短ばね型　　幼虫

農業協同組合新聞 HP より引用

問３　下線部について，ウンカの口の形に近いと考えられるこん虫を，次のア～エから１つ選び，記号で答えなさい。

ア．カブトムシ　　イ．チョウ

ウ．バッタ　　　　エ．セミ

ウンカも幼虫のときの育つ環境によって成虫の姿が変わるこん虫として知られ，成虫では長いはねをもつ長ばね型か短いはねをもつ短ばね型のどちらかになります。短ばね型には飛ぶ能

力はありませんが，メスの短ばね型は長ばね型よりも成虫になってから産卵《さんらん》できるようになるまでの期間が短く，多くの卵を産むといわれています。このウンカにおける幼虫時の育つ環境と成虫の姿の関係を調べるために次の２つの実験をしました。

【実験１】

同じ大きさの試験管にウンカの幼虫とウンカのエサとなるイネを入れて育てました。この実験では，メスのウンカにおける成虫の姿と個体群密度，エサの量の関係を明らかにするために，幼虫の数とイネの茎数をそれぞれ変えて育て，その後に成虫になったウンカのうち，メスのはねの型を調べました。この実験を40回繰《く》り返し行い，メスのウンカの長ばね型の割合(%)をまとめた結果が下の表です。

試験管内のイネの茎数(本)	試験管内の幼虫数(匹《ひき》)				
	1	5	10	25	50
1	5	83	100	100	すべて死亡
5	0	6	5	26	87
10	0	0	0	4	27
25	0	0	0	0	0

問４　表から読み取れる内容として正しいものを次のア～エからすべて選び，記号で答えなさい。

ア．試験管内の幼虫数が25匹のとき，イネの茎数が増えるほど，短ばね型の割合が多くなる。

イ．イネの茎１本あたりの幼虫数が５匹以下の試験管では，すべての試験管で短ばね型の方が多く出現する。

ウ．幼虫のときの個体群密度が高いとエサの量にかかわらず，メスのウンカは長ばね型になりやすい。

エ．メスのウンカは幼虫のときにエサの量が十分あると短ばね型になりやすい。

【実験２】

同じ大きさの試験管にイネの茎を３本ずつ入れて，１匹，５匹，10匹，20匹と異なる数のウンカを入れて育てました。この実験ではメスとオスで違《ちが》いがあるかを調べるため，各試験管で育てた後に成虫になったウンカの性別とはねの型を調べて，それぞれの幼虫数における長ばね型の割合(%)をメスとオスで分けてグラフにまとめました。なお，【実験１】と同様にこの実験も繰り返し行っています。

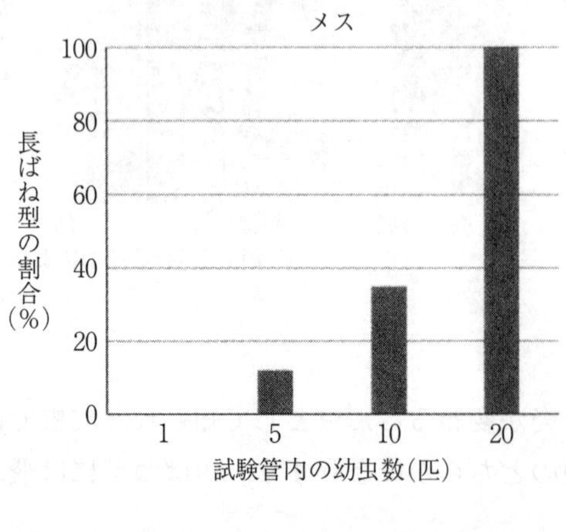

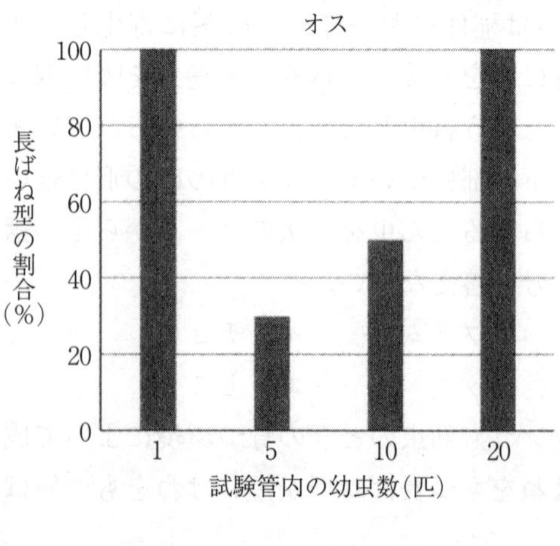

問５　グラフから読み取れる内容として，**誤っているもの**を次のア～エからすべて選び，記号で答えなさい。

ア．オスのウンカの方がメスよりも短ばね型になりやすい。

イ．オスのウンカでは，個体群密度が低すぎても長ばね型の方が多くなる。

ウ．オスのウンカは，幼虫のときにエサが十分あると短ばね型の方が多くなる。

エ．試験管内の幼虫が５匹のとき，オスとメスともに最も短ばね型になりやすい。

問６　２つの実験に関して考察した次の文章中の(①)～(④)に入る語句を，下のア～カから１つずつ選び，記号で答えなさい。なお，１匹が必要とするエサの量はメスもオスも変わらないことが知られています。

エサが不足している環境では(①)に長ばね型が多く出現する。その理由として，(②)のに適しているからだと考えられる。その一方でエサが足りていても周囲に仲間がいない環境では(③)に長ばね型が多く出現する。その理由として，(④)のに適しているからだと考えられる。

ア．オスだけ　　イ．メスだけ　　ウ．オスとメスとも

エ．良い環境でたくさん産卵する　　オ．エサがたくさんある環境を探す

カ．交尾《こうび》できる相手を見つける

4　次の文章を読み，以下の問いに答えなさい。

大陸移動説を聞いたことがありますか？　ドイツのアルフレッド・ウェゲナーが1912年に発表したもので，「今ある大陸は大昔１つにまとまっていて，これらが長い年月のうちに移動して現在のような配置になっている」という仮説です。この考えを発表した当時は，周りにほとんど受け入れられなかったのですが，現在ではプレートテクトニクスと呼ばれる考え方のもとになっています。プレートテクトニクスとは，「地球の表層がプレートと呼ばれる十数枚の固く厚い岩盤《がんばん》に分かれていて，それらが年間数 cm～十数 cm の速度で移動しており，このプレートの動きで大陸の移動はもちろん，地震《じしん》，火山，そして場所によっては山脈の形成まで説明できる」という考え方です。

プレートには大陸プレートと海洋プレートがあり，海洋プレートは，図１のように海嶺《かいれい》と呼ばれる海中に連なる海底火山でマグマが冷えて岩石になることで作られます。形成されたプレートは海嶺から海底が引き裂《さ》かれるように移動していき，海溝《かいこう》と呼ばれる場所で地球の内部に沈《しず》んでいきます。

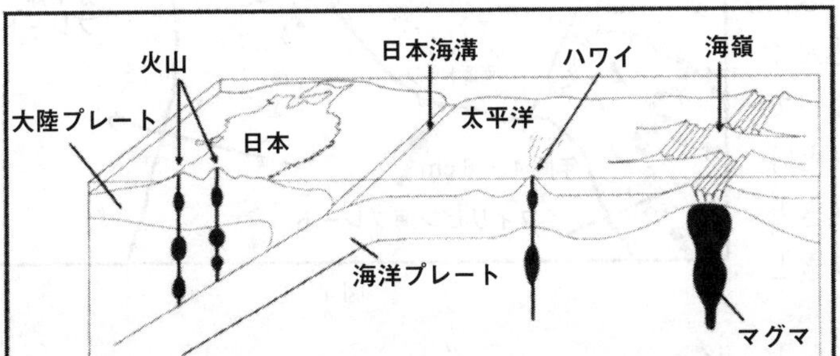

図１

問１　ウェゲナーは地層の構造や化石の分布などから大陸移動説を発表しましたが，その研究を始めたきっかけは，図２のような世界地図を眺《なが》めていたときにあることに気づいたからだといわれています。図２を見てウェゲナーは何に気づき，大陸移動説を発想したと考えられますか。２つの大陸に着目し，「海岸線」という言葉を使って説明しなさい。

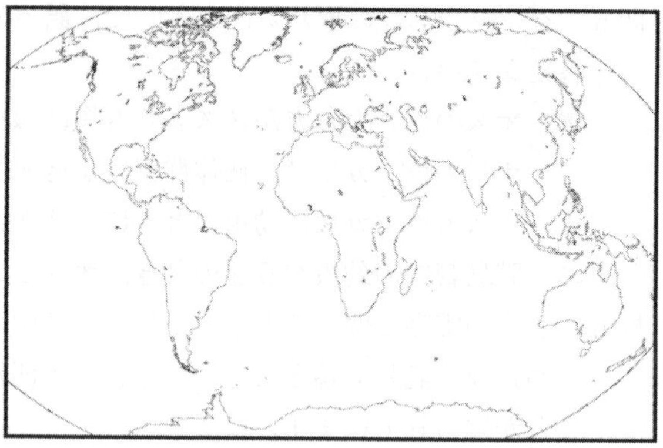

図２

問２　ハワイ諸島の一つオアフ島は太平洋プレートと呼ばれる海洋プレートに載《の》っており，年間８cmずつ日本に近づいています。太平洋プレートがこのままの速さで移動し続けた場合，オアフ島が日本にたどり着くのは何万年後になりますか。オアフ島から日本までの距離《きょり》を6400kmとして計算しなさい。

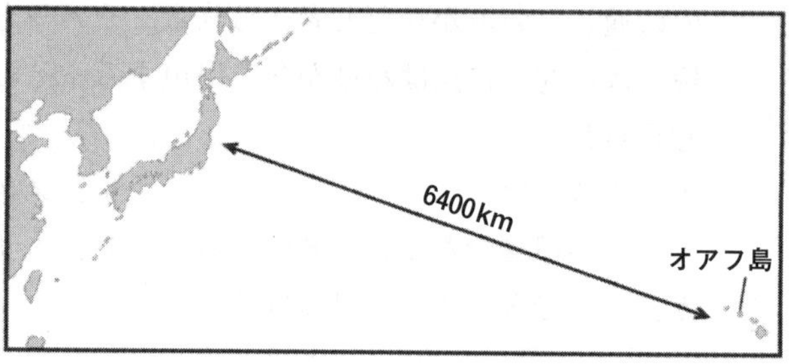

図３

日本列島は図４のように，４つのプレートがせめぎあう地球上でも珍《めずら》しい場所にあります。北海道や本州の中部から東日本がある北米プレートと東側からの太平洋プレートがぶつかりあい，北米プレートの下に太平洋プレートが沈み込《こ》んでいます。ここの海底には溝《みぞ》のように細長く深くなっているところがあり，日本海溝と呼ばれています。また，中部から西日本，四国や九州があるユーラシアプレートの下には，南からきたフィリピン海プレートが沈み込んでいます。ここにも細長く深くなっているところがあり，南海トラフと呼ばれています。図４の矢印の向きと大きさはプレートの移動する向きと速さを表しています。

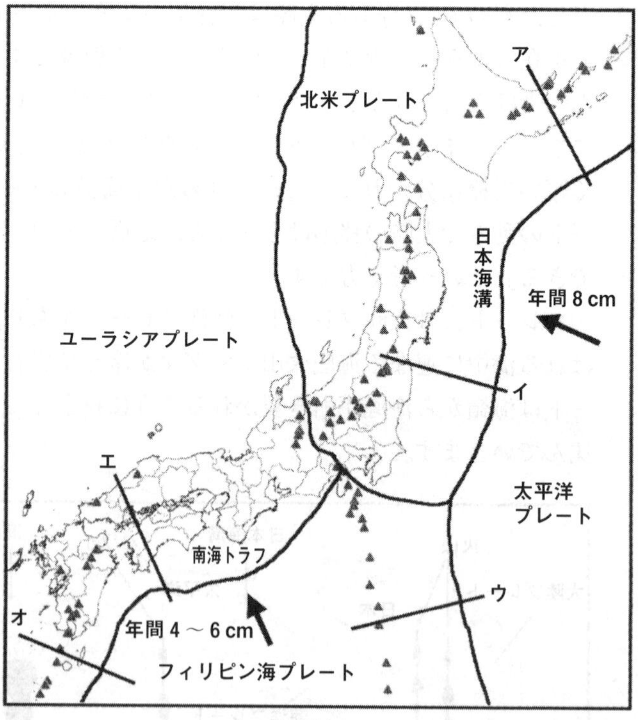

図４

問３　インドは大昔ユーラシア大陸から離《はな》れており，海を隔《へだ》てて南方にありましたが，プレートの移動によってユーラシア大陸と衝突《しょうとつ》して合体しました。日本でもそのように，大昔は海を隔てて離れており，その後，衝突して合体した半島があります。その半島を次のア～オから1つ選び，記号で答えなさい。

ア．房総《ぼうそう》半島　　イ．三浦《みうら》半島

ウ．伊豆《いず》半島　　エ．能登《のと》半島

オ．紀伊《きい》半島

問4　マグマは地下深くで作られ，そこから上にあがってきて噴出《ふんしゅつ》し，火山になります。図4の▲印は火山を表しており，日本海溝や南海トラフに近い側の火山をつないだ線の地下では，ほぼ同じ深さでマグマができることがわかっています。その深さは図5のように海溝から斜《なな》めに沈み込んだプレートの深さに対応すると考えられています。このことから考えて，最も急な角度でプレートが沈み込んでいるところを，図4の**ア～オ**から1つ選び，記号で答えなさい。

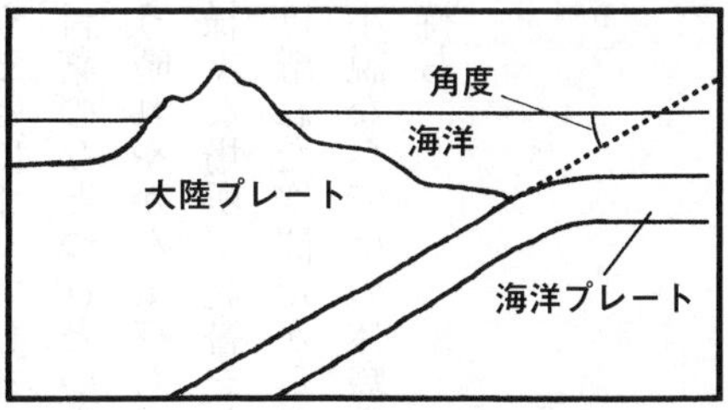

図5

問5　図4の北海道から伊豆諸島にかけて分布する火山と日本海溝の関係について気づいたことを説明しなさい。

は、人々が「旅客機の中」でどのように過ごすようになったことについて言っているのか説明しなさい。なお、ここでの「雛型」とは、「あるものの姿や様子をそのままに、規模を小さくしたもの」というような意味合いである。

問七　――線部⑤とあるが、これは筆者のどのような気持ちを表しているか。最もふさわしいものを次の中から選び、記号で答えなさい。

ア　読書を続けてきた結果作家となり文学賞の選考に携《たずさ》わる中で、新しく作家を目指す人たちの作品を丁寧《ていねい》に読むことによって、人間が大切に繋《つな》いできた言葉を次の時代に受け渡す仕事ができたという誇らしい気持ち。

イ　作家という意義のある仕事につくことができた幸運をありがたく感じながら、選考委員として文学賞の候補作を全て読むことでその責任を少しでも果たすことができたのではないかと思う満ち足りた気持ち。

ウ　昔の自分のように、優れた作品をきちんと読んでもらえない不幸を味わうことになってしまいかねない作家たちを、今度は自分がその言葉のひとつひとつを丹念に読むことで救うことができたという晴れやかな気持ち。

エ　普段から様々な場所で読書をしているが、飛行機の中という日常とはかけ離れた空間だからこそ、自分を異世界に連れて行ってくれる小説ならではの体験をより深く味わえることをうれしく思う気持ち。

読まねばならない。私はかつて、新人賞に三十回くらい落選した経験があるので、この仕事には気合が入る。一行もおろそかにしてはならぬと思う。三十回も落ちたのは何かのまちがいだったと、今でも信じているからである。

そこで、海外取材や d コウエン旅行などを、なるべくこのシーズンに合わせる。うまくスケジュールが噛《か》み合わぬときには、ひそかにそのための旅を仕立てる。往復の機内で二冊、残りを日本語の聞こえぬ外国で読みおえれば、一回分の候補作はまず一行も読み落とさぬ。

復路の機内で最後の一冊を読みおえたときの気分は格別である。読書三昧《ざんまい》の果ての偶然《ぐうぜん》とはいえ、⑤サルをヒトに変えた言葉の尊厳を、またひとつ護《まも》ったと感ずる。

＊ヨハネによる福音書《ふくいんしょ》の冒頭《ぼうとう》に曰《いわ》く。

「初めに言《ことば》ありき。言は神とともにありき。そも言は神なるがゆえ」

人は言葉を失えば、殺し合うほかはない。

（浅田次郎「初めに言葉ありき」による）

[注] 有為転変…全てのものごとが絶えず変化していくこと。
看過…見ても気に留めないでそのままにしておくこと。
安逸…気楽に過ごすこと。
ヨハネによる福音書…聖書の一部。

問一 ══線部a～dのカタカナを漢字に直しなさい。

問二 ――線部①とは、どういう性格について言っているのか。その説明として最もふさわしいものを次の中から選び、記号で答えなさい。

ア ひとつのことに集中するばかりで多くのことを同時にこなすことができず、しかもそのひとつひとつの事柄に時間をかけ過ぎてしまう性格。
イ 自分の習慣ややり方を簡単に変えることができず、たとえ別の方法が自分にとってより都合が良いとわかっていてもそれを受け入れられない性格。
ウ 自分が正しいと思ったことについては、他人がどれほど合理的な意見を述べても考えを改めることができず、いつまで経《た》っても間違いに気づけない性格。
エ 古くから多くの人が採ってきた方法については、それが良いものなのだと深く考えることもなく受け入れてしまい、自分の考えを持つことができない性格。

問三 Ⅰ～Ⅳを補うのに最もふさわしいことばを次の中から選び、それぞれ記号で答えなさい。ただし、同じ記号は一度しか選べないものとする。

ア いわゆる　イ はたして
ウ むしろ　エ てんで

問四 ――線部②とあるが、筆者はどのような点を「理想」的であると考えているのか。最もふさわしいものを次の中から選び、記号で答えなさい。

ア 社会に出てから活躍するために重要な教養を、自由な時間の多い若いうちに本を読むことによって得られるという点。
イ テレビやパソコンなどの不純な娯楽によって妨《さまた》げられることなく、純粋で質の高い教養の獲得に励《はげ》むことができる点。
ウ 教養の獲得という本来はとても難しいはずのことを、読書をすることによってたやすく達成することができるという点。
エ 空いた時間の過ごし方として仕方なく本を読むことも多いのだが、その結果として楽しみつつ教養を身につけられる点。

問五 ――線部③は筆者のどのような考えを表しているのか、説明しなさい。

問六 ――線部④とあるが、「そうした社会の雛型である」というの

Ⅳ　損か得かというのがこのごろの実感である。

ところで、テレビもパソコンも携帯《けいたい》電話もなく、長距離《きょり》通勤もしなかった昔の人は、あんがいこのペースで読書をしていたのではなかろうか。教養を得るためなどという不純な目的に拠《よ》らず、本でも読むほかには時間の潰《つぶ》しようがなかったろうと思う。すなわち②「娯楽《ごらく》」と「教養の獲得《かくとく》」が理屈抜《りくつぬ》きに一致《いっち》するという、文化社会の理想形である。さほど昔の話ではあるまい。少なくとも私たちの世代の学生下宿の生活はそれであった。

だとすると、学問も教養も娯楽も個別に修得せねばならぬ現代の若者は不幸である。いくら時間があっても足らぬほどの環境があり、そのうえ四時間の読書をせよというのは無理な話である。まったく文明社会というものは、幸福なのか不幸なのか、豊かなのかbマズしいのかわからぬ。

しかし、そうした忙《せわ》しい環境が科学の急進的な進歩によるものだと気付けば、ことは穏《おだ》やかではない。科学に技術的退行はなく、むしろ技術の累積《るいせき》によって加速度的な進歩をするから、その結果としての生活様態はいよいよ活字文化を圧迫《あっぱく》する。きわまるところいずれは、③サルが大量殺戮《さつりく》兵器を保有することになるのではなかろうか。

思うに、サルがヒトになりえた素因は二つあって、ひとつは火の支配、もうひとつは言葉の所有であろう。前者は科学の、後者は芸術の始原である。人類は長いことこの二つを車輪として、なんとかまっすぐに進化の道をたどってきた。その絶妙《ぜつみょう》のバランスが、いまや人類の車が覆《くつがえ》るほど殆《あや》うくなっているのではなかろうか。

科学に圧迫されたいわゆる活字ばなれは、科学の安全を保障する知性の退行を招く。そしてやがてサルとなり、火の本質を忘れてしまえばわれわれはこの瞬間《しゅんかん》にも絶滅《ぜつめつ》するのであるから、社会現象として＊看過するほど簡単な話ではあるまい。読書という行為《こうい》はかくいう理由により、全地球を担保するほど大切な習慣であろうと私は思う。

など考えつつあるときふと、④旅客機の中がそうした社会の雛型《ひながた》であることに気付いた。

機内サービスは科学の成果そのものであって、昔は本でも読むほかには時間の潰しようがなかったのだが、今では自在に音楽を聴《き》いたり映画を観たりゲームに興じたりと、フライト中に退屈《たいくつ》することがない。

むろんこうしたサービスは有難いのだが、われわれはcテイキョウされるすばらしい環境の中で、いかにして有意義に時を過ごすかという選択《せんたく》を迫られる。

おいしい機内食をいただきながら映画を観て、テレビゲームに飽《あ》いたら美しい音楽を聴きながらまどろめば、どんな長距離も極楽である。しかし実は、旅客機の中ばかりではなくわれわれの住まう社会全体がそうした環境を整えているのである。かくして科学の成果に身を委ねたわれわれの人生は、＊安逸《あんいつ》に、平穏《へいおん》に、知的退行などということすら考えるいとまもないほど幸福に過ぎてゆく。

ちなみに私は、機中での読書が大好きである。むろん映画や音楽も娯《たの》しむけれども、闇《やみ》に灯る読書灯の下で、お気に入りの小説を読む快楽は何ものにも代えがたい。幼いころ押入《おしい》れにこもり、懐中《かいちゅう》電灯の光で本を読んだあの感覚とそっくりである。いや、おふくろはまさか押入れの中に、お茶や食事を運んではくれなかった。

読書のうちでも、ことに小説がいい。小説は異界の出来事であるから、日常と隔絶《かくぜつ》した機内で読むと、みごとに嵌《はま》るのである。長距離便なら一冊まるごと読みおえた後でも、まだ映画を観たり眠《ねむ》ったりする時間は十分にある。活字中毒患者としては、これにまさる環境はない。

さて、例年春先から初夏にかけては文学賞の選考会が集中しており、三つの賞の選考委員を兼《か》ねているので、つごう二十冊程度の長篇《ちょうへん》をく」と言うにはためらいを感じるから。

エ　日記を書くのがはじめての山下くんには難しいことだろうと思えるので、「書く」と正直に答えると嫌味になってしまうかもしれないと感じるから。

問七　――線部⑦「弱気そうだった山下くんの顔にも、明るさがもどった」のはなぜだろうか。わかりやすく説明しなさい。

問八　――線部⑧「ゆく河の流れは絶えずして、しかももとの水にあらず」について。この場面で「ぼく（光平）」の頭に、このことばがひらめいたのはなぜだろうか。その理由として最もふさわしいものを次の中から選び、記号で答えなさい。

ア　川の流れに目をやっていると三年前のことが思い出され、あの時の勢いとは違うおだやかな流れを見ていたら何とかなると思えたから。

イ　川の流れを見ていると、日によって、季節によって、年によって、流れ方は変わっても、ちゃんと流れ続けているのだと思えたから。

ウ　雨の日も晴れの日も川の水が流れているように、自分も去年と同じようにしっかり日記に決意を書き込んで努力しようと思えたから。

エ　この橋の下を流れている川の水が三年前に見た水とは違う水であるように、今年の夏もまた新しい自分になろうと思えたから。

問九　＝＝線部a～dのカタカナを漢字に直しなさい。

二　次の文章を読んで、後の問に答えなさい。

いっけん器用そうに見えて、実はたいそう不器用である。あるいは手先はたいそう器用なのだが、①性格が不器用である。顧《かえり》みれば私の人生はすべてこれで説明がついてしまう。

ひとつの方法を学習してしまうと、それに代わる合理的な新手法を［Ⅰ］受け付けず、つまりわかりやすくいうなら今もこうして四百字詰《づめ》の原稿《げんこう》用紙に、万年筆で字を書いている。生活が万事これである。

小学生のころ、図書室で借りた本をその日のうちに読みおえて翌日に返却《へんきゃく》するというパターンを覚えてしまい、以来今日まで一日一冊という読書が私の生活になっている。このパターンが崩《くず》れたのは陸上自衛隊に在籍《ざいせき》した二年間だけであろう。それにしたところで、戦闘服《せんとうふく》のポケットにはいつも文庫本を隠《かく》し持っていた。

なんだか自慢《じまん》話のようであるが、要は［Ⅱ］活字中毒患者の典型である。健康な人は、一日一冊の読書など不可能だと思うであろうけれど、そうした生活の形を定めてしまうと存外むずかしいことではない。一日四時間で十分なのである。

私は速読家ではなく、［Ⅲ］活字をたどるのは遅《おそ》い。ぶつぶつと声に出して音読する程度の速度なのだが、それでも原稿用紙に換算《かんさん》すると一時間に百枚にもなるわけで、私は自分が書き上げた原稿を必ず音読するから、この計算にまちがいはないと思う。

ごく一般《いっぱん》的な三百ページ程度の小説には約四百枚の原稿が入っており、新書ならばさらに少ない三百枚ほどであるから、三時間か四時間をaツイやせば一日一冊は可能ということになる。つまりこうした物理的に十分可能な習慣を、人生の＊有為転変《ういてんぺん》や社会の要請《ようせい》など一切おかまいなしに続けていると、いっけん器用そうだが実はたいそう不器用な人間ができ上がってしまうらしい。ちっとも自慢などではなく、川面《かわも》に光が反射して、まぶしい。

⑦弱気そうだった山下くんの顔にも、明るさがもどった。

光を手でさえぎり、しばらく末広川の流れに目をやった。

もう梅雨入《つゆい》りしたのに、今年《ことし》は雨の日が少ない。この日も太陽が照りつけ、川の底まできれいに、すけて見えた。

そうしていると、この川に、自分のリコーダーを落としてしまった日のことが思いうかんだ。山下くんとハリー・ポッターの魔法《まほう》のつえごっこをしていて、手からすべり落ちたのだ。三年生のときだっただろうか。

あの日は大雨がふった翌日で、にごった水が道にあふれそうなほど、勢いよく流れていた。

⑧ゆく河《かわ》の流れは絶《た》えずして、しかももとの水にあらず。

国語で習ったばかりの文章が、頭にひらめいた。

――そうだ。そろそろ日記の準備をしなければ。

今回の一ページ目、去年からの通算二十一ページ目は、「七月二十五日に山下くんと日記を見せ合った」にしようか。

（本田有明『願いがかなうふしぎな日記　夢に羽ばたく夏休み』による）

問一　――線部①について。鉄棒の授業で手をすべらせて失敗し、「スベルンジャー」と言われて「イラッとした」光平だが、すぐに考え直すことができている。その理由を簡潔に説明しなさい。

問二　本文中の□にあてはまることばを次の中から選び、記号で答えなさい。

ア　尊敬　　イ　心配　　ウ　警戒　　エ　敬遠

問三　――線部②とあるが、「ぼく」が意外に思った理由を説明しなさい。

問四　――線部③「やっぱりなにか、『心境の変化』があったのだろう」とあるが、山下くんが自分に心境の変化があったと気づいた様子を描写した一文を探し、その最初の五字をぬき出しなさい。

問五　――線部④⑤について。ここには「ぼく」と「山下くん」とのどのような関係が表れているか。次の中から最もふさわしいものを選び、記号で答えなさい。

ア　互いを大切に思うあまり、相手に心配をかけるようなことはことばにできない関係。

イ　自分の弱さを相手に見せるのは情けないと思い、互いに平静をよそおうような関係。

ウ　親しいがゆえに、互いに自分の気持ちを率直に伝えるのには照れくささもある関係。

エ　互いに助け合ってきたので、ことばにしなくても気持ちが通じると思っている関係。

問六　――線部⑥「ぼくはあいまいにうなずいた」とあるが、その理由として最もふさわしいものを次の中から選び、記号で答えなさい。

ア　ぼくが泳げるようになった理由をしつこく聞いてきたことを思い出し、なんでも色々と聞き出そうとする山下くんに対してわずらわしさを感じるから。

イ　日記を書いているうちに、自分の中にある大切な秘密に気づいてしまうかもしれず、それを山下くんに見られてしまうことを気恥ずかしく感じるから。

ウ　書く予定にはしていて項目はいくつかイメージできているが、具体的な内容についてはまだ考えていないので、この場で「書

「別にないよ。なんで?」

「授業中すごくまじめだったりして、感じが変わったから。木ノ内さんが、ユカリンパワーのせいかもって言ってた」

ユカリンというのは、田中結花さんのニックネームだ。

しばらくだまって歩いたあと、山下くんは鼻をピクピクさせた。ちょっと興奮したときのしるしだ。

そして、衝撃的《しょうげきてき》なことを言った。

「おれ、『ゆううつ』って言葉を、漢字で書けるようになった」

「それ、六年で習うの?」

「習わないよ。漢字 b ケンテイの二級と三級だから」

二級と三級? 山下くんの口から聞くなんて。

山下くんは、まだ七級だったはずだ。

「ユカリンが『ゆううつ』を覚えろって言うから。この字を漢字で書けるようになったら、もう、こわいものなし。自信がもてるようになるって」

あとで漢字を調べてみた。

憂鬱《ゆううつ》……見ているだけで、ゆううつになりそうだ。とくに「鬱《うつ》」は、思い切り c フクザツで、二十九画もあった。書き方がわからない。いきなりこんなのを覚えろなんて、まるでいじめみたいだ。

でも、ほんとうに書けるようになったなら、すごいと思う。

③やっぱりなにか、「心境の変化」があったのだろう。

五分くらい歩き、末広川《すえひろがわ》にさしかかった。橋の欄干《らんかん》に手を着いて、川の流れを見おろす。

「おれ、ユカリンにも影響《えいきょう》を受けたけど、光平《こうへい》にはもっと受けたかも」

「④おだててくれなくてもいいよ」

「⑤おまえの日記に影響を受けた。こんなこと、言うつもりはなかったけど」

そういえば、山下くんは去年、ぼくが泳げるようになった理由をしつこく聞いてきた。押《お》しに負けて一度だけ、あの日記を見せてあげたことがある。

「竜也《りゅうや》も日記を始めたの⁉」

「うん、ちょっとだけ」

「見せてよ。ぼくも竜也に見せたよね?」

「いま、なんていうか、苦戦してるんだ」

ぼくはのぞき込《こ》むように、山下くんの横顔を見た。

めずらしくちょっと弱気な、でも正直そうな言い方だった。

どんなふうに苦戦しているのかな。

聞いてみたかったけど、うまく言葉が出なかった。

「光平はまた、夏休みに書くんだろ?」

⑥ぼくはあいまいにうなずいた。

「予定ではね。中身は、少しだけ考えている」

うそではなかった。まだ実際に書いてはいないけど、項目のイメージはいくつかあった。

カブトムシをちゃんと d ウカさせて、友だちにあげること。鉄棒の技をもっと習得すること。そして、去年に負けないくらい夏休みを充実《じゅうじつ》させること——。具体的な内容はこれから考える。

「おれのほうも、次は夏休みバージョンにするつもり。そのときに見せ合わないか? たとえば七月二十五日とか、日にちを決めておいて」

山下くんが、グッと一歩ふみ込んできた。

「いいよ」とぼくは答えた。「でも、なんか……ちょっと恥《は》ずかしいね」

2024年度 桐朋中学校

【国語】〈第二回試験〉（五〇分）〈満点：一〇〇点〉

一　次の文章を読んで、後の問に答えなさい。

鉄棒は、体育の授業で取り組む運動のうちで、あまり人気が高くない種目だった。サッカーやバスケットボールなど、球技のほうが、男女ともに人気があった。

でも「イケメン先生」の明るい人柄《ひとがら》やすごい演技のおかげで、鉄棒がちょっとしたブームになった。昼休みや放課後に、校庭のすみで練習をする人が増えた。

ぼくのほうは、クラスメイトから「スベルンジャー」とよばれたことが心にささった。去年まで、水泳ができなかったころは「オボレンジャー」とばかにされ、それを克服《こくふく》したら、今度は「スベルンジャー」か。イラッとした。

①でも――とぼくは考え直した。

去年の夏、「ぼくは泳げるようになった!!!」と日記に書いたら、ほんとうに泳げるようになった。実現したい目標を先に書き、そのあと練習を重ねて目標を達成したのだ。長距離走《ちょうきょりそう》のときもそうだった。

「もしできなかったら」とかは考えず、「必ずできる」と自分に言って、努力する。そうすればきっと、願いがかなう。今回もそれをやってみよう。

水泳、長距離走、そして鉄棒。きちんとできれば、運動種目の三冠《かん》だ。

そう思ったら、からだの奥から元気がわいてきた。

（中略）

学校の授業のあと、ぼくは木ノ内さんから勉強を教えてもらうことがあった。

この人は、たまに変なことを言ったりするけど、基本的に根が明るく、やさしい人だった。ぼくが英語や算数などで質問をすると、いつもていねいに答えてくれた。

でも、それ以上におどろいたのは、ぼくたちの前の席の二人だ。

山下くんのとなりの田中結花《ゆか》さんは、岩崎修斗《しゅうと》くんとともに六年二組の「ツートップ」といわれるほどの優等生だった。同じ優等生でも、木ノ内さんや立花さんとはちがって口数が少なく、めったに笑ったりしない。まわりから□されている、とまではいわなくても、とっつきにくいと思われている人だった。

山下くんも、はじめのうちは田中さんの横で緊張《きんちょう》し、背中を丸めているように見えた。それがしばらくすると、様子が変わってきた。休み時間に話をしたり、ぼくみたいに、勉強を教えてもらったりするようになったのだ。――②あの山下くんが？　と首をかしげるくらいに。

田中さんのほうも、いやがっている感じはなかった。質問されると、まるでお姉さんのように、きちんと教えてあげていた。

人にはいろんなタイプがあるんだな、とぼくは思った。「やさしい人」といっても、たぶん微妙《びみょう》にちがう「やさしさ」があるのだろう。「明るい星」にだって、さまざまな種類があるように。

ａインショウや雰囲気《ふんいき》だけで、人を決めつけてはいけない。そんな当たり前のことを、ぼくは田中さんを見ていて学んだ。

ある日、ぼくは山下くんに声をかけ、いっしょに下校した。

校門の前で生活指導の先生とあいさつをして、通りに出る。

「最近なにか、心境の変化があったの？」

2024年度

桐 朋 中 学 校　▶解説と解答

算 数　＜第２回試験＞（50分）＜満点：100点＞

解 答

$\boxed{1}$ (1)　$1\frac{1}{6}$　(2)　7.8　(3)　$2\frac{2}{5}$　$\boxed{2}$ (1)　86cm　(2)　$\frac{3}{10}$倍　(3)　**A**　810円　**B**　990円　$\boxed{3}$ (1)　２分20秒後　(2)　1470m　$\boxed{4}$ (1)　***a***　6　***b***　12　***c***　60　(2)　毎秒72cm³　(3)　６個　$\boxed{5}$ (1)　40cm²　(2)　6.8cm　$\boxed{6}$ (1)　18枚　(2)　**白いタイル**…91枚，**黒いタイル**…108枚　(3)　***N*の値**…19，**枚数の和**…2110枚　$\boxed{7}$ (1)　5　(2)　㋐　15　㋑　45　㋒　204　㋓　189　(3)　13，26，52，65

解 説

$\boxed{1}$ 四則計算

(1)　$2\frac{1}{4}-1\frac{2}{3}+\frac{7}{12}=2\frac{3}{12}-1\frac{8}{12}+\frac{7}{12}=1\frac{15}{12}-1\frac{8}{12}+\frac{7}{12}=\frac{7}{12}+\frac{7}{12}=\frac{14}{12}=\frac{7}{6}=1\frac{1}{6}$

(2)　$3.2\times1.5+(9.1-0.7)\div2.8=4.8+8.4\div2.8=4.8+3=7.8$

(3)　$1.25\div\left(1\frac{1}{9}-\frac{5}{6}\right)\times\left(0.45+\frac{1}{12}\right)=1\frac{1}{4}\div\left(\frac{10}{9}-\frac{5}{6}\right)\times\left(\frac{9}{20}+\frac{1}{12}\right)=\frac{5}{4}\div\left(\frac{20}{18}-\frac{15}{18}\right)\times\left(\frac{27}{60}+\frac{5}{60}\right)=\frac{5}{4}\div\frac{5}{18}\times\frac{32}{60}=\frac{5}{4}\times\frac{18}{5}\times\frac{8}{15}=\frac{12}{5}=2\frac{2}{5}$

$\boxed{2}$ 分配算，割合，消去算

(1)　２人のリボンの長さを合わせると，妹のリボンの長さの，１＋２＝３(倍)より８cm長くなる。その長さが，１m25cm＝125cmだから，妹のリボンの長さの３倍は，125－８＝117(cm)で，妹のリボンの長さは，117÷３＝39(cm)とわかる。よって，姉のリボンの長さは，125－39＝86(cm)と求められる。

(2)　Ｂの重さを１とすると，Ａの重さは$\frac{4}{7}$だから，Ｃの重さは，$\frac{4}{7}\times5\frac{5}{6}=\frac{4}{7}\times\frac{35}{6}=\frac{10}{3}$となる。よって，Ｂの重さはＣの重さの，$1\div\frac{10}{3}=\frac{3}{10}$(倍)である。

(3)　Ａ，Ｂどちらも定価の，１－0.1＝0.9(倍)の値段で１つずつ買うと，代金は1620円なので，Ａ，Ｂを定価で１つずつ買ったときの代金は，1620÷0.9＝1800(円)となる。また，Ａを定価で，Ｂを定価の２割引きでそれぞれ１つ買うと，代金は1602円だから，２つの場合の代金の差に注目すると，1800－1602＝198(円)がＢの定価の２割にあたる。よって，Ｂの定価は，198÷0.2＝990(円)となり，Ａの定価は，1800－990＝810(円)と求められる。

$\boxed{3}$ 速さと比，旅人算

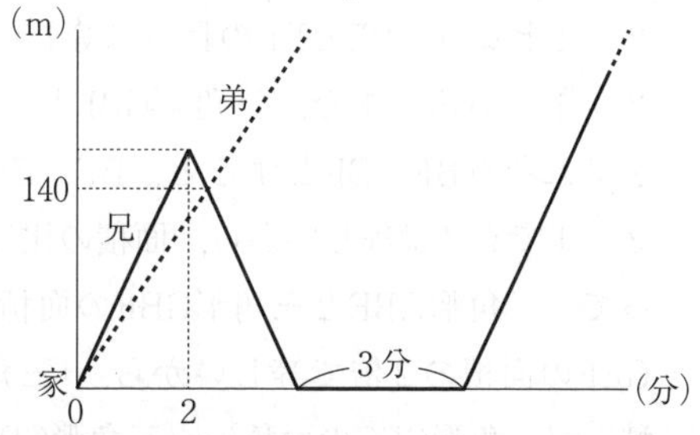

(1)　２人が進んだようすは右の図のようなグラフになる。兄と弟の速さの比は７：５なので，兄と弟がすれちがうまでに歩いた道のりはそれぞれ$\boxed{7}$，$\boxed{5}$と表せる。すると，すれちがうまでに２人が歩いた道のりの和は，$\boxed{7}+\boxed{5}=\boxed{12}$で，これは兄が忘れ物に気づくまでに歩い

た道のりの２倍だから，兄は忘れ物に気づくまでの２分間で，$\boxed{12}$÷２＝$\boxed{6}$だけ歩いたことになる。よって，兄が$\boxed{7}$の道のりを歩くのにかかる時間，つまり，２人が家を出発してからすれちがうまでの時間は，$2\times\frac{7}{6}=\frac{7}{3}=2\frac{1}{3}$(分)，$60\times\frac{1}{3}=20$(秒)なので，家を出発してから２分20秒後にすれちがったとわかる。

(2)　(1)より，弟は$\frac{7}{3}$分で140m歩くので，弟の速さは分速，$140\div\frac{7}{3}=60$(m)である。また，兄が再び家を出発したのは，初めに出発してから，２＋２＋３＝７(分後)で，２人は同時に図書館に着いたから，家から図書館まで歩くのにかかる時間は，兄の方が７分短い。さらに，兄と弟の速さの比は７：５だから，家から図書館まで歩くのにかかる時間の比は，$\frac{1}{7}:\frac{1}{5}=5:7$である。すると，この比の，７－５＝２にあたる時間が７分となるので，弟が家から図書館まで歩くのにかかる時間は，$7\times\frac{7}{2}=24\frac{1}{2}$(分)とわかる。よって，家から図書館までの道のりは，$60\times24\frac{1}{2}=1470$(m)と求められる。

4　グラフ―水の深さと体積

(1)　問題文中の＜グラフ＞で，水面の高さが$a$cmになったときと$b$cmになったときの２回，水面の高さの増え方が変わっている。よって，水そうの底面から下の段の立方体の上面までの高さが$a$cm，上の段の立方体の上面までの高さが$b$cmだから，a＝６(cm)，b＝６×２＝12(cm)となる。また，水面の高さが６cmから８cmまで，８－６＝２(cm)増えるのに，38－27＝11(秒)かかっているので，水を入れはじめて27秒後からc秒後までは，水面の高さが１cm増えるのに，11÷２＝5.5(秒)かかる。したがって，水面の高さが，12－６＝６(cm)増えるのに，5.5×６＝33(秒)かかるから，c＝27＋33＝60(秒)となる。

(2)　60秒後に水面の高さが12cmになり，このとき入っている水の体積と立方体10個の体積の和は，縦18cm，横30cm，高さ12cmの直方体の体積と等しく，18×30×12＝6480(cm^3)である。また，立方体１個の体積は，６×６×６＝216(cm^3)だから，入っている水の体積は，6480－216×10＝4320(cm^3)とわかる。よって，水を入れる割合は毎秒，4320÷60＝72(cm^3)と求められる。

(3)　27秒後に水面の高さが６cmになったとき，入っている水と，下の段にある立方体の体積の和は，縦18cm，横30cm，高さ６cmの直方体の体積と等しく，18×30×６＝3240(cm^3)となる。このとき，入っている水の体積は，72×27＝1944(cm^3)だから，下の段にある立方体の体積の和は，3240－1944＝1296(cm^3)とわかる。よって，下の段にある立方体の個数は，1296÷216＝６(個)と求められる。

5　平面図形―面積，長さ，辺の比と面積の比

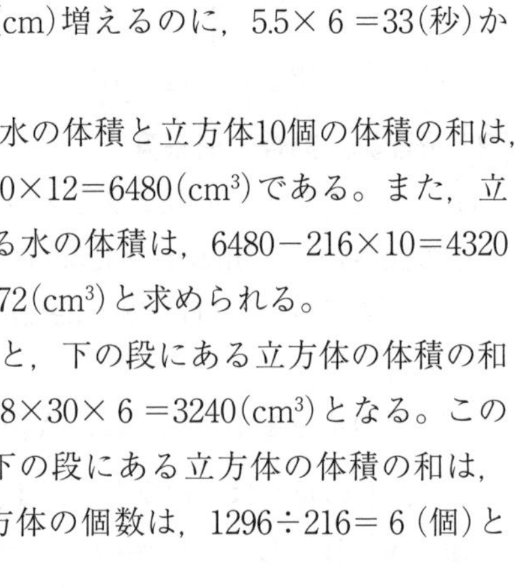

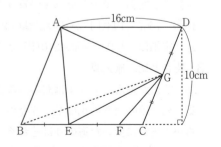

(1)　右の図の三角形ABEと三角形GEFで，底辺をそれぞれBE，EFとすると，高さの比は，CD：CGに等しく，２：１となり，BEとEFの長さは等しいから，面積の比は２：１である。また，三角形GBFと三角形GEFで，底辺をそれぞれBF，EFとすると，BF：EF＝(１＋１)：１＝２：１で高さは等しいから，面積の比は２：１になる。よって，三角形ABEと三角形GBFの面積はどちらも三角形GEFの面積の２倍で等しいから，(三角形ABEの面積)＋(三角形GFCの面積)＝(三角形GBFの面積)＋(三角形GFCの面積)＝(三角形GBCの面積)となる。ここで，平行四辺形ABCDの面積は，16

×10＝160(cm^2)だから，三角形GBCと三角形AGDの面積の和は，160÷2＝80(cm^2)である。さらに，CG＝GDより，三角形GBCと三角形AGDの面積は等しいから，三角形GBCの面積は，80÷2＝40(cm^2)とわかる。したがって，三角形ABEと三角形GFCの面積の和は40cm^{2}と求められる。

(2) 平行四辺形ABCDの面積が160cm^2，三角形AGDの面積が40cm^2，三角形ABEと三角形GFCの面積の和が40cm^2，三角形AEGの面積が63cm^{2}だから，三角形GEFの面積は，160－(40＋40＋63)＝17(cm^2)とわかる。また，三角形GEFで底辺をEFとしたときの高さは，10÷2＝5(cm)だから，EFの長さを□cmとすると，□×5÷2＝17(cm^2)と表せる。よって，□＝17×2÷5＝6.8(cm)なので，BE＝EF＝6.8cmとなる。

6 図形と規則

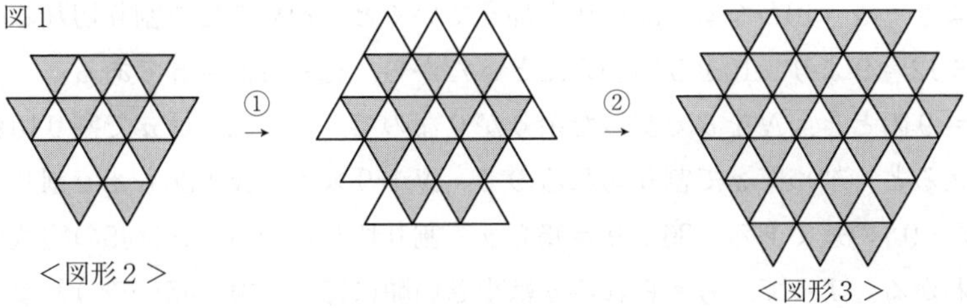

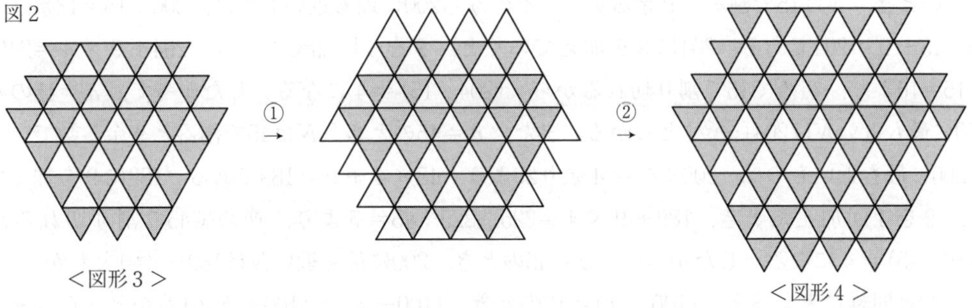

(1) ＜図形2＞に操作を行うと，上の図1のようになり，①の操作で白いタイルは12枚増え，②の操作で黒いタイルは15枚増える。その後，＜図形3＞に操作を行うと，上の図2のようになり，①の操作で白いタイルは18枚増え，②の操作で黒いタイルは21枚増える。よって，＜図形4＞の白いタイルは＜図形3＞の白いタイルより18枚多い。

(2) ＜図形1＞から＜図形4＞までの白いタイル，黒いタイルの枚数を表にまとめると，右の図3のようになる。図3より，1回の操作で増える白いタイルの枚数は6枚，12枚，18枚，…のように6枚ずつ多くなるので，＜図形5＞の白いタイルは，37＋(18＋6)＝61(枚)，＜図形6＞の白いタイルは，61＋(18＋6×2)＝91(枚)となる。また，1回の操作で増える黒いタイルの枚数は9枚，15枚，21枚，…のように6枚ずつ多くなるので，＜図形5＞の黒いタイルは，48＋(21＋6)＝75(枚)，＜図形6＞の黒いタイルは，75＋(21＋6×2)＝108(枚)となる。

図3

	図形1	図形2	図形3	図形4
白(枚)	1	7	19	37
黒(枚)	3	12	27	48

(3) ＜図形1＞の枚数の和は，1＋3＝4(枚)である。その後，増える枚数の和は，＜図形1＞から＜図形2＞では，6＋9＝15(枚)，＜図形2＞から＜図形3＞では，12＋15＝27(枚)，＜図形3＞から＜図形4＞では，18＋21＝39(枚)，…のようになるので，1回の操作で増える枚数の和は，

12枚ずつ多くなる。よって，たとえば＜図形14＞から＜図形15＞で増える枚数の和は，はじめの数が15，加える数が12の等差数列の14番目の数となるから，15＋12×(14－１)＝171より，＜図形15＞の枚数の和は，４＋(15＋27＋39＋…＋171)＝４＋(15＋171)×14÷２＝４＋1302＝1306(枚)となる。その後，枚数の和は，＜図形16＞では，1306＋(171＋12)＝1306＋183＝1489(枚)，＜図形17＞では，1489＋(171＋12×２)＝1489＋195＝1684(枚)，＜図形18＞では，1684＋(171＋12×３)＝1684＋207＝1891(枚)，＜図形19＞では，1891＋(171＋12×４)＝1891＋219＝2110(枚)となり，ここで初めて2024枚より多くなる。よって，初めて枚数の和が2024枚より多くなるとき，Nの値は19で，そのときの枚数の和は2110枚である。

7 整数の性質

⑴ 58÷12＝４余り10より，b＝10となる。58に10を加えていくと，初めて12で割り切れるのは，58＋10×５＝108，108÷12＝９より，10を５回加えたときだから，(58，12)＝５である。

⑵ (N，a)＝４，b＝９のとき，Nをaで割った余りが９なので，(N－９)はaで割り切れる。また，Nに９を４回加えると，初めてaで割り切れるので，N＋９×４＝N＋36もaで割り切れる。すると，(N＋36)と(N－９)の差である，36＋９＝45もaで割り切れるから，aは45の約数で，余りの９より大きい数とわかる。よって，考えられるaは小さい順に15(…㋐)，45(…㋑)となる。a＝15のとき，Nは15で割ると９余る数で，そのうち200に最も近いものは，200÷15＝13余り５より，15×13＋９＝204である。204に９を加えていくと，９を４回加えたとき，204＋９×４＝240，240÷15＝16より，初めて15で割り切れるから，(204，15)＝４になる。したがって，a＝15のとき，200に最も近いNは204(…㋒)とわかる。また，a＝45のとき，Nは45で割ると９余る数で，そのうち200に最も近いものは，200÷45＝４余り20より，45×４＋９＝189である。189に９を加えていくと，９を４回加えたとき，189＋９×４＝225，225÷45＝５より，初めて45で割り切れるから，(189，45)＝４になる。したがって，a＝45のとき，200に最も近いNは189(…㋓)とわかる。

⑶ ⑵と同様に考えると，(100，a)＝12のとき，(100－b)と(100＋b×12)がどちらもaで割り切れるので，これらの差である，b×12＋b＝b×13もaで割り切れる。つまり，b×13÷a＝$\frac{b\times 13}{a}$は整数になるが，13とaが約分できないとすると，aはbより大きいので，aとbが約分できたとしても分母に２以上の整数が残る。よって，13とaが約分できる必要があり，13の約数は１と13しかないから，aは13で割り切れる必要がある。そこで，まず，a＝13とすると，100÷13＝７余り９より，b＝９である。このとき，100＋９×12＝208，208÷13＝16より，(100，13)＝12となるので，条件に合う。同様に，100より小さい13の倍数となるaについて考えると，右の図のようになる。したがって，(100，a)＝12となるようなaは13，26，52，65とわかる。

a＝26	100÷26＝３余り22，	100＋22×12＝364，	364÷26＝14
a＝39	100÷39＝２余り22，	100＋22×12＝364，	364÷39＝９余り13
a＝52	100÷52＝１余り48，	100＋48×12＝676，	676÷52＝13
a＝65	100÷65＝１余り35，	100＋35×12＝520，	520÷65＝８
a＝78	100÷78＝１余り22，	100＋22×12＝364，	364÷78＝４余り52
a＝91	100÷91＝１余り９，	100＋９×12＝208，	208÷91＝２余り26

社　会　＜第２回試験＞（30分）＜満点：60点＞

解　答

1　**問１**　エ→ウ→イ→オ→カ→ア　**問２**　**A**　う　**B**　か　**C**　こ　**D**　き　**E**　く　**F**　し　**問３**　①　キ　②　オ　③　カ　④　イ　**問４**　あ，え　**問５**　え　**問６**　調　**問７**　日本橋　**問８**　（例）大日本帝国憲法では，国民の権利を法律の範囲内で認め，国民の義務を兵役と納税とした。　2　**問１**　①　う　②　ラムサール条約　**問２**　あ　**問３**　**ア**　お　**イ**　あ　**問４**　う　**問５**　①　い　②　長崎県　**問６**　あ　**問７**　①　え　②　８　**問８**　い　**問９**　①　２　②　**ア**　×　**イ**　○　**ウ**　○

3　**問１**　①　え　②　化石　**問２**　水銀　**問３**　う→あ→い→え　**問４**　あ　**問５**　①　**A**　上がる　**B**　買い控える　**C**　減る　②　（例）太陽光発電や風力・水力・地熱発電など，二酸化炭素を出さない方法で発電事業をしている企業に対して，この税金で得た収入を財源として政府が補助金を交付し，この発電事業を援助することにより二酸化炭素の排出量を減らす，という効果を指す。

解　説

1　各時代の歴史的なことがらと関係の深い場所についての問題

問１　アは太平洋戦争末期の1945年３月，アメリカのＢ29爆撃《ばくげき》機約300機が東京を襲《おそ》った出来事（東京大空襲《くうしゅう》）で昭和時代，イは室町幕府の第３代将軍足利義満が行った金閣（鹿苑寺《ろくおんじ》）の造営で室町時代前半，ウは平清盛が行った厳島神社の社殿《しゃでん》改修で平安時代末期，エは元明天皇が行った平城京遷《せん》都《と》（710年）で奈良時代，オは大塩平八郎の乱（1837年）で江戸時代後半，カは鹿児島の不平氏族らが起こした西南戦争（1877年）で明治時代前期にあてはまる。よって，時代の古い順にエ→ウ→イ→オ→カ→アになる。

問２　**A**　問１のアの解説を参照のこと。よって，図１の「う」になる。　**B**　金閣は京都市にあるので，図１の「か」が当てはまる。　**C**　厳島神社は広島県廿日市《はつかいち》市宮島町にあるので，図１の「こ」が当てはまる。　**D**　平城京は奈良市につくられたので，図１の「き」が当てはまる。　**E**　大塩平八郎の乱は大阪市で起きたので，図１の「く」が当てはまる。　**F**　西南戦争は鹿児島市で始まったので，図１の「し」が当てはまる。　なお，図１の「あ」は函館市，「い」は平泉町（岩手県），「え」は横浜市，「お」は富山市，「け」は高知市，「さ」は福岡市。

問３　①　ラジオ放送の開始は，大正時代の1925年のことである。よって，当てはまる時代がないのでキとなる。　②　近松門左衛門が活躍《かつやく》したのは江戸時代なので，オが当てはまる。　③　東京・横浜間で公衆電報が始められたのは明治時代なので，カが当てはまる。　④　観阿弥《かんあみ》・世《ぜ》阿弥《あみ》親子が能楽を大成したのは室町時代なので，イが当てはまる。

問４　日本と軍事同盟を結んでいたドイツが，連合国に無条件降伏《こうふく》したのは1945年５月のことである（あ…○）。また，選挙法が改正され，満20歳以上のすべての男女に選挙権が認められたのは1945年12月のことである（え…○）。よって，「あ」，「え」の２つが当てはまる。「い」の日本軍が南京《ナンキン》大虐殺《ぎゃくさつ》を行ったのは1937年，「う」の日米安全保障条約が結ばれたのは1951年，「お」の日本軍が満州国を建国したのは1932年のこと。

問５　Ｂの足利義満は明《みん》と国交を開き，日明貿易(勘合貿易)を始めた。Ｃの平清盛は大輪田泊(現在の神戸港の一部)を修築し，宋《そう》との間で日宋貿易を始めた。Ｄの平城京は唐《とう》の都の長安を手本にしてつくられた。よって，組み合わせは「え」が正しい。

問６　奈良時代の律令制度の下で，農民は租・庸《よう》・調などの税や労役・兵役を課された。税のうち，租は収穫《しゅうかく》した稲の約３％を地方の役所に納めるもの，庸は都で10日間の労役につくかわりに布を納めるもの，調は各地の特産物を納めるもので，庸と調は農民がみずから都に運び中央政府に納めなければならなかった。

問７　江戸時代，参勤交代や物資を輸送するなどのため東海道・中山道・甲州街道・日光街道・奥州街道の「五街道」が整備されたが，起点はすべて江戸の日本橋であった。

問８　大日本帝国憲法は君主権の強いドイツ(プロイセン)の憲法を参考に作成され，天皇を神聖化した天皇の権限が強い憲法であった。この憲法では，国民(臣民)の権利は法律の範囲《はんい》内においてのみ認められるという制限がもうけられ，国民の義務としては兵役と納税の２つが定められた。

2　日本の空港を題材にした問題

問１　①　「たんちょう」は，日本では北海道東部の釧路湿原《くしろしつげん》を中心とした地域に生息するツル科の野鳥で，国の特別天然記念物に指定されている。釧路空港の愛称を，「たんちょう釧路空港」という。　②　ラムサール条約の正式名称は「特に水鳥の生息地として国際的に重要な湿地《しっち》に関する条約」といい，1971年にイランの都市ラムサールで採択された。日本の登録地は釧路湿原や琵琶湖を含《ふく》め，53か所ある(2023年末現在)。

問２　岡山空港の愛称《あいしょう》は，「岡山桃太郎《ももたろう》空港」である。岡山には，吉備津彦命《きびつひこのみこと》が吉備国(現在の岡山県全域と広島県東部)を平定するさいに温羅《うら》という鬼《おに》を討《う》ったという伝承が残されていることや，古くから黍《きび》(イネ科の穀物)の産地であったことなどから，「桃太郎」伝説発祥《はっしょう》の地とされ，空港の愛称となった。

問３　**ア**　航空貨物は，比較《ひかく》的軽量のわりに高価なものが中心で，輸出では「半導体等電子部品」の出荷額の割合が最も大きい。　**イ**　輸入では「医薬品」の入荷額の割合が最も大きく，第２位が「半導体等電子部品」である。

問４　宮崎県の農業産出額に占《し》める割合は「畜産」が最も大きいので，表の「う」が当てはまる。「あ」は佐賀県，「い」は熊本県。

問５　①　対馬(図の「い」)は九州と朝鮮半島のほぼ中間に位置する島で，古くから大陸との交流を仲だちしてきた。なお，「あ」は種子島(鹿児島県)，「う」は隠岐《おき》諸島の島後島(島根県)，「え」は佐渡島(新潟県)。　②　対馬は長崎県に属しており，長崎県は47都道府県の中で島の数が最も多く，1479ある(2023年現在)。

問６　高知市は太平洋側の気候に属し，梅雨や台風の影響《えいきょう》をうけて夏の降水量が多い。よって，雨温図の「あ」があてはまる。「い」は太平洋側の気候に属するが，冬は寒く日本海側の気候に近い福岡市，「う」は亜熱帯の気候に属する那覇市，「え」は冬に降水量が多い日本海側の気候に属する金沢市。

問７　①　国土地理院が2022年の「電子国土基本図」をもとに島の数を数えなおした結果，これまでの6852から14125へとほぼ倍増している。これによれば，島の数は長崎県が第１位，北海道が第２位，鹿児島県が第３位，岩手県が第４位となっている。なお，国土地理院は島の数が増えたからといって，日本の領土や領海の面積に影響はなかったとしている。　②　47都道府県のうち，海に面していない内陸県は東から順に，栃木・埼玉・群馬・山梨・長野・岐阜・滋賀・奈良の８県である。

問８　「合計特殊《とくしゅ》出生率」とは，１人の女性が生涯《しょうがい》に産む子どもの数の平均で，近年は減少傾向《けいこう》にあり，2021年度の数値は1.30であった。このため，「少子化」にいっそう拍車《はくしゃ》がかかっている。

問９　①　縮尺が２万５千分の１の地形図の場合，地形上での長さ約８cmの実際の距離は，８cm×25000＝20万cm＝2000m＝約２kmになる。　②　**ア**　地点Ａの標高は約420m，Ｂは約320mである。　**イ**「天城町」の平地のほぼ全域は畑になっている。　**ウ**　北西部の「与名間」と南西部の「岡前」に小・中学校があるので，この文も正しい。

3　地球温暖化を題材にした問題

問１　①　真鍋《まなべ》淑郎《しゅくろう》さんは地球科学者で，温室効果ガスと地球温暖化の関係を示す研究が評価され，2021年度のノーベル物理学賞を受賞した。なお，ノーベル賞の日本人受賞者は29人(外国籍を持つ人を含む)であるが，物理学賞，化学賞，生理学・医学賞，文学賞，経済学賞，平和賞の６部門のうち，経済学賞の受賞者は出ていない(2023年末現在)。　②　石油・石炭・天然ガスは「化石燃料」と総称《そうしょう》され，燃焼すると地球温暖化の原因とされる二酸化炭素を発生する。

問２　2013年，熊本市で「水銀に関する水俣《みなまた》条約」が採択され，2017年に発効した。「水俣」の名がつけられたのは，1950～60年代に熊本県水俣市で化学工場の排水に含まれる有機水銀を原因とする水俣病が発生したことに由来する。

問３　「あ」の「かけがえのない地球」をスローガン(標語)とした国連人間環境《かんきょう》会議が，スウェーデンのストックホルムで開かれたのは1972年のこと。「い」の国連環境開発会議(地球サミット)が，ブラジルのリオ・デ・ジャネイロで開かれたのは1992年のこと。「う」の日本で公害対策基本法が制定されたのは1967年のこと。「え」の持続可能な開発に関する世界首脳会議が，南アフリカのヨハネスブルグで開かれたのは2002年のこと。よって，年代順はう→あ→い→えになる。

問４　「ハイブリッド・カー」は，ガソリンエンジンと電気モーターを組み合わせた自動車である。よって，「あ」が誤り。

問５　①「価格効果」について，石油・石炭・天然ガス等の価格に特別な税金を上乗せすると，燃料の価格が上がる(Ａ)ので，これらの燃料を欲しがる人びとの多くは燃料を買い控《びか》える(Ｂ)ようになる。これにより石油・石炭・天然ガス等の燃料の消費量が減る(Ｃ)ことになり，二酸化炭素の排出《はいしゅつ》量が削減《さくげん》される。　②「財源効果」について，石油・石炭・天然ガス等の価格に上乗せした税金を財源として，太陽光・風力・水力・地熱発電など，二酸化炭素を出さない再生可能エネルギーで発電事業をおこなっている企業《きぎょう》への補助金にあてれば，再生可能エネルギーによる発電が増え，そのぶん二酸化炭素の排出量が削減されることになる。

理科　＜第２回試験＞（30分）＜満点：60点＞

解答

1　**問１**　2.5kg，９cm　**問２**　0.4cm　**問３**　300ｇ　**問４**　1.02ｇ　2　**問１**　Ｘ

ク　Y　イ　Z　オ　**問２**　(あ)　40　(い)　6　**問３**　(1)　×　(2)　×　(3)　○
問４　1.4個分　**問５**　(例)　発生した気体Zの一部が水に溶けたから。　**問６**　(例)　塩化水素を電気分解するのに必要な電池は最低１個分であり，水の電気分解に必要な1.4個分より少なくてよいから。　**3**　**問１**　ア　**問２**　不完全変態　**問３**　エ　**問４**　ア，エ
問５　ア，ウ，エ　**問６**　①　ウ　②　オ　③　ア　④　カ　**4**　**問１**　(例)　南アメリカ大陸とアフリカ大陸の大西洋をはさんだ海岸線の形が似ていることに気づいた。　**問２**　8000万年後　**問３**　ウ　**問４**　オ　**問５**　(例)　火山の分布と日本海溝が平行な関係になっている。

解　説

1　ばねの伸《の》び，浮力《ふりょく》についての問題

問１　図１より，ばねに１kgのおもりをつるしたときのばねの伸びは２cmなので，ばねの伸びが５cmのときにつるしている物体の重さは，$1\times\frac{5}{2}=2.5$(kg)とわかる。また，重さが4.5kgの物体をばねにつるしたときの伸びは，$2\times\frac{4.5}{1}=9$ (cm)である。

問２　ばねに200ｇ(＝0.2kg)のおもりをつるしたときのばねの伸びは，$2\times\frac{0.2}{1}=0.4$(cm)なので，200ｇごとにつける目盛りの間隔《かんかく》は0.4cmにすればよい。

問３　船を水に浮《う》かべたときにこぼれた水300cm^{3}の重さは，$300\times1=300$(ｇ)なので，水に浮かんでいる船には300ｇの浮力がはたらいている。このとき，船の重さと浮力がつり合っているので，船の重さは300ｇとわかる。

問４　船を海水に浮かべたとき，海水中に入っている船の体積は，$300-6=294$(cm^3)となる。また，海水に浮かんでいる船の重さと浮力がつり合っていて，船の重さは300ｇなので，船は海水から300ｇの浮力を受けていることになる。つまり，海水294cm^{3}の重さが300ｇだから，海水１cm^{3}あたりの重さは，$300\div294=1.020\cdots$より，1.02ｇと求められる。

2　電気分解についての問題

問１　マッチの火を近づけると音を立てて燃えたことから気体Xは水素であり，気体Yの中に線香《せんこう》の火を入れると激しく燃え始めたことから，気体Yは酸素とわかる。また，気体Zの中に赤いバラの花びらを入れると，花びらが徐々《じょじょ》に白くなったことから，気体Zは脱色《だっしょく》作用のある塩素である。

問２　(あ)　表１の実験２，実験３より，流れた電流の大きさが同じとき，電池をつないだ時間が，$600\div120=5$(倍)になると，発生する気体Xの体積も，$30\div6=5$(倍)になっている。また，表１の実験３，実験４より，電池をつないだ時間が同じとき，流れた電流の大きさが，$0.8\div0.3=\frac{8}{3}$(倍)になると，発生する気体Xの体積も，$80\div30=\frac{8}{3}$(倍)になっている。つまり，発生する気体の体積は，電池をつないだ時間と流れた電流の大きさに比例している。実験２で，流れた電流の大きさを1.8Aにすると，発生する気体Xの体積は，$6\times\frac{1.8}{0.3}=36$(mL)になる。よって，電流の大きさが1.8Aのときに発生する気体Xの体積が12mLになるのは，電池をつないだ時間が，$120\times\frac{12}{36}=40$(秒)のときとわかる。　(い)　表１の実験２～５の結果から，発生する気体Xの体積は，気体Yの体積の２倍になっている。よって，実験６で，発生する気体Yの体積は，$12\div2=6$ (mL)となる。

問３　(1)　実験１で電池をもう１個並列につないでも，電圧は変わらず，装置に流れる電流の大き

さは変わらないので，電気分解は起きないと考えられる。 (2) 水の電気分解は電池１個を用いた実験では起きていない。しかし，そのほかの物質を電池１個を用いた場合に電気分解できるかどうかについては，この実験だけではわからない。 (3) 表１の実験１では気体Ｘと気体Ｙは発生していないことから，電気分解は起こっておらず，かつ，電流も流れていない。つまり，電気分解が起こらないと電流が流れないことがわかる。

図①

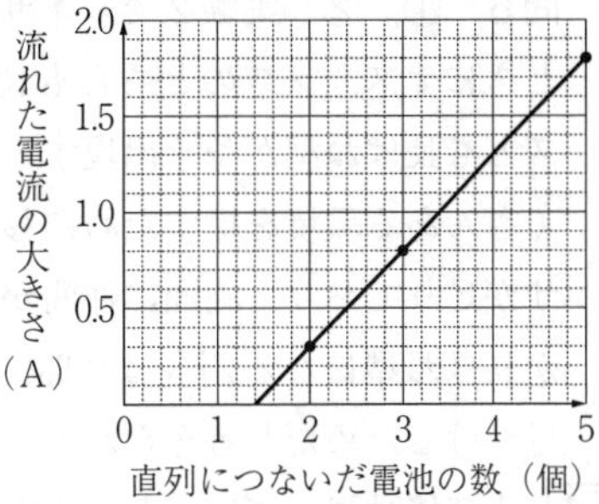

問４　表１の直列につないだ電池の数と，流れた電流の大きさの値をグラフ上に取り，直線で結ぶと，右の図①のようになる。図①より，水には，直列につないだ電池の数が1.4個分以上になると電流が流れ始め，電気分解が起こると考えられる。

問５　気体Ｘ(水素)はほとんど水に溶《と》けないが，気体Ｚ(塩素)は水に少し溶けるので，電気分解で得られる気体Ｚの体積は，気体Ｘの体積よりも小さくなる。

図②

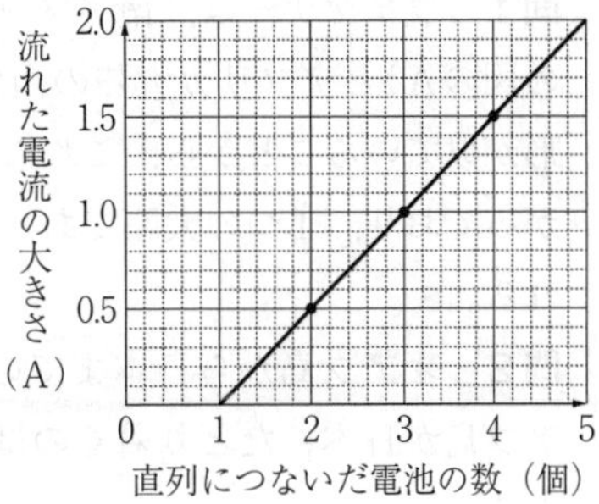

問６　表２の直列につないだ電池の数と，流れた電流の大きさの値をグラフ上に取り，直線で結ぶと，右の図②のようになる。図②より，直列につないだ電池の数が１個分以上になると塩酸に電流が流れ始め，電気分解が起こると考えられる。問４より，水の電気分解が起こるのは，直列につないだ電池の数が1.4個分以上になったときなので，水より塩化水素の方が電気分解されやすいと考えられる。

３ ウンカの生態についての問題

問１　個体群密度が高い場合には，限られた生活空間をめぐる仲間どうしの競争が起こる。そのため，幼虫のときの個体群密度が高い場合，広い範囲《はんい》を移動して生活空間を広げるために，はねが長い成虫になると考えられる。

問２　さなぎの時期を経ないトノサマバッタのように，卵→幼虫→成虫の順に育つ育ち方を不完全変態という。

問３　ウンカと同様に，セミの仲間は木に口を直接差し込《こ》み，師管を通る栄養分をふくんだ液体を吸い取る。

問４　試験管内の幼虫数が25匹《ひき》の場合，イネの茎《くき》数が増えるほど長ばね型の割合が少なくなっているので，イネの茎数が増えるほど短ばね型の割合が多くなるとわかる。また，試験管内のイネの茎数が多いほど，長ばね型の割合は少なくなっているので，エサの量が十分あると短ばね型になりやすいといえる。なお，イネの茎数１本，幼虫数が５匹のとき，短ばね型の割合は，100－83＝17(%)なので，短ばね型よりも長ばね型の割合の方が多くなっている。さらに，試験管内のイネの茎数が25本，幼虫数が50匹のとき，個体群密度は高いが，長ばね型の割合は０%なので，幼虫のときの個体群密度が高いとメスのウンカは長ばね型になりやすいとはいえない。

問５　グラフより，オスのウンカの方がメスよりも長ばね型になる割合が多いので，オスのウンカの方が短ばね型になる割合は少ない。また，オスのウンカが１匹のとき，エサは十分あり，このときに100％が長ばね型になるので，オスのウンカは幼虫のときにエサが十分あると短ばね型が多くなるとはいえない。さらに，最も短ばね型になる割合が多いのは，オスは幼虫の数が５匹のときだが，メスは幼虫が１匹のときである。なお，オスのウンカは１匹のときに100％が長ばね型になるから，個体群密度が低すぎても長ばね型の方が多くなると考えられるのでイは正しい。

問６　①，②　実験２で，エサが不足している環境《かんきょう》を幼虫数が20匹のときとして考えると，このときにオス，メスのどちらも100％が長ばね型になるので，エサが不足している環境ではオスとメスとも長ばね型が多く出現するといえる。これは，現在の場所ではエサが不足しており，エサがたくさんある環境を探すために移動する必要があるからだと考えられる。　③，④　実験２で，エサが足りており，周囲に仲間がいない場合を幼虫数が１匹のときとして考えると，このときにメスが長ばね型になる割合は０％，オスは100％が長ばね型になる。これは，オスが交尾《こうび》できる相手を見つけるためだと考えられる。

４　大陸移動説，プレート，火山についての問題

問１　ウェゲナーは，南アメリカ大陸の東側の海岸線（右の図のＡ）とアフリカ大陸の西側の海岸線（右の図のＢ）の形が似ていることから，これらの海岸線はもともとはつながっており，１つの大陸であったことに気づいたと考えられる。

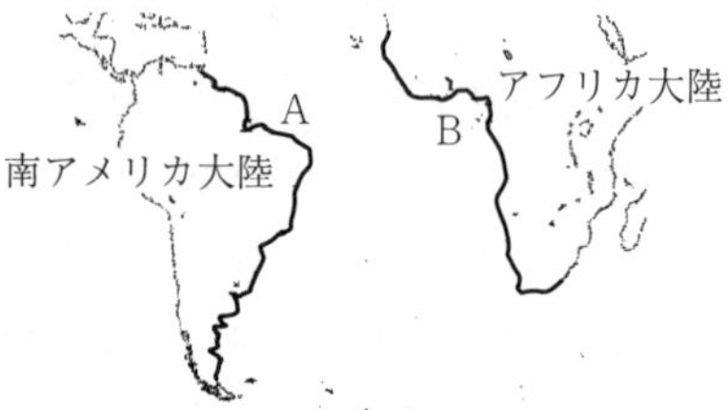

問２　オアフ島から日本までの距離《きょり》は6400kmなので，オアフ島が日本にたどり着くのは，6400×1000×100÷８＝80000000（年後），つまり，8000万年後となる。

問３　伊豆《いず》半島は，昔は日本列島の南にあったが，長い年月をかけてフィリピン海プレートとともに北上し，本州に衝突《しょうとつ》・合体して現在のような形になった。

問４　ほぼ同じ深さでマグマができ，このマグマが上に上がってきて火山になるので，図４の火山（▲）が見られる位置では，海洋プレートがある深さまで沈《しず》み込んでいることになる。つまり，図４のア～オの線上にある海洋プレートの端《はし》から火山（▲）までの距離が短いほど，急な角度で海洋プレートが沈み込んでいると考えられるので，最も距離の短いオが選べる。

問５　図４の火山（▲）と日本海溝《かいこう》はほぼ平行に位置している。これは，日本海溝周辺では海洋プレートである太平洋プレートが大陸プレートの下に沈み込み，ある深さでマグマができ，このマグマが上に上がってきて火山になるからである。

国　語　＜第２回試験＞（50分）＜満点：100点＞

解　答

一　**問１**　（例）　実現したい目標を日記に先に書き，その後努力することで目標を達成できた過去の経験から，鉄棒でも同じことをすればいいと思ったから。　**問２**　エ　**問３**　（例）　山下君は優等生の田中さんのことが苦手に見えたのにいつの間にか仲良くなっていたり，それまでとは違って授業中もまじめになっているうえ，休み時間まで勉強するほどになっていたりしたから。　**問４**　しばらくだ　**問５**　ウ　**問６**　ウ　**問７**　（例）友達をまねて，できなかったことを実現させるための日記を書きはじめたものの，その内容を達成する見込みや自信を持てずにいたが，それでも自分から目標に向けて一歩ふみ込んで日記を見せ合う約束を提案すると，それに対して友達が応えてくれたので，きっとがんばって日記を書き上げ目標を達成できると思えるようになったから。　**問８**　エ　**問９**　下記を参照のこと。　**二**　**問１**　下記を参照のこと。　**問２**　イ　**問３**　Ⅰ　エ　Ⅱ　ア　Ⅲ　ウ　Ⅳ　イ　**問４**　エ　**問５**　（例）科学が凄まじい早さで進歩するにつれて環境が忙しくなり，人々が活字文化に触れる機会がますます減少しつつある。このままだと人間は知的に退行してしまい，やがて人類は自らが生み出した科学技術を安全に用いたり制御したりすることができなくなり，お互いに争いを始めて絶滅するにいたってしまうのではないかという考え。　**問６**　（例）かつては自分がいる限られた環境の中でどのように過ごすかは選ぶことができなかったが，今では多くの人が科学の進歩によって提供される様々なサービスの中から，自分にとって気楽で快適な過ごし方を選択することができるようになり，そしてそのまま何も考えずに多くの時間を気ままに過ごしてしまうこと。　**問７**　ア

●漢字の書き取り

一　**問９**　a　印象　b　検定　c　複雑　d　羽化　**二**　**問１**　a　費　b　貧　c　提供　d　講演

解説

一　**出典：本田有明《ほんだありあけ》『願いがかなうふしぎな日記　夢に羽ばたく夏休み』**。実現したい目標を日記に書き，その後努力して目標を達成した経験を持つ光平《こうへい》と，光平をまねて日記を書き出した山下くんの交流を描《えが》いている。

問１　続く二段落からまとめる。水泳や長距離走《ちょうきょりそう》も最初は苦手だったが，実現したい目標を先に日記に書き，その後努力したら目標を達成することができたので，今度は鉄棒でも同じことをすればいいと光平は思ったのである。

問２　田中さんは「とっつきにくいと思われている」人だったと後にある。空らんの後には「とまではいわなくても」とあるので，「とっつきにくい」度合いがより強い人に対する接し方にあたる「敬遠」が入る。「敬遠」は，いやな物事に近寄らないようにすること。

問３　山下くんの変化をまとめる。当初は優等生の田中さんのことが苦手そうだったが，しばらくすると様子が変わり，休み時間に話をしたり勉強を教えてもらったりするようになった。さらに，山下くんといっしょに下校したとき，「ぼく」は山下くんに「授業中すごくまじめだったりして，感じが変わった」と言っている。

問４　最近心境の変化があったのかと「ぼく」に聞かれた山下くんは，最初は「別にないよ」と言っていたが，「しばらくだまって歩いたあと，山下くんは鼻をピクピクさせた」。これは「ちょっと興奮したときのしるし」であり，そのあとで，田中さんに「ゆううつ」という漢字を覚えるようにすすめられたことを話しているので，自分に自信がついたという「心境の変化」に気づいて興奮したものと考えられる。

問５　光平にはユカリン（田中さん）より「もっと」影響《えいきょう》を受けたと言われて「おだててくれなく

てもいい」と「ぼく」が言ったことや，影響を受けたと言うつもりはなかったと話す山下くんの言葉からは，照れがあった可能性が感じられるので，ウがよい。なお，アの「相手に心配をかける」，イの「平静をよそおう」にあたる内容はなく，エの「互《たが》いに助け合ってきた」かどうかはわからない。

問６　直後の光平の言葉に注目すると，夏休みに日記を書く予定はあり，内容は少し考えているものの具体化まではしていないため，はっきり「書く」と言い切ることができないのである。よって，ウがあてはまる。

問７　ぼう線部⑥の前で，山下くんは日記を書き始めたが，苦戦していると弱気な表情を見せていた。山下くんは去年，光平が泳げるようになったのは日記に目標を書き，それを達成するために努力したからだと知って日記を書くようになったことが前の部分からわかる。山下くんも光平をまねて，できなかったことを実現させるために日記を書き出したと思われるが，目標を達成できる見込《みこ》みや自信を持てずに「苦戦」している。だが，自分から目標に向けて一歩ふみ込み，日記を見せ合うことを光平に提案すると光平が応えてくれたため，がんばって日記を書き上げようと思えるようになったものと考えられる。

問８　ぼう線部⑧の文を思い出した光平は，夏休みの日記の準備をしようと思い立っている。橋の下の川の水が三年前にリコーダーを落としたときとは違《ちが》う水であるように，自分自身も今年の夏はまた新しい自分になるのだと考え，少し先の未来である夏に思いをはせているので，エがよい。

問９　**a**　見たり聞いたりするときに，対象物が心に与《あた》える感じ。　**b**　検査して合格や不合格を決めるもの。　**c**　こみいっているようす。　**d**　こん虫の幼虫やさなぎが，羽の生えた成虫になること。

二　**出典：浅田次郎「初めに言葉ありき」**。科学の急進的な進歩により活字ばなれが進んでいる昨今の風潮を危険であるとし，教養や知性を獲得《かくとく》できる読書の大切さを指摘《してき》している。

問１　**a**　音読みは「ヒ」で，「費用」などの熟語がある。　**b**　音読みは「ヒン」「ビン」で，「貧困」「貧乏《びんぼう》」などの熟語がある。　**c**　人のために差し出すこと。　**d**　たくさんの人の前で，あるテーマに沿って話をすること。

問２　次の段落でぼう線部①について説明している。ある方法を身につけると，より合理的な方法が現れてもそれに乗りかえることができない性格だというのだから，イがあてはまる。

問３　Ⅰ　直後の「受け付けず」にかかるので，打ち消しの表現をともなって“全く～ない”という意味になる「てんで」が入る。　Ⅱ　小学生時代から今にいたるまで，筆者は一日一冊読書をしてきたと前の段落にある。この生活スタイルを「活字中毒患者《かんじゃ》の典型」と言っているので，“世にいうところの”という意味の「いわゆる」が合う。　Ⅲ　直前に「速読家ではなく」とあり，後には「活字をたどるのは遅《おそ》い」と続くので，“どちらかといえば”という意味の「むしろ」がよい。　Ⅳ　一日一冊の読書習慣を持つことを自慢《じまん》しているわけではないと筆者は述べているので，「損か得か」わからないと感じているものと考えられる。よって，疑問の意味を表す言葉をともなって“いったい～だろうか”という意味になる「はたして」があてはまる。

問４　テレビもパソコンも携帯《けいたい》電話もなく，長距離通勤もなかったころは，空いた時間には読書くらいしかすることがなく，一日一冊くらいのペースで読んでいたのではないかと筆者は書いている。すると，結果的に娯楽《ごらく》として読書を楽しみながら教養も身につけられるというのだから，エがよい。

問５　ぼう線部③のある段落から二段落後までの内容をまとめる。科学が急進的に進歩して環境《かんきょう》が忙《せわ》しくなると，人々の活字ばなれはますます進んでいく。科学は技術の積み重ねによってすごい速さで進歩を続けていくため，このままだと科学の安全を保障する人間の知性は退行し，科学技術を安全に用いたりおさえたりすることができないサル同然になりかねない。科学技術が生み出した大量殺戮《さつりく》兵器をそうした人間が保有すると，いずれ争いが始まり，人類は絶滅《ぜつめつ》にいたるのではないかと筆者は考えている。

問６　「そうした社会」とは，前の部分で説明された，科学技術の進展によりさまざまなサービスが提供されるようになった一方で活字ばなれが進む社会のこと。次の段落にもあるとおり，かつては本でも読むほかにはどう過ごすかを選ぶことができなかったが，今では多くのサービスの中から自分にとって気楽で快適な過ごし方を選べるようになった。その結果，環境の整った社会全体がそうであるように，旅客機《りょかくき》の中でも多くの人が科学の成果に身を委ね，深く考えないまま多くの時間を気ままに過ごしてしまうことを言っている。

問７　文学賞の選考委員をかけ持ちしている筆者が，機内ですべての候補作を読み終えたときに感じる気持ちである。新人賞に何度も落選しているだけに，一行も読み落とすまいという気合で新人作家の作品を読み，より優《すぐ》れた作品はどれであるかを検討する。この仕事によって，問５でみたような，ヒトがサルにもどるといった事態を避《さ》けることに役立っていると感じられるので，アがふさわしい。なお，エは文学賞についてふれられていない。イとウは候補作をきちんと全て読むことだけで満足していることになるので，適切とはいえない。

Dr.福井の
入試に勝つ！脳とからだのウルトラ科学

試験場でアガらない秘けつ

キミたちの多くは，今まで何度か模擬試験（たとえば合不合判定テストや首都圏模試）を受けていて，大勢のライバルに囲まれながらテストを受ける雰囲気を味わっているだろう。しかし，模擬試験と本番とでは雰囲気がまったくちがう。そういうところでも緊張しない性格ならば問題ないが，入試独特の雰囲気に飲みこまれてアガってしまうと，実力を出せなくなってしまう。

試験場でアガらないためには，試験を突破するぞという意気ごみを持つこと。つまり，気合いを入れることだ。たとえば，中学の校門前にはあちこちの塾の先生が激励《げきれい》のために立っている。もし，キミが通った塾の先生を見つけたら，「がんばります！」とあいさつをしよう。そうすれば先生は必ずはげましてくれる。これだけでもかなり気合いが入るはずだ。ちなみに，ヤル気が出るのは，TRHホルモンという物質の作用によるもので，十分な睡眠をとる，運動する（特に歩く），ガムをかむことなどで出されやすい。

試験開始の直前になってもアガっているときは，腹式呼吸が効果的だ。目を閉じ，おなかをふくらませるようにしながら，ゆっくりと大きく息を吸う。ここでは「ゆっくり」「大きく」がポイントだ。そして，ゆっくりと息をはく。これをくり返し何回も行うと，ノルアドレナリンという悪いホルモンが減っていくので，アガりを解消することができる。

よく「手のひらに“人”の字を書いて飲みこむことを3回行う」とアガらないというが，そのようなおまじないを信じて実行し，自分に暗示をかけてもいいだろう。要は，入試に対するさまざまな不安な気持ちを消し去って，試験に集中できるようなくふうをこらせばいいのだ。

Dr.福井（福井《ふくい》一成《かずしげ》）…医学博士。開成中・高から東大・文Ⅱに入学後，再受験して翌年東大・理Ⅲに合格。同大医学部卒。さまざまな勉強法や脳科学に関する著書多数。

Memo

Memo

2023年度　桐朋中学校

【算　数】〈第１回試験〉（50分）〈満点：100点〉

1　次の計算をしなさい。

(1)　$2\frac{2}{3}-\frac{17}{7}+\frac{1}{2}$

(2)　$1.04\times(3.4-0.9)-1.8\div2.4$

(3)　$\left(2.07\div2.3-1.3\times\frac{2}{3}\right)\div1\frac{3}{5}$

2　次の問いに答えなさい。

(1)　１個20円のアメと１個50円のチョコレートを合わせて30個買ったところ，代金は990円になりました。チョコレートを何個買いましたか。

(2)　公園に男子と女子が同じ人数だけ集まっています。男子が２人帰り，女子が４人来たので，男子の人数と女子の人数の比は３：５になりました。はじめに男子は何人いましたか。

(3)　右の図のように，１辺の長さが６cmの正方形の中に，半径の等しい９つの円がぴったり入っています。図の黒い部分の面積は何cm^2ですか。円周率を3.14として計算しなさい。

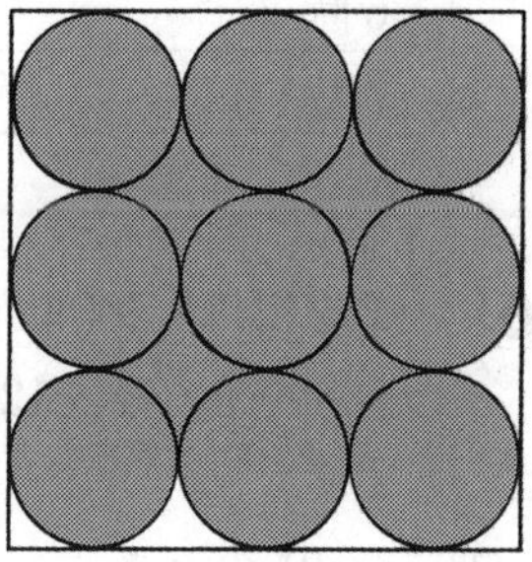

3　グラウンドを整備するのに，中学生16人では25分かかり，高校生15人では20分かかります。

(1)　中学生６人と高校生８人の合わせて14人で整備すると，何分かかりますか。

(2)　中学生と高校生の合わせて20人で整備します。18分以内に整備するには，高校生は何人以上いればよいですか。答えだけでなく，途中の考え方を示す式や図などもかきなさい。

4　ある店で，２つの商品Ａ，Ｂをそれぞれ何個か売りました。１日目は，Ａ，Ｂをどちらも定価で売りました。２日目は，Ａを定価の２割引きで売り，Ｂを定価の３割引きで売りました。２日目に売れたＢの個数は，１日目に売れたＢの個数の２倍です。また，１日目のＡの売り上げ金額と２日目のＡの売り上げ金額は等しく，１日目のＡとＢの売り上げ金額の合計は7080円，２日目のＡとＢの売り上げ金額の合計は8760円です。

(1)　１日目のＢの売り上げ金額はいくらですか。

(2)　Ａ１個の定価は180円で，２日間に売れたＡとＢの個数の合計は120個です。Ｂ１個の定価はいくらですか。

5　ある鉄道では，電車Ａ，電車ＢがＰ駅とＱ駅の間をくり返し往復しています。Ｐ駅とＱ駅の間にＲ駅があり，Ｒ駅はＰ駅から12km 離れています。電車Ａ，Ｂはどちらも時速40km で走ります。また，電車Ａ，Ｂはどちらもｐ駅とＱ駅でそれぞれ５分間，Ｒ駅で２分間停車します。

Ｐ駅発	Ｑ駅行き	
５時	00	30
６時	08	38
７時	16	46

電車Ａは５時ちょうどに，電車Ｂは５時30分に，それぞれＰ駅からＱ駅に向かってはじめて発車します。右上の表は，Ｐ駅を発車する電車Ａ，Ｂの５時台，６時台，７時台の発車時刻を表しています。

(1)　Ｐ駅とＱ駅の間の道のりは何 km ですか。

(2)　電車Ａが５時ちょうどにＰ駅を発車してから，電車ＡとＢがはじめて出会う時刻は何時何分何秒ですか。

(3)　Ｒ駅を発車する電車Ａ，Ｂの５時台，６時台，７時台の発車時刻を解答用紙の表に書きなさい。

Ｒ駅発	Ｑ駅行き	Ｐ駅行き
５時		
６時		
７時		

6　x を13以上100以下の整数とします。x を８で割ったときの余りを a，x を９で割ったときの余りを b，x を12で割ったときの余りを c とします。ただし，割り切れるときは余りを０とします。

(1)　$x=21$ のとき，a，b，c の値を求めなさい。

(2)　a，b，c の値が，$x=21$ のときとすべて同じになるような x の値のうち，21でないものを求めなさい。

(3)　a，b，c の値の和が３となる x の値は２つあります。これらの x の値を書きなさい。

7　＜図１＞のように，正三角形を合同な４つの正三角形に分けて，６つの点Ａ，Ｂ，Ｃ，Ｄ，Ｅ，Ｆに１から９までの整数のうち異なる６つの数を書きます。合同な４つの正三角形の内部には，それぞれの正三角形の頂点に書いた３つの数の積を書きます。たとえば，＜図２＞のように６つの数を書くと，４つの正三角形の内部の数は＜図３＞のようになります。

＜図１＞

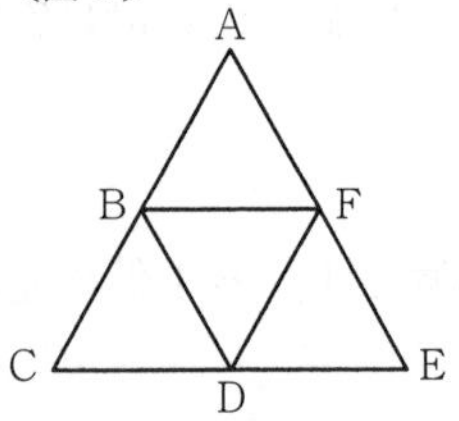

＜図２＞

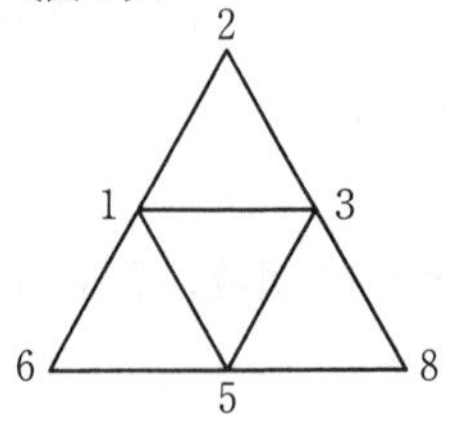

＜図３＞

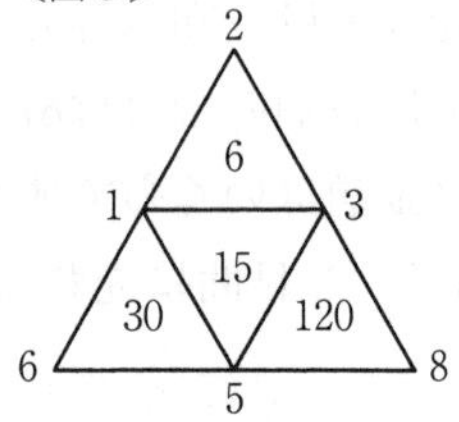

(1)　＜図４＞，＜図５＞，＜図６＞は，それぞれ書いた数の一部がかくされています。

①　＜図４＞の㋐にあてはまる数を求めなさい。

②　＜図５＞の㋑にあてはまる数を求めなさい。

③　＜図６＞の㋒にあてはまる数を求めなさい。考えられるものをすべて書きなさい。

＜図４＞

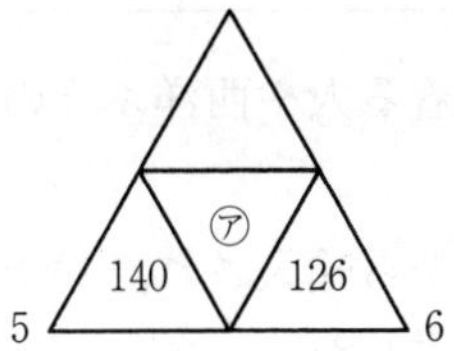

＜図５＞

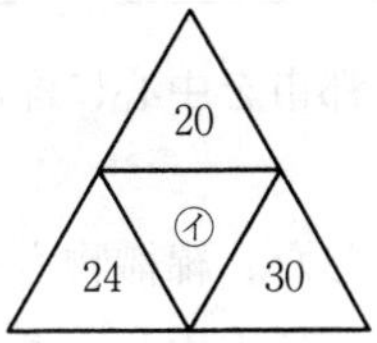

＜図６＞

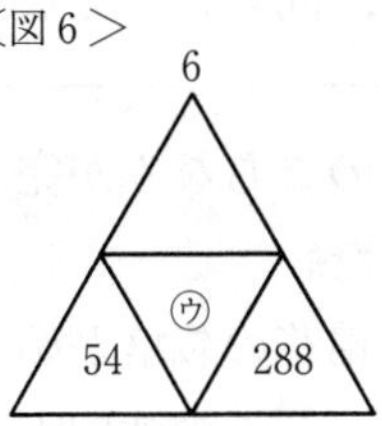

(2)　＜図７＞は，書いた数がすべてかくされています。㋓，㋔，㋕の数の比が６：５：５のとき，㋖にあてはまる数を求めなさい。考えられるものをすべて書きなさい。

＜図７＞

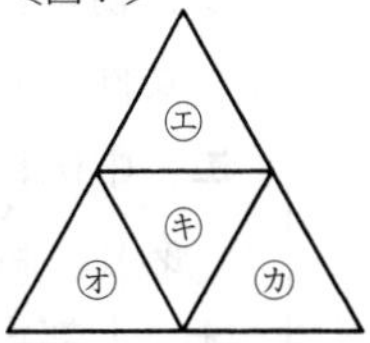

【社　会】〈第１回試験〉（30分）〈満点：60点〉

1　次の**ア**～**カ**の文を読み，問いに答えなさい。

ア．銀座にれんが造りのまちなみが完成し，都市を中心に洋服を着る人や西洋ふうの髪型《かみがた》にする人が増えました。

イ．朝鮮から伝わった綿花の栽培《さいばい》が始まりました。綿織物も朝鮮から輸入され，兵士の衣服に使用されたため，各地の戦国大名は競って入手しようとしました。

ウ．朝廷に仕えた女性の正装は十二単とよばれ，着物を何枚も重ねて着ました。こうした女性たちのあいだでかな文字が使われるようになりました。

エ．中国にならって律令とよばれる法律がつくられました。律令には服装に関する規定もあり，儀式《ぎしき》の時に貴族は中国ふうの衣服を着ました。

オ．大都市で米や砂糖が配給制になりました。防空ずきんやもんぺなどの非常時の服装が増えました。

カ．支配者である武士から百姓へ，着物には麻や木綿を使うようにし，絹織物を用いてはならないという命令が出されました。

問１．**ア**～**カ**の文があらわしている時代を古い方から順にならべかえて，記号で答えなさい。

問２．次の①～⑤の文は，**ア**～**カ**の文のあらわす時代のどれと関係が深いか，記号で答えなさい。関係の深い文がないときは，記号**キ**で答えなさい。

①　政府は沖縄に琉球藩を置き，琉球国王を藩主とした。

②　第一次世界大戦の後，ヨーロッパの産業が戦争から立ち直ると，日本の輸出はのびなくなり，一気に不景気になった。

③　東北でおきた争いで源義家が活躍《かつやく》し，東国へ源氏の勢力が広がるきっかけとなった。

④　大阪に大名の蔵屋敷《くらやしき》が建てられ，堂島には日本中から米が集まるようになった。

⑤　ソビエト連邦軍が，たがいに戦わないという条約を破り，満州や樺太南部，千島列島にせめこんできた。

問３．**ア**の文について。**ア**の文があらわす時代におきた以下の**あ**～**う**のできごとを古い方から順にならべかえて，記号で答えなさい。

あ．官営八幡製鉄所がつくられた。

い．下関条約が締結《ていけつ》された。

う．韓国併合がおこなわれた。

問４．**イ**の文と**ウ**の文のあらわす時代の間（**イ**の方が古くて**ウ**の方が新しいとは限らない）におこったできごとを，次の**あ**～**お**からすべて選んで，記号で答えなさい。

あ．足利義満は中国との国交を開き，貿易によって大きな利益を得た。

い．江戸と各地を結ぶ五街道をはじめとする主な道路が整備された。

う．朝鮮半島では高句麗・新羅・百済が勢力を争った。

え．『一遍上人絵伝』に，備前国福岡の定期市の様子が描《えが》かれた。

お．中国にならって藤原京という本格的な都がつくられた。

問５．**イ**の文について。このころ，ある場所では武士と農民が力を合わせて立ち上がり，大名の軍を引き上げさせ，８年間にわたって自分たちの手で政治をおこないました。このことはどこでおきたか，現在の都道府県名を漢字で答えなさい。

問６．**ウ**の文について。このころ，仏教では念仏を唱えるなどして，死後，西の方にあるとされた苦しみのない世界へ行こうという教えが広まりました。この世界のことを何というか，漢字で答えなさい。

問７．**エ**の文について。このころ，国を守るために北九州に送られた兵士のことを何というか，答えなさい。

問８．**オ**の文について。このころ，住民どうしが助け合う一方で，たがいに監視《かんし》する組織がつくられました。この組織を何というか，漢字で答えなさい。

問９．**カ**の文について。この時代の武士の子どもと，町人・百姓の子どもは，それぞれどのような場所で，どのような教育を受けていたのか，説明しなさい。

2　次の文章を読み，問いに答えなさい。

気象キャスターの草分けである倉嶋厚さんは，(1)長野県(2)長野市で(3)1924年に生まれました。(4)気象庁を退官後にNHK解説委員となり，(5)ニュース番組などで活躍されました。また，(6)お天気エッセイストとして多くの著書も発表されています。以下の文章は，『やまない雨はない』からの引用です。

> 人生は(7)季節の移ろいと似ています。(8)晴れたり曇《くも》ったり，降ったりやんだり毎日を積み重ねながら，(9)とどまることなくめぐっていきます。その長いみちのりを(10)四季にたとえるなら，老年期は(11)冬に向かって歩きはじめた秋の終わり，といえるでしょうか。
>
> 晩秋のお天気には特徴的なリズムがあります。冬はすぐそこまで来ていても，ひと息に寒くなるわけではありません。木枯《こが》らしが吹《ふ》き，厳しい冬の到来をいよいよ覚悟したあとで，思いがけなく穏やかな暖かい日和が何度となく訪れます。いわゆる「小春日和《こはるびより》」です。
>
> (12)小春とは旧暦《きゅうれき》十月の別名で，今の暦の十月下旬《げじゅん》〜十二月上旬にあたります。その時期から十二月中旬にかけて，お天気は「木枯らし，時雨《しぐれ》，小春日和，木枯らし，時雨，小春日和」という周期的な変化を繰《く》り返しながら，だんだんと冬に近づいていくのです。
>
> （後略）

倉嶋　厚 著『やまない雨はない』2004年

※問題の都合上，内容を一部あらためています。

問１．下線部(1)について。長野県はどこですか，次の**図１**から選び，**あ～お**の記号で答えなさい。

図１　　地理院地図により作成

問２．下線部(2)について。長野市についての説明として正しいものをひとつ選び，**あ～お**の記号で答えなさい。

あ．市内を流れる千曲川の堤防《ていぼう》が，2019年の台風19号による大雨で決壊《けっかい》した。

い．国宝に指定された城が市内にあり，戦国時代に築城されたとされる。

う．市内の諏訪湖の近くに，多くの観光客が訪れる有名な温泉がある。

え．市内には中央自動車道が通り，モモやブドウなど果樹の生産が盛んである。

お．市内を流れる信濃川は大きな平野を形成し，米どころとしても有名である。

問３．下線部(3)について。1924年には第１回冬季オリンピックがフランスで開催《かいさい》されましたが，日本は不参加でした。不参加の理由のひとつに自然災害があげられます。考えられる理由として正しいものをひとつ選び，**あ～お**の記号で答えなさい。

あ．前の年に発生した関東大震災のため，選手派遣《はけん》の準備が出来なかったから。

い．前の年に発生した伊勢湾台風による被害《ひがい》のため，選手派遣の準備が出来なかったから。

う．前の年に発生したチリ地震津波による被害のため，選手派遣の準備が出来なかったから。

え．前の年に発生した雲仙岳の火砕流《かさいりゅう》による被害のため，選手派遣の準備が出来なかったから。

お．前の年に発生した阪神・淡路大震災のため，選手派遣の準備が出来なかったから。

問４．下線部(4)について。気象庁は現在，国土交通省に属しています。では，日本国内の地形図の発行元となっている国土交通省に属する機関を何と言いますか，答えなさい。

問５．下線部(5)について。新聞やラジオ，テレビなどニュースをはじめとする情報を記録したり，伝達する物や手段を何と言いますか，答えなさい。

問６．下線部(6)について。お天気エッセイストとして活躍された倉嶋さんは「熱帯夜」という言葉も作りました。温暖化によって熱帯夜の日数は増加の傾向《けいこう》にあり，東京などの大都市では増加傾向が顕著《けんちょ》です。この理由について答えなさい。

問７．下線部(7)について。日本列島は中緯度地域にあるため季節の変化がはっきりしています。

一方，低緯度地域では，年中高温で季節の変化が小さくなります。次の五つの国のうち，首都がもっとも低緯度にある国を選び，**あ**～**お**の記号で答えなさい。

あ．アルゼンチン　　**い**．エジプト
う．シンガポール　　**え**．ドイツ
お．フィンランド

問８．下線部(8)について。日本の気候は変化に富んでいますが，６月から７月にかけて主として北海道以外の地域で雨が多くなる現象を何と言いますか，答えなさい。

問９．下線部(9)について。季節がめぐり，春になると各地から桜の開花の便りが届きます。『理科年表』によるとソメイヨシノ開花の平年日が最も早いのは熊本市，福岡市，高知市の３月22日，最も遅いのは札幌市の５月１日です。下に示した**図２**から，札幌市を選び，**あ**～**お**の記号で答えなさい。

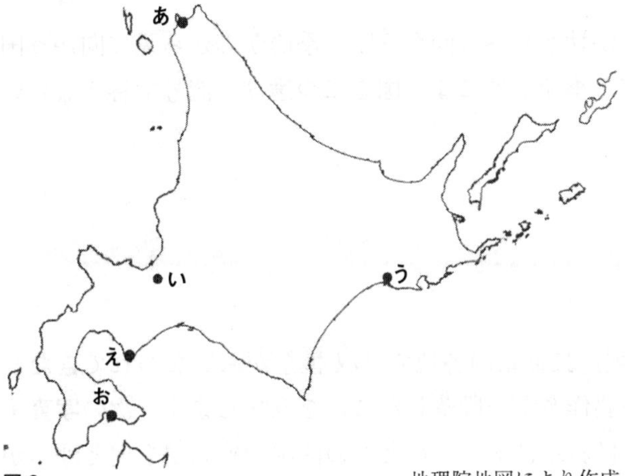

図２　　地理院地図により作成

問10．下線部(10)について。日本列島には四季の変化があります。次の雨温図は秋田市，長野市，松江市，広島市のものです。日本海に面した都市の雨温図を二つ選び，**あ**～**え**の記号で答えなさい。

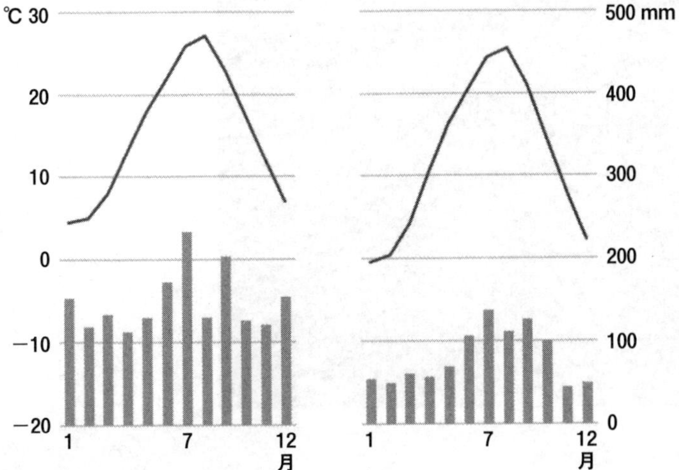

あ　　**い**

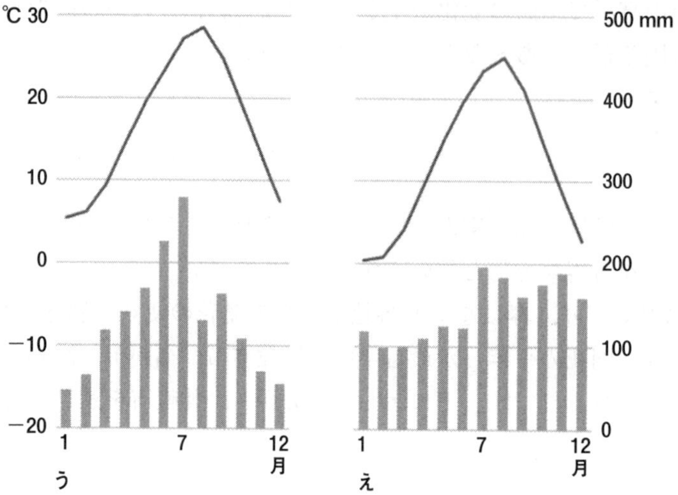

う　　　　　　　　え

問11．下線部⑾について。日本の季節が秋から冬に向かう頃《ころ》，季節が春から夏に向かう国もあります。次の五つの国のうち，日本と季節が逆になる国を二つ選び，記号で答えなさい。

あ．アルジェリア

い．インド

う．チリ

え．ニュージーランド

お．ノルウェー

問12．下線部⑿について。「小春」の頃，長野県内各地では収穫《しゅうかく》祭がおこなわれてきたといいます。これは米の収穫によって秋の農作業が一段落したことを意味します。次の**写真１**は長野県千曲市の水田です。このように傾斜地《けいしゃち》にあり，ひとつの区画が狭《せま》い田を何と呼ぶか，答えなさい。

写真１

3　高校生二人の会話を記した次の文章を読み，問いに答えなさい。

たけし―2022年４月から新しい民法が施行《しこう》されて，18歳《さい》になれば親の同意なしに自分の意志で契《けい》約《やく》を結ぶことが出来るようになったよ。

けんた―[1]法も2015年に改正されて，選挙権が18歳に引き下げられたね。翌年の2016年７月の[2]議員選挙では，初めて高校生が投票することになったね。[2]議員の任期は６年だから，このとき議員になった人たちの任期が2022年７月に終わり，選挙がおこなわれたばかりだね。

たけし―大人になると権利を持つのとあわせて義務を負うことになるね。ぼくたちも来年18歳になるから，大人の自覚を持たないとね。

けんた―子どもにも権利はあるよ。「子どもの権利条約」という国際条約があって，1989年に国際連合の[3]で採択《さいたく》されたんだ。子どもには「生きる権利」「育つ権利」「守られる権利」「参加する権利」があるとして，この条約に参加している国はこれらの子どもの権利を守り実現しなければならない，と定められている。日本もこの条約に参加しているよ。

たけし―ところで，日本では子どもの数が減っているとよくニュースで耳にするよ。そうなると，(1)子育て支援《しえん》も重要だね。

けんた―核《かく》家族化が進んだり共働き世帯が増加したりしているので，子育て支援の方法も工夫が必要だね。最近では，(2)家族の世話や介護《かいご》を大人の代わりに引き受けている子どもたちの問題も話題になっているね。

たけし―超高齢《ちょうこうれい》社会に突入《とつにゅう》した日本で，子どもたちの明るい未来をどのように実現していけばよいのか，ぼくたちも考えないといけないね。

問１．[1]～[3]にあてはまる語句を漢字で答えなさい。同じ番号には同じ語句が入ります。

問２．下線部(1)に関連して。次の**ア**～**ウ**の文について，内容が正しければ○を，正しくなければ×を，それぞれ記しなさい。

ア．児童相談所は文部科学省が設置している機関で，小学校に通う児童の学習を学校以外の場で援助《えんじょ》する役割を担っている。

イ．2022年に岸田文雄《きしだふみお》内閣は「こども家庭庁」を設置する法案を国会に提出し，この法案は可決・成立した。

ウ．日本各地には「子ども食堂」のように，子どもやその家族に無料または安い値段で食事を提供する社会運動が見られる。

問３．下線部(2)について。このような状況《じょうきょう》に置かれている子どもたちを何と言いますか。カタカナで答えなさい。

問４．二重下線部について。最近では「ひとり親世帯」も増加しています。「ひとり親世帯」の状況に関して，次のページの**表１**・**図３**を見て，設問に答えなさい。

設問　**表１**にあるように，平均収入は父子世帯より母子世帯の方が低くなっています。その理由を**表１**・**図３**を参考にして，解答らんに合う形で説明しなさい。

表１　母子世帯と父子世帯の状況(2016年11月)

厚生労働省『平成28年度　全国ひとり親世帯調査』より。出題に際して表現や項目《こうもく》名など一部変更《へんこう》してある。

		母子世帯	父子世帯
日本全国のひとり親世帯数(推計)		123.2万世帯	18.7万世帯
ひとり親の働き方	自ら事業を営んでいる	3.4%	18.2%
	正社員・正職員等 正規に雇《やと》われて働いている	44.2%	68.2%
	パートやアルバイト等 非正規で雇われて働いている	43.8%	6.4%
年間の平均収入		200万円	398万円

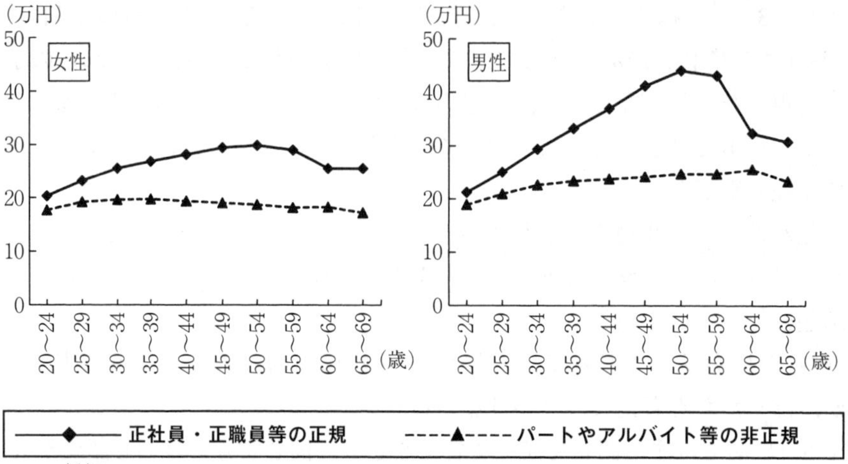

図３　年齢《ねんれい》別に見た正規・非正規で働く男女の平均賃金(2016年６月)

厚生労働省『平成28年　賃金構造基本統計調査』より。出題に際して図の名称《めいしょう》や項目名など一部変更してある。

【理　科】〈第１回試験〉（30分）〈満点：60点〉

1　次の問いに答えなさい。

重さと大きさが同じ積み木と，軽くて重さの無視できる板があります。板は，積み木と同じ幅《はば》で区切り，左端《はし》から区間Ａ，区間Ｂ，区間Ｃ…のように名前をつけることにします。

図１は，板のＡとＢの間を支点として棒で支え，板の左端に積み木を２個，右端に１個つるしたものです。このとき，板は水平に保たれました。

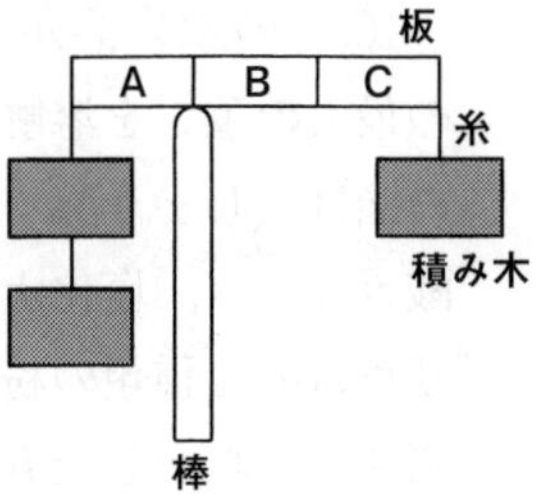

図１

問１　図２は，板のＢとＣの間を支点として棒で支え，板の両端に積み木を１個ずつつるしたものです。このとき，板を水平に保つためには図２の矢印の位置に積み木を何個つるせばよいですか。

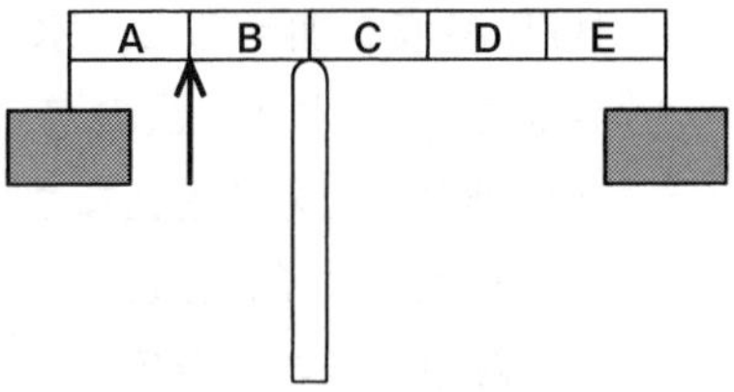

図２

問２～問５では，図のように板の上に積み木を，各区間からはみ出すことなく，ずれずに置くことにします。

問２　図３のように，積み木を区間Ａに２個と区間Ｃに１個置くと，板を水平に保つことができません。板を水平に保つためには，さらに積み木１個を，区間Ａ～Ｃのどこに置けばよいですか。

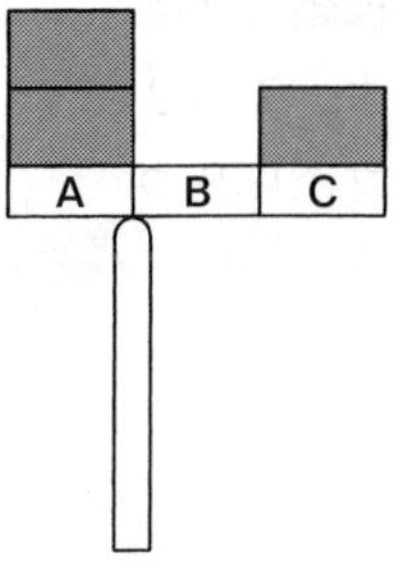

図３

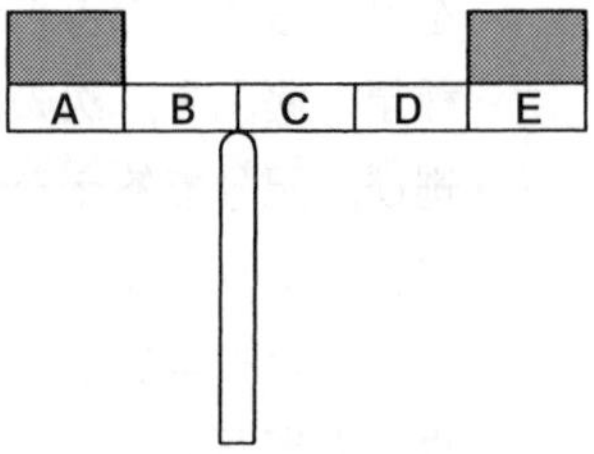

図４

問３　図４のように，積み木を区間Ａと区間Ｅに１個ずつ置くと，水平に保つことができません。板を水平に保つためには，積み木をどこに何個加えて置けばよいですか。加える積み木の個数が最も少ない場合をひとつ答えなさい。

次に，板のＣとＤの間に棒を１本増やしました。図５は，積み木を区間Ｄに１個と区間Ｅに３個置いたものです。

問４　区間Ｃに積み木を１個ずつ重ねて置いていきます。区間Ｃに何個以上の積み木を置いたときに，板は水平に保たれますか。

問５　区間Ｃに置いてある積み木をすべて取り除き，今度は区間Ａに積み木を１個ずつ重ねて置いていきます。区間Ａに何個以上何個以下の積み木を置いたときに，板は水平に保たれますか。

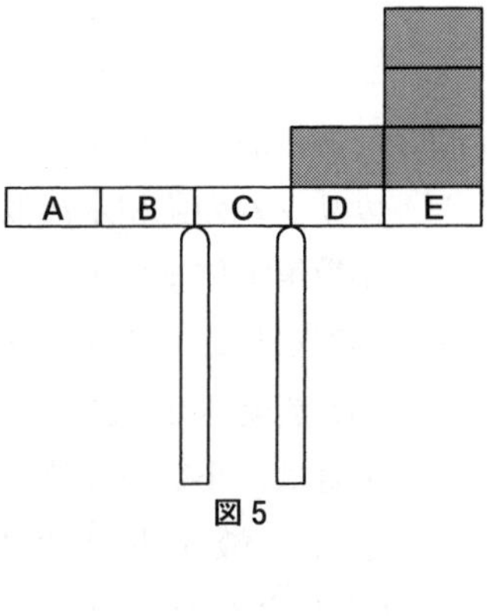

図５

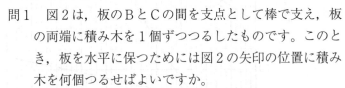

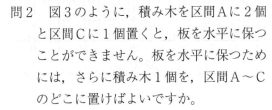

2　次の問いに答えなさい。

100gの水に溶《と》かすことのできる粉の最大の重さを溶《よう》解度といいます。右の図は，しょう酸ナトリウム，しょう酸カリウム，塩化ナトリウム，塩化カリウムの４種類の粉の溶解度と温度の関係をあらわしたものです。

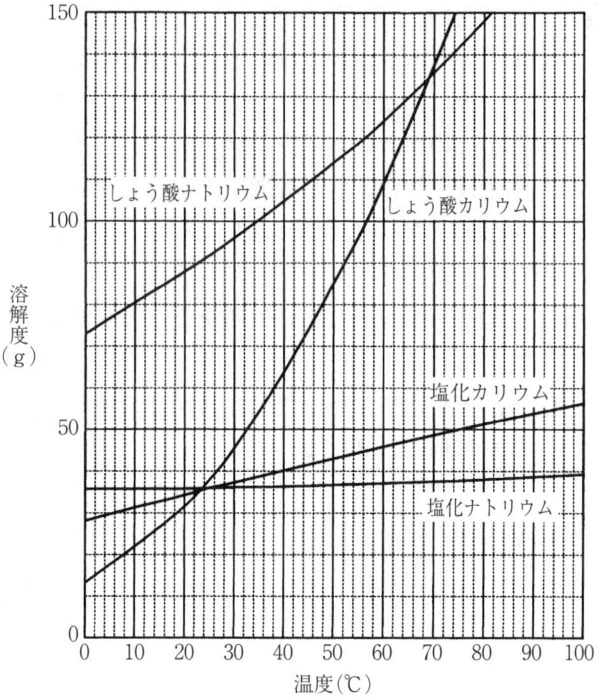

問１　塩化ナトリウムを水に溶かし，BTB溶液を加えると，水溶液は何色になりますか。次のア～オから１つ選び，記号で答えなさい。

ア．青色　　イ．赤色

ウ．緑色　　エ．黄色

オ．無色

問２　塩化ナトリウムは，２種類の薬品を混ぜることで得られます。この２種類の薬品を，次のア～コから２つ選び，記号で答えなさい。

ア．みょうばん

イ．アンモニア水

ウ．大理石

エ．過酸化水素水

オ．塩酸

カ．鉄

キ．炭酸水

ク．アルミニウム

ケ．二酸化マンガン

コ．水酸化ナトリウム水溶液

問３　ある温度で粉を最大限度まで溶かした水溶液を飽和《ほうわ》水溶液といいます。40℃における塩化カリウムの飽和水溶液の濃度《のうど》は何％ですか。割り切れない場合は，小数第２位を四捨五入し，小数第１位まで求めなさい。

問４　74℃におけるしょう酸カリウムの飽和水溶液が200gあります。この水溶液から，水を25g蒸発させ，38℃に冷やすと，しょう酸カリウムの粉は何g出てきますか。割り切れない場合は，小数第２位を四捨五入し，小数第１位まで求めなさい。

しょう酸ナトリウムは しょう酸 と ナトリウム の２つの部品が１つずつ結びついてできています。同様に，他の３種類の粉も，それぞれ２つの部品が１つずつ結びついてできています。これを表にまとめると上のようになります。なお，表中の 塩素

部品＼部品	ナトリウム	カリウム
しょう酸	しょう酸ナトリウム	しょう酸カリウム
塩素	塩化ナトリウム	塩化カリウム

とは，塩化ナトリウムや塩化カリウムにふくまれている部品です。

これら４種類の粉は水に溶けると，それぞれ２つの部品に分かれてバラバラになることが知られています。そして，水溶液を冷やすと，バラバラになっていた部品が再び結びついて粉になります。そのため，例えば塩化カリウムとしょう酸ナトリウムの２種類の粉を水に溶かして冷やすと，塩化カリウムとしょう酸ナトリウムの粉の他に，部品が入れかわった塩化ナトリウムやしょう酸カリウムの粉が出てくることがあります。

なお，各部品１つあたりの重さの比は次の通りです。

しょう酸：塩素：ナトリウム：カリウム＝62：36：23：39

問５　100℃の水100ｇに，塩化カリウム15ｇとしょう酸ナトリウム34ｇを加えて水溶液をつくりました。

(1)　塩化カリウム15ｇにふくまれる 塩素 の重さは何ｇですか。

(2)　(1)で求めた重さの 塩素 から塩化ナトリウムができるとき，ちょうど結びつく ナトリウム は何ｇですか。

(3)　水溶液を冷やしていったとき，最初に出てくる粉の名前と，その時の温度を整数で答えなさい。ただし，出てくる可能性のある粉は，表の中の４種類以外は考えないものとします。また，粉の溶解度は，他の粉がいっしょに存在しても変わらないものとします。

3

次の文章を読み，以下の問いに答えなさい。

ヒトは，親が子を乳で育てるほ乳類に仲間分けされます。また，子はたい児として産まれます。

問１　ほ乳類ではない動物を次のア～コからすべて選び，記号で答えなさい。

ア．ツバメ　　イ．ネコ　　ウ．イルカ　　エ．リス

オ．ウシ　　カ．コウモリ　　キ．カメ　　ク．サイ

ケ．ウサギ　　コ．イモリ

問２　ヒトのたい児は，受精後何週間ほどで産まれてきますか。次のア～エから１つ選び，記号で答えなさい。

ア．24週　　イ．30週　　ウ．38週　　エ．48週

ヒトは，からだの中の状態を一定に保とうとするしくみが発達しています。このしくみのことをこう常性といいます。そのため，体温や血液の糖の濃度《のうど》などをある幅《はば》の中で保ちながら，生活をしています。

体温はある幅の中に保たれていますが，常に同じ体温という訳でなく，活動の具合によって少しは変化します。例えば，運動中はからだが活発な状態となり体温も上がります。

問３　からだが活発な状態になると体温が上がる理由として，正しいものを次のア～エから１つ選び，記号で答えなさい。

ア．からだの外の熱をたくさん吸収するため。

イ．汗《あせ》をかいて，熱をからだの外に出すため。

ウ．のどがかわくため。

エ．筋肉が動き，たくさん熱が生じるため。

問４　規則正しい生活を送っている健康な人の体温を，朝と夜にはかるとどのようになると考え

られますか。最も適当なものを次のア～エから１つ選び，記号で答えなさい。なお，体温は朝食前の6:30と夕食後の19:30にはかったものとします。

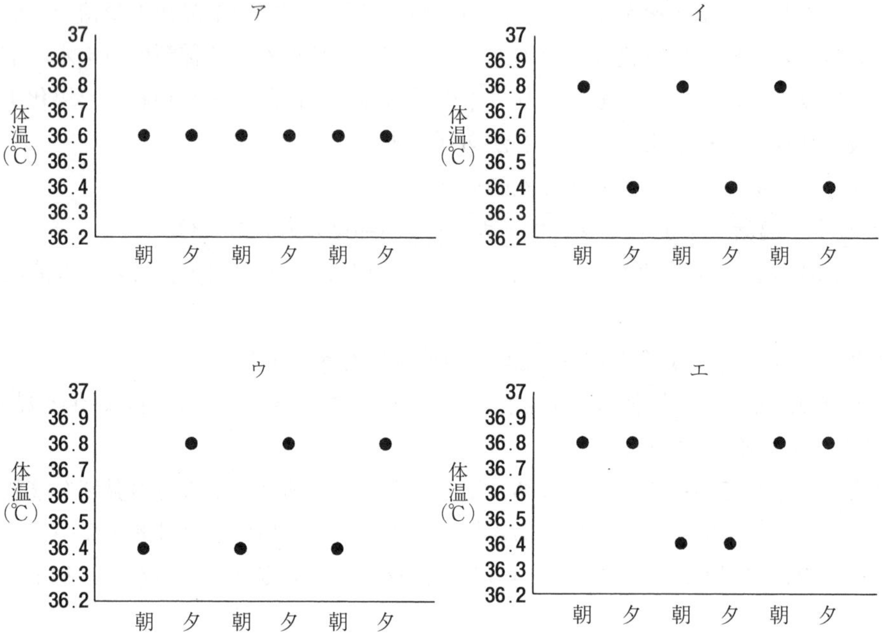

食事をして消化・吸収をしたり，運動したりすると血液中の糖濃度は変化します。しかし，こう常性がはたらくことで調節されます。

問５　食事をしたあと，血液中の糖濃度は，健康な人では時間が経《た》つごとにどのように変化すると考えられますか。最も適当なものを次のア～エから１つ選び，記号で答えなさい。

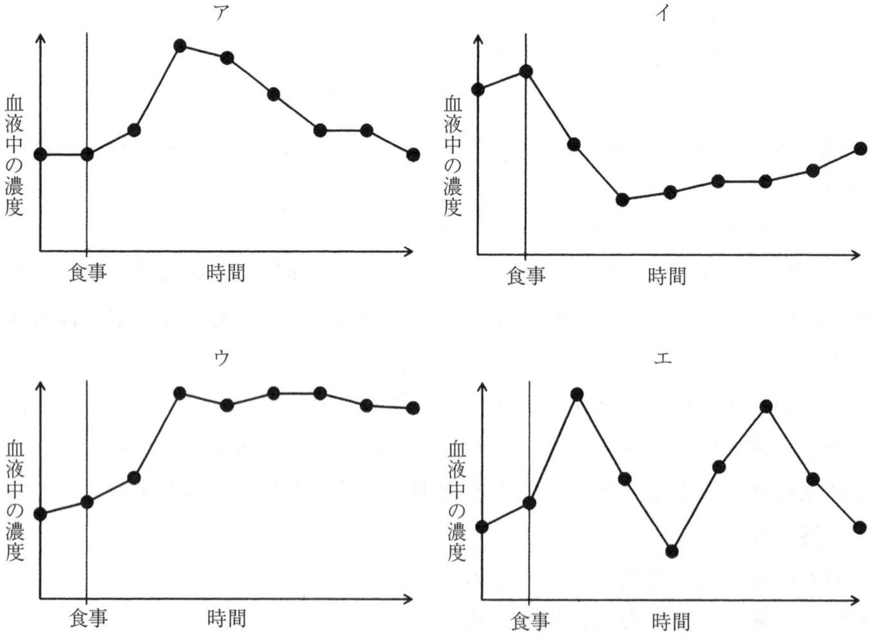

問６　血液中の糖濃度は，糖の量を増やすはたらきのある物質と減らすはたらきのある物質の量を調節することで，ある幅に保たれています。食事をしたあと，血液中の糖を増やすはたらきのある物質の濃度は，健康な人では時間が経つとどのように変化すると考えられますか。

最も適当なものを問５のア～エから１つ選び，記号で答えなさい。

問７　こう常性が発達している動物は，生存する上で有利になります。その理由として考えられることを説明しなさい。

4　次の文章を読んで，以下の問いに答えなさい。

太陽の周りを回っている星は惑星《わくせい》と呼ばれ，地球を含《ふく》めて８つあります。惑星が太陽の周りを回ることを公転と呼び，１回公転するのにかかる期間は公転周期と呼ばれます。惑星は太陽に近いほど短い周期で公転しています。また，それぞれの惑星の軌道《きどう》は，きれいな円ではなく，ほんの少しつぶれています。次の図は，2018年の地球と火星の位置関係や公転の様子を描《えが》いたものです。矢印は公転の向きを表しています。地球や火星だけでなく他の惑星も，同じ向きに公転していることがわかっています。

2018年７月31日に，火星と地球はここ10年の間で最も接近しました。１月に約３億 km 離《はな》れていた火星と地球は，７月31日には約5800万 km まで近づきました。惑星は，太陽に近い方が速く回っています。そのため，一定期間ごとに地球は火星に追いつき追い越《こ》すことになります。

2018年　地球−火星の位置関係

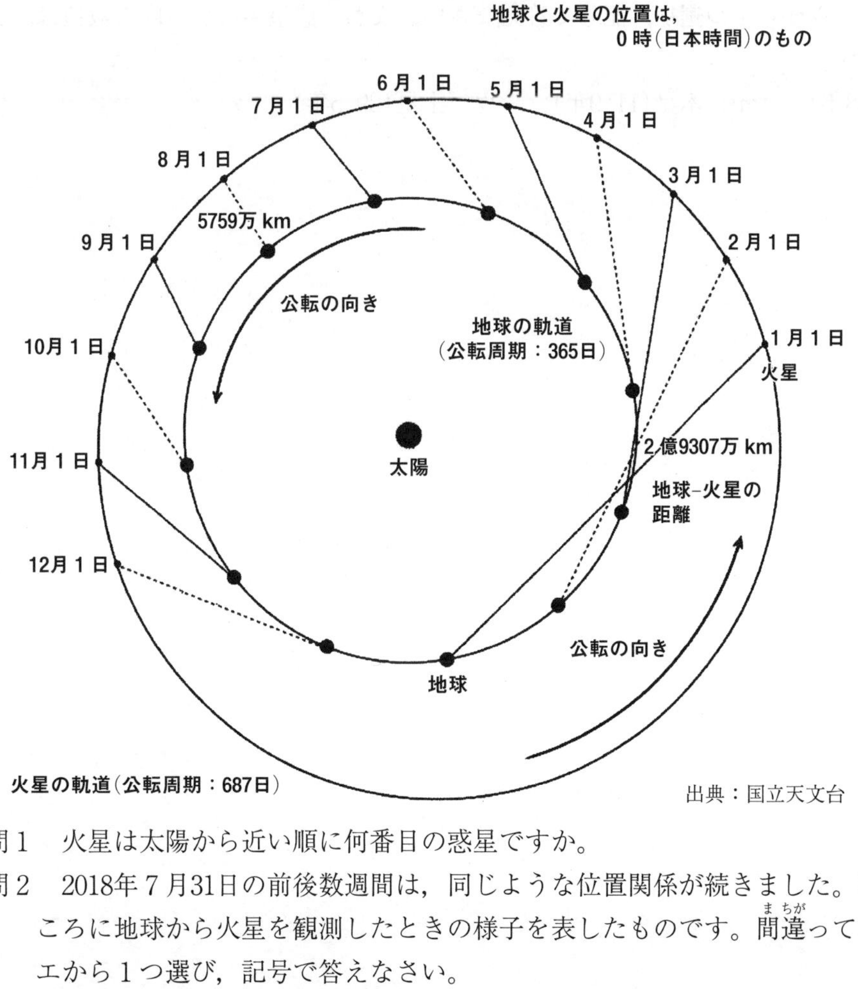

出典：国立天文台

問１　火星は太陽から近い順に何番目の惑星ですか。

問２　2018年７月31日の前後数週間は，同じような位置関係が続きました。次のア～エは，そのころに地球から火星を観測したときの様子を表したものです。間違《まちが》っているものを次のア～エから１つ選び，記号で答えなさい。

ア．１月に比べて大きく見える。

イ．1月に比べて明るく見える。

ウ．一晩中観測出来る。

エ．日没《にちぼつ》後には西の空に，真夜中には南の空に，日の出前には東の空に見える。

問3　2018年7月28日には，皆既《かいき》月食が観測されました。皆既月食の日の月の形は何と呼ばれますか。

問4　次の文章の(A)～(C)に当てはまるものを入れなさい。ただし，地球も火星も太陽を中心に，きれいな円を描いて公転しているものとして考えなさい。(A)，(B)は分数で約分せずに答えなさい。また，(C)は小数第1位を四捨五入して整数で答えなさい。

地球と火星の公転周期を，それぞれ365日と687日とした時，軌道上を地球が1日に進む角度は(A)度，火星は(B)度になります。2018年7月31日のように太陽・地球・火星が一直線に並んだ日を起点とすると，1日後の8月1日には，火星は地球に対してAとBの差の角度だけ遅《おく》れることになります。この角度が毎日積み重なり360度になった時が，次に地球が火星に追いつき追い越す時になります。このことから，太陽・地球・火星が一直線に並ぶのは(C)日ごとに起こる計算になります。

問5　太陽・地球・各惑星が一直線に並んでから，次に同じように並ぶまでの期間が最も短い惑星を，次のア～ウから1つ選び，記号で答えなさい。なお，惑星名の(　)内の数値は，公転周期を表します。

ア．火星(1.88年)　　イ．木星(11.9年)　　ウ．土星(29.5年)

近くに座った男性が自分に向けてくれた笑顔によって意欲を取りもどした。

問六 □に入る語として最もふさわしいものを次の中から選び、記号で答えなさい。

ア 類推《るいすい》 イ 信念《しんねん》 ウ 夢想《むそう》 エ 偏見《へんけん》

問七 ――線部⑤「どの句も、すぐに日本語の五七五の形に容れることができた」とあるが、この理由にはどのようなことがあると考えられるか。その説明として最もふさわしいものを次の中から選び、記号で答えなさい。

ア 短い詩型のなか、詩的な表現に言葉を費やすことなく、少しでも多くの景色を見せようとしていたこと。

イ 句の内容が、日本人の苦手な抽象的なものではなく、誰にでも想像のしやすい具体的な場面だったこと。

ウ 季語自体の説明はせず、別の景色とならべることで想像を広げさせるような句の構成がされていたこと。

エ 松尾芭蕉の俳句をしっかり学んでいくなかで、日本語の音に対する感覚が十分にやしなわれていたこと。

問八 ――線部⑥「松尾芭蕉」について。松尾芭蕉の代表作の一つである紀行文を次の中から選び、記号で答えなさい。

ア 方丈記《ほうじょうき》 イ 奥の細道

ウ 土佐日記 エ 東海道中膝栗毛《とうかいどうちゅうひざくりげ》

問九 ――線部⑦「街に滞在したのは十年前」とあるが、筆者が十年前の滞在のことをいま文章に書いたのは、どのような思いがあったからだと考えられるか。この文章が二〇二二年五月に発売された雑誌に発表されたものであることをふまえて、説明しなさい。

問十 ――線部⑧「変化してゆくこととその取り返しのつかなさ」とあるが、これと同じような意味をもつ漢字二字の語を本文中からぬき出しなさい。

大きくうなずいた。それから堂々としたくちぶりで何かを言った。
「なぜならわたしたちは⑥松尾芭蕉《ばしょう》をしっかり読んでいます」
Yさんが、そう訳してくれた。

Yさんと昼食をとるカフェでの注文のしかたにも、この街の雪面の歩き方にも、まったく理解できないこの街の言葉を音楽のようにふわりと聴くことにも慣れ、もう街が遠くなくなったころ、帰国の日がやってきた。はじめての街がほんの少し近くなったころ、必ずさみしさはやってくる。じきに別れるさみしさなのか、遠くなくなってしまったさみしさなのか、それとも旅の疲れが＊澱《おり》のようにたまったためのさみしさなのか、いつもわからない。

⑦街に滞在したのは十年前で、Yさんも大学生たちも俳句サークルの人々も、白いボルシチの味もミルクチョコレートの味も、何もかもなつかしく慕《した》わしいのに、今はなんと遠い街になってしまったことか。その街で出会った人たちの＊出自を、わたしは知らない。かれらの思想も知らない。来し方も知らない。行く末も知らない。けれどわたしはたしかに、彼らを一瞬愛した。かれらもきっと一瞬、わたしを愛した。その愛は溶けてゆく淡雪《あわゆき》のように儚《はかな》く消えてしまう愛だったけれど、記憶の中には今もとどまっている。出会うことと離れること。⑧変化してゆくこととその取り返しのつかなさ。その哀しみに、いつまでわたしたちは耐えなければならないのだろう。

（川上弘美「溶けてゆく淡雪のように」による）

＊アテンド…人に付きそって世話をすること。
ブックフェア…書籍《しょせき》見本市。これにあわせて、文学者や出版関係者、文学愛好家の交流のためのイベントが行われることも多い。
輪読…参加者が同じ本・文章を読んで意見をかわすこと。大学の授業などで行われる際には、初めに各回の担当者が発表し、そのあとで参加者全員で議論をするという形式をとることが多い。
ボルシチ…ロシアやウクライナなどの伝統的な料理である煮込みスープ。ビーツという赤色の野菜を使ったものが特に代表的なものとして知られている。
澱…液体の下の方にたまったかす。
出自…その人の出所。生まれ。出身。

問一　═線部a～dのカタカナを漢字に直しなさい。

問二　──線部①について。この場面と同じような、筆者とは対照的なYさんの様子が表れている一文をここより後の本文中から探し、その最初の五字をぬき出しなさい。

問三　──線部②「はじめての街はいつも、最初は遠い」とはどういうことか。説明しなさい。

問四　──線部③「わたしたちの国の歴史」について。この街の滞在中に筆者が出会ったものの中で、この国のもつ歴史が表れていると考えられるものを答えなさい。

問五　──線部④について。この前後での筆者に関する説明として最もふさわしいものを次の中から選び、記号で答えなさい。

ア　理解できない言葉で談笑する人たちのなかで、一人さびしい思いをしていたが、チョコレートと紅茶を口にしたことで心もあたたまった。

イ　時間がきても集まるはずの人がそろわないことにとまどっていたが、それを待つ時間も楽しむこの土地の文化を次第に受け入れていった。

ウ　時間を過ぎているのにいっこうに皆が集まらないことにいらだっていたが、笑顔でチョコレートを勧《すす》めてくれる気づかいに心がなごんだ。

エ　句会に集まった人数の予想外の少なさにがっかりしていたが、

ん、無常、なので。

かなり大雑把《おおざっぱ》な答えだと自分でも思い、それきり口をつぐんでしまったので、通訳をしてくれたYさんがそこで言葉を切ってから、しばらく教室の中はしんとしていた。やがて一人の学生が小さく手をあげ、

「無常という言葉、この前学びました。興味深いです。③わたしたちの国の歴史、無常です」

と、日本語でゆっくりと言った。暖房機が、ときおりかたかた鳴る。無常の歴史、と、彼女が言ったとたんに、暖房機がまた鳴った。教授が立ち上がり、授業の終りを告げた。学生たちはｃスバヤく教室を出ていった。

Yさんといっしょに昼食をとるのは気軽なカフェで、＊ボルシチとパンを彼女はいつも選ぶ。ボルシチにはビーツが必ず入っているのかと思っていたが、そうでもなくて、Yさんはビーツ入りではない、白っぽい色のものを注文することが多かった。季節の野菜を入れて作るのだと、Yさんは教えてくれた。ほんの少しの肉とたくさんの野菜。カフェのボルシチは優しい味だ。少しすっぱいパンによく合う。

今日は夕方から地元の俳句愛好サークルの人たちと会うことになっている。繁華街《はんかがい》にある本屋さんの最上階がブックカフェになっており、そこで一緒に句会をするのである。

時間がきても、全員はなかなか集まらない。わたしの理解できないこの国の言葉で、サークルの人たちは談笑《だんしょう》している。集合時間をすでに二十分過ぎていたが、十人くらい集まるはずだというところを、まだ五人しか来ていない。でも誰も気にしている様子はない。これ、食べますか？　Yさんが鞄《かばん》から板チョコを取りだす。頭にスカーフをした女の子の絵がパッケージに印刷されている。銀紙をむき、幾片《いくへん》かにぱきぱきと割り、Yさんはチョコレートを卓の上に置いた。向かいに座った男性がそっと手を出し、一片をつまんだ。④見ているわたしに、彼はにっと笑いかけた。わたしも手をだしてつまんだ。ミルクチョコレートだ。紅茶を一口のみ、また小さなかけらを食べた。いつの間にかメンバーがそろったようで、細長い卓はうまっていた。

この時自分が作った句は、なぜだか旅のメモ帳にｄキロクしそこねている。日本語ではない"haiku"は、少しばかり詩的にすぎ、抽《ちゅう》象《しょう》に流れがちだ、という［　　］をそれまで私は持っていたのだが、サークルの人たちのhaikuが私の予想をうらぎってとてもよかったので、かれらの句を書きとめることで手一杯だったのだと思う。もちろんかれらの句は五七五の形にはなっておらず、Yさんが意味をぽつぽつと訳してくれた不定形のものなのだが、⑤どの句も、すぐに日本語の五七五の形に容《い》れることができたことに、わたしは驚いたのだ。

雪空や市場の店に買ふ眼鏡
粉雪や亡きはらからの服を得る
冬空や少女のひざに傷のあと

かれらのつくった句の意味を、その場で五七五に当てはめたものの一部である。

日本語の五七五は、狭いようでいて広い。狭いものを広くするために、季語がある。外国のhaikuの作り手たちは、ともすれば一つの景色の説明と展開に言葉を費やすことが多いように感じる。それでは、この短い詩型で言えることはごく限られてしまう。ところがこのサークルの人たちは、季語を説明せず展開せず、ただ詩の中にぽつりとおくだけにとどめ、そこにまったく別の景色を持ってきて詩の世界をぐっと広げる力を持っているのだった。

「俳句という詩を、よく理解しているのですね」

言うと、サークルの代表である女性は、心得ている、というふうに

硬《かた》い雪が降るのだと、Yさんは続けた。そう言っているうちに、車は宿泊する予定のホテルに着いたのだった。

翌日は、この街で開かれている＊ブックフェアに参加するため、午前十時にホテルを出た。前の晩はあまり眠れず、雪用の靴で雪面を踏《ふ》みながら歩いてゆく足もとが、おぼつかない。空気を吸うと、鼻の奥が、冷たいを通りこし、痛かった。

「赤ちゃんが生まれると、寒さに慣らすため、冬には毎日外で数十分過ごさせ、鼻や喉《のど》が痛まなくなるよう訓練するんですよ」

Yさんは、笑いながら言った。それから、①空気をたくさん吸いすぎないよう口もとと鼻をハンカチでおおっているわたしの方を向いて、大きく息をすってはいてみせる。あらまあ。讃嘆《さんたん》の声を挙げたら、空気がいっぺんに喉の奥に入ってきて、きんと痛んだ。

その日は、ブックフェアでの対談やいくつかのインタビューをこなすため、地下深くを走っている地下鉄に乗ってあちらこちらへと移動する時間がつづいた。いくつかの街の地下鉄に乗った事があるが、ここまで深い地下鉄は初めてだ。

「戦争で爆撃《ばくげき》を受けた時のシェルターになるよう想定されて作られたそうなのです」

Yさんが教えてくれる。

②はじめての街はいつも、最初は遠い。そこにいるのに、とても遠い。街に滞在《たいざい》するのは八日間である。一日目がおわり、Yさんを見送ったあと、ホテルの中の食堂で夕食をとった。古いホテルだ。天井が高い。ビールと魚を頼み、ゆっくり食べているうちに、眠くなってくる。部屋までは迷路のような長い廊下《ろうか》がつづいている。夢の中で歩いている心地で、何枚もの絵が飾《かざ》られた廊下をたどった。

昨日よりもその前よりも、雪は深くなってゆく。厚いダウンコートを着ているのに、寒い。セーターの中にヒートテックを二枚重ね、襟《えり》巻《まき》をぐるぐる巻く。Yさんは、薄いダウンコート姿だ。

「今日は学生さんたちがとても楽しみにしていますよ」

大学は丘の上だ。講堂を中心に、いくつもの棟《とう》がめぐらされている。ひろびろとした道ぞいに植えられた常緑の木々の枝に雪がつもり、ときおり音もなく落ちる。雪が落ちたとたんに、枝は軽く跳《は》ねあがり、しばらく揺《ゆ》れてから鎮《しず》まる。

学生たちは、みな真面目《まじめ》くさった表情でこちらを見ていた。日本語を学ぶ大学一年生たちである。学生たちが発表をおこなう。Yさんが同時通訳してくれる。現代日本文学を＊輪読し、毎回三人がレポートを発表するという形式の授業なのだそうだ。今回のテキストは、伊坂幸太郎。

「日本語を学びはじめたばかりなのに、すでに小説を読みきる力があるのですね」

と言うと、

「この国の言語に翻訳《ほんやく》されている作家のものをできるだけ選ぶようにしているそうです」

と、Yさん。

「授業では日本語で読みますが、小説全体を通して読みたいと思った場合は、まだ一年生は母語で読むことがほとんどです」

と、日本語学の教授がbホソクする。

発表した三人の学生たちは、みな伊坂幸太郎が好きだと言った。日本の現代小説は、どれも哀《かな》しみが深いのですね、とも。ほかにはどんな小説を輪読してきたのですか。聞くと、三人は口々に、宮部みゆき、川端康成、村上春樹の名を挙げた。哀しみは日本の小説の土台なのでしょうか。聞かれた。そうですね、日本の小説のバックボーンはたぶて。このときのノブトの思いとして最もふさわしいものを次の中から選び、記号で答えなさい。

ア　あえてこのように言うことで、顔を見たいと言われた照れくささをごまかそう。

イ　カモッチは都会からの転校生なので、きっとそう思っているに違いない。

ウ　けんか相手は顔のことを悪く言うことが多いから、先回りして言ってやろう。

エ　たとえ親しい友人でも、その関係が一度こじれると仲直りには抵抗《ていこう》がある。

問三　——線部②「ぼくは、ムスッとしていた」とあるが、その理由として最もふさわしいものを次の中から選び、記号で答えなさい。

ア　自分の父親は農家なので、カモッチに給料のいい大きな会社の話をされても悔《くや》しいだけだから。

イ　川村の父親の話をしたのに、カモッチは自分の父親が苦労しているような話をするから。

ウ　自分は母親の話に納得できなかったが、カモッチは分かったようなことを言うから。

エ　親の責任の話をしているのにカモッチが話をそらすので、ごまかされているような気がするから。

問四　——線部③「ノビタには、ずっとここにいてほしいんだよ」とあるが、カモッチがこのように思うのはなぜか。ここまでのカモッチのことばをふまえ、二人の置かれている状況《じょうきょう》を比べてくわしく説明しなさい。

問五　——線部④「それはまちがいで」とあるが、なぜまちがいだったと言えるのか。「それ」の指し示す内容も明らかにしながら簡潔に説明しなさい。

問六　——線部⑤「昼間の脱皮はめずらしいな」とあるが、目の前のセミには「昼間の脱皮」以外にもめずらしい様子がある。それがどのようなことかを具体的に説明しなさい。

問七　——線部⑥「耕すそばから」について。次の文の「そば」の意味が——線部の「そば」と同じになるように、［　］に入る表現を考えて答えなさい。

・弟はたこ焼きが大好きで、焼きあがるそばから［　　］。

問八　——線部⑦「不思議な感覚」がノブトに気づかせたことは何か。簡潔に答えなさい。

問九　——線部⑧「そのセミが、次つぎに飛び立っていくようす」と重ねて読むことのできる表現が本文前半にある。その部分をカモッチのせりふから一文で探し、その最初の五字をぬき出しなさい。

問十　‖線部a〜cのカタカナを漢字に直しなさい。

二

次の文章を読んで、後の問に答えなさい。（＊印の語には後に注があります。）

市内に入るとたいへんに道が混みはじめた。

時刻は午後二時ごろである。本格的な雪のシーズンを迎《むか》えたばかりだと、＊アテンドをしてくれるYさんは言う。走ってゆく車のタイヤに雪が飛ばされて歩道と車道のきわが吹きだまりのようになり、スリップした車がつっこんでそのままになっている。少し先では、滑《すべ》って隣車線にはみだした車に、後方からの車が二台ぶつかり、三重衝突《しょうとつ》のような態をなしていた。雪でスピードがでないので、aハソンした車はないが、どこもかしこも混乱のきわみだった。

「雪の降り始めは、毎年こんなふうです」

Yさんが言った。雪は軽くふわふわと降っている。真冬にはもっと

bシアン顔をしたとうさんは、すぐ前にある傾斜地《けいしゃ》を見あげた。

虫とりのときにも気づいたが、谷間をcカコむ雑木林は、そこだけ、十メートルほどのはばで、上のほうの立ち木が切りたおされていた。そのむこうにあったナシ畑もつぶされ、宅地の造成工事が始まっている。

ブルドーザーでおしだされた土砂は、林の斜面をすべり落ち、下の農道にもはみだしていた。

「かわいそうになあ。上に土をかぶせられて、穴から出ようとしたら、予想以上に時間がかかったんだ。やっとぬけだしたときは、脱皮が始まり、木にのぼるよゆうもなかったんだろう。ぐずぐずして、アリにみつかると、寄ってたかって食われちゃうからな」

「さっきから、ずっと動かないよ。死んじゃったのかな」

「そうじゃない。脱皮してすぐは、足がやわらかくて、つかまる力がないんだよ。体液が足にまわって、固くなるのを、ああやってじっと待ってるんだ」

とうさんは、いっしょに観察するつもりなのか、ぼくの横にすわった。

やがて、セミは動きだし、あおむけになっていた体を起こした。

固くなった足で、カラにつかまると、こんどはゆっくり、胴体をぬきだしにかかる。

「昔にくらべりゃ、セミも少なくなったなあ。カエルやアメンボも、さがして、やっとみつかるぐらいだしな。この田んぼにも、ホタルが飛んでたことがあるんだぞ」

「ほんと？　それは見たかったな」

「冬のあいだに固まった土を、春先に、トラクターで耕すと、地面の中にいる虫が外へ出てくるだろ。ムクドリやスズメは大さわぎして、⑥耕すそばから、うしろへくっついてきたもんだ。いまじゃ、それも数えるほどになっちまった」

めずらしく、たくさんしゃべったとうさんは、シロツメクサの上にねころんだ。

だれに教わるわけでもなく、セミは自力で、成虫に変身していく。

そのようすを見まもるうちに、ぼくは、⑦不思議な感覚にとらわれた。

いままでは、考えたこともなかったが、毎年、何百何千というセミが、こんなふうに、家の近くで脱皮していたにちがいない。

⑧そのセミが、次つぎに飛び立っていくようすを思いうかべると、勇気があり、なにも人間だけがえらいわけではないような気がしてくる。

この世界には、まだまだたくさん、ぼくの知らないことがかくされていて、見ようとすれば、とびらを開けてくれる——そう思うとうれしくなり、周りの景色が、急に広がったような気がした。

カラからぬけ出た胴体には、クシャクシャに折りたたまれた状態で、羽がついている。

その羽がまっすぐにのび、セミらしい形になるには、だいぶ時間がかかりそうだった。

「体も白くて、このままじゃ、なんのセミだか見分けがつかねえだろう。これから、だんだん茶色になるけどな。待ってたら夕方になるぞ」

立ちあがったとうさんは、作業ズボンの尻《しり》をはたき、先に帰るという。

立ちそびれたぼくは、ひとりで残り、セミに見とれてあきることもなかった。

（浅野　竜『シャンシャン、夏だより』による）

問一　□に入ることばを考えて漢字一字で答えなさい。

問二　——線部①「どうせ、いなかの子どもの顔してるだろ」についさ。材料がそろったら、うちへこいよ」

「うん、たのむよ。前にもいったけど、どうせなら、ふたりの共同研究にしない？　そのほうが、おれもたのみやすいしさ」

　ぼくがいうと、カモッチも気持ちが変わったのか、あっさりａショウチした。

　スイミングのほかには、塾も、習いごともしていないぼくは、話し相手に飢《う》えていた。歩きだしたあとも、川村のことを話し、カモッチの意見をきいてみる。

「ふうん。そんなことがあったのか……」

「かわいそうなのは、川村だよ。いい仕事がなくて、たいへんなのはわかるけどさ。やっぱ、親が無責任だろ？　なんとかしてほしいよ」

「それは、そうかもしれないけど、おれは、ノビタのおかあさんのいうことも、わかるような気がするな」

　カモッチは、考え深いまなざしで、ぼくの不満顔を見ていった。

「うちの親を見てるとさ。運がよく、大きい会社に就職しても、たいへんなのはおなじだよ。そりゃ、給料はいいんだろうけど、ライバル会社との競争があるし、おなじ会社の社員でも、勝ち組、負け組があるみたい。落ちこぼれると、子会社へ追いだされたりするっていうしな」

　いっていることの、半分も実感が持てないまま、②ぼくは、ムスッとしていた。

「おれにしたってそうだよ。東京で生まれたけど、会社のつごうで、おとうさんが大阪へ転勤しただろ。そのあと、アメリカへいって、また東京へもどってくると、住んでた社宅がせまくなったから、マンションを買って千葉へ移ってきたんだよ。そのあいだに三回転校してるしな。考えても、どこが自分の故郷だかわからなくなるよ」

「……………」

「いま住んでるとこだって、おとなになれば出てくしさ。そういうのは、たぶん、クラスのほかのやつだっておなじだろ。この町にずっといられるのは、おまえだけだよ」

「なんだよ。おれが、絶対、家の仕事をつぐみたいだろ。きめつけんなよ」

「ていうか、③ノビタには、ずっとここにいてほしいんだよ」

　カモッチは、まじめな顔つきでいい、まごつくぼくに笑いかけた。

（中略）

　なにげなく、道ばたの草むらを見ると、アブラゼミらしい幼虫が一ぴき、ツユクサの葉につかまっているのが目についた。

　幼虫の背中は割れて、白っぽい成虫の体が、半分、外へ出かかっている。

　アブラゼミ自体はめずらしくもなく、幼虫をみつけたこともあるが、脱皮《だっぴ》するところに出あったのは、これがはじめてだった。

　ぼくは、地面にすわりこみ、ワクワクしながら見つめた。

　セミの動きはおそく、ほとんど静止しているようだった。

　それでも、少しずつ、頭と胸がカラの外へぬけだし、そのうちに足も全部出た。

　――よし、いいぞ。あと少しだ！

　ぼくはじゃまをしないよう、ひとりでそっとガッツポーズをつくる。

　ところが、④それはまちがいで、セミは、胴体《どうたい》をカラの中に残したまま、体をグッとうしろへたおした。あおむけになってぶらさがり、そのまま、グタッとして動かない。

　やきもきしながら見ていると、田んぼを一周してきたとうさんが、そばに立ってのぞきこんだ。

「なんだ、セミの幼虫か。⑤昼間の脱皮はめずらしいな。ふつうは夜に出てくるもんだ」

2023年度 桐朋中学校

【国　語】〈**第一回試験**〉（五〇分）〈満点：一〇〇点〉

一　次の文章を読んで、後の問に答えなさい。

東京近郊に暮らす六年生の土田野歩人《のぶと》は、家が農家なので周りからは「ぴったりの名前」だと言われるが、自分の将来は自分で決めたいという思いから名前はカタカナで書いている。友達のカモッチは去年転校してきた秀才だ。二人は夏休みの自由研究でクマゼミの調査に取り組もうとしているが、カモッチが見つけたセミの抜《ぬ》け殻《がら》をノブトが壊《こわ》してしまったことなどもあって、二人の仲はぎこちなくなっている。

今年転校してきた川村ちとせは、人づきあいの苦手な父親が騒動《そうどう》を起こしたこともあり、朝のラジオ体操に顔を出しづらくなっているようだ。ノブトは自分の父親と比べて川村の父親を非難するが、ノブトの母は「それはね。おとうさんがこの町で生まれて、ここで育ってきたからだよ。家があり、田んぼがあり、周りには支えてくれる人がおおぜいいるし、農家の仕事は、口べたでもやっていけるだろ。そういうことって、すごくだいじでさ。人が安心して暮らしていけるかどうかの、分かれめなんじゃないのかな」と語る。

それから数日たっても、川村は、ラジオ体操に出てこなかった。

ぼくはアパートへいってみたが、いるのかいないのか、声をかけても返事はない。

前にきたときは気づかなかったが、ドアの周りにも、外にある郵便受けにも、川村の表札は出ていない。それが、いかにも、川村の居場所のなさをあらわしているようで、いっそう□がしめつけられた。

それでも毎朝、体操を続けていると、代わりのように、カモッチがやってきた。

顔をあわせるのは二週間ぶりで、おたがいに、なんとなく照れてしまう。

「どうしたんだよ。塾《じゅく》は休み？」

「そうじゃないけどさ。たまには早く起きて、体操するのもいいかと思って。ノビタ（**注：カモッチはノブトをこう呼ぶ**）の顔も見たいしな」

「①どうせ、いなかの子どもの顔してるだろ」

「ああ。日に焼けて、体中から、いなかのオーラが出まくってるよ」

いいあって、いっしょに体操をするうちに、気づまりな感じは取れてくる。

みんなが帰っていったあと、ぼくたちは空き地に残り、立ち話をした。

カモッチの塾は月末まで続き、そのあいだに、なんどか模擬《もぎ》試験も受けるという。

「私立へいくのもたいへんだな。来年の一月まで、ずっと続くのかよ」

「まあね。すすめたのは親で、最初はおれも迷ったんだけどさ。学校へ見学にいったら、屋上に大きい天体望遠鏡があって、クラブ活動で星を観察するっていうんだよ。それをきいて、どうしても入りたくなったんだ」

「へえーっ。カモッチは、そういうのが好きなのか」

「なれるかどうかわかんないけどさ。おとなになって、天文台の仕事につけたら最高だよ。受験も、最後は自分できめたんだから、やるだけやってみる。だけど、自由研究は手伝うよ。夜しか空いてないから

2023年度

桐朋中学校　▶解説と解答

算数　＜第１回試験＞（50分）＜満点：100点＞

解答

1 (1) $\frac{31}{42}$　(2) 1.85　(3) $\frac{1}{48}$　**2** (1) 13個　(2) 11人　(3) $31.7cm^2$　**3** (1) 24分　(2) ７人以上　**4** (1) 4200円　(2) 150円　**5** (1) 18km　(2) ５時46分30秒　(3) 解説の図２を参照のこと。　**6** (1) *a*　5　*b*　3　*c*　9　(2) 93　(3) 48，73　**7** (1) ① 84　② 15　③ 72，108，144，216　(2) 40，80，135

解説

1 四則計算

(1) $2\frac{2}{3}-\frac{17}{7}+\frac{1}{2}=\frac{8}{3}-\frac{17}{7}+\frac{1}{2}=\frac{112}{42}-\frac{102}{42}+\frac{21}{42}=\frac{31}{42}$

(2) $1.04\times(3.4-0.9)-1.8\div2.4=1.04\times2.5-0.75=2.6-0.75=1.85$

(3) $\left(2.07\div2.3-1.3\times\frac{2}{3}\right)\div1\frac{3}{5}=\left(0.9-\frac{13}{10}\times\frac{2}{3}\right)\div\frac{8}{5}=\left(\frac{9}{10}-\frac{13}{15}\right)\times\frac{5}{8}=\left(\frac{27}{30}-\frac{26}{30}\right)\times\frac{5}{8}=\frac{1}{30}\times\frac{5}{8}=\frac{1}{48}$

2 つるかめ算，比の性質，面積

(1) アメだけを30個買ったとすると，代金は，20×30＝600(円)となり，実際よりも，990－600＝390(円)安くなる。アメ１個をチョコレート１個にかえるごとに代金は，50－20＝30(円)ずつ高くなるので，390円高くするには，390÷30＝13(個)のアメをチョコレートにかえればよい。よって，チョコレートは13個買ったとわかる。

(2) はじめ，男子と女子は同じ人数で，その後，男子が２人帰り，女子が４人来たので，女子が男子よりも，４＋２＝６(人)多くなった。このとき，男子と女子の人数の比が３：５になったから，この比の，５－３＝２にあたる人数が６人となる。よって，比の１にあたる人数は，６÷２＝３(人)だから，比の３にあたる人数，つまり，２人帰った後の男子の人数は，３×３＝９(人)とわかる。したがって，はじめの男子の人数は，９＋２＝11(人)と求められる。

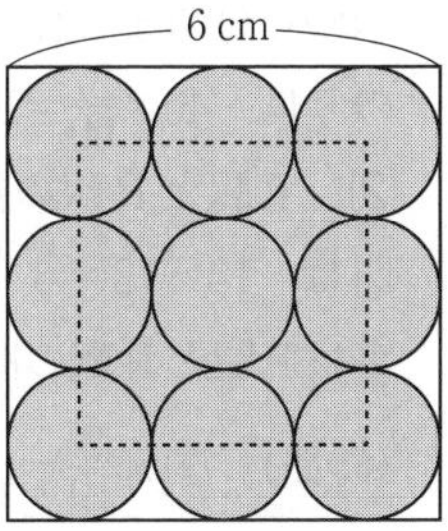

(3) 右の図で，円の直径は，６÷３＝２(cm)なので，半径は，２÷２＝１(cm)である。すると，黒い部分は，半径が１cmで，中心角が，360－90＝270(度)のおうぎ形４個と，半径が１cmの半円４個と，１辺が，６－１×２＝４(cm)の正方形１個に分けることができるから，黒い部分の面積は，$1\times1\times3.14\times\frac{270}{360}\times4+1\times1\times3.14\div2\times4+4\times4=3\times3.14+2\times3.14+16=(3+2)\times3.14+16=5\times3.14+16=15.7+16=31.7(cm^2)$となる。

3 仕事算，つるかめ算

(1) グラウンド全体の広さを１とすると，中学生では１人１分あたり，$1\div25\div16=\frac{1}{400}$，高校生では1人1分あたり，$1\div20\div15=\frac{1}{300}$だけ整備できる。よって，中学生6人と高校生8人では1分間に，$\frac{1}{400}\times6+\frac{1}{300}\times8=\frac{3}{200}+\frac{2}{75}=\frac{9}{600}+\frac{16}{600}=\frac{25}{600}=\frac{1}{24}$だけ整備できるから，$1\div\frac{1}{24}=24$(分)かかる。

(2)　18分以内に整備するには，1分間に，$1\div18=\frac{1}{18}$以上整備できるようにすればよい。中学生だけ20人いるとすると，1分間に整備できる広さは，$\frac{1}{400}\times20=\frac{1}{20}$となり，$\frac{1}{18}$まであと，$\frac{1}{18}-\frac{1}{20}=\frac{1}{180}$足りない。中学生1人を高校生1人にかえると，1分間に整備できる広さは，$\frac{1}{300}-\frac{1}{400}=\frac{1}{1200}$増えるので，$\frac{1}{180}\div\frac{1}{1200}=6\frac{2}{3}$より，高校生は7人以上いればよい。

4　売買損益

(1)　1日目と2日目でAの売り上げ金額が等しく，AとBの売り上げ金額の合計は，2日目が1日目よりも，8760－7080＝1680(円)多いので，2日目のBの売り上げ金額は1日目のBの売り上げ金額よりも1680円多いことがわかる。また，Bについて，2日目の値段は1日目の値段の，1－0.3＝0.7(倍)で，2日目に売れた個数は1日目に売れた個数の2倍だから，2日目の売り上げ金額は1日目の売り上げ金額の，0.7×2＝1.4(倍)になる。よって，1日目のBの売り上げ金額の，1.4－1＝0.4(倍)が1680円にあたるので，1日目のBの売り上げ金額は，1680÷0.4＝4200(円)となる。

(2)　1日目のAの売り上げ金額は，7080－4200＝2880(円)で，1日目のAの値段は180円だから，1日目に売れたAの個数は，2880÷180＝16(個)となる。2日目もAの売り上げ金額は2880円で，2日目のAの値段は，180×(1－0.2)＝144(円)だから，2日目に売れたAの個数は，2880÷144＝20(個)となる。よって，2日間に売れたBの個数の合計は，120－(16＋20)＝84(個)である。また，Bは2日目に1日目の2倍の個数が売れたから，1日目に売れたBの個数は，84÷(2＋1)＝28(個)とわかる。したがって，1日目のBの値段，つまり，Bの定価は，4200÷28＝150(円)と求められる。

5　速さ，旅人算

(1)　AとBは，速さが同じで，それぞれの駅での停車時間も同じだから，P駅を発車してから再びP駅を発車するまでの時間も同じになるので，6時08分にP駅を発車するのは，5時台に先に発車したAだとわかる。電車がP駅を発車してから再びP駅を発車するまでの時間は，6時08分－5時00分＝1時間8分＝68分で，この間にR駅で2分，Q駅で5分，R駅で2分，P駅で5分停車するから，停車時間を除くと，往復にかかる時間は，68－2－5－2－5＝54(分)となる。よって，P駅からQ駅まで停車しないで進むのにかかる時間は，54÷2＝27(分)だから，P駅とQ駅の間の道のりは，$40\times\frac{27}{60}=18$(km)と求められる。

(2)　P駅とR駅の間は12km，R駅とQ駅の間は，18－12＝6(km)離《はな》れているので，電車はP駅とR駅の間を進むのに，$12\div40=\frac{3}{10}$(時間)，$60\times\frac{3}{10}=18$(分)かかり，R駅とQ駅の間を進むのに，$6\div40=\frac{3}{20}$(時間)，$60\times\frac{3}{20}=9$(分)かかる。よって，AとBが進むようすをグラフに表すと，右の図1のようになる。

図1
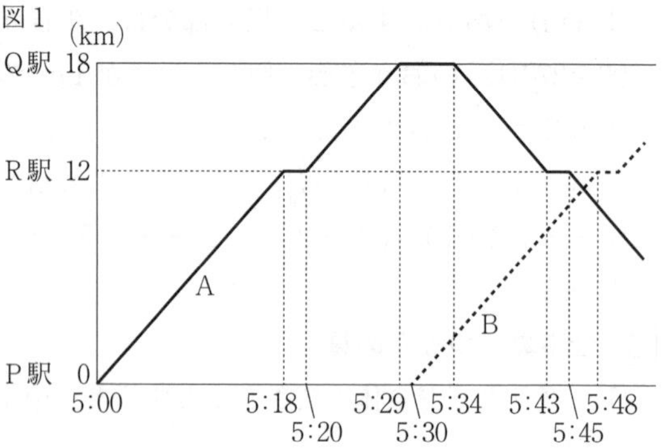

図１から，ＡとＢがはじめて出会うのは，Ａが５時45分にＲ駅を発車した後とわかる。ＢはＰ駅を５時30分に発車してから５時45分までに，45－30＝15(分)進んでいるので，５時45分にＡとＢは，$12-40\times\frac{15}{60}=2$(km)離れている。この後，ＡとＢは１時間に，40＋40＝80(km)の割合で近づくので，$2\div80=\frac{1}{40}$(時間)，$60\times\frac{1}{40}=1\frac{1}{2}$(分)より，１分30秒後に出会う。したがって，はじめて出会う時刻は，５時45分＋１分30秒＝５時46分30秒と求められる。

(3)　図１より，ＡがＲ駅をＱ駅に向けてはじめて発車する時刻は５時20分で，その後は１時間８分ごとにＱ駅に向けて発車するから，５時台～７時台まででは，５時20分，６時28分，７時36分にＱ駅に向けて発車する。同様に，ＡがＲ駅をＰ駅に向けて発車する時刻は５時45分から１時間８分ごとなので，５時台～７時台まででは，５時45分，６時53分となる。また，ＢはＰ駅をＡより30分遅《おく》れて発車(運行)するから，５時台～７時台までで，Ｒ駅をＢがＱ駅に向けて発車する時刻は，５時20分＋30分＝５時50分，６時28分＋30分＝６時58分となり，Ｐ駅に向けて発車する時刻は，５時45分＋30分＝６時15分，６時53分＋30分＝７時23分となる。よって，Ｒ駅の発車時刻を表にまとめると，右の図２のようになる。

図２

Ｒ駅発	Ｑ駅行き	Ｐ駅行き
５時	20　50	45
６時	28　58	15　53
７時	36	23

6　整数の性質

(1)　21÷８＝２余り５より，a＝５，21÷９＝２余り３より，b＝３，21÷12＝１余り９より，c＝９となる。

(2)　８で割ると５余る数は{５，13，21，…}，９で割ると３余る数は{３，12，21，…}，12で割ると９余る数は{９，21，33，…}で，これらに共通する数のうち最も小さいのは21である。８，９，12の最小公倍数は72だから，８で割ると５余り，９で割ると３余り，12で割ると９余る数は，21の後，21＋72＝93，93＋72＝165，…のようになる。よって，13以上100以下の整数で21以外のものは93とわかる。

(3)　xが偶数《ぐうすう》のとき，xを８で割った余りと12で割った余りはどちらも偶数になり，xが奇数《きすう》のとき，xを８で割った余りと12で割った余りはどちらも奇数になる。よって，aとcはどちらも偶数か，どちらも奇数だから，a，b，cの和が３になるような(a，b，c)の組として考えられるのは(２，１，０)，(１，１，１)，(０，３，０)，(０，１，２)のいずれかとなる。また，８の倍数を12で割ると，余りは０か４か８になり，12の倍数を８で割ると，余りは０か４になる。つまり，a＝０のとき，cは０か４か８になり，c＝０のとき，aは０か４になるから，(a，b，c)＝(０，１，２)，(２，１，０)にはならない。よって，(a，b，c)＝(１，１，１)，(０，３，０)のときを考えればよい。(１，１，１)のとき，xは８で割っても９で割っても12で割っても１余る。このようなxは，１に，８，９，12の最小公倍数である72を足していった数だから，13以上100以下の整数では，１＋72＝73のみとなる。また，(０，３，０)のとき，xは８と12で割り切れ，９で割ると３余る。このようなxは，８と12の最小公倍数である24の倍数であって，９で割ると３余る数だから，24÷９＝２余り６，48÷９＝５余り３より，最も小さい数は48である。その後は，８，12，９の最小公倍数である72を足していった数となるが，48＋72＝120より，13以上100以下の整数のうち，48以外に(０，３，０)となるものはない。以上より，a，b，cの和が３となるxの値は48，73である。

7 整数の性質，条件整理

⑴ ① 右の図Ⅰで，$B\times5\times D=140$より，$B\times D=140\div5=28$で，BとDは1，2，3，4，7，8，9のうちの異なる２つの数だから，BとDの組み合わせは(4，7)とわかる。同様に，$D\times F=126\div6=21$より，DとFの組み合わせは(3，7)とわかる。よって，$B=4$，$D=7$，$F=3$に決まるので，㋐$=4\times7\times3=84$となる。 ② 右上の図Ⅱで，$A\times B\times F=20$より，A，B，Fの組み合わせは(1，4，5)である。さらに，$D\times E\times F=30$より，D，E，Fのいずれか１つが５だから，$F=5$に決まり，$D\times E=30\div5=6$となる。また，Aは１か４となるので，$A=1$とすると，$B=4$より，$C\times D=24\div4=6$となる。よって，$C\times D=D\times E$となり，CとEが同じ数になるから，条件に合わない。よって，$A=4$に決まり，$B=1$より，$C\times D=24$である。また，$D\times E=6$で，C，D，Eは2，3，6，7，8，9のうちの異なる３つの数だから，$C=8$，$D=3$，$E=2$と決まる。したがって，$B=1$，$F=5$，$D=3$だから，㋑$=1\times5\times3=15$とわかる。

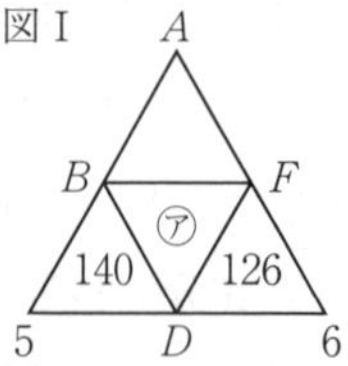

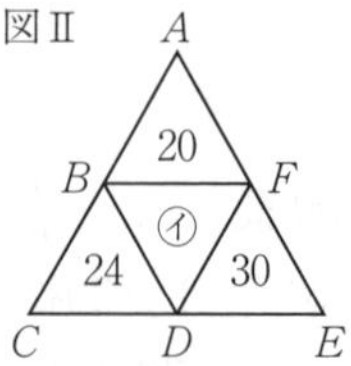

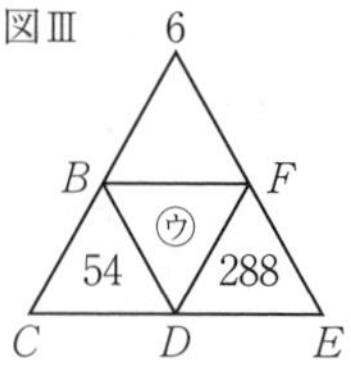

③ 上の図Ⅲで，$B\times C\times D=54$で，６はすでに使われているから，B，C，Dの組み合わせは(2，3，9)となる。また，$D\times E\times F=288$より，D，E，Fの組み合わせは(4，8，9)だから，$D=9$に決まり，B，Cの組み合わせは(2，3)，E，Fの組み合わせは(4，8)となる。よって，$(B, F)=(2, 4)$，$(3, 4)$，$(2, 8)$，$(3, 8)$のいずれかとなるので，㋒にあてはまる数は，$2\times4\times9=72$，$3\times4\times9=108$，$2\times8\times9=144$，$3\times8\times9=216$が考えられる。

⑵ 右の図Ⅳで，㋓，㋔，㋕の比が６：５：５で，㋓，㋔，㋕は整数だから，㋓は６の倍数，㋔，㋕は５の倍数である。㋔，㋕をどちらも５の倍数にするには，Dを５にするしかないので，$D=5$に決まる。また，㋔と㋕は等しいので，$B\times C=E\times F$であり，㋓は，$(B\times C\times5)$や$(E\times F\times5)$の$\frac{6}{5}$倍だから，$(B\times C)$や$(E\times F)$の，$5\times\frac{6}{5}=6$(倍)となる。ここで，1，2，3，4，6，7，8，9のうち，異なる２つの数の積が等しくなる場合は，$1\times6=2\times3=6$，$1\times8=2\times4=8$，$2\times6=3\times4=12$，$2\times9=3\times6=18$，$3\times8=4\times6=24$のいずれかだから，$(B\times C)$や$(E\times F)$の値は6，8，12，18，24のいずれかとわかる。また，㋓は$(B\times C)$や$(E\times F)$の６倍であり，Aは，B～Fに使われていない数で，㋓の約数であることに注意して，それぞれの場合の㋓の数と，考えられるAの数をまとめると，右の図Ⅴのようになる。図Ⅴで(あ)の場合，$A=4$のとき，$B\times F=36\div4=9$，$A=9$のとき，$B\times F=36\div9=4$となるが，どちらのときもあてはまるB，Fはない。(い)の場合，$A=3$のとき，$B\times F=48\div3=16$で，B，Fの組み合わせを(2，8)にすれば，右の図Ⅵのいずれかとなって条件に合う。このとき，㋖$=2\times8\times5=80$となる。また，$A=6$のとき，$B\times F=48\div6=8$で，これにあてはまるB，Fはない。(う)の場合，$A=1$のとき，$B\times F=$

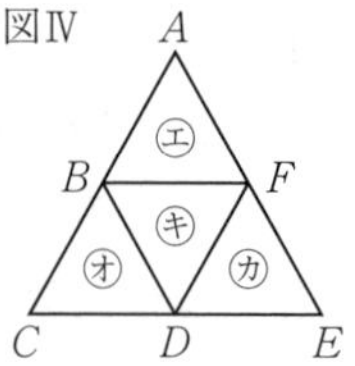

図Ⅴ

	B×C E×F	㋓	A
(あ)	6	36	4，9
(い)	8	48	3，6
(う)	12	72	1，8，9
(え)	18	108	1，4
(お)	24	144	1，2，9

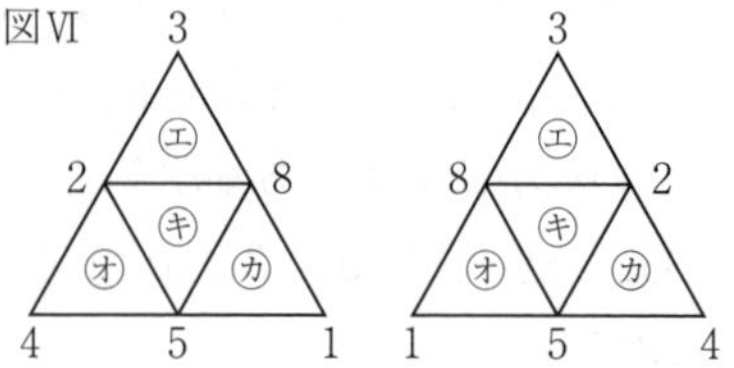

72÷１＝72で，A＝８のとき，B×F＝72÷８＝９で，A＝９のとき，B×F＝72÷９＝８となるから，A＝９のときのみ，B，Fの組み合わせを２，４にすれば条件に合う。このとき，図Ⅵと同様に，あてはまる場合は２通りあるが，どちらの場合も，㋖＝２×４×５＝40となる。㋓，㋔の場合も同様に調べると，㋓の場合で，A＝４のときのみ，B，Fの組み合わせを３，９にすれば条件に合い，㋖＝３×９×５＝135となる。以上より，㋖にあてはまる数は40，80，135が考えられる。

社　会　＜第１回試験＞（30分）＜満点：60点＞

解　答

1 **問１**　エ→ウ→イ→カ→ア→オ　**問２**　①　ア　②　キ　③　ウ　④　カ　⑤　オ　**問３**　い→あ→う　**問４**　あ，え　**問５**　京都府　**問６**　極楽浄土　**問７**　さきもり　**問８**　隣組　**問９**　（例）　武士の子どもは藩校で武芸や儒学を学んだ。町人・百姓の子どもは寺子屋で読み書きやそろばんを学んだ。　**2** **問１**　う　**問２**　あ　**問３**　あ　**問４**　国土地理院　**問５**　マスメディア（メディア）　**問６**　（例）　地表のアスファルトから熱が逃げにくく，自動車などからの排熱も多いため，ヒートアイランド現象が起こるから。　**問７**　う　**問８**　梅雨　**問９**　い　**問10**　あ，え　**問11**　う，え　**問12**　棚田

3 **問１**　１　公職選挙（法）　２　参議院　３　総会　**問２**　ア　×　イ　○　ウ　○　**問３**　ヤングケアラー　**問４**　（例）　表１から，ひとり親のうち非正規で働く人の割合は，男性より女性の方が圧倒的に多いことがわかる。また図３から，正規で働く人よりも非正規で働く人の方が賃金は低く，また，正規で働く人では，男性より女性の方が賃金は低いことがわかる。（そのため，父子世帯より母子世帯の方が平均収入が低くなっている。）

解　説

1 **各時代の服装を題材にした問題**

問１　アは明治時代，イは戦国時代，ウは平安時代，エは飛鳥・奈良時代，オは昭和時代，カは江戸時代にあてはまる。よって，時代の古い順はエ→ウ→イ→カ→ア→オになる。

問２　①　政府が沖縄に琉球《りゅうきゅう》藩を置いたのは明治時代の1872年のことなので，アになる。　②　第一次世界大戦（1914～18年）は大正時代のことなので，あてはまるものがない。　③　東北地方で起きた武士の争い（前九年の役と後三年の役）で源義家が活躍《かつやく》したのは平安時代のことなので，ウになる。　④　大阪に蔵屋敷《くらやしき》が建てられたのは江戸時代のことなので，カになる。　⑤　ソビエト連邦軍が日ソ中立条約を破り，満州（中国東北部）や樺太《からふと》南部，千島列島にせめこんできたのは昭和時代のことなので，オになる。

問３　「あ」の官営八幡製鉄所がつくられ，操業を開始したのは1901年，「い」の下関条約が締結《ていけつ》されたのは1895年，「う」の韓国併合《かんこくへいごう》が行われたのは1910年のことである。よって，年代の古い順は「い」→「あ」→「う」になる。

問４　イは戦国時代，ウは平安時代のことなので，その間には鎌倉時代と室町時代がある。「あ」の足利義満は室町幕府の第３代将軍で，明（中国）と国交を開いて日明貿易（勘合《かんごう》貿易）を始めた。また，「え」の『一遍《いっぺん》上人絵伝』は，鎌倉時代に時宗を開いた一遍の伝記を描《えが》いた絵巻物で，備前《びぜん》国

福岡(岡山県瀬戸内市)の定期市(三斎市《さんさいいち》)に一遍が訪れたときのようすが描かれている。よって，「あ」，「え」の２つがあてはまる。「い」の五街道が整備されたのは江戸時代，「う」の朝鮮半島で高句麗《こうくり》・新羅《しらぎ》・百済《くだら》が争っていたのは古墳・飛鳥時代，「お」の藤原京に都が移されたのは飛鳥時代。

問５　戦国時代，山城国(京都府南部)では，国人(地侍《じざむらい》)・土民らが一族で争っていた畠山《はたけやま》氏両軍を国外に追い出し，８年間にわたって自治を行った。これを山城の国一揆《いっき》(1485～93年)という。

問６　平安時代後半，阿弥陀《あみだ》仏を信仰する浄土《じょうど》教信仰《しんこう》が広がり，人々は念仏を唱えて極楽浄土に往生《おうじょう》することを願った。「極楽浄土」とは，浄土教で理想とされている仏の住む幸福な世界をいう。

問７　飛鳥・奈良時代，律令制度のもとで農民は税を負担しただけでなく，成年男子には兵役の義務もあった。彼らは一定期間の訓練を受けたのち，１年間都の警備にあたる「衛士《えじ》」や３年間北九州の防備にあたる「防人《さきもり》」として配属された。防人にはおもに東国の農民が選ばれたが，装備や食料を自分で用意しなければならず，農民にとって重い負担となった。

問８　昭和時代，日中戦争が泥沼《どろぬま》化するなかで戦争総動員体制がとられ，国民を統制するため10戸前後を１組とする「隣組《となりぐみ》」がつくられた。隣組は，たがいに助け合う一方でたがいを監視する役目をはたすなど，戦争に協力する役割をになった。

問９　江戸時代，武士の子どもはおもに藩校に通い，武芸と儒学《じゅがく》(朱子《しゅし》学)を中心とする講義を受けた。一方，町人や百姓の子どもは寺子屋に通い，読み書きやそろばんを学んだ。

2　日本の気候や自然災害などについての問題

問１　長野県は中部地方中央部にある内陸県で，８つの県と境を接している(地図中の「う」)。なお，「あ」は福島県，「い」は群馬県，「え」は岐阜県，「お」は滋賀県。

問２　長野市は善光寺の門前町から発展した都市で，市内には信濃川の本流にあたる千曲《ちくま》川が流れている。2019年には台風19号による豪雨《ごうう》で，千曲川の堤防《ていぼう》が一部決壊《けっかい》し，大きな被害《ひがい》が出た。よって，「あ」が正しい。「い」は松本市，「う」は諏訪《すわ》市(以上，長野県)。「え」は甲府市(山梨県)，「お」は新潟市。

問３　1923年，関東大震災が起こり，東京・横浜を中心に死者10万人を超《こ》える大きな被害が出た。これが原因となり，翌年の第１回冬季オリンピックには参加できなかった。よって，「あ」が正しい。「い」の伊勢湾台風は1959年，「う」のチリ地震津波は1960年，「え」の雲仙岳の大規模火砕流《かさいりゅう》は1991年，「お」の阪神・淡路大震災は1995年のできごと。

問４　国土地理院は国土交通省に属する役所で，測量や地図の作成，防災のための仕事などを行っている。

問５　新聞・雑誌やラジオ・テレビなど，情報を伝達する手段(マスコミュニケーションを可能にする媒体《ばいたい》)を，「マスメディア(メディア)」という。

問６　「熱帯夜」は，夜間(夕方から翌朝まで)の最低気温が25度以上の夜のことをいう。東京などの大都市は緑地が少なく，アスファルトの道路やコンクリートの建物が多く熱が逃《に》げにくいうえ，工場や自動車，エアコンなどによる排熱《はいねつ》が増加している。そのため，都心部では周辺地域に比べて気温が高くなるヒートアイランド現象が起こり，夜間になっても気温が下がらないことがある。

問７　シンガポール(首都もシンガポール)は東南アジアにある国で，ほぼ赤道(０度の緯線)直下に位置する。なお，「あ」のアルゼンチンの首都ブエノスアイレスは南緯35度付近，「い」のエジプトの首都カイロは北緯30度付近，「え」のドイツの首都ベルリンは北緯53度付近，「お」のフィンランドの首都ヘルシンキは北緯60度付近にある。

問８　日本は地球の中緯度に位置し，四季の区別がはっきりした温帯気候に属する。６～７月には，おもに北海道を除く地域でくもりや雨の日が多い「梅雨」の時期に入る。

問９　札幌市は北海道の道庁所在地で，石狩平野に位置する(地図中の「い」)。「あ」は稚内《わっかない》市，「う」は釧路《くしろ》市，「え」は室蘭《むろらん》市，「お」は函館《はこだて》市。

問10　松江市(島根県)と秋田市は日本海側の気候に属し，冬の降水量(降雪量)が多い。雨温図の「あ」が松江市，「え」が秋田市である。「い」は中央高地(内陸性)の気候に属する長野市，「う」は瀬戸内の気候に属する広島市の雨温図。

問11　赤道を境にして，北半球と南半球で季節が逆になる。日本は北半球に位置するが，チリとニュージーランドは南半球の国である。よって，「う」，「え」の２つがあてはまる。

問12　山のゆるやかな斜面《しゃめん》に階段状につくられた水田のことを「棚田《たなだ》」という。国土が狭《せま》く山がちな日本では，各地で棚田が見られる。

３　**選挙権年齢の引き下げや子育て支援などについての問題**

問１　**１**　2015年に公職選挙法が改正され，選挙権年齢がそれまでの満20歳《さい》以上から満18歳以上に引き下げられた。　**２**　2016年７月の参議院議員選挙では，国政選挙で初めて満18歳以上による選挙が行われた。なお，参議院の任期は６年で解散はなく，３年ごとにその半数ずつを改選することになっている。　**３**　1989年，子どもの権利条約が国際連合の総会で採択《さいたく》された。総会は，すべての加盟《かめい》国が参加して開かれる国際連合の最高機関である。

問２　**ア**　児童相談所は，児童の福祉《ふくし》を目的として各地方に設けられている機関で，父母の養育放《ほう》棄《き》や虐待《ぎゃくたい》，障がい児や貧困に苦しむ児童，不登校や非行などへの対応を行う。よって，この文は正しくない。　**イ**　2022年，「こども家庭庁」を設置する法案が国会で可決・成立し，2023年４月に内閣府の機関として発足した。よって，この文は正しい。　**ウ**　「子ども食堂」は子どもやその保護者および地域住民に対し，無料または安い値段で栄養のある食事や温かな団らんを提供する社会運動である。近年，その数は増えており，全国に7000か所以上あるといわれる。よって，この文は正しい。

問３　学校に通うかたわら，障がいや病気のある親や祖父母，兄弟姉妹などの介護《かいご》・世話をしている子どもを，「ヤングケアラー」という。近年，その数が増えており，本来受けられるべき教育が受けられなかったり，同世代との友人関係を築くことができなかったりするなど，社会問題化している。

問４　表１の「母子世帯と父子世帯の状況《じょうきょう》」のなかでひとり親の働き方を見ると，「パートやアルバイト等／非正規で雇《やと》われて働いている」父子世帯は約６％なのに対し母子世帯は約44％と，非正規で働いている母子世帯が圧倒《あっとう》的に多い。しかも，「年間の平均収入」は，父子世帯が398万円なのに対し母子世帯は200万円と，ほぼ半分である。また，図３の「年齢別に見た正規・非正規で働く男女の平均賃金」を見ると，「正社員・正職員等の正規」でも，女性は男性に比べて賃金が低いことがわかる。父子世帯より母子世帯が圧倒的に多く，非正規で働いている母子世帯が多いとはいえ，正規で働いている人でも，男性に比べて女性の賃金が低いという男女間の賃金格差が大きく影《えい》響《きょう》しているといえる。

理 科 ＜第1回試験＞（30分）＜満点：60点＞

解 答

1 **問1** 1個 **問2** A **問3** （例） 積み木を区間Bに2個加えて置く。 **問4** 10個以上 **問5** 2個以上6個以下 **2** **問1** ウ **問2** オ，コ **問3** 28.6％ **問4** 87g **問5** (1) 7.2g (2) 4.6g (3) **名前**…しょう酸カリウム **温度**…8（または9）℃ **3** **問1** ア，キ，コ **問2** ウ **問3** エ **問4** ウ **問5** ア **問6** イ **問7** （例） さまざまな環境でも，安定して活動ができるため。 **4** **問1** 4番目 **問2** エ **問3** 満月 **問4** **A** $\frac{360}{365}$ **B** $\frac{360}{687}$ **C** 779日 **問5** ウ

解 説

1 てこのつりあいについての問題

問1 ここでは，それぞれの区間の幅《はば》を2とする（以下，同じ）。図2で，支点から板の左端《ひだりはし》までの距離《きょり》は，2×2＝4，右端までの距離は，2×3＝6，矢印の位置までの距離は2であるから，矢印の位置につるす積み木の個数を□個とすると，つりあいの式は，1×4＋□×2＝1×6となる。したがって，□＝（6－4）÷2＝1（個）とわかる。

問2 積み木の重心は中央にあると考えられるので，図3では，支点から左へ1の距離に積み木2個分の重さ，右へ，2×1＋1＝3の距離に積み木1個分の重さがかかっているといえる。板を左にかたむけるはたらきは，2×1＝2，右にかたむけるはたらきは，1×3＝3なので，板を水平に保つためには，左にかたむけるはたらきを，3－2＝1増やす必要がある。よって，1÷1＝1より，積み木1個を支点から左へ1の距離，つまり区間Aに置けばよい。

問3 図4で，板を左にかたむけるはたらきは，1×（2×1＋1）＝3，右にかたむけるはたらきは，1×（2×2＋1）＝5だから，左にかたむけるはたらきが，5－3＝2増えると，板が水平になる。したがって，積み木を支点から左へ1の距離，つまり区間Bに，2÷1＝2（個）置けばよい。また，2×（2×1＋1）＝1×1＋1×（2×2＋1）より，区間Aと区間Cにそれぞれ積み木を1個ずつ置く方法も考えられる。なお，積み木を1個だけ加えて板を水平にすることは可能だが，この場合，積み木を各区間からはみ出すことなく置くというルールに反する。

問4 図5で，右側の棒を支点とした場合，板を右にかたむけるはたらきは，1×1＋3×（2×1＋1）＝10となる。よって，板を水平に保つには，区間Cに，10÷1＝10（個）以上の積み木を置く必要がある。

問5 右側の棒を支点とした場合，板を右にかたむけるはたらきは10なので，区間Aに積み木を，10÷（2×2＋1）＝2（個）以上置けば，板が水平に保たれる。一方，左側の棒を支点とした場合，板を右にかたむけるはたらきは，1×（2×1＋1）＋3×（2×2＋1）＝18となるから，区間Aに積み木を，18÷（2×1＋1）＝6（個）置くとちょうどつりあう。つまり，それより多くは置くことができない。以上より，区間Aに2個以上6個以下の積み木を置いたときに，板は水平に保たれる。

2 ものの溶《と》け方についての問題

問1 塩化ナトリウムは，食塩ともよばれる。食塩水は中性なので，BTB溶液《ようえき》を加えると緑色を

示す。

問２　塩酸と水酸化ナトリウム水溶液を適切な割合で混合すると，ちょうど中和して中性になり，塩化ナトリウムと水が生じる。

問３　グラフより，40℃の水100ｇに塩化カリウムは40ｇまで溶ける。よって，その飽和《ほうわ》水溶液の濃度《のうど》は，40÷(100＋40)×100＝28.57…より，28.6％である。

問４　グラフより，74℃の水100ｇにしょう酸カリウムは150ｇまで溶け，このときできる飽和水溶液は，100＋150＝250(ｇ)である。よって，74℃のしょう酸カリウムの飽和水溶液200ｇにふくまれる水の重さは，$200\times\frac{100}{250}=80$(ｇ)，それに溶けているしょう酸カリウムの重さは，200－80＝120(ｇ)とわかる。ここで，この水溶液から水を25ｇ蒸発させると，水の重さは，80－25＝55(ｇ)となる。グラフより，38℃の水100ｇにしょう酸カリウムは60ｇまで溶けるので，水の重さが55ｇの場合は，$60\times\frac{55}{100}=33$(ｇ)まで溶ける。したがって，しょう酸カリウムの粉は，120－33＝87(ｇ)出てくる。

問５　(1)　部品は１つずつ結びつくので，塩化カリウムにふくまれるカリウムと塩素の重さの比は，39：36＝13：12である。よって，15ｇの塩化カリウムにふくまれる塩素の重さは，$15\times\frac{12}{13+12}=7.2$(ｇ)である。　(2)　塩化ナトリウムにふくまれるナトリウムと塩素の重さの比は23：36なので，7.2ｇの塩素と，$7.2\times\frac{23}{36}=4.6$(ｇ)のナトリウムがちょうど結びつくことになる。　(3)　まず，塩化カリウム15ｇやしょう酸ナトリウム34ｇは，０℃の溶解度より小さいので，粉として出てこない。次に，この２つの物質を100ｇの水に溶かしたとき，これらの物質がバラバラになって生じる部品のうち，塩素の重さは，(1)より，7.2ｇ，カリウムの重さは，15－7.2＝7.8(ｇ)である。また，34ｇのしょう酸ナトリウムにふくまれるナトリウムの重さは，$34\times\frac{23}{23+62}=9.2$(ｇ)，しょう酸の重さは，34－9.2＝24.8(ｇ)となる。ここで，(2)より，部品が入れかわることで生じる塩化ナトリウムは，7.2＋4.6＝11.8(ｇ)であるが，これも０℃の溶解度より小さいので粉として出てこない。しょう酸カリウムについては，結びつくしょう酸とカリウムの重さの比が62：39なので，7.8ｇのカリウムと，$7.8\times\frac{62}{39}=12.4$(ｇ)のしょう酸が結びつき，7.8＋12.4＝20.2(ｇ)のしょう酸カリウムが生じる。しょう酸カリウムのグラフを見ると，20.2ｇが溶解度となっているのはおよそ８～９℃のときとわかる。

3　ヒトのからだのつくりとはたらきについての問題

問１　ツバメはハトやペンギンなどと同じ鳥類，カメはトカゲやワニ，ヤモリなどと同じは虫類，イモリはカエルなどと同じ両生類の仲間である。

問２　ヒトの場合，受精してから38週ほどで産まれる。

問３　からだが活発な状態では筋肉がさかんに動き，筋肉が活動すると熱が発生する。このため体温が少し上がる。

問４　寝《ね》ているときはからだの活動が少ない状態にして，からだを休めているので，朝起きたばかりのころはからだの活動がまだ活発ではない。よって，朝は夕方よりも体温がやや低いと考えられる。

問５　血液中の糖濃度は，食事をしたあと，食べたものが消化され小腸から吸収されると上昇《じょうしょう》する。そして，ある程度まで上昇したあとは，ヒトの活動のエネルギー源として消費されていくためしだいに下降していき，やがて食事前の糖濃度ぐらいにもどる。

問６　食事をしたあとは，血液中の糖濃度が上昇するので，血液中の糖を増やすはたらきのある物質の濃度は逆に下降していく。そして，血液中の糖濃度が下降していくと，血液中の糖を増やすはたらきのある物質の濃度は逆に上昇していくと考えられる。

問７　こう常性が発達していると，異なる環境《かんきょう》に置かれても，または環境が変化しても，からだのはたらきをほぼ一定に保つことが可能なので，ふだん通りの生活を安定して過ごすことができる。生物にとって，環境の変化に対応できる能力は，生きていくうえで，また子孫を残すうえで大切な要素である。

4　惑星《わくせい》の動きと見え方についての問題

問１　太陽の周りを回る惑星は，太陽に近い方から水星，金星，地球，火星，木星，土星，天王《てんのう》星，海王星の８個ある。

問２　図で，８月１日の位置関係は，地球から見て火星と太陽がほぼ反対の方向にある。よって，火星は満月と同じように，日没《にちぼつ》ごろに東の空からのぼり，真夜中ごろに南中し，日の出のころに西へ沈《しず》んで，ほぼ一晩中観測できる。また，１月に比べて地球に近いので，火星は大きく明るく見える。

問３　月食は，太陽，地球，月がこの順に一直線上に並んだとき，月が地球の影《かげ》に入り込《こ》んで欠けて見える現象である。すべてが欠けた状態を皆既《かいき》月食，一部が欠けた状態を部分月食という。よって，月食が起こるときは必ず満月である。

問４　**A**　地球は365日で太陽の周りを１周する（360度回る）ので，１日に進む角度は，$360 \div 365 = \frac{360}{365}$（度）である。　**B**　火星は687日で太陽の周りを360度回るので，１日に進む角度は，$360 \div 687 = \frac{360}{687}$（度）となる。　**C**　地球と火星が１日に進む角度の差は，$\left(\frac{360}{365} - \frac{360}{687}\right)$度となるから，地球が火星に追いついてから，火星よりも360度多く回って再び追い越《こ》すのは，$360 \div \left(\frac{360}{365} - \frac{360}{687}\right) = 778.7\cdots$より，779日ごとに起こると求められる。

問５　公転周期が大きく異なるほど，１日に進む角度の差が大きくなるので，差の積み重ねが360度になるまでの日数はそれだけ短くなる。よって，地球との公転周期の差が最も大きいウが選べる。

国　語　＜第１回試験＞（50分）＜満点：100点＞

解　答

一　**問１**　胸　**問２**　ア　**問３**　ウ　**問４**　（例）　自分は父親の都合で転校を繰り返し，どこが自分の故郷かもわからなくなっているうえ，夢を実現させるためにはずっとここにいるわけにもいかない。それに対して目の前の友人は家が農家だからこその落ち着いた日々を過ごしていて，将来も生まれ育った場所で生活できるのだろうと思うと，故郷を持てない自分にとっての故郷の友人であってほしいと思うから。　**問５**　（例）　あと少しで脱皮が終わると喜んだが，実際はまだそこから足が固まったり羽がのびたりするのを待たねばならず，完全に脱皮するには予想以上に時間がかかることだったから。　**問６**　（例）　ツユクサの葉につかまった状態で脱皮していること。　**問７**　（例）　食べてしまう　**問８**　（例）　世界の広さ　**問９**　いま住んで　**問10**　下記を参照のこと。　**二**　**問１**　下記を参照のこと。　**問２**　Ｙさんは，　**問３**　（例）　初めて来る街では，その街や地域に特有の状況にどう対応していいのかわからずにとまどうことが多く，それに慣れて街に親しみをもてるようになるには時間がかかるということ。　**問4**　（例）　爆撃を受けたときのシェルターになるように深く掘られた地下鉄の駅。　**問5**　イ　**問6**　エ　**問7**　ウ　**問8**　イ　**問9**　（例）　コロナウイルスの流行に加え，戦争の当事国となったことで，十年前に滞在した街が行き来の難しい場所になってしまった世の変化をはかなく感じつつ，その土地や，そこに住む人々が持つ魅力と彼らとの温かい交流をいとおしく思い出し，人と人とがたがいに愛し合える可能性を信じようとする思い。　**問10**　無常

●漢字の書き取り

□一 **問10**　a　承知　b　思案　c　囲(む)　□三 **問1**　a　破損　b　補足　c　素早(く)　d　記録

解説

□一 **出典は浅野《あさの》竜《りゅう》の『シャンシャン，夏だより』による。**夏休み，六年生のノブトは，転校してきた友達のカモッチと久しぶりに話したり，父親とセミの脱皮《だっぴ》を見たりしている。

問1　「胸がしめつけられる」は，悲しみや切なさで胸が苦しくなること。

問2　ノブトがカモッチに会うのは二週間ぶりで，「おたがいに，なんとなく照れてしまう」と前にある。前書きで，「二人の仲はぎこちなくなっている」とあったが，カモッチは，ラジオ体操に来たのは体操もいいしノブトの顔も見たいからだと言った。それで，ノブトも照れくささを感じ，ごまかそうとして，傍線《ぼうせん》部①のような言い方をしたと考えられる。

問3　川村を気の毒に思い，川村の父親を非難するノブトに対し，カモッチは川村の父親に同情するノブトの母親が言うこともっともだと言う。カモッチの話があまりぴんとこなかったため，母親の話に納得《なっとく》できなかったノブトはムスッとしたのだから，ウがふさわしい。

問4　カモッチはノブトに対し，父親の都合で転校を繰《く》り返《かえ》し，どこが自分の故郷なのかもわからなくなっているし，「いま住んでるとこだって，おとなになれば出てく」と言っている。また，その前で中学受験の話をしているときに，星を観察するのが好きで，将来は天文台の仕事につきたいと言っていた。一方，ノブトは家が土地とのつながりの強い農家だから，落ち着いた日々を過ごし，将来も生まれ育った土地で生活できる。ノブトは農家をつぐときめつけられることに否定的だが，故郷を持てないカモッチからすれば，故郷の友人としてここにいてほしいと思っているのだと考えられる。

問5　「それはまちがい」で，脱皮の途中《とちゅう》でセミは動かなくなってしまったのだから，「それ」はセミの脱皮が「あと少し」で終わるとノブトが思ったことを指す。この後の内容から，実際はまだそこから足が固くなったり羽がのびたりするのを待つ必要があり，完全に脱皮するには予想以上に時間がかかることだったとわかる。

問6　この後，ノブトの父親は，このセミは穴から出るのに予想以上に時間がかかったため，木にのぼるよゆうがなかったのだろうと言っている。この幼虫は「ツユクサの葉につかまっている」状態で脱皮しているので，そのこともめずらしいといえる。

問7　「そばから」は，“と同時に”“とたんに”という意味の言葉。たこ焼きが大好きならば，焼きあがるそばから「食べてしまう」「手を出してくる」などを入れるとよいだろう。

問8　続く三段落に注目する。毎年，たくさんのセミがこのように家の近くで脱皮し，空へ飛び立

っていったことをノブトは思いうかべ，まだまだたくさん知らないことがある世界の広さを感じて，周りの景色が広がったような気がしている。

問９　傍線部⑧は，土の中で暮らしていたセミの幼虫が，成虫となって今まで暮らしていた場所を飛び立っていくようすにあたる。したがって，「いま住んでるとこだって，おとなになれば出てくしさ」というカモッチのせりふがぬき出せる。なお，「『いま住ん」とぬき出しても誤りではない。

問10　**a**　たのみなどを聞き入れること。　**b**　思いめぐらすこと。　**c**　音読みは「イ」で，「周囲」などの熟語がある。

二　**出典は『新潮《しんちょう》2022年６月号』所収の「溶《と》けてゆく淡雪《あわゆき》のように(川上弘美《かわかみひろみ》著)」による。**十年前に滞在《たいざい》した外国のある街で人々とふれあった思い出をふり返り，無常な世の中でも愛を信じたいという思いをつづっている。

問１　**a**　こわれたり，傷ついたりすること。　**b**　足りないことをつけ加えること。　**c**　「素早い」は，すばしこいようす。　**d**　物事を書きつけておくこと。

問２　鼻の奥《おく》が痛まないよう，冷たい空気を吸いすぎないようにしている筆者に対し，Ｙさんは大きく息を吸ってはいてみせている。この後には，厚いダウンコートの下にも厚着をし，襟巻《えりまき》まで巻いている筆者に対し，「Ｙさんは，薄《うす》いダウンコート姿だ」という文がある。

問３　前の部分からは，はじめてこの街を訪《おとず》れた筆者が，雪深くひどく寒いこの街特有の状況《じょうきょう》に慣れず，とまどうようすが感じられる。読み進めると，本文最後から二番目の段落では，帰国の日がやってきたころにはこの街にも慣れ，親しみをもてるようになったことを「街が遠くなくなった」としている。そうなるまでには時間がかかることを傍線部②は言っている。

問４　本文最初のほうに，筆者がこの街の地下鉄の深さに気づく場面がある。Ｙさんの説明から，地下鉄の駅は戦争で爆撃《ばくげき》を受けた時のシェルターになるように深く掘《ほ》られたことがわかる。

問５　集合時間を二十分過ぎても半分の人数しか集まらず，筆者はとまどいを感じるが，ほかの人たちは誰《だれ》も気にせずにのんびりとチョコレートを食べながら待っている。筆者もチョコレートを食べながら，待つ時間も楽しむのがこの土地の文化なのだと理解してゆくので，イが合う。

問６　「サークルの人たちのhaikuが私の予想をうらぎってとてもよかった」と後にあるとおり，日本語以外の言語で作られたhaikuに対して，筆者は「少しばかり詩的にすぎ，抽象《ちゅうしょう》に流れがち」で，あまり良いものはないという「偏見《へんけん》」を持っていたことになる。「偏見」は，かたよった見方。

問７　この後に，このサークルの人たちは季語自体の説明はせず，別の景色を詠《よ》みこむことで詩の世界を広げる工夫《くふう》をしていたため，俳句にふさわしく，短い詩型でも豊かな味わい深さを表現できていたことが述べられている。そのため，五七五の形にも容《い》れやすかったのだから，ウが選べる。

問８　『奥の細道』は松尾芭蕉《まつおばしょう》の紀行文である。アの作者は鴨長明《かものちょうめい》，ウの作者は紀貫之《きのつらゆき》，エの作者は十返舎一九《じっぺんしゃいっく》である。

問９　極端《きょくたん》な寒さや「ボルシチ」という単語から，この街がロシアやウクライナの街であることがうかがえる。この文章の発表時は新型コロナウイルスがなお流行中で，この国は戦争の当事国であった。そんな状況下で，十年前に滞在した街が行き来の難しい場所となってしまった世の中の変化をはかなく感じ，筆者は「今はなんと遠い街になってしまったことか」となげいている。その一方で，その土地やそこに住む人々の魅力《みりょく》や彼らとの温かい交流をなつかしく，いとおしく思い出し，滞在時に筆者たちがたがいを愛したように，人と人とがたがいに愛し合える可能性を信じようという思いから，筆者はこの文章を書いたと考えられる。

問10　「無常」は，永遠に変わらないものは一つもなく，常に移り変わってゆくものだということ。

Dr.福井の 入試に勝つ！脳とからだのウルトラ科学

睡眠時間や休み時間も勉強!?

みんなは寝不足になっていないかな？　もしそうなら大変だ。睡眠時間が少ないと，体にも悪いし，脳にも悪い。なぜなら，眠っている間に，脳は海馬《かいば》という部分に記憶をくっつけているんだから。つまり，自分が眠っている間も頭は勉強しているわけだ。それに，成長ホルモン（体内に出される背をのばす薬みたいなもの）も眠っている間に出されている。昔から言われている「寝る子は育つ」は，医学的にも正しいことなんだ。

寝不足だと，勉強の成果も上がらないし，体も大きくなりにくく，いいことがない。だから，睡眠時間はちゃんと確保するように心がけよう。ただし，だからといって寝すぎるのもダメ。アメリカの学者タウブによると，10時間以上も眠ると，逆に能力や集中力がダウンしたという研究報告があるんだ。

睡眠時間と同じくらい大切なのが，休み時間だ。適度に休憩するのが勉強をはかどらせるコツといえる。何時間もぶっ続けで勉強するよりも，50分勉強して10分休むことをくり返すようにしたほうがよい。休み時間は，散歩や体操などをして体を動かそう。かたまった体をほぐして，つかれた脳を休ませるためだ。マンガを読んだりテレビを見たりするのは，頭を休めたことにならないから要注意！

頭の疲れに関連して，勉強の順序にもふれておこう。算数の応用問題や理科の計算問題，国語の読解問題などを勉強するときには，脳のおもに前頭葉という部分を使う。それに対して，国語の知識問題（漢字や語句など）や社会などの勉強では，おもに海馬《かいば》という部分を使う。したがって，それらを交互に勉強すると，１日中勉強しても疲れにくい。

Dr.福井（福井《ふくい》一成《かずしげ》）…医学博士。開成中・高から東大・文Ⅱに入学後，再受験して翌年東大・理Ⅲに合格。同大医学部卒。さまざまな勉強法や脳科学に関する著書多数。

2023 年度　桐朋中学校

【算　数】 〈第２回試験〉（50分）〈満点：100点〉

1　次の計算をしなさい。

(1)　$2\frac{1}{7}-\frac{5}{6}+\frac{5}{14}$

(2)　$(2.3-1.4)\times3.2+5.4\div1.2$

(3)　$\left(0.75+\frac{3}{16}\right)\times\left(1\frac{14}{15}-1.8\right)\div\frac{5}{12}$

2　次の問いに答えなさい。

(1)　兄は家を出発し，駅に向かって分速180ｍで走りました。妹は兄が家を出発するのと同時に駅を出発し，家に向かって分速60ｍで歩きました。家と駅の間の道のりは1200ｍです。２人が出会ったのは，出発してから何分後ですか。

(2)　男女あわせて135人の小学生が算数のテストを受けました。全員の平均点は70点，男子の平均点は66点，女子の平均点は75点でした。女子の人数は何人ですか。

(3)　右の図のように，直角三角形に２つのおうぎ形をかきました。図の黒い部分の周の長さは何cmですか。また，図の黒い部分の面積は何cm^2ですか。円周率を3.14として計算しなさい。

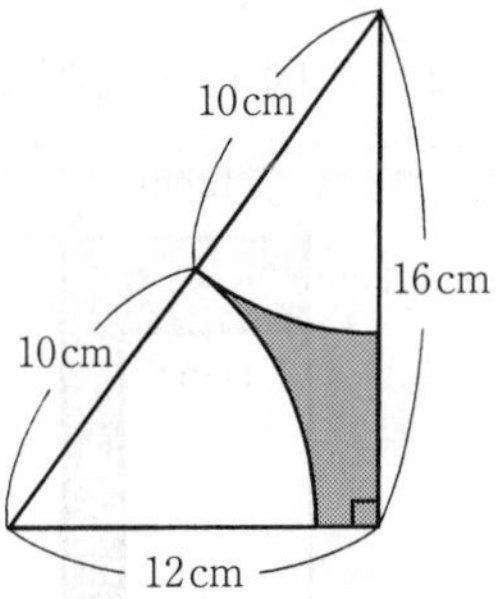

3　右の図のように，上から下にパイプがつながっています。A，Bから水を入れます。ア～オは，上のパイプから流れてきた水を，それぞれ決まった量の比で左右２本のパイプに分けて流します。ア，イ，オで左と右に分ける水の量の比は，それぞれ１：１，２：１，１：２です。Aから72Lの水を入れ，Bから何Lかの水を入れたところ，②，③，④からそれぞれ51L，54L，12Lの水が出てきました。

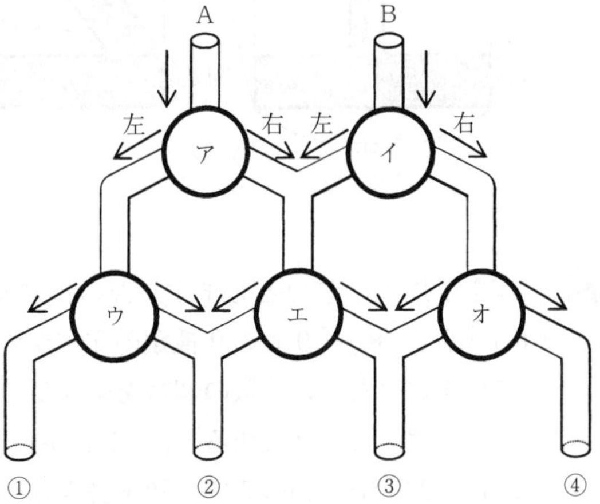

(1)　Bから何Lの水を入れましたか。

(2)　ウ，エで左と右に分ける水の量の比をそれぞれ求めなさい。

4　３種類のスパイスＡ，Ｂ，Ｃがあります。Ａ，Ｂ，Ｃの100ｇあたりの値段はそれぞれ400円，450円，520円です。

(1)　Ａを100ｇとＢを300ｇとＣを何ｇか買ったところ，2530円になりました。Ｃを何ｇ買いましたか。

(2)　Ａ，Ｂ，Ｃを混ぜてスパイスＸを作りました。混ぜたＡ，Ｂ，Ｃの重さの比が５：３：２のとき，Ｘの100ｇあたりの値段はいくらですか。

(3)　Ａ，Ｂ，Ｃを混ぜて，100ｇあたり430円のスパイスＹを作りました。混ぜたＡ，Ｂの重さの比が５：１のとき，混ぜたＢ，Ｃの重さの比を求めなさい。答えだけでなく，途中の考え方を示す式や図などもかきなさい。

5　３つの合同な長方形があります。それぞれの長方形に＜図１＞，＜図２＞，＜図３＞のような黒くぬられた図形がかいてあります。＜図１＞，＜図３＞の図形は長方形を組み合わせた図形です。＜図２＞の図形は長方形と平行四辺形を組み合わせた図形です。＜図１＞の図形の周の長さは＜図３＞の図形の周の長さより短く，その差は42cmです。また，＜図２＞の図形の面積は＜図３＞の図形の面積より小さく，その差は60cm^{2}です。

(1)　a，bの値を求めなさい。

(2)　＜図１＞の図形の周の長さは114cm，面積は188cm^{2}です。x，yの値を求めなさい。

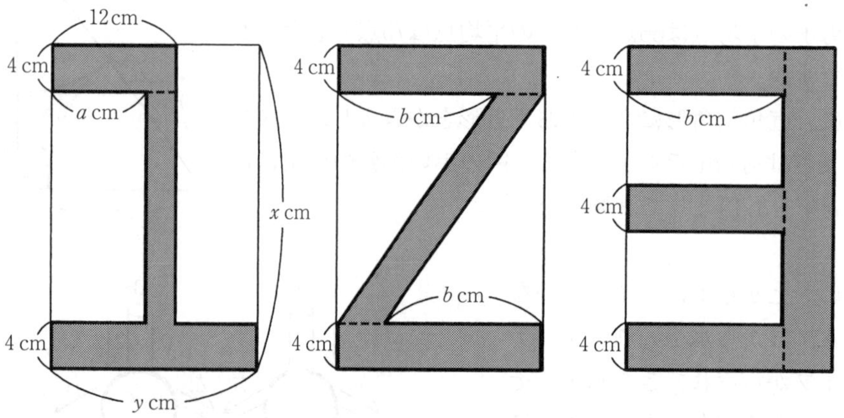

＜図１＞　＜図２＞　＜図３＞

6　Nを１以上の整数とします。Nの倍数を小さい順に書き並べ，「１」「２」「３」「４」「５」「６」「７」「８」「９」の９種類の文字がすべてあらわれたときに，書くのをやめます。このときに書き並べたNの倍数の個数を＜N＞で表すことにします。

たとえば，Nを９とすると，「１」から「９」までの９種類の文字がすべてあらわれるのは，９，18，27，36，45の５個の数を書き並べたときです。よって，＜９＞＝５です。また，Nを31とすると，31，62，93，124，155，186，217より，＜31＞＝７です。

(1)　＜３＞の値を求めなさい。

(2)　＜２＞の値を求めなさい。

(3)　Nの一の位は７で，＜N＞＝９です。このようなNのうち，最も小さいものを求めなさい。

7　１から９までの９個の整数から異なる４個の数を選び，２個ずつ横に並べて２けたの整数を２つつくります。つくった２つの整数のうち，小さい数をA，大きい数をBとします。AとBの積が残りの５個の整数の公倍数になるとき，次の問いに答えなさい。

(1)　１，５，６，８の４個の数を選び，A，Bをつくります。Aをつくるために並べた数の１つが１であるとき，A，Bを求めなさい。

(2)　$A=45$のとき，Bを求めなさい。考えられるものをすべて書きなさい。

(3)　AとBの積が最も大きくなるとき，A，Bを求めなさい。また，２番目に大きくなるとき，A，Bを求めなさい。

【社　会】〈第２回試験〉（30分）〈満点：60点〉

1　次の資料**ア～カ**を読み，問いに答えなさい。

ア．あゝ《あ》を《お》とうとよ　君を泣く　君死にたま《も》ふ《う》ことなかれ
末に生れし君なれば　親のなさけはまさりしも
親は刃《やいば》をにぎらせて　人を殺せとを《お》しへ《え》しや
人を殺して死ねよとて　二十四までをそだてしや

イ．みな心を一つにしてわたしの言うことを聞きなさい。これが最後の言葉です。故右大将様が平氏をたおして鎌倉に幕府を開いてからの御恩は，山よりも高く海よりも深いものです。名誉《めいよ》を大切にする者は，早く敵《てき》を討《う》ちとり，源氏三代の将軍がきずきあげたものを守りなさい。

ウ．もとは，女性は太陽だった。しかし今は，ほかの光によってかがやく，病人のような青白い顔色の月である。わたしたちは，かくされてしまったわたしたちの太陽を，取りもどさなければならない。

エ．春は夜明けのころがよい。だんだんと白くなっていく空の，山に近いあたりが，少し明るくなって，紫《むらさき》がかった雲が細く横に長く引いているのがよい。夏は夜がよい。月がきれいなころはいうまでもない。

オ．夜になるとアメリカ軍は，花火のように照明弾《しょうめいだん》を空高く打ち上げ，さまよい歩く避《ひ》難民《なんみん》の群れをねらい，猛攻撃《もうこうげき》を続けていた。私はもう絶望的な気持ちになって，よたよたとただ群衆の後について行ったんです。

カ．富岡製糸場の門の前に来たときは，夢かと思うほどおどろきました。生まれてかられんがづくりの建物など，錦絵《にしきえ》で見ただけで，それを目の前に見るのですから，無理もないことです。

問１．**ア～カ**の資料を年代の古い方から順にならべかえて，記号で答えなさい。

問２．次の①～③の文は，**ア～カ**の資料のあらわす時期のどれと関係が深いか，記号で答えなさい。関係の深い資料がないときは記号**キ**で答えなさい。

①　貴族は寝殿造とよばれる広いやしきに住み，囲碁《いご》やけまりなどの遊びを楽しみ，季節ごとにさまざまな行事や儀式《ぎしき》をおこないました。

②　戦争が長引いて労働力が不足したため，日本の工場や鉱山などで，多くの朝鮮や中国の人びとが働かされました。

③　簡素な茶室で，心静かに茶を楽しむ作法が定まり，書院造の床《とこ》の間《ま》をかざる生け花もさかんになりました。

問３．**ア**の資料について。

①　この歌をよんだ歌人の名前を，漢字で答えなさい。

②　この歌がよまれたころ，資料中の「をとうと」は，遼東半島の軍港をめぐるロシア軍との戦いに参加していました。この軍港のある都市名を答えなさい。

問４．**イ**の資料について。

①　この演説は何という戦乱のときにおこなわれましたか。解答らんに合う形で戦乱名を漢

字で答えなさい。

② 資料中の「故右大将様」とはだれのことですか。漢字で答えなさい。

問５．**ウ**の資料について。この文章を著わした人物とともに新婦人協会を設立した女性はだれですか。漢字でひとり答えなさい。

問６．**エ**の資料について。この資料の作者名と作品名の組み合わせとして正しいものを選び，**あ**～**え**の記号で答えなさい。

あ．清少納言／竹取物語

い．清少納言／枕草子

う．紫式部／竹取物語

え．紫式部／枕草子

問７．**オ**の資料は，戦場となった島で，学徒隊の一員として，負傷兵の看護にあたった女子学生が残した手記の一部です。この学徒隊の悲劇を伝える塔《とう》や資料館には，多くの人が訪れています。この学徒隊名を，解答らんに合う形で答えなさい。

問８．**カ**の資料について。

① このころ，女性の英語教師の育成に力を注ぎ，女子英学塾を開いたのはだれですか。漢字で答えなさい。

② ①の人物は，日本政府の使節団の一員として満６才でアメリカに渡《わた》りました。日本政府がこの使節団を派遣《はけん》したねらいと結果を説明しなさい。

2 次の①～④の文は，日本に輸入されているおもな資源について述べたものです。これらの文を読み，問いに答えなさい。

① この資源は，かつて九州や(1)北海道などで豊富に産出されましたが，現在はオーストラリアやインドネシアなどからの輸入に依存《いぞん》しています。九州にある鉱山跡《あと》の一部は，2015年に(2)世界文化遺産に登録されました。

② この資源を原料とする金属材料は，高度経済成長期には(3)「産業のコメ」とよばれ，日本の産業発展を支えました。日本におけるこの資源の海外依存度は100％(2018年)で，オーストラリアと(4)ブラジルからの輸入量が全体の８割以上をしめています。

③ この資源は，(5)日本海に面する秋田県などでわずかに産出されていますが，国内で使用される分のほとんどは海外から輸入されたもので，特に(6)西アジアからの輸入量は全体のおよそ90％にもおよびます(2020年)。

④ この資源は，他の資源と比較《ひかく》して燃焼時の二酸化炭素排出《はいしゅつ》量が少なく，(7)クリーンエネルギーといわれています。日本の輸入先上位三か国は，オーストラリア，(8)マレーシア，カタールとなっています(2020年)。

問１．①・②の文で述べられている資源の名称《めいしょう》を漢字で答えなさい。

問２．下線部(1)について。次のページの**図１**は，北海道での生産量が全国第一位である生乳の都道府県別生産割合を示したものです(2020年)。これを見ると，生産量の上位には栃木県や群馬県といった，関東地方の県が複数入っています。これはなぜか説明しなさい。

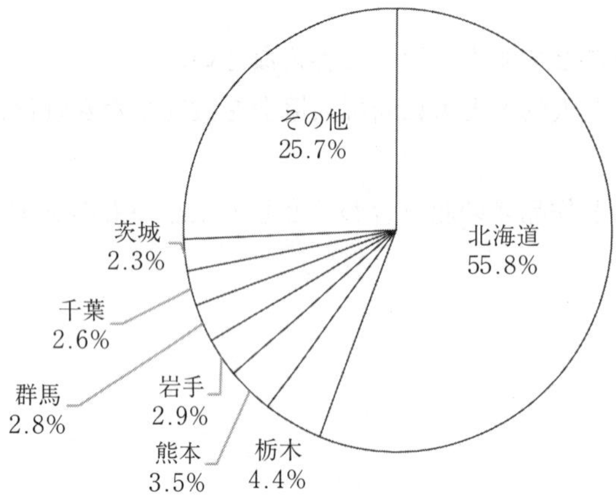

図１
(『データブック オブ・ザ・ワールド』より作成)

問３．下線部(2)について。2021年には，三内丸山遺跡《いせき》などを含《ふく》む「北海道・□の縄文遺跡群」が新たに世界文化遺産に登録されました。□にあてはまる語句を漢字で答えなさい。

問４．下線部(3)について。現在「産業のコメ」とよばれているものを答えなさい。

問５．下線部(4)について。ブラジルの北部には赤道が通っています。次の**あ**～**え**から赤道が通っていない国をひとつ選び，記号で答えなさい。

あ．インド　　**い**．エクアドル

う．ケニア　　**え**．コンゴ民主共和国

問６．下線部(5)について。日本海に面する地域など，積雪が多いところでは，ポンプでくみ上げた地下水を路面にまいて雪をとかす設備が設けられていることがあります。この設備の名称を答えなさい。

問７．下線部(6)について。西アジアにある国として誤っているものを，次の**あ**～**お**からすべて選び，記号で答えなさい。

あ．アラブ首長国連邦　　**い**．イラン

う．カザフスタン　　**え**．クウェート

お．パキスタン

問８．下線部(7)について。次の**表１**は，オーストラリア，サウジアラビア，中国，ドイツ，日本における発電量の合計と，再生可能エネルギーによる発電量を示したものです(2019年)。ドイツと日本を示すものを**表１**の**あ**～**お**からそれぞれ選び，記号で答えなさい。

表１

	発電量の合計	再生可能エネルギー					
		風力	地熱	太陽光	その他	計	%
あ	75041	4060	1.3	2251	1211	7524	10.0
い	10450	77	28	690	446	1240	11.9
う	6091	1259	2.0	464	570	2295	37.7
え	3855	－	－	4.3	－	4.3	0.1
お	2640	177	－	148	35	361	13.7

(単位　億kWh)
(『データブック オブ・ザ・ワールド』より作成)

問9．下線部(8)について。マレーシアの位置を，**図2**の**あ**～**え**からひとつ選び，記号で答えなさい。

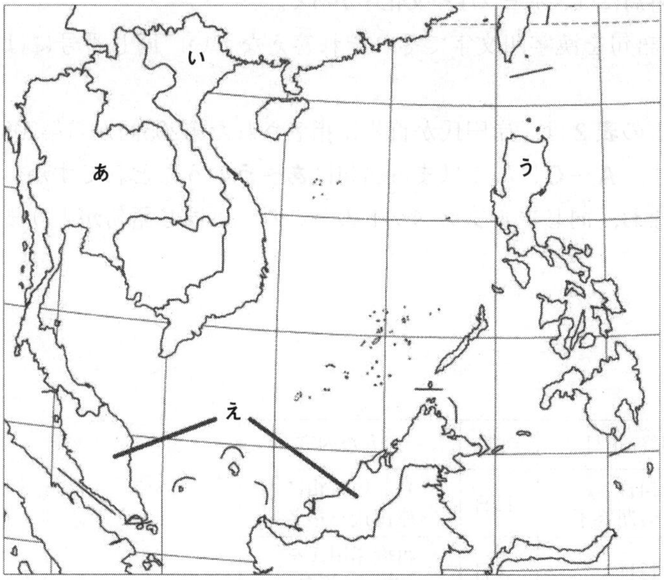

図2

3　次の文章を読み，問いに答えなさい。

2020年から本格化した新型コロナウイルス感染拡大により日本経済は打撃《だげき》を受け，とりわけ地域の雇用《こよう》や経済を維持《いじ》するうえで重要な役割を果たしている中小企業《きぎょう》は深刻な影響《えいきょう》を受けていると言われています。

中小企業はすべての企業数のうち99.7％を占《し》め，またすべての労働者のうち約7割を雇用しています。このように，日本経済において中小企業の果たす役割は大きく，［1］省は，※外局《がいきょく》である中小企業庁と連携《れんけい》して，コロナ禍《か》での中小企業支援《しえん》策をさまざまに打ち出しています。

新型コロナウイルス感染拡大が進んだ2020年以降，日本では首相の交代が続きました。(1)2021年10月，菅義偉《すがよしひで》内閣に代わり発足した岸田文雄《きしだふみお》内閣は，十分なコロナ対策とあわせて，停滞《ていたい》した日本経済の再生を図ることを掲《かか》げました。(2)1989年から始まり約30年間続いた平成の時代では，平成の初めのころに起こった不景気以降(3)物価は下がったまま上がらず，また賃金もさほど上がりませんでした。このように，国民が豊かさを実感できるような目立った経済成長が長らく見られなくなっているなか，岸田内閣は「新しい［2］」という言葉を使って「成長と分配の好循環《こうじゅんかん》」の実現を目指す，としました。

このうち，成長を促《うなが》す政策について岸田内閣は，環境《かんきょう》を壊《こわ》さない生産技術の確立を政府が援助《えんじょ》することなどを掲げました。一方分配政策については賃金の上昇《じょうしょう》が重要であるとし，企業や財界に対して「賃上げ」への協力を呼びかけました。しかし，大企業と中小企業とではさまざまな格差があり，中小企業にとって大幅《おおはば》な賃上げは難しいのでは，との声も聞かれます。

経済活動が自由におこなわれる［2］のもと，人類はこんにち，環境問題や経済格差など解決すべき課題に直面しています。これらの課題に日本が今後どのように向き合っていくべきか，国民全体で考えていく必要があります。

※内閣府や各省に直属するが，その内部組織の外にあって，特殊《とくしゅ》な任務を所管する行政機関のこと。例として，文部科学省の外局にはスポーツ庁や文化庁がある。

問１．［１］・［２］にあてはまる語句を漢字四文字でそれぞれ答えなさい。同じ番号には同じ語句が入ります。

問２．下線部(1)に関連して。以下の**表２**は，岸田氏が首相に指名された第205回から第208回の国会について整理したものです。**Ａ～Ｃ**にあてはまる語句は**あ～う**のうちどれですか。それぞれ選び記号で答えなさい。なお，同じアルファベットのところには同じ語句が入ります。

あ．通常

い．特別

う．臨時

表２

国会回次	召集《しょうしゅう》日～会期終了《しゅうりょう》日	会期	おもな内容
第205回 【 Ａ 】国会	2021年10月４日～14日 衆議院解散により会期終了	11日	新しい首相に 岸田氏を指名
第206回 【 Ｂ 】国会	2021年11月10日～12日	３日	再度岸田氏を 首相に指名
第207回 【 Ａ 】国会	2021年12月６日～21日	16日	岸田首相が 所信表明演説を行う
第208回 【 Ｃ 】国会	2022年１月17日～６月15日	150日	2022年度の 予算案を審議《しんぎ》

問３．下線部(2)に関連して。以下の**あ～え**に記した平成時代のできごとを起こった順にならべかえて，記号で答えなさい。

あ．東日本大震災からの復興を目的として，復興庁が設置された。

い．ベルリン市内の国境検問所が開放され，市内を東西に隔《へだ》てていた壁《かべ》が撤去《てっきょ》された。

う．アメリカの大統領Ｄ・トランプ氏と北朝鮮（朝鮮民主主義人民共和国）の最高指導者金《キム》正恩《ジョンウン》氏が，史上初の米朝首脳会談をシンガポールでおこなった。

え．アジアで初のサッカーワールドカップが，日本と韓国の共同で開催《かいさい》された。

問４．下線部(3)に関連して。物価や賃金について述べた以下の文について，内容が正しいものには○を，誤っているものには×を，それぞれ記入しなさい。

ア．サービスの料金や商品の価格は売り手と買い手との間で自由に決めるのが原則だが，公共性の高い鉄道運賃などは政府の認可が必要である。

イ．賃金については最低賃金制度が定められており，これを下回る賃金で人を雇《やと》うことは法律で禁じられている。

ウ．物価の安定を目指して，金融庁は，世の中で流通するお金の量を調整している。

問５．二か所の二重下線部に関連して。以下の**図３**から，大企業と中小企業との間にはどのような格差があることが分かりますか。**図３**に示されていることにふれながら説明しなさい。

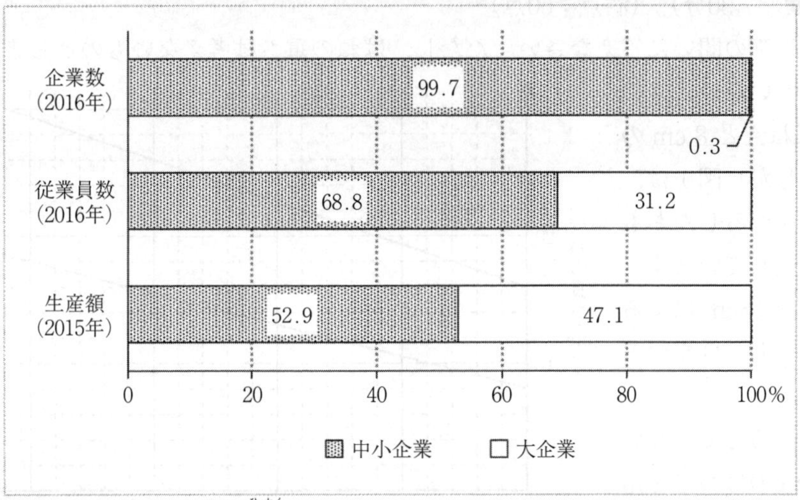

図３　中小企業と大企業の比較《ひかく》　　2022年版『中小企業白書』より

【理　科】〈第２回試験〉（30分）〈満点：60点〉

1　ばねについて，以下の問いに答えなさい。ただし，ばねの重さは考えないものとします。

おもりをつるしていないときの長さが16cmのばねＡと８cmのばねＢを用意しました。図１は，ばねＡ，Ｂの長さとつるしたおもりの重さの関係を表しています。

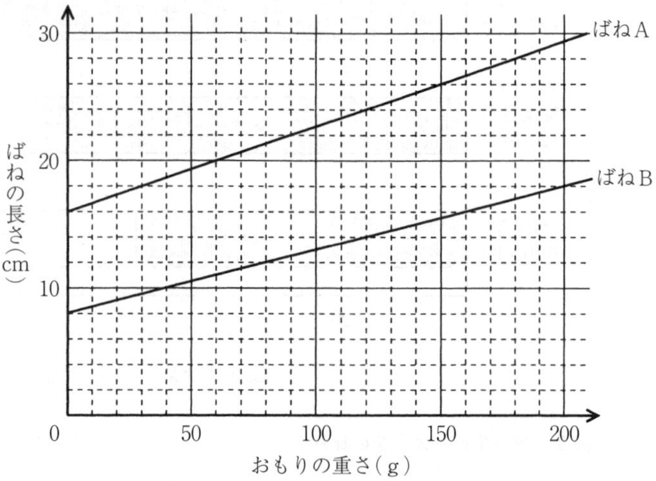

図１

問１　ばねＢの長さを16cmにするためには，何ｇのおもりをつるせばよいですか。

次に，おもりをつるしていないときの長さが12cmのばねＣを用意しました。ばねＣは30ｇのおもりをつるすと１cm伸《の》びることが分かっています。

問２　ばねＣについて，つるしたおもりの重さとばねの伸びの関係を解答用紙の図に記入しなさい。

問３　ばねＣの長さを20cmにするためには，何ｇのおもりをつるせばよいですか。

問４　図２のように，ばねＢとＣをつなぎ180ｇのおもりをつるしました。全体の長さは何cmですか。

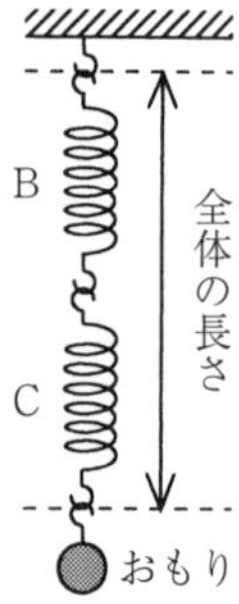

図２

問５　図２でばねＢをＡにかえて，全体の長さを問４と同じにするためには，何ｇのおもりをつるせばよいですか。

問６　図３のように，ばねＡを何個かつなぎ180ｇのおもりをつるしました。また，ばねＢとＣを一組として，何組かつなぎ180ｇのおもりをつるしました。すると，どちらも全体の長さが同じになりました。全体の長さは何cmですか。考えられる最も短い場合の長さを答えなさい。

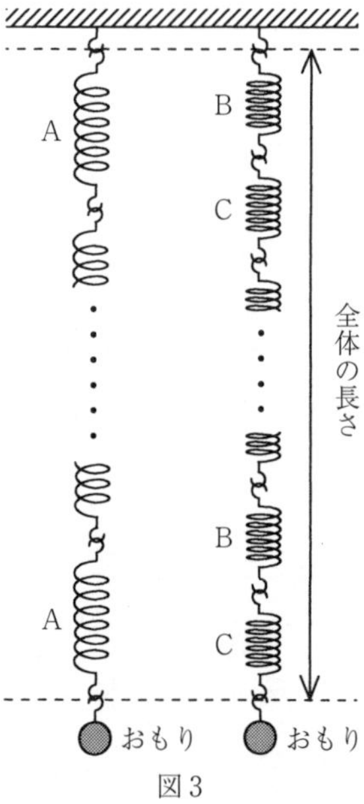

図３

２　次の文章を読み，以下の問いに答えなさい。

太郎君は，家族に手料理を振《ふ》る舞《ま》おうと思い，そのメニューの１つとして茶碗蒸《ちゃわんむ》しを作ろうと考え，作り方を本で調べました。その手順は次の通りです。

①　卵をといて，だし汁《じる》を加える。

②　容器に具材を入れ，①を加える。

③　蒸し器に容器を入れ，70～80℃で蒸す。

この本には「具材としてマイタケを加えると，茶碗蒸しの卵が固まらない」と書いてありました。不思議に思った太郎君は，なぜ固まらないのかを調べてみました。

まず，茶碗蒸しが固まる理由について調べました。卵にはタンパク質と呼ばれる物質が含《ふく》まれており，肉や魚，豆腐《とうふ》などにも含まれています。タンパク質は熱を加えると，その構造が変化し，固まります。これを熱変性といいます。目玉焼きやゆで卵を作るとき，生卵が固まるのも同じ作用によるものです。一度熱変性したタンパク質は，冷やしても構造や性質が元に戻《もど》ることはありません。

太郎君は，タンパク質についても調べ，次のようなことが分かりました。

・三大栄養素の１つである。

・タンパク質はアミノ酸とよばれる小さな粒《つぶ》がたくさんつながって，長いひものようになっている。このひもは折りたたまれ，特有の立体構造をつくっている（図１）。

・タンパク質を加熱すると，この立体構造がくずれて固まってしまう。

・タンパク質を構成するアミノ酸は約20種類ある。

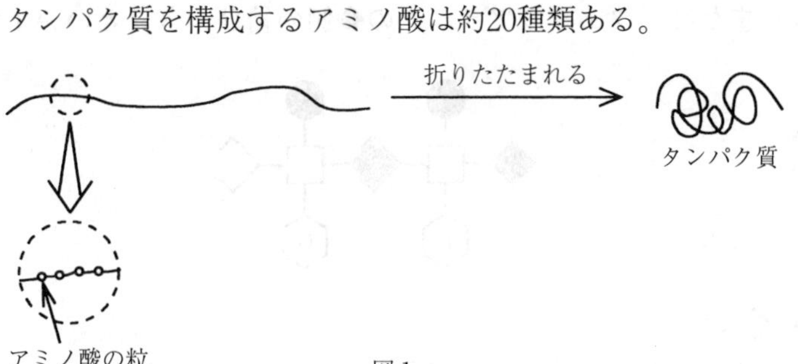

図１

問１　下線部について，三大栄養素とは，人間の体にはなくてはならない栄養素のうち，エネルギー源となるものです。タンパク質以外の三大栄養素を，次のア～エから２つ選び，記号で答えなさい。

ア．無機質（ミネラル）　　イ．炭水化物　　ウ．ビタミン　　エ．脂質《ししつ》

さらに調べたところ，マイタケを加えると茶碗蒸しが固まらないのは，マイタケの中に，卵のタンパク質を分解する物質Xが含まれているからだと分かりました。物質Xによって卵のタンパク質のひもが細かくバラバラに切られて，固まらない茶碗蒸しになってしまいます。

問２　物質Xのように，タンパク質を分解する物質を豊富に含む食品を，次のア～エから１つ選び，記号で答えなさい。

ア．米　　イ．パイナップル　　ウ．トマト　　エ．ワカメ

問３　卵のタンパク質を分解する物質Xも，実はタンパク質でできています。マイタケを入れても，茶碗蒸しを固めるためには，どのように作ればよいですか。「熱変性」という言葉を用いて，簡単に説明しなさい。

太郎君は，アミノ酸についても調べました。１粒のアミノ酸は，図２のように５つの部品(□，●，◆，＜，⬡)からできています。タンパク質を構成するアミノ酸の粒は約20種類ありますが，いずれも□，●，◆，＜の４つの部品は共通で，⬡だけが異なっています。この⬡の違《ちが》いにより，アミノ酸の種類が決まります。

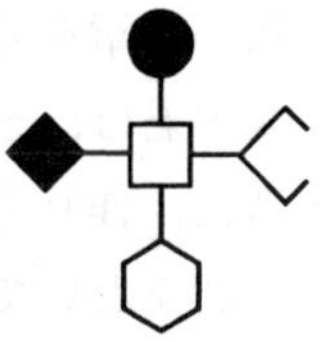

図２　１粒のアミノ酸の構造

５種類のアミノ酸を次の表のように表しました。なお，⬡の違いはアルファベットで区別することにします。

アミノ酸の図	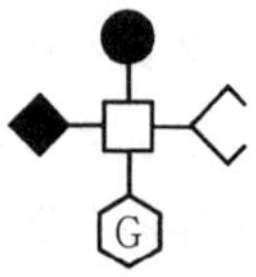 	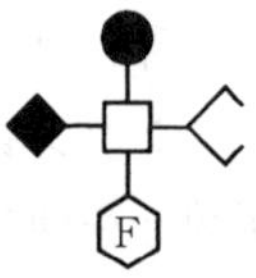 	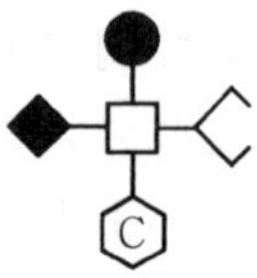 	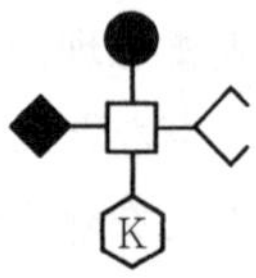 	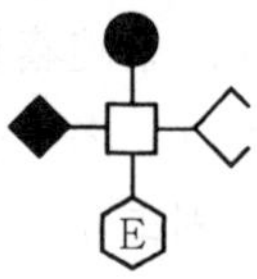
アミノ酸の名称	グリシン	フェニルアラニン	システイン	リシン	グルタミン酸

また，◆と＜との間で，アミノ酸どうしをつなげることができます。アミノ酸が２つ以上つながったものをペプチドと呼びます。例えば，グリシンとフェニルアラニンがそれぞれ１つずつつながると，次の２種類のペプチドができます(図３)。なお，つながったあとに残っている◆の方を◆末端《まったん》，＜の方を＜末端といいます。また，図３の⬇のつながりのことを，「グリシンの＜側の結びつき」または「フェニルアラニンの◆側の結びつき」といいます。

◆末端 ←――――　　――――→ ＜末端

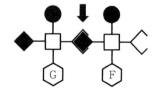

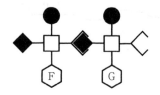

図３　グリシンとフェニルアラニンからなるペプチド

問４　赤色リトマス紙にリシンの水溶液《すいようえき》をつけると青色になりました。この水溶液は何性ですか。次のア～ウから１つ選び，記号で答えなさい。

ア．酸性　　イ．中性　　ウ．アルカリ性

問５　グリシン，フェニルアラニン，システインがそれぞれ１つずつつながってできるペプチドは何種類ありますか。その数を答えなさい。

６個のアミノ酸がつながってできたペプチドＡがあります。このペプチドのアミノ酸の並び順を調べるために実験を行ったところ，次のような結果が得られました。

①　ペプチドＡは表の５種類すべてのアミノ酸からできていました。

②　ペプチドＡの◆末端のアミノ酸はグリシン，＜末端のアミノ酸はグルタミン酸でした。

③　ペプチドＡに，リシンの＜側の結びつきをはなす物質を加えたところ，２種類のペプチドⅠとⅡに分かれました。

④　ペプチドＡに，フェニルアラニンの◆側の結びつきをはなす物質を加えたところ，３種類のペプチドⅢ，Ⅳ，Ⅴに分かれました。なお，ペプチドⅢはペプチドⅠと同じでした。

問６　前のページの実験結果から考えられる，ペプチドＡのアミノ酸の並び順の１つを答えなさい。解答する際には，解答用紙の図の ⬡ の中にアルファベットを入れて答えなさい。

3　水の中の小さな生き物について，以下の問いに答えなさい。

Ⅰ．池の水を１滴《てき》取り出し，顕微鏡《けんびきょう》を用いて観察しました。次のａ～ｃは観察された生き物のスケッチです。

a　　　b　　　c

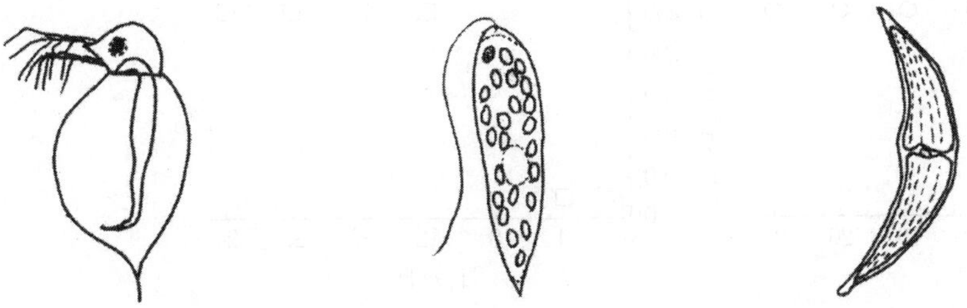

問１　ａ～ｃの生き物の名前を次のア～カからそれぞれ選び，記号で答えなさい。

ア．ボルボックス　　イ．ミジンコ　　ウ．ミカヅキモ

エ．ミドリムシ　　オ．ワムシ　　カ．クンショウモ

問２　実際の生き物の大きさに対して，ａは30倍，ｂは300倍，ｃは100倍に拡大したスケッチを示しています。実際に最も小さい生き物はどれですか。ａ～ｃの記号で答えなさい。

問３　ｂ，ｃの生き物は葉緑体をもっていて，緑色に見えます。この葉緑体では，光合成が行われています。光合成のはたらきとして，正しいものを次のア～オから２つ選び，記号で答えなさい。

ア．光を受けて，酸素をつくる。

イ．光を受けて，二酸化炭素をつくる。

ウ．酸素と水から二酸化炭素をつくる。

エ．酸素を使って，糖(でんぷん)をつくる。

オ．二酸化炭素を使って，糖(でんぷん)をつくる。

問４　ａ～ｃの生き物は，池の中で食べる食べられるの関係でつながって生活しています。この関係を正しく表しているものを，次のア～ウから１つ選び，記号で答えなさい。なお，矢印は食べられるものから食べるものへ栄養分が移ることを示しています。

ア．ａ→ｃ→ｂ　　イ．ｃ→ａ→ｂ　　ウ．ｂ→ａ←ｃ

Ⅱ．次の文章は，池の水の中で見つけたゾウリムシについて調べたものです。

（ゾウリムシは１つの細胞《さいぼう》でできた生き物で，細胞の表面には短い毛がたくさん生えていて，それを動かして水中を浮遊《ふゆう》してえさをとらえる。えさはゾウリムシよりはるかに小さな細菌《さいきん》という生き物で，成長したゾウリムシはやがて細胞が２つに分かれること(これを分裂《ぶんれつ》という)によって増える。）

問５　ゾウリムシの細胞内に取り込《こ》まれたえさは，細かく分解されて，栄養分となります。えさを細かく分解するはたらきを何といいますか。漢字２字で答えなさい。

見つけたゾウリムシは細胞の形や大きさが違《ちが》った３種類のゾウリムシでした。そこで，それぞれをゾウリムシX，Y，Zと名付けました。

これらのゾウリムシの増え方を調べるために，次の実験を行いました。

〔実験１〕　えさとなる細菌を含《ふく》んだ水をつくり，３つの同じ大きさの容器①～③に同じ量を入れました。容器①にはゾウリムシＸを，容器②にはゾウリムシＹを，容器③にはゾウリムシＺを，それぞれ１匹《ぴき》入れました。各容器を同じ条件の下に置いて，４日ごと，24日間にわたりゾウリムシの数を数えました。図１は，それぞれのゾウリムシにおける測定結果をグラフにしたものです。

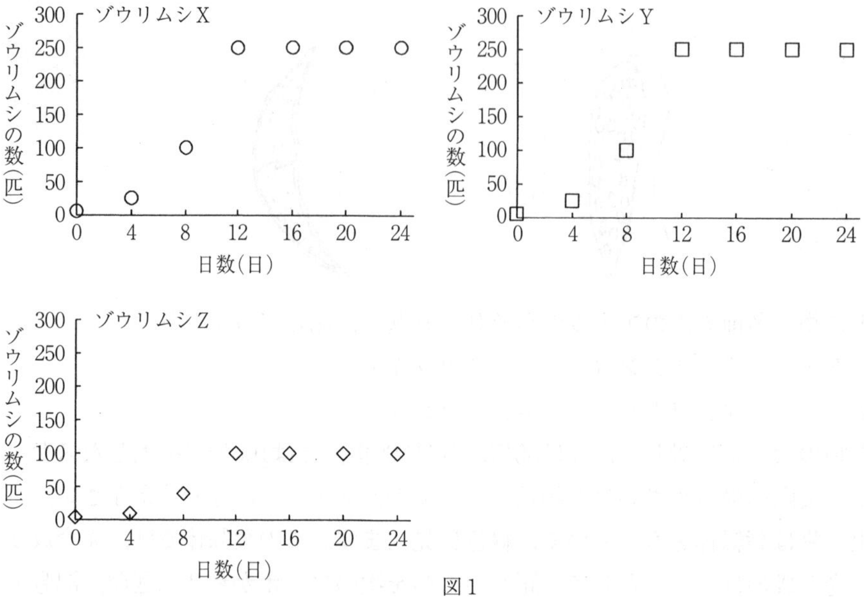

図１

問６　図１において，12日目以降でゾウリムシの数がほぼ一定になっています。その理由の１つを説明しなさい。

〔実験２〕　実験１と同じ条件に整えた容器④を用意して，そこにゾウリムシＸとゾウリムシＹを１匹ずつ入れました。この容器④を実験１と同じ条件の下に置いて，同じ方法でゾウリムシの増え方を調べました。図２は測定結果をグラフにしたものです。

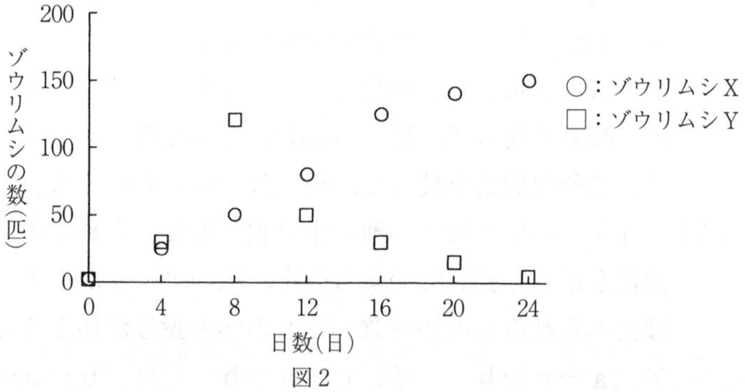

図２

問７　実験１と実験２について，正しい内容を述べているものを次のア～エからすべて選び，記号で答えなさい。

ア．ゾウリムシＸとゾウリムシＹを同じ容器に入れた場合，８日目まではゾウリムシＹの方が，分裂した回数が多い。

イ．日を追うごとにゾウリムシＸとゾウリムシＹの数の差は大きくなる。

ウ．ゾウリムシＸとの競争によって，ゾウリムシＹは数を減らしていった。

エ．ゾウリムシＸの増え方には，ゾウリムシＹの影響《えいきょう》はない。

〔実験３〕　実験１と同じ条件に整えた容器⑤を用意して，そこにゾウリムシＹとゾウリムシＺを１匹ずつ入れました。この容器⑤を実験１と同じ条件の下に置いて，同じ方法でゾウリムシの増え方を調べました。図３は測定結果をグラフにしたものです。

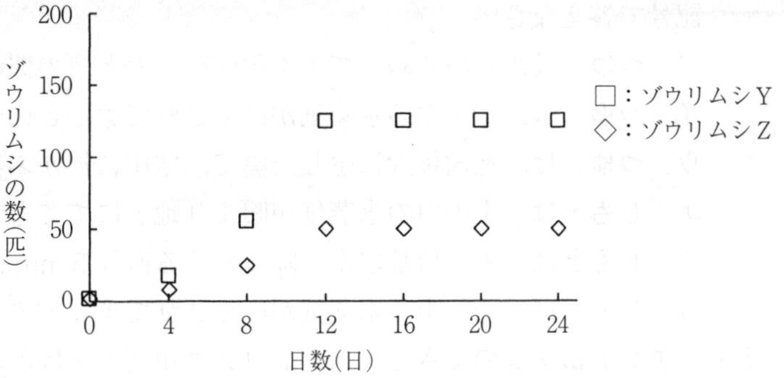

図３

問８　ゾウリムシＹとゾウリムシＺの動きを観察すると，ゾウリムシＹは水中を常に浮遊していて，ゾウリムシＺは容器の底に沈《しず》んでいることが多いと分かりました。この違いから考えて，ゾウリムシＹとゾウリムシＺが24日目に共存している理由を答えなさい。

4　次の詩は宮沢賢治《みやざわけんじ》が書いた『双子《ふたご》の星』という作品の中に出てくる「星めぐりの歌」です。この詩を読み，以下の問いに答えなさい。

あかいめだまの**さそり**　ひろげた**わし**のつばさ
あおいめだまの**こいぬ**，ひかりのへびのとぐろ。

オリオンは高くうたい　**つゆ**と**しも**とをおとす，
アンドロメダの**くも**は　さかなのくちのかたち。

おおぐまのあしをきたに　五つのばしたところ。
こぐまのひたいのうえは　**そらのめぐりのめあて**。

問１　**あかいめだま**は**さそり**座の１等星アンタレスであるといわれています。アンタレスのように夜空で赤く見える星を，次の中から１つ答えなさい。
木星，海王星，火星，金星，土星，水星

問２　**さそり**座や**わし**座はどの季節の星座といわれていますか。ふさわしい季節を答えなさい。

問３　**あおいめだま**は**こいぬ**座の１等星プロキオンであるといわれています。同じ１等星でも，アンタレスのように赤く輝《かがや》く星もあれば，プロキオンのように青白く輝く星もあるのは，その星の温度が関係しているからです。これは豆電球の色と温度の関係と同じように考えることができます。このことから，アンタレスとプロキオンのどちらの方が低温と考えられますか。理由とともに答えなさい。

問４　２月初めの21時ごろには**オリオン**座が南の空に高く上がります。このとき**オリオン**座と同じ方角にみえる星座を次のア～カからすべて選び，記号で答えなさい。

ア．こと座　　イ．おうし座　　ウ．わし座
エ．おおぐま座　　オ．はくちょう座　　カ．おおいぬ座

問５　**つゆ**と**しも**について，この詩での意味としてふさわしいものを，次のア～カから２つ選び，

記号で答えなさい。

ア．**つゆ**とは，じめじめしてよく雨が降る春と夏の間の季節のことである。

イ．**つゆ**とは，空気中の水蒸気が冷やされて葉などにつく水滴《すいてき》のことである。

ウ．**つゆ**とは，地面付近に生じた雲で，空中に浮《う》かぶ細かい水滴のことである。

エ．**しも**とは，土の中の水蒸気が暖まり地上にでてきた水分のことである。

オ．**しも**とは，主に積乱雲から降ってくる直径5mm以上の氷の粒《つぶ》のことである。

カ．**しも**とは，空気中の水蒸気が冷やされて葉などの表面で凍《こお》った白い氷のことである。

問6　**アンドロメダのくも**は，アンドロメダ銀河とよばれるたくさんの星が集まった天体のことです。**アンドロメダのくも**の写真を次のア～カから選び，記号で答えなさい。

ア．

イ．

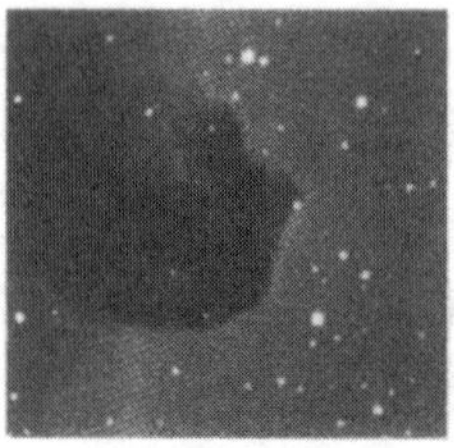

ウ．

エ．

オ．

カ．

©アイウオ：国立天文台，エ：東京大学　木《き》曽《そ》観測所，カ：宇宙航空研究開発機構

問7　右の図は北極星の周りの星空を表しており，おおぐま座，こぐま座，カシオペア座などが描《えが》かれています。この図の中から**そらのめぐりのめあて**にあたる北極星を選び，〇で囲みなさい。なお，詩の終わりにある「おおぐまのあしをきたに　五つのばしたところ。　こぐまのひたいのうえは」という記述は，私たちが地上から北極星を見つけるにはふさわしくない説明になっていますから，惑《まど》わされないように気をつけてください。

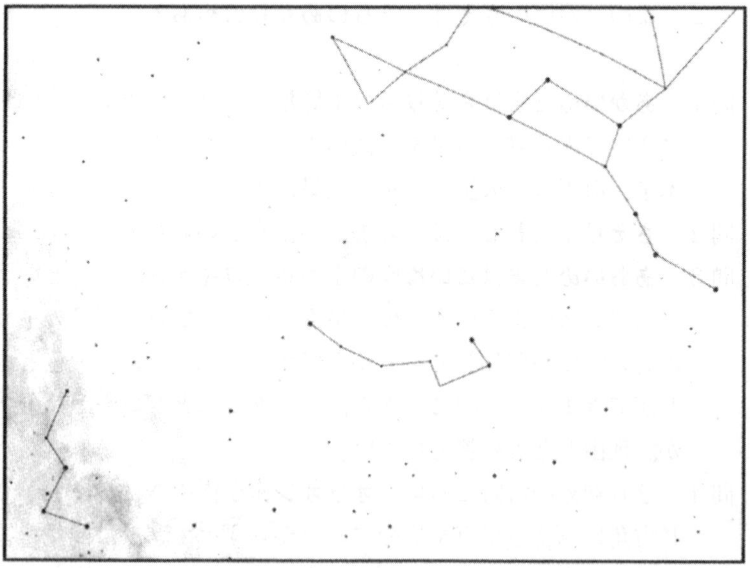

StellaNavigator 11 © 1992-2019 AstroArts Inc.

明を始める僕を、編集者さんは「なるほど、面白いですね。で、この企画《きかく》のBケンなんですが……」と軽く受け流してくれる。

プラモデルのパーツを、枠《わく》から切り離す時に出るゴミを、瓶に入れて大切に取っておく僕を見て、妻は「楽しそうだねえ」と笑っている。時には「これ、使えるんじゃない」と新しい瓶をくれたりもする。

今や、何を知られたとしても「別にいいか」と思えるようになってしまった。君は普通じゃない、と言われたとしても「合ってる」としか思わなくなった。

⑤そして、僕の中から「秘密」はなくなってしまったのだ。秘密は子供の特権で、大人になるにつれ消えていくと何かで読んだが、これがそうかなと思った。

とはいえ、僕自身が変わったわけではない。今日も今年食べたサンドイッチのカウントを一つ増やしながら、喫茶店《きっさてん》で文章を書いている。

(二宮敦人「特に秘密、ありません」による。)

問一　‖線部A・Bのカタカナを漢字に直しなさい。

問二　――線部①とあるが、筆者がこのように述べるのはどうしてか。次の□にあてはまる最もふさわしいことばを本文中から三十字以内で探し、抜き出して答えなさい。

□から。

問三　Ⅰ～Ⅲを補うのに最もふさわしいことばを次の中から選び、それぞれ記号で答えなさい。ただし、同じ記号は二度選べないものとする。

ア　さて　イ　だから　ウ　あるいは
エ　たとえば　オ　一方で

問四　――線部②「苦もなく」と同様の意味合いで用いられている表現を本文中の(※)より前から探し、抜き出して答えなさい。

問五　――線部③「ちょっと息がしづらかった」とあるが、これは筆者がどのように感じていたということか。わかりやすく説明しなさい。

問六　――線部④について。筆者は作家や小説というものについてどのような考えを持っていると考えられるか。最もふさわしいものを次の中から選び、記号で答えなさい。

ア　書き上げた作品が今は世間に認められていなくても、小説の受けとめられ方は時代や社会の状況によって変わるものなので、作家はその作品が面白く読まれる日を待つしかない。

イ　小説には小説ならではの面白さがあるので、面白い作品が書けるようになるためには、作家はより多くのすぐれた小説にふれることで、小説の面白さを理解するしかない。

ウ　何事も長く続けていれば良いものを作れるようになるはずなので、作家となった以上は面白い作品が書けなくても、あきらめずに小説を書き続けるしかない。

エ　苦しみの多い現実の世界を題材にしても面白い小説は書けないので、作家は人々に面白く読んでもらうために空想の世界を舞台にした作品を書くしかない。

オ　読者はただ小説の面白さを求めているので、作品の内容以外のもので小説を良くすることはできず、作家として評価されるためには質の高い作品を書き続けるしかない。

問七　――線部⑤とあるが、それはどうしてか。その理由として筆者が考えていることをわかりやすく説明しなさい。

るのが厄介《やっかい》だ。最近は諦《あきら》めて、書類に年齢を書く欄《らん》があればその都度、妻に聞くようにしている。

[Ⅱ]、僕は持っている服を、それぞれ何回着たかを知っている。さすがに完全暗記はしていないが、こまめにメモをつけたり、時々集計したりして、着るもの全てのだいたいの使用回数を把握《はあく》するようにしている。このTシャツは十五回着た、この靴下《くつした》は四日と半日の間身に着けていた、この靴は百二十万歩ぶん歩いた、という具合だ。何のために、と聞かれると困ってしまう。みんなが年齢を数えるように、自然とやっている。

最近捨てたTシャツは、三五〇〇円ほどで買い、三十四回目でへろへろ度が一線を越《こ》えたので捨てた。一回あたり約百円というのは、高いのか安いのか、よくわからない。

つまり僕は、みんなができることができず、みんながやらないことばかりやるのだ。それが宇宙から来たと思われる根拠《こんきょ》である。

そのせいで子供の頃《ころ》は、「秘密」をたくさん持っていた。

この星は地球人の星である。[Ⅲ]、地球人でないと怒《おこ》られる。

「みんな、学校で配られたプリントを持って帰ってるのに、どうしてできないの」

僕は地球人になりたかった。みんなができることが、できるようになりたかった。だから母親に言うのである。

「今日は配られたプリントはなかったよ」

そんなふうにして「秘密」が生まれる。なお、プリントは机の中に放り込んでくしゃくしゃに丸めている。何のために、と聞かれると困ってしまう。自然にやっている。

「どうして抜《ぬ》けた髪《かみ》の毛を全部取っとくの！　汚《きたな》いでしょ」

僕は、みんながやらないことをやっているのを知られたくなかった。だから次からは、こっそりと「秘密」の瓶《びん》に隠《かく》して髪の毛を貯《た》めた。

ちなみに理由は、生まれてから死ぬまでに抜ける髪の総本数を知りたかったからである。瓶は学校に行っている間に、母親によって捨てられた。

（※）

普通になりたい。

学生の間はずっとそう思い続けていた気がする。そのためにちょっと普通じゃない嘘《うそ》もたくさんついたし、隠したいものをたくさん持っていた。「秘密」で自分をすっかり覆《おお》い隠せば、普通の人間になれると信じていた。③ちょっと息がしづらかった。

Aテンキは、作家になってから訪《おとず》れた。

小説というものは、みんなとできるだけ違《ちが》ったことを書いた方が、興味深く読んでもらえるようである。そして作家というのは、年齢はおろか住所氏名本籍地《ほんせきち》がよくわからなくても、初対面で「あー」とか「うー」とかしか言えなくても、服を後ろと前と逆に着ていても、大きな問題はない（小さな問題はある）。小説が面白ければ良いのだ。④小説の面白くなさを補う方法は、小説の外にはない。

作家として働いているうちに、だんだん僕の中から「秘密」が減っていった。

たぶん「秘密」の本質は、「知られてはならないこと」の存在ではない。「知られてはならない人」の存在ではないか。

今の僕を、普通の地球人として育てようとする先生も、親もいない。からかったり心配したりするクラスメイトも、同僚《どうりょう》もいない。まわりにいるのは、作家としての僕を受け入れ、付き合い続けてくれる人ばかりだ。

会って早々に、モンゴル語由来の歴史用語について怒濤《どとう》のごとく説屋の将来を心配している。

ウ　そもそも主人の決定に口をはさむことなどできるはずもないと分かっていたが、それでも言いたいことを遠慮《えんりょ》なく言うことができたので満足している。

エ　お浪が岸屋を支えるべき立場にいながら、孫である富太郎にばかりお金を使って、岸屋の者たちの働きには手厚い対応をしてくれないので失望している。

問六　［Ⅰ］・［Ⅱ］にあてはまる、身体の一部を表すことばをそれぞれ答えなさい。

問七　――線部⑥「お為ごかし」の意味として、最もふさわしいものを次の中から選び、記号で答えなさい。

ア　本当は知らないのに知っているふりをして、その場をのりきろうとすること。

イ　自分の都合からすることを、他人のことを思ってするように見せかけること。

ウ　思ってもいないことを口にすることで、自分の気持ちを無理にごまかすこと。

エ　表面上は礼儀《れいぎ》正しく見せながら、心の中では人のことを笑いものにすること。

問八　――線部⑦「祖母様の胸にきっぱりと通っている芯」の説明として、最もふさわしいものを次の中から選び、記号で答えなさい。

ア　身内には優《やさ》しいが、気に入らない相手には厳しい態度をとる頑固《がんこ》さ。

イ　歴史ある酒屋を、夫亡《な》き後も自分が長く支えていこうとする誠実さ。

ウ　世間から悪く言われても、身近な人のそばにいようとする愛情深さ。

エ　他人の意見には左右されずに、大切に思うものを守ろうとする強さ。

問九　――線部⑧の比喩《ひゆ》はどのようなことを表したものか。わかりやすく説明しなさい。

問十　――線部⑨とあるが、この時の「富太郎」の様子を説明したものとして、ふさわしいものを次の中から**二つ**選び、記号で答えなさい。

ア　今出かけなければ、二度と鶯を観察できなくなるかもしれないとあせっている。

イ　家を出る言い訳として、鶯が鳴いたと嘘《うそ》をつくのをうしろめたく思っている。

ウ　自然界における新たな発見をすることで、名声を得ようともくろんでいる。

エ　自分の知識でははかりきれない、自然の奥深さに心をうばわれている。

オ　自らが望む未来へ踏みだすことに対して、気持ちがたかぶっている。

問十一　══線部**A**～**E**のカタカナを漢字に直しなさい。

二

次の文章を読んで、後の問に答えなさい。

すっかり「秘密」というものを失ってしまうまでの話をしたい。

その前に言っておこう。①実は、僕《ぼく》は人間ではない。別の生き物だ。どこから来たのかは自分でも知らないが、多分宇宙か何かだと思う。

少なくとも僕はそう確信して生きている。

というのも、色々と普通《ふつう》ではないのだ。

［Ⅰ］、多くの人は自分の年齢《ねんれい》を②苦もなく覚えているようだが、僕は全く覚えられない。一生変わらない数字ならまだしも、毎年変わ

歳から小学校に通うことが決められた。富太郎は明治七年、十三歳の時に入学し、卒業までの四年間通うはずだった。

*3 料簡…考え、思い。
*4 ようけ…たくさん。
*5 自儘…自分の思うままにすること。わがまま。
*6 引っ張り込んだち…引っ張り込んだって。
*7 膝行…ひざをついて進むこと。
*8 ペンシル…鉛筆のこと。当時は手に入れにくいものだった。
*9 丁稚…職人・商家などに奉公をする少年。雑用や使い走りをした。
*10 大節季…年末。大みそか。
*11 手代…商家で、番頭と丁稚との中間に位する使用人。
*12 後添え…妻と死別または離別した男が、後につれそった妻。
*13 身上…財産。
*14 蘭書…オランダ語で書いた書物。
*15 文…書物や文書など文字で書き記してあるもの。
*16 ハタットウ…バッタ。

問一 ――線部①「やにわに背後で騒がしい音がして」から読み取れる「竹蔵」の様子として、最もふさわしいものを次の中から選び、記号で答えなさい。

ア 満足している　イ 興奮している
ウ 心配している　エ 放心している

問二 ――線部②「竹蔵は目瞬きをして、膝で座敷に入ってくる」とあるが、この時の「竹蔵」の気持ちとして、最もふさわしいものを次の中から選び、記号で答えなさい。

ア 富太郎とお浪との会話に割って入ることで、富太郎の学問研究をさまたげたい気持ち。
イ 富太郎に食ってかかられたことに腹を立て、年長者としてしかってやりたい気持ち。
ウ 富太郎の思いがけないことばに驚《おどろ》き、何を考えているのか問いただしたい気持ち。
エ 富太郎が遊んでばかりで、お浪の気持ちを無視するわけを聞いてみたい気持ち。

問三 ――線部③「祖母様の前へと膝行した」とあるが、この時の「富太郎」の様子を説明したものとして、最もふさわしいものを次の中から選び、記号で答えなさい。

ア 小学校を無断で休んでいたので、祖母にしかられるだろうとおそれている。
イ 高価な品を買ってもらうことを初めて祖母にたのむので、緊《きん》張《ちょう》している。
ウ 祖母のことばをよいきっかけに、伝えたいことを伝えようとしている。
エ 祖母が自分をつきはなしたような言い方をしたので、反発している。

問四 ――線部④「目尻に柔らかな皺を寄せた」から読み取れる「祖母様」の気持ちを説明しなさい。

問五 ――線部⑤「大息を吐き」から読み取れる「竹蔵」の気持ちとして、最もふさわしいものを次の中から選び、記号で答えなさい。

ア 富太郎が学問をするために、すでにかなりのお金をついやしていることを強く訴《うった》えているのに、それをお浪が理解できていないことに驚いている。
イ 富太郎はよく分からない学問ばかりして家業をつごうとしないうえ、お浪も自分の意見を聞いてくれないことにあきれ、岸透《す》けて見える。薄《うす》気味悪かった。すると柱の向こうに坐《ざ》していた祖母様がすっと白い顔を上げ、「富さん、こっちへおいで」と呼んだ。珍《めずら》しく強い口調だ。すぐさま座敷を通り抜け、祖母様のそばに躰《からだ》を寄せて坐《すわ》った。祖母様は富太郎の肩を抱き寄せ、そして低く呟《つぶや》いた。

⑥お為《ため》ごかしに血のつながりをとやかく言うて、面白がって。

大きなお世話ちや。

使用人を声高《こわだか》に叱《しか》ったり周囲と諍《いさか》いを起こすことのない祖母様が、物見高い世間の目を断固とした口調で斥《しりぞ》けた。⑦祖母様の胸にきっぱりと通っている芯《しん》を感じたのは、あれが初めてだった。

そして祖母様は、猶まで引き取ったのである。富太郎の母、久壽といい、猶の母である政といい、牧野家に生まれた姉妹は揃《そろ》って幼子《おさなご》を遺《のこ》して没した。祖母様なりに思うところがあってのことだろうが、富太郎は理由を訊《き》かず、祖母様も口にしたことはない。

「このルウペとは、＊14蘭書《らんしょ》かえ」

まだ紙片に目を落としていた祖母様が、薄い片眉をすらりと上げた。

「いいや、西洋のＤカクダイキョウ。それがあったら、＊15文《ふみ》の文字も大きゅう見えるがよ」

「それは便利なもんじゃね」

そう、便利なものなのだ。ルウペがあれば草木の細部まで観察ができる。あのＥハクブッズに描かれた植物のように、葉の先端《せんたん》や花の蕊《ずい》の付き方の違《ちが》いも見分けることができる。

「それから、これは辞書か」

『英和対訳袖珍《しゅうちん》辞書』と、『和訳英辞書』」

入手して手許《てもと》に置きたい書物は毎日のように増える。一つわかればさらにその先が知りたくなり、そこに辿《たど》り着けばさらに行きたい場所ができる。⑧それは山の奥にどんどん足を踏み入れてゆく感じに似ていて、かと思えば枝先の一片《ひとひら》に見る葉の脈にも似ている。一筋から何本も脈が分かれて葉というものを成し、葉はいくつも並んで枝を成し、枝はまた何本も幹から分かれて伸《の》びて一本の樹木を成している。その木々が緑の森を成し、森は青き山を成す。その山や谷、丘を富太郎は歩き続ける。

今月の末には、背戸山《せどやま》の斜面《しゃめん》であの白花がまた群れて咲《さ》く。そう思うだけで総身が緩《ゆる》んで、口の端《はし》によだれが溜《た》まってきそうだ。あのバイカの本名も、もう知っている。梅花黄蓮《バイカオウレン》という。やはり梅花にちなんでいたかと、名を手に入れた時はまさに＊16ハタットウのごとく飛び上がった。他の連中の名もとうに知っている。アマアマは山藤《ヤマフジ》、グルグルは羊歯《シダ》だ。不思議なことに、躰の中の言葉が増えると名も向こうから寄ってくる。

世界はなぜ、こうも胸が躍《おど》る事どもに満ちているのだろう。

「おや、初鳴き」

祖母様がふいに庭の方に目を向けた。

「まだ二月、旧暦《きゅうれき》なら一月じゃ。鶯《うぐいす》には早いちや」

そういなしつつ立ち上がり、障子《しょうじ》を引いた。広縁《ひろえん》、そして濡《ぬ》れ縁へと出てみる。軒庇《のきびさし》の深い屋敷であるので、足裏の板床《いたどこ》はひやりとする。けれど庭や蔵《くら》の白壁《しらかべ》には春陽《しゅんよう》が丸く満ちている。顔だけで座敷を見返り、会釈《えしゃく》をした。

「鳴いたかもしれん」

祖母様はそよりと白い頬《ほお》を緩める。猶はいつも重そうな瞼《まぶた》をふと上げ、耳の後ろに掌《て》を立てた。⑨富太郎は庭に飛び降りた。下駄《げた》に指を入れるのももどかしく、駆《か》け出す。

さて、今日はどの山に分け入ろうか。

（朝井まかて『ボタニカ』による。）

［注］＊1　番頭…商家などの使用人のかしら。

＊2　小学校…明治五年に公布された学制によって、国民は満六

「ついては、これを注文してほしいんじゃけど」
懐《ふところ》から紙片を取り出し、畳《たたみ》の上に差し出した。祖母様はそれを白く長い指で持ち上げ、紙片を目から離《はな》すようにして読み上げる。
「近頃《ちかごろ》、目が遠うなっていかんちゃ。ええと、Ａチョウメンと小筆を注文か。＊8ペンシルでのうて、小筆でえいがかね」
猶の肩《かた》が微《かす》かに動いた。そういえばいつだったか一本くれてやったが、うんともすんとも何も言わぬままだ。ま、そんなことはどうでもえい。
「あれは先が硬《かと》うて、どうにも書きにくい。わしはやはり筆が手に馴《な》染《じ》んじょる」
「ほんなら、京から小筆を取り寄せよう。私とお猶のもちょうど買い替《か》え時じゃし、退校記念に蒔絵《まきえ》の筆を誂《あつら》えようかね」
祖母様は己の思いつきに満足してか、④目尻《めじり》に柔らかな皺《しわ》を寄せた。
「それから」とさらに目を細め、紙片を見返す。
「学問のすゝめ。これは書物か」
「うん。先だって伝習所で聞き及んで、どうしても読んでみとうなったがよ。福沢諭吉《ふくざわゆきち》先生というお方の著書」
「ほんなら鳥羽《とば》屋さんじゃな。竹蔵、＊9丁稚《でっち》どんを鳥羽屋に走らせて番頭さんに来てもろうておくれ。また取り寄せを頼《たの》みたい書物があるからて」
竹蔵は「大女将、おそれながら」と、面持《おもも》ちを改めた。
「奥の費《つい》えに手前が口を出す筋合いでないことはようＢショウチしておりますが、去年の＊10大節季《おおせっき》に鳥羽屋へなんぼ払《はろ》うたか、ごショウチですろうか」
「さあ」
「はばかりながら、＊11手代《てだい》らの一年分の俸給《ほうきゅう》に負けず劣《おと》らずにござりましたぞ」
「ほうか。鳥羽屋さんも、さぞ喜んでおいでじゃったろう」
大火鉢の炭が熾《おこ》ってか、鉄瓶がチンチンと鳴る。竹蔵は⑤大息を吐き、渋々《しぶしぶ》と膝で退《しさ》った。
「手前はこれにて」
「ああ。よろしゅう」
腰《こし》を上げて廊下に出た竹蔵は、「暖簾《のれん》に　Ⅰ　押し、なんとやらの　Ⅱ　に念仏」と愚痴《ぐち》りながら去っていく。
思わず顔を見合わせた。祖母様は童《わらべ》のように肩をすくめ、ふっと笑う。富太郎も吹《ふ》き出した。
祖母様とはかくも気が合う。だが血はつながっていない。祖母様は祖父、牧野小左衛門の＊12後添《のちぞ》えである。
富太郎の母は久壽《くす》といい、先妻の家つき娘《むすめ》であったそうだ。数え六歳《さい》の時に亡くなったので、富太郎は母をほとんど憶《おぼ》えていない。決して近づいてはならぬと戒《いまし》められていた離屋《はなれ》で長らく療養《りょうよう》していたことは、後に女中の口から知った。牧野家に入婿《いりむこ》した父の佐平《さへい》についてはさらに憶えがなく、富太郎が四歳の時に没《ぼっ》している。どうやら両親ともに胸の病であるらしかった。
祖父の葬式《そうしき》で、年寄りらがＣヒタイを集めてこそこそと話していたことがある。富太郎が七つの時のことだ。
「お浪さんも苦労ぜ。小左衛門さんまで亡《の》うなって、幼い孫をこれから一人で育てにゃならん。
さてもさても。ひとも羨《うらや》む＊13大身上《しんしょう》に、老いたおなごと弱々《よわよわ》の子供の二人きり。
しかも血がつながっておらぬのじゃから、坊が不憫《ふびん》ならお浪さんも憐《あわ》れじゃ。
あの時、富太郎は奇妙《きみょう》な気がした。年寄りらは大仰《おおぎょう》に眉《まゆ》を下げて悲しげで、けれど二人の将来《さきゆき》に舌なめずりをしているような下世話が

2023年度 桐朋中学校

【国語】〈第二回試験〉（五〇分）〈満点：一〇〇点〉

一　次の文章は、造り酒屋である「岸屋」の息子として生まれた牧野富太郎が、岸屋の女将《おかみ》でもある祖母の「お浪《なみ》」たちと会話する場面である。「猶《なお》」は富太郎のいとこで、幼い頃から岸屋の女中をしている。これを読んで、後の問に答えなさい。

明治九年が明けて二月を迎《むか》えた朝、祖母《ばあ》様と猶とのさし向かいで膳《ぜん》を済ませた。

祖母様は御納戸《おなんど》色の半襟《はんえり》を広く見せる着こなしで、深い紫地《むらさきじ》に雪《ゆき》白《じろ》の小粒《こつぶ》を散らした紬《つむぎ》の小紋だ。かたわらには幼い時分から見慣れた猫足《ねこあし》の大火鉢《ひばち》が据《す》えられており、鉄瓶《てつびん》が細い湯気を立てている。猶は黙《だま》って茶を淹《い》れている。ちょうど＊1番頭の竹蔵《たけぞう》が奥に足を運んできて、朝の挨拶《あいさつ》を述べたばかりだ。竹蔵が廊下《ろうか》を引き返す音を聞きながら、「祖母様」と申し出た。

「退校することに決めた」

「＊2小学校をよすのか」

「わしも、十五になったき」

①やにわに背後で騒《さわ》がしい音がして、敷居《しきい》前に滑《すべ》るようにして竹蔵が戻《もど》ってきた。

「坊《ぼう》、やっとその気になってくれよりましたか。ああ、めでたや。これで安堵《あんど》じゃ。今年は、えい年になりますろう」

富太郎は竹蔵に一瞥《いちべつ》をくれた。盗《ぬす》み聞きの、早呑《の》み込《こ》みだ。

「岸屋をやるとは、ひとことも言うちょらん」

②竹蔵は目瞬《まばた》きをして、膝《ひざ》で座敷《ざしき》に入ってくる。

「この期《ご》に及《およ》んで、まだ家業に入られんと仰《おお》せで。ほな、何をなさるご＊3料簡《りょうけん》にござります」

「植学を志《こころざ》す」

「しょく？」

「植物の学問じゃ」

「まだ学問をなさる」

何かに踏《ふ》んづけられたような声で、上半身を後ろにそっくり返らせた。

「学問は一生、いや二生あっても足りん。わしには究《きわ》めたいことが＊4ようけある」

「一生って、ほんなら、この岸屋はどうなさるおつもりにござります。大女将《おおおかみ》、そがに暢気《のんき》に構えておられんと、たまにはなんとか仰せになってくださらんか。こがな＊5自儘《じまま》を許されておっては、岸屋はもとより坊ご自身のためになりませんきに」

祖母様は火鉢に向かって膝を回し、火箸《ひばし》でゆるりと炭を触《さわ》る。猶は茶を啜《すす》っている。

「今、無理に家業に＊6引っ張り込んだち、どうもならんろう。あんたが手こずるだけじゃ」

その通りだと富太郎は膳を脇《わき》に動かし、③祖母様の前へと＊7膝行《しっこう》した。

「実は、小学校には去年の冬から行きやせんかった」

「ほんなら、毎日、どこへ行きよった？」

「伝習所《でんしゅうじょ》」

名教《めいこう》義塾《ぎじゅく》の教授であった茨木《いばらき》先生らが小学校の近くに伝習所を開き、小学校の教員らに学問を授《さず》けている。富太郎はそこに出入りをして、新しい書物が入れば見せてもらったりしている。

2023年度

桐朋中学校 ▶解説と解答

算数 ＜第２回試験＞（50分）＜満点：100点＞

解答

[1] (1) $1\frac{2}{3}$ (2) 7.38 (3) $\frac{3}{10}$ [2] (1) 5分後 (2) 60人 (3) **周の長さ**…23.7 cm, **面積**…17.5cm^2 [3] (1) 54 L (2) **ウ** 1：3 **エ** 1：2 [4] (1) 150 g (2) 439円 (3) 9：13 [5] (1) ***a*** 9 ***b*** 15 (2) ***x*** 28 ***y*** 20 [6] (1) 9 (2) 45 (3) 257 [7] (1) ***A*** 18 ***B*** 56 (2) 72, 78, 98 (3) **最も大きくなるとき**…***A*** 84 ***B*** 95／**２番目に大きくなるとき**…***A*** 75 ***B*** 96

解説

[1] 四則計算

(1) $2\frac{1}{7}-\frac{5}{6}+\frac{5}{14}=2\frac{6}{42}-\frac{35}{42}+\frac{15}{42}=1\frac{48}{42}-\frac{35}{42}+\frac{15}{42}=1\frac{28}{42}=1\frac{2}{3}$

(2) $(2.3-1.4)\times3.2+5.4\div1.2=0.9\times3.2+4.5=2.88+4.5=7.38$

(3) $\left(0.75+\frac{3}{16}\right)\times\left(1\frac{14}{15}-1.8\right)\div\frac{5}{12}=\left(\frac{3}{4}+\frac{3}{16}\right)\times\left(1\frac{14}{15}-1\frac{4}{5}\right)\div\frac{5}{12}=\left(\frac{12}{16}+\frac{3}{16}\right)\times\left(1\frac{14}{15}-1\frac{12}{15}\right)\div\frac{5}{12}=\frac{15}{16}\times\frac{2}{15}\times\frac{12}{5}=\frac{3}{10}$

[2] 旅人算，平均，面積

(1) ２人は１分間に，180＋60＝240(m)ずつ近づくので，出発してから，1200÷240＝５(分後)に出会う。

(2) (合計点)＝(平均点)×(人数)より，右の図１のように表せる。図１で，かげをつけた部分の面積は，男子の合計点と女子の合計点の和を表し，太線で囲んだ部分の面積は全員の合計点を表すので，これらの面積は等しい。よって，アとイの部分の面積は等しくなるから，アとイの縦の長さの比は，(70－66)：(75－70)＝４：５，横の長さの比は，$\frac{1}{4}:\frac{1}{5}$＝５：４となる。したがって，イの横の長さ，つまり，女子の人数は，$135\times\frac{4}{5+4}=60$(人)とわかる。

図１

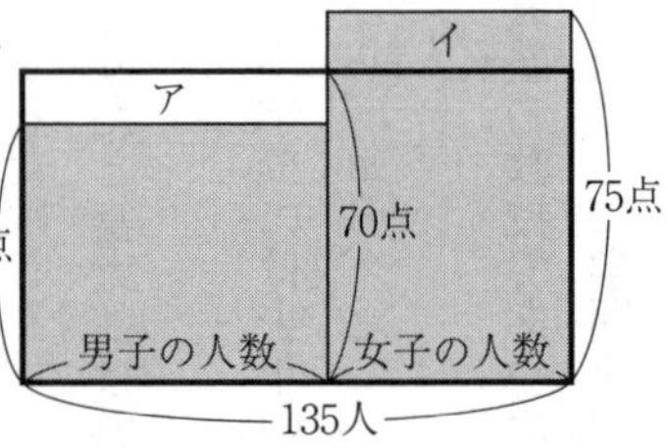

(3) 右の図２で，黒い部分の周のうち，DCの長さは，12－10＝２(cm)，ECの長さは，16－10＝６(cm)である。また，三角形ABCで，角Aと角Bの大きさの和は，180－90＝90(度)だから，２つのおうぎ形を合わせると，半径10cm，中心角90度のおうぎ形になる。よって，２つの曲線部分の長さの和は，$10\times2\times3.14\times\frac{90}{360}=15.7$(cm)となる。よって，黒い部分の周の長さは，２＋６＋15.7＝<u>23.7(cm)</u>と求められる。さらに，三角形ABCの面積は，12×16÷２＝96(cm^2)で，２つの

図２

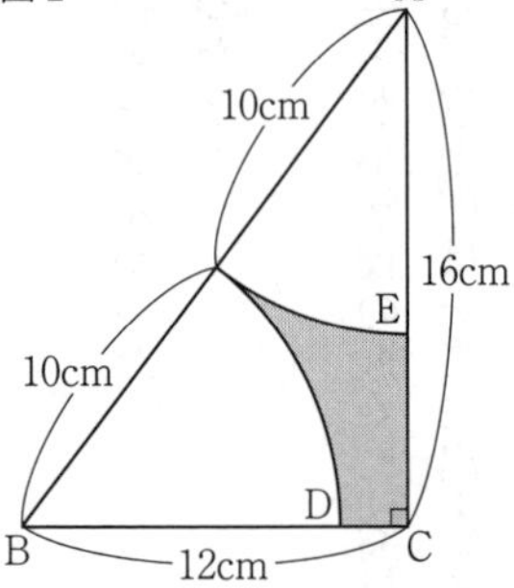

おうぎ形の面積の和は，$10\times10\times3.14\times\frac{90}{360}=78.5(\mathrm{cm}^2)$だから，黒い部分の面積は，$96-78.5=$ $17.5(\mathrm{cm}^2)$と求められる。

3 比の性質

(1)　右の図で，オの左と右に分ける水の量の比は１：２だから，④から出た水の量12Ｌはイから右に流れた水の量の，$\frac{2}{1+2}=\frac{2}{3}$にあたる。よって，イから右に流れた水の量は，$12\div\frac{2}{3}=18$（Ｌ）とわかる。また，イの左と右に分ける水の量の比は２：１だから，18ＬはＢから入れた水の量の，$\frac{1}{2+1}=\frac{1}{3}$にあたる。したがって，Ｂから入れた水の量は，$18\div\frac{1}{3}=54$（Ｌ）と求められる。

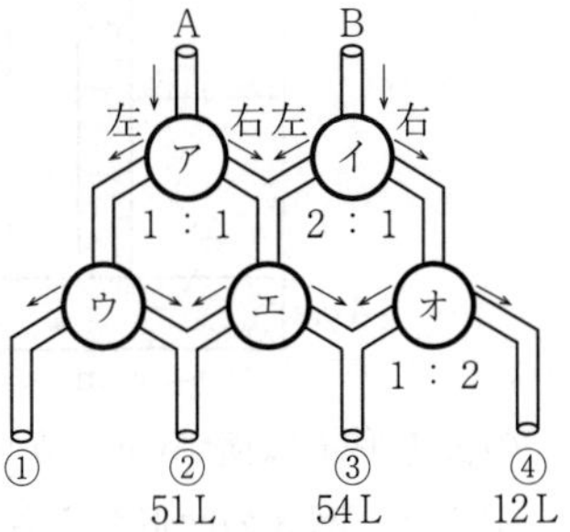

(2)　アからは左と右に，$72\times\frac{1}{1+1}=36$（Ｌ）ずつ水が流れ，イからは左に，54－18＝36（Ｌ）の水が流れる。よって，ウには36Ｌ，エには，36＋36＝72（Ｌ）の水が入ってくる。また，①からは，72＋54－(51＋54＋12)＝９（Ｌ）の水が出るから，ウで左と右に分ける水の量の比は，９：(36－９)＝１：３となる。さらに，エから左に流れた水の量は，51－(36－９)＝24（Ｌ），エから右に流れた水の量は，$54-12\times\frac{1}{2}=48$（Ｌ）だから，エで左と右に分ける水の量の比は，24：48＝１：２とわかる。

4 平均，つるかめ算

(1)　Ａ，Ｂ，Ｃ１ｇあたりの値段は，それぞれ，400÷100＝４(円)，450÷100＝4.5(円)，520÷100＝5.2(円)である。よって，Ａ100ｇは400円，Ｂ300ｇは，4.5×300＝1350(円)だから，買ったＣの代金は，2530－400－1350＝780(円)となる。したがって，Ｃは，780÷5.2＝150(ｇ)買ったとわかる。

(2)　Ｘは混ぜたＡ，Ｂ，Ｃの重さの比が５：３：２なので，Ｘ100ｇには，Ａが，$100\times\frac{5}{5+3+2}=50$(ｇ)，Ｂが，$100\times\frac{3}{5+3+2}=30$(ｇ)，Ｃが，$100\times\frac{2}{5+3+2}=20$(ｇ)入っている。Ａ50ｇの値段は，４×50＝200(円)，Ｂ30ｇの値段は，4.5×30＝135(円)，Ｃ20ｇの値段は，5.2×20＝104(円)だから，Ｘの100ｇあたりの値段は，200＋135＋104＝439(円)となる。

(3)　スパイスＹの１ｇあたりの値段は，430÷100＝4.3(円)なので，Ａ，Ｂの重さをそれぞれ⑤，①とすると，右の図のように表せる。この図で，(アの面積)＝(イの面積)＋(ウの面積)となっていて，ウの面積は，⑤×(4.3－４)－①×(4.5－4.3)＝$\textcircled{1.3}$となるので，ウの長方形の横の長さ(Ｃの重さ)は，$\textcircled{1.3}\div(5.2-4.3)=\textcircled{\frac{13}{9}}$と求められる。よって，混ぜたＢ，Ｃの重さの比は，$1:\frac{13}{9}=9:13$とわかる。

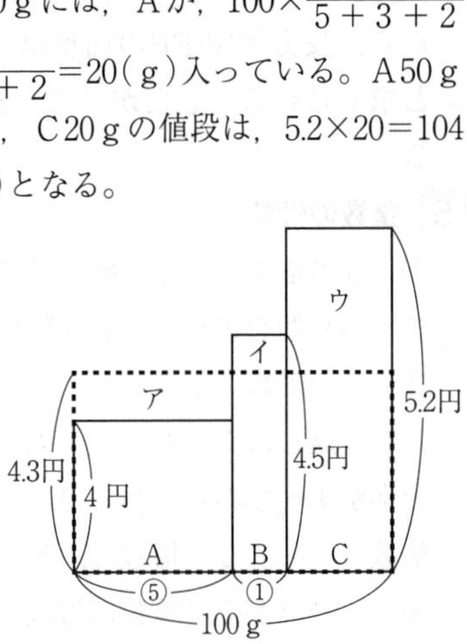

5 平面図形─長さ，面積

(1)　下の図①，図③で，辺の一部を移動して考えると，図①の図形の周の長さは，外側の長方形の周の長さよりも($a\times2$)cmだけ長く，図③の図形の周の長さは，外側の長方形の周の長さよりも($b\times4$)cmだけ長いとわかる。よって，($b\times4$)cmが($a\times2$)cmよりも42cm長いことになる。また，図②の平行四辺形㋐は底辺が($y-b$)cm，高さが，$x-4\times2=x-8$(cm)であり，図③

図①

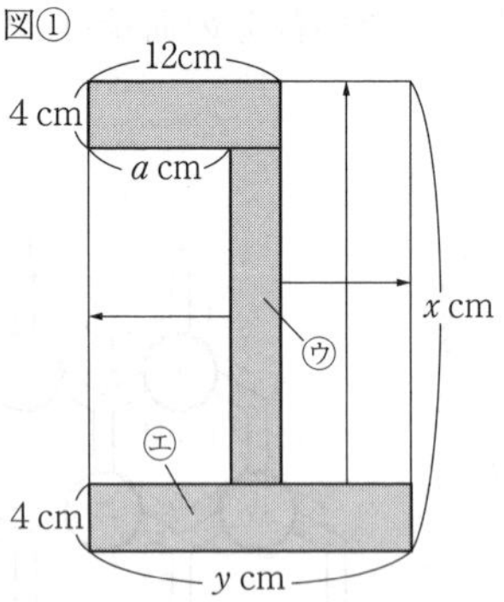

図②

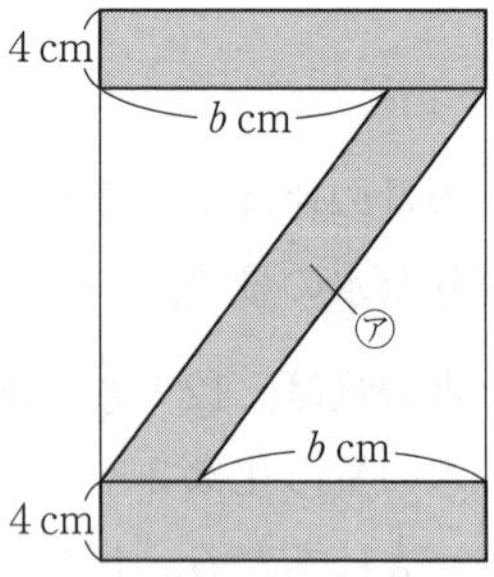

図③

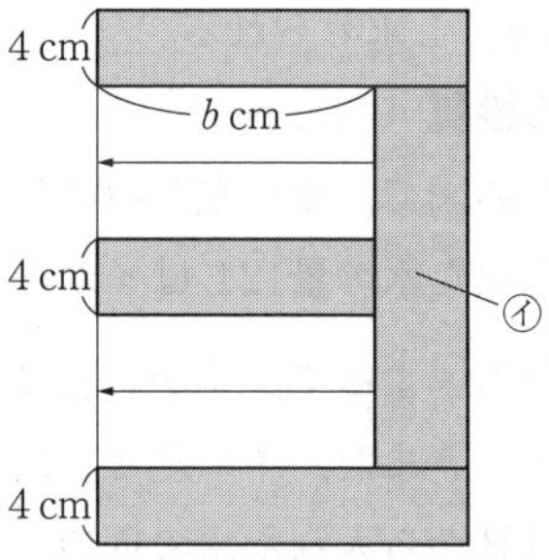

の長方形㋑は横が$(y-b)$cm，縦が，$x-4\times2=x-8$(cm)だから，㋐と㋑の面積は等しい。すると，図③の図形のうち，真ん中にある縦４cm，横$b$cmの長方形を除いた部分の面積が図②の図形の面積と等しくなるから，図③の図形の面積は図②の図形の面積よりも$(4\times b)$cm^{2}大きい。よって，$4\times b=60$(cm^2)より，$b=60\div4=$15(cm)となる。さらに，$15\times4=60$(cm)が$(a\times2)$cmよりも42cm長いので，$a\times2=60-42=18$(cm)より，$a=18\div2=$9(cm)と求められる。

⑵　図①の図形の周の長さは外側の長方形の周の長さよりも，$9\times2=18$(cm)だけ長く，それが114cmだから，外側の長方形の周の長さは，$114-18=96$(cm)となり，$x+y=96\div2=48$(cm)とわかる。また，図①の長方形㋒，㋓の面積の和は，$188-4\times12=140$(cm^2)で，㋒の縦は，$x-4\times2=x-8$(cm)，横は，$12-9=3$(cm)だから，㋒の向きを変えて㋓の横に並べると，右の図④のようになる。ここで，$x+y=48$(cm)より，BDの長さは，$y+x-8=48-8=40$(cm)である。よって，長方形ABDHの面積は，$4\times40=160$(cm^2)だから，長方形GFEHの面積は，$160-140=20$(cm^2)となり，FEの長さは，$20\div(4-3)=20$(cm)と求められる。したがって，$x-8=20$より，$x=20+8=28$(cm)で，$y=40-20=20$(cm)となる。

図④

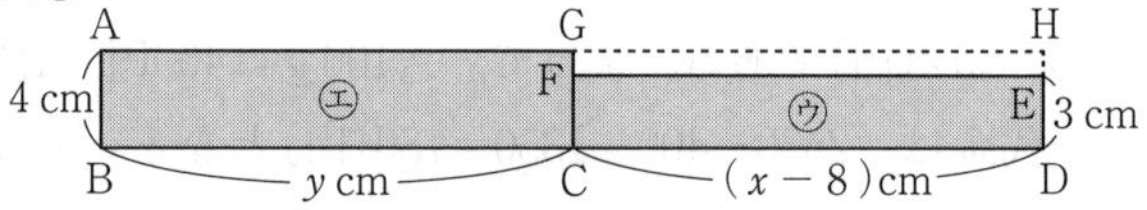

6　整数の性質

⑴　３の倍数を小さい順に書き並べると，3，6，9，12，15，18，21，24，27，…となり，ここまでの９個を書くと，９種類の数字がすべてあらわれるから，〈３〉＝９である。

⑵　２の倍数は小さい順に，2，4，6，8，10，12，…となり，一の位は{2，4，6，8，0}のくり返しになるから，一の位に1，3，5，7，9があらわれることはない。よって，９種類の数字がすべてあらわれるのは，十の位の９が最初にあらわれる90まで書いたときとなる。90までの整数のうち，２の倍数は，$90\div2=45$(個)あるから，〈２〉＝45とわかる。

⑶　一の位が７の整数の倍数を小さい順に書き並べると，一の位は順に７→４→１→８→５→２→９→６→３→…となる。よって，８個書くと３以外の８種類の数字が必ずあらわれ，９個書くと９種類の数字が必ずあらわれるから，Nの一の位が７のとき，〈N〉＝９となるのは，８個目までに３があらわれないときと考えられる。まず，$N=7$のとき，$7\times5=35$より，５個目に３が十の位にあらわれるのでふさわしくない。$N=17$のとき，$17\times2=34$より，２個目で十の位に３があらわれ，同様にNの下２けたが17のときも２個目に３があらわれることがわかる。また，Nの下２けたが07,

27, 47, 67, 87のとき，$N=7$のときと同様に，５個目までに十の位に３があらわれ，下２けたが37のときは１個目で十の位に３があらわれる。そこで，Nの下２けたが57, 77, 97のときについて順に調べる。$N=57$のとき，$57\times 6=342$より，６個目で百の位に，$N=77$のとき，$77\times 3=231$より，２個目で十の位に，$N=97$のとき，$97\times 4=388$より，４個目で百の位にそれぞれ３があらわれる。$N=157$のとき，$157\times 2=314$より，２個目で百の位に，$N=177$のとき，$177\times 2=354$より，２個目で百の位に，$N=197$のとき，$197\times 2=394$より，２個目で百の位にそれぞれ３があらわれる。$N=257$のとき，８個目までの整数は，257, 514, 771, 1028, 1285, 1542, 1799, 2056となり，８個目までに３はあらわれない。よって，求める最も小さいNは257とわかる。

7 整数の性質

(1)　１，５，６，８を選ぶと，残りの５個は２，３，４，７，９だから，AとBの積が２，３，４，７，９の公倍数となればよい。このとき，AとBの積は７の倍数なので，AとBの少なくとも一方は７の倍数にする必要がある。{1，5，6，8}からできる２けたの整数は，{15, 16, 18, 51, 56, 58, 61, 65, 68, 81, 85, 86}の12個あり，この中で７の倍数は56だけである。よって，Aをつくるために並べた数の１つが１で，$A<B$だから，$A=18$，$B=56$となる。このときAは２，３，９の倍数で，Bは４，７の倍数だから，AとBの積も２，３，４，７，９の公倍数になるのでふさわしい。

(2)　Aは45で奇数《きすう》だから，Bが奇数だとすると，AとBの積も奇数になる。しかし，残りの５個の中に偶数《ぐうすう》が必ず１つは含《ふく》まれるから，AとBの積が奇数だと，残りの５個の公倍数にならない。よって，Bは偶数であり，45より大きく，４と５を使っていない数だから，Bとして考えられる整数は，{62, 68, 72, 76, 78, 82, 86, 92, 96, 98}となる。しかし，Bが下線を引いた数のとき，残りの５個の整数の中に７が含まれ，45と下線を引いた数は７の倍数でないから，AとBの積は残りの５個の公倍数にはならない。よって，Bは72, 76, 78, 98のいずれかとわかる。Bが72のとき，残りの５個は{1，3，6，8，9}で，Aは１，３，９の倍数，Bは６，８の倍数だから，AとBの積は１，３，６，８，９の公倍数である。Bが76のとき，残りの５個は{1，2，3，8，9}で，AとBの積は，$45\times 76=45\times 4\times 19$となるが，これは８の倍数でないから，１，２，３，８，９の公倍数でない。Bが78のとき，残りの５個は{1，2，3，6，9}で，Aは１，３，９の倍数，Bは２，６の倍数だから，AとBの積は１，２，３，６，９の公倍数である。Bが98のとき，残りの５個は{1，2，3，6，7}で，AとBの積は，$45\times 98=45\times 2\times 49=90\times 49$となり，90は１，２，３，６の倍数，49は７の倍数だから，AとBの積は１，２，３，６，７の公倍数である。したがって，Bとして考えられる数は72, 78, 98とわかる。

(3)　(2)より，AとBの少なくとも一方は偶数である。また，５の倍数の一の位は０か５なので，AとBに５を使わないとき，AもBも５の倍数にならない。このとき，残りの５個には５が含まれるので，AとBの積は残りの５個の公倍数にはならない。よって，AとBの一方に５を使う必要がある。これらのことをふまえ，AとBの積がなるべく大きくなるように，AとBの十の位が大きいものから順に考えていく。まず，Aの十の位が８，Bの十の位が９のとき，考えられるA，Bの組み合わせと，そのときの残りの５個の整数は右の図１のようになる。(85, 96)，(86, 95)，(85, 94)，(85, 92)，(82, 95)の

図１

(85, 96)，(86, 95)…１，２，３，４，７
(85, 94)，(84, 95)…１，２，３，６，７
(85, 92)，(82, 95)…１，３，４，６，７

とき，AとBの積は７の倍数にならないので，残りの５個の公倍数にならない。(84，95)のとき，84は１，２，３，６，７の公倍数だから，AとBの積は残りの５個の公倍数になる。したがって，AとBの積が最も大きくなるとき，A＝84，B＝95とわかる。次に，Aの十の位が７，Bの十の位が９のときについても同様に考えると，A，Bの組み合わせと，そのときの残り５個の整数は右の図２のようになる。(75，98)，(78，95)のとき，AとBの積は４の倍数にならないので，残りの５個の公倍数にならない。(75，96)のとき，75は１，３の倍数で，96は２，４，８の倍数だから，AとBの積は残りの５個の公倍数になり，(76，95)のときは，AとBの積は３の倍数にならないので，残りの５個の公倍数にはならない。以上より，AとBの積が２番目に大きくなるのは，A＝75，B＝96とわかる。

図２

(75，98)，(78，95)…１，２，３，４，６
(75，96)，(76，95)…１，２，３，４，８
(75，94)，(74，95)…１，２，３，６，８
(75，92)，(72，95)…１，３，４，６，８

社　会　＜第２回試験＞(30分)＜満点：60点＞

解　答

1 **問１**　エ→イ→カ→ア→ウ→オ　**問２**　①　エ　②　オ　③　キ　**問３**　①　与謝野晶子　②　リュイシュン(旅順)　**問４**　①　承久(の乱)　②　源頼朝　**問５**　(例)　市川房枝　**問６**　い　**問７**　ひめゆり(学徒隊)　**問８**　①　津田梅子　②　(例)　幕末に結んだ不平等条約の改正交渉のために派遣されたが，交渉は失敗に終わり，欧米の工業や文化を学んで帰国した。　**2** **問１**　①　石炭　②　鉄鉱石　**問２**　(例)　大都市に近く，輸送の時間や費用を抑えられるから。　**問３**　北東北　**問４**　半導体　**問５**　あ　**問６**　消雪パイプ　**問７**　う，お　**問８**　**ドイツ**…う　**日本**…い　**問９**　え　**3** **問１**　**1**　経済産業　**2**　資本主義　**問２**　**A**　う　**B**　い　**C**　あ　**問３**　い→え→あ→う　**問４**　**ア**　○　**イ**　○　**ウ**　×　**問５**　(例)　中小企業全体で雇っている従業員数は大企業全体の倍以上なのに，中小企業全体の生産額は大企業全体の生産額とあまり変わらない。つまり，従業員１人あたりの生産額は中小企業より大企業の方が大きく，中小企業は大企業より労働生産性が低い，という格差がある。

解　説

1　各時代の資料を題材にした問題

問１　アは明治時代後半，イは鎌倉時代，ウは明治時代末，エは平安時代，オは昭和時代，カは明治時代前半にあてはまる。よって，時代の古い順にエ→イ→カ→ア→ウ→オになる。

問２　①　貴族が寝殿《しんでん》造のやしきに住んでいたのは平安時代のことなので，エがあてはまる。　②　長引く戦争の中で労働力が不足し，中国人や朝鮮《ちょうせん》人を工場や鉱山で働かせたのは昭和時代のことなので，オがあてはまる。　③　書院造の建築様式が広がったのは室町時代のことなので，あてはまるものがない。

問３　①　アの歌は，与謝野晶子《よさのあきこ》が日露戦争(1904～05年)で戦場にいる弟の身を案じてよんだ「君死にたま《(も)》ふ《(う)》ことなかれ」という反戦詩である。晶子は明治時代を代表する女流歌人で，代表的歌集に『みだれ髪《がみ》』がある。　②　この歌がよまれたころ，晶子の弟は中国の遼東《リャオトン》半島南端にあるリュイシュン(旅順)でロシア軍と戦っていた。旅順は日露戦争の激戦地となったところで，軍港の背後にはロシア軍が要塞《ようさい》を築いており，日本軍はこれに攻撃《こうげき》をくり返し，激しい戦いのすえに陥落《かんらく》させた。

問4　①，②　イは，承久の乱(1221年)が起きたさい，朝廷の敵となることに動揺《どうよう》しつつ鎌倉に集まった御家人を前にして，北条政子が行った演説である。政子は鎌倉幕府を開いた源頼朝の妻で，頼朝亡き後，北条一族とともに幕政に深くかかわり，陰《かげ》の実力者として「尼《あま》将軍」とよばれた。承久の乱は後鳥羽《ごとば》上皇が政治の実権を朝廷の手に取りもどそうとして起こした乱であるが，「故右大将様」(頼朝)の御恩《ごおん》の大きさを説いた政子の演説によって幕府軍は結束を固め，わずか1か月で朝廷軍を打ち破った。敗北した後鳥羽上皇は，隠岐《おき》(島根県)に流された。

問5　1911年，女性解放運動家の平塚《ひらつか》らいてう(雷鳥)らは女性のみによる日本初の文芸雑誌「青《せい》鞜《とう》」を創刊し，その冒頭《ぼうとう》でらいてうはウの創刊宣言を行った。その後の1920年，らいてうは，市川房枝や奥むめおらとともに女性の地位向上をめざして新婦人協会を設立した。また，房枝は戦後，参議院議員となり，女性の権利獲得《かくとく》のために活躍《かつやく》した。

問6　エは清少納言が著した随筆《ずいひつ》『枕草子』の書き出しの部分である。よって，「い」の組み合わせがあてはまる。清少納言は平安時代なかばに一条天皇のきさきの定子に仕えた女官で，『枕草子』には四季の移り変わりや宮廷の行事についての感想などが述べられている。なお，紫式部は長編小説『源氏物語』の作者，『竹取物語』の作者は不明。

問7　第二次世界大戦末期の1945年4月，アメリカ軍が沖縄島に上陸し，日本軍との間で激しい地上戦がくり広げられた。このさい，沖縄師範《しはん》学校女子部と沖縄県立第一高等女学校の生徒・教師からなる「ひめゆり学徒隊」が従軍看護要員として動員され，負傷者の看護などにあたったが，激しい戦闘《せんとう》がせまる中で多くの生徒たちが犠牲《ぎせい》となった。

問8　①　津田梅子は初の女子留学生となった5人の中の1人で，明治政府が欧米《おうべい》に派遣《はけん》した岩倉具視《ともみ》を団長とする使節団とともにアメリカに渡った。帰国後，梅子は女子英学塾(現在の津田塾大学の前身)を創立し，女子教育に力をつくした。2024年に新しく発行される5千円札に，その肖像《しょうぞう》が使われる予定である。　②　岩倉使節団の最大の目的は，幕末に幕府が結んだ不平等条約を改正するための交渉《こうしょう》を行うことにあった。しかし，最初に訪れたアメリカが条約改正に応じなかったことから，その後は欧米の進んだ科学技術や文化などの視察に重点を置き，約2年にわたり各国を訪問して帰国した。

2　日本が輸入するおもな資源をもとにした問題

問1　①　石炭はかつて九州の筑豊《ちくほう》炭田や三池炭田，茨城県から福島県にかけての常磐《じょうばん》炭田，北海道の石狩炭田などで多く産出され，日本のエネルギー資源の中心であったが，1950年代以降，その中心が急速に石油にとって代わるエネルギー革命が進んで石炭産業がおとろえたため，現在，ほとんどの炭田が閉山されている。　②　鉄鉱石は鉄鋼業の主要原料で，高度経済成長期に鉄は「産業のコメ」とよばれた。現在でも鉄は産業を支える重要な金属材料で，日本は鉄鉱石の100%をオーストラリアやブラジルからの輸入に頼っている。統計資料は『データブック　オブ・ザ・ワールド』2022年版による(以下同じ)。

問2　資料のグラフの通り，生乳の生産量は北海道が第1位であるが，大消費地の都府県から離《はな》れていることもあり，その大部分はバターやチーズなどの乳製品に加工されている。関東地方の各県が上位に入っているのは，大都市に近く，輸送の時間と費用が抑《おさ》えられるからである。

問３　2021年，三内丸山遺跡《いせき》(青森県)をふくむ北海道と北東北(青森・岩手・秋田の３県)の縄文時代の遺跡が，「北海道・北東北の縄文遺跡群」として，ユネスコ(国連教育科学文化機関)の世界文化遺産に登録された。日本の世界遺産登録地はこれをふくめ，文化遺産が20件，自然遺産が５件の合計25件となっている(2022年末現在)。

問４　現在，先端技術産業に欠かせない半導体が，新しい「産業のコメ」とよばれている。

問５　インドは南アジアの国で，北緯約８度から北緯約37度(国境未確定地域をふくむ)の間に位置する。なお，「い」のエクアドルは南アメリカ大陸，「う」のケニアと「え」のコンゴ民主共和国はアフリカ大陸に位置し，いずれも赤道が通っている。

問６　北陸地方など日本海側の積雪量が多い地域では，道路に雪が積もったり，道路が凍《こお》ったりするのを防ぐため，地下に埋《う》めこんだパイプを通して地下水を路面にまく「消雪パイプ」を利用しているところがある。

問７　カザフスタンは中央アジア，パキスタンは南アジアの国である。よって，「う」と「お」の２つが誤っている。

問８　ドイツは再生可能エネルギーを積極的に活用しており，総発電量に占《し》める再生可能エネルギーの割合がこの中では最も高い。よって，表の「う」があてはまる。日本は再生可能エネルギーの割合は高くないが，火山国ということもあって地熱発電の発電量がこの中では最も多い。よって，表の「い」があてはまる。「あ」は中国(中華人民共和国)，「え」はサウジアラビア，「お」はオーストラリア。

問９　マレーシアは東南アジアの国で，国土が南シナ海をはさんでマレー半島南部とカリマンタン島北部に分かれている。よって，地図中の「え」があてはまる。「あ」はタイ，「い」はベトナム，「う」はフィリピン。

３　日本経済と中小企業の果たす役割についての問題

問１　**１**　中小企業庁は，経済産業省の外局である。　**２**　2021年10月に発足した岸田文雄《きしだふみお》内閣は，「新しい資本主義」を掲《かか》げて経済政策を進めている。

問２　**Ａ**　内閣が必要と認めたとき，あるいは衆参どちらかの議院の総議員の４分の１以上の要求があったときに開かれるのは，臨時国会(臨時会)である。第205回と第207回がこれにあたる。

Ｂ　衆議院が解散されたあと，総選挙が行われた日から30日以内に開かれるのは，特別国会(特別会)である。この国会では，首相の指名選挙が行われる。　**Ｃ**　毎年１回，１月に開かれ，会期が150日間であるのは，通常国会(常会)である。この国会では，来年度予算の審議《しんぎ》が中心になる。

問３　「あ」の復興庁の発足は2012年，「い」の「ベルリンの壁《かべ》」の崩壊《ほうかい》は1989年，「う」の史上初の米朝首脳会談は2018年，「え」のサッカーワールドカップの日韓共同開催《かいさい》は2002年のことである。よって，年代の古い順に，「い」→「え」→「あ」→「う」になる。

問４　**ア**　鉄道運賃は電気・ガス・水道の料金などとともに，国民の生活に欠かせない「公共料金」とされ，その改正には政府の認可が必要である。よって，この文は正しい。　**イ**　労働者に支払われる賃金は，最低賃金制度にもとづき下限が決められている。これを下回ると法律違反《いはん》になるので，この文も正しい。　**ウ**　流通する通貨の量を調整するのは，日本銀行の役割である。よって，この文は誤っている。金融《きんゆう》庁は金融の円滑《えんかつ》化をはかることなどを目的とした内閣府の外局。

問５　図３の「中小企業と大企業の比較《ひかく》」において，企業数では中小企業が全体の99.7％を占めており，日本の産業・経済が中小企業に支えられていることがわかる。しかし，従業員数は大企業の２倍以上いるにもかかわらず，生産額は中小企業と大企業でほとんど変わらない。つまり，従業員１人あたりの生産額は中小企業が大企業の半分ということになり，中小企業と大企業との労働生産性に大きな格差が生じている。このことは，中小企業と大企業に勤める従業員間に賃金格差があるということを示している。

理　科　＜第２回試験＞（30分）＜満点：60点＞

解　答

[1] **問１**　160ｇ　**問２**　解説の図を参照のこと。　**問３**　240ｇ　**問４**　35cm　**問５**　70ｇ　**問６**　140cm　[2] **問１**　イ，エ　**問２**　イ　**問３**　（例）　あらかじめマイタケを加熱し，物質Ｘを熱変性させてから具材として用いる。　**問４**　ウ　**問５**　６種類　**問６**　（例）　解説の図Ⅰ，図Ⅱを参照のこと。　[3] **問１**　**a**　イ　**b**　エ　**c**　ウ　**問２**　b　**問３**　ア，オ　**問４**　ウ　**問５**　消化　**問６**　（例）　細菌が不足して，分裂しなくなったから。　**問７**　ア，ウ　**問８**　（例）　えさを得る場所が異なるので，競争が起こらないから。　[4] **問１**　火星　**問２**　夏　**問３**　（例）　豆電球は赤い方が低温であるため，赤く輝くアンタレスの方が低温と考えられる。　**問４**　イ，カ　**問５**　イ，カ　**問６**　エ　**問７**　解説の図を参照のこと。

解　説

[1]　ばねの伸《の》びについての問題

問１　おもりをつるしていないときの長さが８cmのばねＢは，40ｇのおもりをつるすと，10－８＝２(cm)伸びるので，16－８＝８(cm)伸ばすには，$40\times\frac{8}{2}=160$(ｇ)のおもりをつるせばよい。また，図１のグラフから，160ｇのおもりをつるしたときに，長さが16cmになることも読み取れる。

問２　ばねＣのおもりの重さが０ｇ(おもりをつるしていない)のときの伸びは０cmである。また，おもりの重さが，$30\times\frac{2}{1}=60$(ｇ)のときに伸びは２cmとなる。よって，ばねの伸びを表す縦軸《じく》の１目もりは，10÷５＝２(cm)だから，この２点を通るように直線を引くと，ばねＣにつるしたおもりの重さとばねの伸びの関係は，右上の図のようになる。

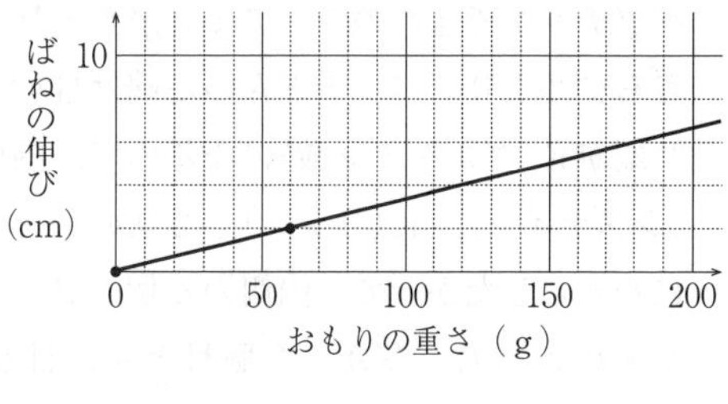

問３　おもりをつるしていないときの長さが12cmのばねＣは，30ｇにつき１cmずつ伸びるので，20－12＝８(cm)伸ばすためには，$30\times\frac{8}{1}=240$(ｇ)のおもりをつるせばよい。

問４　おもりをつるさずにばねＢとばねＣをつなぐとばね全体の長さは，８＋12＝20(cm)になる。また，60ｇで，$2\times\frac{60}{40}=3$(cm)伸びるばねＢと，60ｇで２cm伸びるばねＣを図２のようにつないだものは，60ｇで，３＋２＝５(cm)伸びる長い１本のばねと考えることができる。したがって，この長いばねに180ｇのおもりをつるすと，$5\times\frac{180}{60}=15$(cm)伸びて，全体の長さは，20＋15＝35

(cm)になる。

問５　図２のばねＢを，30ｇで，18－16＝２(cm)伸びるばねＡにかえたものは，おもりをつるしていないときの長さが，16＋12＝28(cm)で，30ｇで，２＋１＝３(cm)伸びる１本の長いばねと考えることができる。この長いばねを，35－28＝７(cm)だけ伸ばすには，$30\times\frac{7}{3}=70$(ｇ)のおもりをつるせばよい。

問６　ばねＡに180ｇのおもりをつるすと，$2\times\frac{180}{30}=12$(cm)伸びて，16＋12＝28(cm)になる。一方，問４より，ばねＢとばねＣをつないだものに180ｇのおもりをつるすと，全体の長さは35cmになる。よって，ばねＡの数を増やすと，その長さは(28の倍数)cmとなり，ばねＢとばねＣを組み合わせたものの数を増やすと，その長さは(35の倍数)cmとなる。したがって，この２つが最も短くて同じ長さになるのは，28と35の最小公倍数の140cmのときと考えられる。

2　アミノ酸の組み合わせとタンパク質についての問題

問１　炭水化物(でんぷん)，タンパク質，脂質《ししつ》の３つを三大栄養素といい，人間が生きていくのに必要な栄養素で主なエネルギー源となる。さらに，健康な状態を維持《いじ》するために必要なビタミンやミネラルを加え，五大栄養素ということもある。

問２　パイナップルを肉と一緒《いっしょ》に調理すると，パイナップルに含《ふく》まれる酵素《こうそ》によって肉のタンパク質が分解され，肉がやわらかくなることが知られている。キウイやパパイヤ，メロンなどにも，同じはたらきを持った酵素が含まれる。

問３　茶碗《ちゃわん》蒸しの中に入れるマイタケをあらかじめ加熱しておくと，マイタケに含まれる物質Ｘが熱変性して，卵のタンパク質を分解しなくなるので，卵が固まる。

問４　アルカリ性の水溶液《すいようえき》を赤色のリトマス紙につけると，青色に変化する。

問５　３種類のアミノ酸を順番に３つ並べる方法は，３×２×１＝６(通り)あるので，６種類のペプチドができる。

問６　５種類のアミノ酸をそれぞれ表のアルファベットで区別し，それを◆末端《まったん》から順に６個つなげたペプチドＡを考える。①より，５種類のアミノ酸のうちで１種類だけが２個含まれているとわかり，④より，２個含まれるアミノ酸はＦ(フェニルアラニン)だとわかる。また，④では３種類のペプチドができたので，アミノ酸Ⅲ～Ⅴはいずれもアミノ酸２個がつながったペプチドだとわかる。さらに②より，ペプチドＡの左端《はし》はＧ(グリシン)で，右端がＥ(グルタミン酸)になるので，内側の４個はＣ(システイン)，Ｋ(リシン)，２個のＦをつなげたものになる。したがって，内側の４個のアミノ酸をつなげたもののうち，左から２個目と４個目がＦと決まる(Ｇ□Ｆ□Ｆ Ｅ)。これらのことから，□にそれぞれＣとＫを入れた，右の図Ⅰまたは図Ⅱのいずれかが考えられる。

図Ⅰ

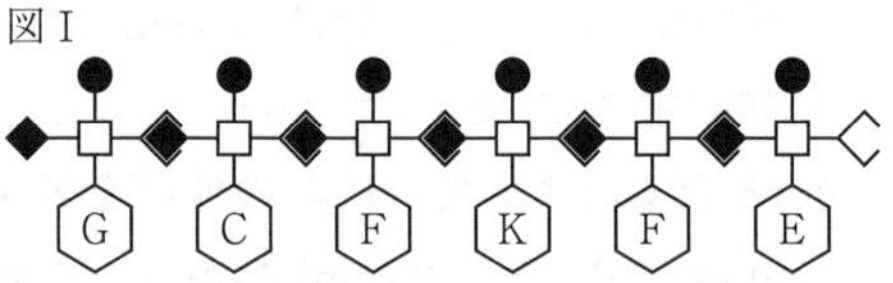

図Ⅱ

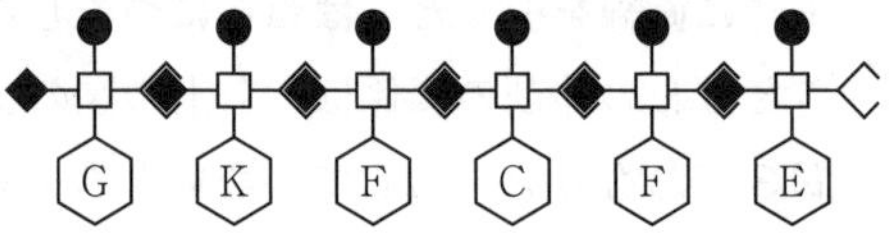

3　水中の小さな生物についての問題

問１　ａのミジンコ，ｂのミドリムシ，ｃのミカヅキモのような水の中の小さな生物をプランクトンという。

問２　同じ大きさで見ることができたプランクトンのうち，より高倍率で見たものほど，実際の大きさは小さい。

問３　葉緑体では光のエネルギーを利用して，水と二酸化炭素からでんぷんと酸素をつくっている。このはたらきを光合成という。

問４　ミドリムシとミカヅキモは葉緑体を持っていて光合成するので，他の生物を食べることはない。一方，ミジンコはミドリムシとミカヅキモのような他の小さい生物を食べて生活している。

問５　食べたものを細かく分解して，体内に吸収できるようにするはたらきを消化という。

問６　ゾウリムシの数が12日目以降で増えなくなるのは，えさとなる細菌《さいきん》が足りなくなったために，ゾウリムシが分裂《ぶんれつ》できるほど成長できなくなったことが原因だと考えられる。

問７　図２で８日目の個体数を見ると，ゾウリムシＹの数がゾウリムシＸの２倍以上になっているため，８日目まではゾウリムシＹの方がより多く分裂しているとわかる。また，８日目以降は，ゾウリムシＸとの競争に負けてゾウリムシＹの数がどんどん減少している。

問８　ゾウリムシＹとゾウリムシＺでは，容器内でえさを得る場所が異なっているため，どちらのゾウリムシも細菌を食べることができ，24日目にも共存できたと考えられる。

４　いろいろな星座についての問題

問１　火星の表面には，さびた鉄(赤さび)でできた岩石や砂が多くあるため，夜空で観察すると赤く見える。一方，自ら光を出して輝《かがや》いているアンタレスは，その表面の温度が他の恒星《こうせい》とくらべて低いため，赤くなって見える。

問２　さそり座とわし座は，はくちょう座やこと座と同様に，夏の夜空で観察することができる。また，冬の南の空高くにオリオン座が見えるとき，その少し左下におおいぬ座，少し右上におうし座を見ることができる。なお，おおぐま座の中にある７つの星の集まりを北斗《ほくと》七星といい，水をすくうひしゃくにたとえられ，北の空で観察される。

問３　豆電球に流れる電流が小さくて暗いときは，フィラメントが赤くなっているようすを観察することができ，温度が高くなるにつれて白っぽくなっていく。このことから，赤く見えるアンタレスの方が低い温度だと考えられる。

問４　問２の解説を参照のこと。

問５　詩では，「つゆ」と「しも」はオリオン座に続いているので，季節が冬であることに注意する。したがって，つゆは梅雨ではなく露《つゆ》で，空気中の水蒸気が冷やされて，葉などについた水滴《すいてき》のことであり，霜《しも》は，空気中の水蒸気が冷やされて葉などについてできた小さな氷の粒《つぶ》のことである。

問６　無数の恒星が集まってできたかたまりを銀河という。エの写真のように見えるアンドロメダ銀河は，地球から肉眼で見える最も遠い天体で，およそ250万光年離《はな》れた場所にある。

問７　図の中央にあるのがこぐま座，右上にあるのが北斗七星を含むおおぐま座，左下にあってＷの形にならんだものがカシオペア座である。右の図のように，北斗七星のひしゃくの先の部分を５つ分延長した場所に，こぐま座に含まれる北極星を見つけることができる。

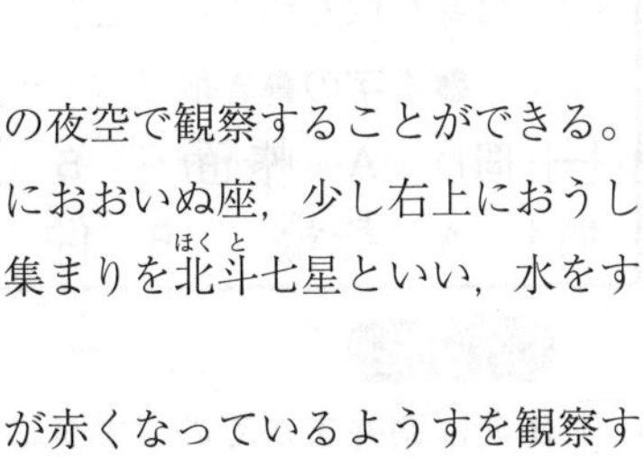

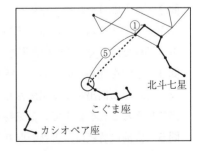

国　語　＜第２回試験＞（50分）＜満点：100点＞

解　答

一　**問１**　イ　**問２**　ウ　**問３**　ウ　**問４**　（例）　目標を持って努力する孫を見守る優しい気持ちと，孫の新たな門出の記念にお祝いできることを喜んでいる気持ち。　**問５**　イ　**問６**　Ⅰ　腕　Ⅱ　耳　**問７**　イ　**問８**　エ　**問９**　（例）　学問とは，学んだことの小さな積み重ねがいずれ大きな成果を生み，またひとつの事実が別のことがらにつながって広がっていくものであり，いくら追求しても興味や学ぶことがつきることはないこと。　**問10**　エ，オ　**問11**　下記を参照のこと。　**二**　**問１**　下記を参照のこと。　**問２**　みんながで きることができず，みんながやらないことばかりやる(から。)　**問３**　Ⅰ　エ　Ⅱ　オ　Ⅲ　イ　**問４**　自然に(自然と)　**問５**　（例）　みんなと同じようでなければならず，またみんながやらないことをやってはいけないと考え，自分のできないことや本当はしたいことを隠し，自分をいつわって生きることに苦しさを感じていたということ。　**問６**　オ　**問７**　（例）　作家となり，筆者の一個人としての性質が生活においての大きな問題でなくなり，周囲も筆者を非難したり心配したりするのではなく，受け入れてくれるような人々に囲まれるようになったことで，自身を取りつくろう必要がなくなったから。

●漢字の書き取り

一　**問11**　Ａ　帳面　Ｂ　承知　Ｃ　額　Ｄ　拡大鏡　Ｅ　博物図　**二**　**問１**　Ａ　転機　Ｂ　件

解　説

一　**出典は朝井《あさい》まかての『ボタニカ』による。**幼い牧野富太郎の，家業の造り酒屋をつがずに植物学の道に進みたいという志を，祖母のお浪《なみ》は優《やさ》しく受け入れる。

問１　小学校を退校すると富太郎が言うのを聞いてあわてて戻《もど》ってきた竹蔵《たけぞう》は，富太郎がようやく岸屋をつぐ気になったものと早合点《はやがてん》して喜んでいるので，イがよい。なお，落ち着きのないようすが傍線《ぼうせん》部①からは感じられるので，アはふさわしくない。

問２　小学校を退校するという富太郎の言葉に，てっきり家業をつぐ決心をしたものとかんちがいした竹蔵は，そんなことは言っていないと言う富太郎の言葉におどろく。家業をつぐのでなければ何をするつもりなのか，と言う次の竹蔵の言葉から，ウがふさわしいとわかる。

問３　富太郎はそろそろ岸屋をつぐべきだと考える竹蔵に対し，祖母はあくまでも富太郎の意志を尊重する考えを示している。その祖母の言葉をきっかけにして，富太郎はこの後，実は去年の冬から小学校ではなく伝習所《でんしゅうじょ》で学問をしていたと打ち明けているので，ウがあてはまる。

問４　学問を究《きわ》めたいという目標を持ち，努力する孫の富太郎の希望をかなえようと，小学校を退校して新たな門出をする記念として筆を贈《おく》ることを祖母は決める。孫を見守る優しい気持ちと，門出を祝えることを喜んでいる気持ちが，おおらかに優しくほほえむ表情からうかがえる。

問５　直前に竹蔵は，書物の取り寄せを頼《たの》んでいる鳥羽屋《とばや》に使用人たち一年分の給料と同じくらいの支払《しはら》いをしているということを，お浪に訴《うった》えたが，問題だととらえてはもらえなかった。富太郎は家業をつがずに学問を続けようとしているうえ，お浪もその態度なので，竹蔵は失望し，岸屋の将来を心配しているのである。

問６　Ⅰ「暖簾《のれん》に腕押《うでお》し」は，てごたえがないこと。　Ⅱ「馬の耳に念仏」は，忠告を聞き流すこと。

問７「お為《ため》ごかし」は，相手のためのようによそおって，実際は自分の利益のために動くこと。血のつながりのない祖母のお浪と幼い孫の富太郎が残されたことを気の毒がっているようなことを言いながら，興味本位で下心があるような年寄りたちのようすを「お為ごかし」とお浪は言っている。

問８　富太郎の父母と祖父が亡くなった後，血のつながりのない祖母のお浪と富太郎が残されたが，お浪は興味本位でうわさをする世間の目を「大きなお世話」と退け，富太郎を守ろうとする姿勢を見せた。したがって，エが選べる。

問９　傍線部⑧の最初の「それ」は，直前の二文の内容を指している。学問への興味や学ぶことはつきることがなく，一つの事実が別のことがらにつながって広がっていくことを，山の奥《おく》にどんどん足を踏《ふ》み入れてゆく感じや葉脈にたとえている。また，小さな学びを積み重ねるとやがて大きな成果につながることを，葉が並んで枝になり，何本もの枝は幹から分かれて樹木を形成し，その木々が緑の森を，森が山を形成していることにたとえている。

問10　鶯《うぐいす》が鳴くには早い時期なのに鶯の鳴き声が聞こえたように感じ，富太郎は山に分け入ろうと走り出しているので，自分の知識でははかりきれない自然の奥深さに心をうばわれているといえる。また，植物学を究めようという決意を祖母に伝えたこの日，不思議に満ちている山に分け入っていこうとするのだから，望む未来に踏み出すことに気持ちがたかぶっているとも読める。

問11　Ａ　字や絵を書きつけるために紙をとじたもの。ノート。　Ｂ　知っていること。わかっていること。　Ｃ　音読みは「ガク」で，「額面」などの熟語がある。「額を集める」は，人が集まって熱心に相談するようす。　Ｄ　レンズを使って対象物を大きくして見るめがね。虫めがね。　Ｅ　理科で使う標本の絵や図をかけ軸《じく》のようにしたもの。

二　**出典は二宮敦人《にのみやあつと》の「特に秘密，ありません」による。**色々と普通《ふつう》ではない筆者は普通になりたいために自分をいつわってきたが，作家になったことが転機となり，秘密がなくなったと語っている。

問１　Ａ　生き方を変えるきっかけ。　Ｂ　ことがら。

問２　自分は人間ではないと考える筆者は，多分自分は宇宙か何かから来たのだろうと次の文で書いている。五段落後には，「みんなができることができず，みんながやらないことばかりやる」ために，筆者は自分を宇宙から来たと考えていると述べている。

問３　Ⅰ　筆者は，自分のことを「色々と普通ではない」とし，自分の年齢《ねんれい》を覚えられないなどの例を後にあげている。よって，具体的な例をあげるときに用いる「たとえば」が入る。　Ⅱ　前には，普通の人が苦もなく自分の年齢を覚えているのに対し，筆者は覚えられないと書かれている。後には，普通の人はしていないが，筆者は着るもの全てのだいたいの使用回数を把握《はあく》していると書かれている。よって，“反面”という意味の「一方で」が合う。　Ⅲ　後には「地球人でないと怒《おこ》られる」とあるが，その理由は前に「この星は地球人の星である」と述べられている。よって，前のことがらを理由・原因として，後にその結果をつなげるときに用いる「だから」が選べる。

問４「苦もなく」は，“苦労せずに，たやすく”という意味。次の段落には，みんなが苦もなく年齢を数えられるように，筆者は「自然と」着るもの全ての使用回数を把握していると書かれている。

また，学校のプリントをみんなが持って帰るのと同じように，「自然に」プリントを机の中に放りこんで丸めてしまうとも後に書かれている。

問５　みんなができることができず，みんながやらないことばかりやる筆者は，みんなと同じように「普通」になり，みんながやらないことをしてはいけないと考えた。そのため，学校からのプリントの持ち帰りなど自分のできないことや，髪《かみ》の毛を貯《た》めるといった本当はしたいことを隠《かく》し，「秘密」をたくさん持っていたが，本当の自分をいつわっているため息苦しさを感じていたのである。

問６　直前の文に「小説が面白《おもしろ》ければ良いのだ」とあるとおり，作家はたとえ変わり者であろうと，作品が面白くありさえすれば良いのだと筆者は考えている。傍線部④は，小説は内容以外のもので評価を上げることはできないので，作家は面白い小説を書き続けるしかないという意味になる。

問７　筆者は以前，みんなはできるのに筆者はできないことや，みんなはしないのに筆者はしたいことを隠すため，「秘密」をたくさん持っていた。だが，書く小説さえ面白ければ，筆者の個人的な性質は生活上の大きな問題とはされない作家となったため，周囲も筆者を非難したり心配したりせず受け入れてくれるような人たちばかりになり，筆者も自身を取りつくろう必要がなくなって「秘密」もなくなったのである。

Memo

Memo

2022年度　桐 朋 中 学 校

〔電　話〕（042）577－２１７１
〔所在地〕〒186-0004　東京都国立市中３－１－10
〔交　通〕JR中央線－「国立駅」より徒歩15分
JR南武線－「谷保駅」より徒歩15分

【算　数】〈**第１回試験**〉（50分）〈満点：100点〉

１　次の計算をしなさい。

(1)　$1\frac{3}{4}-\frac{23}{28}+\frac{3}{14}$

(2)　$3\times1.35-(3.1-1.45)\div2.2$

(3)　$\frac{5}{8}\div(7.5-1.25)+0.75\times\frac{1}{3}$

２　次の問いに答えなさい。

(1)　100円玉と500円玉が合わせて28枚あり，金額の合計は10000円です。500円玉は何枚ありますか。

(2)　てんびんを使って，ゴルフボール，野球ボール，バスケットボールの重さを比べました。ゴルフボール32個は野球ボール10個とつりあい，野球ボール25個はバスケットボール６個とつりあいました。ゴルフボール120個はバスケットボール何個とつりあいますか。

(3)　合同な長方形が４個あります。この４個の長方形を，右の図のようにすき間《ま》なく並べてできる図形の周の長さは40cm，面積は70cm²です。このとき，１個の長方形の周の長さは何cmですか。

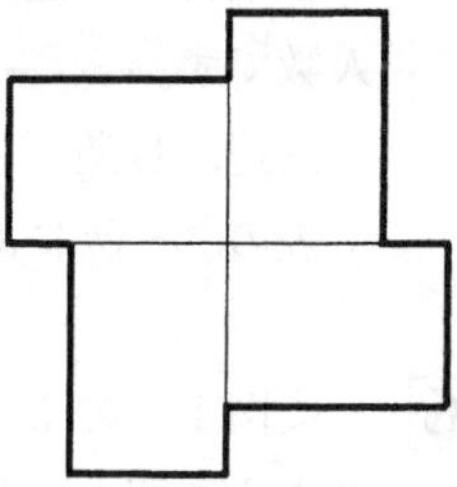

３　右の図のような長方形ABCDの土地があり，黒い線上に旗を立てます。

まず，A，B，C，D，E，Fに旗を立て，次に，黒い線上で隣り合う旗がすべて等間隔《かく》になるように旗を立てます。

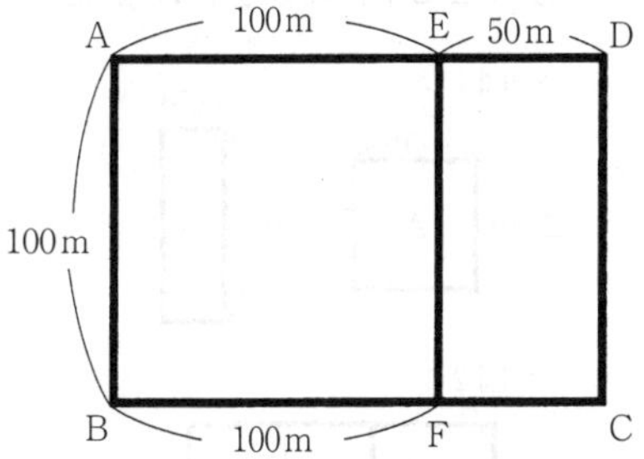

(1)　10m間隔で旗を立てるとき，黒い線上に立つ旗の本数は何本ですか。

(2)　黒い線上に立つ旗の本数が239本のとき，旗の間隔は何mですか。

４　湖のまわりを１周するサイクリングコースがあります。Aさん，Bさんの２人は自転車でこのサイクリングコースを１周しました。Aさんは，サイクリングコース上のP地点を出発し，28分後にP地点に戻りました。Bさんは，Aさんと同時にP地点を出発し，Aさんとは反対の方向に１周しました。２人は出発してから15分45秒後にすれちがいました。

(1)　Aさんの速さとBさんの速さの比を求めなさい。

(2)　AさんがP地点に戻ったとき，BさんはP地点まであと1960mの地点にいました。サイクリングコース１周の長さは何mですか。答えだけでなく，途中の考え方を示す式や図などもかきなさい。

5　下の表は，ある中学校でA週，B週，C週の月曜日から金曜日までにパンを食べた人の人数を曜日ごとに調査した結果です。パンを食べた人はA週の月曜日が36人，B週の月曜日が54人，C週の火曜日が36人です。また，パンを食べた人の合計は月曜日が117人，金曜日が90人です。数字の入っていないところはまだ記入していません。

（人）

	月曜日	火曜日	水曜日	木曜日	金曜日	合計
A週	36				㋔	
B週	54	㋐		㋒		
C週		36	㋑		㋕	
合計	117			㋓	90	

月曜日のA週，B週，C週の人数と火曜日のA週，B週，C週の人数の比は同じです。

水曜日の人数の合計は火曜日の人数の合計と同じです。水曜日はA週とC週の人数の平均がB週の人数と同じです。また，水曜日はA週とB週の人数の合計がC週の人数と同じです。

金曜日のA週，B週，C週の人数はそれぞれ木曜日のA週，B週，C週の人数より20%多い人数です。

A週，B週，C週のそれぞれの月曜日から金曜日までの人数の合計は200人以下です。

表の㋐～㋕にあてはまる数字を書きなさい。

6　＜図１＞のような正方形Aと長方形Bがあります。いくつかの正方形Aといくつかの長方形Bをすき間なく並べて１つの四角形(長方形や正方形)をつくります。＜図２＞は，１個の正方形Aと２個の長方形Bを並べてつくった四角形の１つです。

＜図１＞

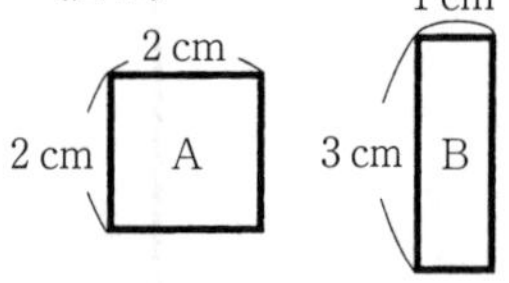

＜図２＞

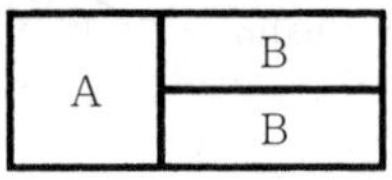

(1)　１個の正方形Aと４個の長方形Bを並べてつくることができる四角形の周の長さは何cmですか。考えられる長さをすべて書きなさい。

(2)　４個の正方形Aといくつかの長方形Bを並べて１辺の長さが５cmの正方形を１つつくりなさい。＜図２＞のように，正方形Aと長方形Bの辺がはっきりわかるようにかきなさい。また，A，Bの文字もかきなさい。解答用紙の図は１cmの方眼です。下の図を利用して考えてかまいません。

(3)　いくつかの正方形Aといくつかの長方形Bを並べて１辺の長さが７cmの正方形をつくりま

す。正方形Ａと長方形Ｂを合わせていくつ並べてつくりますか。考えられる個数をすべて書きなさい。また，最も個数が少なくなるときの並べ方の１つを(2)と同じようにかきなさい。下の図を利用して考えてかまいません。

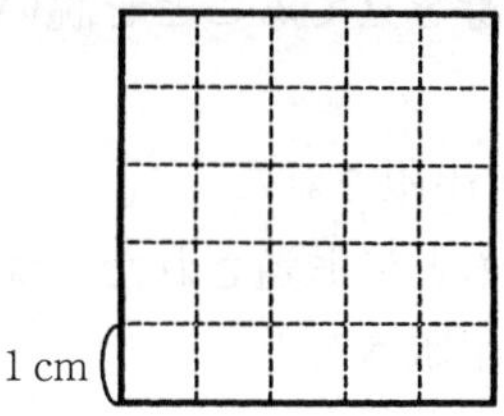

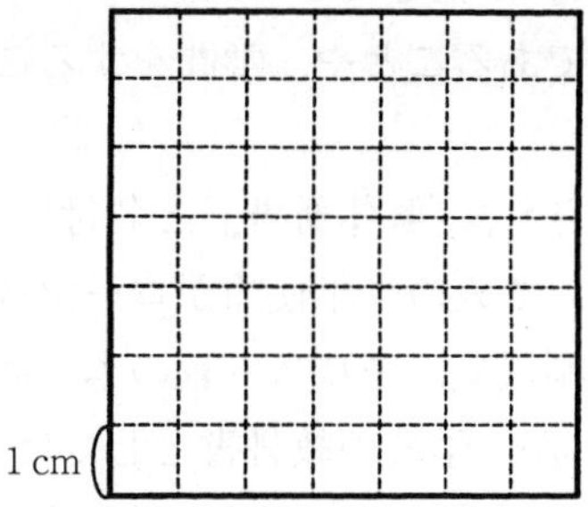

7　５つの数６，７，８，９，10をすべて使い，それらを下の[あ]，[い]，[う]，[え]，[お]に１つずつあてはめて，足し算の式をつくります。

$$\boxed{\text{あ}}+\frac{\boxed{\text{い}}}{2}+\frac{\boxed{\text{う}}}{3}+\frac{\boxed{\text{え}}}{4}+\frac{\boxed{\text{お}}}{5}$$

この式を計算した値をPとします。

たとえば，[あ]が７，[い]が８，[う]が10，[え]が６，[お]が９のとき，足し算の式は$7+\frac{8}{2}+\frac{10}{3}+\frac{6}{4}+\frac{9}{5}$となり，これを計算して$P=\frac{529}{30}$となります。

(1)　考えられるPのうち，最も小さい数はいくつですか。

(2)　$P=18$のとき，[あ]，[い]，[う]，[え]，[お]にあてはまる数を求めなさい。たとえば，[あ]が７，[い]が８，[う]が10，[え]が６，[お]が９のとき，(7，8，10，6，9)のように書きなさい。

(3)　$P=\frac{1031}{60}$のとき，[あ]，[い]，[う]，[え]，[お]にあてはまる数を求めなさい。考えられるものをすべて(2)と同じように書きなさい。

【社　会】〈**第１回試験**〉（30分）〈満点：60点〉

1　次の**ア**～**カ**の文を読み，問いに答えなさい。

ア．天皇の命令で，『古今和歌集』が編さんされた。

イ．人間は生まれながらに平等であることや，学問をすることで身を立てることを説いた『学問のすゝめ』が出版された。

ウ．オランダの医学書がほん訳され，『解体新書』と名付けられて出版された。

エ．イタリア人宣教師とともに，４人の少年使節がローマ教皇のもとに派遣《はけん》された。帰国後，彼《かれ》らが持ち帰った活版印刷機で，キリスト教の本や辞書が出版された。

オ．『あたらしい憲法のはなし』が，学校の教科書として使われた。

カ．中国の歴史書の「魏志倭人伝」に，倭では男の王が治めていたが，争いが続いたので，相談して卑弥呼という女性を王に立てたと記された。

問１．**ア**～**カ**の文があらわしている時代を古い方から順にならべかえて，記号で答えなさい。

問２．次の①～④の文は，**ア**～**カ**の文のあらわす時代のどれと関係が深いか，記号で答えなさい。

①　ききんで苦しむ人びとを救おうと，大阪で大塩平八郎が反乱を起こした。

②　藤原道長が摂政となり，天皇に代わって政治をおこなった。

③　千島列島を日本の領土とし，樺太をロシアの領土とする条約が結ばれた。

④　豊臣秀吉が刀狩り令を出して，村の百姓から刀や鉄砲などの武器を取り上げた。

問３．**ア**の文について。

①　この和歌集をまとめる中心となり，かな文字を用いて『土佐日記』を書いたことでも知られる人物はだれか，漢字で答えなさい。

②　この天皇のとき，政敵によって都から九州の大宰府に追われ，その地で亡《な》くなったが，のちに学問の神様としてまつられた人物はだれか，漢字で答えなさい。

問４．**イ**の文について。

①　この書物を書いた人物はだれか，漢字で答えなさい。

②　このころ，政府は税のしくみを変える改革を進めました。どのような目的で，どのように変えたのか，説明しなさい。

問５．**ウ**の文について。杉田玄白とともに，ほん訳の中心的役割をはたした中津藩の医者はだれか，漢字で答えなさい。

問６．**エ**の文について。鹿児島にやってきて，はじめてキリスト教を日本に伝えたスペイン人の宣教師はだれか，答えなさい。

問７．**オ**の文について。この時代のできごとについて述べたものを，次の中から一つ選び，記号で答えなさい。

あ．米騒動が全国に広がり，政府はさわぎをしずめるために軍隊まで出動させた。

い．地主の土地を買い上げて小作農に安く売る農地改革が行われた。

う．ノルマントン号事件をきっかけに，不平等条約改正の声が高まった。

え．全国の産物が集まり取り引きされる大阪は，「天下の台所」と呼ばれて栄えた。

問８．**カ**の文について。卑弥呼は当時中国にあった有力国の魏に使いを送っていますが，その目的について説明しなさい。

2　次の文章を読み，下の問いに答えなさい。

日本の都道府県の中には，各都道府県の象徴《しょうちょう》として「都道府県の木」や「都道府県の鳥」，「都道府県の花」などを定めているところが数多くあります。これらの木や鳥，花には地域を代表する，住民になじみ深いものが選ばれることが一般的《いっぱんてき》です。青森県の花である［1］の花や，愛媛県の花である［2］の花はその好例です。

また，東京都では，［3］が都の木，(1)ユリカモメが都の鳥，(2)ソメイヨシノが都の花にそれぞれ指定されています。［3］の木は街路樹として全国各地に植えられていることもあり，大阪府の木にも選ばれています。

木や鳥，花だけでなく，「県の魚」が定められている県も一部存在します。「県の魚」には，［★］県の越前《えちぜん》ガニや広島県の［4］のように，その県での漁獲《ぎょかく》量が多いものや郷土料理に使用されているものなど，住民に身近な魚介《ぎょかい》類が指定されています。

一方，都道府県の象徴となっているものは動植物だけではありません。住民の郷土愛を高め，地域の発展を願うものとして「都道府県の歌」も制作されており，中でも，(3)長野県の歌である(4)『信濃《しなの》の国』は，県民に広く定着しています。

問１．文章中の［1］～［4］にあてはまる言葉として最もふさわしいものを，次の**あ**～**く**からそれぞれ選び，記号で答えなさい。

あ．イチョウ
い．ウメ
う．ケヤキ
え．ミカン
お．リンゴ
か．カキ
き．タイ
く．ブリ

問２．文章中の［★］にあてはまる県名を答えなさい。

問３．次の**表１**は，六つの道・県が指定している「都道府県の木」，「都道府県の鳥」，「都道府県の花」を示したものです。**あ**～**か**は，沖縄県，香川県，富山県，新潟県，北海道，山形県のいずれかです。香川県，新潟県，山形県を示すものをそれぞれ選び，記号で答えなさい。

表１

	都道府県の木	都道府県の鳥	都道府県の花
あ	エゾマツ	タンチョウ	ハマナス
い	オリーブ	ホトトギス	オリーブ
う	サクランボ	オシドリ	ベニバナ
え	タテヤマスギ	ライチョウ	チューリップ
お	ユキツバキ	トキ	チューリップ
か	リュウキュウマツ	ノグチゲラ	デイゴ

問４．次の**表２**は，**表１**と同じ六つの道・県の面積，人口，道・県庁所在地である市の人口(いずれも2020年)，農業就業人口(2015年)，製造品出荷額等(2017年)を示したものです。**表１**の**あ**，**お**，**か**の道・県を示すものを，**表２**の**A**～**F**からそれぞれ選び，記号で答えなさい。

表２

	面積（km^2）	道・県の人口（万人）	道・県庁所在地である市の人口（万人）	農業就業人口（千人）	製造品出荷額等（十億円）
A	2,281	146	32	20	480
B	1,877	97	42	30	2,576
C	4,248	104	41	21	3,864
D	12,584	222	78	79	4,866
E	83,424	523	194	97	6,131
F	9,323	107	24	54	2,899

（『データブック オブ・ザ・ワールド』より作成）

問５．下線部(1)について。ユリカモメは，日本の主要な貿易港である東京港の一帯を走る鉄道路線の愛称《あいしょう》にもなっています。次の**表３**は，東京港，名古屋港，横浜港における輸出額，輸入額，主要な輸出品目・輸入品目の上位三つ（いずれも2019年）を示したものです。**表３**の**ア**〜**ウ**にあてはまる港名の組み合わせとして最もふさわしいものを下の**あ**〜**え**から一つ選び，記号で答えなさい。

表３

	輸出額（億円）	輸入額（億円）	主要な輸出品目	主要な輸入品目
ア	123,068	50,849	自動車 自動車部品 内燃機関	液化ガス 石油 衣類
イ	69,461	48,920	自動車 自動車部品 内燃機関	石油 液化ガス アルミニウム
ウ	58,237	114,913	半導体製造装置 自動車部品 コンピュータ部品	衣類 コンピュータ 肉類

（『データブック オブ・ザ・ワールド』より作成）

あ．**ア**—横浜港　**イ**—東京港　**ウ**—名古屋港
い．**ア**—横浜港　**イ**—名古屋港　**ウ**—東京港
う．**ア**—名古屋港　**イ**—横浜港　**ウ**—東京港
え．**ア**—名古屋港　**イ**—東京港　**ウ**—横浜港

問６．下線部(2)について。ソメイヨシノは全国各地でみられます。次のページの**図１**の**ア**〜**ウ**は，桜の名所として有名な城や城跡《しろあと》を示したものです。**ア**〜**ウ**に最もふさわしいものを，次の**あ**〜**お**からそれぞれ選び，記号で答えなさい。

あ．上田城
い．高知城
う．五稜郭《ごりょうかく》
え．弘前城
お．若松城

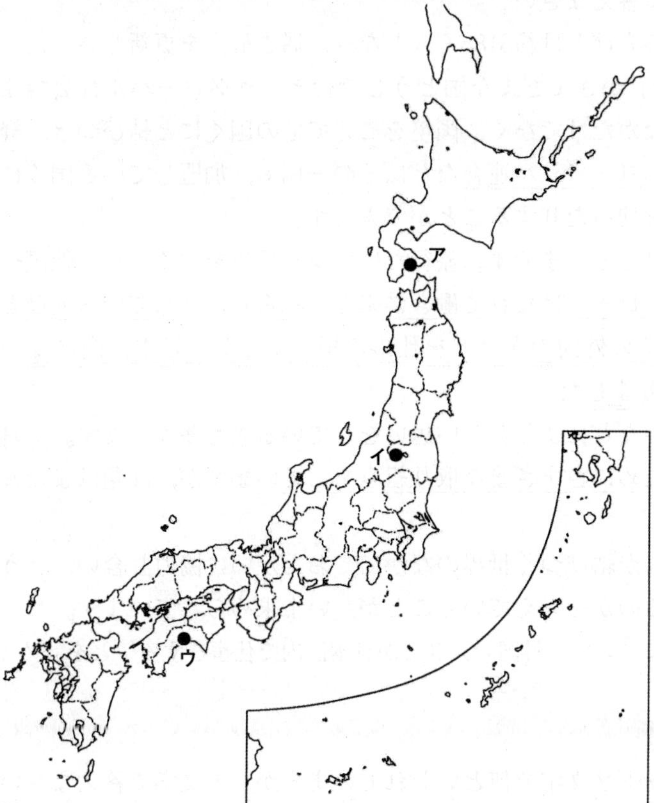

図１

問７．下線部(3)について。右の**図２**は，長野県での生産量が全国第一位のある農産物の都道府県別生産割合を示したものです(2018年)。この農産物は何か，次の**あ**～**え**から一つ選び，記号で答えなさい。

あ．きゅうり

い．トマト

う．ぶどう

え．レタス

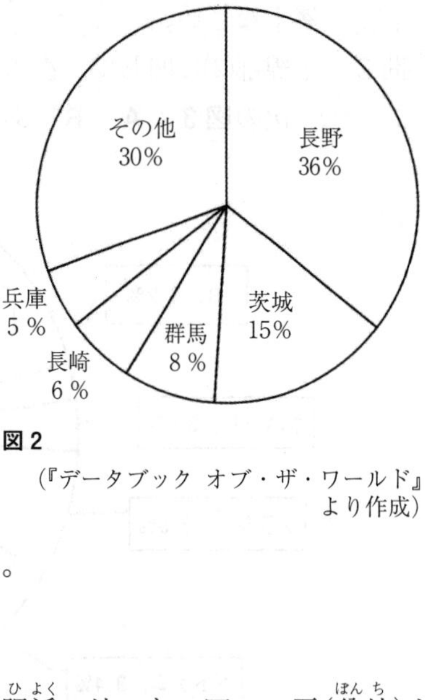

図２

(『データブック オブ・ザ・ワールド』より作成)

問８．下線部(4)について。次の①・②の問いに答えなさい。

① 『信濃の国』には，「流るる川はいや遠し」という歌詞があります。長野県内を流れる河川として誤っているものを，次の**あ**～**え**から一つ選び，記号で答えなさい。

あ．大井川　　**い**．木曽川

う．千曲川　　**え**．天竜川

② 『信濃の国』では「松本伊那佐久［　　］四つの平は肥沃《ひよく》の地」と，四つの平(盆地《ぼんち》)がうたわれています。［　　］平とは，長野市のある長野盆地のことを指し，長野市は［　　］の門前町として発展しました。［　　］にあてはまる寺の名称《めいしょう》を漢字で答えなさい。

3　次の文章を読み，下の問いに答えなさい。

2019年に日本を訪れた外国の人びとは約3188万人となり，過去最高を更新《こうしん》しました。こんにちの世界は，「人・モノ・お金」がさまざまな国どうしで行きかうグローバル社会です。このような時代では，自分の国のなかだけでなく，国境をこえて他の国ぐにと結びつき，経済力を高めていく地域もあります。(1)ヨーロッパ連合などはその一例で，加盟している国ぐにのあいだで移動をしたり，同じ通貨を使ったりすることができます。

他の国ぐにへ移動する理由はさまざまです。旅行だけでなく仕事をするために他国へと渡《わた》る人びともいます。(2)日本にも，母国をはなれて働きに来たりくらしたりしている人びとが多くいます。2019年には，より多くの外国の人びとを仕事の担い手として日本国内に受け入れる「※1特定技能」の制度も始まりました。

しかし，言葉や文化のちがいなどにより苦しい思いをしている人も多くいます。(3)日本の政府や自治体も外国の人びとのためにさまざまな取り組みをしていますが，課題はまだ残っています。

地球規模でたくさんの国ぐにが結びつく世界のなかで，おたがいに協力し合い，どうしたらすべての人びとが幸せになれるのかを考えていくことが，いま求められています。

※1　国から指定された分野について，外国の人びとが日本国内で仕事をすることを認める新しい制度。

問１．下線部(1)について。

①　この組織はアルファベット２文字で何といわれていますか。大文字で答えなさい。

②　この組織に加盟している国のなかで，国連分担金の負担割合が最も大きいのはどこか，答えなさい。

問２．下線部(2)に関して。次の①・②にそれぞれ答えなさい。

①　次の**図３**の**A**・**B**にあてはまる国の組み合わせとして正しいものを記号で選びなさい。

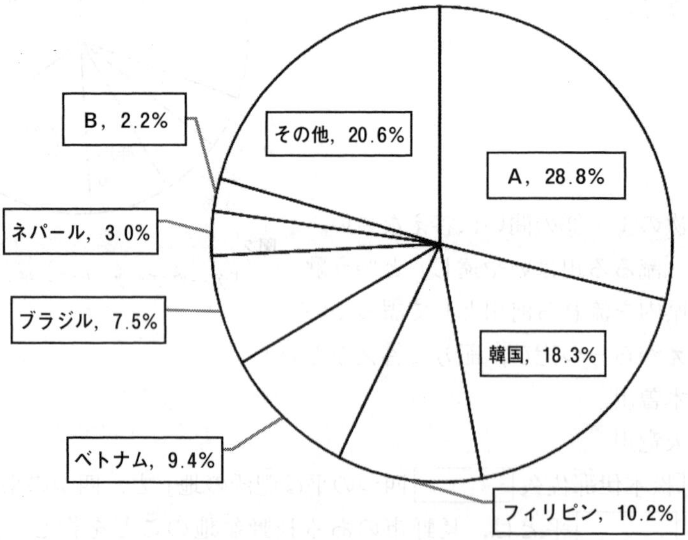

図３　日本でくらす外国人の内わけ（2017年　計247万1458人）

（法務省資料より作成）

あ．**A**ー中国　　**B**ーアメリカ
い．**A**ーアメリカ　**B**ー中国
う．**A**ーインド　　**B**ーロシア
え．**A**ーロシア　　**B**ーインド

② 群馬県大泉町にはブラジルの人びとが多く住んでいます。そのため大泉町では，ブラジルで話されている言語で書かれたお店の看板などが目立ちます。ブラジルで話されている主な言語は何ですか，答えなさい。

問３．下線部(3)に関して。次の**ア**～**ウ**の文が正しければ**○**を，正しくなければ**×**を，それぞれ記しなさい。

ア．外国人が日本国内に住んで働くためには，厚生労働省の発行するビザが必要である。

イ．公共の場で，国籍《こくせき》などを理由に特定の人や集団に対して差別的な発言をするヘイトスピーチを禁じている自治体がある。

ウ．日本国民ではない外国人が，日本の国の選挙で投票をしたり，日本の議員などに立候補したりする権利は認められていない。

問４．二重下線部について。

① 特定技能の制度が始まった背景について，次の**図４**からどのようなことがわかりますか，説明しなさい。

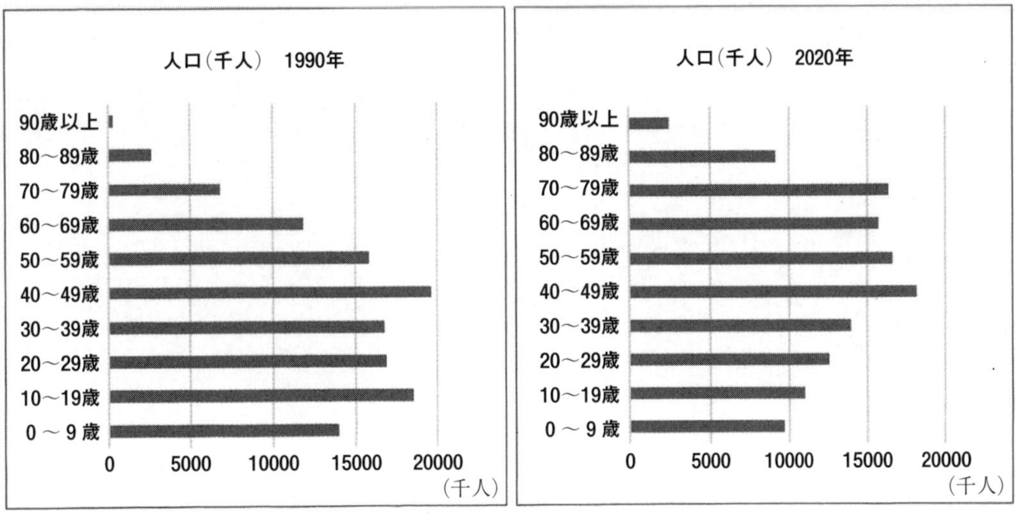

図４　日本の年れい階級別人口(10歳《さい》ごと　男女計　いずれも10月１日時点)

(『日本国勢図会』より作成)

② 特定技能の制度を利用して日本に働きに来ている外国の人びとのうち，約９割はASEAN(東南アジア諸国連合)に加盟している国の人びとです。次のページの**表４**からどのようなことがわかりますか，説明しなさい。

表４　ASEAN 諸国から来ている特定技能外国人の数（2021年３月末時点）と各国の国民一人あたりの経済的な豊かさ

2021年３月末時点でASEANに加盟している10ヶ国（50音順）	特定技能の制度で日本に滞在《たいざい》している人数（人）	※2国民一人あたりの経済的な豊かさ（日本を100とした場合）
インドネシア	1,921	9.8
カンボジア	569	4.1
シンガポール	0	146.7
タイ	572	17.9
フィリピン	1,731	8.3
ブルネイ	0	65.0
ベトナム	14,147	8.7
マレーシア	8	25.6
ミャンマー	959	3.8
ラオス	34	6.5

※２　2020年の名目国内総生産額より算出（米ドル換算《かんさん》　インドネシア・フィリピン以外は推定値）

（出入国在留管理庁公表資料・国際通貨基金公表資料より算出・作成）

【理　科】〈**第１回試験**〉（30分）〈満点：60点〉

1　道路工事では，図１のように，２車線のうち１車線を規制し，片側交互《こうご》通行にすることがあります。この時，通行規制区間の入り口に仮設の２灯式信号機(赤と青の電球を用いた信号機)を設置し，自動車が安全に通行できるようにします。

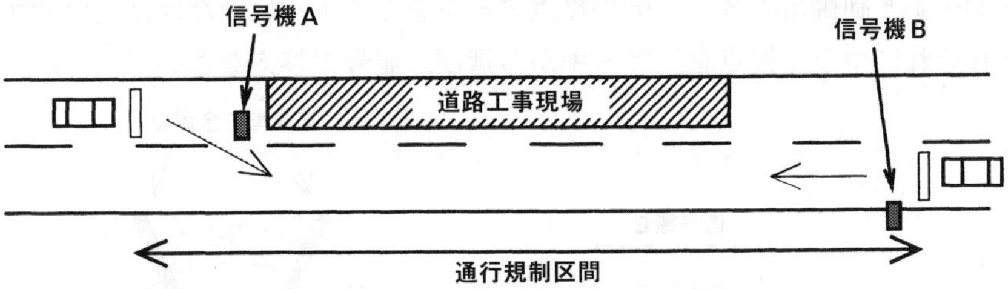

図１

通行規制区間の長さを300ｍとし，その区間を走る自動車の速さは時速36kmとします。停止線の前で信号が赤であることを確認《かくにん》したら，自動車は停止線で止まれるものとします。この条件を変えずに次の問いに答えなさい。

問１　通行規制区間を走る自動車は１秒間に何ｍ進みますか。

問２　自動車が通行規制区間を通過するのに何秒かかりますか。

問３　図２は，信号機Aの青色電球が点灯し始めた時刻を０秒として，信号機Aの赤色電球と青色電球の点灯の様子を実線で示したグラフです。信号機Bの点灯の様子を，解答用紙の図に実線で示しなさい。

なお，この信号により自動車は安全に通行でき，出来るだけ渋滞《じゅうたい》が起きないように工夫しなさい。

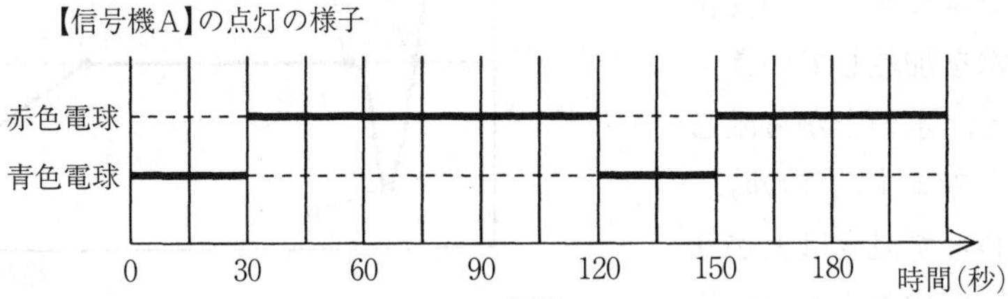

図２

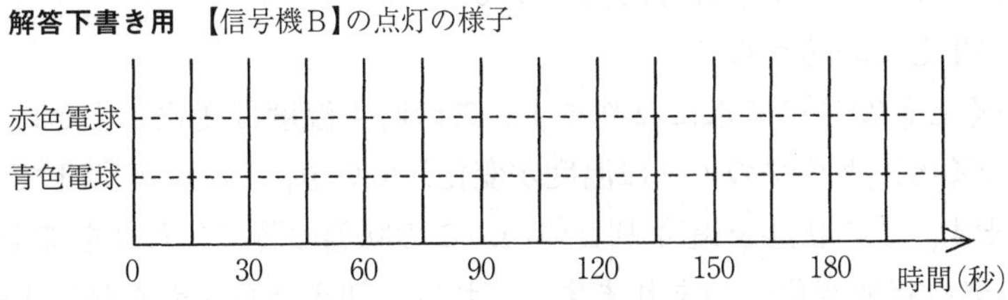

問４　信号機A側から進入する自動車の台数の方が信号機B側より多かったので，信号機AとBの青色電球の点灯時間の比を３：２にしました。この時，信号機AとBの青色電球の点灯時間は１回あたり30秒の差がありました。信号機A，Bの赤色電球の点灯時間はそれぞれ何秒ですか。

問５　信号機の各電球の点灯を制御《せいぎょ》できる仕組みを考えることにしました。

図３はその回路図を，図４は**Ｙ字型の金属板**と接点ア～キからなる制御用のスイッチを示

しています。このスイッチの金属板は形が変わらず，図4の状態から**点O**を中心に左右に1接点まで回転させることができます。つまり，●のついている金属板の部分はウ～オの接点につなげられるということです。

また，図4は金属板が端子ア，エ，キにつながっている状態です。

回路図の端子①～④と制御用のスイッチの接点ア～キをどのようにつなげば良いですか。端子①～④のそれぞれにつなぐ接点を，ア～キから選び，記号で答えなさい。

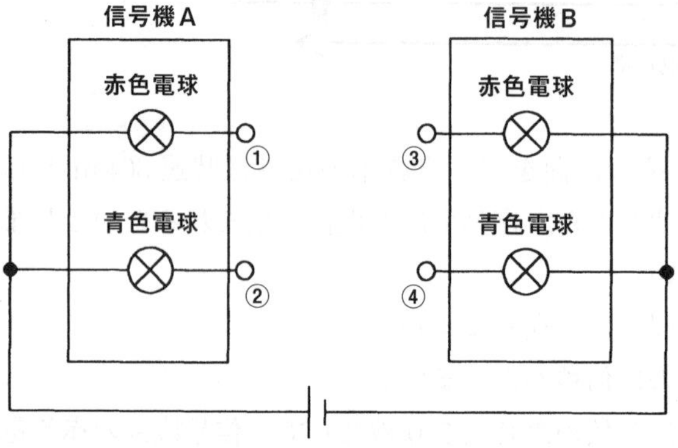

図3

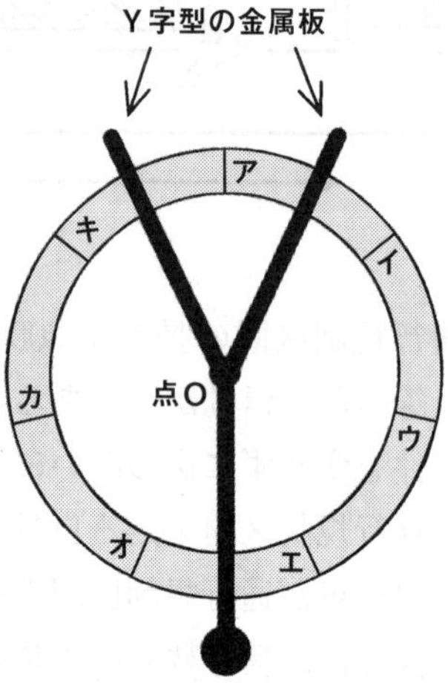

図4

2 次の文章を読み，以下の問いに答えなさい。

液体の水は，水蒸気や氷など，気体や固体にすがたを変えることができます。この変化を状態変化といいます。水を加熱していき，温度が(①)℃に近づくと，水の中から激しくあわが出る様子が観察できます。この時，熱を加えているにもかかわらず温度は上がりません。これは，水が状態変化するために熱が使われたからです。手をアルコールで消毒した後にひんやりと感じるのも，(A)アルコールの状態変化により熱の移動が生じているからです。

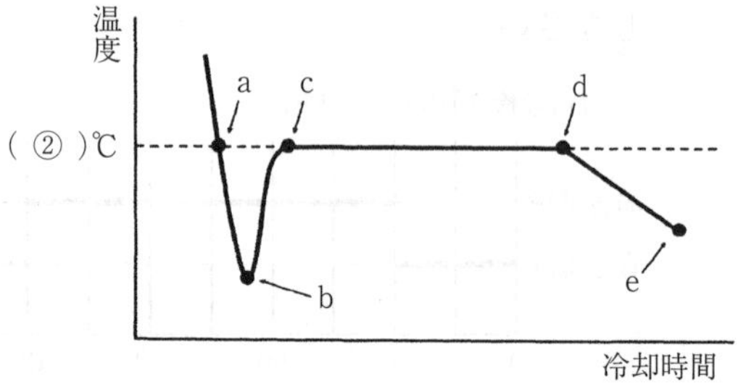

一方，水を冷却《れいきゃく》していくと(②)℃で氷になります。この時も温度は変化しません。しかし，実際に水を冷却していくと，グラフのように温度が変化していき，(②)℃以下でも液体のままでいることがあります。この状態を過《か》冷却《れいきゃく》といい，この状態の時に，ちりを加えたり，衝撃《しょうげき》を与《あた》えたりすると一気に状態変化が始まります。これは，加えたちりや衝撃によって生じたあわが結晶《けっしょう》の中心(核《かく》)となったからです。液体が固体に変化するには核が必要です。たとえば，ミョウバンの結晶は，核となる小さな粒《つぶ》(種結晶)を用いてつくります。しかし，核が多すぎても小さな結晶が増えてしまうだけなので，(B)大きな結晶を作りたい場合は種結晶を1つだけ用います。

問1　水において，固体，液体，気体を，1 cm^3 あたりの重さが大きい順に左から並べなさい。

問2　(①)，(②)に当てはまる数字を答えなさい。

問３　下線部(A)の変化を次のア～エから１つ選び，記号で答えなさい。

ア．沸騰《ふっとう》　イ．蒸発　ウ．結露《けつろ》　エ．昇華《しょうか》

問４　次の変化の中で，状態変化ではないものをア～オから２つ選び，記号で答えなさい。

ア．ドライアイスを放置すると，ドライアイスのすがたが見えなくなった。

イ．砂糖を加熱すると，黒いかたまりになった。

ウ．鉄を湿《しめ》った空気中に放置すると，赤っぽくなった。

エ．スケートぐつで氷の上にのると，刃《は》の所に液体が生じた。

オ．みそ汁《しる》を冷却して真空にすると，みそ汁のフリーズドライができた。

問５　グラフにおいて，液体と固体が混ざって存在している区間を，次のア～エからすべて選び，記号で答えなさい。

ア．a～b　イ．b～c

ウ．c～d　エ．d～e

問６　下線部(B)について，大きなミョウバンの結晶を作る時に注意するべき点として誤っているものを，次のア～オから２つ選び，記号で答えなさい。

ア．できるだけ形のゴツゴツしたものを，ミョウバンの種結晶として選ぶ。

イ．ミョウバンの飽《ほう》和《わ》水溶液《すいようえき》は，種結晶を入れる前にろ過をする。

ウ．ミョウバンの水溶液と種結晶の入ったビーカーに薬包紙などでふたをする。

エ．ミョウバンの水溶液と種結晶の入ったビーカーを，お湯の入った発泡《はっぽう》ポリスチレンの箱に入れてゆっくりと冷ます。

オ．ミョウバンの水溶液と種結晶の入ったビーカーに定期的な振動《しんどう》を与える。

問７　アイスクリームのなめらかな口あたりは空気や乳脂肪《にゅうしぼう》，氷の粒が均一に分散しているから生まれますが，氷の粒の大きさも口あたりに大きく影響《えいきょう》を与えています。なめらかな口あたりのアイスクリームを作るためには，どのように冷却を行うのがよいですか。氷の粒の大きさにふれて説明しなさい。

3　次の文章を読み，以下の問いに答えなさい。

ヒトなどのほ乳類は，子の死亡する割合が比較《ひかく》的低いので，出産数が少なくなります。しかし，昆虫《こんちゅう》は子の死亡率が高いので産卵《さんらん》数が多くなります。表１は，ある昆虫において，生まれてから成虫になるまでの個体数の変化をまとめたものです。齢《れい》は幼虫の発育段階を表します。卵からふ化した直後の幼虫は１齢で，（　①　）をするごとに齢が１つ増えます。たとえば１齢の幼虫が（　①　）をしたものは２齢となります。この昆虫では６齢の後はさなぎになります。一般《いっぱん》に昆虫では齢が大きいほど体が大きくなります。

表１

	生存数	生存率	死亡数	死亡率
卵	8000	－	2400	0.300
１齢幼虫	5600	0.700	2000	0.357
２齢幼虫	3600	0.450	（ X ）	0.222
３齢幼虫	2800	（ Y ）	600	0.214
４齢幼虫	2200	0.275	200	0.091
５齢幼虫	2000	0.250	480	0.240
６齢幼虫	（ Z ）	0.190	720	0.474
さなぎ	800	0.100	240	0.300
成虫	560	0.070	－	－

最初の時点では8000個の卵が生存していましたが，死亡により減少していき，成虫にまでなったのは560個体でした。生存率は，その段階に達した個体数を，卵の数で割ったものを示し

ます。たとえば，4齢幼虫の段階については，8000個のうち，4齢幼虫になったのは2200個体なので，生存率は2200÷8000＝0.275になります。死亡数は，それぞれの段階で死亡した個体の数です。死亡率は，死亡数をその段階に達した個体の数で割ったものです。たとえば，さなぎになった800個体のうち，240個体は成虫にならずに死亡し，560個体は成虫になったので，死亡率は240÷800＝0.300となります。なお，この昆虫は1年に1世代を繰《く》り返します。つまり成虫は交尾《こうび》・産卵のあと死亡して冬を越《こ》せず，冬を越すのは産まれた卵のみで，翌年の世代(次の世代)は，産まれた卵のみから始まります。

問1　昆虫で共通する特ちょうとして正しくないものを次のア～エから2つ選び，記号で答えなさい。

ア．成虫のからだは，頭部・胸部・腹部の3つに分かれている。

イ．成虫の頭部には，1対の大きな複眼と1対の小さな単眼がある。

ウ．成虫の頭部には，1対のしょっ角がある。

エ．成虫の胸部には，2枚のはねがある。

問2　昆虫ではないものを次のア～オからすべて選び，記号で答えなさい。

ア．ダンゴムシ　　イ．カマキリ　　ウ．チョウ

エ．クモ　　オ．ゴキブリ

問3　文章中の(①)に入る語句を答えなさい。

問4　表1の(X)，(Y)，(Z)にあてはまる数値を答えなさい。割り切れない際は，小数第四位を四捨五入して，小数第三位まで答えなさい。

問5　表1において，成虫まで生存した個体から4200個の卵が産まれました。成虫となったメス1個体が産んだ卵の平均数を答えなさい。小数になる際は，小数第一位を四捨五入して，整数で答えなさい。なお，メスとオスは同じ割合で存在するとします。

問6　各発育段階での生存率および成虫となったメス1個体あたりの産卵数が各世代，表1や問5のものと変わらないとすると，世代の経過とともに，個体数はどのように変化していきますか。もっとも適切なものを下図のア～カから1つ選び，記号で答えなさい。

図

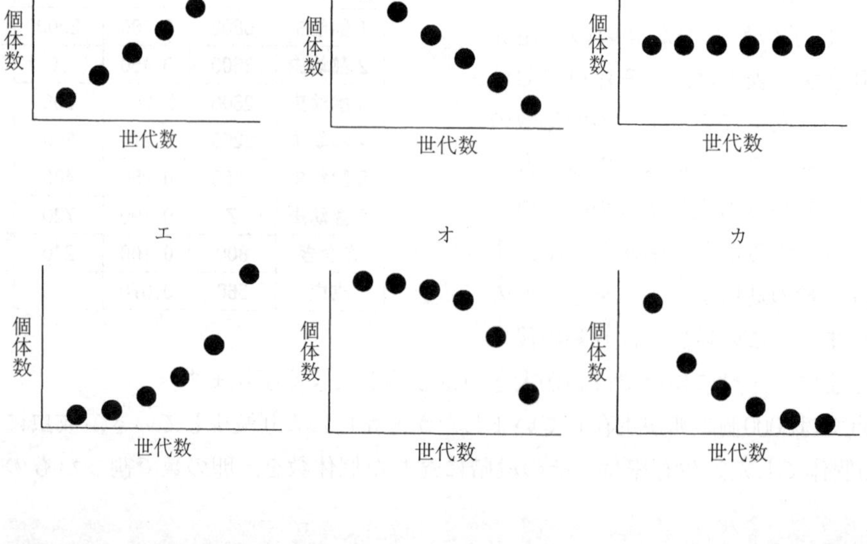

問7　各発育段階での生存率は各世代で表1と同じであり，世代の経過と個体数の関係が問6の図のウのようになるとします。そのときのメス1個体あたりの産卵数を答えなさい。小数になる際は，小数第一位を四捨五入して，整数で答えなさい。

4　宇宙探査について，次の文章を読み，以下の問いに答えなさい。

はやぶさ2(図1)が岩石試料(以下サンプルと表記します)を採取した小惑星《しょうわくせい》リュウグウ(図2)は，1999年5月に発見された小惑星です。図3のようにリュウグウは地球と火星の軌道《きどう》にまたがるように，円がわずかにつぶれた軌道を描《えが》いて太陽の周りを回っています。リュウグウは他の小惑星に比べて黒っぽく，炭素を多く含《ふく》んでいると考えられています。

はやぶさ初号機の時には，いくつものトラブルを乗り越《こ》えて小惑星イトカワからサンプルを地球に持ち帰りました。今回は，初号機の時より難しいミッションでしたが，多くのサンプルを得ることができました。2020年12月6日にサンプルの入ったカプセルを地球に戻《もど》し，現在，はやぶさ2は次のミッションのため飛行を続けています。

図1

図2

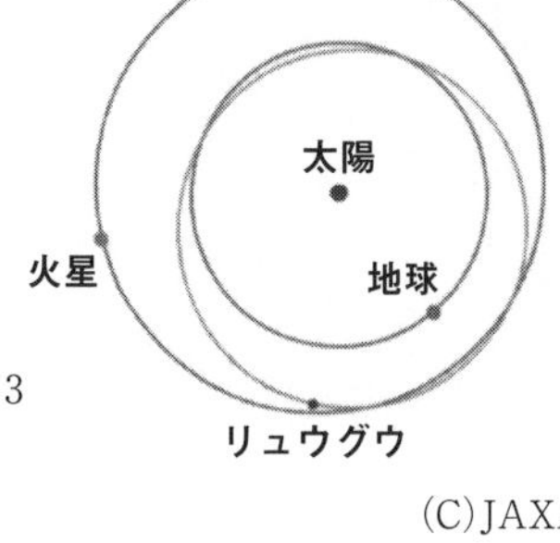

図3

(C)JAXA

問1　リュウグウが，はやぶさ2の目標の天体として選ばれた理由はどのように考えられますか。次のア～エから1つ選び，記号で答えなさい。

ア．黒く太陽の熱を吸収しやすいため，とけた状態にある天体だと考えたから。

イ．太陽系の起源や生命のもととなる物質の解明につながると考えたから。

ウ．炭素が豊富に含まれているため，その資源を利用しようと考えたから。

エ．将来の人類の移住先として候補になると考えたから。

問2　次の(1)～(4)の文章の下線部が正しい場合には○を書きなさい。誤っている場合には下線部を正しく直しなさい。

(1)　はやぶさ2は，アメリカが打ち上げた小惑星探査機です。

(2)　地球以外で人類が最初に降り立った天体は火星です。

(3)　リュウグウは地球に比べてとても重力が大きいので，はやぶさ2がリュウグウの表面に長くとどまることは困難です。

(4)　アポロ11号が月のサンプルを持ち帰ってきたのは50年以上前のことです。

問３　はやぶさ２は，リュウグウまでの飛行時間や燃料を節約するために，打ち上げから１年後に地球のすぐ近くを飛行し，地球の引力を使って飛行コースを曲げスピードをアップしました。このことを何と言いますか。次のア～エから１つ選び，記号で答えなさい。

ア．サンプルリターン　イ．ターゲットマーカー

ウ．タッチダウン　エ．スイングバイ

問４　はやぶさ２は地球に向けて常に位置情報を送り続けています。リュウグウのサンプル採取ミッションは，地球から２億3000万 km も離《はな》れていたときに行われました。はやぶさ２に，リュウグウへの降下指令を出してから，その指令通りに降下していることが地球で確認《かくにん》できるまでには，何分かかりますか。答えは，小数第一位を四捨五入して，整数で答えなさい。ただし，はやぶさ２との交信は，光の速さ(毎秒30万 km)で伝わるものとします。

質」だと言うのは、特にどういう点についてだろうか。次の中で最もふさわしいものを選び、記号で答えなさい。

ア　突然《とつぜん》に普通の人々の生活の中に出現して、気になってしかたのない存在になった点。

イ　見た人に様々な想像をさせた上で、後になって、そうだったのかと深く感心させた点。

ウ　土地の人が苦しんだ震災に関係があるとは思われず、人々の予想を大きくはずさせた点。

エ　いろいろな読み方が可能な文字を使っているので、自由に幅《はば》広く想像することができた点。

問三　――線部②について。「第一作」という表現が使われている点から、どのようなことが読みとれるだろうか。同じ段落の言葉を用いながら、わかりやすく説明しなさい。

問四　本文の【A】を補うのに最もふさわしい語を次の中から選び、記号で答えなさい。

ア　しょんぼり　イ　こそこそ

ウ　しぶしぶ　エ　すんなり

問五　――線部③について。この表現は、どのようなことを示しているのだろうか。次の中で最もふさわしいものを選び、記号で答えなさい。

ア　「大野さん」も同じ意見であることがわかって、自分の直感が正しかったことを示している。

イ　自分はいつでも鋭《するど》く正確な直感によって判断している人間であることを、強調して示している。

ウ　その後に、自分の判断が決してまちがいではなかったと思う理由を意識できたことを示している。

エ　直感だけでは説得力が乏《とぼ》しいので、そう判断した理由をどうにかして考えついたことを示している。

問六　――線部④について。「腑《ふ》に落ちる」の意味を一〇字以上一五字以内で答えなさい。

問七　――線部⑤について。どのような「時代」のことを言っているのだろうか。次の中で最もふさわしいものを選び、記号で答えなさい。

ア　荒《あ》れ狂《くる》う自然の強さが世界中をおおい、石を積む気力もなくなってしまった時代。

イ　地道な作業をいやがる人が増えて、もっと単純で手軽なメッセージを考える時代。

ウ　武庫川の大水なども人間の力によって克服《こくふく》され、人の営みに余裕《よゆう》が生まれた時代。

エ　『生』の字を気にかけるような、人々の意志に共感する心が失われてしまう時代。

問八　本文の【B】を補うために、メッセージの内容を考え、『生』の字を用いて一〇字以内で答えなさい。

問九　〰〰線部について。「『生』にこめられた意味」を、筆者はどのように受けとめたのだろうか。君自身の言葉も交えながら、くわしく説明しなさい。

だろう？」と想像を楽しみ、明かされた謎に感じ入った。

『阪急電車』の映画化もきっかけの一つとなり、『生』の字は全国的にも有名になった。しかし、だからといって『生』の字は何も変わらなかった。石を積んでいるだけなので、大水が出たら崩《くず》れたり流されたり、そんな素朴《そぼく》で自然な風景のままだった。唯一《ゆいいつ》変わったのは、字の「再生」のときにボランティアが多く集まるようになって、大野さんが一人で積んでいた②第一作より力強く太い字になったことだ。

一度、宝塚市から問い合わせがあった。せっかく映画などでも有名になったので、コンクリートで固めてcカンコウの※モニュメントとして残すのはどうかと思うが、先生のご意見は？　というものだった。

私はこういうときは直感で断を下すが、「それはだめでしょう」と答えた。「大野さんの作品ですから最終的な判断は大野さんが下すものですが、あれは自然の中に溶《と》け込んでいる佇《たたず》まいにこそ価値があるものだと思います。コンクリなんか野暮《やぼ》でしょう」

大野さんもやはりOKは出さなかったらしい。そこで【　A　】引き下がった宝塚市の判断も非常にわきまえたもので、見事だったと思う。

③このときの私の判断は直感でしかなかった。

しかし、※東日本大震災の後、たまたま流失していた『生』は「再生」された。そのとき、『生』にこめられた意味がずしんと④腑《ふ》に落ちた。

自然の膨大《ぼうだい》なエネルギーが人の営みを叩《たた》きのめすことは数多い。人の積んだ『生』の字が大水で何度も流失してきたように。しかし、人の意志がある限り、『生』は何度でも再生する。人の営みは何度でも再生する。

それを石で字を積むという非常にシンプルな方法で象徴《しょうちょう》した『生』は、東日本大震災に対して骨太極《きわ》まりない応援《おうえん》のメッセージであった。

誰に強《し》いられるでもなく、押しつけられるでもなく、こつこつ石を積む。やがて『生』が現れる。いつか流される。やがてまたこつこつ。その地道なdカテイのすべてが、「生きていく」ことの象徴だ。人間は自然に太刀《たち》打ちできないという謙虚《けんきょ》な※諦観《ていかん》と、それでも自然の荒《あ》れ狂《くる》った後に営みを再生するのだという静かな不屈《ふくつ》までも含《ふく》めて。

今では武庫川に大水が出るたびに、中州の『生』を気にかけることが何気ない日常になっている。宝塚に住まう多くの人がそうだろう。ああ、無事だった。少し崩れた。ああ、流れた。

いつか流失の後、⑤『生』の字が長く現れなくなる時代もやってくるかもしれない。しかし、それでも――百年経《た》っても、二百年経っても、人の営みのある限り。

大きな災害の後には、あの中州にひっそりと『生』が再生して、【　B　】とメッセージを送っている。そんな宝塚であってくれたらと思う。

（有川ひろ『倒れるときは前のめり　ふたたび』による。）

※注
宝塚…兵庫県南東部に位置する市。中央部を武庫《むこ》川が流れている。
『阪急電車』…本文の筆者が書いた小説で、宝塚から西宮《にしのみや》までを舞台にしている。映画化もされた。
口《くち》コミ…評判などが口伝えに広められること。
阪神・淡路《あわじ》大震災…一九九五年一月一七日に発生し、近畿《きんき》地方の広域が大きな被害を受けた。
モニュメント…記念碑《ひ》。記念物。
東日本大震災…二〇一一年三月一一日に発生した東北地方太平洋沖地震による被害。津波の襲来《しゅうらい》と原子力発電所事故をともない、大きな衝撃《しょうげき》を世界中の人々に与えた。
諦観《ていかん》…執着《しゅうちゃく》する心を捨てて、悟《さと》りの境地で物事を見ること。

問一　‖線部a～dのカタカナを漢字に直して書きなさい。

問二　――線部①について。この「ミステリー（謎《なぞ》・不思議）」が「上

ア　子どもたちに悪い仲間とは付き合ってほしくないという思い。
イ　学校で友人を作ることはあまり期待できないだろうという思い。
ウ　人見知りのはげしい子どもたちに配慮《はいりょ》しないといけないという思い。
エ　親の仕事の都合で何度も転校することになって申し訳ないという思い。

問六　――線部⑤「迎合」のここでの意味の説明として次の中で最もふさわしいものを選び、記号で答えなさい。
ア　周囲の状況《じょうきょう》の変化を深く理解して、うまく適応すること。
イ　自分のそれまでの誤りを認め、正しいほうに改めること。
ウ　他の人の良い部分を、自分の中に積極的に取り入れること。
エ　自分の考えや行動を、相手や世の中に合わせて変えること。

問七　――線部⑥について。「私」が中国の学校で「自分を出せないまま終わって」しまったことを具体的に示すひとつづきの二文を本文中から探し、その最初の五字を答えなさい。

問八　――線部⑦について。母が「それ以上のことは言わなかった」のはなぜか。次の中で最もふさわしいものを選び、記号で答えなさい。
ア　「私」の本来の素質が十分に発揮《はっき》された絵ではないと思ったから。
イ　母は宇宙人の絵よりも「うさちゃん」の絵のほうが好きだったから。
ウ　「私」が本当に描きたいものを描いている絵だとは思えなかったから。
エ　あまり褒めすぎると「私」が現在の実力に満足してしまうと考えたから。

問九　【Ⅱ】を補うのに最もふさわしいことばを次の中から選び、記号で答えなさい。
ア　すたすたと　　イ　とぼとぼと
ウ　むかむかと　　エ　ゆうゆうと

問十　――線部⑧について。もし宇宙人の絵を母に褒めちぎられていたら「私」はどうなっていたと考えられるか。わかりやすく説明しなさい。

問十一　――線部⑨について。ここでの「我に返る」とは、筆者にとって具体的にどのようなことをさしているのか。わかりやすく説明しなさい。

問十二　＝＝線部ａ・ｂのカタカナを漢字に直して書きなさい。

二

次の文章を読んで、後の問に答えなさい。（※印の語には、注があります。）

※宝塚で好きな光景は様々あるが、特にこれと取り上げたいのは※『阪急電車』でも書いた武庫《むこ》川中州《なかす》に石で積まれた『生』の字だ。

宝塚ａザイジュウの芸術家、大野良平さんのアート作品だが、初めてこれがｂタンジョウしたときのことが忘れられない。私が知ったのは夫《おっと》の仕入れてきた※口《くち》コミだった。

「宝塚南口と宝塚の間、武庫川を渡る阪急電車から見下ろせる中州に、石で『生』の字が積まれている」

当時は誰《だれ》が作ったのかも、「せい」と読むのか「なま」と読むのかさえも謎《なぞ》だった。やがて、新聞などに取り上げられて、それが※阪神・淡路《あわじ》大震災の鎮魂《ちんこん》と再生を祈念して制作された作品だったと分かった。しかし、それが判明するまでの間、中州の『生』は宝塚の日常の中にふと現れた①上質なミステリーだった。市民は「一体あれは何という理由で褒めちぎっていたら、きっとそうはいかなかったと思う。

　さて、なぜこんな話をしたかと言うと、私は今、曲作りに完全に※煮詰まっているのである。もう長いこと、頭にドーンと石が乗っかっている。これまでにはなかった、重く、大きい石だ。

　どんな歌詞を書いても、どこかを切り取られて本来とは違う解釈をされるんじゃないか、ということばかり考えてしまう。無数の槍《やり》から自分を守るために頭に乗せた石のせいで、自分がどんどん押し潰《つぶ》されて行く。腕を伸ばして深呼吸することも、空を見上げることも、忘れてしまいそうになる。

　そんな時にはいつも、この小学校時代の転校のことを思い出す。⑨そしてその度に、我に返るのだ。

　新しい作品を出したり新しい仕事に挑戦したりすると、何らかの新しい評価が下される。嬉しくなることもあれば、悲しくなることだってある。

　でもそれは、たまたま誰かにその時馴染まなかっただけの話かもしれない。時間をかけてでも、きちんと自分らしくいたら、いつかわかりあえるかもしれない。

　手軽に愛されようとしたり、安心できる場所にあぐらをかいていては、いつまでたっても何も始まらない。失敗しながら、たくさんの仲間を作っていけばいいじゃないか。私は死ぬまで、転校生だ。

（関取　花『どすこいな日々』による。）

※注　煮詰まる…ここでは、「行き詰まる」という意味。

問一　――線部①「その言葉が純粋に嬉しかった」とあるが、なぜ嬉しかったのか。次の中で最もふさわしいものを選び、記号で答えなさい。

ア　慣れない海外生活のなかで日本の文化を楽しめる貴重な機会になると思ったから。

イ　クラスの子に誘われたと言えば母に新しい浴衣を用意してもらえると思ったから。

ウ　学校祭できれいな浴衣を着ればクラスの人気者になることができると思ったから。

エ　転校生の自分のことをみんながクラスの一員としてみてくれていると思ったから。

問二　――線部②について。母がはじめに「無理よ」と言ったのは、時間がないこと、浴衣やその材料を手に入れるのが難しかったことなどが理由だと考えられるが、それでも母が「わかった、なんとかする」と言ったのはなぜか。説明しなさい。

問三　【Ｉ】を補うのに最もふさわしいことばを次の中から選び、記号で答えなさい。

ア　嬉《うれ》しかった　　イ　悔しかった

ウ　おもしろかった　　エ　はずかしかった

問四　――線部③「私は思わず泣いてしまった」とあるが、これはなぜか。次の中で最もふさわしいものを選び、記号で答えなさい。

ア　少しはクラスになじんだものの、最後まで十分には溶け込みきれなかったのが悔しかったから。

イ　自分の思ったことを発言や行動にうつせるようになれないまま転校するのが悔しかったから。

ウ　せっかく学校祭をきっかけに仲良くなれたクラスメイトたちと別れてしまうのが悔しかったから。

エ　転校することを自分から言い出す勇気がなく、先生から伝わることになったのが悔しかったから。

問五　――線部④について。両親の「私」と兄への気遣いがあったとすると、その背景にはどのような思いがあったと考えられるか。次の中で最もふさわしいものを選び、記号で答えなさい。

ったのだ。

なんとなくみんなに混じって、昼休みには算数セットを使ったおままごとに参加したりもしていたが、たまにはドッジボールしようよと本当は言いたかった。いつか言えたらいいなと思ったまま、あと少しのところでその勇気を出せなかった。そんな自分のまま転校するというのが、悔しかった。

日本に帰国してから通うことになった小学校には、私がドイツに行く前、まだ赤ちゃんの頃によく一緒に遊んでいた子が通っていた。ちなみにその子には二つ上の兄がいて、私の兄と同級生だった。昔から家族ぐるみでずっと仲良くさせてもらっていたので、日本ではすぐに安心して新しい学校に通うことができた。④今考えると、両親は転校の多い私や兄を気遣《きづか》って、その兄妹と同じ地域に住むことを選んでくれたのかもしれない。

転校してからすぐの図工の授業で、プレゼントというテーマで作品を作ることになった。

私は小さい頃からうさちゃんという名前のうさぎのぬいぐるみを持っていて、絵を描く時はいつもその絵ばかりを描いていた。その時もはじめは、よし、うさちゃんを主人公にした絵を描こう、と思っていたのだが、周りを見渡すとみんなは宇宙人の絵を描いていた。私のクラスでは、その時宇宙人の絵を描くのが流行っていたらしかった。

私はすぐに⑤迎合《げいごう》して、みんなと同じように宇宙人の絵を描いた。理由は簡単である。またいつ転校になるかわからない。それならbイッコクも早く馴染みたい。ただそれだけだった。

中国の小学校から転校することになった時、⑥自分を出せないまま終わってあんなに後悔したのに、結局同じことを繰《く》り返してしまったのである。

しばらくして、なぜかその絵が横浜市の小学校の図工展のようなものに入賞したと聞かされた。

私のそのあまり思い入れのない宇宙人の絵は、横浜市内のホールに展示されるとのことだったので、休日に家族で見に行くことになった。一応その絵の隣で慣れないピースをして写真を撮《と》るだけ撮ったものの、それだけ済ますと、「はい、じゃあもう行くよ」と母はさっさとそのホールを出ようとした。

⑦母は「上手に描けてるね」とは言ってくれたが、それ以上のことは言わなかった。チラシの裏にマッキーでうさちゃんの絵を描いた時は、あんなに褒《ほ》めてくれたのに。普通子供が何かで賞をとったら、親というのは「すごいわね、さすが私の子！」みたいな感じで喜ぶものじゃないのか？　そんなことを思いながら、私は【Ⅱ】母のうしろを歩いた。

すると母が突然振り返って、

「花ちゃん、どうして宇宙人の絵を描いたの？」

と聞いてきた。私はドキッとして正直に、

「みんなが描いていたから」

と答えた。すると母は、

「だよね。でもお母さんは、宇宙人の絵で賞をとる花ちゃんより、うさちゃんの絵をニコニコ楽しそうに描いている花ちゃんが好きだな」

と言った。なんだか少し、泣きそうになった。

それから私は学校生活でもなんでも、もっと自分らしくいようとあらためて思った。お腹が空いていたら、真っ先に手をあげて給食のおかわり戦争にも参加した（結果、すごく太った）。めんどくさかったから、風呂に入らなかった（それは毎日母に怒られていた。それは「らしさ」じゃなくて「怠惰《たいだ》」だと）。

そこから急激に毎日が楽しくなったし、本当に気の合う親友ができたりもした。⑧あの時母が私の描いた宇宙人の絵を、賞をとったから

二〇二二年度 桐朋中学校

【国語】〈第一回試験〉（五〇分）〈満点：一〇〇点〉

一　次の文章は、シンガーソングライターの関取花さんが自身の幼少期について書いたものである。これを読んで、後の問に答えなさい。（※印の語には、注があります。）

私は小学校時代を三つの学校で過ごした。

はじめに通ったのはドイツの小学校である。父の仕事の都合で2歳でドイツに引っ越し、日本人幼稚園のあと、日本人小学校に通った。私の住んでいた地域は日本人家族が多く、小学校では30人以上のクラスが各学年3クラスずつあった。ドイツ語の授業も週に一回程度で、ほとんど日本の小学校と変わりはなかったように思う。地域柄《がら》なのかのんびりした子が多く、平和な空気しか漂《ただよ》っていない学校だったので、本当に良い思い出しかない。

しかし、小学校2年生の途中でまた父親の転勤が決まった。そして次は中国の小学校へ転校することになった。

こちらも日本人小学校で、中国語の授業も週に一回程度、やはりのんびりした子が多かった気がする。みんな優しくしてくれて、間もなくあった学校祭でも、同じクラスの子たちと浴衣《ゆかた》を着ていろいろ見て回った記憶《きおく》がある。ここで忘れたくないのは、この浴衣はわざわざ母に作ってもらったということだ。

学校祭が目前に迫《せま》ったある日、クラスの子が、

「学校祭ではみんなで何かお揃《そろ》いにしたいから、花ちゃんも浴衣着ようよ」

と誘《さそ》ってくれた。しかし学校祭は2日後、今から買って準備するのは到底《とうてい》無理な話である。でも、どうしても浴衣が着たかった。①その言葉が純粋に嬉《うれ》しかったし、何より新しい環境に早く馴染《なじ》みたかったのだ。

私は母に駄々《だだ》をこねた。②はじめこそ「無理よ」と言っていたけれど、母はしばらくすると、「わかった、なんとかする」と言ってくれた。それから母は寝る間も惜しんで、たまたま実家から持ってきていた大きめの布を使って、手作りの浴衣を作ってくれた。帯は同じマンションに住んでいる人から借りた気がする。

他の子はみんな、ピンクや水色などの鮮《あざ》やかな色に、金魚や風鈴などが描かれた可愛い柄の浴衣を着ていたが、私は真っ白いガーゼのような生地に、小さな紅葉の柄があるだけだった。

それでも私はホッとした。これでみんなと一緒だ、そう思った。でも本当はそれ以上に、みんなと似ているようで少し違う、私だけの特別な浴衣というところがとても【 Ⅰ 】。

そうして探り探りようやくクラスにも溶け込めたかなと思った時に、また父の転勤が決まった。たった2ヶ月ほど中国に住んだだけで、次は日本に帰ることになったのだ。

転校するということはもちろん事前に両親から知らされていたが、教室で「関取さんが来週転校することになりました」と先生がクラスのみんなにａホウコクした時、③私は思わず泣いてしまった。人前で泣くなんて大嫌いだったので、先生や友達に「どうしたの？」と聞かれた時には、「転校するなんて聞いてなかった」と嘘《うそ》をついた。みんなは「寂《さび》しいよね、悲しいよね」と言って慰《なぐさ》めてくれたのだが、私はそれで泣いたわけではなかった。

もし浴衣がなかったとしても、私は私だと胸を張って学校祭を楽しめるようになるくらいまで、この学校にいられなかったことが悔しか

2022年度

桐朋中学校　▶解説と解答

算数　＜第１回試験＞（50分）＜満点：100点＞

解答

1 (1)　$1\frac{1}{7}$　(2)　3.3　(3)　$\frac{7}{20}$　**2** (1)　18枚　(2)　９個　(3)　17cm　**3** (1)　59本　(2)　2.5m　**4** (1)　９：７　(2)　8820m　**5** ㋐　72　㋑　78　㋒　10　㋓　75　㋔　48　㋕　30　**6** (1)　16cm，20cm　(2)　（例）解説の図③を参照のこと。　(3)　**個数**…14，15，16個／**図**…（例）解説の図⑥を参照のこと。　**7** (1)　$\frac{197}{12}$　(2)　（８，７，９，６，10）　(3)　（６，９，10，７，８），（６，10，７，９，８），（７，６，10，９，８）

解説

1　四則計算

(1)　$1\frac{3}{4}-\frac{23}{28}+\frac{3}{14}=1\frac{21}{28}-\frac{23}{28}+\frac{6}{28}=1\frac{21}{28}+\frac{6}{28}-\frac{23}{28}=1\frac{27}{28}-\frac{23}{28}=1\frac{4}{28}=1\frac{1}{7}$

(2)　$3\times1.35-(3.1-1.45)\div2.2=4.05-1.65\div2.2=4.05-0.75=3.3$

(3)　$\frac{5}{8}\div(7.5-1.25)+0.75\times\frac{1}{3}=\frac{5}{8}\div6.25+\frac{3}{4}\times\frac{1}{3}=\frac{5}{8}\div\frac{25}{4}+\frac{1}{4}=\frac{5}{8}\times\frac{4}{25}+\frac{1}{4}=\frac{1}{10}+\frac{1}{4}=\frac{2}{20}+\frac{5}{20}=\frac{7}{20}$

2　つるかめ算，比の性質，長さ

(1)　100円玉だけが28枚あるとすると，金額の合計は，100×28＝2800(円)となり，実際よりも，10000－2800＝7200(円)少なくなる。100円玉を500円玉と１枚かえるごとに，金額の合計は，500－100＝400(円)ずつ多くなるから，7200円多くするには，100円玉を500円玉と，7200÷400＝18(枚)かえればよい。よって，500円玉は18枚ある。

(2)　ゴルフボール32個と野球ボール10個の重さが等しいから，ゴルフボール１個と野球ボール１個の重さの比は，$\frac{1}{32}:\frac{1}{10}=5:16$，また，野球ボール25個とバスケットボール６個の重さが等しいから，野球ボール１個とバスケットボール１個の重さの比は，$\frac{1}{25}:\frac{1}{6}=6:25$である。次に，野球ボール１個の重さを16と６の最小公倍数である48にそろえて連比で表すと，右上の図１のようになる。よって，ゴルフボール120個の重さとつりあうバスケットボールの個数は，15×120÷200＝９(個)と求められる。

図１
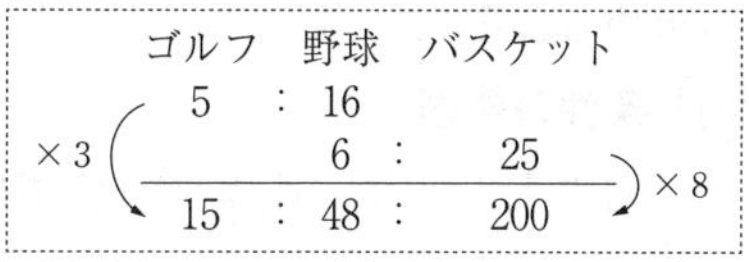

(3)　右の図２の図形の周の長さは，太線部分４つ分の長さとなり，それが40cmだから，太線部分の長さは，40÷４＝10(cm)である。また，４個の長方形は合同なので，BCとDEの長さは等しい。すると，BC＋CD＝DE＋CD＝CEとなるから，太線部分の長さはAB，CEの長さの和と等しくなる。つまり，ABの長さの２倍が10cmだから，AB＝10÷２＝５(cm)とわかる。さ

図２
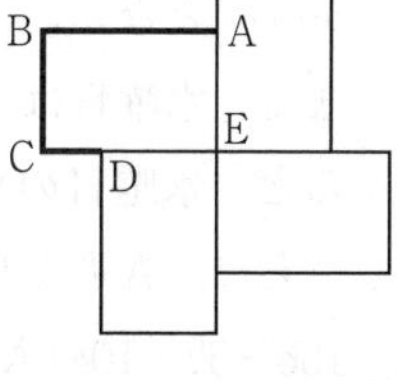

らに，長方形１個の面積は，70÷４＝17.5(cm^2)だから，BCの長さは，17.5÷５＝3.5(cm)とわかる。よって，１個の長方形の周の長さは，(５＋3.5)×２＝17(cm)となる。

3 植木算

(1) 右の図で，長方形ABCDの周の長さは，(100＋100＋50)×２＝500(m)なので，10m間隔《かんかく》で旗を立てるとき，直線EFを除いた部分では，旗と旗の間の場所は，500÷10＝50(か所)できる。この部分には，旗と旗の間の場所と同じ数だけ旗が立つので，旗は50本立つ。また，直線EFでは，旗と旗の間の場所は，100÷10＝10(か所)できる。直線EFの点Ｅ，Ｆを除いた部分には，旗と旗の間の場所より１少ない本数の旗が立つので，旗は，10－１＝９(本)立つ。よって，旗は全部で，50＋９＝59(本)立つ。

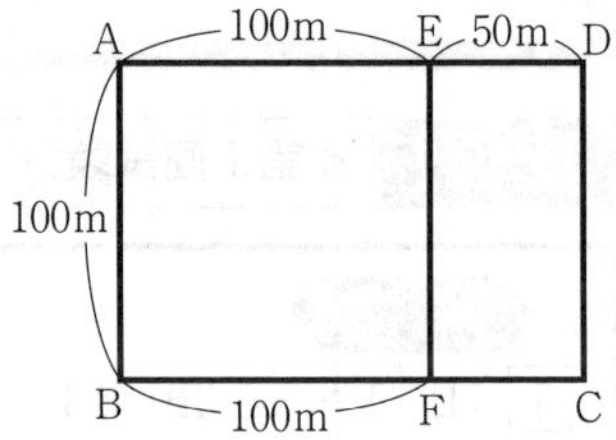

(2) 長方形ABCDの周の部分には，旗と旗の間の場所と同じ数だけ旗が立ち，直線EFの点Ｅ，Ｆを除いた部分には，旗と旗の間の場所より１少ない本数の旗が立つ。よって，全体では，旗と旗の間の場所より１少ない本数の旗が立ち，その本数が239本だから，旗と旗の間の場所は全部で，239＋１＝240(か所)ある。また，長方形ABCDの周と直線EFの長さの和は，500＋100＝600(m)である。したがって，旗の間隔は，600÷240＝2.5(m)と求められる。

4 速さと比

(1) ２人がすれちがった地点をＱ地点とすると，ＡさんがＱ地点からＰ地点までかかった時間は，28分－15分45秒＝12分15秒で，これは，$12\frac{15}{60}$分＝$12\frac{1}{4}$分＝$\frac{49}{4}$分である。一方，ＢさんがＰ地点からＱ地点までかかった時間は15分45秒で，これは，$15\frac{45}{60}$分＝$15\frac{3}{4}$分＝$\frac{63}{4}$分となる。よって，ＡさんとＢさんで，同じ道のりを進むのにかかった時間の比は，$\frac{49}{4}:\frac{63}{4}$＝７：９だから，速さの比は，$\frac{1}{7}:\frac{1}{9}$＝９：７とわかる。

(2) (1)より，ＡさんがＰ地点に戻《もど》るまでに，ＡさんとＢさんが進んだ道のりの比は９：７である。また，比の差の，９－７＝２にあたる道のりが，２人が進んだ道のりの差の1960mとなる。よって，この比の９にあたる道のり，つまり，コース１周の長さは，1960÷２×９＝980×９＝8820(m)と求められる。

5 条件の整理

右の表１より，月曜日のＣ週は，117－(36＋54)＝27(人)で，火曜日のＡ週，Ｂ週，Ｃ週の比は，月曜日のＡ週，Ｂ週，Ｃ週の比と同じだから，36：54：27＝４：６：３である。よって，火曜日のＡ週は，36÷３×４＝48(人)，火曜日のＢ週は，36÷３×６＝72(人)(…㋐)となる。次に，水曜日の合計は火曜日の合計と同じなので，48＋72＋36＝156(人)となる。また，水曜日は，Ａ週とＣ週の平均がＢ週と同じなので，Ａ週とＣ週の和はＢ週の２倍となる。すると，水曜日の合計は，Ｂ週の，２＋１＝３(倍)となるので，Ｂ週は，156÷３＝52(人)となる。さらに，Ａ週とＢ週の合計がＣ週と同じだから，Ｃ週はＡ週よりも52人多く，Ｃ週とＡ週の和は，156－52＝104(人)なので，Ａ週は，(104－52)÷２＝26(人)，Ｃ週は，26＋52＝78(人)(…㋑)とわ

表１

	月曜日	火曜日	水曜日	木曜日	金曜日
Ａ週	36				㋔
Ｂ週	54	㋐		㋒	
Ｃ週		36	㋑		㋕
合計	117			㋓	90

かる。ここまででわかった人数をまとめると，右の表２のようになる。金曜日のＡ週，Ｂ週，Ｃ週はそれぞれ木曜日のＡ週，Ｂ週，Ｃ週の，１＋0.2＝1.2(倍)なので，金曜日の合計は木曜日の合計の1.2倍となり，木曜日の合計は，90÷1.2＝75(人)(…㋓)とわかる。

表２

	月曜日	火曜日	水曜日	木曜日	金曜日
Ａ週	36	48	26		㋔
Ｂ週	54	72	52	㋒	
Ｃ週	27	36	78		㋕
合計	117	156	156	㋓	90

また，どの週も月曜日から金曜日までの合計は200人以下だから，木曜日と金曜日の合計は，Ａ週が，200－(36＋48＋26)＝90(人)以下，Ｂ週が，200－(54＋72＋52)＝22(人)以下，Ｃ週が，200－(27＋36＋78)＝59(人)以下となる。それぞれの週で木曜日と金曜日の合計は木曜日の，１＋1.2＝2.2(倍)だから，木曜日は，Ａ週が，90÷2.2＝40.9…より，40人以下，Ｂ週が，22÷2.2＝10(人)以下，Ｃ週が，59÷2.2＝26.8…より，26人以下とわかる。さらに，木曜日は，Ａ週，Ｂ週，Ｃ週の合計が75人であることから，(Ａ週，Ｂ週，Ｃ週)＝(40人，10人，25人)，(40人，９人，26人)，(39人，10人，26人)のいずれかとなる。このうち，1.2倍した人数がいずれも整数になるのは，(40人，10人，25人)だけなので，木曜日はＡ週が40人，Ｂ週が10人(…㋒)，Ｃ週が25人と決まり，金曜日のＡ週は，40×1.2＝48(人)(…㋔)，金曜日のＣ週は，25×1.2＝30(人)(…㋕)と求められる。

6 平面図形―構成

⑴　１個のＡと４個のＢを並べてつくることができる四角形で，周の長さの異なるものは，下の図①，図②の２種類ある。図①は１辺が，３＋１＝４(cm)の正方形なので，周の長さは，４×４＝16(cm)，図②は縦が２cm，横が，２＋３×２＝８(cm)の長方形なので，周の長さは，(２＋８)×２＝20(cm)となる。

⑵　Ａ１個の面積は，２×２＝４(cm^2)，Ｂ１個の面積は，３×１＝３(cm^2)で，１辺が５cmの正方形の面積は，５×５＝25(cm^2)だから，Ａを４個とＢをいくつか並べて１辺が５cmの正方形をつくるとき，Ｂの個数は，(25－４×４)÷３＝３(個)となる。このときのＡとＢの並べ方の例は下の図③のようになる。

図①

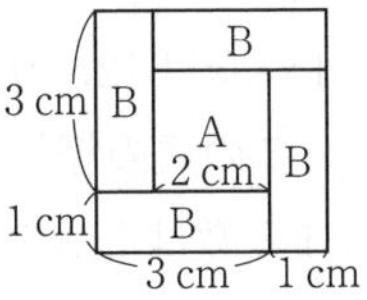

図②

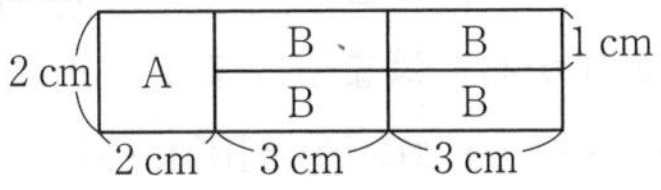

図③

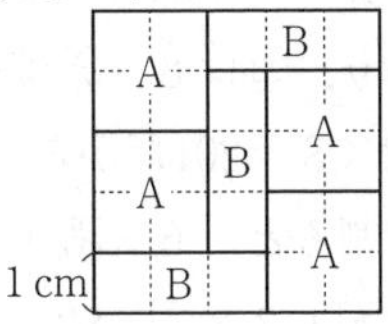

⑶　１辺が７cmの正方形の面積は，７×７＝49(cm^2)なので，Ａをa個，Ｂをb個並べるとすると，４×a＋３×b＝49(cm^2)となる必要がある。この条件に合うＡ，Ｂの個数の組み合わせを調べると，(a，b)＝(１，15)，(４，11)，(７，７)，(10，３)の４組がある。これらのうち，Ａ１個，Ｂ15個の場合は，下の図④のように，Ａ４個，Ｂ11個の場合は，下の図⑤のように，Ａ７個，Ｂ７

図④

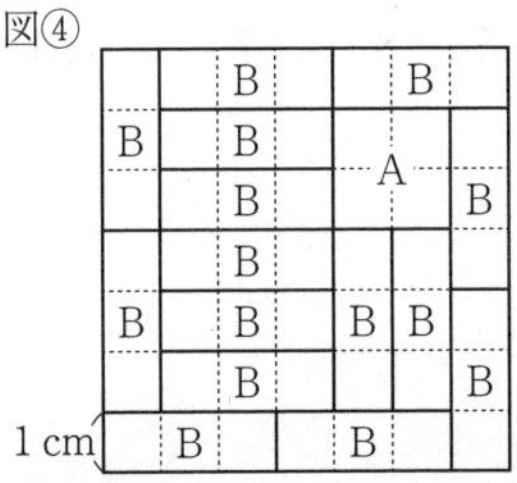

図⑤

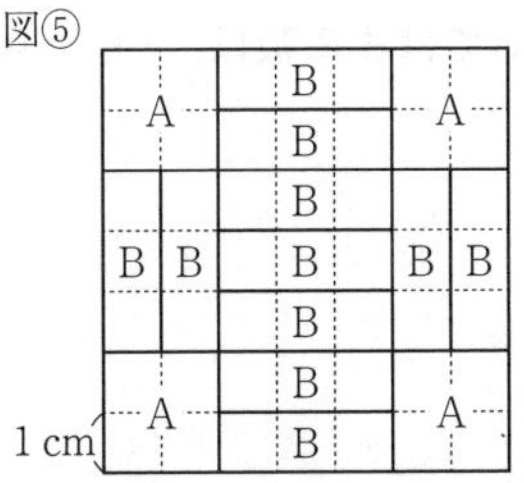

図⑥

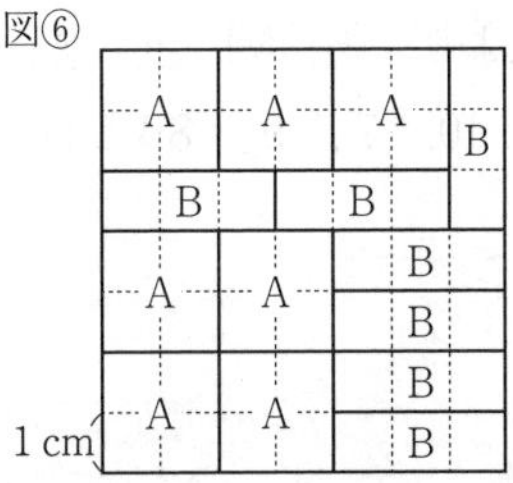

個の場合は，上の図⑥のように並べることができるが，A10個，B３個の場合は，並べることができない。よって，AとBの合計個数として考えられるものは，１＋15＝16(個)，４＋11＝15(個)，７＋７＝14(個)である。また，最も個数が少なくなるとき，つまり，個数が14個になるときの並べ方の例は図⑥になる。

7 分数の性質

(1) $\boxed{\text{あ}}+\frac{\boxed{\text{い}}}{2}+\frac{\boxed{\text{う}}}{3}+\frac{\boxed{\text{え}}}{4}+\frac{\boxed{\text{お}}}{5}=1\times\boxed{\text{あ}}+\frac{1}{2}\times\boxed{\text{い}}+\frac{1}{3}\times\boxed{\text{う}}+\frac{1}{4}\times\boxed{\text{え}}+\frac{1}{5}\times\boxed{\text{お}}$と表すことができる。大きい数には，なるべく小さい数をかけた方が計算した値も小さくなるから，$\boxed{\text{あ}}$に６，$\boxed{\text{い}}$に７，$\boxed{\text{う}}$に８，$\boxed{\text{え}}$に９，$\boxed{\text{お}}$に10をあてはめたとき，Pが最も小さくなる。よって，考えられるPのうち，最も小さい数は，$6+\frac{7}{2}+\frac{8}{3}+\frac{9}{4}+\frac{10}{5}=6+\frac{42}{12}+\frac{32}{12}+\frac{27}{12}+2=8+\frac{101}{12}=\frac{96}{12}+\frac{101}{12}=\frac{197}{12}$である。

(2) ２，３，４，５の最小公倍数は60なので，$\boxed{\text{あ}}+\frac{\boxed{\text{い}}}{2}+\frac{\boxed{\text{う}}}{3}+\frac{\boxed{\text{え}}}{4}+\frac{\boxed{\text{お}}}{5}=18$の式の等号の両側を60倍すると，$60\times\boxed{\text{あ}}+30\times\boxed{\text{い}}+20\times\boxed{\text{う}}+15\times\boxed{\text{え}}+12\times\boxed{\text{お}}=1080$となる。$60\times\boxed{\text{あ}}+30\times\boxed{\text{い}}+20\times\boxed{\text{う}}$の値の一の位は必ず０になるから，$15\times\boxed{\text{え}}+12\times\boxed{\text{お}}$の値の一の位も０であり，$\boxed{\text{お}}$は10，$\boxed{\text{え}}$は偶数《ぐうすう》の６か８になる。まず，$\boxed{\text{え}}=6$のとき，$15\times\boxed{\text{え}}+12\times\boxed{\text{お}}=15\times6+12\times10=210$だから，$60\times\boxed{\text{あ}}+30\times\boxed{\text{い}}+20\times\boxed{\text{う}}=1080-210=870$となり，この式の等号の両側を10で割ると，$6\times\boxed{\text{あ}}+3\times\boxed{\text{い}}+2\times\boxed{\text{う}}=87$となる。ここで，$\boxed{\text{い}}$を偶数にすると，$6\times\boxed{\text{あ}}+3\times\boxed{\text{い}}+2\times\boxed{\text{う}}$の値は偶数になるから，$\boxed{\text{い}}$にあてはまる数は奇数《きすう》の７か９が考えられる。$\boxed{\text{い}}=7$の場合，$6\times\boxed{\text{あ}}+2\times\boxed{\text{う}}=87-3\times7=66$となり，このとき，$\boxed{\text{あ}}=8$，$\boxed{\text{う}}=9$となる。また，$\boxed{\text{い}}=9$の場合は，$6\times\boxed{\text{あ}}+2\times\boxed{\text{う}}=87-3\times9=60$となるが，これを満たす$\boxed{\text{あ}}$，$\boxed{\text{う}}$にあてはまる数はない。次に，$\boxed{\text{え}}=8$のとき，$15\times\boxed{\text{え}}+12\times\boxed{\text{お}}=15\times8+12\times10=240$だから，$60\times\boxed{\text{あ}}+30\times\boxed{\text{い}}+20\times\boxed{\text{う}}=1080-240=840$となり，この式の等号の両側を10で割ると，$6\times\boxed{\text{あ}}+3\times\boxed{\text{い}}+2\times\boxed{\text{う}}=84$になる。このとき，$\boxed{\text{い}}$は偶数の６となり，$6\times\boxed{\text{あ}}+2\times\boxed{\text{う}}=84-3\times6=66$となるが，これを満たす$\boxed{\text{あ}}$，$\boxed{\text{う}}$にあてはまる数はない。以上より，$\boxed{\text{あ}}$，$\boxed{\text{い}}$，$\boxed{\text{う}}$，$\boxed{\text{え}}$，$\boxed{\text{お}}$にあてはまる数は，(８，７，９，６，10)とわかる。

(3) (2)と同様に考えると，$60\times\boxed{\text{あ}}+30\times\boxed{\text{い}}+20\times\boxed{\text{う}}+15\times\boxed{\text{え}}+12\times\boxed{\text{お}}$の値が，$\frac{1031}{60}\times60=1031$となる。$60\times\boxed{\text{あ}}+30\times\boxed{\text{い}}+20\times\boxed{\text{う}}$の値の一の位は必ず０になるから，$15\times\boxed{\text{え}}+12\times\boxed{\text{お}}$の値の一の位は１であり，$\boxed{\text{お}}$は８，$\boxed{\text{え}}$は奇数の７か９があてはまる。まず，$\boxed{\text{え}}=7$のとき，$15\times\boxed{\text{え}}+12\times\boxed{\text{お}}=15\times7+12\times8=201$だから，$60\times\boxed{\text{あ}}+30\times\boxed{\text{い}}+20\times\boxed{\text{う}}=1031-201=830$となり，この式の等号の両側を10で割ると，$6\times\boxed{\text{あ}}+3\times\boxed{\text{い}}+2\times\boxed{\text{う}}=83$になる。このとき，$\boxed{\text{い}}$にあてはまる数は奇数の９だから，$6\times\boxed{\text{あ}}+2\times\boxed{\text{う}}=83-3\times9=56$より，$\boxed{\text{あ}}=6$，$\boxed{\text{う}}=10$となる。次に，$\boxed{\text{え}}=9$のとき，$15\times\boxed{\text{え}}+12\times\boxed{\text{お}}=15\times9+12\times8=231$だから，$60\times\boxed{\text{あ}}+30\times\boxed{\text{い}}+20\times\boxed{\text{う}}=1031-231=800$となり，この式の等号の両側を10で割ると，$6\times\boxed{\text{あ}}+3\times\boxed{\text{い}}+2\times\boxed{\text{う}}=80$になる。このとき，$\boxed{\text{い}}$にあてはまる数は偶数の６か10が考えられる。$\boxed{\text{い}}=6$の場合，$6\times\boxed{\text{あ}}+2\times\boxed{\text{う}}=80-3\times6=62$より，$\boxed{\text{あ}}=7$，$\boxed{\text{う}}=10$となる。また，$\boxed{\text{い}}=10$の場合は，$6\times\boxed{\text{あ}}+2\times\boxed{\text{う}}=80-3\times10=50$より，$\boxed{\text{あ}}=6$，$\boxed{\text{う}}=7$となる。以上より，$\boxed{\text{あ}}$，$\boxed{\text{い}}$，$\boxed{\text{う}}$，$\boxed{\text{え}}$，$\boxed{\text{お}}$にあてはまる数は，(６，９，10，７，８)，(７，６，10，９，８)，(６，10，７，９，８)とわかる。

社 会 ＜第１回試験＞（30分）＜満点：60点＞

解 答

1 **問１** カ→ア→エ→ウ→イ→オ **問２** ① ウ ② ア ③ イ ④ エ **問３** ① 紀貫之 ② 菅原道真 **問４** ① 福沢諭吉 ② （例） 国の収入を安定させるために，土地の価格の３％を税としてお金で納めさせるように変えた。 **問５** 前野良沢 **問６** フランシスコ＝ザビエル **問７** い **問８** （例） 魏の国から，倭の王としての立場を認めてもらうため。 2 **問１** **１** お **２** え **３** あ **４** か **問２** 福井 **問３** **香川県** い **新潟県** お **山形県** う **問４** **あ** E **お** D **か** A **問５** う **問６** **ア** う **イ** お **ウ** い **問７** え **問８** ① あ ② 善光寺
3 **問１** ① EU ② ドイツ **問２** ① あ ② ポルトガル語 **問３** **ア** × **イ** ○ **ウ** ○ **問４** ① （例） 少子高齢化が進んだため，生産年れい人口の全人口に占める割合が低下している。 ② （例） 日本と比べた経済的な豊かさが相応に高い国ぐにからは特定技能外国人は来ておらず，貧しい国ぐにから来ていること。

解 説

1 各時代の和歌集や書物を題材にした歴史の問題

問１ アの『古今《こきん》和歌集』が編さんされたのは平安時代，イの『学問のすゝ《(す)》め』が出版されたのは明治時代，ウの『解体新書』が出版されたのは江戸時代，エの少年使節(天正遣欧使節)がローマに派遣されたのは安土桃山時代，オの『あたらしい憲法のはなし』が教科書として使われたのは昭和時代のこと，カの『魏志倭人《ぎしわじん》伝』に記されている卑弥呼《ひみこ》は弥生時代の人物である。よって，時代の古い順にカ→ア→エ→ウ→イ→オになる。

問２ ① 大塩平八郎の乱(1837年)が起こったのは，江戸時代後半のことである。 ② 藤原道長が摂政《せっしょう》となって政治を行ったのは，平安時代後半のこと。 ③ 樺太《からふと》・千島交換《こうかん》条約(1875年)が結ばれた時期は，明治時代前半にあたる。 ④ 豊臣秀吉が刀狩り令(1588年)を出したのは，安土桃山時代のこと。

問３ ① 紀貫之《きのつらゆき》は平安時代前半に活躍《かつやく》した歌人で，醍醐《だいご》天皇の命により初の勅撰《ちょくせん》和歌集(天皇の命令でつくられた和歌集)である『古今和歌集』の編さんを行った。また，かな文字の紀行文である『土佐日記』を著したことでも知られる。 ② 菅原道真は894年に遣唐使の中止を朝廷に進言して受け入れられ，右大臣まで昇ったが，醍醐天皇のときの901年，左大臣の藤原時平《ときひら》らのはかりごとにより北九州の大宰府《だざいふ》に左遷《させん》され，その２年後に亡くなった。学問・詩文に優《すぐ》れていたことなどから，のちに「学問の神様」としてまつられるようになった。

問４ ① 福沢諭吉は豊前《ぶぜん》中津藩(大分県)出身の思想家・教育者で，３度にわたって欧米をまわり，欧米の近代思想を日本に紹介《しょうかい》した。代表作に『学問のすゝめ』があり，慶應義塾の創立者としても知られる。 ② 明治政府は1873年に地租改正を行い，土地所有者に地価(土地の価格)の３％を地租として現金で納めさせるようにした。金納にしたのは，豊作や凶作《きょうさく》に関係なく毎年決まった収入が国に入るからで，これにより国家の財政が安定した。

問５ 前野良沢《りょうたく》は豊前中津藩の藩医で，長崎でオランダ語を学ぶなどしたあと，江戸に出て杉田

玄白《げんぱく》らとともにオランダ語の医学解剖《かいぼう》書『ターヘルアナトミア』を苦労のすえにほん訳した。その訳書は玄白らにより1774年に『解体新書』として出版され，その後の日本の医学の発展に貢献《こうけん》した。

問６　フランシスコ＝ザビエルはスペイン人の宣教師で，1549年に鹿児島に来航し，キリスト教を伝えた。ザビエルはおもに九州各地や山口で布教活動を行い，遠く京都にも上った。

問７　日本は太平洋戦争(1941～45年)に敗れたあと，連合国軍の占領下に置かれ，GHQ(連合国軍最高司令官総司令部)の指導のもとで日本の民主化政策が行われた。その一つが農地改革で，地主の土地を一定面積残して政府が強制的に買い上げ，小作人に安く払い下げることで多くの自作農を創出した。よって，「い」があてはまる。「あ」の米騒動《そうどう》は大正時代，「う」のノルマントン号事件は明治時代，「え」の大阪が「天下の台所」とよばれたのは江戸時代のこと。

問８　卑弥呼は３世紀の日本にあった邪馬台《やまたい》国の女王で，239年に魏(中国)に使いを送り，皇帝から「親魏倭王」の称号や金印，銅鏡100枚などを授けられた。卑弥呼が魏に使いを送ったのは，倭(日本)の王としての立場を認めてもらうためで，これにより，邪馬台国の安定をはかろうとしたのだと考えられる。

2　**都道府県の象徴となるものを題材にした地理の問題**

問１　**１**，**２**　青森県はリンゴ，愛媛県はミカンの一大産地として知られており，それぞれリンゴの花，ミカンの花を「県の花」としている。　**３**　東京都はイチョウを「都の木」，ユリカモメを「都の鳥」，ソメイヨシノを「都の花」と定めている。　**４**　福井県は越前ガニ，広島県はカキの漁獲《ぎょかく》量が多いうえに郷土料理にも使われており，それぞれ越前ガニ，カキを「県の魚」としている。

問２　問１の４の解説を参照のこと。なお，越前ガニは福井県に水揚《みずあ》げされるズワイガニをいう。

問３　香川県は小豆《しょうど》島がオリーブの産地として知られるので，「い」があてはまる。新潟県は佐渡島にトキ保護センターがあり，トキの保護と繁殖《はんしょく》に取り組んでいるので，「お」があてはまる。山形県はサクランボの生産量が全国一で，江戸時代にはベニバナの産地としても知られていたので，「う」があてはまる。なお，「あ」は北海道，「え」は富山県，「か」は沖縄県。

問４　**あ**　北海道は47都道府県の中で面積が最も広いので，Ｅがあてはまる。　**お**　新潟県の県庁所在地である新潟市は政令指定都市でもあり，表２の中では北海道の札幌市についで人口が多い。よって，Ｄがあてはまる。　**か**　沖縄県は47都道府県の中で製造品出荷額等が最も少ないので，Ａがあてはまる。統計資料は『地理統計要覧』2022年版，『日本国勢図会』2021／22年版による(以下同じ)。なお，表２のＢは香川県，Ｃは富山県，Ｆは山形県。

問５　東京港は大消費地をひかえているため衣類や肉類などの食料品の輸入が多く，輸入額も大きい。また，名古屋港と横浜港はどちらも自動車が主要輸出品であるが，輸出額は名古屋港のほうが大きい。よって，組み合わせは「う」があてはまる。

問６　**ア**　北海道の函館市には，江戸時代の終わりに築かれた西洋式の城郭《じょうかく》である五稜郭《ごりょうかく》がある。明治新政府軍と旧幕府軍の間で行われた戊辰《ぼしん》戦争(1868～69年)で，最後の戦いが行われた場所として知られる。　**イ**　福島県の会津若松市には，戊辰戦争の激戦地となった若松城(鶴ヶ城)がある。　**ウ**　高知県の高知市にある高知城は，全国に現存する天守閣12城の一つである。　なお，「あ」の上田城は長野県にある。「え」の弘前《ひろさき》城も現存する天守閣12城の一つで，青森県にある。

問７　長野県は盆地で果樹栽培，高原部では野菜の抑制《よくせい》栽培がさかんで，中でもレタスの生産量は全国一である。

問8　①　大井川は赤石山脈の間ノ岳《あいのたけ》(静岡県・山梨県)を水源とし，静岡県中部を南へ向かって流れ，駿河《するが》湾に注いでいる。なお，「い」の木曽川は長野県西部の鉢盛《はちもり》山を水源とし，岐阜県・愛知県・三重県を流れて伊勢湾に注ぐ。「う」の千曲《ちくま》川は日本一の長流である信濃川の本流で，関東山地の甲武信ヶ岳《こぶしがたけ》(長野県・埼玉県・山梨県)を水源とし，新潟県に入り信濃川と名称を変えて日本海に注ぐ。「え」の天竜川は長野県の諏訪《すわ》湖を水源とし，静岡県を流れて遠州灘《えんしゅうなだ》に注ぐ。　②　長野市は善光寺の門前町から発展したため，長野盆地は「善光寺平」ともよばれる。

3　日本と世界の国々との結びつきを題材とした問題

問1　①　EU(ヨーロッパ連合)はヨーロッパの27か国が加盟する地域的協力組織で，経済統合ばかりではなく，共通外交・安全保障政策の実施をめざしている。　②　国連分担金は加盟各国に割り当てられる国連の活動費用のことで，加盟国の経済力によって分担率が異なる。最も分担率が高いのはアメリカで，以下，中国(中華人民共和国)・日本・ドイツ・イギリス・フランス・イタリアの順となっている。このうちドイツ・フランス・イタリアはEU加盟国で，イギリスは2020年にEUを正式に脱退《だったい》している。

問2　①　日本でくらす外国人のうち，国籍別では中国が最も多い。よって，組み合わせは「あ」があてはまる。　②　ブラジルは南アメリカ大陸の北東部を占《し》める国で，中南米の国がほとんどスペインから独立したためスペイン語が公用語であるが，ブラジルはポルトガルから独立したためポルトガル語が公用語である。よって，ブラジル人の多く住む群馬県大泉町では，ポルトガル語の看板が多く見られる。

問3　**ア**　ビザ(入国査証)は入国許可証のことで，外国にある日本大使館や領事館が日本への入国を希望する人に発給する。大使館・領事館は外務省の管轄《かんかつ》である。よって，この文は正しくない。　**イ**　ヘイトスピーチについて，2016年にヘイトスピーチ解消法が制定されており，大阪市や川崎市(神奈川県)ではヘイトスピーチ条例を定めている。よって，この文は正しい。　**ウ**　日本に長く生活している外国人でも，日本国籍を取得しないと，選挙権や被選挙権などの参政権は認められない。よって，この文は正しい。

問4　①　図４のグラフを見ると，少子高齢化の影響《えいきょう》で2020年は1990年に比べて生産年れい人口(15～64歳)が減少していることがわかる。つまり，労働力が不足していることを表しているので，この状況を少しでも解消するためには，特定技能の制度などを取り入れながら日本に来て働く外国人を増やす必要がある。　②　表４において，「国民一人あたりの経済的な豊かさ」の度合いが低い国のほうが，「特定技能の制度で日本に滞在《たいざい》している人数」が多いことがわかる。つまり，豊かでない国の人びとが，貧しさからぬけ出すために日本に働きに来ていると判断できる。

理　科　＜第１回試験＞(30分)＜満点：60点＞

解　答

1　**問1**　10m　**問2**　30秒　**問3**　解説の図を参照のこと。　**問4**　**A**　120秒　**B**　150秒　**問5**　(例)　①　キ　②　オ　③　ア　④　ウ　**2**　**問1**　液体，固体，

気体　**問２**　①　100　②　0　**問３**　イ　**問４**　イ，ウ　**問５**　イ，ウ　**問６**　ア，オ　**問７**　(例)　氷の粒を小さくするために，急激に冷却を行う。　**3**　**問１**　イ，エ　**問２**　ア，エ　**問３**　だっ皮　**問４**　*X*　800　*Y*　0.350　*Z*　1520　**問５**　15　**問６**　カ　**問７**　29　**4**　**問１**　イ　**問２**　(1)　日本　(2)　月　(3)　小さい　(4)　○　**問３**　エ　**問４**　26分

解　説

1　２灯式信号機の仕組みと自動車の速さについての問題

問１　時速36kmで走る自動車は，１秒間に，36×1000÷60÷60＝10(m)進む。

問２　300mの長さを秒速10mの速さで進むので，300÷10＝30(秒)かかる。

問３　図２で，信号機Ａは青色電球が30秒間点灯し，赤色電球が90秒間点灯することをくり返している。赤色電球が点灯している90秒間のうち，はじめの30秒間は，図１の右方向に進む自動車が通行規制区間を通過し終えるのにかかる時間で，終わりの30秒間は，図１の左方向に進む自動車が通行規制区間を通過し終えるのにかかる時間なので，信号機Ｂの青色電球が点灯しているのは，90－30×２＝30(秒間)とわかる。よって，信号機Ｂの青色電球が初めて点灯する時間は，30＋30＝60(秒後)から，60＋30＝90(秒後)までとなる。そして，信号機Ｂの点灯の仕方は信号機Ａと同じく，青色電球が30秒間点灯し，赤色電球が90秒間点灯することをくり返すから，信号機Ｂの点灯の様子を示したグラフは右の図のようになる。

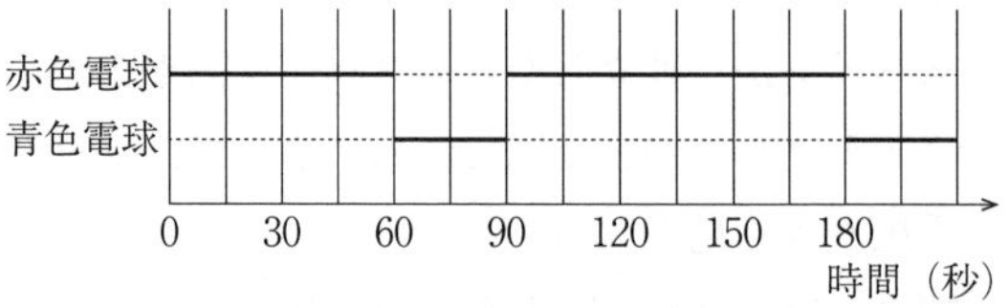

問４　信号機Ａと信号機Ｂの青色電球の点灯時間の比が３：２で，その差(比の１)が30秒なので，青色電球の点灯時間は信号機Ａが，30×３＝90(秒)，信号機Ｂが，30×２＝60(秒)である。したがって，赤色電球の点灯時間は，(もう一方の信号機の青色電球が点灯している時間)＋(自動車が通行規制区間を通過するのにかかる30秒間の２倍)で求められるので，信号機Ａが，60＋30×２＝120(秒)，信号機Ｂが，90＋30×２＝150(秒)となる。

問５　２つの信号機の点灯の仕方は，両方とも赤色電球が点灯する(図３の①と③がつながる)場合，信号機Ａは青色電球，信号機Ｂは赤色電球が点灯する(図３の②と③がつながる)場合，信号機Ａは赤色電球，信号機Ｂは青色電球が点灯する(図３の①と④がつながる)場合の３通りである。図４で，Ｙ字型の金属板の位置は３通りある(●のついている金属板の部分がウ～オにある場合)が，接点アと接点キはそのうち２通りで金属板と接するので，これらには一方に①，もう一方に③をつなぐとよい。すると，図４の状態では両方とも赤色電球が点灯するから，金属板をこの状態から１接点分右回転や左回転させたときに赤色電球が点灯しなくなる方の信号機の青色電球が点灯するように，②や④を接点につなぐ。そのようなつなぎ方は解答例の他に，「①…ア，②…ウ，③…キ，④…オ」などが考えられる。

2　物質の状態変化についての問題

問１　水がこおると体積が約1.1倍になり，水が水蒸気になると体積が約1700倍になることから，$1\ cm^3$あたりの重さで比べると，最も重いのは液体の水，最も軽いのは気体の水蒸気である。

問２　水の中から激しくあわが出る様子は，水が沸騰《ふっとう》しているときに見られる。水が沸騰する温度

は100℃である。また，水がこおって氷になる温度は０℃である。

問３　手に液体のアルコールを乗せると，液体のアルコールは次々と空気中へ蒸発する。このとき周りから熱をうばうので，ひんやりと感じる。

問４　イでは加熱によって砂糖が別の物質に変化していて，ウでは鉄が空気中の酸素と結びついて別の物質に変化する。状態変化では物質のすがたが変わるだけで，物質そのものが変化するわけではない。

問５　グラフにおいて，ａ～ｂは過冷却《かれいきゃく》の状態ですべて液体の水だが，ｂでこおり始める。ｂ～ｃおよびｃ～ｄは水が少しずつ氷に変化している過程であり，液体の水と固体の氷が混ざって存在している。そして，ｄですべてこおり終わり，ｄ～ｅでは固体の氷だけがあって，温度がしだいに下がっている。

問６　アについて，結晶《けっしょう》は種結晶から決まった方向に均等に成長していくので，種結晶として形のゴツゴツしたものを使うと，成長の方向が一定にならず，ミョウバン特有のきれいな結晶の形にはなりにくい。オについて，大きな結晶をつくるには，できるだけ時間をかけて静かに成長させる必要がある。なお，振動《しんどう》を与《あた》えると，液中に小さな結晶ができ，そのぶん大きな結晶が育たなくなってしまう。

問７　ゆっくりと冷却すると，氷の粒《つぶ》が大きく成長するため，口あたりが悪くなってしまう。なめらかな口あたりにするためには，氷の粒ができるだけ小さくなるように，急激な冷却を行うとよい。

３　昆虫《こんちゅう》とその個体数の変化についての問題

問１　イについて，単眼の数は昆虫の種類によって異なり，持たないものもいる。エについて，はねが２枚なのはハエやカなどに限られ，昆虫の多くは４枚のはねを持つ。ただし，はねを持たないものもいる。

問２　ダンゴムシはエビやカニなどと同じ甲殻《こうかく》類，クモはサソリなどと同じクモ類である。

問３　幼虫は，からだをおおう古い皮をぬぎ捨てることで，からだを大きくする。古い皮をぬぎ捨てることをだっ皮という。

問４　*X*　２齢《れい》幼虫の生存数(その段階に達した個体の数)と３齢幼虫の生存数の差にあたるから，3600－2800＝800である。　*Y*　8000個の卵のうち，３齢幼虫となったのは2800個体なので，生存率は，2800÷8000＝0.350となる。　*Z*　５齢幼虫の生存数2000個体のうち480個体が死亡したので，６齢幼虫の生存数は，2000－480＝1520とわかる。

問５　オスとメスが同じ割合だから，表１において成虫のメスの数は，560÷２＝280(個体)である。よって，メス１個体が産んだ卵の平均数は，4200÷280＝15(個)と求められる。

問６　最初の時点で8000個の卵が生存していたが，次の世代の卵の数は4200個しかなく，半数近くに減少している。世代の経過につれてこの割合で減っていくと，個体数の変化はカのグラフのようになる。

問７　問６のウのグラフは，世代が経過しても個体数がほぼ一定である様子を表している。このようになるには，どの世代でも最初の時点で8000個の卵が生存していればよい。つまり，280個体のメスが8000個の卵を産めばよいので，このときのメス１個体あたりの産卵数は，8000÷280＝28.5…より，29個となる。

４　宇宙探査についての問題

問１　リュウグウは太陽系ができ上がるころの物質（有機物や含水《がんすい》鉱物）を多く含《ふく》んでいると考えられるので，リュウグウのサンプルを分析《ぶんせき》することで，太陽系の起源や生命誕生のなぞを解明する手がかりが得られると考え，リュウグウが目標の天体として選ばれた。

問２　⑴「はやぶさ２」は，日本が打ち上げた小惑星《わくせい》探査機である。　⑵　2022年２月時点で，地球以外の天体で人類が降り立ったことがあるのは，月だけである。火星には無人探査機が着陸したことはあるが，有人探査にはいたっていない。　⑶　天体の引力の強さは大きく重いものほど強い。リュウグウの大きさは地球に比べてとても小さいので，天体表面の重力の大きさもリュウグウの方が地球よりとても小さい。　⑷　1969年，アメリカの「アポロ11号」の搭乗《とうじょう》員が人類史上初めて月面に着陸し，月のサンプルを地球に持ち帰った。よって，50年以上前のことになる。

問３　地球などの天体の引力を利用して飛行コースを変えたりスピードを得たりする方法をスイングバイという。燃料を節約することやスピードを上げることなどが目的である。

問４　リュウグウへ向けて出した降下命令が届くまでの時間と，その命令にしたがってリュウグウが動いていることを伝える情報が地球に届くまでの時間の和が求める時間である。つまり，光の速さで２億3000万kmの距離《きょり》を往復するのにかかる時間を求めればよく，２億3000万×２÷30万＝1533.3…（秒），1533÷60＝25.55より，約26分である。

国語　＜第１回試験＞（50分）＜満点：100点＞

解答

一　**問１**　エ　**問２**　（例）　娘が早く新しい環境に馴染みクラスメイトと仲良くなろうとするのを助けたいという気持ちから，工夫してうまくできないか考えてみようと思い直したから。　**問３**　ア　**問４**　イ　**問５**　エ　**問６**　エ　**問７**　なんとなく　**問８**　ウ　**問９**　イ　**問10**　（例）　いつもまわりに合わせた行動を取るばかりで自分らしさを出せず，毎日を本当には楽しめなくて，深くわかり合えるような友人もできなかった。　**問11**　（例）　他人の評価ばかり気になってしまったときに，自分を出せずに後悔した小学生時代を思い出し，いつかわかってもらえると信じ，時間をかけてでも自分らしいものを作ろうと思い直すこと。　**問12**　下記を参照のこと。　二　**問１**　下記を参照のこと。　**問２**　イ　**問３**　（例）　大野さんが一人で積んで始まったのだが，大水が出るたびに崩れたり流されたりするので，その後何度も作り直していること。　**問４**　エ　**問５**　ウ　**問６**　（例）　心からすっきりと納得すること　**問７**　エ　**問８**　（例）　何とか生きていこう　**問９**　（例）　石を積んだだけの『生』は，自然の力によって何度も流されてしまうものだ。けれども，あきらめて投げ出してしまうのではなく，その度に互いに協力しながら『生』を自主的に積み直す。そのことが，人の営みそのものを表現しているし，また，気を落とした人々に向けての応援メッセージの役割も果たしているということ。

●漢字の書き取り

一　問12　a　報告　b　一刻　二　問１　a　在住　b　誕生　c　観光　d　過程

解　説

一　出典は関取花《せきとりはな》の『どすこいな日々』による。小学校時代に転校をくり返した「私」は，新しいクラスに馴染《なじ》もうとまわりに合わせていたが，あるできごとをきっかけに自分らしくあろうと思うようになる。

問１　「その言葉」とは，クラスの子に「学校祭ではみんなで何かお揃《そろ》いにしたいから，花ちゃんも浴衣《ゆかた》着ようよ」と言われたことを指す。転校して間もない自分を誘《さそ》ってくれたことが「純粋《じゅんすい》に嬉《うれ》しかった」のだから，エが選べる。

問２　母が「わかった，なんとかする」と言ったのは，「駄々《だだ》をこね」る「私」の「新しい環境《かんきょう》に早く馴染み」たいという気持ちを理解したからだと考えられる。これをもとに，「クラスメイトとお揃いで浴衣を着ることで新しい環境に早く馴染みたいという娘《むすめ》の望みをかなえたいと思い，なんとかできないかと考え直したから」のようにまとめる。

問３　ほかの子たちが着ていたものは「ピンクや水色などの鮮《あざ》やかな色に，金魚や風鈴《ふうりん》などが描《えが》かれた可愛《かわい》い柄《がら》の浴衣」だったが，自分のものは「真っ白いガーゼのような生地に，小さな紅葉《もみじ》の柄があるだけ」だった。しかし「私」は，「みんなと似ているようで少し違《ちが》う」浴衣を着ている自分にどこか「特別」なものを感じたものと想像できるので，アがふさわしい。

問４　自分の転校に「私」が「思わず泣いてしまった」のは，「寂《さび》し」さや「悲し」さのためではなく，みんなに対して自分を出せないまま転校しなければならないことが「悔《くや》しかった」からだと続く部分から読み取れる。よって，イが選べる。

問５　日本に帰国してから通うことになった小学校には，昔から家族ぐるみで付き合いのあったところの兄妹が通っていたため「安心」できたと「私」は感じている。転校ばかりでクラスに馴染むことさえ難しい自分や兄を気にかけた両親が，あえて「その兄妹と同じ地域に住むことを選んでくれた」のだろうと「私」は想像しているので，エが合う。

問６　「迎合《げいごう》」は，人の気に入るように調子を合わせること。ここでは，クラスで「宇宙人の絵を描《か》くのが流行ってい」ると知り，それに合わせて「私」も「みんなと同じように宇宙人の絵を描いた」ことを指している。

問７　中国の小学校で「なんとなくみんなに混じって～おままごとに参加したりもしていた」「私」は，「たまにはドッジボールしようよ」と伝えたかったものの，結局は言い出せずに転校を迎《むか》えてしまったことをとても悔《く》やんでいる。これが，「自分を出せないまま終わって」しまったできごとにあたる。

問８　続く部分で「宇宙人の絵を描いた」理由を「みんなが描いていたから」と答えた「私」に対し，母は「だよね」と言っている。母は，「私」がクラスのみんなに迎合して宇宙人の絵を描いたのだろうと見ぬいていたのだから，ウが選べる。

問９　娘の絵が入賞したというのにそっけない母の態度を見て，「チラシの裏にマッキーでうさちゃんの絵を描いた時は，あんなに褒《ほ》めてくれたのに」と思いながら「私」は歩いている。よって，元気なく歩くようすを表す「とぼとぼと」がふさわしい。

問10　みんなに合わせて宇宙人の絵を描き，「入賞」した「私」を母は褒めることなく，「宇宙人の絵で賞をとる花ちゃんより，うさちゃんの絵をニコニコ楽しそうに描いている花ちゃんが好きだな」と言っている。そのできごとをきっかけに，「もっと自分らしくいよう」と考え，自分の思ったことを行動にうつすようになった結果，「私」は「毎日が楽しく」なり，「本当に気の合う親友ができたりもした」のである。もし，宇宙人の絵を母に褒めちぎられていたら，他人に合わせてばかりいたものと想像できる。

問11　「曲作りに完全に煮詰《につ》まっ」たさい，「私」はいつも「小学校時代の転校のことを思い出」している。つまり，「どんな歌詞を書いても，どこかを切り取られて本来とは違う解釈《かいしゃく》をされるんじゃないか」と，他人の評価ばかりが気になってしまったときは，小学校時代，転校先で環境に馴染もうとして自分を出せずにいたこと，自分を出すようになって毎日が楽しくなったことを思い出し，あらためて「自分らしくいよう」という意識をもって迷いをふりはらうのである。

問12　**a**　告げて知らせること。　**b**　非常に短い時間。

二　**出典は有川《ありかわ》ひろの『倒《たお》れるときは前のめり　ふたたび』による。**宝塚《たからづか》市の武庫川の中州に存在する，石で積まれた「生」の字について述べられている。

問１　**a**　その土地に住んでいること。　**b**　生まれること。　**c**　他の国や地方の景色や史《し》跡《せき》などを見物すること。　**d**　物事が変化，進行していく道筋。

問２　直後で，「市民は『一体あれは何だろう？』と想像を楽しみ，明かされた謎《なぞ》に感じ入った」と述べられているとおり，「誰《だれ》が作ったのかも，『せい』と読むのか『なま』と読むのかさえも謎」の「『生』の字」は人々を想像で楽しませ，その謎が解けた後も人々を感心させたというその両方の点で「上質」だといえるのだから，イがよい。

問３　「第一作」とあることから，作品が複数存在するものと推測できる。ただ石を積んだだけの「生」の字は，「大水」によって幾度《いくど》となく「崩《くず》れたり流されたり」し，そのたび作り直されてきたのである。

問４　「生」の字をコンクリートで固めて観光のモニュメントとしてはどうかという宝塚市の提案には，筆者のほか作者である大野さんも首を縦に振《ふ》らなかったと述べられている。これを受けた宝塚市は，「生」の字のあるべき形を汲《く》み取り，すぐに「引き下がった」ものと想像できるので，エが合う。

問５　「東日本大震災《しんさい》の後，たまたま流失していた『生』」が再生されたことで，「人の意志がある限り，『生』は何度でも再生する。人の営みは何度でも再生する」という「骨太極《きわ》まりない応援《おうえん》のメッセージ」が東日本大震災に対して送られることとなった。そのとき，以前受けていた，『生』の字をコンクリートで固めて観光のモニュメントとしてはどうかという宝塚市の提案に対し，筆者が「それはだめでしょう」と言ったのは「直感でしかなかった」ものの，その「判断」は結果的に正しかったというのだから，ウがふさわしい。

問６　「腑《ふ》に落ちる」は，“心から納得できる”という意味。

問７　「人の意志がある限り，『生』は何度でも再生する」はずであるから，「『生』の字が長く現れなくなる時代」とは，「生」の字が流失した後，それを作り直そうという人々の意志がなくなってしまう時代だとわかる。よって，エが選べる。

問８　傍線《ぼうせん》部④の次の段落に述べられているように，「自然の膨大《ぼうだい》なエネルギーが人の営みを叩《たた》きのめすことは数多い」が，「人の意志がある限り，『生』は何度でも再生する」のである。それは「人の営みは何度でも再生する」ということの証明であり，「大きな災害の後」に再生した「生」は，「何とか生きていこう」，「負けずに生きていこう」というような「メッセージを送っている」ものと考えられる。

問９　「自然の膨大なエネルギーが人の営みを叩きのめすことは数多」く，「人の積んだ『生』の字」も「大水で何度も流失してきた」のである。「しかし，人の意志がある限り，『生』は何度でも再生する」ことができ，それは「人の営みは何度でも再生する」という「応援のメッセージ」にもなると筆者は理解したのである。

2022年度　桐　朋　中　学　校

〔電　話〕(042) 577―２１７１
〔所在地〕〒186-0004　東京都国立市中３―１―10
〔交　通〕JR中央線―「国立駅」より徒歩15分
JR南武線―「谷保駅」より徒歩15分

【算　数】〈第２回試験〉（50分）〈満点：100点〉

1　次の計算をしなさい。

(1)　$1\frac{1}{8}+\frac{2}{3}-\frac{11}{12}$

(2)　$(2.4-1.2\times0.6)\div(1.85+0.95)$

(3)　$2.2\div\left(\frac{3}{14}\times10.5-1.4\div2\frac{1}{3}\right)$

2　次の問いに答えなさい。

(1)　オリンピックで，ある国が獲《かく》得した金メダルの個数は，銀メダルの個数の２倍より３個多く，銅メダルの個数は，銀メダルの個数の３倍よりも１個多いです。金，銀，銅のメダルの合計は46個です。金メダルは何個ですか。

(2)　大きい正方形と小さい正方形があります。大きい正方形の１辺の長さは小さい正方形の１辺の長さより13cm長く，大きい正方形の面積と小さい正方形の面積の差は325cm²です。大きい正方形の１辺の長さは何cmですか。

(3)　aとbはどちらも２けたの整数です。分数$\frac{b}{a}$はこれ以上約分できません。100からaを引いた数を分母，bを分子とする分数が$\frac{1}{7}$となるとき，分数$\frac{b}{a}$を求めなさい。

3　魚つりの大会で，ＡさんとＢさんはアジとイワシをつりました。アジを１匹《びき》つると３点，イワシを１匹つると１点の得点になります。ＡさんはＢさんより６匹多くつりましたが，16点少ない得点でした。

(1)　ＡさんとＢさんのどちらがアジを多くつりましたか。また，その差は何匹《ひき》ですか。

(2)　ＡさんとＢさんがつったイワシの合計は33匹でした。Ａさんがつったイワシは何匹ですか。

4　ある工場で，製品Ａと製品Ｂを作っています。ＡとＢを１個作るのにかかる時間と費用は右の表のようになっています。この工場で今週作ったＡとＢの個数の合計と，先週作ったＡとＢの個数の合計は同じでした。今週作ったＡの個数は先週より25％多かったので，ＡとＢを作るのにかかった時間は今週の方が先週より48分長くなりました。ＡとＢを作るのにかかった費用の合計は今週の方が先週より10％多くなりました。今週作ったＡは何個でしたか。また，今週ＡとＢを作るのにかかった費用の合計はいくらでしたか。答えだけでなく，途中の考え方を示す式や図などもかきなさい。

	時間	費用
Ａ	５分	50円
Ｂ	３分	10円

5　＜図１＞のような直方体の形をした容器に水が入っています。この容器を水平な床の上に置きました。面EFGHを底面にすると，水面の高さは12cmです。この容器をどのようにかたむけても，中の水はこぼれません。

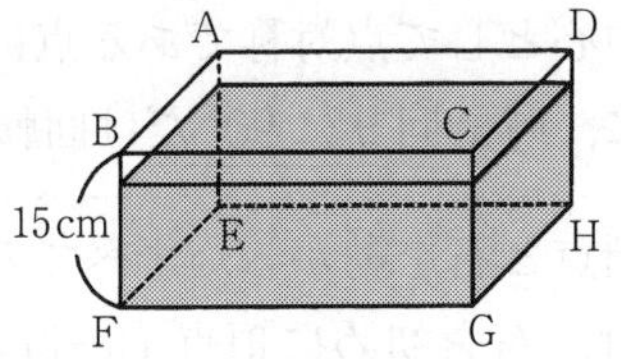

＜図１＞

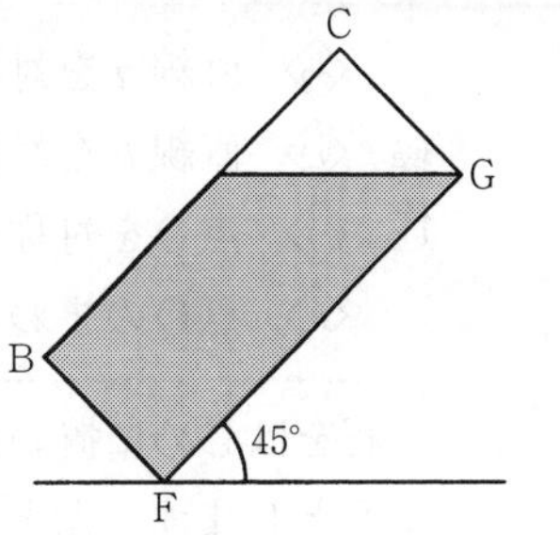

＜図２＞

(1)　面BFGCを底面にすると，水面の高さは16cmになりました。辺ABの長さは何cmですか。

(2)　面EFGHを底面にして，辺EFを床につけたまま容器をかたむけました。＜図２＞のように45°の角度までかたむけたところ，水面が辺GHに重なりました。辺BCの長さは何cmですか。

6　Ｐ地とＱ地を結ぶ道路㋐とＱ地とＲ地を結ぶ２つの道路㋑，㋒があります。㋐の道のりと㋑の道のりは同じです。トラックと乗用車と自転車がＰ地を同時に出発し，Ｒ地へ向かいました。トラックは㋐と㋑を通り，乗用車と自転車は㋐と㋒を通ります。トラックがＲ地に着いたとき，乗用車は同時にＲ地に着きましたが，自転車はＱ地に着いたところでした。トラックが㋑を走るときの速さは㋐を走るときの速さの２倍です。乗用車と自転車の速さはそれぞれ分速900m，分速360mです。

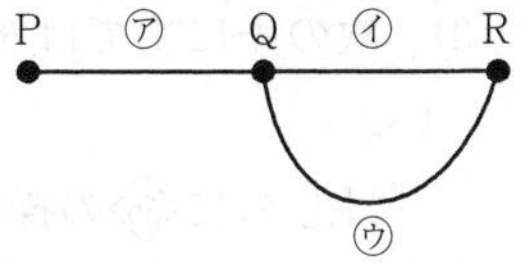

(1)　㋐の道のりと㋒の道のりの比を求めなさい。

(2)　トラックが㋐を走るときの速さは分速何mですか。

(3)　Ｐ地を出発し，㋐と㋒を通りＲ地へ向かうバスがあります。このバスが，トラックと同時にＰ地を出発しました。Ｑ地では先にバスが通過し，その１分後にトラックが通過しました。Ｒ地には先にトラックが着き，その７分30秒後にバスが着きました。このとき，㋐の道のりは何mですか。また，バスの速さは分速何mですか。

7　下の図のような正十二角形があり，それぞれの頂点には①，②，③，…，⑫と数字が書かれています。直線a，bはこの図形の対称の軸で，点Oは対称の中心です。正十二角形のいずれかの頂点に石を置き，次の操作によって石を動かします。

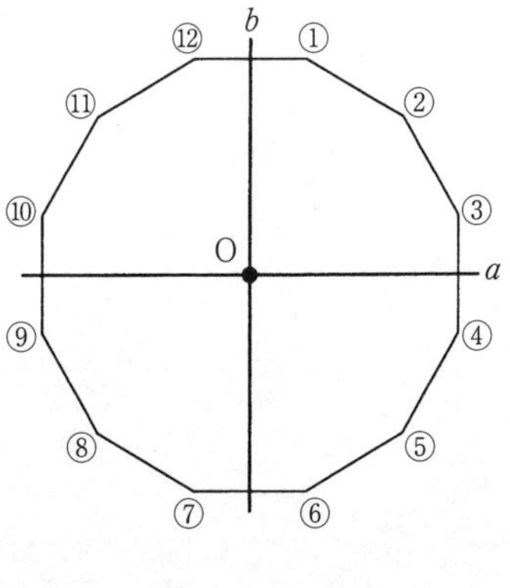

操作

- ◇あ　直線 a を対称の軸として線対称である点に石を動かす。
- ◇い　直線 b を対称の軸として線対称である点に石を動かす。
- ◇う　点Oを対称の中心として点対称である点に石を動かす。
- ◇え　点Oのまわりに，時計回りに $90°$ だけ回転した点に石を動かす。

石をはじめに置いた頂点と石を動かしたすべての頂点に書かれている数字を合計し，その和を S とします。たとえば，石を初めに頂点①に置き，◇う，◇い，◇えの順に操作を行うと，①→⑦→⑥→⑨の順に石が動くので，$1+7+6+9$ を計算して，$S=23$ となります。

(1)　次のアにあてはまる数字をすべて求めなさい。

「１回の操作を行い，㋐→㋑と石が動き，$S=15$ になった。」

(2)　次のウ，エ，オにあてはまる数字をすべて求めなさい。たとえば，ウが３，エが９，オが３となるときは，(3，9，3)のように書きなさい。

「３回の操作を行い，㋒→⑩→㋓→㋔と石が動き，$S=33$ になった。」

(3)　次のキにあてはまる数字をすべて求めなさい。また，コにあてはまる数字をすべて求めなさい。

「はじめに◇あの操作を行い，次に２回の操作を行い，最後に◇いの操作を行い，㋕→㋖→㋗→㋘→㋙と石が動き，$S=38$ になった。」

【社　会】〈第２回試験〉（30分）〈満点：60点〉

1　次の**ア**～**カ**の文を読み，問いに答えなさい。

ア．海外貿易の許可状をもらった貿易船が東南アジアに向かい，シャムなどに商人や武士が移り住んだ。

イ．古墳の設計・建築や，金属加工，養蚕や織物などの進んだ技術を持った人びとが，大陸から日本各地に移り住んだ。

ウ．戦争でヨーロッパ諸国の生産力が低下すると，日本は輸出を伸《の》ばして好景気となり，大都市に人びとが移り住んだ。

エ．米作りの技術をもった人びとが，中国や朝鮮半島から日本に移り住んだ。

オ．政府の呼びかけにしたがって20万人以上の日本人が，開拓《かいたく》を進めるために満州に移り住んだ。

カ．蝦夷地は北海道と改められ，開拓するための役所がおかれ，北海道以外から人びとが移り住んだ。

問１．**ア**～**カ**の文があらわしている時代を古い方から順にならべかえて，記号で答えなさい。

問２．次の①～④の絵や写真は，**ア**～**カ**の文のあらわす時代のどれと関係が深いか，記号で答えなさい。関係の深い文がないときは記号**キ**で答えなさい。

①

②

③

④

問３．**ア**の文について。

① シャムとは現在のどこの国を指しますか。次の中から選び，記号で答えなさい。

あ．タイ

い．インド

う．ベトナム

え．マレーシア

② この海外貿易の許可状のことを何といいますか，漢字で答えなさい。

③ このころの大名は，幕府が作った決まりに違反《いはん》すると，領地をとりあげられたり，配置がえされたりしました。この決まりを何といいますか，漢字で答えなさい。

問４．**イ**の文について。古墳にはさまざまな形をした素焼きの土製品が並べられていました。これを何といいますか。

問５．**ウ**の文について。このころ，大都市では，女性たちがさまざまな職場で活躍《かつやく》するようになり，これまでになかった新しい仕事につく女性が増えました。この当時の女性の新しい仕事として，正しいものを次の中からすべて選び，記号で答えなさい。

あ．バスの車掌《しゃしょう》

い．テレビキャスター

う．電話の交換手《こうかんしゅ》

え．衆議院議員

問６．**エ**の文について。今から約2300年前と推定される水田のあとが見つかった，福岡県にある遺跡《いせき》を何といいますか，漢字で答えなさい。

問７．**オ**の文について。満州を日本が占領《せんりょう》する戦いが起こった時期に，軍人が総理大臣らを殺害する事件が起こりました。この事件を何といいますか。

問８．**カ**の文について。

① 北海道に移り住んだ人びとのうち，原野の開拓とともに北方の警備にもあたった人びとを何といいますか，漢字で答えなさい。

② 北海道に多くの人びとが移り住んだことや，政府の政策によって，以前から北海道でくらしていた民族の生活にどんな変化があったか，民族名をあきらかにして説明しなさい。

2 次に示した詩は，谷川俊太郎さんの「朝のリレー」です。この詩を読んで後の問いに答えなさい。

(1)カムチャツカの若者が
きりんの夢を見ているとき
(2)メキシコの娘《むすめ》は
朝もやの中で(3)バスを待っている
(4)ニューヨークの少女が
ほほえみながら寝《ね》がえりをうつとき
(5)ローマの少年は
柱頭を染める朝陽にウインクする
この(6)地球では
いつも(7)どこかで朝がはじまっている

ぼくらは朝をリレーするのだ
経度から経度へと
そうしていわば交替《こうたい》で地球を守る
眠《ねむ》る前のひとときときき耳をすますと
(8)どこか遠くで目覚まし時計のベルが鳴ってる
それはあなたの送った朝を
誰《だれ》かがしっかりと受けとめた証拠《しょうこ》なのだ

※　問題の都合上，内容を一部あらためています。

問１．下線部(1)について。カムチャツカはユーラシア大陸の東部にある半島です。この半島が属する国はどこか，答えなさい。

問２．下線部(2)について。メキシコの人口は約１億３千万人です。次にあげた五つの国のうち，メキシコよりも人口の多い国を二つ選び，記号で答えなさい。

あ．インドネシア
い．エジプト
う．スウェーデン
え．ブラジル
お．フランス

問３．下線部(3)について。バス交通は日本でも重要な公共交通ですが，バスの減便や路線の廃止《はいし》が進む地域もあります。減便や路線廃止は過疎化《かそか》が主な理由ですが，過疎化以外に考えられる理由を説明しなさい。

問４．下線部(4)について。ニューヨークを含《ふく》む北アメリカ大陸東部の沿岸は，漁業も盛んです。世界各国が自国の水産資源を守るために設定した水域を何といいますか。解答らんに合うように答えなさい。

問５．下線部(5)について。ローマはイタリアの首都で，北緯41度に位置します。下に示した**図１**は，静岡市，仙台市，函館市，福岡市のいずれかの雨温図です。ローマとほぼ同じ緯度にある都市のものを選び，**あ**～**え**の記号で答えなさい。

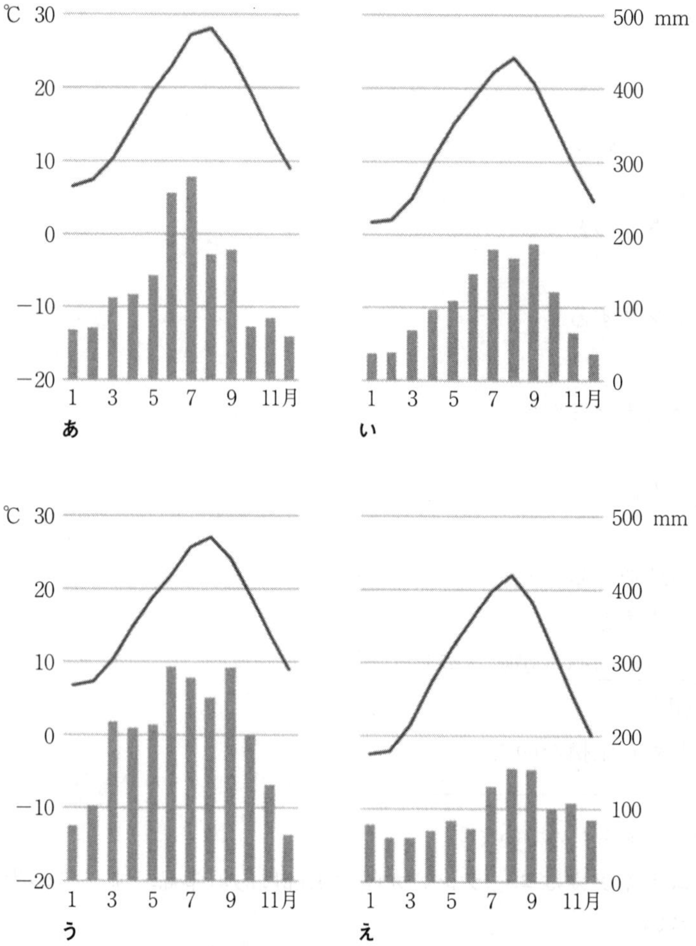

図１

問６．下線部(6)について。地球の表面は，海の部分が広く全体の約70％をしめています。海の面積で広いのは三大洋です。三大洋をすべて答えなさい。

問７．下線部(7)について。「どこかで朝がはじまっている」とありますが，北極点や南極点に近いところでは夏場に一日中太陽が沈《しず》まない，あるいは太陽が地平線近くに沈んでいるために薄《うす》明るい夜が続くことがあります。この現象を何といいますか。

問８．下線部(8)について。ヨーロッパ連合から離脱《りだつ》した国の首都で，２月２日の朝，午前７時に目覚まし時計が鳴ったとき，東京は何月何日の何時ですか。午前，午後もあわせて答えなさい。

問９．時差を考える際には，季節によって時刻を早めている国や地域があることにも注意する必要があります。昼間の時間の長い季節に標準時を早める制度を何といいますか。

問10．「朝のリレー」の地名を**図２**に示しました。カムチャツカ(半島)，メキシコ(メキシコシティ)，ニューヨーク，ローマのうち，最も早く同じ日の朝を迎《むか》えるのはどこですか。

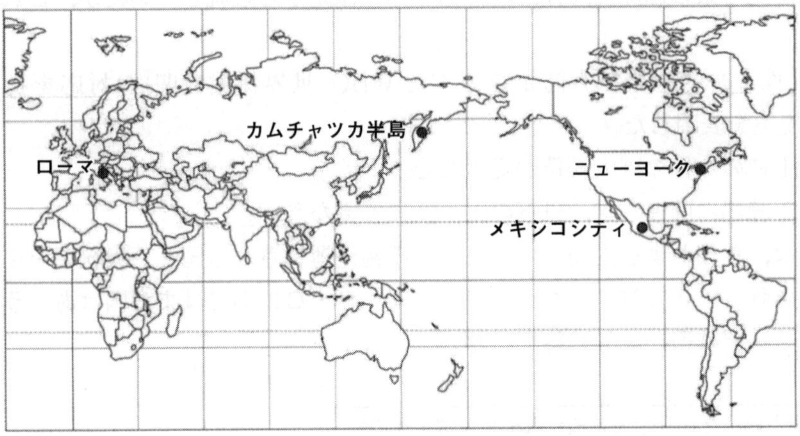

図2

3 次の文章を読み，下の問いに答えなさい。

現在多くの国では，国の権力を立法権・行政権・司法権の三権に分けています。このうち，立法権については議会(日本では国会)が担当するのが一般的《いっぱんてき》であるのに対し，行政権については，日本のように首相を中心とした内閣が担当して政権を運営する国と，アメリカのように大統領が行政権を担当して政権を運営する国とがあります。

日本では2020年9月，当時の安倍晋三《あべしんぞう》首相が辞意を表明したことを受け，自由民主党は新しい党首を決める選挙を党内で実施《じっし》し，その結果，菅義偉《すがよしひで》氏が新しい総裁に選ばれました。このちの9月16日，安倍内閣は［ 1 ］し，これを受けて，同日召集《しょうしゅう》された臨時国会の衆参両院本会議において，菅氏が新しい首相に［ 2 ］されました。菅氏はその日のうちに各省庁等を担当する大臣を任命し，(1)菅内閣が発足しました。

菅内閣が発足した当初，衆議院議員の残りの任期が短いことなどから「一度衆議院を解散して衆議院議員の総選挙をおこない，菅内閣に対する国民の信を問うべきだ」とする意見がありました。その一方で，「新型コロナウイルス感染拡大防止を図らなければならないなか，衆議院の解散・総選挙は混乱を招くおそれがある」とする意見もありました。

アメリカでは2020年11月に大統領選挙が実施され，その結果，翌年1月に共和党のトランプ氏にかわり(2)民主党のバイデン氏が新しい大統領に就任しました。この大統領選挙とあわせて上院・下院の議会議員選挙もおこなわれ，下院は民主党が過半数を確保したものの，上院では民主党の議席は過半数には至りませんでした。

国民の意見を反映させることは民主政治の大きな目的であり，選挙は，国民が自分たちの意見を示す大切な機会です。

問1．文章中の［ 1 ］・［ 2 ］にあてはまる適切な語句を，［ 1 ］は漢字三文字で，［ 2 ］は漢字二文字で，それぞれ答えなさい。

問2．下線部(1)について。菅内閣のもとで新たに設置することが決まり，2021年9月に発足した省庁とは何ですか。その名称《めいしょう》を答えなさい。

問3．下線部(2)について。以下の文のうち，バイデン大統領のもとで取り組まれたことには○を，そうではないものには×を，それぞれ記入しなさい。

ア．地球温暖化防止対策の国際的な枠組《わくぐ》みであるパリ協定から離脱していたが，これに復帰した。

イ．新型コロナウイルス感染拡大防止をめぐるWHO(世界保健機関)の対応を批判し，WHOからの脱退《だったい》を表明した。

ウ．アメリカ史上初の女性の副大統領が誕生した。

問４．文章中の二重下線部に関連して，以下の①・②に答えなさい。

① 以下の**表１**は，首相および内閣を中心として政権が運営される国と，大統領を中心として政権が運営される国とを整理したものです。**A**・**B**・**C**にあてはまる国は**あ**～**う**のうちどれですか。それぞれ選び記号で答えなさい。

表１

首相および内閣が政権を運営	大統領が政権を運営	その他
日本・**A**	アメリカ・**B**	**C**

あ．中国　**い**．韓国　**う**．ドイツ

② アメリカ合衆国憲法では，厳格な三権分立のもと大統領と議会はそれぞれ独立したものと定められ，両者は対等な関係にあるとされています。一方，日本国憲法では，内閣と国会はどのような関係にあると定められていますか。**３**の文章全体を参考にして，かつ，日本国憲法の三大原則のうちのひとつにふれながら説明しなさい。

【理　科】〈第２回試験〉(30分)〈満点：60点〉

1　次の問いに答えなさい。

図１のように，棒ABから10gのおもりを糸でつるした振《ふ》り子《こ》を用意しました。図の左右方向に小さくゆらして，振り子が20往復するのにかかる時間を，振り子の長さを変え測定したところ，下の表のような結果になりました。

図１

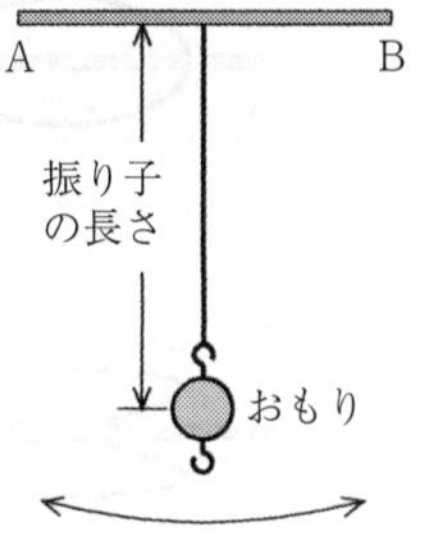

振り子の長さ	20往復する時間
25cm	20秒
50cm	28秒
75cm	35秒
100cm	40秒

問１　振り子の長さが50cmのときに，振り子が１往復するのにかかる時間は何秒ですか。

問２　次の文中の(①)～(④)に当てはまる数値や語句を答えなさい。

振り子が１往復するのにかかる時間は，おもりの重さに関係しないことが知られている。これを確かめるために，振り子の長さを50cmにし，図２のように，おもりを２個，３個と増やして実験を行った。

すると，振り子が１往復するのにかかる時間が異なってしまった。これは，おもりが２個のときは振り子の長さが(①)cm，おもりが３個のときは振り子の長さが(②)cmとなるので，(③)を変えずに(④)だけを変えたことにならないからである。正しくはおもりを増やすときに，それぞれのおもりを糸の端につり下げなくてはならない。

図２

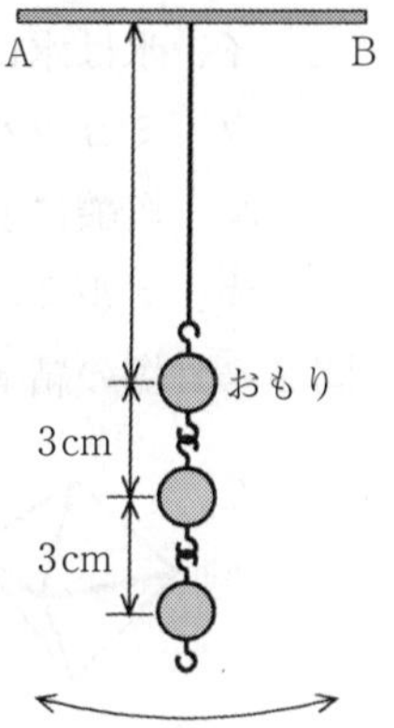

問３　振り子をゆらすとき，おもりのはなし方によっては，おもりの動き方が棒ABの方向からずれてしまうことがあります。このようなときに，棒ABの上から見たおもりの動き方として考えられるものを，次のア～エからすべて選び，記号で答えなさい。

ア．
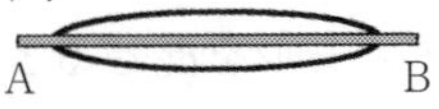

イ．

ウ．

エ．

図３のように，Ｙ字形の糸におもりをつるし，おもりを図の左右方向に小さくゆらしました。このとき，図のＣ点は動きませんでした。

図３

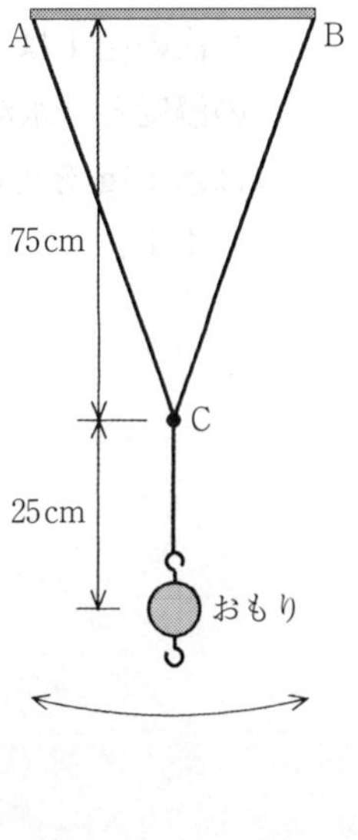

問４　振り子が１往復するのにかかる時間は何秒ですか。

次に，おもりを図の手前側と奥側(以後これを紙面に垂直方向という)に小さくゆらしました。このとき，図のＣ点もおもりと同じ向きに動きました。

問５　振り子が１往復するのにかかる時間は何秒ですか。

次に，おもりを図の左右方向，紙面に垂直方向ともに動くように小さくゆらしました。このとき，おもりのはなし方によっては，おもりは複雑な動きをします。

問６　棒ABの上から見たおもりの動き方として考えられるものを，次のア～カからすべて選び，記号で答えなさい。

ア．

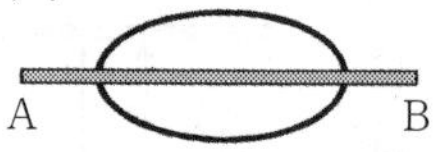

イ．

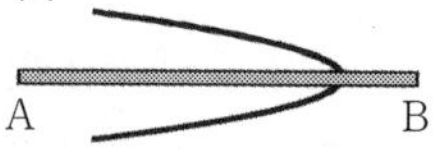

ウ．

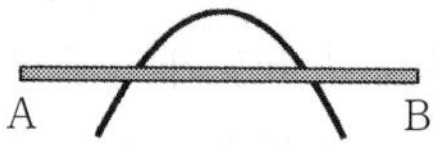

エ．

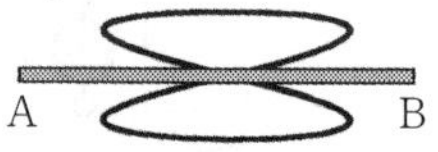

オ．

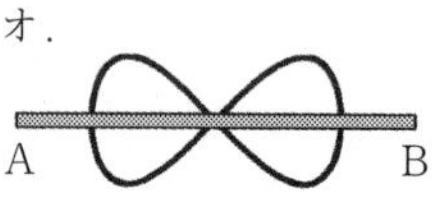

カ．

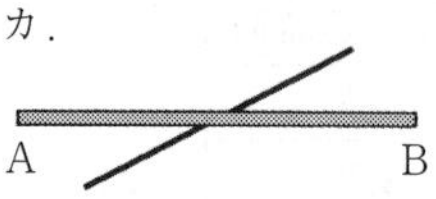

2　次の問いに答えなさい。

問１　次のア～オのうち，正しいものを２つ選び，記号で答えなさい。

ア．同じ重さの液体の水と固体の鉄を比べると，水は鉄より温まりやすい。

イ．氷は水に浮《う》く。

ウ．ミョウバンは水温を上げると，水にとけにくくなる。

エ．塩酸にBTB溶液《ようえき》を加えると赤色になる。

オ．アルミニウムは塩酸にも水酸化ナトリウム水溶液にもとける。

問２　食塩の結晶《けっしょう》の形としてふさわしいものを，次のア～エから１つ選び，記号で答えなさい。

ア．

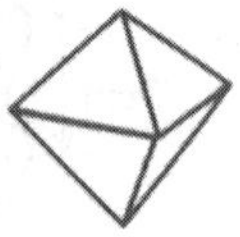

イ．

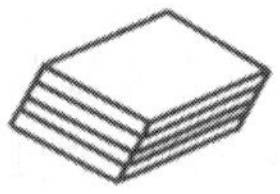

ウ．

エ．

問３　次の文章を読み，(①)～(⑥)に当てはまる数字を答えなさい。ただし，割り切れない場合は小数第二位を四捨五入し，小数第一位まで答えなさい。

水とエタノールを混ぜたとき，混合液の体積は，混ぜる前の水とエタノールの体積を足したものより小さくなります。例えば，100mLの水と100mLのエタノールを混ぜると，混ぜた後の体積は193.7mLとなり，混ぜる前の水とエタノールの体積の合計(100＋100＝200mL)より小さくなります。このことについて考えてみましょう。

次の図１はエタノール水溶液の濃度《のうど》と「水溶液中の水の体積」，図２はエタノール水溶液の濃度と「水溶液中のエタノールの体積」の関係を表しています。ただし，図１の縦軸《たてじく》の値は水18gを用いた場合，図２の縦軸の値は，エタノール46gを用いた場合の体積を表しています。

図1

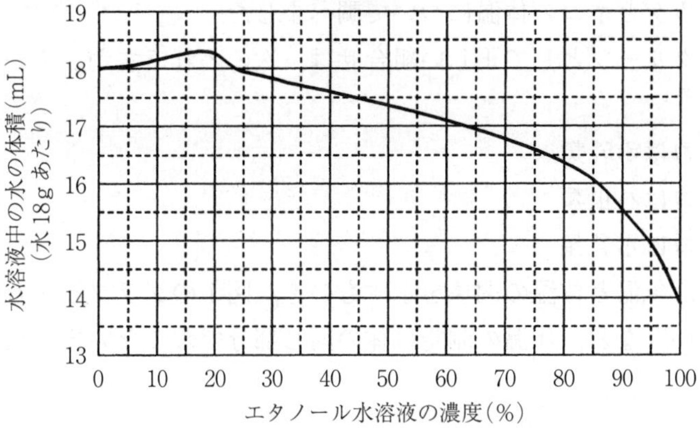

図2

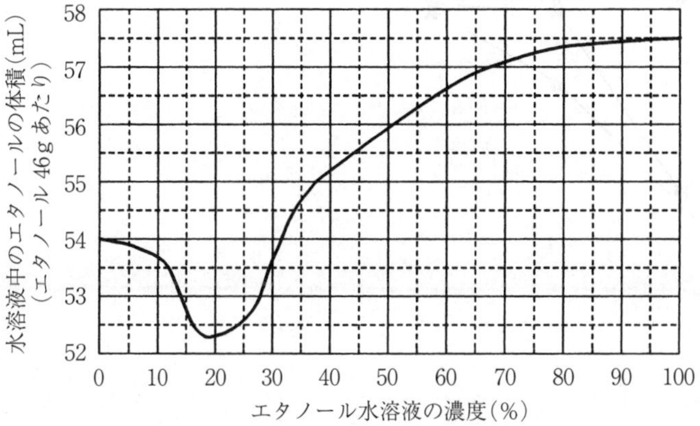

まず，純粋《じゅんすい》な水の密度(1mLあたりの重さのことで，単位はg/mL)を計算します。水はエタノール濃度0％の水溶液にあたるので，図1より，「水溶液中の水の体積」は18mLと読み取れます。これは，18gの水の体積が18mLであることを意味しています。したがって，水の密度は18÷18＝1g/mLとなります。同じように，純粋なエタノールの密度を計算します。エタノールはエタノール濃度100％の水溶液にあたるので，図2より，「水溶液中のエタノールの体積」は57.5mLと読み取れます。これは，46gのエタノールの体積が57.5mLであることを意味しています。よって，エタノールの密度は(①)g/mLとなります。

したがって，100mLの水の重さは100g，100mLのエタノールの重さは(②)gとなり，これらを混合したエタノール水溶液の濃度は(③)％となります。

この濃度のとき，図1より縦軸の値は(④)mLと読み取れます。ただし，これは水18gあたりの値です。ここでは，水は100gなので，このときの「水溶液中の水の体積」は(⑤)mLとなります。同じように，図2から「水溶液中のエタノールの体積」を求めると(⑥)mLとなります。したがって，混合液の体積は(⑤)と(⑥)を合計して193.7mLとなります。

3　動物の体温調節のしくみについて，以下の〔A〕〜〔C〕に答えなさい。

〔A〕 せきつい動物であるトカゲとネコの体温について調べました。

問１　トカゲとネコが属するグループとして正しい組合せは，次のどれですか。ア〜ウの記号で答えなさい。

ア．トカゲは両生類，ネコはホ乳類

イ．トカゲは両生類，ネコはハ虫類

ウ．トカゲはハ虫類，ネコはホ乳類

問２　トカゲとネコにおける，気温と体温の関係を示すものを，図１のグラフａ〜ｃからそれぞれ選び，記号で答えなさい。なお，体温の測定は体の同じ部分でおこないました。

図１

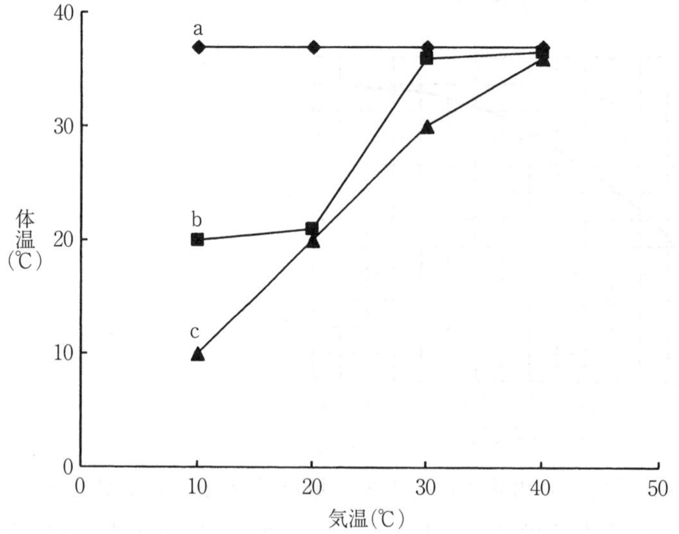

問３　気温と体温の関係からトカゲは何動物といわれますか。次のア〜エの中から最もふさわしい用語を選び，記号で答えなさい。

ア．低温動物

イ．変温動物

ウ．常温動物

エ．温血動物

〔B〕 せきつい動物は，生命活動を維持《いじ》するために呼吸をおこなっています。呼吸は，消化・吸収して得た糖などの栄養分を分解して，生きるためのエネルギーを取り出すはたらきです。そのエネルギーの一部は体を温める熱として使われ，体温となっています。いま，トカゲとネコについて，気温と二酸化炭素の排出《はいしゅつ》量の関係を図２のグラフにしました。なお，二酸化炭素の排出量は，体重１kg，１時間あたりの体積(mL)で計算したものです。

図２

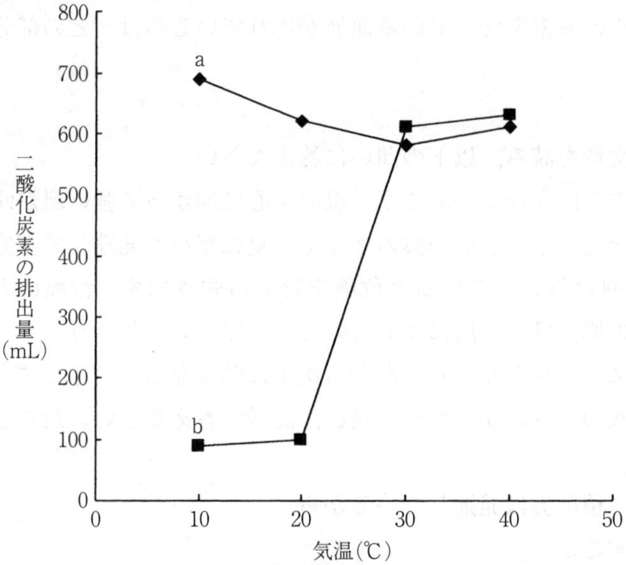

問４　呼吸に必要な気体の名称《めいしょう》を答えなさい。

問５　図２について，体温調節のちがいから考えて，ネコが示す変化はグラフａ，ｂのどちらですか。記号で答えなさい。

問６　体温調節は，体内での熱の発生（発熱）による体温の上昇《じょうしょう》と，体外への熱の放出（放熱）による体温の低下のバランスでおこなわれています。次のア～エのうち，放熱に関係する現象をすべて選び，記号で答えなさい。

ア．汗《あせ》をかき，皮ふの表面がぬれる。

イ．皮ふに鳥肌《とりはだ》が立ち，温まった空気の層ができる。

ウ．筋肉がぶるぶるとふるえて，しばらく止まらない。

エ．毛細血管がひろがって，血液の流れる量が増える。

〔Ｃ〕　アフリカの草原にすむガゼルという草食動物は，ライオンなどの捕食者《ほしょくしゃ》から走って逃《に》げるとき，体温が著《いちじる》しく上昇します。その状態のとき，ガゼルは細かく息を出し入れする「あえぎ呼吸」をおこない，その結果，脳の温度上昇がおさえられるというしくみをもっています。右の図３はガゼルの頭部にある脳と血管の一部を示した模式図です。Ｙは心臓から出て脳へ血液を送る血管の部分で，ＸとＺは鼻の奥《おく》にある空所から心臓へ戻《もど》る血液を送る血管の部分を表しています。また，ＸからＺにつながる途中《とちゅう》の血管は脳へ血液を送る血管と接近して存在していますが，２つの血管はつながっていないので，血液が直接混ざることはありません。

図３

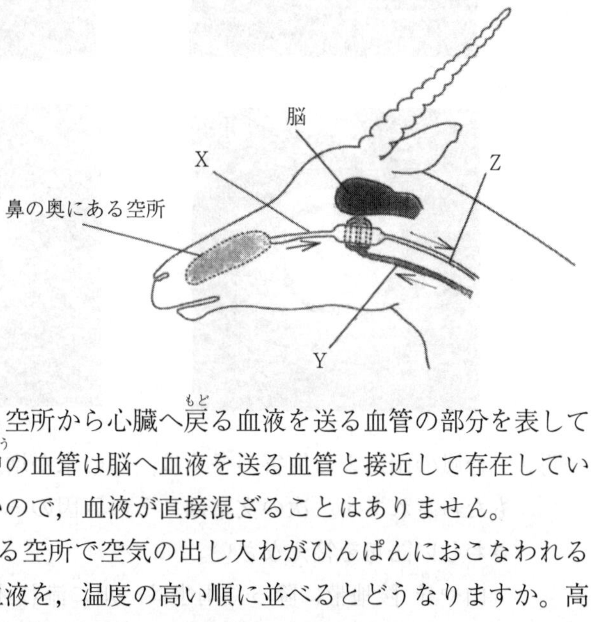

問７　「あえぎ呼吸」によって，鼻の奥にある空所で空気の出し入れがひんぱんにおこなわれるとき，図中のＸ～Ｚをそれぞれ流れる血液を，温度の高い順に並べるとどうなりますか。高

い順に左から，記号を使って答えなさい。

問８　図中のＸ～Ｚの中で，最も多くの酸素を含《ふく》んでいる血液が流れているのは，どの部分ですか。記号を使って答えなさい。

4　台風とその災害について，次の文章を読み，以下の問いに答えなさい。

台風は日本の南方の海上で発生する巨大《きょだい》な雲の渦《うず》です。渦の中心に向かって強い風が吹《ふ》き込《こ》み，吹き込む風に沿うように雲が発達します。その雲の多くは，夏に空高く発達して夕立をもたらす積乱雲です。一方，台風の風は外に出ていると危険を感じる強さです。台風は人々に様々な災害をもたらしますが，その原因は雨と風によるものと言っていいでしょう。

問１　台風が近づいてくると，雨は降ったりやんだりしながら次第《しだい》に強くなっていきます。その理由としてふさわしいものを，次のア～エからすべて選び，記号で答えなさい。ただし，台風の目は考えないものとします。

ア．台風の中心に近い所の方が，積乱雲は発達しているから。

イ．台風の雲は行ったり来たりするから。

ウ．台風が近づいてくると，下降気流が強くなるから。

エ．雨を降らす雲が途切《とぎ》れ途切れに通過するから。

問２　次の図は，台風の雲の写真に風の吹き方を矢印で書き加えたものです。このうち，日本に近づいてくる台風の図として正しいものを次のア～エの中から選び，記号で答えなさい。

ア．

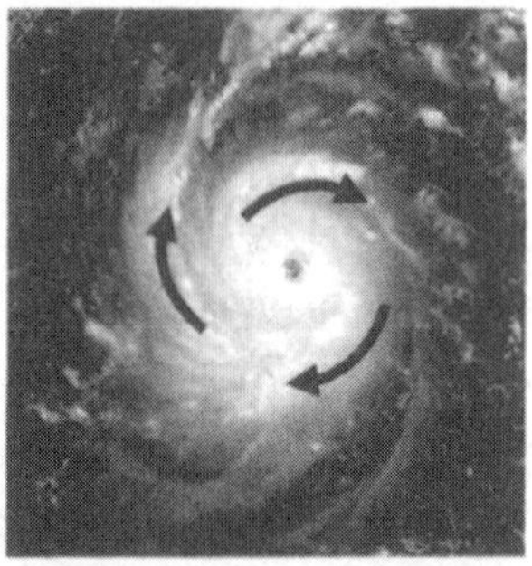

イ．

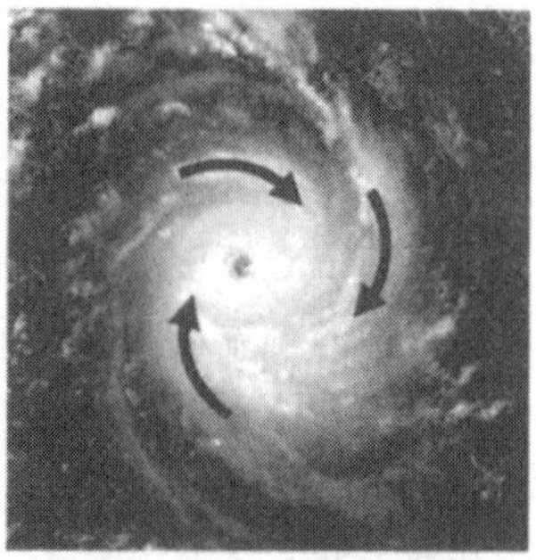

ウ．

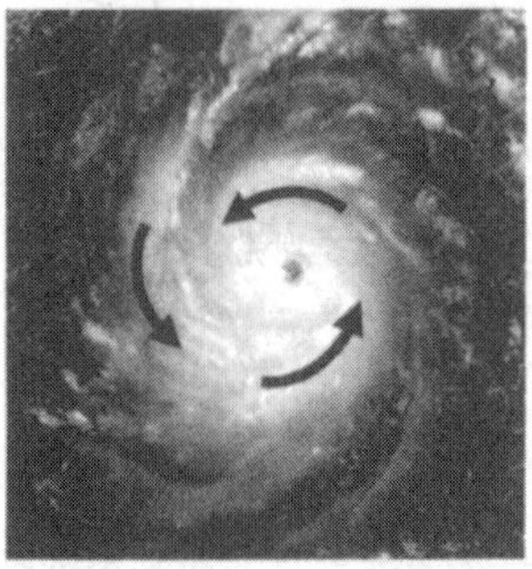

エ．

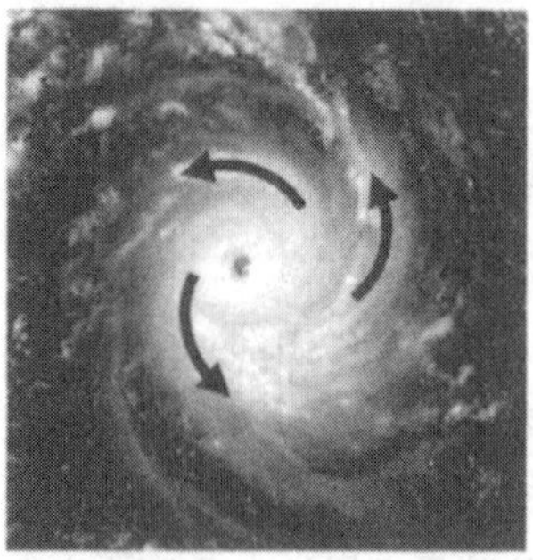

問３　台風の雨による災害の多くは，川の水が増水して，人々が生活する場所に流れ込《こ》む洪水《こうずい》でもたらされます。次の文章は，その原因の一つを説明したものです。文中の（①）～（③）にふさわしい語句を答えなさい。

山や丘陵《きゅうりょう》地帯に降った雨水は，川に流れ込むだけではありません。（ ① ）にしみ込んで，地下水になったり，(②)に吸収されて蓄《たくわ》えられたりします。しかし，そのような土地に家を建て，道路を作り，移り住み街ができると，地上の(②)は減り，地表の多くが(③)でおおわれてしまいます。すると，(①)にしみ込むことができなくなった雨水が地表を伝わり，川に流れ込むことになります。

問４　次のマークは注意を呼びかけたり，避難《ひなん》するための情報を伝えるものです。次のマークの意味の組み合わせとして正しいものを，下のア～カから１つ選び，記号で答えなさい。

①

②

③

	①	②	③
ア	洪水・氾濫《はんらん》	津波《つなみ》	崖崩《がけくず》れ
イ	洪水・氾濫	崖崩れ	津波
ウ	津波	崖崩れ	洪水・氾濫
エ	津波	洪水・氾濫	崖崩れ
オ	崖崩れ	津波	洪水・氾濫
カ	崖崩れ	洪水・氾濫	津波

問５　次の図は日産スタジアム周辺の地図です。中央を鶴見《つるみ》川が西から東に向かって流れており，その南側には人が住んでいない低い土地があり，公園や競技場になっています。この土地がふだんと違う用途《ようと》で利用されることで，周辺や下流の住宅地では洪水の被害《ひがい》にあわないようになりました。洪水の被害を防いでいる用途とは，どのようなものだと考えられますか。簡単に説明しなさい。

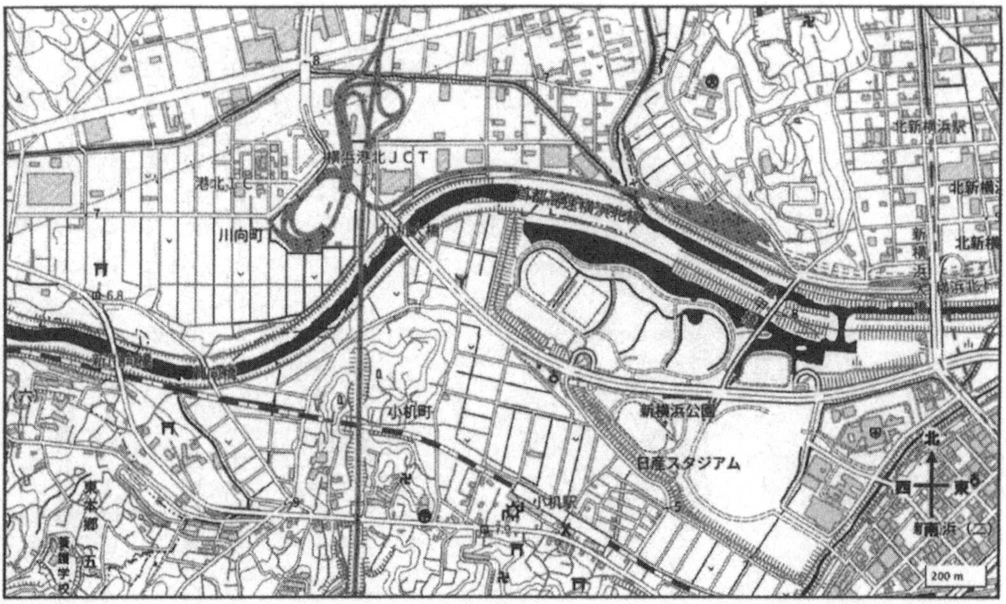

出典：国土地理院ウェブサイト

を次の中から選び、記号で答えなさい。

ア　是非《ぜひ》　イ　惜《お》しげ　ウ　見さかい　エ　恥《は》ずかしげ

問六　――線部④について。「木とはなんと偉大な存在なのだろう」と筆者が考えるのはなぜか。説明しなさい。

問七　――線部⑤について。これがどういうことを意味していると筆者は考えているか。その説明として最もふさわしいものを次の中から選び、記号で答えなさい。

ア　「この木」と限定した言いかたをしないことで、あらゆる種類の木の大切さを示している。

イ　水を求める人の気持ちをありのままに表現することで、各国における水不足を訴《うった》えている。

ウ　貼り付けた人の苦しみを木の苦しみにかさねることで、都会で生きる苦労を強調している。

エ　木の気持ちを想像するような表現をすることで、木に対しての思いやりをうながしている。

問八　――線部⑥について。「私」が声をあげたのはなぜか。それを説明した次の文の［１］、［２］を補うのにふさわしい表現を、問題文のこれより後からそれぞれ五字以内で見つけ、抜き出して答えなさい。

白い、［１］を咲かせている豆梨の［２］姿に気がついたから。

問九　――線部⑦について。このように筆者が考えるのはなぜか。その説明として最もふさわしいものを次の中から選び、記号で答えなさい。

ア　木を人よりも高等な生命とみなして、人間は木がいないと生きていけない存在だということを確認《かくにん》しなければ、環境保護や自然保護に力が入らないから。

イ　木が意思を持つ存在だと考えることは馬鹿馬鹿しいことではあるが、そういった気楽さがなければ、環境保護や自然保護の活動を長く継続《けいぞく》することはできないから。

ウ　木を人と全く別の存在と考えると、環境保護も自然保護も人間にとって実感のないひとごとになってしまい、実際に人々に行動を起こさせる力を失ってしまうから。

エ　木から恩恵を一方的に与えられてばかりで、環境保護や自然保護といったかたちでお礼をしなければ、木の本当の友人だと言うことはできないから。

と群れ、咲《さ》いているではないか。

豆梨の開花時期は四月である。

八月の暑い盛《さか》りに花を咲かせることなどない。

もしも夫がそばにいたら、

「なんだ、花が咲いているんだから、まだまだ大丈夫《だいじょうぶ》なんじゃない？」

と、能天気に言いそうだなと思った。それに対して、私はこう返すだろう。

「違うのよ。あれはね、木がなんとかして生き残ろうとして必死になって、それで季節外れの花をつけているの。自分はもう死ぬ。だから、花を咲かせて実をつけて、その実を落とせば、生き残れるんじゃないかと考えているのよ。決死の花なのよ」

これは、うちの近くに住んでいる、りんご園の経営者から教わったことだった。

若くて元気なりんごの木がたくさん、豊かな実をつけるのではなくて、その逆。死にかけている老木の方が、美味《おい》しい実をたくさんつけるのだ、と。それは、木が生き残りをかけて必死で生《な》らせている、命の実なのである、と。

健気《けなげ》な豆梨に、私はそっと声をかけた。

「あしたから雨になりそうだから、もうちょっとの辛抱《しんぼう》だよ。がんばってね」

豆梨は黙《だま》って佇《たたず》んでいる。

都会の暮らしに疲《つか》れ果て、森へ帰りたいのだろう。

「ほら、またそうやって木を擬人《ぎじん》化してる！」

今にも夫の笑い声が聞こえてきそうだ。反論する気はない。

確かに木は木に過ぎない。言葉もしゃべれないし、感情も思考も、おそらく持っていないのだろう。しかし、命は持っている。その命によって、私たちは安らぎを受け取り、木陰《こかげ》をつくってもらい、緑に癒され、元気にしてもらっている。防風林、防砂林などで、Cサイガイを防いでもらっていることもある。

木は私たちの同胞《どうほう》であり、友人であり、仲間である、と考えることは、馬鹿馬鹿しいことだろうか。

死にかけている一本の木を「かわいそうだ」と思うこと、木には私たちと同じように生命があると考えること、⑦環境保護《かんきょうほご》も自然保護もここから、擬人化から始まるのではないかと、私には思えてならないのだけれど。

（小手鞠るい『空から森が降ってくる』による。）

［注］ キャッツキル…アメリカ合衆国、アパラチア山系の北東部の山地。全体は標高六〇〇～一二〇〇メートル程度のなだらかで低い山々や丘から成る。

マウント・トバイアス…フェニシア南東、ニューヨーク州のキャッツキル山地にある山。標高は七七五メートル。

ヒッコリー…クルミ科の樹木の名前。

問一 ══線部A～Cのカタカナを漢字に直しなさい。

問二 Ⅰ～Ⅲを補うのにふさわしいことばを次の中から選び、それぞれ記号で答えなさい。

ア じっくり　イ うねうね　ウ しっとり

エ はらはら　オ ぱったり　カ ころころ

問三 ──線部①「その時計」とはどのようなものか。本文中のことばを用いながら説明しなさい。

問四 ──線部②について。「木の人格」とあるように、筆者が木に「人格」を見いだしていることがわかる表現を、問題文のこれより前から五字以内で見つけ、抜き出して答えなさい。

問五 ──線部③について。《　》を補うのに最もふさわしいことば紅葉時計とはすなわち、木の個性、②木の人格なのである。

紅葉の季節、さらに目を見張《は》るのが、色づいた葉の散っていく姿。日本人は桜の散り際《ぎわ》を愛《め》でるが、私は（私も日本人だが）紅葉の散り際を愛でる。

風に誘われ、風にさらわれ、風にもてあそばれて、　Ⅲ　散っていく赤、くるくる舞い落ちるオレンジ、雨のように降り注ぐ黄色や茶色の葉っぱたち。

見上げると、まさに空から森が降ってくるかのようだ。

葉っぱのほかにも、落ちてくるものがある。

どんぐりや、小枝や、木の皮や、枯《か》れて乾《かわ》いた木の花や、妖精《ようせい》の風船みたいな小さな木の実。プロペラみたいな形をした木の実。かんざしのような木の実。

木の実を集めるために、りすたちが走り回っている。黒くまは、大好きな＊ヒッコリーの木に登ろうとする。野生のりんごの木は、鹿たちのために実を落とす。木の下で、鹿は落ちてくる実を待っている。私はランニング中に、野原に落ちているりんごを拾って齧《かじ》ってみる。野生のりんごの味は淡《あわ》くて甘い。優しい甘さである。落ちているりんごにはたいてい、小鳥に突《つ》かれたあとがある。そこに蟻《あり》が群がっている。

森が生き物たちのために、③《　　》もなく恵《めぐ》みを降らせているのだとわかる。

落とされた葉っぱは、地面にぶあつく降り積もり、冬のあいだ、木の根を守り、朽《く》ち果てたあとは土の栄養になる。

葉っぱにも木の実にも、いっさいの無駄《むだ》がない。

寿命《じゅみょう》が訪《おとず》れたときには倒《たお》れ、時間をかけて土に還《かえ》る。土から生まれて土に還る。還るまでのあいだ、倒木《とうぼく》の中で棲息《せいそく》する生物もいる。

一本の木の営みの中で、どれだけの小鳥や虫や蛙《かえる》が、動物たちが、その恩恵《おんけい》にあずかっていることか。そして、太古の昔から、人々は木で道具を作り、乗り物を作り、家を建て、暖を取り、果実を得、慰《なぐさ》めを癒《いや》しを得てきた。

④木とはなんと偉大《いだい》な存在なのだろう。

今年の夏、マンハッタンへ遊びに行っていたときのことだった。ある大通りに立っている一本の街路樹に、こんな一文の記された貼《は》り紙がピンで留められていた。

Please water me, or die.

――私に水を下さい、さもなければ死にます。

誰が貼り付けたのだろう。役所か並木の管理局の人だろうか。それとも、木を愛する人？

おそらく後者だろう。⑤this tree（この木に）ではなくてme（私に）と書かれているところに、貼り付けた人の木への思いを感じた。

葉っぱの形から察するに、豆梨《まめなし》のようだった。

大通りのすみっこで、車の排気《はいき》ガス、都会の汚《よご》れた空気、騒音《そうおん》などに晒《さら》されながらも、すっくと立っている一本の木。与えられた土は少なく、水をやる人もいないのだろう。

第一、こんなところで、どうやって水をやればいいのか。Bスイゲンもないのに。

かわいそうに、と思いながら、木を見上げてみると、上の方はほとんどが枯れ枝になっている。明らかに、死にそうになっている。

次の瞬間《しゅんかん》、

「あっ！」

⑥私は声を上げた。

枝の一部にはまだ葉っぱが茂《しげ》っていて、なんとそこに、白い花がひぞれ記号で答えなさい。ただし、同じ記号は一度しか使わないこと。

ア　非　　イ　絶　　ウ　無　　エ　未　　オ　有　　カ　不

問七　――線部⑤について。なぜ「分って」いたのか。「田口ケイ」とはどのような人かということにもふれながら、わかりやすく説明しなさい。

問八　――線部⑥について。「私の心の傷になっている」のはなぜか。説明しなさい。

問九　――線部⑦「ある感受性」とはどういう心のあり方と思われるか。その説明として最もふさわしいものを次の中から選び、記号で答えなさい。

ア　自分と同じように苦労している人がいることに気づき、その人の状況《じょうきょう》を詳《くわ》しく知り共感しようとする。

イ　自分が素直な感情を出して損をしていたことに気づき、できるだけ自分を出さずに生活しようとする。

ウ　自分が取るに足りないことで嘆《なげ》いていたことに気づき、できるだけ目の前の困難に挑戦《ちょうせん》しようとする。

エ　自分とは全く違う状況で生きる人がいることに気づき、その人のことをいろいろと想像しようとする。

問十　═線部Ａ～Ｄのカタカナを漢字に直しなさい。

二　次の文章を読んで、後の問に答えなさい。

十月の初旬《しょじゅん》から始まる紅葉《こうよう》は例年、だいたい中旬くらいにピークを迎《むか》えて、下旬になると散り始める。この季節には、＊キャッツキルを離《はな》れて、どこへも行きたくない。

毎日、朝から晩まで、山々を眺《なが》めていたい。

晴れた日よりも、曇《くも》った日の方が発色がいい。色が深く、［Ⅰ］落ち着いて見える。雨に濡《ぬ》れている紅葉も美しい。

暇《ひま》さえあれば、散歩に出かけて紅葉を眺める。山に登って紅葉を眺める。紅葉狩《が》りのドライブに出かける。寝《ね》ても覚めても紅葉三昧《ざんまい》。まぶたが紅葉でＡ═ソまりそうなほど、言葉では表現できないほど、美しい日々なのである。

＊マウント・トバイアスの中腹に位置する我《わ》が家まで、［Ⅱ］とつづく山道を車で上ったり、下ったりしているさいちゅうに、毎年、同じ場所で、同じ木を指さして、私は叫《さけ》ぶ。ひとりで外出しているときには、ひとりごとをつぶやく。

「あ、見て見て、あの木。ほら、あの木、もう赤くなってる、端《はし》の方が」

今はまだ八月の終わりだ。

けれども、無数の木の中には、気の早い木がいて、毎年いちばんに赤くなる。まるで紅葉の先導役を果たしているかのように。

最初に色づくのは、華《はな》やかな赤と明るいオレンジ色のメイプル。そのあとを追いかけるようにして、多数派の黄色が加わる。若木や低木はピンクや薄紫《うすむらさき》に。

メイプル、すなわち楓《かえで》には、実にさまざまな種類がある。シルバーメイプル、レッドメイプル、ブラックメイプル、シュガーメイプル、マウンテンメイプル、ノルウェイメイプル――日本の「いろはもみじ」は、ジャパニーズメイプル。

これらのメイプルが奏《かな》でる色の協奏《きょうそう》曲を、常緑樹《じょうりょくじゅ》の緑が通底《つうてい》音となって支えている。まさに色の饗宴《きょうえん》。ため息なしには見ることができない。秋口に雨が多く降ると、色合いはいっそう濃《こ》くなる。

これは私の想像に過ぎないけれど、それぞれの木は、それぞれ独自の紅葉時計を内包していて、①その時計に従って色づいたり、葉を散らせたり、芽吹《めぶ》いたりしているのではないかと思う。

男の子と雪の中を歩いて教会に行く時、お腹は空いているし、寒いしで泣きながら歩いていたら、おまわりさんに「泣くな！　戦地で戦ってる兵隊さんのことを考えてみろ！」と叱《しか》られた。（戦争って、泣いてもいけないんだ）と思って、それからは戦争の間じゅう、どんなことが起こっても、私は泣かなかった。戦争は嫌《いや》だけど、⑦ある感受性を私に与《あた》えてくれたと思う。その感受性がなければ、田口ケイという女性の事だって、深くは理解できなかっただろう。戦争がなければ、私は女優にならなかっただろうし、もちろん＊ユニセフの親善大使にもならなかっただろうし、人生でのさまざまな事だって分らないままだったろう。戦争は二度といやだけど、学んだことは、多かった。

「繭子ひとり」はずいぶん**D**コウヒョウで、最高視聴《しちょう》率が五五％を超《こ》え、**d**田口ケイは大人気となった。最初は、「朝から汚いものを見せるな、って視聴者から抗議《こうぎ》が来ないかなあ」と心配していたディレクターも、「黒柳さんはどこに出ていますか？」という投書から始まって、田口ケイのキャラクターへの反響《はんきょう》がどんどん大きくなると、「もっと汚くしてもいいよ！」なんて言うようになった。あまりの人気ぶりに、田口ケイを最終回まで出す、という話もあったけど、休養を取るために何年も頑張《がんば》ってきたのだからと、私は前もっての約束通り、半年で出番を終えて、一九七一年十月から休みに入ることにした。

田口ケイを演じた経験からも、やはり、芸能人でなく、普通に生きる人間としての、女としての、感情や感覚を忘れたらいけない、きちんと笑ったり、泣いたり、怒《おこ》ったりしながら、自分だけの人生を作っていかないといけない、とつくづく思ったのだ。

（黒柳徹子『トットひとり』新潮社 による。）

［注］扮装…俳優が役柄《やくがら》に合わせてととのえた身なりや顔のこと。
邪慳…思いやりがないこと。
行商…店を持たず、商品を持ちながら売り歩くこと。
肥桶…糞尿《ふんにょう》を入れて運ぶための桶《おけ》。
コヤシ…肥料。
慰問袋…戦地にいる兵士を慰《なぐさ》め、その不便をなくし、勇気づけるために、日用品などを入れて送った袋。
ユニセフの親善大使…「ユニセフ」は国連に属する機関で、戦争などで被害《ひがい》を受けている地域の子どもたちを支援《しえん》する活動を行う。筆者は一九八四年に親善大使に就任し、世界各地を視察して「ユニセフ」の活動の必要性を訴《うった》えている。

問一　――線部①について。「私」はその役柄を表面的にどのような人として見せようとしたのか。それを具体的に示している表現を問題文の前半部分から十五字で見つけ、抜き出して答えなさい。

問二　――線部②について。《　》を補うのにふさわしい漢字一字を答えなさい。

問三　――線部③について。この反応からディレクターのどのような気持ちが読み取れるか。その説明として最もふさわしいものを次の中から選び、記号で答えなさい。

ア　期待した出来栄えでなかったのでひそかに失望している。
イ　見知らぬ相手にあいさつされたので軽くとまどっている。
ウ　放送局に場違《ちが》いな人が入ってきたので怒りを覚えている。
エ　忙《いそが》しいのに話しかけられたのでいらだちを隠《かく》せずにいる。

問四　〰〰線部ａ～ｄの「田口ケイ」のうち、ひとつだけ違う意味合いのものがある。それを選び、記号で答えなさい。

問五　――線部④について。これはどういう意味で「違う」のか。それを説明した次の文の［1］、［2］を補いなさい。

［　1　］と思っていたが、実は［　2　］ということ。

問六　［Ⅰ］、［Ⅱ］を補うのにふさわしいことばを次の中から選び、それ

ＮＨＫの廊下《ろうか》で、知った顔の人に挨拶《あいさつ》しても、たいていは無視されるか、返事されても気のない感じで、トイレに行くと、若い女性に押しのけられたりもした。食堂へ行っても、食券を買う時、一万円札を出すと、何だか疑わしそうに見られたし、いつも私がコーヒーの券を出すと、「ホットですか？　アイスですか？」と丁寧《ていねい》に聞いてくれたウェイトレスさんが、食器をガチャン、と音を立ててテーブルに置いていく。

　最初は、容貌《ようぼう》や出で立ちで、こんなに差別されるなんて、と私は多少憤慨《ふんがい》していたのだが、よく観察し、よく考えてみると、④どうやら違《ちが》うみたいだった。これは、私が、いちおう顔の売れている職業で、なんとなく、親切にされるのに慣れてしまっているからで、ウェイトレスさんも田口ケイに［Ｉ］愛想とか［Ⅱ］親切とかいうんじゃなくて、ただ黙《だま》って置いていっているだけなのに、私は普段、「こんにちは」なり「お忙《いそが》しいですね」なり、にこやかに接してもらっているせいで、黙ってお皿を置かれるだけで、何だかガチャンとされているように思えるのだった。田口ケイが薄汚いおばさんだから＊邪慳《じゃけん》に扱《あつか》われるのではなく、それはむしろ普通《ふつう》の扱いで、芸能人の私が恵《めぐ》まれすぎているのだ、と気づいた。

　そして、田口ケイみたいなおばさんは、きっと、人の優しさとか親切とかお愛想とかを一切期待せず、廊下でも相手にされないから隅《すみ》を歩き、トイレで押しのけられても何も言わず、卑屈《ひくつ》にもなるし、Ｃヨウリョウだって悪くなるのだろう、いつも自分と息子の身は自分で守らなきゃと気も狂《くる》わんばかりになっていたのだろう、と思って、私は涙《なみだ》が出るくらい、悲しくなったこともあった。私は女優だから、メイクを落とせば、もうｂ田口ケイではなくなるのに、ｃ田口ケイとして生まれてしまったら、そこから抜《ぬ》け出すのは簡単じゃない。でも、と、やがて私は思い直した。だからこそ、こんなおばさんは、人がしてくれた親切は、どんなに小さくても涙が出るほど有難《ありがた》く思うし、人にも何かしてあげようとも思うし、自分の家族や知っている人をとても大事にして、どんなに苦労しても愛していくし、小さな幸せを心から喜べるんだろう、と思えるようになった。

　私が青森へ疎開していた時、田舎《いなか》の小さな駅で汽車を待っていたら、隣に来た＊行商のおばさんが、シラミがたかっていた私を気の毒がって、「東京の子か？」と言いながらシラミを取ってくれ、寒くて凍《こご》えてた私の手をこすって暖めてくれた。そのおばさんの手だって、ヒビとシモヤケと黒い絆創膏《ばんそうこう》で、ぐちゃぐちゃだったのに。それでも親切にしてくれようとする人を、あの頃、沢山《たくさん》見てきた。私は、⑤田口ケイの役と出会った時、体の中で、強く分っている部分があったのだ。

　東京ではお手伝いさんや婆《ばあ》やがいる生活で、私は病気ばかりしていた。そのうち、爆弾《ばくだん》がばんばん落ちてきて、父は出征《しゅっせい》し、疎開する当てもなかった母は、汽車の中で偶然《ぐうぜん》、知り合った人の所へ私たち子供を連れて、お世話になることにした。青森では、私は履《は》くものがないので裸足《はだし》で、重たい炭俵を担《かつ》ぎ、＊肥桶《こえおけ》も担いで＊コヤシを撒《ま》くのは好きになり、虫嫌いだったのが田んぼに入ってヒルに吸いつかれても平気になった。そんな事はつらくなかったし、いい思い出にもなっている。

　でも、まだ疎開する前、自由ヶ丘の駅へ、焼いたスルメの足を一本くれるというのに惹《ひ》かれて行って、出征する兵隊さんたちに日の丸を振《ふ》り、「万歳《ばんざい》！　万歳！」と大人たちと声を揃《そろ》えて見送ったのは、お腹を空《す》かせた子供が何の考えもなくやった事だけど、⑥ずっと、私の心の傷になっている。いったい、あの兵隊さんたちの何人が無事に帰って来られただろう？　学校では、戦地に送る＊慰問《いもん》袋という物の中に入れる、知らない兵隊さんへの手紙を書かされた。「兵隊さん、お元気ですか？　私も元気です」。ある日曜日、友達の

二〇二二年度　桐朋中学校

【国　語】〈第二回試験〉（五〇分）〈満点：一〇〇点〉

一　次の文章を読んで、後の問に答えなさい。

ちょっとだけ、話が前後するけど、こんなこともあった。私がテレビドラマで演じた役柄《やくがら》で、いちばん話題になったのは、休養直前に演じた、冴《さ》えない中年女の役だった。

一九七一年四月から始まった、ＮＨＫの朝の連続テレビ小説「繭子《まゆこ》ひとり」で、私は田口ケイという家政婦の役をやった。青森県八戸出身で、船員だった夫に先立たれ、缶詰《かんづめ》工場などで働きながら、小学五年生の息子と自分の老いた母親を養ってきたが、少しでもＡキュウリヨウが上がるならと上京して、家政婦になった女性だった。

私は戦争中、縁《えん》あって青森へ疎開《そかい》していたので、東北弁を喋《しゃべ》るのは問題なかったし、「青森ではお世話になったんだから、この役はできるだけ、うまくやろう！」と思ったけど、それまでテレビでは〈都会のお嬢《じょう》さん〉みたいな役が多かったので、〈①東北からやって来た子持ちの家政婦〉というのは、まるっきり初めての役柄だった。役作りに悩《なや》んだ結果、脚本《きゃくほん》には何も書いていなかったけど、まず、忙《いそが》しい人だから身なりに構わない風にしようと決めた。短い毛にパーマネントをかけっぱなしで洗いっぱなし、というのが一番、時間も手もかからないと考えて、そういうカツラをかぶる事にした。ＮＨＫの床山《とこやま》さん（カツラ係さん）が私のＢイトを汲《く》んで、見事な、雀《すずめ》の巣みたいなカツラを拵《こしら》えてくれた。もっとも、この床山のおばさんが、まさに雀の巣みたいな髪型《かみがた》をしていたので、私はちょっと参考にした。

次に、一生懸命《けんめい》、②身を《　　》にして働く人らしさを出すために、度の強い近眼の眼鏡を用意した。本当に度が強いと、眼のいい私は立ちくらみがするし、カメラに映すと眼が小さく見えてしまって、表情が見えなくなるので、牛乳瓶《びん》の底のようなレンズで、でも度がそんなに強くない、という眼鏡を探し出した。

お金さえかからなければ、ファッションなんかどうでもいい人だろうから、「着られたらいいの」くらいな、野暮《やぼ》ったい服装にして、下に、綿で作った「肉」を着こんで、電話帳くらいの贅肉《ぜいにく》がある、だらしない体つきにした。顔の色も、働き者らしく、陽《ひ》に焼けたような色にして、寒い国から来たのだから、ほっぺただけは赤くした。とにかく、黒柳徹子が演じてる、と分《わか》らない方が面白いだろうと思った。

メイクしてみると、鏡の中に田口ケイが現れて、なかなか、いい出来栄えだ、と我ながら満足して、化粧《けしょう》室を出たら、ちょうどそこに「繭子ひとり」のディレクターがやって来たので、早速、感想を聞こうと声をかけた。

「こんにちは」と言うと、③彼は「はあ」と口の中で言って、私を無視して、隣《となり》の俳優と話し始めた。（あら、冷たいじゃないの）と思って、「もしもし」となおも私が話しかけると、こちらをチラッとは向くけど、すぐに困った顔になって、また隣の人と話し始める。「私、黒柳ですよ！」と大きな声で言うと、私の顔をまじまじと眺《なが》めた後、彼も「本当だ！」と大声を出した。その頃《ころ》、私は同じＮＨＫで、「ステージ１０１」という歌番組の司会をやっていて、そちらでは、ミニスカートに白いロングブーツ、髪型はショートのボブカットだったから、確かにギャップはあっただろう。どうやら、私とは見えずに、生活に疲《つか》れた、薄汚《うすよご》れたおばさんに見える、という点では成功だった。

しかし、その＊扮装《ふんそう》で撮影《さつえい》が始まっても、放送されるのはふた月くらい先だったから、スタッフやキャスト以外には、ａ田口ケイの扮装をした私は、ただの薄汚れたおばさんとしか見えなかった。

2022年度

桐朋中学校　▶解説と解答

算数　＜第２回試験＞（50分）＜満点：100点＞

解答

1 (1) $\frac{7}{8}$　(2) 0.6　(3) $1\frac{1}{3}$　2 (1) 17個　(2) 19cm　(3) $\frac{11}{23}$　3 (1) Bさん／11匹　(2) 25匹　4 **個数**…120個，**費用の合計**…10560円　5 (1) 20cm　(2) 37.5cm　6 (1) 2 ： 3　(2) 分速540m　(3) **㋐の道のり**…5400m，**バスの速さ**…分速600m　7 (1) 6，12　(2) （4，9，10），（9，4，10）　(3) **キにあてはまる数字**…7，12／**コにあてはまる数字**…1，4，6，12

解説

1 四則計算

(1) $1\frac{1}{8}+\frac{2}{3}-\frac{11}{12}=1\frac{3}{24}+\frac{16}{24}-\frac{22}{24}=1\frac{19}{24}-\frac{22}{24}=\frac{43}{24}-\frac{22}{24}=\frac{21}{24}=\frac{7}{8}$

(2) $(2.4-1.2\times0.6)\div(1.85+0.95)=(2.4-0.72)\div2.8=1.68\div2.8=0.6$

(3) $2.2\div\left(\frac{3}{14}\times10.5-1.4\div2\frac{1}{3}\right)=2\frac{1}{5}\div\left(\frac{3}{14}\times10\frac{1}{2}-1\frac{2}{5}\div\frac{7}{3}\right)=\frac{11}{5}\div\left(\frac{3}{14}\times\frac{21}{2}-\frac{7}{5}\times\frac{3}{7}\right)=\frac{11}{5}\div\left(\frac{9}{4}-\frac{3}{5}\right)=\frac{11}{5}\div\left(\frac{45}{20}-\frac{12}{20}\right)=\frac{11}{5}\div\frac{33}{20}=\frac{11}{5}\times\frac{20}{33}=\frac{4}{3}=1\frac{1}{3}$

2 分配算，長さ，分数の性質

(1) 銀メダルの個数を①とすると，右の図１のように表せる。図１より，①＋②＋③＝⑥にあたるメダルの個数は，46－３－１＝42(個)だから，①にあたるメダルの個数は，42÷６＝７(個)となる。よって，金メダルの個数は，７×２＋３＝17(個)とわかる。

図１

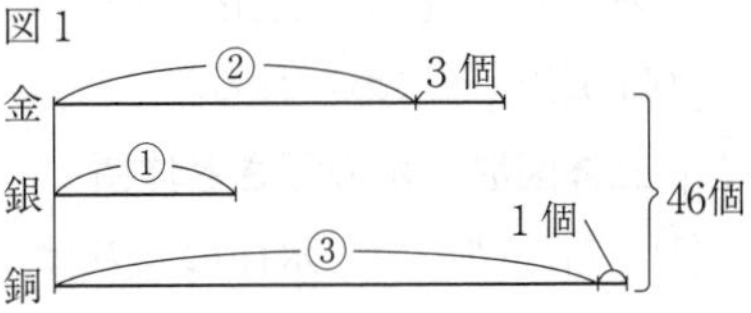

(2) 大きい正方形と小さい正方形を重ねると，右の図２のようになり，かげをつけた部分の面積が325cm²となる。このうち，アの部分の面積は，13×13＝169(cm²)で，２つの☆印をつけた部分の面積は同じだから，その１つ分の面積は，(325－169)÷２＝156÷２＝78(cm²)である。よって，小さい正方形の１辺の長さは，78÷13＝６(cm)なので，大きい正方形の１辺の長さは，６＋13＝19(cm)と求められる。

図２

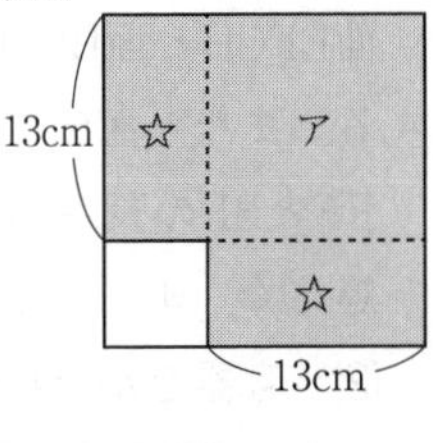

(3) (100－a)を分母，bを分子とする分数が$\frac{1}{7}$のとき，(100－a)はbの７倍になるから，100－a＝b×７より，a＝100－b×７となる。bは２けたの整数なので，b＝10，11，12，…のときのaの値をそれぞれ計算すると，右上の図３のようになる。図３より，bが13以上のとき，aは９以下となるので，aが２けたの整数という条件に合わない。また，b＝10，a＝30のときと，b＝12，a＝16のときは，$\frac{b}{a}$が約分できてしまうので，これも条件に合わない。よって，条件に合うのは，b＝11，a＝23のとき

図３

b	10	11	12	13	…
a	30	23	16	9	…

だけなので，分数$\frac{b}{a}$は$\frac{11}{23}$とわかる。

3 差集め算，和差算

(1) ＡさんはＢさんより多くつったにもかかわらず，合計得点がＢさんより少なかったので，１匹《ぴき》あたりの点数が高いアジは，Ｂさんの方が多くつったとわかる。次に，ＢさんはＡさんよりアジを□匹多くつったとすると，合計ではＡさんの方が６匹多くつったから，ＡさんはＢさんよりもイワシを(□＋６)匹多くつったことになる。また，合計得点はＢさんの方が16点多かったから，アジ□匹の得点はイワシ(□＋６)匹の得点よりも16点多いとわかる。さらに，イワシ６匹の得点は，１×６＝６(点)だから，アジ□匹の得点はイワシ□匹の得点よりも，16＋６＝22(点)多いことになる。１匹あたりではアジの方がイワシよりも，３－１＝２(点)多いので，□＝22÷２＝11(匹)と求められる。よって，ＡさんとＢさんがつったアジの数の差は11匹である。

(2) (1)より，イワシはＡさんの方が，11＋６＝17(匹)多くつったとわかる。よって，イワシの合計が33匹のとき，Ａさんがつったイワシは，(33＋17)÷２＝25(匹)と求められる。

4 差集め算，割合

先週と今週で，作ったＡとＢの個数の合計は同じだから，今週に増えたＡの個数と同じ個数だけＢの個数が減ったことになる。Ａが１個増えてＢが１個減ると，作るのにかかる時間の合計は，５－３＝２(分)長くなり，今週は先週よりも時間の合計が48分長くなったから，48÷２＝24より，今週の個数はＡが24個増えてＢが24個減ったとわかる。よって，先週のＡの個数の25％が24個にあたるから，先週のＡの個数は，24÷0.25＝96(個)となり，今週のＡの個数は，96＋24＝120(個)と求められる。また，Ａが１個増えてＢが１個減ると，費用の合計は，50－10＝40(円)増えるので，費用の合計は，40×24＝960(円)増えたとわかる。したがって，先週の費用の合計の10％が960円にあたるから，先週の費用の合計は，960÷0.1＝9600(円)となり，今週の費用の合計は，9600＋960＝10560(円)と求められる。

5 立体図形―水の深さと体積

(1) 右の図①で，水面の高さは，面EFGHを底面にすると12cm，面BFGCを底面にすると16cmだから，(面EFGHの面積)×12＝(面BFGCの面積)×16となる。したがって，面EFGHと面BFGCの面積の比は，$\frac{1}{12}:\frac{1}{16}=4:3$とわかる。また，面EFGHと面BFGCはどちらFGを辺にもつから，EFとBFの長さの比は，面EFGHと面BFGCの面積の比に等しく，４：３である。よって，EFの長さは，$15\times\frac{4}{3}=20$(cm)だから，ABの長さも20cmとなる。

図①

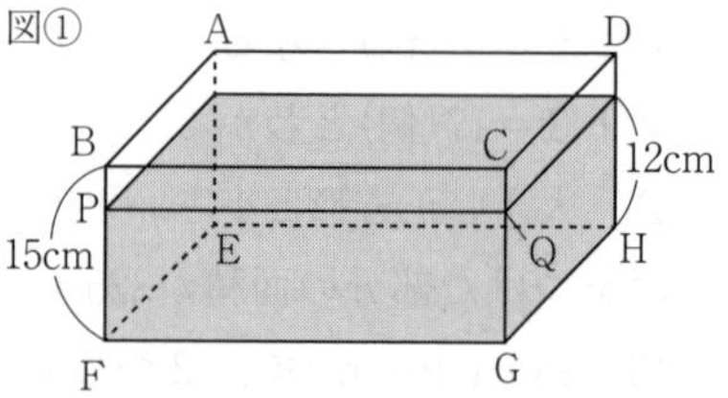

(2) 容器をかたむけても水はこぼれなかったので，右の図②のかげをつけた台形BFGRの面積は，図①の長方形PFGQの面積と等しい。すると，図②の三角形CGRの面積は，図①の長方形BPQCの面積と等しくなる。また，図②で，GRは床と平行だから，角CGRの大きさも45度になる。よって，三角形CGRは直角二等辺三角形で，CR＝CG＝15cmだから，三角形CGRの面積は，15×15÷２＝112.5(cm^2)とわかる。したがって，図①の長方形BPQCの面積も112.5cm^2だから，BCの長さは，112.5÷(15－12)＝37.5(cm)と求められる。

図②

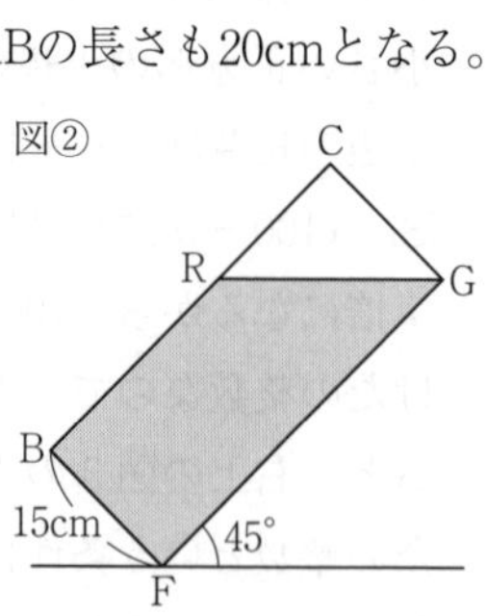

6 速さと比

⑴　自転車と乗用車の速さの比は，360：900＝２：５である。また，右の図１で，乗用車がＲ地に着いたとき，自転車はＱ地に着いたところだったので，自転車が㋐の道のりを進む間に，乗用車は(㋐＋㋒)の道のりを進んだことになる。よって，㋐と(㋐＋㋒)の道のりの比は，自転車と乗用車の速さの比と同じ２：５だから，㋐と㋒の道のりの比は，２：(５－２)＝２：３とわかる。

図１

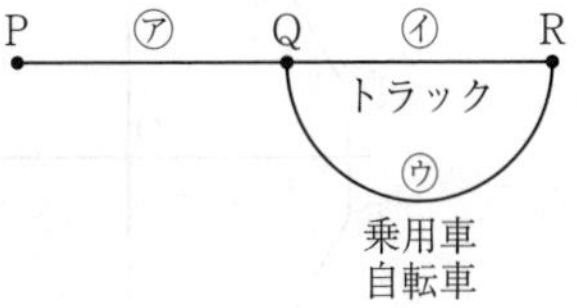

⑵　トラックと乗用車は同時にＲ地に着いたので，Ｐ地からＲ地までかかった時間は同じである。その時間を$\boxed{1}$とすると，㋐と㋒の道のりの比が２：３なので，乗用車が㋐でかかった時間は，$\boxed{1}\times\frac{2}{2+3}=\boxed{\frac{2}{5}}$となる。また，㋐と㋑の道のりは等しく，トラックの㋐を走るときの速さと㋑を走るときの速さの比は１：２だから，トラックが㋐でかかった時間と㋑でかかった時間の比は，$\frac{1}{1}:\frac{1}{2}$＝２：１となる。よって，トラックが㋐でかかった時間は，$\boxed{1}\times\frac{2}{2+1}=\boxed{\frac{2}{3}}$となるから，乗用車とトラックが㋐でかかった時間の比は，$\frac{2}{5}:\frac{2}{3}$＝３：５とわかる。したがって，乗用車とトラックの㋐を走るときの速さの比は，$\frac{1}{3}:\frac{1}{5}$＝５：３だから，トラックの㋐を走るときの速さは分速，$900\times\frac{3}{5}=540$(m)と求められる。

⑶　トラックが㋐と㋑でかかる時間の比は２：１なので，右の図２のように，Ｐ地とＱ地の真ん中の地点をＡ地とすると，トラックがＡ地からＱ地と，㋑でかかる時間は同じになる。この時間を□分とすると，㋐でかかる時間は，バスの方がトラックよりも１分短いから，バスがＡ地からＱ地までかかる時間は，□分よりも，１÷２＝0.5(分)短い。また，Ｐ地からＲ地まではバスの方が７分30秒，つまり，7.5分多くかかり，㋐ではトラックの方が１分多くかかるので，バスが㋒でかかる時間は，トラックが㋑でかかる時間，つまり，□分よりも，１＋7.5＝8.5(分)長い。よって，バスが㋒でかかる時間は，Ａ地からＱ地までかかる時間よりも，8.5＋0.5＝９(分)長いとわかる。さらに，㋐と㋒の道のりの比は２：３だから，Ａ地からＱ地までの道のりと㋒の道のりの比は，(２÷２)：３＝１：３となり，バスがＡ地からＱ地までと㋒で，かかる時間の比も１：３となる。この比の，３－１＝２が９分にあたるので，バスがＡ地からＱ地までかかる時間は，９÷２＝4.5(分)となり，バスが㋐でかかる時間は，4.5×２＝９(分)とわかる。したがって，トラックは㋐で，９＋１＝10(分)かかるから，㋐の道のりは，540×10＝5400(m)となり，バスの速さは分速，5400÷９＝600(m)と求められる。

図２

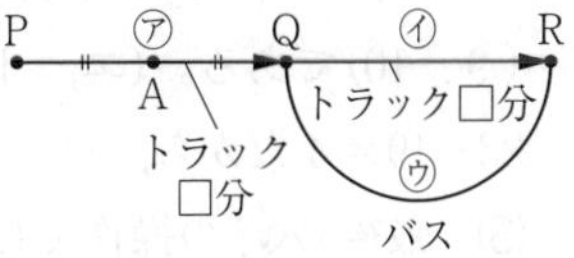

7 条件の整理

⑴　下の図１より，◇あ，◇い，◇う，◇えのそれぞれの操作での石の動き方は下の図２のようになる(例えば，「①↔⑥」は①にある石は⑥へ動き，⑥にある石は①へ動くことを表している)。それぞれ１回操作を行う場合，◇あでは，Sは７か19のどちらかなので15にはならない。◇いでは，Sは必ず13になるので15にはならない。◇うでは，Sは８，10，12，14，16，18のいずれかなので15にはならない。◇えでは，⑥→⑨，⑫→③と動くとき，Sは，６＋９＝12＋３＝15になる。よって，問題文中のアにあてはまる数字は６，12である。

図１

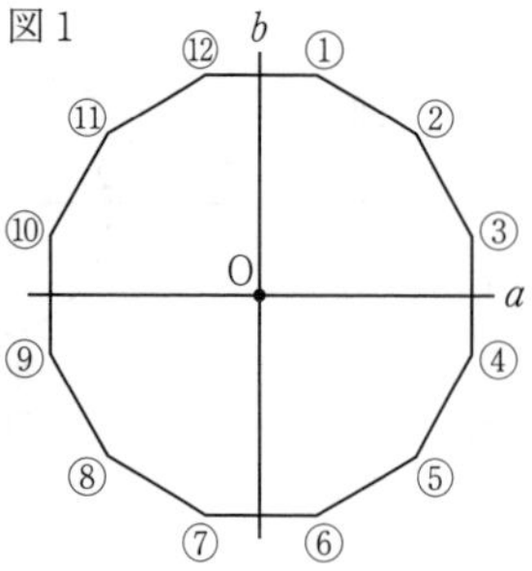

図２

◇あ…①↔⑥，②↔⑤，③↔④，⑦↔⑫，⑧↔⑪，⑨↔⑩
◇い…①↔⑫，②↔⑪，③↔⑩，④↔⑨，⑤↔⑧，⑥↔⑦
◇う…①↔⑦，②↔⑧，③↔⑨，④↔⑩，⑤↔⑪，⑥↔⑫
◇え…①→④，②→⑤，③→⑥，④→⑦，⑤→⑧，⑥→⑨，
⑦→⑩，⑧→⑪，⑨→⑫，⑩→①，⑪→②，⑫→③

⑵　ウ→⑩→エ→オと動いて，S＝33になるので，ウ＋エ＋オ＝33－10＝23である。また，図２より，１回の操作で⑩へ動くのは，◇あで⑨→⑩と動く場合，◇いで③→⑩と動く場合，◇うで④→⑩と動く場合，◇えで⑦→⑩と動く場合だから，ウは３，４，７，９のいずれかになる。同様に考えると，エは１，３，４，９のいずれかになる。また，ウが３，４，７，９のいずれかだから，S＝33となるためには，エ＋オが，23－３＝20，23－４＝19，23－７＝16，23－９＝14のいずれかになる必要がある。図２をもとに，エが１，３，４，９の場合それぞれについて，オの数字と，エ＋オを調べると，右の図３のようになる。これらのうち，エ＋オが14，16，19，20のいずれかとなるのは，（エ，オ）＝(４，10)，(９，10)である。（エ，オ）＝(４，10)のとき，ウ＝23－14＝９，（エ，オ）＝(９，10)のとき，ウ＝23－19＝４だから，ウ，エ，オにあてはまる数字は(４，９，10)，(９，４，10)とわかる。

図３

エ	1				3				4				9			
オ	4	6	7	12	4	6	9	10	3	7	9	10	3	4	10	12
エ＋オ	5	7	8	13	7	9	12	13	7	11	13	14	12	13	19	21

⑶　最後の◇いの操作では，図２より，石が動く前後の数字の和は必ず13になるので，ケ＋コ＝13に決まる。また，はじめの◇あの操作では，図２より，石が動く前後の数字の和は７か19になるから，カ＋キは７か19となる。カ＋キ＝７とすると，ク＝38－７－13＝18となるが，⑱の数字はないので，条件に合わない。すると，カ＋キ＝19，ク＝38－19－13＝６と決まる。カ＋キ＝19のとき，図２より，キは７～12のいずれかである。⑦～⑫の頂点のうち，⑥へ動けるのは，⑦，⑫だから，キにあてはまる数字は７，12とわかる。さらに，⑥から動ける頂点は，①，⑦，⑨，⑫であり，ケ＋コ＝13だから，コにあてはまる数字は，13－１＝12，13－７＝６，13－９＝４，13－12＝１となる。

社　会　＜第２回試験＞（30分）＜満点：60点＞

解　答

〔1〕 **問１**　エ→イ→ア→カ→ウ→オ　**問２**　①　ア　②　オ　③　キ　④　カ　**問３**　①　あ　②　朱印状　③　武家諸法度　**問４**　埴輪　**問５**　あ，う　**問６**　板付(遺跡)　**問７**　五・一五事件　**問８**　①　屯田兵　②　(例)　アイヌの人たちは，土地や漁場などの権利を失ったり，日本式の名前を名のらされたりするなど，伝統的な文化や習慣を禁止された。　〔2〕 **問１**　ロシア　**問２**　あ，え　**問３**　(例)　自家用車が普及したから。**問４**　200(海里水域)　**問５**　え　**問６**　太平洋，大西洋，インド洋　**問７**　白夜　**問**

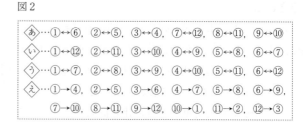

8　２月２日午後４時　**問9**　サマータイム制　**問10**　カムチャツカ(半島)　**3** **問1**
1　総辞職　**2**　指名　**問2**　デジタル庁　**問3**　**ア**　○　**イ**　×　**ウ**　○　**問4**
①　**A**　う　**B**　い　**C**　あ　②　(例)　日本国憲法は国民を主権者とし，その国民が直接選んだ人びとが国会議員である。一方，内閣の各大臣は国民が大臣の地位を与えているわけではない。ゆえに日本国憲法は国会を国権の最高機関とし，内閣より上位に位置づけている。

解　説

1　各時代の歴史的なことがらについての問題

問1　アは朱印船貿易で江戸時代初期，イの日本に移り住んだ人びと(渡来人)によって大陸の進んだ技術がもたらされたのは古墳時代，ウの第一次世界大戦(1914～18年)で日本の輸出が増えて好景気になったのは大正時代，エの米づくりの技術を持った人びとが大陸から日本に移り住んだのは縄文時代末期～弥生時代，オの日本から満州(中国東北部)に開拓団が送られたのは昭和時代，カの蝦《え》夷《ぞ》地(北海道)の本格的な開拓が始まったのは明治時代のことである。よって，時代の古い順にエ→イ→ア→カ→ウ→オになる。

問2　①　写真は，日光東照宮の陽明門である。日光東照宮は江戸幕府を開いた徳川家康をまつった神社で，江戸幕府の第３代将軍の家光が社殿を大規模に改築して完成させた。　②　写真は，昭和時代の戦時体制下の東京のようすで，国民に耐乏《たいぼう》生活を強《し》いるための標語を記した看板が見える。　③　絵は，鎌倉時代の元寇《げんこう》(元軍の襲来《しゅうらい》)のようすを描いた絵巻物「蒙古《もうこ》襲来《しゅうらい》絵《え》詞《ことば》」の一部で，ア～カの時代にあてはまるものがない。　④　絵は，明治時代初めに開通した新橋―横浜間を結ぶ蒸気《じょうき》機関車(陸《おか》蒸気)を描いたものである。

問3　①　朱印船貿易では，多くの日本人商人が東南アジア各地に進出し，日本人居留地である日本町を形成したが，中でもシャム(現在のタイ)のアユタヤで活躍《かつやく》した山田長政がよく知られる。　②　朱印船貿易は，幕府から「朱印状」とよばれる海外渡航許可証をあたえられた商人や九州の諸大名などによって行われた。　③　武家諸法度《しょはっと》は江戸幕府が大名を統制するために定めた法令で，第２代将軍秀忠《ひでただ》の名で1615年に出され，第３代将軍家光が1635年に改定して参勤交代を制度化するなど強化した。

問4　埴輪《はにわ》は古墳の周囲や頂上におかれた素焼きの土製品で，土止め用と考えられる円筒《えんとう》埴輪のほか，人物や動物，家をかたどった形象埴輪がある。

問5　大正時代には，女性の社会進出が進んだ。働く女性は「職業婦人」とよばれ，バスの車掌《しゃしょう》や電話の交換《こうかん》手などの仕事を行った。よって，「あ」「う」の二つが正しい。「い」について，テレビはこの当時は存在しない。「え」について，当時は女性に参政権がなかった。

問6　福岡県福岡市にある板付《いたづけ》遺跡は縄文時代末期～弥生時代の遺跡で，水田のあとや木製の農具，石包丁が見つかるなど当時の稲作のようすを知る上で貴重な遺跡となっている。

問7　1931年，日本軍は南満州鉄道の線路を爆破し，これを中国軍のしわざだとして軍事行動を始めると，満州各地を占領して翌32年には満州国を独立させ，その支配権をにぎった。当時首相だった犬養毅《いぬかいつよし》は，1932年５月15日，軍部による政権を樹立しようとした海軍の青年将校らに首相官邸《かんてい》で襲《おそ》われ，暗殺された。この事件は，起こった日付をとって「五・一五事件」とよばれる。

問8　①　明治時代，北海道の開拓と警備にあたった人びとを屯田《とんでん》兵という。　②　北海道の先住民族であるアイヌの人びとは，本土から移り住んで来た和人(アイヌを除く日本人のこと)により土地や漁場などの生活の場を奪《うば》われ，さらに日本名を強制されるなどした。これにより，アイヌの伝統的な文化や習慣が失われていった。

2 世界や日本の地理を中心とした問題

問１　ユーラシア大陸の東部にあるカムチャツカ半島は長さが約1200kmあり，ロシアに属している。

問２　インドネシアは東南アジアにある国で人口は約２億７千万人，ブラジルは南アメリカにある国で人口は約２億１千万人と，メキシコの人口を超える。なお，人口が世界第１位の国は中国(中華人民共和国)で，以下，インド・アメリカ・インドネシア・パキスタン・ブラジルと続き，メキシコは第10位，日本は第11位となっている。統計資料は『日本国勢図会』2021／22年版，『地理統計要覧』2022年版による(以下同じ)。

問３　バスは公共交通機関として重要であるが，過疎《かそ》化の進行や自家用車の普及《ふきゅう》などにより減便や路線廃止を余儀《よぎ》なくされている。特に過疎地では，バスの減便や路線廃止で高齢者の足が奪われるなど問題になっており，自治体によっては，民間企業と連携《れんけい》してコミュニティバスを運行させるなどの対策をとっているところもある。

問４　200海里水域(排他的経済水域)は，沿岸から200海里(約370km)の範囲《はんい》内で水産資源や海底の地下資源を沿岸国が独占的に管理できる水域のことである。

問５　秋田県の八郎潟干拓地で，北緯40度の緯線と東経140度の経線が交差する。北海道は北緯40度より北に位置するので，北海道の函館市がイタリアの首都ローマの緯度と最も近い。函館市は亜《あ》寒帯の気候に属するため冬の寒さが厳しいので，雨温図は「え」があてはまる。「あ」は福岡市，「い」は仙台市(宮城県)，「う」は静岡市。

問６　地球表面の約70％を占《し》める海洋のうち，太平洋・大西洋・インド洋の「三大洋」が大半を占める。なお，地球表面の約30％を占める大陸は，ユーラシア(アジア・ヨーロッパ)・アフリカ・北アメリカ・南アメリカ・南極・オーストラリアの「六大陸」。

問７　地球の地軸《ちじく》は約23.4度傾《かたむ》いているため，北極点や南極点に近い地域では，夏場に一日中太陽が沈《しず》まない「白夜《びゃくや》」があり，冬場には一日中太陽が沈んだままの「極夜」がある。

問８　2020年にヨーロッパ連合(EU)を離脱《りだつ》したイギリスでは，首都ロンドンを通る０度の経線が世界標準時の基本となる本初子午線となっている。日本は兵庫県明石市などを通る東経135度の経線を標準時子午線としており，イギリスとの経度差は135度である。経度15度で１時間の時差が生じるので，日本とイギリスの時差は，135÷15＝９(時間)で，日本のほうが東にあるため時刻が早い。よって，イギリスが２月２日午前７時のとき，日本は９時間早い２月２日午後４時となる。

問９　夏の日照時間が長い時期だけ時間を有効に使うため，時計を１時間早める制度をとっている国が多い。これを「サマータイム制」といい，省エネルギーになるとともに余暇《よか》などに活用できる。日本でも戦後の４年間だけこの制度が導入されたが，現在，さまざまな理由から実施されていない。

問10　地球上で日付を変えるために決められた経度180度の経線を「日付変更線」といい，太平洋上に設定されている。この線を西から東へ越《こ》えるときは日付を１日遅らせ，東から西へ越えるときは日付を１日進ませる。また，日付変更線は同じ国内で日付に違いが生じないようにするため，島や陸地を避《さ》けて折れ曲げるように設定されている。よって，地図中の四つの地域のうち，カムチャツカ半島が最も早く同じ日の朝を迎《むか》えることになる。以下，ローマ・ニューヨーク(アメリカ)・メキシコシティ(メキシコ)の順。

3 国の権力を題材とした問題

問１　1，2　2020年９月，安倍晋三《しんぞう》首相が辞意を表明したため，その後，自由民主党の総裁選挙が行われて菅義偉《すがよしひで》氏が新総裁に選ばれた。そして，９月16日に安倍内閣が総辞職した。これを受けて同日に召集《しょうしゅう》された臨時国会で首班指名選挙が行われ，菅氏が新しい内閣総理大臣に指名されて菅内閣が発足した。

問２　2021年９月１日，デジタル社会の形成に関する内閣の事務を内閣官房《かんぼう》とともに助け，その行政事務の迅速《じんそく》かつ重点的な遂行《すいこう》をはかることを目的として，デジタル庁が内閣の下に発足した。

問３　ア　ジョー＝バイデン大統領は，2021年１月の大統領就任にともない，トランプ前大統領が離脱した「パリ協定」に復帰した。パリ協定は地球温暖化防止対策の国際的な枠組《わくぐ》みで，2015年の第21回国連気候変動枠組条約締約《ていやく》国会議(COP21)で採択《さいたく》された。よって，この文は正しい。　**イ**　WHO(世界保健機関)の新型コロナウイルス感染症《しょう》対策を批判して，WHOからの脱退を表明したのはトランプ前大統領である。よって，この文は間違っている。　**ウ**　バイデン大統領の就任と同時に，カマラ＝ハリス氏がアメリカ史上初の女性の副大統領に就任した。よって，この文は正しい。

問４　①　A　ドイツは，日本のように内閣が政権を運営する形式をとっている。　**B**　韓国(大韓民国)は，アメリカと同じように大統領が政権を運営する形式をとっている。　**C**　中国は中国共産党による一党独裁の政治が行われており，内閣制と大統領制のどちらにも属さない。

②　日本国憲法は「国民主権」「基本的人権の尊重」「平和主義」の三大原則で成り立っているが，このうち国民主権は政治を決める最高権力が国民にあることを示す。立法機関である国会は主権者である国民の選挙で選ばれた代表者で構成されているため，「国権の最高機関」とされる。一方，行政機関である内閣は，国会の信任にもとづいて成立し，国会に対し連帯して責任を負うとされている。このしくみは「議院内閣制」とよばれ，内閣総理大臣は国会議員の中から国会の指名で選ばれ，内閣を構成する国務大臣の過半数は国会議員でなければならない。つまり，国会と内閣の結びつきは強いが，内閣は国権の最高機関である国会がなければ成り立たない。その意味で，国会は内閣より上位にあるといえる。

理　科　＜第２回試験＞（30分）＜満点：60点＞

解　答

1 **問１**　1.4秒　**問２**　①　51.5　②　53　③　振り子の長さ　④　おもりの重さ　**問３**　ア，エ　**問４**　1秒　**問５**　2秒　**問６**　イ，エ　**2** **問１**　イ，オ　**問２**　エ　**問３**　①　0.8　②　80　③　44.4　④　17.5　⑤　97.2　⑥　96.5　**3** **問１**　ウ　**問２**　**トカゲ**…c　**ネコ**…a　**問３**　イ　**問４**　酸素　**問５**　a　**問６**　ア，イ，エ　**問７**　Y，Z，X　**問８**　Y　**4** **問１**　ア，エ　**問２**　ウ　**問３**　①　地面　②　植物　③　(例)　コンクリート　**問４**　エ　**問５**　(例)　増水した川の

水を流し込んで遊水地として使う。

解　説

1　振《ふ》り子の運動についての問題

問１　表より，長さが50cmの振り子は，20往復するのに28秒かかっているので，１往復では，28÷20＝1.4(秒)かかる。

問２　図１にあるように，振り子の長さとは支点からつるした物体の重心までの距離《きょり》をいう。図２のようにおもりを増やしていくと，おもりが２個の場合の振り子の長さは，50＋３÷２＝51.5(cm)，おもりが３個の場合の振り子の長さは，50＋３＝53(cm)になる。よって，おもりの重さだけでなく振り子の長さも変わってしまうため，図２のような方法では，振り子が１往復するのにかかる時間とおもりの重さの関係について調べることができない。

問３　おもりの振れ始めの位置が棒ABの方向からずれたり，おもりから手をはなすときに棒ABの方向とは異なる方向に力を加えてしまったりすると，おもりは棒ABの方向に１往復すると同時に，棒ABと垂直な方向にも１往復する(選択肢《せんたくし》の図でいうと，横方向に１往復しながら縦方向にも１往復する)。このようなおもりの動き方としてはアとエが選べる。イとウは棒ABの方向に１往復する間に，棒ABと垂直な方向に２往復する動きを表しているので，図１のような振り子ではこのような動きをすることはない。

問４　Ｃ点は動かずにそこから下の25cmの部分だけが振り子の運動をしたことから，表より，１往復するのにかかる時間は，20÷20＝１(秒)とわかる。

問５　紙面に垂直方向(図３の手前側と奥《おく》側)にゆらしたときは，75＋25＝100(cm)の振り子として運動する。よって，表より，１往復するのにかかる時間は，40÷20＝２(秒)と求められる。

問６　おもりは，棒ABの方向に１往復する間に棒ABと垂直な方向に１往復の半分だけ動くので，おもりの動き方はイやエのようになる。なお，ア，ウ，オ，カは，問３と同様の動き方で，棒ABの方向に１往復する間に棒ABと垂直な方向に１往復または２往復する動きを表したものである。

2　物質の性質，もののとけ方についての問題

問１　アについて，水は鉄より温まりにくく冷めにくい。ウについて，水に対してミョウバンは，水温が上がるほどとけやすくなる。エについて，BTB溶液《ようえき》は塩酸のような酸性の水溶液に対して黄色を示す。

問２　食塩(塩化ナトリウム)の結晶《けっしょう》は，エのように立方体のような形をしている。

問３　①　46ｇのエタノールの体積が57.5mLであるから，密度(１mLあたりの重さ)は，46÷57.5＝0.8(ｇ/mL)と求められる。　②　100mLのエタノールの重さは，密度が0.8ｇ/mLなので，0.8×100＝80(ｇ)になる。　③　100ｇの水と80ｇのエタノールを混合することになるので，エタノール水溶液の濃度《のうど》は，80÷180×100＝44.44…より，44.4％と求められる。　④　図１で，エタノール水溶液の濃度が44.4％のときの縦軸《じく》の値を読み取ると，およそ17.5mLになっている。　⑤　44.4％のエタノール水溶液中において，水18ｇあたりの水の体積は17.5mLなので，水溶液中の水100ｇの体積は，17.5×100÷18＝97.22…より，97.2mLとわかる。　⑥　図２より，濃度が44.4％のときのエタノールの体積はおよそ55.5mLと読み取れる。よって，そのときのエタノール46ｇあたりのエタノールの体積が55.5mLだから，水溶液中のエタノール80ｇの体積は，$55.5\times\frac{80}{46}=96.52$

…より，96.5mLである。

3 動物の体温調節のしくみについての問題

問1　トカゲはヘビやカメと同じハ虫類，ネコはヒトやクジラと同じホ乳類である。

問2　ハ虫類のトカゲはまわりの気温の変化につれて体温が変化するのに対し，ホ乳類のネコはまわりの気温に関係なく体温がほぼ一定である。よって，トカゲはcのグラフ，ネコはaのグラフが選べる。

問3　まわりの気温の変化につれて体温が変化する動物を変温動物といい，まわりの気温に関係なく体温をほぼ一定に保つ動物を恒温《こうおん》動物という。せきつい動物では，魚類，両生類，ハ虫類が変温動物，鳥類とホ乳類が恒温動物である。

問4　呼吸では，消化・吸収して得た栄養分と酸素を反応させることで，生きるためのエネルギーを取り出しており，このさい水と二酸化炭素が発生する。

問5　恒温動物のネコの場合，気温が低いときは，呼吸をさかんにおこなって熱を発生させなければ体温を保つことができないため，二酸化炭素の排出《はいしゅつ》量が多くなると考えられる。よって，aのグラフがあてはまる。

問6　体外へ放熱するためのはたらきであるアとエのほか，体外への放熱を防ぐためのはたらきであるイが選べる。ウは発熱をするためのはたらきにあたる。

問7　激しい運動によって体温が著《いちじる》しく上昇《じょうしょう》するため，心臓から送られてきたYの血液の温度は高くなっているが，これを鼻の奥にある空所から心臓へ戻《もど》るXの血液によって冷やすことで，脳に届く血液の温度を下げている。よって，Zの血液の温度は，Yの血液の熱の一部を受け取っているためXの血液の温度より高く，Yの血液の温度よりは低い(Yの血液から熱を受け取っていても，Yの血液の温度より高くなることはない)。

問8　Yの血液は心臓から送られてきた動脈血だが，Xの血液とZの血液は心臓へ戻る静脈血であるから，最も多くの酸素を含《ふく》んでいるのはYの血液である。

4 台風とその災害についての問題

問1　台風の中心付近は，強い上昇気流によって次々と積乱雲が発生しているだけでなく，気圧の低い中心部に向けてたくさんの雨雲が集められていくため，台風の中心部に近いほど雨の降り方は強くなる。また，その雲は均一に広がっているわけではないため，台風の周辺部でも雨が降ったりやんだりする。

問2　日本に近づいてくる台風のまわりでは，その中心部に向けて反時計回りの渦《うず》をまくような空気の流れができている。

問3　山や丘陵《きゅうりょう》地帯に降った雨水の一部は地面にしみ込《こ》んで，地下水となったり，根から吸収されて植物に蓄《たくわ》えられたりする。しかし，土地が開発されて地面がコンクリートやアスファルトにおおわれると，雨水が地面にしみ込むことができなくなり，それだけ川に流れ込む雨水の量が増える。その結果，川が増水しやすくなり，洪水《こうずい》が起こりやすくなる。

問4　①は津波《つなみ》や高潮，②は洪水や河川などの氾濫《はんらん》，③は崖崩《がけくず》れや地すべりを表す。これらは国が定めた，災害の種類をわかりやすく示したマーク(ピクトグラムという)で，避難《ひなん》場所の案内板などに用いられている。

問5　地図にある日産スタジアムを含む新横浜公園は多目的遊水地(池)として整備されており，鶴《つる》見《み》川が氾濫したさいに一時的に川の水を引き込んで溜《た》める機能を持っていて，周辺や下流の地域を洪水から守るはたらきをしている。

国 語 ＜第２回試験＞（50分）＜満点：100点＞

解 答

一 **問１** 生活に疲れた，薄汚れたおばさん **問２** 粉 **問３** イ **問４** c **問５** **1** （例） 容貌や出で立ちで差別された **2** （例） 普段の「私」が芸能人として特別扱いされていたのをわかっておらず，世の中の当たり前の対応だった **問６** Ⅰ ウ Ⅱ カ **問７** （例） 生活が苦しく生きることで精一杯な人生を送っているような人が，他人に親切にしていることを見てきたし，自分もその優しさを受けたことがあったから。 **問８** （例） 戦場で多くの兵士が命を落としたことを思うと，戦地へ向かう兵士を祝うようなかけ声で見送ってしまったことが強く悔やまれるから。 **問９** エ **問10** 下記を参照のこと。 二 **問１** 下記を参照のこと。 **問２** Ⅰ ウ Ⅱ イ Ⅲ エ **問３** （例） 葉を紅葉させたり，落としたり，芽吹かせたりする時期を決める，それぞれの木が独自に持っているもの。 **問４** 気の早い木 **問５** イ **問６** （例） 木の恩恵は太古の昔からいっさいの無駄なく，多様な生物に対してもたらされているから。 **問７** エ **問８** **1** 決死の花 **2** 健気な **問９** ウ

●漢字の書き取り

一 **問10** A 給料 B 意図 C 要領 D 好評 二 **問１** A 染(まり) B 水源 C 災害

解 説

一 **出典は黒柳《くろやなぎ》徹子《てつこ》の『トットひとり』（新潮文庫刊）による。** テレビドラマで演じた「田口ケイ」という役柄《やくがら》を通して見えたものについて筆者は語っている。

問１ 「田口ケイ」の役を演じるにあたって，筆者は「まず，忙《いそが》しい人だから身なりに構わない風にしようと決め」，次に，一生懸命《けんめい》「働く人らしさを出すために，度の強い近眼の眼鏡を用意し」，「野暮《やぼ》ったい服装にして〜だらしない体つきに」している。その結果，目指していた「生活に疲《つか》れた，薄汚《うすよご》れたおばさん」ができあがったのである。

問２ 「身を粉にする」は，“労力をおしまず一心に働く”という意味。

問３ 話しかけても「無視」したり「困った顔」をしたりするディレクターに対し，筆者が「私，黒柳ですよ！」と言ったところ，彼《かれ》は「本当だ！」と驚《おどろ》いている。つまり，「生活に疲れた，薄汚れたおばさん」が黒柳徹子だと気づかなかったディレクターは，知らない人に話しかけられたと思いとまどったものと考えられるので，イが選べる。

問４ a，b，dは，「繭子《まゆこ》ひとり」というテレビドラマの役名である「田口ケイ」を指しているが，cは「田口ケイ」のような境遇《きょうぐう》の人という意味で使われている。

問５ 直前に「最初は，容貌《ようぼう》や出で立ちで，こんなに差別されるなんて，と私は多少憤慨《ふんがい》していた」とあるように，筆者は自分が「薄汚《うすぎたな》いおばさんだから」差別されているのだと思っていた。

しかし「それはむしろ普通《ふつう》の扱《あつか》い」で，ふだんから親切にされるのに慣れてしまった芸能人の自分が，「恵《めぐ》まれすぎている」ことに気づいたのである。

問６　「無(不)愛想」は，そっけないようす。また「不親切」は，思いやりのないさま。同じ記号は一度しか使えないので，Ⅰにはウの「無」，Ⅱにはカの「不」が入る。

問７　「青森へ疎開《そかい》していた時」，筆者は「ヒビとシモヤケと黒い絆創膏《ばんそうこう》で，ぐちゃぐちゃ」な手をした行商のおばさんにシラミを取ってもらったり，寒くて凍《こご》えた手をあたためてもらったりしている。苦労がありながらも「親切にしてくれようとする人を，あの頃《ころ》，沢山《たくさん》見てきた」筆者は，その人たちに「田口ケイ」を重ねているのである。

問８　直後に「いったい，あの兵隊さんたちの何人が無事に帰って来られただろう？」とあることから，これから戦地へ行って命を落とすかもしれない兵士を「何の考えも」ないまま「万歳《ばんざい》！　万歳！」と見送ったことを筆者が悔《く》やんでいるのがわかる。

問９　筆者は戦時中，「泣きながら歩いていた」とき「おまわりさんに『泣くな！　戦地で戦ってる兵隊さんのことを考えてみろ！』と叱《しか》られ」て戦地で戦う兵隊さんのことを想像した経験から，自分とは違う状況《じょうきょう》にいる人のことを想像することができるようになった。その感受性によって，自分とはかけ離れた境遇の「田口ケイ」という女性のことも理解することができたし，女優になっていろいろな役を演じることができたのである。

問10　**A**　使用人の労働に対して，やとい主が支払《しはら》う金銭。　**B**　何かをしようと考えていること。　**C**　物事の要点をつかんだうまい処理の方法。　**D**　評判がよいこと。

二　**出典は小手鞠《こでまり》るいの『空から森が降ってくる』による。**紅葉を眺《なが》め，木々に人格があるように感じた筆者は，それらを自分たちの仲間だと考えることが環境《かんきょう》保護や自然保護につながると述べている。

問１　**A**　音読みは「セン」で，「染色」などの熟語がある。　**B**　川などの水の流れ出るもと。　**C**　地震《じしん》や台風などの自然現象や事故，火事，伝染病などの人為《じんい》的な原因によって引き起こされる思わぬわざわいやそれによる被害《ひがい》。

問２　Ⅰ　「色が深く」，「落ち着いて見える」とあるので，「しっとり」があてはまる。　Ⅱ　曲がりくねって長く続いているようすを表す「うねうね」がふさわしい。　Ⅲ　木の葉や花びらが静かに落ちるようすを表す「はらはら」が合う。

問３　「その」とあるので，前に注目する。木々は，それぞれが内包している「独自の紅葉時計」にしたがって「色づいたり，葉を散らせたり，芽吹《めぶ》いたりしている」のである。これをもとに，「それぞれの木が独自に持っていて，葉を色づかせたり，散らせたり，芽吹いたりするタイミングを計るもの」のようにまとめる。

問４　少し前の「けれども～」で始まる段落で，筆者は「気の早い木がいて，毎年いちばんに赤くなる」と，木を人に見立てている。

問５　「惜《お》しげもなく」は，もったいないと思う気持ちもないようす。

問６　「一本の木の営みの中で，どれだけの小鳥や虫や蛙《かえる》が，動物たちが，その恩恵《おんけい》にあずかっていることか」とあるように，「葉っぱにも木の実にも，いっさいの無駄《むだ》が」なく，「土から生まれて土に還《かえ》る」までの間，たくさんの生物が木の恩恵を受けている。そして人もまた，木からさまざまなものを生み出したり，「果実を得，慰《なぐさ》めや癒《いや》しを得」たりしてきたのである。これをふまえ，

「木にはいっさいの無駄がなく，土から生まれて土に還るまでに，たくさんの生物に恩恵をもたらしているから」のようにまとめる。

問7　「this tree(この木に)ではなくてme(私に)と書かれている」ことで，木自身が水をほしがってうったえているように感じられる。つまり，木に気持ちがあるかのように表現することで，人々に木を思いやるよううながしているものと想像できるので，エがふさわしい。

問8　筆者が声をあげたのは，上のほうがほとんど「枯《か》れ枝」となって，いかにも「死にそう」な豆梨《まめなし》の木の一部に「白い花がひと群れ，咲《さ》いている」のを見つけたからである。以前「りんご園の経営者」から「死にかけている老木」は「美味《おい》しい実をたくさんつける」が，「それは，木が生き残りをかけて必死で生《な》らせている，命の実」だと聞いたことのあった筆者は，目の前の豆梨の木の白い花がそれと同じ「決死の花」だと感じている。そして，「なんとかして生き残ろうとして必死になって，それで季節外れの花をつけ」た豆梨の木を「健気《けなげ》」だと思ったのである。

問9　問7で見たように，木にも人と同じで気持ちがあると考えると，人は木に対して思いやりを持てるようになる。「死にかけている一本の木を『かわいそうだ』と思うこと，木には私たちと同じように生命があると考えること」により，人は木を身近に感じ，仲間である木を守りたいと思うようになり，そういう気持ちが「環境保護」や「自然保護」の行動につながるのではないかと，筆者は考えているのである。よって，ウがふさわしい。

2021年度　桐朋中学校

〔電　話〕 (042) 577－２１７１
〔所在地〕 〒186-0004　東京都国立市中３－１－10
〔交　通〕 JR中央線－「国立駅」より徒歩15分
JR南武線－「谷保駅」より徒歩15分

【算　数】〈第１回試験〉（50分）〈満点：100点〉

1　次の計算をしなさい。

(1)　$2\frac{1}{3}-1\frac{5}{6}+\frac{7}{8}$

(2)　$(8.4-1.9)\div2.6+4.5\times0.6$

(3)　$1\frac{1}{14}\div\left(1\frac{7}{12}-0.75\right)\times\left(0.15+\frac{11}{20}\right)$

2　次の問いに答えなさい。

(1)　１個150円のりんごと１個90円のオレンジを合わせて20個買ったところ，代金は2640円でした。りんごを何個買いましたか。

(2)　右の図のように，長方形におうぎ形をかきました。おうぎ形の面積が図の黒い部分の面積と等しいとき，aはいくらですか。円周率を3.14として計算しなさい。

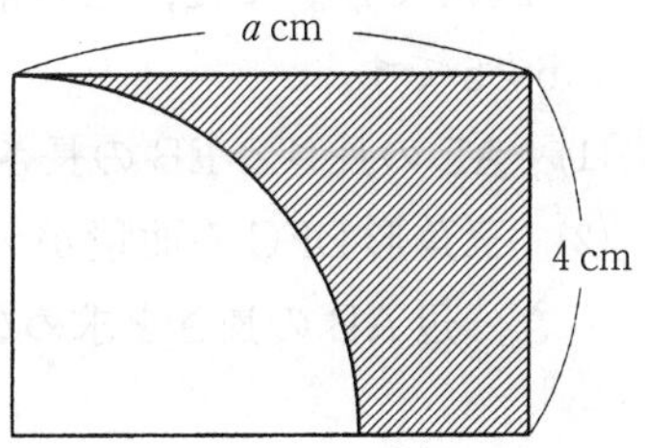

(3)　容器にジュースが入っています。１日目に全体の３割より60mLだけ少ない量のジュースを飲みました。２日目に残りのジュースの半分より110mLだけ多い量のジュースを飲んだところ，残りのジュースの量は550mLでした。１日目に飲んだジュースの量は何mLですか。

3　兄と弟が家から1.7km離れた駅まで歩きました。弟は，兄より先に家を出発し，一定の速さで駅に向かいました。兄は家を出発してから９分間，弟の歩く速さより分速10mだけ速く歩きました。次に７分間，弟の歩く速さより分速20mだけ速く歩きました。さらに１分間，弟の歩く速さより分速25mだけ速く歩いたところ，兄と弟は同時に駅に着きました。

(1)　弟の歩く速さは分速何mですか。答えだけでなく，途中の考え方を示す式や図などもかきなさい。

(2)　弟が家を出発してから15分後に，弟は兄の何m先を歩いていましたか。

4　ある中学校の１年生全員にアンケートを行いました。そのアンケートには２つの質問があり，それぞれA，B，Cのいずれかの記号で答えます。右の表は，その結果を百分率で表しています。また，アンケートの結果，次の①～⑤のことがわかりました。

	質問１	質問２
A	㋐%	㋒%
B	㋑%	㋓%
C	22%	14%
合計	100%	100%

① ２つの質問にどちらもＡと答えた人の数は，どちらもＣと答えた人の数より３人多かった。
② ２つの質問にどちらもＢと答えた人の数は，どちらもＡと答えた人の数の２倍だった。
③ ２つの質問に同じ記号で答えた人の数は37人だった。
④ 質問１でＢと答えて，質問２でＡと答えた人の数は５人だった。
⑤ 質問２でＣと答えた人は，質問１でもＣと答えた。

ただし，アンケートには，全員が２つの質問に答えました。

(1) ２つの質問にどちらもＣと答えた人の数は何人ですか。

(2) この中学校の１年生の人数は何人ですか。

(3) ㋐にあてはまる数を求めなさい。

(4) 質問１でＣと答えた人のうち，質問２でＡと答えた人の数とＢと答えた人の数が等しくなりました。㋒にあてはまる数を求めなさい。

5 右の図の台形ABCDで，辺AD，BCの長さはそれぞれ８cm，12cmです。また，三角形ABDの面積と三角形EBCの面積の比は６：５です。

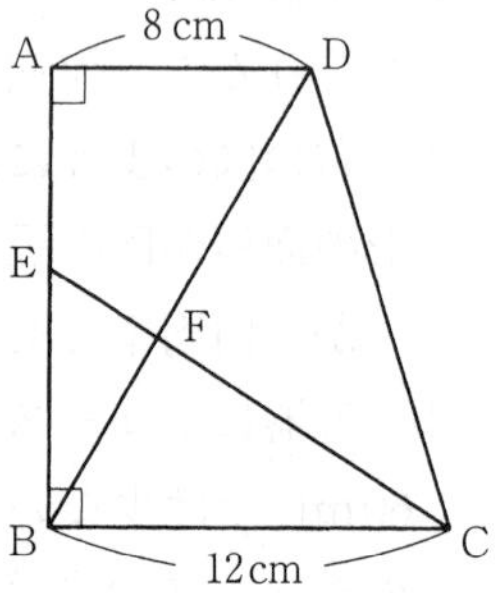

(1) AEの長さとEBの長さの比を求めなさい。

(2) 三角形DFCの面積が三角形EBFの面積より36cm^{2}だけ大きいとき，辺ABの長さを求めなさい。

6 右の図のように，３つのポンプＡ，Ｂ，Ｃがついた水そうがあります。ポンプＡは濃度３％の食塩水を毎分400ｇの割合で水そうに入れることができ，ポンプＢは濃度８％の食塩水を一定の割合で水そうに入れることができます。ポンプＣは一定の割合で水そうの食塩水を出すことができます。

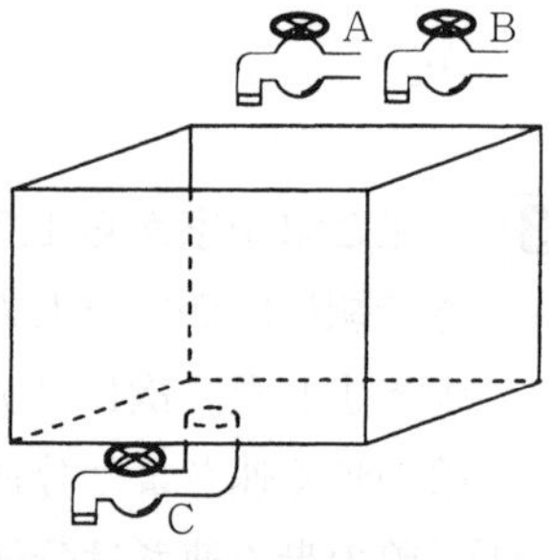

はじめに，空の水そうにポンプＡとポンプＢを同時に使って５分間食塩水を入れたところ，水そうの食塩水の濃度は６％になりました。次に，ポンプＣだけを使って４分間食塩水を出しました。さらに，ポンプＢだけを使って２分間食塩水を入れたところ，水そうの食塩水の濃度は6.5%になりました。

(1) ポンプＢは毎分何ｇの食塩水を入れることができますか。

(2) ポンプＣは毎分何ｇの食塩水を出すことができますか。

(3) 最後に，ポンプＡだけを使って食塩水を入れたところ，水そうの食塩水の濃度は5.5%になりました。ポンプＡだけを使った時間は何分何秒でしたか。

7　Nは１より大きい整数とします。分数 $\frac{1}{N}$ に次のような操作をくり返し行い，その結果が１になるまで続けます。

> 操作
> 分数の分子に１を加え，約分できるときは約分する。

この操作を行った回数を $\left\langle \frac{1}{N} \right\rangle$ で表すことにします。たとえば，$N=12$ のとき，

$$\frac{1}{12} \Rightarrow \boxed{\frac{1+1}{12}=\frac{2}{12}=\frac{1}{6}} \Rightarrow \boxed{\frac{1+1}{6}=\frac{2}{6}=\frac{1}{3}} \Rightarrow \boxed{\frac{1+1}{3}=\frac{2}{3}} \Rightarrow \boxed{\frac{2+1}{3}=\frac{3}{3}=1}$$

となるので，$\left\langle \frac{1}{12} \right\rangle=4$ です。

(1)　次の値を求めなさい。

①　$\left\langle \frac{1}{5} \right\rangle$　　②　$\left\langle \frac{1}{16} \right\rangle$

(2)　$\left\langle \frac{1}{N} \right\rangle=2$ となるようなNを求めなさい。考えられるものをすべて書きなさい。

(3)　$\left\langle \frac{1}{N} \right\rangle=6$ となるようなNを求めなさい。考えられるものをすべて書きなさい。

【社　会】〈第１回試験〉（30分）〈満点：60点〉

1　次の**ア**～**カ**の文を読み，問いに答えなさい。

ア．モンゴル人は，元という国をつくって中国を支配し，２度にわたって九州北部にせめてきました。元軍は，武士たちの激しい抵抗《ていこう》や暴風雨などにより，損害をうけて引きあげました。

イ．ポルトガル人の乗った船が種子島へ流れ着き，そのとき鉄砲が伝えられました。鉄砲のつくり方はまたたくまに広がり，戦いに使われました。

ウ．天皇は中国に使者を派遣《はけん》し，鑑真に弟子の中から日本へわたってくれる僧《そう》を推薦《すいせん》してほしいとたのみました。鑑真はみずから日本へわたる決心をしましたが，何度も失敗し，６回目に成功しました。

エ．日本を訪れた軍艦《ぐんかん》エルトゥールル号が親善の行事を終えて帰国する途中《とちゅう》，台風にまきこまれて和歌山県沖《おき》で沈没《ちんぼつ》しました。

オ．伊勢の商人大黒屋光太夫は強風で船が流され，ロシアに漂着《ひょうちゃく》しました。これを機にロシアは貿易を求めましたが，幕府は応じませんでした。その後，幕府は日本のそばに現れた外国船を打ち払《はら》うよう命じました。

カ．護衛艦とともに沖縄を出港して九州にむかった対馬丸は，アメリカの潜水艦《せんすいかん》が発射した魚雷《ぎょらい》によって沈《しず》められ，国民学校の児童や先生などが犠牲《ぎせい》となりました。

問１．**ア**～**カ**の文があらわしている時代を古い方から順にならべかえて，記号で答えなさい。

問２．次の①～③の文は，**ア**～**カ**の文のあらわす時代のどれと関係が深いか，記号で答えなさい。関係の深い文がないときは，記号**キ**で答えなさい。

①　ベルリンの壁《かべ》が崩壊《ほうかい》し，東西ドイツが統一された。

②　教育勅語が発布され，天皇中心の国づくりを支える教育の進め方が示された。

③　差別を受けていた人びとが持っていた技術を生かし，龍安寺の石庭がつくられた。

問３．**ア**の文について。

⑴　モンゴル人を統一してモンゴル帝国を建国した人物は誰《だれ》ですか，答えなさい。

⑵　このころの日本の説明として，ふさわしいものを次の**あ**～**お**から二つ選び，記号で答えなさい。

あ．それまで御家人になっていなかった武士たちにも戦うように求めたことによって，幕府の力が全国におよぶようになりました。

い．きまりにそむいた大名の領地を取り上げたりしたため，幕府の力はますます強くなりました。

う．活躍《かつやく》した武士たちは新しい領地をもらうことができず，幕府に不満を持つようになりました。

え．幕府の力が弱まり，一揆や打ちこわしの件数が増えていきました。

お．将軍のあとつぎ問題などをめぐって有力な大名どうしが対立し，内乱がおこったことから，幕府の権力はおとろえました。

問４．**イ**の文について。その後，日本はポルトガルと貿易をするようになりました。この貿易で，日本がおもに輸入したもの，おもに輸出したものを，次の**あ**～**お**からそれぞれ一つずつ選び，記号で答えなさい。

あ．生糸　**い**．海産物　**う**．銅銭　**え**．銀　**お**．刀剣

問５．**ウ**の文について。この時の天皇は誰ですか，漢字で答えなさい。

問６．**エ**の文について。

(1)　このエルトゥールル号はどこの国の軍艦ですか，国名を答えなさい。

(2)　このころ，足尾銅山の鉱毒が問題となっていました。足尾銅山は現在の何県にありますか，県名を漢字で答えなさい。

問７．**オ**の文について。このころ「古事記」や「源氏物語」などの日本の古典を研究し，古くからの日本人の考え方を明らかにしようとした伊勢の医師は誰ですか，漢字で答えなさい。

問８．**カ**の文について。このあと，沖縄でおこなわれたアメリカとの戦いについて説明しなさい。

2　次の文章を読み，問いに答えなさい。

皆さんはふだん，スーパーマーケットへ買い物に行くことはありますか。

スーパーマーケットには，私たちの暮らしに必要な生鮮食品や日用品などが国内外のさまざまな地域から運ばれてきています。私たちの暮らしは，スーパーマーケットにならんでいる商品を通じて，さまざまな地域とつながっているのです。

例えば，野菜のコーナーには，国内各地で生産されたものを中心に多種多様な野菜がならんでいます。産地を調べてみると，(1)大消費地の周辺地域である茨城県や千葉県などで生産されたものだけでなく，高知県や(2)宮崎県など大都市から遠く離れた地域で生産されたものもみられます。これらの野菜は(3)広範囲《はんい》に発達した交通網《もう》を利用して，出荷《しゅっか》された後すぐに店頭にならぶように輸送されています。

一方，肉類や魚介《ぎょかい》類のコーナーでは，国産のものに加えて外国から輸入されたものもよくみかけます。オーストラリアやアメリカなどから輸入された牛肉は，(4)国産のものとくらべて安い価格で販売されています。また，魚介類では(5)国内各地の港で水あげされたものとともに，(6)さけ・ますなど外国から輸入されたものが売り場にならんでいます。

肉類や魚介類だけでなく，外国から食品を数多く輸入することで，私たちの食生活は豊かなものになっていますが，その一方で，(7)食品の安全性の問題や(8)食料自給率の低下に直面しています。こうした問題を解決していくために，私たちには何ができるでしょうか。

問１．下線部(1)について。大都市の周辺地域において，大都市向けに野菜や果物などを栽培《さいばい》する農業を何というか，解答らんに合う形で答えなさい。

問２．下線部(2)について。次の**あ**～**え**の中で，宮崎県における収穫《しゅうかく》量または飼育《しいく》頭数が全国第一位(2017年)であるものを一つ選び，記号で答えなさい。

あ．かんしょ　**い**．きゅうり　**う**．肉用牛　**え**．豚《ぶた》

問３．下線部(3)について，次の①・②の問いに答えなさい。

①　国内各地で生産された野菜はトラックなどに積みこまれ，全国に輸送されています。次の**あ**～**え**の中で，自動車を運転して行き来することができない海域を一つ選び，記号で答えなさい。

あ．関門海峡　**い**．津軽海峡

う．東京湾　**え**．鳴門海峡

② 右の**図１**は，日本における旅客《りょかく》の輸送量(＊人キロ)の割合を輸送機関別に示したものです(2009年)。**あ～え**は，航空，自動車，水運，鉄道のいずれかです。鉄道を示すものを一つ選び，記号で答えなさい。

＊人キロ：運んだ旅客数(人)にそれぞれが移動した距離《きょり》(キロ)をかけた数字

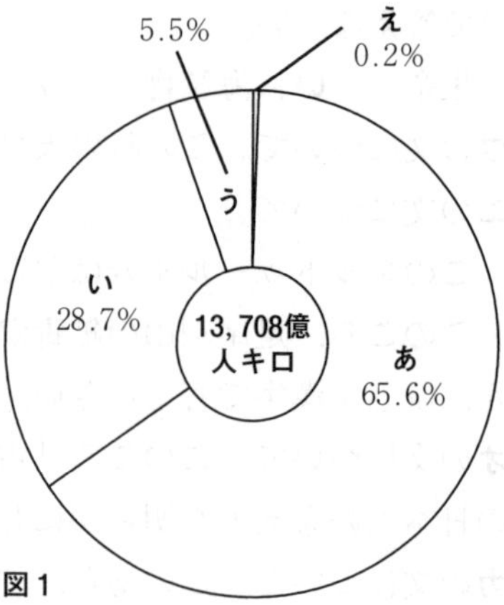

図１
(『データブック オブ・ザ・ワールド』より作成)

問４．下線部(4)について。次の文は，外国産の農畜産《のうちくさん》物《ぶつ》が国産よりも安い価格となる理由を説明したものです。［A］と［B］にあてはまる言葉をそれぞれ答えなさい。

オーストラリアやアメリカなどでは，日本とくらべて農地が［A］，［B］化が進んでおり，大量の農畜産物を少ない労働力で生産できるため。

問５．下線部(5)について，次の①・②の問いに答えなさい。

① **図２**の**ア～キ**は，国内の水あげ量の多い漁港の位置を示したものです。**エ**と**カ**の漁港名を次の**あ～お**からそれぞれ選び，記号で答えなさい。

あ．釧路港
い．境港
う．銚子港
え．八戸港
お．焼津港

② **ア**と**オ**の漁港で最も多く水あげされる魚介の種類(2013年)としてふさわしいものを，次の**あ～お**からそれぞれ選び，記号で答えなさい。

あ．いわし類
い．かつお類
う．さば類

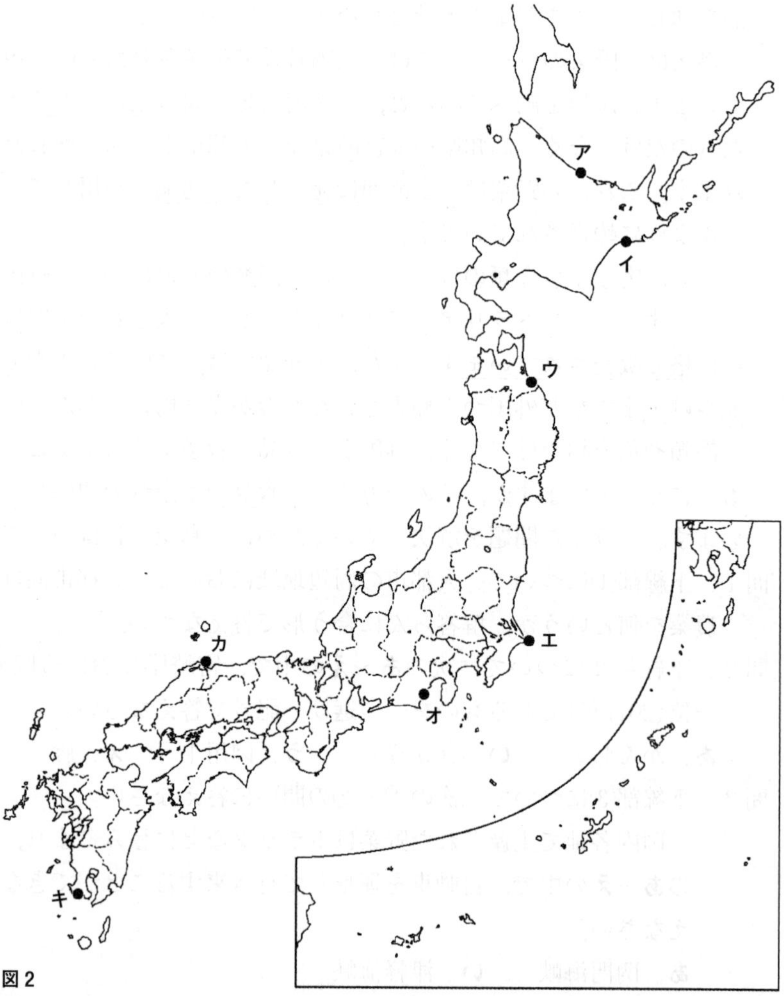

図２

え．たら類

お．ほたて貝

問６．下線部(6)について。日本に輸入されるさけ・ますは，南アメリカ大陸のチリ産が多くを占《し》めています。**図３**の**あ**～**え**から，チリの位置を示すものを一つ選び，記号で答えなさい。

問７．下線部(7)について。牛肉については，消費者に安全な牛肉を提供するために，肉牛の生産者や食べたえさなどの情報が記録・管理される仕組みが整えられています。このような仕組みを何というか，次の**あ**～**え**から一つ選び，記号で答えなさい。

あ．アクセシビリティ

い．サステナビリティ

う．トレーサビリティ

え．ユーザビリティ

図３

問８．下線部(8)について，次の①・②の問いに答えなさい。

①　下の**表１**は，年度ごとの日本の食料自給率のうつりかわりを示したものです。**あ**～**か**は，果実類，牛乳・乳製品，小麦，米，肉類，野菜類のいずれかです。米と肉類を示すものをそれぞれ選び，記号で答えなさい。

表１

年度	**あ**	**い**	**う**	**え**	**お**	**か**
1935	101	96	93	73	104	107
1955	100	41	100	109	104	90
1960	100	39	91	102	100	89
1970	99	9	89	106	84	89
1980	97	10	81	100	81	82
1990	91	15	70	100	63	78
2000	81	11	52	95	44	68
2010	81	9	56	97	38	67
2017	79	14	52	96	39	60

（単位　％）

（『データブック オブ・ザ・ワールド』より作成）

②　食料自給率の低下を改善するために，住んでいる地域でつくられた食料をその地域で利用する取り組みが行われています。この取り組みを何というか，漢字四文字で答えなさい。

3　次の文章を読み，問いに答えなさい。

私たちは，病気やケガをしたとき，地域の病院などに通って，治療《ちりょう》を受けることができます。しかし，□機関(WHO)によると，世界の人びとの約半数が医療サービスを受けられずにいるそうです。その多くが，紛争《ふんそう》国や発展途上《とじょう》国に暮らす人たちです。こんにちでも，(1)大きな病気に苦しむ人や，医療が受けられない人が世界中にはたくさんいます。このような背景のなか，2019年の□デーでは，全ての人が適切な予防，治療，リハビリ等のサービスを，支払《しはら》い可能な費用で受けられる状態を目指すことが示されました。

このように，(2)世界の人びとが協力し合って，苦しんでいる人を助ける動きはずっと続けられてきています。また，日本国内に目を向けてみても，わたしたちの健康を守る義務として国が(3)さまざまな政策をおこなってきたと同時に，多くの人びとの努力によって医療等の分野が発展してきたことがわかります。

わたしたち一人ひとりは，(4)こんにちの世界の課題に目を向け，すべての人が幸せに生きられるような社会とは何なのかを考えていくことがいま求められています。

問１．文章の□にあてはまる語を漢字四文字で答えなさい。□には同じ語が入ります。

問２．下線部(1)に関連して。国際連合の機関によると，５才の誕生《たんじょう》日をむかえる前に亡《な》くなったこどもが2018年には約530万人いました。このこどもたちが亡くなったおもな原因として，適当でないものを次の**あ**～**か**のなかから二つ選び，記号で答えなさい。

あ．マラリア

い．糖尿《とうにょう》病

う．肺炎《はいえん》

え．がん

お．下痢《げり》

か．はしか

問３．下線部(2)について。次の**ア**～**ウ**の文章の下線部が正しければ○を，正しくなければ最も適当な語に書きなおしなさい。

ア．第二次世界大戦のあと，栄養不足となっていた日本のこどもたちのために，経済協力開発機構は，学校給食用の粉ミルクを日本に無償《むしょう》で送った。

イ．医療支援《しえん》もふくめて，さまざまな技術協力をおこなっている青年海外協力隊は国連平和維持活動のひとつである。

ウ．世界のさまざまな国で緊急《きんきゅう》医療活動をおこなっている国境なき医師団は，非政府組織のひとつである。

問４．下線部(3)に関連して。国の政策に，憲法違反《いはん》や人権侵害《しんがい》などの問題点があったと認められた事例もあります。下の文章を読み，(　)にあてはまる語をカタカナ四文字で答えなさい。

(　　)病にかかった人びとは法律によって強制的に療養所に入れられ，社会から隔離《かくり》されてきました。1996年にこの法律が廃止《はいし》され，その後の裁判をきっかけに国はこの法律による政策がまちがっていた責任を認め，こうした人びとの人権を回復するため努力することを約束しました。

問５．下線部(4)に関連して。次の**図４**からどのようなことが読み取れますか，説明しなさい。

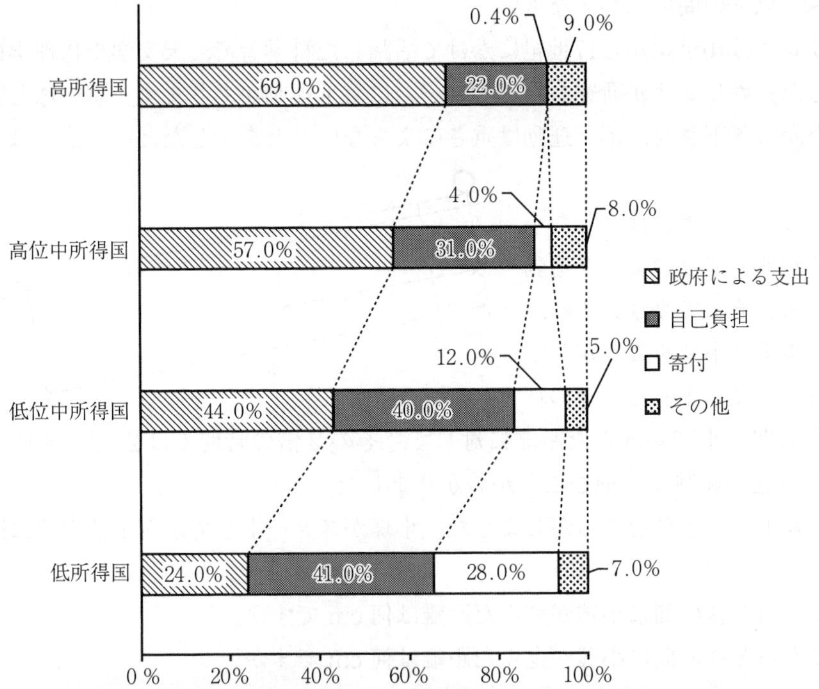

図４　医療費負担の内訳（国の所得水準別，2017年）

（WHO ホームページより作成）

【理　科】〈第１回試験〉（30分）〈満点：60点〉

1　次の文章を読み，以下の問いに答えなさい。

ガリレオ・ガリレイは16世紀から17世紀にかけて活躍《かつやく》した科学者で，天文学や物理学に大きな業績を残しました。ガリレオが研究したものの一つに落下運動があります。重い球と軽い球をピサの斜塔《しゃとう》の上から落下させ，落下運動は重さによらないことを示したという伝説は有名な話です。

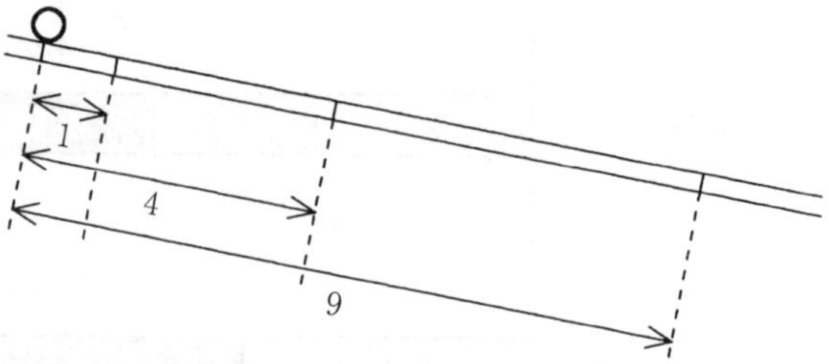

しかし，上からまっすぐ下に落とした小球の運動は，動きが速くてどのような運動かよくわかりません。そこでガリレオは，一定の角度のレール上で小球をころがして，その運動を調べることにしました。その結果，ある一定時間の間に小球が進んだ距離《きょり》に対して，その２倍の時間では２×２＝４倍，３倍の時間では３×３＝９倍の距離まで進むことがわかりました。

ある傾《かたむ》きのレール上で，小球をころがしました。小球がスタートしてから１秒の間に進んだ距離は10cmでした。

問１　スタートしてから２秒の間に小球が進んだ距離は何cmですか。

問２　スタートしてから３秒の間に小球が進んだ距離は何cmですか。

問３　スタートしてから0.5秒の間に小球が進んだ距離は何cmですか。

傾きがわずかに異なる２つのレールＡとＢを用意して，小球をころがしました。小球がスタートしてから８cmの距離を進むのに，レールＡでは１秒，レールＢでは0.9秒かかりました。

レールＡの小球が１秒ごとに達する場所に小さい鈴《すず》をつり下げ，小球が通過するときに音が聞こえるようにしました。レールＢについても同様に，小球が0.9秒ごとに達する場所に鈴をつり下げました。

問４　レールＡとＢのうち，傾きが急なのはどちらですか。ＡまたはＢの記号で答えなさい。

問５　レールＡとＢで，同時に小球をころがしたとき，レールＡから聞こえる鈴の音とレールＢから聞こえる鈴の音が初めて重なって聞こえるのは，スタートしてから何秒後ですか。また，そのとき，レールＡとＢで小球が進んだ距離はそれぞれ何cmですか。

レールＡで小球をころがしてから，わずかに遅《おく》れてレールＢの小球をころがしました。レールＡとＢからの鈴の音が重なって聞こえたのは，レールＡの小球がスタートしてから５秒後でした。

問６　レールＢの小球がスタートしたのは，レールＡの小球がスタートしてから何秒後ですか。考えられる答えのなかで最も小さな値《あたい》を書きなさい。

2　次の文章を読み，以下の問いに答えなさい。

重曹《じゅうそう》という物質をご存知《ぞんじ》ですか？　正式名称《めいしょう》を炭酸水素ナトリウムといい，環境《かんきょう》にやさしい物質です。毎日の暮らしの中で掃除《そうじ》や料理などさまざまな場面で用いられています。では，重曹の効果について１つ１つ見ていきましょう。

(A)　研磨《けんま》作用

粉末の重曹をつけてこすると，ものの表面についた汚《よご》れをこすり落とすことができます。

しかも，重曹の粒《つぶ》は適度に柔《やわ》らかいため，表面をあまり傷つけずにすみます。

(B)　中和作用

重曹の水溶液《すいようえき》を赤色リトマス試験紙につけると，青色になるので，この水溶液は(　①　)性の物質を中和する作用があると考えられます。私たちの身のまわりにある汚れの多くは，(　①　)性の物質でできているので，重曹はそれを中和して水で流せるように変えてくれます。

(C)　消臭《しょうしゅう》作用

重曹は悪臭《あくしゅう》成分そのものを中和分解し，においを元から消してくれます。特に，生ごみや人間の皮脂《ひし》などの(　①　)性の物質のにおいに効果的です。

(D)　発泡《はっぽう》作用

重曹は，(　①　)性の物質と混ぜたり，熱を加えたりすると，(　②　)の細かい泡《あわ》が発生し異なった物質になります。なお，(　②　)を石灰水《せっかいすい》に入れると石灰水が白くにごります。

(E)　界面活性作用

重曹は，水に溶《と》けると油となじみやすくなる性質があり，水と油を仲介《ちゅうかい》する役割を果たしてくれます。これは，汚れを落とすのに大切な性質で，石けんと同じ効果が期待されます。

問１　(①)，(②)に当てはまる語句を答えなさい。

問２　次のア～エのうち，水溶液の性質を考えると仲間はずれのものが１つあります。その１つを記号で答えなさい。

ア．重曹水　　イ．水酸化ナトリウム水溶液　　ウ．塩酸　　エ．アンモニア水

問３　次のア～エのうち，溶かす物質の状態を考えると仲間はずれのものが１つあります。その１つを記号で答えなさい。

ア．重曹水　　イ．炭酸水　　ウ．塩酸　　エ．アンモニア水

問４　ビーカーに100gの水を入れて，重曹の粉末を30g加えたところ，22gが溶け残りました。

(1)　この水溶液中で，濃度《のうど》はどのようになっていますか。次のア～エから１つ選び，記号で答えなさい。

ア．上の方が濃《こ》い。　　　　イ．中ほどが濃い。

ウ．溶け残りの近くが濃い。　　エ．どこでも変わらない。

(2)　この水溶液の上の方の濃度を計算しなさい。割り切れない場合は小数第２位を四捨五入して小数第１位まで求めなさい。

問５　揚《あ》げ物をするときに重曹を１つまみ加えると，衣がふわっとした仕上がりになりますが，少し苦味を感じると言われています。これらの理由を簡単に説明しなさい。

石けんの粒は図のような構造をしています。長い部分は「水に混じりにくく，油に混じりやすいという性質」を示します。一方，反対側の球状部分は「水に混じりやすく，油に混じりにくいという性質」を示します。このように，水に対して異なる性質をあわせ持つものを界面活性剤《ざい》といいます。多数の石けんの粒が油汚れに出会うと，長い部分を油の方に向け，球状部分を外側に向けて玉を作ります。これはミセルと呼ばれるもので，石けんは水に溶けない油汚れをミセルにして溶かし，汚れを落とします。

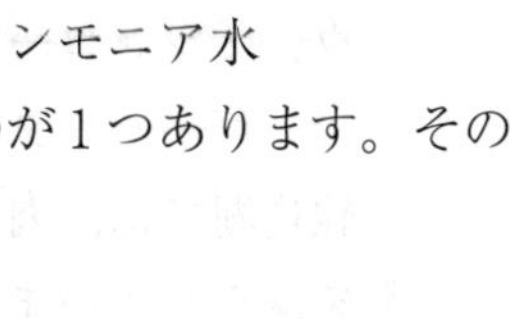

図　１つの石けんの粒

問６　下線部について，解答用紙の図中の油に石けんの粒を８個書き足して，ミセルの様子を図で示しなさい。

3　次の文章を読み，以下の問いに答えなさい。

生物が「食べる・食べられる」の関係でつながっている場合，このつながりを(　①　)といいます。実際には，ある生物の食べ物となる生物は１種とは限らず，(　①　)が複雑にからみ合いながら多くの種が共存しています。

人間の手によって本来生息していた場所から別の場所に移され，そこで定着した生物を(　②　)といいます。その中でも，もともといた生物や，人間の健康や生活，あるいは農林水産業に大きな影響《えいきょう》を与《あた》えている生物をしんりゃく的(　②　)といいます。日本だとヒアリやウシガエル，オオクチバス(ブラックバス)などが挙げられます。これらの生物はそもそも人間活動によって持ち込《こ》まれたので，これらの生物が悪いわけではないですが，もとの環境《かんきょう》を守るためには駆除《くじょ》しなくてはいけません。しかし，単純に駆除するだけでは良い結果が得られないこともあります。大事なのは生物同士の関係を調査したうえで効果的な駆除方法を考えることです。

問１　(①)，(②)に当てはまる語句を答えなさい。

問２　「食べる・食べられる」の関係として正しいものを，次のア〜エから２つ選び，記号で答えなさい。ただし，矢印は食べられるものから食べるものに向いています。

ア．落ち葉→ミミズ→モグラ→フクロウ

イ．イナゴ→ヘビ→カエル→ワシ

ウ．ミジンコ→メダカ→ナマズ→イワシ

エ．草→バッタ→カマキリ→カエル

琵琶《びわ》湖では，肉食性のオオクチバスの影響が深刻で，もともと琵琶湖にいた多くの魚がその数を減らしています。そこで，滋賀《しが》県では琵琶湖のオオクチバスの駆除をおこなってきましたが，2012年にオオクチバスの稚魚《ちぎょ》(子どもの魚)が激増するというリバウンド現象が見られました。この原因の１つとしてオオクチバスの成魚(大人の魚)の減少が考えられました。この経験を生かして，次の年から成魚だけでなく，卵や稚魚の駆除も強化して，活動を続けています。

問３　右の表１は，琵琶湖のオオクチバスの成魚127匹《ひき》の胃の内容物を調べた結果です。表１から読み取れる内容として正しいものを，次のア〜エからすべて選び，記号で答えなさい。

表１

胃の内容物	オオクチバスの数(匹)
魚類のみ	32
魚類＋エビ類	34
エビ類のみ	33
陸生昆虫	2
魚類＋陸生昆虫	1
魚類＋エビ類＋貝類	1
魚類＋貝類	1
エビ類＋水生昆虫	1
植物	2
無し	20
計	127

ア．オオクチバスはエビ類よりも魚類をよく食べていた。

イ．オオクチバスは水生生物のみを食べていた。

ウ．胃に内容物が入っていたオオクチバスの60％以上が魚類を食べていた。

エ．エビ類を食べていたオオクチバスの50％以上はエビ類以外も食べていた。

問４　下線部がオオクチバスの稚魚の増加の原因だと考えられた理由を推測して，簡単に説明しなさい。

ニュージーランドのある島では，ハジロシロハラミズナギドリ(以下はミズナギドリと記します)が，人間によって持ち込まれたネコに食べられていることが分かり，絶滅《ぜつめつ》が心配されていました。そこで，この島ではミズナギドリの絶滅を防ぐために1980年にネコの駆除をおこないました。しかし，予想された結果にはならず，再度調査をおこなうと，ネコと同様に，人間によって持ち込まれ，この島に定着したナンヨウネズミがミズナギドリの巣を襲《おそ》っていたことが分かりました。そこで2004年にナンヨウネズミの駆除をおこないました。

図１は1972年～2007年における，この島のミズナギドリの繁殖《はんしょく》成功率を表したグラフ（1986年～1997年はデータ無し）です。たて軸《じく》の繁殖成功率は１つの巣から巣立ったひな鳥の数の平均を表しています。なお，ネコとナンヨウネズミは1972年以前にこの島に定着していました。

図１

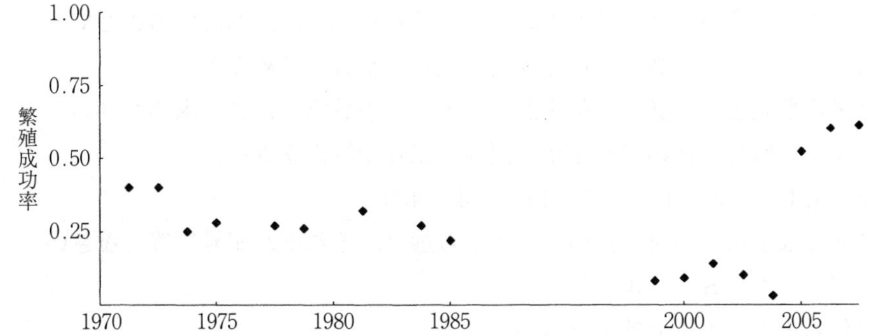

問５　上のグラフから読み取れる内容として正しいものを，次のア～エの中からすべて選び，記号で答えなさい。

ア．ネコの駆除によりミズナギドリの繁殖成功率は回復し，ナンヨウネズミを駆除したことで，より回復傾向《けいこう》が見られた。

イ．ミズナギドリの繁殖成功率はネコの駆除をおこなう前よりも，ナンヨウネズミの駆除をおこなった後の方が高い。

ウ．1970年～2003年の間にミズナギドリの繁殖成功率は減少したが，ナンヨウネズミの数は一定であったと推測できる。

エ．ネコを駆除したことでミズナギドリのエサが少なくなり，ミズナギドリの繁殖成功率が減少したと推測できる。

問６　文章とグラフから読み取れる，ミズナギドリとネコとナンヨウネズミの「食べる・食べられる」の関係を表す矢印を，解答用紙の図に書き入れなさい。ただし，矢印は食べられるものから食べるものに向けて書くこととします。

4　次の文章を読み，以下の問いに答えなさい。

地表付近の地下の温度は１km 深くなるごとに約30℃の割合で高くなっていることがわかっています。このままの割合で温度が高くなっていくと，半径 6400km の地球の中心では約（ ① ）万℃になります。しかし，研究の結果，地表と地球の中心の温度差は5000℃と推定されているので，地下の温度上昇《じょうしょう》の割合は途中《とちゅう》で小さくなっていると考えられます。地表から地球の中心までの平均の温度上昇率を計算すると，１km 深くなるごとに（ ② ）℃の割合で高くなっていきます。この値は地表付近の割合の約（ ③ ）分の１になります。

棒磁石の先端《せんたん》にクリップを数個つけて，そのつけた所を加熱する実験を行うと，棒磁石は600℃ほどの温度で磁石の性質を失い，棒磁石についていたクリップは，パラパラと落ちていきます。

方位を調べると方位磁針のＮ極が北を指すので，地球の北極には(④)極が存在していることがわかります。この(④)極の場所を北磁極と呼びます。同じように南磁極には(⑤)極が存在しています。

北磁極と南磁極は，過去に何回も反転を繰《く》り返しています。岩石の中には，古い時代の情報が残されているものがあり，それを調べることでどのくらい昔に反転が起きたのかを知ることができます。最後に反転が起きたのは約77万年前です。2020年１月に国際地質科学連合は，この約77万年前から約13万年前までの期間を，(⑥)という日本の地名がついた地質時代名で呼ぶことに決定しました。地質時代名に日本の地名がつけられたのは，初めてのことです。

問１　(①)にあてはまる数値を，小数第１位を四捨五入して整数で求めなさい。

問２　(②)にあてはまる数値を，小数第２位を四捨五入して小数第１位まで求めなさい。

問３　(③)にあてはまる数値を，次のア～オから選び，記号で答えなさい。

ア．0.03　　イ．0.3　　ウ．4　　エ．40　　オ．400

問４　(④)，(⑤)にあてはまるものを，次のア～エから選び，それぞれ記号で答えなさい。

ア．E　　イ．W　　ウ．S　　エ．N

問５　(⑥)の地質時代名をカタカナで答えなさい。

問６　地球は大きな磁石としての性質を示していますが，実は地球の中心を通る大きな棒磁石は存在していないことがわかっています。地球の中心に棒磁石がないと考えられる理由を文章の内容から答えなさい。

問７　昔，忍者《にんじゃ》はあることを調べるために，磁石でこすった縫《ぬ》い針を持ち歩いていました。何を調べる目的で，それをどのような方法で使用したと考えられますか。それぞれについて簡単に答えなさい。

の話をしているのか他人に理解してもらうこともできないということ。

イ　名前を付けるということはその対象をいったん思考の世界から取り除くことであり、それを繰り返すことで本当に大切なものが見えてくるということ。

ウ　それまでひとくくりにされてはっきりしなかったものが、名前を付けられることによってそれぞれの特徴や性質を持つものとして意識されるようになるということ。

エ　名前が付けられなければその対象が同種のものだとは気付かず、その対象について考えることも深く知ることもできないということ。

問五　――線部③に関連して。「虫」という語を用いた、古くから使われている表現（ことわざ・慣用句など）を答えなさい。

問六　文中の【B】を補うのにふさわしいことばを答えなさい。

問七　――線部④とはどういうことを言っているのか、わかりやすく説明しなさい。

問八　――線部⑤について。なぜメスの立場が「優位」であると言えるのか。オスの場合と比べながら、わかりやすく説明しなさい。

問九　文中の【Ⅰ】・【Ⅱ】を補うのに最もふさわしいことばを、それぞれ本文中からぬき出して答えなさい。

アのオオハナインコはオスが緑、メスが赤と全く異なる色彩《しきさい》のため、別種とされたこともあるほどだ。

　鳥ではメスよりオスが美麗《びれい》な例が多い。性的二形が発達した鳥では、メスは主に保護色的褐色である。黍《きび》団子をせびったのがメスだったなら、桃太郎はキジに気づかなかったかもしれない。

　雌雄《しゆう》の姿の違いは、メスがオスを選ぶというシステムに c キインすると考えられている。オスは着飾《かざ》ることで自らの質の高さを証明する。大きな飾り羽や美しい色素を作るには相応のエネルギーが必要であり、美しさは健康の証明となる。寄生虫が多いとニワトリのトサカの色は退色し、ツバメの尾は短くなる。美しいオスの息子は美しく、きっと次世代もモテるに違いなかろう。

　一方、美しさにはリスクが伴《ともな》い、捕食者にも見つかりやすくなる。だからと言って美しいオスの中で保護色を誇《ほこ》っても、モテなくて遺伝子は残らないだろう。オスのオシャレは命がけなのだ。もしかしたらオスだって綺麗《きれい》なメスが好きかもしれないが、メスは恋《こい》に命をかけはしないのである。そう思うと、⑤メスの地味な羽衣は立場の優位さの証明と言えよう。

　とはいえ、オスの覚悟《かくご》に敬意を表して鳥の名前の性的不公平を放置して良いのかといえば、それはまた別の話だ。性差別の撤廃《てっぱい》は社会の要請《ようせい》である。日本の鳥の名前は、日本鳥学会が定期的に改訂《かいてい》する日本鳥類目録を基準とすることが多く、ここでは和名が変更《へんこう》されることもある。例えば、以前の目録では硫黄《いおう》列島のメジロにイオウジマメジロという名前が与えられていたが、最新版ではイオウトウメジロとなっている。これは、歴史的経緯《けいい》から呼称《こしょう》が「いおうじま」から「いおうとう」に変更されたためだ。

　科学の徒が過去の因襲《いんしゅう》に囚《とら》われて身動きできぬなど、言語道断。間違いは潔く認め、女性陣《じん》の不評を買わぬよう改名こそが鳥類学者の務めである。今後オオルリはオオサメトキドキルリ、クロツグミはクロアルイハカッショクツグミに変更しようではないか。カッコウだってカッコウと鳴くのはオスだけで、メスの鳴き声はピピピだ。改称後はカッコウピピピで決まりだな。

　逆に、オスが虐《しいた》げられている例もある。小型の鳥にはヒメとつける悪しき習慣があり、ヒメウやヒメクイナ、オガサワラヒメミズナギドリなどがある。一歩間違えばイジメに繋《つな》がりかねない屈辱《くつじょく》の命名だ。小ささが特徴なら、プチウにミニクイナ、オガサワラヒメナイシオウジノミズナギドリと改名して世の中を混乱させてやらねばなるまい。

　ダイバーシティ推進が当然の時代に便乗し、鳥名平等化を推進すれば、なんだか愉快《ゆかい》な図鑑ができそうだ。

　いつの時代も【Ⅰ】の軽率な行いは【Ⅱ】に改革されるものなのである。

（川上和人「オレノナマエヲイッテミロ」による。
ただし、途中を省略した部分がある。）

［注］ダイバーシティ…様々な人やものがそれぞれ異なる性質を持っていること。多様性。

問一　‖線部a～cのカタカナを漢字に直して書きなさい。

問二　――線部①に関連して。次の中から「象形文字」であるものを選び、記号で答えなさい。

ア　青　イ　中　ウ　目　エ　男

問三　文中の【A】を補うのに最もふさわしいものを次の中から選び、記号で答えなさい。

ア　イヌ　イ　ウシ　ウ　ヒツジ　エ　ウマ

問四　――線部②について説明したものとして最もふさわしいものを次の中から選び、記号で答えなさい。

ア　あるものを指し示す働きをする名前がなければ、何について

ウ　置き去りのカートを探し歩くのは迷惑にも思えるが、注意していいことなのか自信が持てずに言ったから。

エ　お客さんにそこまでしてもらうのは申し訳ないと思い、相手のせっかくの行動を気遣《きづか》いながら言ったから。

問五　――線部⑤に注目した上で、【A】を補うのにふさわしい表現を考えて、二〇字前後で答えなさい。

問六　――線部⑥について。ここでの「わたし」の気持ちと、その変化をくわしく説明しなさい。

問七　本文の二つの【B】に共通してあてはまる漢字二字の語を、本文の前半からぬき出して答えなさい。

問八　本文の【C】を補うのにふさわしい表現を考えて、一〇字前後で答えなさい。

問九　さて君は、ただ単に「カートを片づけ」たり「ごみを拾っ」たりすることのほかに、「カートおじさん」の姿からどのような点を学べるだろうか。理由も含《ふく》めてくわしく説明しなさい。

問十　＝＝線部a～eのカタカナを漢字に直して書きなさい。

二

次の文章を読んで、後の問に答えなさい。

「実にけしからん。最近の若者はろくに自然に接しないから、四本足の鳥なんぞを描《えが》くのだ」

いつの時代も新世代の軽率な行いは先達《せんだつ》の悩《なや》みのタネなのである。

『鳥』という漢字はもともと①象形文字、鳥の姿を活字化したものだ。問題は足下の『灬』だ。これではどう見ても四本足である。万が一これが二本足だとすれば【　A　】の立場がない。きっと象牙《ぞうげ》の塔《とう》の中でインドア派の学者先生が、鳥の姿を見ないで想像で漢字を作ったのだろう。ペガサスじゃあるまいし、ちょっと地位が高いからって雑な字を作りやがってと、老人達は眉《まゆ》をひそめ陰口《かげぐち》を叩《たた》いたに違いあるまい。

とはいえ、鳥という字が作られたことはaカッキ的なことだ。名前の獲得《かくとく》は対象を認識する上で極めて重要なプロセスである。②命名により対象は周囲から切り離され、認識可能な個別の事象となる。背景の中から鳥が活き活きと浮《う》かび上がるのだ。いまだにゾウリムシから空腹音までひっくるめたままの③『虫』に比べ、鳥が古来愛されていたことがうかがわれる。

鳥という字の形態的誤解は現代に至るまで未修正だが、やがて鳥はハトやカラスになり、さらにキジバトやハシブトガラスになった。数千年を経て、現代では一万余種の鳥類が認められている。

鳥の名前は、それぞれの特徴《とくちょう》に因《ちな》んでつけられている。ヤマドリは【　B　】、カッコウはカッコウと鳴き、オガワコマドリはこの鳥を採集した鳥類学者小川三紀氏に由来する。そして最も多いのは形態に由来する命名である。

春になると山にはオオルリやクロツグミが高らかにさえずり、冬になるとオナガガモが湖沼《こしょう》に姿を現す。名を聞けばその姿が容易に想像できる。これこそがbオウドウの命名である。

（中略）

鳥類学者である私は、図鑑《ずかん》の監修《かんしゅう》をすることがある。そのページの背後に、メスたちの怨嗟《えんさ》の声がこだまする。オオルリのメスは鮫《さめ》色、クロツグミのメスは褐色《かっしょく》、オナガガモのメスは尾が短い。ルリでもクロでもオナガでもない。彼らの名前はオスの形質、つまりその種に属するメンバーの半数しか表現していないのだ。いやはやメスのみなさんのお怒《いか》りごもっとも。④鳥類ではオス至上主義的男尊女卑型命名がまかり通っているのである。このままではナントカ法違反で逮捕《たいほ》されても文句はいえない。

性別により形質が大きく異なることを性的二形と言う。鳥は哺《ほ》乳類に比べ性的二形が際立っていることはご存知の通りだ。オーストラリカートおじさんは、いつものようにうなずく。そうとわかるように、大きく、ゆっくりと。声は出さない。

はずなのだが。

今日は出す。

代ずみカゴから取りあげたのど飴をわたしに差しだして、言う。

「なめたらいい」

「はい？」

「空気が乾燥してるから、これをみんなでなめたらいい」

くれようとしているのだとわかった。袋に入った、ごく普通ののど飴だ。果実系ではなく、ハーブ系の。どちらかといえば、大人向けの。値段は、百五十八円。

⑥いいのだろうか、と思うが、時間もかけられないので、いいのだ、と思う。むしろ、うれしい。いや、むしろはおかしい。すごくうれしい。

「ありがとうございます」と受けとり、【Ｂ】としてのお礼と混同されないよう、こう付け加える。「いただきます」

カートおじさんは何も言わない。六百三十二円を、小銭でぴったり出してくれる。

それをレジに入金し、打ち出されたレシートを渡《わた》す。

「ありがとうございました」と今度は【Ｂ】として言い、さらに続ける。「いつも本当にありがとうございます」

カートおじさんは、代ずみカゴを持って、サッカー台のほうへ去って行く。

高齢だが、まだわたしが運んであげる必要はない。この人は何歳になっても自分で運ぶのかもしれない。でも運ぶのがツラくなったら、遠慮《えんりょ》なく言ってほしい。

そしてわたしは次のお客さんへと向き直る。

「お待たせしました。いらっしゃいませ」

中高生のころはなるまいと思っていたレジのおばちゃんに、なっている。

なってみれば、わかる。

スーパーのレジのおばちゃんにも、【　Ｃ　】。

（小野寺史宜《ふみのり》『今日も町の隅で』による。
ただし、途中《とちゅう》を省略した部分がある。）

問一　――線部①について。［　］に漢字一字を入れて、表現を完成させなさい。

問二　――線部②に関連して。

(1)「無《む》駄《だ》話」という言葉だけを見ると悪い印象があるが、このような昔のスーパーでの良かった点を考えて、簡潔に説明しなさい。

(2)(1)とは対照的に、効率を優先した今の店の様子が、「レジのおばちゃん」の視点から、はっきりと表現されている二〇字以内の一文を本文の前半からさがし、その最初の五字をぬき出して答えなさい。

問三　――線部③のように、しなければいけないことや、言うべき言葉などが決まっていることについて。その利点として二つの点を考え、それぞれを簡潔にまとめなさい。

問四　――線部④について。なぜ、このようなことを、このような言い方で言ったのだろうか。次の中で最もふさわしいものを選び、記号で答えなさい。

ア　仕事がしにくくなる警備員さんの立場も考えてほしいと、相手が怒《おこ》らないように工夫しながら言ったから。

イ　こちらが助かることをしてくれているのだが、ほかのお客さんの居心地《いごこち》が悪くなるのも心配で言ったから。

すでに空は暗くなりかけている。店の裏手にある従業員用の駐輪《ちゅうりん》場で自転車に乗り、自宅へと向かう。

みつばとちがい、四葉はきれいに区画整理されてない。道はくねくね曲がる。緑も多い。田畑もあれば、dゾウキバヤシもある。そして残念なことに、ごみをよく目にする。歩きながら飲み食いした人が、ポイと投げ捨ててしまうのだろう。

そのごみを、拾っている人がいた。

高齢の男性。白い軍手をはめた手で空き缶《かん》やお菓子《かし》の空き袋を拾い、大きなビニール袋に入れていく。今はちょうどハートマートのものらしき白いレジ袋を拾ったところだ。自分の店の袋がこんな場所でごみと化していると思うと、ちょっと悲しくなる。

わたしは自転車で背後から男性に寄っていく。そして、追い越《こ》す。あれっと思う。見覚えがある。遠ざかりつつ、振《ふ》り向いてしまう。まちがいない。カートおじさんだ。

自宅がこの辺りなのだろうか。店にほぼ毎日来るのだから、まあ、この辺りなのだろう。

でもここは畑のなかの道。すぐ近くに家はない。

あぁ、と思う。納得《なっとく》する。要するに、ごみを拾っているのだ。たぶん、自分の畑のごみをでなく、四葉のごみを。町のごみを。

カートおじさんは一人。組織立ってのボランティア活動という感じではない。まさに一人でやっているのだろう。自発的に。

すごいな、カートおじさん。と、ちょっと感心する。店でだけじゃなく、ここでもか。⑤というより、【　A　】のかもしれない。

ごみは、ただ拾って終わりではない。持ち帰り、分別し、それぞれ決められた日に出さなければならない。こうして拾うからには、そこまでやるのだろう。無償《むしょう》で。

世界中の人がカートおじさんなら、世の中からごみは一つもなくなるのだな、と思う。

お客さんの代ずみカゴをサッカー台に運んだとき。ちょうどカートおじさんと出くわした。例によって、カートを押している。ほかのお客さんが残していったものを、片づけてくれている。

「いつもありがとうございます」とお礼を言い、レジに戻ろうとした。が。

あちらが立ち止まったので、こちらも立ち止まった。

カートおじさんが口を開く。

「きちんとしてないのがいやなんだ。迷惑《めいわく》なら、言ってほしい」

「はい？」

「迷惑なら、迷惑だと言ってほしい。この歳になると、そういうのはもう、自分ではよくわからないんだ」

初めて声を聞く。思ったより低い。落ちついた声だ。

「迷惑なんて。そんなことないです。いつもたすかってます。ありがとうございます」

一礼し、レジへ小走りに戻った。

「すみません。お待たせしました」と次のお客さんに言い、会計をeサイカイする。

その後、何分かして。カートおじさんがわたしのレジにやってきた。

「いらっしゃいませ」

会釈をし、作業にかかる。カゴに入っているのは、味付《あじつけ》のりときゅうりの漬物《つけもの》とのど飴《あめ》、それと歯みがき粉。まあ、いつもの感じだ。計四点。バーコード入力は、十秒もかからずにすんでしまう。

「六百三十二円です」そして言う。「レジ袋は、よろしいですか？」

普通《ふつう》なら、ご入用ですか？　と訊《き》くのだが、常連さんも常連さん、入用でないことはわかっているので、そんな訊き方になる。

あとにする。

「おつかれ」と同じく交替してきた金沢正枝さんに言われ、「おつかれさまです」と返す。

　正枝さんはわたしより六歳上の四十八歳。パートのキャリアでは二年上だ。つまりbキンゾク七年。長いように感じられるが、この仕事ではそうでもない。十年選手もざらにいるし、一度やめてまた復帰する人もいる。なかには二度復帰する人もいるし、三ヵ月で復帰する人もいる。仕事が合わなくてすぐにやめてしまう人もたくさんいるが、半年もてば、あとはつづくことが多い。

　正枝さんと二人、広い通路を歩き、バックヤードの休憩所へ向かう。

「直美さん。今日、空調、暑すぎない？」

「そうですか？　ちょうどいいと思いますけど」

「また太ったからかな。わたし、ちょっと暑いわ。ノドもカラッカラだし」

「それはわかります。空気は乾《かわ》いてますよ」

　立ち仕事のため、寒さを感じることはあまりないが、空気の乾燥《かんそう》には悩《なや》まされる。お札に脂分《あぶらぶん》を吸われるので、指先がカサカサになるのだ。クリームを塗《ぬ》っても追いつかない。冬のこの時期はもう、常にどこかがひび割れている。しゃべりにくくなるのでわたしはしないが、ノドを守るためにマスクをする人もいる。

　正枝さんがサッカー台のほうを見て、言う。

「今日もいるわね。カートおじさん」

「いますね」

　カートおじさん。外国人ではない。どう見ても日本人だ。いつもああやって、買物客用のカートを片づけている。お店の人間でもない。あくまでもお客さん。

歳《とし》は、見た感じ、七十代後半。毎日のように、広い店内のあちこちで見かける。衣料品売場でも見かけるし、食料品売場でも見かける。くつ下を手にとって眺《なが》めていたり、カップ麺《めん》を手にとって眺めていたりする。決してあやしい人ではない。買物はきちんとしてくれる。パンやおにぎりやお惣菜《そうざい》、さらにはcコマゴマとした日用品を買っていく。たぶん、一人暮らしで、その日に必要なものだけを買いに来ているのだろう。

　ほかのお客さんが片づけてくれなかった買物カートをもとの場所に片づけてくれる。それらを探し歩いているような感じもある。時には駐車《ちゅうしゃ》場の隅《すみ》に置き去りにされたカートを片づけてくれたりもする。すべて自発的にやってくれていることだ。やってくれなくても店は困らないのだが、やってくれる。警備員さんがサボっているようにも見えてしまう。

　④わたしも一度、それとなく言ったことがある。あ、いいですよ。こちらでやりますから。

　カートおじさんはわたしを見た。が、何も言わず、そのままカートを押していった。

　わたしにだけでなく、誰《だれ》にでもそんな感じらしい。古株《ふるかぶ》で人当たりのいい正枝さんに対しても同じ。そう聞いてからは、見かけても、ただ会釈《えしゃく》をするだけにした。

　みつばの自宅から四葉《よつば》の店までは、自転車で通っている。蜜葉《みつば》市のみつばと四葉。みつばは埋立《うめたて》地だが、四葉は高台にある。国道をまたぐ陸橋を渡《わた》らなければいけない。帰りは楽だが、行きはツライ。運動のつもりでペダルを漕《こ》いでいる。

　初めはJRみつば駅前にある大型スーパーでパートをやることも考えた。だがこちら、ハートマートの四葉店を選んだ。毎日のように近所の人たちと顔を合わせるのは、気が進まなかったからだ。

二〇二一年度 桐朋中学校

【国語】〈第一回試験〉（五〇分）〈満点：一〇〇点〉

一　次の文章を読んで、後の問に答えなさい。

中高生のころは思っていた。将来スーパーのレジのおばちゃんにだけはなるまいと。なるはずはなかろうと。

なっている。

結局、てっとり早いのだ。仕事の内容はわかっている。職場の雰囲《ふんい》気《き》もわかっている。ある程度勤務時間を選べる。ほぼ常にパートが募《ぼ》集《しゅう》されている。

大都《だいと》（息子）が小四に上がり、①［　　］がかからなくなったのを機に始めた。あと二ヵ月で、丸五年になる。三十七歳《さい》が、四十二歳にもなるわけだ。

三十代のときは若きレジのおばちゃんを自認していたが、四十代に入った今は若きをつけるつもりもない。ただの、レジのおばちゃんだ。

②昔はお客さんと無駄《むだ》話をするレジのおばちゃんがいたものだが、もうそんな人はいない。今は効率が最優先。

レジのおばちゃんも変わった。というか、レジ自体が変わった。昔にくらべて、操作はａカクダンに楽になったはずだ。わたしが子どものころは、まだすべて手打ちでやっていた。今は商品のバーコードをかざすだけで機械が読みとってくれる。お釣《つ》りも自動で出してくれる。わたしたちは、バーコードシールが貼《は》られてない日替《ひが》わりの特売品や生鮮《せいせん》食品の入力に注意していればいい。

ただし。店員としての規律は遥《はる》かに厳しくなっている。

制服は、淡いブルーのニットシャツに黒のパンツ。私物のカーディガンを羽織ったりはできない。寒ければ、上に同じく淡《あわ》いブルーのブルゾンを着る。華美《かび》なネックレスの装着は禁止だし、指輪も結婚指輪以外は禁止。

③いらっしゃいませ、や、ありがとうございました、のほかにも、お待たせしました、や、レジ袋《ぶくろ》はご入用《いりよう》ですか？　などの声かけをすることが義務づけられている。お釣りのお札はお客さんの前で一枚一枚数えることになっているし、小銭《こぜに》と合わせた金額を読み上げることにもなっている。

バーコードのおかげで、四、五千円分の買物をするお客さんでも、会計はわずか一、二分ですむ。次から次へと、自分の前を人が流れていく。体も自然に動く。声も自然に出る。そうなると、時間が経《た》つのは早い。お昼前のピーク時は、あっという間に一時間が過ぎる。「お待たせしました。いらっしゃいませ」「こちら割引商品です」「トマトが、全部で六個ですね」「コロッケは、四個ですね」「先に、一、二、三、四。四千円と」「あと、七百五十八円。四千七百五十八円のお返しです」「ありがとうございました」

そんなことを何セットもやる。ご高齢《こうれい》のかたや小さなお子さん連れの代《だい》ずみカゴは、サッカー台まで自ら運ぶ。ぎっくり腰《ごし》や転倒《てんとう》に気をつけなきゃ、と思いつつ、小走りに向かい、小走りに戻《もど》る。レジから離《はな》れる時間は、少しでも短くしなければいけない。

そして休憩《きゅうけい》や上がりの時刻になると、交替《こうたい》の人が来てくれる。今日はわたしより二歳上の寺尾さんだ。

「おつかれさまです。替《か》わります」

「おつかれさまです。お願いします」

お客さんが途切《とぎ》れるわけではないが、一人を終えたところでレジを素早《すばや》く操作し、担当者名を切り換《か》えて、スルリと入れ替わる。台の下に置いておいた私物入れの透明《とうめい》なビニールバッグを取り、三番レジを

2021年度

桐 朋 中 学 校　▶解説と解答

算 数 ＜第１回試験＞（50分）＜満点：100点＞

解 答

1 (1) $1\frac{3}{8}$ (2) 5.2 (3) $\frac{9}{10}$ 2 (1) 14個 (2) 6.28 (3) 480mL 3
(1) 分速85m (2) 105m 4 (1) ７人 (2) 50人 (3) 28 (4) 34 5
(1) ４：５ (2) $13\frac{1}{2}$cm 6 (1) 600 g (2) 350 g (3) ４分48秒 7 (1)
① ４ ② ４ (2) ３，４ (3) ７，15，20，27，36，48，64

解 説

1 四則計算

(1) $2\frac{1}{3}-1\frac{5}{6}+\frac{7}{8}=\frac{7}{3}-\frac{11}{6}+\frac{7}{8}=\frac{56}{24}-\frac{44}{24}+\frac{21}{24}=\frac{33}{24}=\frac{11}{8}=1\frac{3}{8}$

(2) $(8.4-1.9)\div2.6+4.5\times0.6=6.5\div2.6+4.5\times0.6=2.5+2.7=5.2$

(3) $1\frac{1}{14}\div\left(1\frac{7}{12}-0.75\right)\times\left(0.15+\frac{11}{20}\right)=\frac{15}{14}\div\left(\frac{19}{12}-\frac{3}{4}\right)\times\left(\frac{3}{20}+\frac{11}{20}\right)=\frac{15}{14}\div\left(\frac{19}{12}-\frac{9}{12}\right)\times\frac{14}{20}=\frac{15}{14}\div\frac{10}{12}\times\frac{7}{10}=\frac{15}{14}\times\frac{12}{10}\times\frac{7}{10}=\frac{9}{10}$

2 つるかめ算，長さ，相当算

(1) オレンジだけを20個買ったとすると，代金は，90×20＝1800(円)となり，実際よりも，2640－1800＝840(円)安くなる。オレンジをりんごと１個かえるごとに代金は，150－90＝60(円)高くなるから，代金を840円高くするには，オレンジをりんごと，840÷60＝14(個)かえればよい。よって，りんごは14個買ったとわかる。

(2) おうぎ形の半径は４cmなので，その面積は，$4\times4\times3.14\times\frac{1}{4}=4\times3.14(cm^2)$である。また，おうぎ形の面積と黒い部分の面積が等しいから，長方形の面積はおうぎ形の面積の２倍で，$4\times3.14\times2=8\times3.14(cm^2)$とわかる。よって，$a$は，$8\times3.14\div4=2\times3.14=6.28$(cm)と求められる。

(3) 初めにあったジュースの量を[1]とすると，右の図のように表せる。この図より，１日目の残りの半分が，550＋110＝660(mL)となるから，１日目の残りは，660×２＝1320(mL)となる。すると，[1]－[0.3]＝[0.7]にあたる量が，1320－60＝1260(mL)となるから，[1]にあたる量は，1260÷0.7＝1800(mL)とわかる。よって，１日目に飲んだ量は，1800×0.3－60＝480(mL)と求められる。

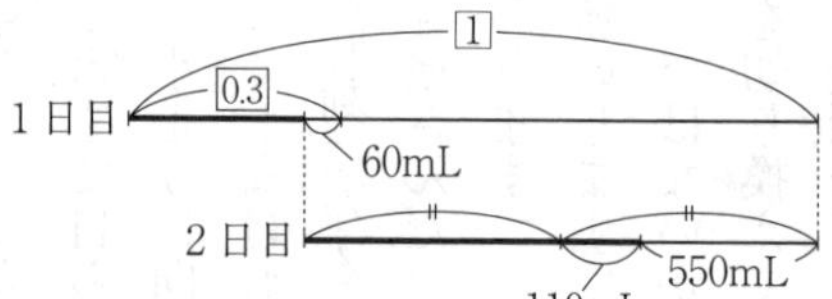

3 速さ

(1) 兄は初めの９分間，弟の速さよりも分速10mだけ速く歩いたから，弟が９分間で歩く距離《きょり》よりも，10×９＝90(m)多く歩いたことになる。同様に，次の７分間では，弟が７分間で歩く距離よりも，20×７＝140(m)多く歩き，最後の１分間では，弟が１分間で歩く距離よりも，25×１＝25(m)多く歩いたことになる。よって，兄は家から駅までの間，弟が，９＋７＋１＝17(分間)で歩く距離よりも，90＋140＋25＝255(m)多く歩いたことになり，家から駅までは，1.7km＝1700mだから，弟が17分間で歩く距離は，1700－255＝1445(m)とわかる。したがって，弟の速さは分速，1445÷17＝85(m)と求められる。

(2) 弟は出発してから15分後，家から，85×15＝1275(m)の地点を歩いている。また，弟は家から駅まで，1700÷85＝20(分)，兄は家から駅まで，９＋７＋１＝17(分)かかったので，弟が出発してから，20－17＝３(分後)に兄が出発したことになる。よって，弟が出発してから15分後は，兄が出発してから，15－３＝12(分後)である。兄は初めの９分間は分速，85＋10＝95(m)，次の７分間は分速，85＋20＝105(m)で歩いたので，兄が出発してから12分間で歩いた距離は，95×９＋105×(12－９)＝855＋315＝1170(m)とわかる。したがって，このとき，弟は兄の，1275－1170＝105(m)先を歩いている。

4 条件の整理

(1) 例えば，質問１にＡと答え，質問２にＢと答えることを(Ａ，Ｂ)と表すことにすると，問題文の③より，(Ａ，Ａ)，(Ｂ，Ｂ)，(Ｃ，Ｃ)の人は全部で37人である。また，①より，(Ａ，Ａ)の人は(Ｃ，Ｃ)の人より３人多く，②より，(Ｂ，Ｂ)の人は(Ａ，Ａ)の人の２倍だったので，右上の図１のように表せる。図１で，(Ｂ，Ｂ)の人は(Ｃ，Ｃ)の人の２倍よりも，３×２＝６(人)多いから，(Ｃ，Ｃ)の人の，１＋２＋１＝４(倍)が，37－３－６＝28(人)とわかる。よって，(Ｃ，Ｃ)の人は，28÷４＝７(人)である。

図１

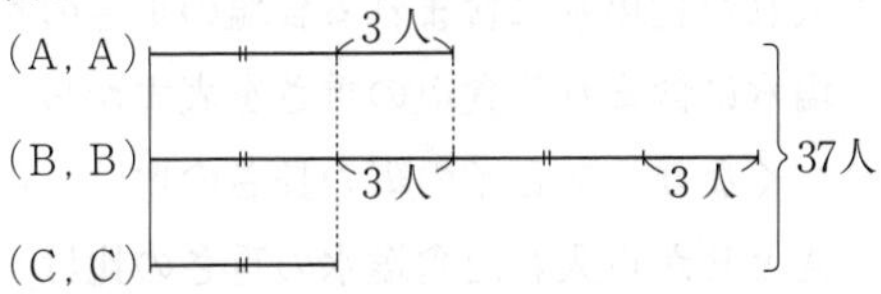

(2) ⑤より，質問２でＣと答えた人は(Ｃ，Ｃ)の人だけだから，質問２でＣと答えた人は７人とわかる。また，問題文中の表より，質問２でＣと答えた人は１年生全体の14％である。よって，全体の人数は，７÷0.14＝50(人)と求められる。

(3) (1)より，(Ａ，Ａ)の人は，７＋３＝10(人)，(Ｂ，Ｂ)の人は，10×２＝20(人)となる。また，④より，(Ｂ，Ａ)の人は５人で，⑤より，(Ａ，Ｃ)，(Ｂ，Ｃ)の人は０人だから，右の図２のようにまとめることができる。よって，質問１でＢと答えた人は，５＋20＋０＝25(人)とわかる。したがって，㋑は，25÷50×100＝50(％)だから，㋐は，100－50－22＝28(％)となる。

図２

		質問１			合計
		Ａ	Ｂ	Ｃ	
質問２	Ａ	10人	５人	○	㋒％
	Ｂ		20人	□	㋓％
	Ｃ	０人	０人	７人	14％
合計		㋐％	㋑％	22％	100％ (50人)

(4) 図２の○と□の人数が等しいことから，質問１でＣと答えた人は，50×0.22＝11(人)，○の人数は，(11－７)÷２＝２(人)となるので，質問２にＡと答えた人は，10＋５＋２＝17(人)とわかる。したがって，㋒＝17÷50×100＝34(％)となる。

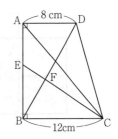

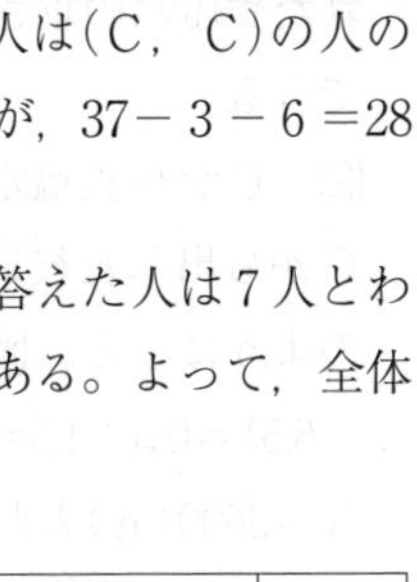

5 平面図形―辺の比と面積の比，相似，長さ

(1) 右の図で，三角形ABDの面積を⑥，三角形EBCの面積を⑤とする。三角形ABDと三角形ABCは，底辺をそれぞれAD，BCとすると高さが等しい

から，面積の比はAD：BCと等しく，8：12＝2：3となる。よって，三角形ABCの面積は，⑥×$\frac{3}{2}$＝⑨と表せるから，三角形ABCと三角形EBCの面積の比は9：5とわかる。したがって，AB：EB＝9：5より，AE：EB＝(9－5)：5＝4：5である。

⑵　三角形DFCに三角形FBCを加えると三角形DBCになり，三角形EBFに三角形FBCを加えると三角形EBCになるから，三角形DFCの面積が三角形EBFの面積より36cm^{2}大きいとき，三角形DBCの面積は三角形EBCの面積より36cm^{2}大きくなる。また，三角形DBCは三角形ABCと底辺と高さが等しいから，面積も等しい。このとき，三角形ABCの面積は三角形EBCの面積よりも36cm^{2}大きいことになるので，三角形AECの面積が36cm^{2}とわかる。よって，AEの長さを□cmとすると，□×12÷2＝36(cm^2)より，□＝36×2÷12＝6(cm)とわかる。したがって，EBの長さは，6×$\frac{5}{4}$＝$7\frac{1}{2}$(cm)だから，ABの長さは，6＋$7\frac{1}{2}$＝$13\frac{1}{2}$(cm)と求められる。

6　濃度《のうど》

⑴　Aから入れた3％の食塩水とBから入れた8％の食塩水が合わさって6％の食塩水ができたようすを面積図に表すと，下の図1のようになる。図1で，かげをつけた部分の面積は，AとBから入れた食塩水に含《ふく》まれる食塩の重さの和を表し，太線で囲んだ部分の面積は，合わさってできた食塩水に含まれる食塩の重さを表すから，これらの面積は等しい。よって，アとイの部分の面積も等しくなり，アとイの縦の長さの比は，(6－3)：(8－6)＝3：2だから，横の長さの比，つまり，AとBから入れた食塩水の重さの比は，$\frac{1}{3}$：$\frac{1}{2}$＝2：3とわかる。したがって，AとBから毎分入れた食塩水の重さの比も2：3になるから，Bは毎分，400×$\frac{3}{2}$＝600(g)の食塩水を入れることができる。

⑵　Cから食塩水を出した後，Bから2分間入れた8％の食塩水は，600×2＝1200(g)なので，Cから出した後に残った6％の食塩水を□gとすると，6.5％の食塩水ができたようすは下の図2のようになる。図1と同様に，ウとエの面積は等しく，ウとエの縦の長さの比は，(6.5－6)：(8－6.5)＝0.5：1.5＝1：3だから，横の長さの比は，$\frac{1}{1}$：$\frac{1}{3}$＝3：1となる。よって，□＝1200×3＝3600(g)とわかる。また，Cから出す前に入っていた食塩水は，400×5＋600×5＝5000(g)なので，Cが4分間に出した食塩水は，5000－3600＝1400(g)である。したがって，Cは毎分，1400÷4＝350(g)の食塩水を出すことができる。

⑶　⑵のときにできた6.5％の食塩水は，3600＋1200＝4800(g)なので，最後にAから入れた食塩水の重さを○gとすると，5.5％の食塩水ができたようすは下の図3のようになる。図3で，オとカの面積は等しく，オとカの縦の長さの比は，(6.5－5.5)：(5.5－3)＝1：2.5＝2：5だから，横の長さの比は，$\frac{1}{2}$：$\frac{1}{5}$＝5：2である。よって，○＝4800×$\frac{2}{5}$＝1920(g)だから，Aだけを使った時間は，1920÷400＝4.8(分)，60×0.8＝48(秒)より，4分48秒と求められる。

図1

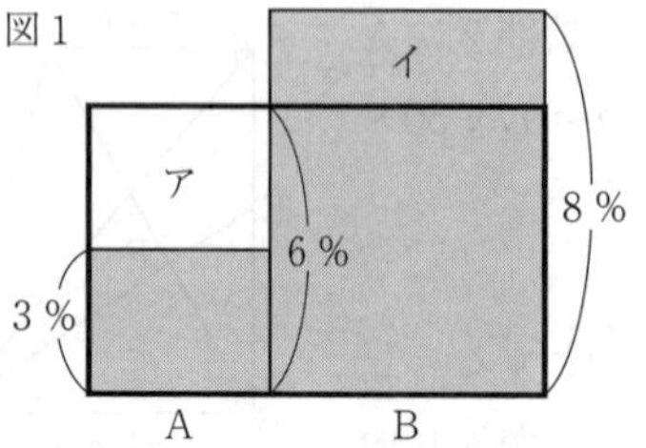

図2

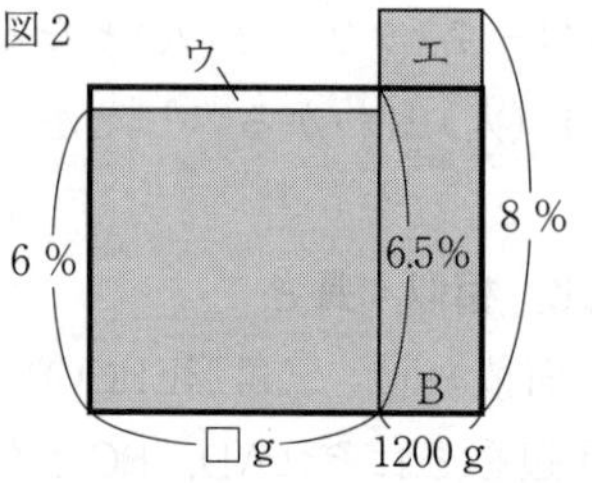

図3

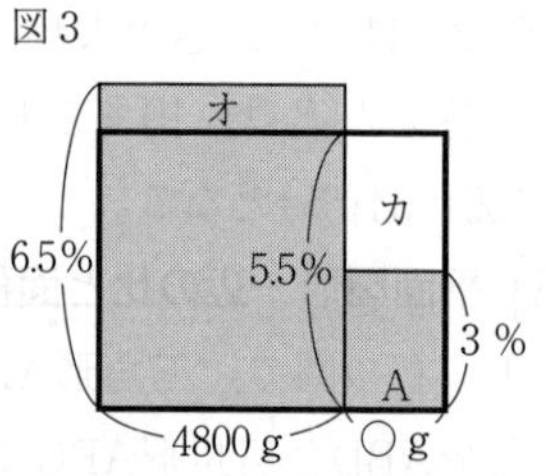

7 整数の性質

⑴ ①，② $\frac{1}{5}$と$\frac{1}{16}$に操作を行うとそれぞれ下の図１のようになるので，どちらも４回で１になる。よって，$\left\langle\frac{1}{5}\right\rangle=4$，$\left\langle\frac{1}{16}\right\rangle=4$となる。

図１

① $\frac{1}{5}\to\frac{1+1}{5}=\frac{2}{5}\to\frac{2+1}{5}=\frac{3}{5}\to\frac{3+1}{5}=\frac{4}{5}\to\frac{4+1}{5}=\frac{5}{5}=1$

② $\frac{1}{16}\to\frac{1+1}{16}=\frac{2}{16}=\frac{1}{8}\to\frac{1+1}{8}=\frac{2}{8}=\frac{1}{4}\to\frac{1+1}{4}=\frac{2}{4}=\frac{1}{2}\to\frac{1+1}{2}=\frac{2}{2}=1$

⑵ 分子と分母を逆にして考えると，$N=12$の場合は，$\frac{12}{1}\to\frac{12}{1+1}=\frac{12}{2}=\frac{6}{1}\to\frac{6}{1+1}=\frac{6}{2}=\frac{3}{1}\to\frac{3}{1+1}=\frac{3}{2}\to\frac{3}{2+1}=\frac{3}{3}=1$のようになる。これは，$N$を１回ずつ，$1+1=2$で割っていく操作になり，２で割り切れないときは２回の操作で，$2+1=3$で割ることになる。そこで，２回の操作でNが１になるとき，Nを「２で２回割る場合」と「３で１回割る場合」が考えられる。２で２回割る場合は，$N\div2\div2=1$より，$N=1\times2\times2=4$となる。また，３で１回割る場合は，$N\div3=1$より，$N=1\times3=3$とわかる。したがって，２回の操作で１になるようなNは３と４である。

⑶ ⑵と同様に，Nを１回ずつ２で割っていき，割り切れないときは２回の操作で３で割る。また，２でも３でも割り切れないときは，３回の操作で，$3+1=4$で割ることになるが，４で割り切れる数は２でも割り切れるので，条件に合わない。そこで，２でも３でも割り切れないときは，４回の操作で，$4+1=5$で割ることになる。さらに，２でも３でも５でも割り切れないときは，６回の操作で７で割ればよい。このことを利用して，６回の操作で１になるようなNを考えると，たとえば「２で２回，５で１回割る場合」がある。これは，２で割る操作が１回ずつ，５で割る操作が４回ずつかかるから，合計で，$1\times2+4=6$（回）の操作になる。また，このとき，$N\div2\div2\div5=1$となるので，$N=1\times5\times2\times2=20$と求められる。このほかに下の図２のような場合があるから，６回の操作で１になるようなNは，７，15，20，27，36，48，64とわかる。

図２

「３で１回，５で１回割る場合」…$N\div3\div5=1$，$N=1\times5\times3=15$
「２で２回，３で２回割る場合」…$N\div2\div2\div3\div3=1$，$N=1\times3\times3\times2\times2=36$
「２で４回，３で１回割る場合」…$N\div2\div2\div2\div2\div3=1$，$N=1\times3\times2\times2\times2\times2=48$
「２で６回割る場合」…$N\div2\div2\div2\div2\div2\div2=1$，$N=1\times2\times2\times2\times2\times2\times2=64$
「３で３回割る場合」…$N\div3\div3\div3=1$，$N=1\times3\times3\times3=27$
「７で１回割る場合」…$N\div7=1$，$N=1\times7=7$

社　会 ＜第１回試験＞（30分）＜満点：60点＞

解　答

1 **問１** ウ→ア→イ→オ→エ→カ　**問２** ① キ　② エ　③ イ　**問３** ⑴ チンギス＝ハン　⑵ あ，う　**問４** **輸入**…あ　**輸出**…え　**問５** 聖武天皇　**問６** ⑴ トルコ　⑵ 栃木(県)　**問７** 本居宣長　**問８** (例) アメリカ軍が沖縄島に上陸し，住民を巻きこんだ激しい地上戦となった。　**2** **問１** 近郊(園芸)(農業)　**問２** い　**問**

３ ①　い　②　い　**問4**　**Ａ**　（例）　広く　**Ｂ**　機械　**問5**　①　**エ**　う　**カ**　い　②　**ア**　お　**オ**　い　**問6**　い　**問7**　う　**問8**　①　**米**…え　**肉類**…う　②　地産地消　**3**　**問1**　世界保健　**問2**　い，え　**問3**　**ア**　ユニセフ(国連児童基金)　**イ**　ODA(政府開発援助)　**ウ**　○　**問4**　ハンセン(病)　**問5**　（例）　低所得国から高所得国へと国の所得水準が上がるにしたがって，医療費についてその国の政府が支出している割合が高まり，それに応じて自己負担分の割合は減少していく。このように，国の所得水準によって医療費負担のあり方が異なることが読み取れる。

解　説

1　各時代の歴史的なことがらについての問題

問1　アは元寇《げんこう》(元軍の襲来《しゅうらい》，1274年の文永の役と1281年の弘安の役)について述べているので鎌倉時代，イは1543年の鉄砲伝来について述べているので室町時代後半(戦国時代)，ウは753年に唐(中国)の高僧の鑑真《がんじん》が来日したことについて述べているので奈良時代，エは1890年に軍艦《ぐんかん》エルトゥールル号が和歌山県沖で遭難《そうなん》したことについて述べているので明治時代，オは1792年にロシア使節のラクスマンが漂流民の大黒屋光太夫《こうだゆう》をともなって根室に来航したことや，幕府が1825年に外国船打払令を出したことについて述べているので江戸時代，カは1944年に，沖縄から九州へ向かった疎《そ》開《かい》船の対馬《つしま》丸が，アメリカ軍の潜水《せんすい》艦の魚雷《ぎょらい》攻撃をうけて沈没《ちんぼつ》し，学童約800人をふくむ約1500人が亡くなったことについて述べているので昭和時代にあてはまる。よって，時代の古い順にウ→ア→イ→オ→エ→カとなる。

問2　①　東西冷戦の象徴《しょうちょう》だったベルリンの壁は1989年11月に崩壊《ほうかい》し，翌90年には分断されていた東西ドイツが統一された。1989年１月８日から時代は平成に変わったので，あてはまるものがない。　②　教育勅語《ちょくご》が発布されたのは明治時代の1890年のことなので，エがあてはまる。
③　京都の龍安寺《りょうあんじ》は，応仁の乱(1467〜77年)で東軍の総大将を務めた細川勝元が1450年に創建したが，応仁の乱で焼失。その後，子の政元が仏殿を復興したさい，同時に石庭もつくられたと伝えられる。よって，いずれも室町時代のことなので，イがあてはまる。

問3　(1)　チンギス＝ハンはモンゴルを統一し，さらにアジアからヨーロッパにまたがるモンゴル帝国を創建した。その孫にあたるフビライ＝ハンは，中国に元を建国したあと，日本に大軍を送ってせめてきた(元寇)。　(2)　元寇のさい，将軍(幕府)と主従関係を結んだ御家人ばかりではなく，御家人ではなかった西日本の武士にも戦うよう求めたことから，幕府の勢力は全国におよぶようになった。また，元寇は国土防衛戦で新たな領土を得たわけではなかったため，幕府は御家人に恩賞(ほうび)として十分な領地をあたえることができなかった。そうしたことから，幕府に対する御家人の不満がつのった。よって，「あ」と「う」の２つがあてはまる。「い」と「え」は江戸時代，「お」(応仁の乱)は室町時代の説明。

問4　日本がポルトガルやスペインと行った南蛮《なんばん》貿易では，中国産の生糸や絹織物，鉄砲・火薬などが輸入され，日本からは銀を中心に，海産物や漆器《しっき》・工芸品などが輸出された。

問5　仏教を厚く信仰した聖武天皇は，日本に仏教の戒律《かいりつ》(僧の守るべきいましめ)を授ける僧がそろっていなかったため，この戒律を伝えられる僧を唐から招こうとした。鑑真は日本側の招きに応じて来日することを決意。753年，苦難のすえ６度目の航海で来日をはたし，翌754年，天皇らに戒律を授けた。

問6 (1) エルトゥールル号はトルコの軍艦で，1890年に表敬訪問のため日本に寄航した。その帰り，和歌山県沖で遭難して500人以上の犠牲《ぎせい》者を出したが，このとき沿岸の漁民らが命がけで乗組員の救助にあたった。 (2) 栃木県西部の足尾銅山では，明治時代の初期より銅山の鉱毒が多量に渡良瀬《わたらせ》川に流され，流域の田畑を荒廃させた。この事件では，栃木県選出の衆議院議員であった田中正造が，議会でその問題を取り上げて政府に対策をせまるなど，一生をかけて解決に取り組んだ。

問7 江戸時代後期，伊勢国松阪(三重県)の医師であった本居宣長《もとおりのりなが》は，『古事記』や『源氏物語』などの古典を研究し，古代の日本人の考え方や精神を明らかにする国学を大成した。代表作に『古事記』の注釈書である『古事記伝』全44巻がある。

問8 第二次世界大戦末期，沖縄では国内唯一《ゆいいつ》の地上戦が行われた。1945年4月1日，アメリカ軍が沖縄島に上陸し，日本軍との間で住民を巻きこんだ激しい地上戦が行われ，死者・行方不明者は約19万人，このうち民間人の犠牲者は9万4000人を超《こ》え，ほぼ県民の4人に1人が戦死した。

2 食料の需給《じゅきゅう》と食の安全性についての問題

問1 大都市近郊では，都市の消費者向けに新鮮な野菜や花き・果物を栽培する近郊農業(園芸農業)がさかんである。

問2 宮崎県は沖合を暖流の日本海流(黒潮)が流れているため冬でも比較《ひかく》的温暖で，その気候とビニールハウスなどの施設を利用した野菜の促成栽培がさかんに行われている。中でもきゅうりの生産量は全国第1位で，以下，群馬県・埼玉県が続く。なお，「あ」のかんしょ(さつまいも)は鹿児島県・茨城県・千葉県が主産地。「う」の肉用牛の飼育頭数は北海道・鹿児島県についで宮崎県が第3位，「え」の豚は鹿児島県についで第2位となっている。統計資料は『データでみる県勢』2021年版による。

問3 ① 津軽海峡は北海道と青森県の間にあり，全長約54kmの青函トンネルで結ばれているが，このトンネルは鉄道専用である。なお，「あ」の関門海峡は関門国道トンネルと高速道路の関門橋，「う」の東京湾はアクアトンネルとアクアブリッジによる東京湾アクアライン，「え」の鳴門海峡は大鳴門橋と，いずれも自動車道で結ばれている。 ② 日本における旅客輸送は自動車が中心で，鉄道がこれにつぐ。よって，「い」があてはまる。「あ」は自動車，「う」は航空，「え」は水運を示す。統計資料は『日本国勢図会』2020／21年版による(以下同じ)。

問4 日本の農業は，せまい農地で多くの収入をあげるため，労働力と肥料を多くつぎこまなければならず，農畜産物の価格は割高になる。これに対し，アメリカやオーストラリアは広大な農地で大型機械を使い，大量の農畜産物を少ない労働力で生産できるため，価格は安くなる。

問5 ① **エ** 銚子《ちょうし》港(千葉県)はいわし類・さば類の水あげ量が多く，全国一の漁獲《ぎょかく》量をほこる。**カ** 境港(鳥取県)はかに・いわし類・あじ類の水あげ量が多く，日本海側では最大の漁港となっている。 ② **ア** 紋別《もんべつ》港(北海道)は北洋漁業がさかんで，さけ・ますやたら類の漁獲量も多いが，金額ではほたて貝が最も多い。 **オ** 焼津《やいづ》港(静岡県)はまぐろ類・かつお類の水あげ量が多い。なお，イは釧路《くしろ》港(北海道)，ウは八戸《はちのへ》港(青森県)，キは枕崎港(鹿児島県)。

問6 チリは南アメリカ大陸の南西部に位置し，国土が南北に約4600kmと細長い。日本はさけ・ますの多くをチリやヨーロッパのノルウェーから輸入している。なお，「あ」はペルー，「う」はアルゼンチン，「え」はブラジル。

問７　食品の安全性に対する消費者の関心の高まりに対応して，個々の食品がいつ，どこで生産され，どのような流通経路をたどって消費者のもとに届いたかを追跡できるシステムがとられるようになった。このシステムを「トレーサビリティ」といい，日本語では「追跡《ついせき》可能性」ともいう。「あ」の「アクセシビリティ」は近づきやすさやアクセスのしやすさ，「い」の「サステナビリティ」は持続可能性，「え」の「ユーザビリティ」は使いやすさ・使い勝手といった意味。

問８　①　米の自給率は比較的高い水準で推移しているので，「え」があてはまる。肉類の自給率は2000年以降，50％台で推移しているので，「う」があてはまる。「あ」は野菜類，「い」は小麦，「お」は果実類，「か」は牛乳・乳製品。　②　地元でとれた食材をその地域で販売・消費する取り組みを「地産地消」という。消費者にとっては新鮮で安心できるものが安い値段で入手でき，生産者にとっては消費者の信頼を得ることで安定した供給ができるなど，地域経済の活性化につながるほか，輸送による自然環境への負荷を軽減できるといった効果もある。

3　世界や日本の医療についての問題

問１　世界保健機関(WHO)は国際連合の専門機関で，感染症《かんせんしょう》の予防や撲滅《ぼくめつ》，世界の人びとの健康増進をはかる活動を行っている。

問２　５才未満のこどもは，食料不足による栄養失調や感染症に対する免疫《めんえき》力が低いことが原因で死亡する場合が多いと考えられる。糖尿《とうにょう》病やがんは，大人がかかることが多い。

問３　**ア**　ユニセフ(国連児童基金)は飢《う》えや紛争に苦しむ発展途上国の子どもたちを救うための基金で，各国の供出金や世界の人びとの募金をもとに活動している。戦後の日本では食糧難に苦しむ人が多く，こどもたちの栄養不足を補うため，学校給食でユニセフの援助を受けた。経済協力開発機構(OECD)は，国際経済全般について協議する国際機関。　**イ**　青年海外協力隊は政府開発援助(ODA)の一環として，発展途上国でのボランティア活動を行う組織である。国連平和維持活動(PKO)は紛争地域の平和的解決を目的としている。　**ウ**　非政府組織(NGO)は国境を越《こ》えて活動する民間組織で，「国境なき医師団」はそのひとつとしてよく知られている。

問４　「ハンセン病」はらい菌《きん》による感染症で，らい菌の感染力はきわめて弱く，現在では特効薬が開発されており，完治する。日本では，かつて患者《かんじゃ》を療養所に強制的に入れて隔離《かくり》する政策をとってきたが，その後，政府は政策のまちがいを認め，患者に謝罪し補償《ほしょう》を行っている。

問５　図４によると，医療費負担は，低所得国から高所得国にいくにしたがって政府による支出の割合が大きくなり，そのぶん自己負担と寄付の割合が小さくなっている。このように，国の所得水準によって，医療費負担のあり方が異なることが読み取れる。

理　科　＜第１回試験＞（30分）＜満点：60点＞

解　答

1　**問１**　40cm　**問２**　90cm　**問３**　2.5cm　**問４**　B　**問５**　９秒後　**A**　648cm　**B**　800cm　**問６**　0.5秒後　**2**　**問１**　①　酸　②　二酸化炭素　**問２**　ウ　**問３**　ア　**問４**　(1)　エ　(2)　7.4％　**問５**　(例)　加熱により二酸化炭素の泡が発生し

て衣はふわっとしたが，別の物質が生じたので苦味が強くなった。　**問６**　解説の図を参照のこと。　３　**問１**　①　食物連鎖　②　外来生物　**問２**　ア，エ　**問３**　ウ，エ　**問４**　(例)　オオクチバスの成魚がオオクチバスの稚魚や卵を食べていたため。　**問５**　イ　**問６**　解説の図を参照のこと。　４　**問１**　19　**問２**　0.8　**問３**　エ　**問４**　④　ウ　⑤　エ　**問５**　チバニアン　**問６**　(例)　棒磁石が磁石の性質を失う温度よりも地球の中心部が高温だから。　**問７**　**目的**…(例)　方位を調べるため。　**方法**…(例)　流れのない水面にうかべる。

解　説

１　物体の運動についての問題

問１　ころがる時間が２倍，３倍，…になると，進んだ距離《きょり》は４(＝２×２)倍，９(＝３×３)倍，…となるので，スタートしてから１秒の間に10cm進むとき，２秒の間には，10×４＝40(cm)進む。

問２　問１と同様に，スタートしてから３秒の間には，10×９＝90(cm)進む。

問３　ころがる時間と進んだ距離の関係から，ころがる時間が$\frac{1}{2}$倍になると，進んだ距離は，$\frac{1}{2}\times\frac{1}{2}=\frac{1}{4}$(倍)となる。よって，$10\times\frac{1}{4}=2.5$(cm)と求められる。

問４　レールの傾《かたむ》きが急な(大きい)ほど，同じ時間がたったときの小球の速さは速くなり，進んだ距離も長くなる。レールＡの小球は１秒の間に８cm進むが，その間にレールＢの小球は８cmより長い距離を進んでいるので，傾きはレールＢの方が急である。

問５　レールＡの鈴《すず》の音は１秒ごと，レールＢの鈴の音は0.9秒ごとに聞こえるので，両方の鈴の音が重なって聞こえるのは，0.9の整数倍が整数になるときで，９秒後が初めてになる。また，９秒の間に，レールＡの小球は，８×９×９＝648(cm)進み，レールＢの小球は９秒が0.9秒の10倍なので，８×10×10＝800(cm)進む。

問６　レールＢの鈴の音は小球がスタートしてから0.9秒後，1.8秒後，2.7秒後，3.6秒後，4.5秒後，…に聞こえるので，レールＡの小球がスタートしてから５秒後に鈴の音が重なって聞こえるのは，レールＢの小球をレールＡの小球より，５－0.9＝4.1(秒)，５－1.8＝3.2(秒)，５－2.7＝2.3(秒)，５－3.6＝1.4(秒)，５－4.5＝0.5(秒)だけそれぞれ遅《おく》らせてスタートさせたときである。したがって，遅らせる時間が最も小さいのは0.5秒となる。

２　重曹《じゅうそう》の作用，石けんのはたらきについての問題

問１　①　重曹の水溶液《すいようえき》(重曹水)は赤色リトマス試験紙を青色に変えるアルカリ性だから，重曹水が中和するのは酸性の物質である。　②　石灰水《せっかいすい》に入れると石灰水が白くにごるので，二酸化炭素とわかる。

問２　重曹水はアルカリ性で，水酸化ナトリウム水溶液，アンモニア水も同じアルカリ性であるが，塩酸は酸性である。

問３　重曹水は固体の炭酸水素ナトリウムの水溶液である。これに対して，炭酸水は気体の二酸化炭素の水溶液，塩酸は気体の塩化水素の水溶液，アンモニア水は気体のアンモニアの水溶液である。

問４　⑴　底に溶《と》け残りがあっても，水溶液には溶けた物質が液中に一様に散らばっているので，水溶液の濃度《のうど》はどの部分でも同じになっている。　⑵　100ｇの水に重曹が，30－22＝８(ｇ)溶けているので，濃度は，８÷(100＋８)×100＝7.40…より，7.4％である。

問５　衣がふわっとした仕上がりになるのは，重曹が加熱されて発生した二酸化炭素が衣の中にたくさんの小さな空間をつくるからである。一方，重曹が加熱によって分解すると炭酸ナトリウムという物質ができ，これが苦みを感じる原因となる。

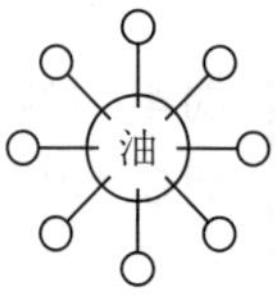

問６　図にある石けんの粒《つぶ》を待ち針にたとえると，石けんの粒が油に出会うと，８本の待ち針を油という玉に刺《さ》したような右の図になる。

3 生物どうしのつながりについての問題

問１　①　生物どうしの「食べる・食べられる」の関係を食物連鎖《れんさ》という。　②　もともとその場所にいなかったが，人間の手によって持ちこまれて定着した生物を外来生物という。

問２　イについて，ヘビとカエルの位置が逆であれば正しい関係になる。ウについて，ミジンコ，メダカ，ナマズの関係は正しいものの，海にすむイワシはこれらの生物と関係がない。

問３　ア　エビ類を食べていたのは，34＋33＋１＋１＝69(匹《ひき》)，魚類を食べていたのも，32＋34＋１＋１＋１＝69(匹)で，よく食べているのがどちらかを決めることはできない。　イ　陸生昆《こん》虫《ちゅう》を食べたものがいる。　ウ　胃に内容物が入っていたオオクチバスの数は，127－20＝107(匹)で，そのうち魚類を食べていたのは69匹だから，その割合は，69÷107×100＝64.48…より，約64.5％となる。　エ　エビ類を食べていたのは69匹で，このうちエビ類以外も食べていたのは，34＋１＋１＝36(匹)だから，その割合は，36÷69×100＝52.17…より，約52.2％になる。

問４　成魚の数が減ると稚魚《ちぎょ》が増えたので，成魚が稚魚や卵を食べていた可能性が考えられる。このようなことはメダカなどの場合にも見られる。

問５　アについて，ネコの駆除《くじょ》をおこなった1980年を境にミズナギドリの繁殖《はんしょく》成功率が増加(回復)したとはいいがたい。ウについて，1980年から2004年にかけての繁殖成功率は減少傾向《けいこう》を示しているが，これはネコを駆除したため，ナンヨウネズミがネコに捕《と》らえられなくなり，数を増やしたからと考えられる。エについて，ミズナギドリは海で魚などを捕って食べるので，ネコの駆除がエサの減少につながることはない。

問６　ミズナギドリがネコとナンヨウネズミの両方に食べられることは，問題文中に示されている。また，1980年から2004年にかけての繁殖成功率の減少傾向はナンヨウネズミがネコに食べられなくなったからと推測できるので，ネコはナンヨウネズミを食べるといえる。したがって，右の図のように３本の矢印を向きに注意しながら書き入れればよい。

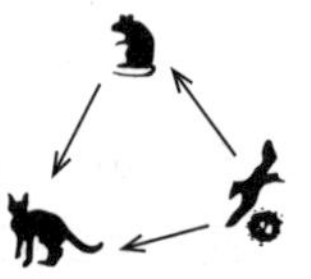

4 地球の構造と地磁気についての問題

問１　30×6400＝192000(℃)，つまり19.2万℃なので，19があてはまる。

問２　5000÷6400＝0.78…より，0.8があてはまる。

問３　30÷0.8＝37.5より，37.5分の１と求められるから，これに最も近い値のエが選べる。

問４　方位磁針のＮ極が北に引き寄せられるのは，地球の北極付近にＳ極が存在しているからである。また，このことから地球の南極付近にはＮ極が存在することもわかる。

問５　2020年，約77万年前から約13万年前までの時代を代表する地層として千葉県市原市にある地層が選ばれ，その時代をチバニアンとよぶことが正式に決められた。

問６　文章中に「地表と地球の中心の温度差は5000℃と推定されている」「棒磁石は600℃ほどの温度で磁石の性質を失い」と述べられている。つまり，地球の中心は棒磁石が磁石の性質を失う600

℃よりはるかに高温であるから，地球の中心を通る大きな棒磁石は存在していないと考えられる。

問７　磁石でこすった縫《ぬ》い針は磁石の性質をおびている。よって，その針を静水にうかべたり糸でつるしたりして自由に動けるようにすると，方位磁針と同じように南北の方向を指して止まるので，およその方位を知ることができる。

国　語　＜第１回試験＞（50分）＜満点：100点＞

解　答

□一 **問１**　手　　**問２**　**１**　（例）　人と人の気持ちのこもったやりとりがあって，人間味が出ている点。　　**２**　次から次へ　　**問３**　（例）　店員や客が誰であっても，ほとんど無駄なく均質なやりとりができる点。／必要なことを忘れてしまったり，不快な思いをさせてしまったりすることが減らせる点。　　**問４**　エ　　**問５**　（例）　どこでもやっていることを，店でもやっている　　**問６**　（例）　カートおじさんの意外な行動にとまどい，お客から物をもらっていいのか迷いながら，短時間で受け取る判断をしたが，彼の気遣いや，気持ちが通じ合ったことを喜び，しかもその喜びがとても大きくなっていく。　　**問７**　店員　　**問８**　（例）　心あたたまる喜びがある　　**問９**　（例）　カートおじさんは，「きちんとしてないのがいやなんだ」という自分の感じ方で行動するが，決して自分のやっていることを他人にもやらせようとはしないし，また，「きちんとしてない」人に対して苦情や文句を言うわけではなさそうだ。自分でやれることを探そうともせず，他人に文句ばかり言ってしまうことがあるので，その点では，カートおじさんの姿を見習いたいと思っている。　　**問10**　下記を参照のこと。　　□二 **問１**　下記を参照のこと。　　**問２**　ウ　　**問３**　エ　　**問４**　ウ　　**問５**　（例）　飛んで火に入る夏の虫　　**問６**　（例）　山に住み　　**問７**　（例）　鳥類はオスとメスの姿の間に大きな違いがあることが多いのだが，その名前はオスの姿の特徴を捉えてつけられており，メスにとっては自身の特徴が無視された形式だけの名前になってしまっているということ。　　**問８**　（例）　つがいになるためにメスに選ばれなくてはならないオスは，捕食者に見つかりやすくなる危険を犯しつつも，エネルギーを用いて健康の証明でもある美しい姿でいる必要があるが，メスのほうはその必要がなく，保護色をまとって身を守りつつ相手を選べばよいから。　　**問９**　Ⅰ　先達　　Ⅱ　新世代

●漢字の書き取り

□一 **問10**　a　格段　　b　勤続　　c　細々　　d　雑木林　　e　再開　　□二 **問１**　a　画期　　b　王道　　c　起因

解　説

□一 **出典は小野寺史宜《おのでらふみのり》の『今日も町の隅《すみ》で』による。**パートのレジ係である「わたし」が，流れ作業のようにこなしていく仕事の中で，カートおじさんの人柄《ひとがら》や心遣《こころづか》いに触《ふ》れる場面である。

問１　「手がかかる」は“労力や時間がかかる”という意味。類義語に「世話がやける」などがある。

問２　**１**　「無駄《むだ》話」は，用件ではない気楽な話。昔は「効率が最優先」ではなく，客と気軽に話したのだから，人間味があったという趣旨《しゅし》でまとめる。　　**２**　支払《しはら》いの処理が「効率」よく行わ

れるのだから，滞《とどこお》りなくレジ係が客をさばき，客が支払いを済ませるようすが想像できる。レジ側から見たこのようすを，少し後で「次から次へと～流れていく」と表現している。

問３　ぼう線部③のように，業務の達成に必要な作業や手順などを分かりやすくルールにすることをマニュアル化という。マニュアル化は複数の人が同じ業務にあたるとき，業務内容を新人に教えるときなどに有効で，まず，誰《だれ》でもある程度の質を保って判断に迷わず効率的に業務をこなせることが利点としてあげられる。また，ぼう線部のようなあいさつなどの声かけ，お釣《つ》りの数え方といった決まりがあると，客に不快な思いをさせないことにもつながることが想像できる。以上の二点を中心にまとめるとよい。

問４　「それとなく」は，ここでは“さりげなく”という意味。「カートおじさん」は，自発的に「ほかのお客さんが片づけてくれなかった買物カートをもとの場所に片づけてくれる」が，きちんと買い物もしてくれる「あくまでもお客さん」である。「わたし」は，片づけを客にやらせてよいのか，断るべきなのかを迷いながら，柔《やわ》らかい感じで話しかけたのだと読み取れるので，エが合う。

問５　カートおじさんが「町のごみ」を拾っているようすを見た「わたし」が考えたことが入る。「店でだけじゃなく，ここでもか。というより」に続くので，“ここでやっていることを，店でもやっている”という逆の内容が合う。あるいは，「一人でやっているのだろう」「すごいな」と感心したことをふまえ，“ここでも店でもどこでも，自主的にやっている”という内容でもよい。

問６　客としてレジに並んだカートおじさんから，店員への気遣いとして「のど飴《あめ》」の袋《ふくろ》を差し出されたときの「わたし」の反応である。まず，「いいのだろうか」と客から物をもらうことをためらったが，「時間もかけられない」と思い，瞬時《しゅんじ》に「いいのだ」と判断している。次に，「うれしい」「すごくうれしい」と喜びが高まっていくが，この背景として，「わたし」がほかの店員と乾《かん》燥《そう》で「ノド」が「カラッカラ」になると話していたこと，カートを片づけるのは迷惑《めいわく》かとおじさんに聞かれて「たすかってます」と答えたことがある。つまり，「わたし」の返答で安心したカートおじさんからのさりげない感謝，のどの乾燥を気遣う優《やさ》しさが伝わってきてうれしかったのだと想像できる。

問７　カートおじさんが客としてレジにきたときのできごとなので，「ありがとうございます」だけでは商品を買ってもらった「店員」としてのお礼と受け取られるかもしれないと考えたのである。

問８　問６でみたように，カートおじさんとの気持ちの通い合いがあり，心遣いを「すごくうれしい」と「わたし」が感じたことをふまえる。「中高生のころはなるまいと思っていたレジのおばちゃん」になった「わたし」が「なってみれば，わかる」と思ったことは，カートおじさんとの出会いのような心あたたまる交流もあるということである。

問９　カートおじさんには，店のカートを「自発的」に片づけながら「迷惑なら，言ってほしい」と相手を気遣う面がある。ごみ拾いも自発的な個人の行為《こうい》で，しかも無償《むしょう》なのだろうと「わたし」は推測している。また，高齢《こうれい》でも代ずみカゴをサッカー台まで自分で運ぶ姿からは，「何歳《さい》になっても自分で運ぶのかもしれない」という心身の自立性が感じられる。これらをふまえ，自発性，気遣い，自立性といったカートおじさんの行動の美点から自分が見習いたいと思う点についてまとめるとよい。

問10　**a**　程度の差が大きいこと。　**b**　同じ職場や組織などに勤め続けること。ふつう，長年勤めている場合に使う。　**c**　雑多で細かなようす。　**d**　さまざまな落葉広葉樹が入りまじって生えている林。　**e**　中断していたものごとを再び始めること。

二　**出典は日本文藝《ぶんげい》家協会編の『ベスト・エッセイ　2018』所収の「オレノナマエヲイッテミロ(川《かわ》上和人《かみかずと》作)」による。**鳥の名前のつけ方は，その特徴《とくちょう》に因《ちな》んでつけられること，また鳥の名前の場合は男女不平等のかたむきがあることなどが説明されている。

問１　**a**　「画期的」は，新しい時代をひらくほど目覚ましいようす。　**b**　道理にかなった方法。多くの者が選ぶやり方。　**c**　ものごとが起きた原因，起こる原因。

問２　「目」は人の目の形がもとになった漢字で，ものの形を写し取った象形文字である。

問３　漢字「鳥」の四つの点が鳥の二本足を表しているとしたら立場が成り立たない動物名を選ぶ。漢字にすると「馬」となり，四本足なのに「鳥」と同じく四つの点がつく「ウマ」が入る。

問４　「命名」する前と後の違《ちが》いに注目する。「鳥」という字がつくられ，名前がついたことによって，「背景」の中でほかの生き物と「ひっくるめ」られていた鳥が，「鳥」の特徴を持つ存在として，ほかと区別されるようになったのだから，ウがよい。

問５　「虫」をふくんだことわざや慣用句には，ほかにも“小さいものや弱いものにも誇《ほこ》りがあり，あなどるな”という戒《いまし》めを表す「一寸の虫にも五分の魂《たましい》」，“人の好みはさまざまである”という意味の「たで食う虫も好き好き」，非常に不快な表情を表す「苦虫をかみつぶしたよう」，身勝手なようすを表す「虫がいい」などがある。

問６　鳥の名前が「それぞれの特徴に因んでつけられている」ことから考える。「ヤマドリ」なので，山に住んでいる，山でよく見られるといった内容を，前後の文につながるように書く。

問７　後で述べられているように，鳥の場合，オスとメスの「性的二形(雌雄《しゆう》の形質の違い)」が際《きわ》立っているため，地味な「保護色的褐色《かっしょく》」が多いメスではなく，「美麗《びれい》」なオスの姿に因んだ名前が多いということをいっている。

問８　「立場の優位」とは，「メスがオスを選ぶ」ことをいっている。前の段落にあるように，オスが美しいのは，メスに自分の質の高さや健康を印象づけて選ばれ，「遺伝子」を残すためである。また，直前で説明されているように，そのためには「捕食《ほしょく》者」に「見つかりやすくなる」というリスクも背負わなくてはならない。一方，メスは，「保護色」で捕食者の目をのがれ，好みのオスを選べばいい。これらの内容を対比しながらまとめる。

問９　空らんをふくむ一文と，最初のほうにある「いつの時代も新世代の軽率《けいそつ》な行いは先達《せんだつ》の悩《なや》みのタネなのである」が対応していることに注目して考える。　Ⅰ　これまでの文脈から，「軽率な行い」をしたのは「クロツグミ」や「カッコウ」などの名前をつけた「過去」の人だから，「先達」が合う。「先達」は，学問や技芸などの先輩《せんぱい》。　Ⅱ　先達の行いを改革するのは，後の時代の考え方によるので，「新世代」がよい。

Memo

2021年度　桐 朋 中 学 校

〔電　話〕 (042) 577－２１７１
〔所在地〕 〒186-0004　東京都国立市中３－１－10
〔交　通〕 JR中央線―「国立駅」より徒歩15分
JR南武線―「谷保駅」より徒歩15分

【算　数】〈第２回試験〉（50分）〈満点：100点〉

1　次の計算をしなさい。

(1)　$2\frac{1}{3}-1\frac{2}{13}-\frac{20}{39}$

(2)　$0.4-1.1\times2.1\div(13.2-5.5)$

(3)　$\left(3.45-1\frac{1}{5}\right)\times\left(3\frac{1}{3}+\frac{2}{9}\right)$

2　次の問いに答えなさい。

(1)　あるグループの子どもたちにおかしを配ります。おかしを１人に５個ずつ配ると17個余り，１人に７個ずつ配ると１個足りません。おかしは全部でいくつありますか。

(2)　現在の母の年齢《れい》は子どもの年齢の３倍です。５年後には母の年齢と子どもの年齢の比は５：２になります。現在の母の年齢は何才ですか。

(3)　28人の学級でテストをしました。男子の平均点は78点，女子の平均点は85点で，全体の平均点は82点でした。男子の人数は何人ですか。

3　Ａ，Ｂ，Ｃ，Ｄの４人が買い物に行きました。４人の所持金は同じでした。同じノートをＡは１冊，Ｂは２冊，Ｃは３冊，Ｄは４冊買いました。４人の残金の合計は5550円です。また，Ｂ，Ｃ，Ｄの残金の合計はＡの残金の2.7倍です。

(1)　Ａの残金はいくらですか。

(2)　ノート１冊はいくらですか。

(3)　さらに，ＢとＤが同じペンを買いました。Ｂは４本，Ｄは２本買ったので，ＢとＤの残金の比は１：３になりました。ペン１本はいくらですか。途中の考え方を示す式や図などもかきなさい。

4　右の図で，四角形ABCDは長方形です。四角形AEFGは平行四辺形で，対角線AFとGEは点Ｄで交わります。また，三角形AHGは直角二等辺三角形です。

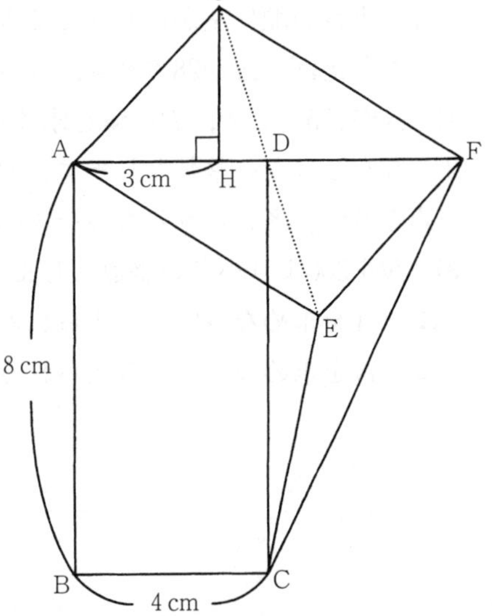

(1)　平行四辺形AEFGの面積は何cm^2ですか。

(2)　三角形ECFの面積は何cm^2ですか。

5　川に沿って，下流にＰ地，上流にＱ地があります。２つの船Ａ，Ｂは，Ｐ地とＱ地の間をそれぞれ１往復します。船ＡはＰ地を午前９時に出発し，Ｑ地に着いたところで10分間停《と》まり，Ｐ地に午前11時10分に戻《もど》りました。船ＢはＱ地を午前９時10分に出発し，Ｐ地に着いたところで10分間停まり，Ｑ地に戻りました。船Ａ，Ｂの静水上での速さはどちらも分速120ｍで，川の流れる速さは分速20ｍです。

(1)　Ｐ地からＱ地までの道のりは何ｍですか。

(2)　船Ａと船Ｂが初めてすれちがった時刻《じこく》は午前何時何分ですか。また，２回目にすれちがった時刻は午前何時何分ですか。

(3)　Ｐ地とＱ地の間にＲ地があります。Ｒ地ではx分おきに船Ａ，Ｂ，Ｂ，Ａの順に船が通過しました。

①　xの値を求めなさい。

②　Ｐ地からＲ地までの道のりはＰ地からＱ地までの道のりの何倍ですか。

6　ＡさんとＢさんは壁《かべ》をペンキでぬりました。Ａさんは40分ぬったら10分休む作業をくり返しました。Ｂさんは45分ぬったら15分休む作業をくり返しました。２人は同時に作業を始め，作業を始めてから190分後にちょうど壁の半分をぬりました。そのままのペースで作業を続ければ，作業を始めてから386分後にすべてぬり終える予定でした。しかし，作業を始めてから272分後にＢさんが作業をやめてしまい，そこからはＡさんが１人で作業をしてぬり終えました。

(1)　Ａさんが20分でぬる面積をＢさんは何分でぬることができますか。

(2)　この壁を２人が休みを入れずにぬったとします。２人が同時にぬり始めてからぬり終えるまでに何分かかりますか。

(3)　Ａさんが壁をぬり終えたのは，２人が同時に作業を始めてから何分後ですか。

7　Nを整数とします。Nの約数のうち10より小さい数を大きい順に左から並べてできる整数をA，小さい順に左から並べてできる整数をBとし，AとBの差をPとします。

たとえば，Nが28のとき，$A=7421$，$B=1247$となるので，$P=A-B=6174$となります。

(1)　Nが175のとき，Pの値を求めなさい。

(2)　Nを２けたの整数とします。Pが４けたの整数で，その一の位の数が３となるようなNを求めなさい。考えられるものをすべて書きなさい。

(3)　Nを200より小さい整数とします。Pの百の位の数が３となりました。

①　Aを求めなさい。考えられるものをすべて書きなさい。

②　Nを求めなさい。考えられるものを大きい順に４つ書きなさい。

【社　会】〈第２回試験〉（30分）〈満点：60点〉

1　次の**ア**～**カ**の文を読み，問いに答えなさい。

ア．こどもたちは，７～８才のころから数年間寺子屋に通い，読み書きやそろばんなど，生活に必要な知識を広くまなぶようになりました。

イ．国をおさめるための律令ができあがりました。戸籍《こせき》によって６才以上であることが確認された男女には，国から口分田が与えられました。

ウ．世阿弥はこどものときに足利義満の前で能を演じ，義満の手厚い保護をうけるようになりました。その後，世阿弥は貴族からさまざまな文化をまなびました。

エ．子育てや出産の様子を表現した土偶《どぐう》がつくられました。また，こどもの手形や足形がついた土版《どばん》がつくられることもありました。

オ．空襲や引きあげで孤児《こじ》になり，生きていくために働くこどもがたくさんみられました。

カ．大阪紡績《ぼうせき》会社がつくられるなど，近畿地方では紡績業がさかんになりました。これらの工場では女性やこどもが多く働いていました。

問１．**ア**～**カ**の文を時代の古い方から順にならべかえて，記号で答えなさい。

問２．次の①～④の文が示すできごとは**ア**～**カ**の文のあらわす時代のどれと関係が深いか，記号で答えなさい。関係の深い文がないときは記号**キ**で答えなさい。

①　農民たちは稲や地方の特産物を，租や調として納めました。

②　全国から，国会の開設を求める署名が政府に提出されました。

③　出雲では，四角い形で四すみがつき出ているお墓がつくられました。

④　国際社会の平和を守るしくみとして，国際連合が発足しました。

問３．**ア**の文について。このころ，寺子屋とともに，各藩の武士のこどもに学問などを教える藩校が全国につくられました。次のうち，藩校にあたるものはどれですか。一つ選び，**あ**～**え**の記号で答えなさい。

あ．適塾　　**い**．足利学校　　**う**．日新館　　**え**．開智学校

問４．**イ**の文について。この時代の様子を知ることのできる，天皇から庶民《しょみん》まで，はば広い人びとの歌を収めた歌集を何と言いますか，漢字で答えなさい。

問５．**ウ**の文について。能の合い間に演じられた，日常の会話を用いて民衆の生活などを題材にした劇を何と言いますか，漢字で答えなさい。

問６．**エ**の文について。

(1)　この時代の暮らしを知ることのできる，青森県の遺跡《いせき》の名前を漢字で答えなさい。

(2)　このころ，土器を発明することによってどのようなことができるようになったか，答えなさい。

問７．**オ**の文について。これに関して述べた次の文章を読み，［　A　］・［　B　］にあてはまる言葉を答えなさい。

国から配られる物資ではとても足りず，人びとは満員の列車に乗って農村に買い出しに行ったり，［　A　］と言われる非合法の市場で物資を買ったりしました。校舎が焼けたところでは，校庭にいすを並べて「［　B　］教室」で授業がおこなわれるように

なりました。

問８．**カ**の文について。次の法律は，過酷《かこく》な労働をしている女性やこどもを守るためにこの時代の末に公布されたものですが，十分には改善されませんでした。それはなぜだと考えられますか。法律の内容をもとに説明しなさい。

第一条　この法律は次の工場に用いられる。

一．つねに15人以上の労働者を働かせている工場

第二条　工場の主は12才未満の者を工場で働かせることはできない。

ただし，この法を施行《しこう》したときに10才であった者を引き続き働かせる場合はこの限りではない。

第三条　工場の主は15才未満の者や女子について，１日12時間をこえて働かせてはならない。ただし，この法を施行してから15年間に限り，労働時間を２時間以内で延長できることがある。

2　次の文章は総務省統計局が発行した『国勢調査100年のあゆみ』からの抜粋《ばっすい》です。この文章を読み，問いに答えなさい。

国勢調査は，大正９年（1920年）の(1)第１回調査以来，(2)国の最も基本的で重要な統計調査として実施《じっし》しており，令和２年（2020年）に(3)100年の節目を迎《むか》えることとなります。この間，国勢調査は，国民の皆《みな》さまのご理解とご支援《しえん》のもと，(4)日本の国と地域の人口とその構造，世帯の実態を明らかにし，様々な統計データを社会に提供してきました。

その歴史を紐《ひも》解き，(5)国勢調査実施に至る足跡《そくせき》をたどると，その道のりは決して平たんではなく，先人達のこの調査にかける意気込《こ》みや苦労がひしひしと感じられます。そして我が国で初めて行われた大正９年の第１回国勢調査は，当時，(6)テレビやラジオもありませんでしたが，全国津々浦々《つつうらうら》まで準備が行き届き，全国一斉《いっせい》に，まさに国を挙げてのものとなりました。関係者の努力もさることながら，国勢調査にかける当時の国民の想《おも》いが，調査遂行《すいこう》の大きな原動力になっていました。

それから100年の歳月《さいげつ》が流れ，時代も(7)大正から昭和，平成，令和へと変わってきましたが，国勢調査の重要性に変わりはありません。今を知り，(8)よりよい未来をつくっていくために，国民の皆さまの理解を得て，日本国内に住む全ての人と世帯を漏《も》れなく，正確に把握《はあく》することが必要です。

※　問題の都合上，内容を一部あらためています。

問１．下線部(1)について。第１回国勢調査は1905年に行われるはずが延期となりました。この理由として正しいものを一つ選び，**あ**～**え**の記号で答えなさい。

あ．日清戦争のため延期された。　　**い**．日露戦争のため延期された。

う．日中戦争のため延期された。　　**え**．西南戦争のため延期された。

問２．下線部(2)について。日本の国勢調査は19世紀の終わり頃《ころ》，**図１**の**A**で示された国から＊人口センサスへの参加を求められたことがきっかけで始まりました。**A**の国名を答えなさい。

＊　人口センサス…人口を数える全数調査のこと

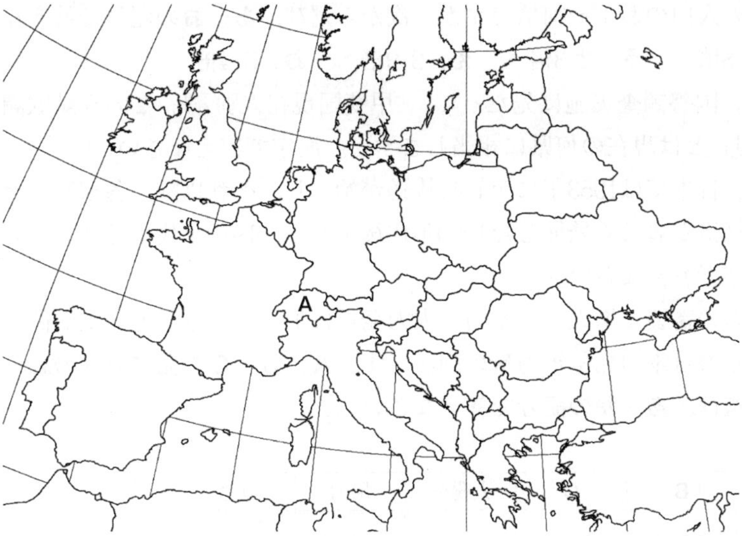

図１

問３．下線部(3)について。現在の韓国の人口は，約100年前の日本の人口と同じくらいです。**図２**は，アテネ(ギリシャ)，シドニー(オーストラリア)，ソウル(韓国)，東京の雨温図です。ソウルのものを選び，**あ**～**え**の記号で答えなさい。

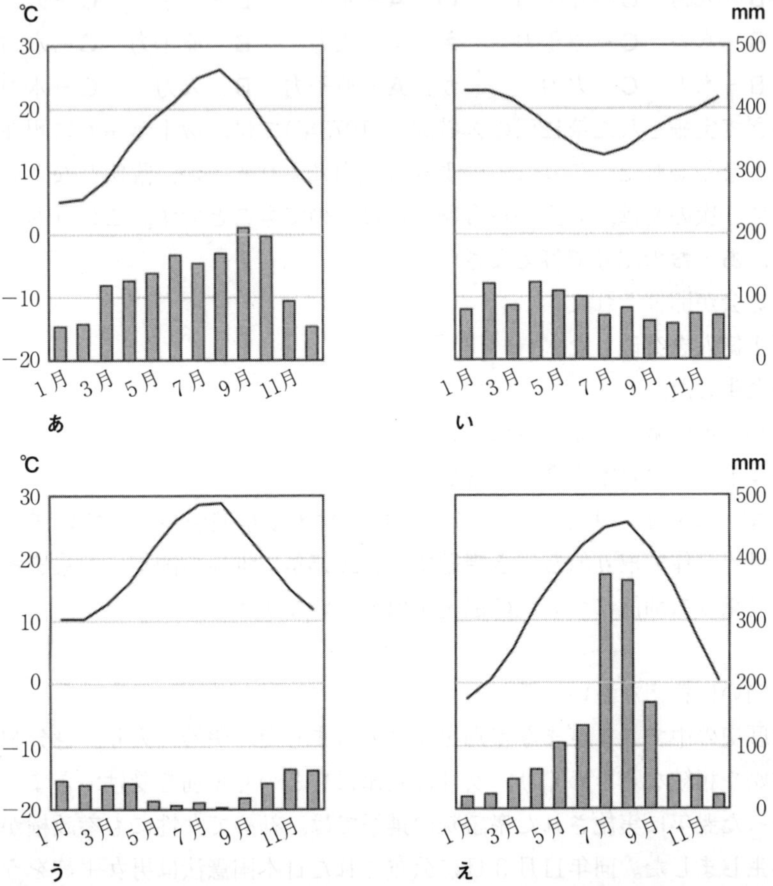

図２　　　　　　　　　　　　　　　　　　　(『理科年表』より作成)

問４．下線部(4)について。第１回国勢調査の日本の人口は，約5596万人でした。2015年の国勢調査の人口は，1920年の人口のおよそ何倍ですか。次から選び，**あ**～**お**の記号で答えなさい。

あ．1.3倍　**い**．1.8倍　**う**．2.3倍　**え**．2.9倍　**お**．3.4倍

問５．下線部(5)について。国勢調査実施に先だって，「甲斐国現在人別調《かいのくにげんざいにんべつしらべ》」という試験調査が行われました。「甲斐国」とは現在の何県に相当しますか。漢字で答えなさい。

問６．下線部(6)について。日本では1953年にテレビ放送が始まり，それ以降，各家庭にテレビが普及《ふきゅう》しました。日本経済が著《いちじる》しく発展した1950年代後半から，1970年代はじめまでの時期を何と言いますか。漢字で答えなさい。

問７．問６の時期には電力の需要《じゅよう》が増大し，水力・火力発電に加えて，原子力発電が開始されました。**表１**は，2017年の日本の発電電力量の内訳です。**A**・**B**・**C**の発電方式の組み合わせとして正しいものを選び，**あ**～**か**の記号で答えなさい。

表１

	A	B	C	太陽光	風力	地熱
発電量 百万 kWh	861,518	90,128	31,278	15,939	6,140	2,145
割合 %	85.5	8.9	3.1	1.6	0.6	0.2

（『日本国勢図会』より作成）

あ．**A**－水力　**B**－火力　**C**－原子力　**い**．**A**－水力　**B**－原子力　**C**－火力
う．**A**－火力　**B**－水力　**C**－原子力　**え**．**A**－火力　**B**－原子力　**C**－水力
お．**A**－原子力　**B**－水力　**C**－火力　**か**．**A**－原子力　**B**－火力　**C**－水力

問８．問６の時期を過ぎて実施された第12回の国勢調査（1975年）では，数十年ぶりに現在の47都道府県が調査対象となりました。これはどのような理由によりますか，説明しなさい。

問９．下線部(7)について。次の文は，大正から令和にかけてのできごとです。このうち昭和のできごとを二つ選び，**あ**～**お**の記号で答えなさい。

あ．大阪で万国博覧会が開催《かいさい》された。
い．日本の人口が１億人を突破《とっぱ》した。
う．関東大震災《しんさい》が発生した。
え．国勢調査で初めて人口減少が確認された。
お．ラグビーワールドカップ日本大会が開催された。

問10．下線部(8)について。よりよい未来のために，環境《かんきょう》に対する意識が高まっています。なかでも温暖化防止は世界全体で取り組むべき課題です。2015年に世界の国ぐにが集まって取り決められた，温室効果ガス削減《さくげん》についての協定を何と言いますか。

3　次の文章を読み，問いに答えなさい。

女性はこれまでの歴史の中でさまざまな差別を受けてきました。明治に入り，身分制度が廃《はい》止《し》されて以降も，結婚《けっこん》や相続などをめぐり，女性は法律にもとづく差別を受けてきました。

太平洋戦争が終わった翌年に実施された衆議院の選挙では，初めて女性にも参政権が認められ，女性の議員も誕生しました。同年11月３日に公布された日本国憲法は男女平等をうたい，政府は男女を差別してはならないと定めました。また，(1)1954年３月に起こったアメリカの水《すい》

爆《ばく》実験による第五福竜丸《ふくりゅうまる》の被《ひ》ばく事故を受けて，安全な水と食物を求めた杉並《すぎなみ》区の女性たちは，原水爆実験禁止を求める署名活動に取り組み，この運動は次第《しだい》に日本全国にひろがっていきました。

このように女性の社会的発言の機会は次第に増えていきましたが，職場や家庭における男女差別はなかなか無くなりませんでした。

そのような状況《じょうきょう》を変えるために，(2)日本政府も，女性の社会進出を後押《あとお》しする取り組みをしてきました。最近では2019年に「(3)政治分野における男女共同参画の推進に関する法律」が公布・施行され，衆議院，参議院および地方議会の選挙において，男女の候補者の数ができる限り均等となることを目指すことが定められました。

少子高齢《こうれい》化が進んでいる現在，(4)女性が仕事を続けながら安心して出産できること，そして，より多くの男性が子育てに参加することが，社会全体で求められています。そのためには，企業《きぎょう》の理解と努力も必要です。

問１．下線部(1)について。この活動はやがて，1955年８月６日の原水爆禁止世界大会開催につながりました。この一回目の開催地はどこですか。都市の名前を漢字で答えなさい。

問２．下線部(2)について。以下の①～③は女性の地位向上等を目指して制定された法律を，**ア**～**ウ**はその内容を記した文です。それぞれの法律の内容として正しいものを選び，記号で答えなさい。

① 女性活躍《かつやく》推進法

② 男女共同参画社会基本法

③ 男女雇用《こよう》機会均等法

ア．女子(女性)差別撤廃《てっぱい》条約の批准《ひじゅん》を目指し，1985年に成立した法律で，企業などは職場における女性差別解消を目指さなければならないと定められた。

イ．1999年に成立した法律で，少子高齢化が進むなかで，男女の役割分担にかたよりが生じないよう，国と地方公共団体は積極的な取り組みをしなければならないと定められた。

ウ．2015年に成立した法律で，国と地方公共団体，そして多くの人を雇《やと》っている企業は，女性が働きやすい環境づくりを目指した行動計画を策定しなければならないと定められた。

問３．下線部(3)に関連して，次の設問に答えなさい。

設問１．次の**表２**は各国議会における女性議員の割合を示したものです。この表中で「日本」「フランス」「スウェーデン」を示しているのは，**あ**～**う**のうちどれですか。正しいものをそれぞれ選び，記号で答えなさい。

表２　各国議会における女性議員の割合

	あ	ノルウェー	ドイツ	イギリス	**い**	アメリカ	韓国	**う**
2010年	46.4%	39.6%	32.8%	19.5%	18.9%	16.8%	14.7%	11.3%
2020年	47.0%	41.4%	31.2%	33.8%	39.5%	23.4%	17.3%	9.9%

※いずれも１月１日現在。一院制または下院における女性議員の割合

（内閣府ホームページおよび列国議会同盟ホームページ資料より）

設問２．**表２**中に国名が示されている五カ国のうち，2020年４月の時点で女性が大統領または首相を務めている国を二つ答えなさい。

問４．下線部(4)に関連して，次の設問に答えなさい。

設問１．子育てと仕事の両立を目指して1991年に成立した育児休業法は1995年に改正されました。以下は改正されたのちの法律の正式な名称《めいしょう》です。［A］に入る言葉を漢字二文字で答えなさい。［A］には同じ言葉が入ります。

> 育児休業，［　A　］休業等育児又《また》は家族［　A　］を行う労働者の福祉《ふくし》に関する法律

設問２．次の**表３**および**図３**を見て，問いに答えなさい。

表３　＊育児休業取得率の推移

	2010年	2014年
女性	83.7%	86.6%
男性	1.4%	2.3%

＊企業などで働いている人で，自身の出産または妻の出産にさいして，育児休業を申請《しんせい》した人の割合

（厚生労働省『雇用均等基本調査』より）

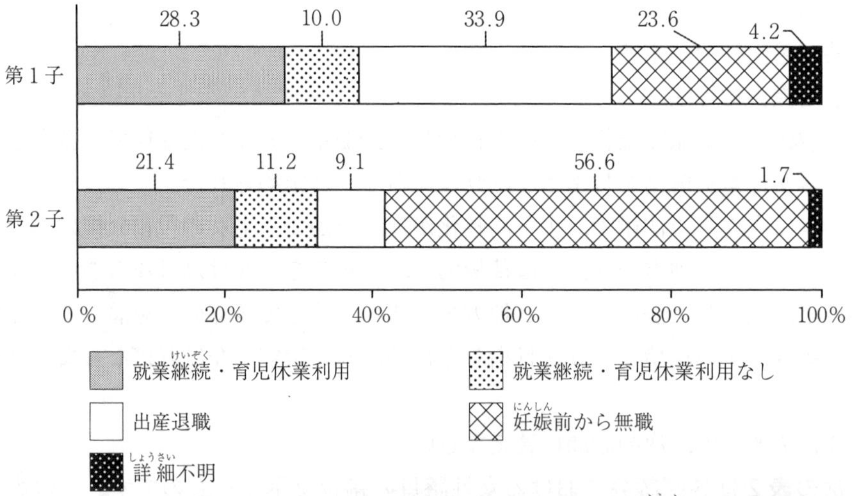

※2010年から2014年の間に出産を経験した夫婦《ふうふ》を対象にした調査

（国立社会保障・人口問題研究所ホームページ資料より）

図３　出産前後の妻の就業変化（第１子出産時と第２子出産時）

問い　育児休業の取得率が**表３**のような状態になっている背景について，**図３**からどのようなことがわかりますか。**表３**・**図３**それぞれから読み取れることについてふれながら説明しなさい。

【理　科】〈第２回試験〉（30分）〈満点：60点〉

1　次の〔Ａ〕，〔Ｂ〕の問いに答えなさい。

〔Ａ〕 図１のように，軽くて重さの無視できる，長さ120cmの棒①を，棒の左端《はし》から40cmのところでつり下げました。

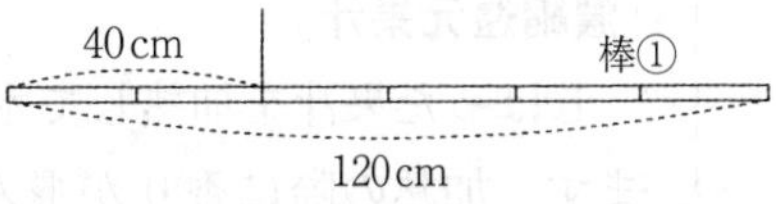

図１

問１　棒①の右端に300gのおもりをつり下げ，棒を水平に静止させるために，棒①の左端におもりをつり下げました。つり下げたおもりの重さは何gですか。

棒①と同じ棒②を用意し，右端に300gのおもりをつり下げた棒①の左端と棒②の右端を，図２のように，糸でつなぎ，棒②の左端を糸でつり下げました。

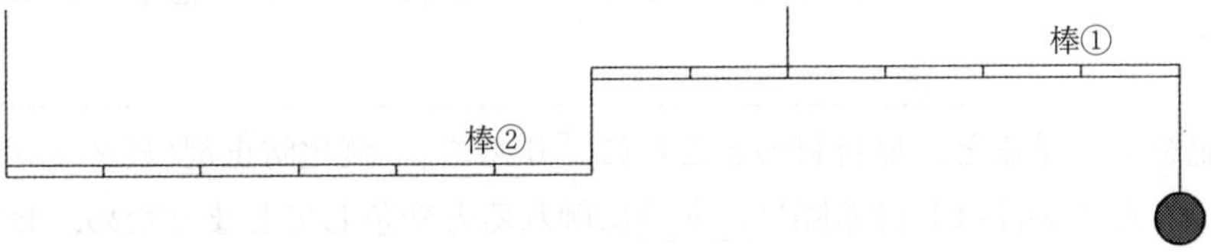

図２

問２　棒①と棒②を水平に静止させるために，棒②の左端から60cmのところにおもりをつり下げました。つり下げたおもりの重さは何gですか。

問３　問２でつり下げたおもりをはずし，棒②に720gのおもりをつり下げ，棒①と棒②を水平に静止させました。おもりをつり下げた位置は，棒②の左端から何cmのところですか。

〔Ｂ〕 図３のように，重さの無視できない，長さ120cmの一様な棒③を，左端から40cmのところでつり下げました。棒③を水平に静止させるためには，右端を180gの力で引き上げなくてはなりませんでした。

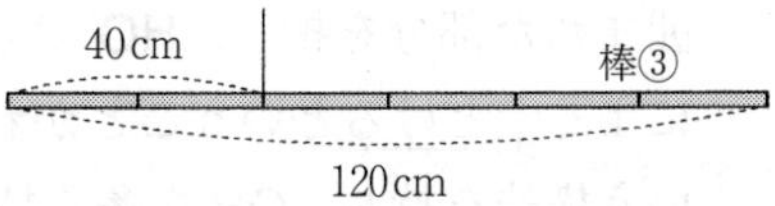

図３

問４　棒③の左端におもりをつり下げ，棒③を水平に静止させました。つり下げたおもりの重さは何gですか。

問５　棒③の重さは何gですか。

問６　問４でつり下げたおもりをはずし，棒③の左端に1200gのおもりをつり下げたとき，棒③を水平に静止させるためには，右端に何gのおもりをつり下げればよいですか。

棒③と同じ棒④を用意し，図４のように，棒③の左端と棒④の右端を糸でつなぎ，棒④の左端から40cmのところでつり下げました。

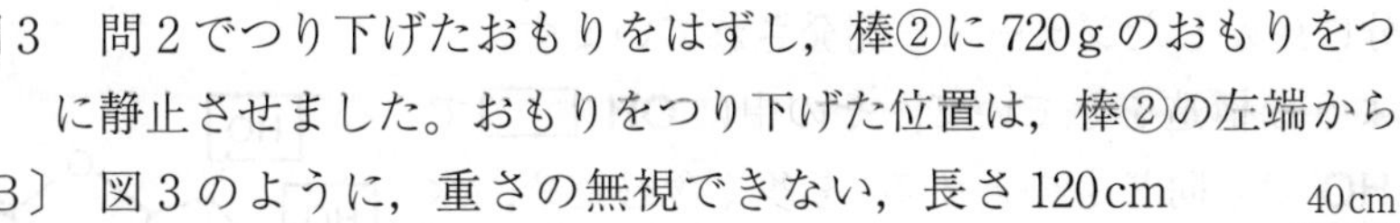

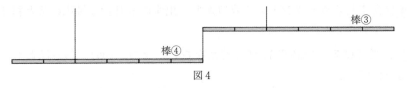

図４

問７　棒③と棒④を水平に静止させるために，棒④に240gのおもりをつり下げました。おもりをつり下げた位置は，棒④の左端から何cmのところですか。

2　次の文章を読み，以下の問いに答えなさい。

Ａ君は，長野県を訪《おとず》れた際に飲んだりんごジュースがおいしく，そのビンには100％(ストレート果汁《かじゅう》)と表記してあったので，その意味を調べました。果汁には「濃縮還元《のうしゅくかんげん》果汁」と「ストレート果汁」の２種類があり，以下のような違《ちが》いがあることがわかりました。

> **「濃縮還元果汁」**
> 　しぼった果汁を加熱して水分を飛ばし，再び水分等を加え製造された果汁のことをいいます。加熱の際に香《かお》りが飛んでしまうこともあるため，商品にする際に香料《こうりょう》を加える場合がありますが，原材料の輸送の費用を下げられるため，低価格で味わえるという利点があります。
> **「ストレート果汁」**
> 　水分を蒸発させることなく，しぼったそのままの果汁をパックしたものをいいます。果実の味わいをできるだけ生かしながら作ることになるので，果実をしっかり感じられる味わいに仕上がります。

もう一度ビンの表記をよく見ると，原材料のところに「りんご」「酸化防止剤《ざい》(ビタミンC)」と書いてありました。りんご果汁はしぼる際に（あ）に触《ふ》れると変色してしまうため，ビタミンCを加えているようです。ストレート果汁とはいえ，ビタミンCの味はすっぱいため，どうしてもりんご本来の味よりもすっぱいジュースに仕上がってしまいます。今では，果汁をしぼる装置を密閉し，（い）で満たすことにより変色を防ぎ，ビタミンCを加えることなく，りんご本来のおいしさを存分に生かしたジュースも開発されています。

ビタミンCは図１のような構造をしていて，その中に**OH**(□で囲まれた部分を指し，**HO**でも同じものとする)を多く含《ふく》むため，水によく①とけるということがわかりました。これは，水も**H—OH**という構造を持ち，**OH**を多く持つ物質を仲間と認識《にんしき》するからです。逆に，**OH**を持たない物質は水にとけにくく，その代わりに油にとけやすいことがわかりました。

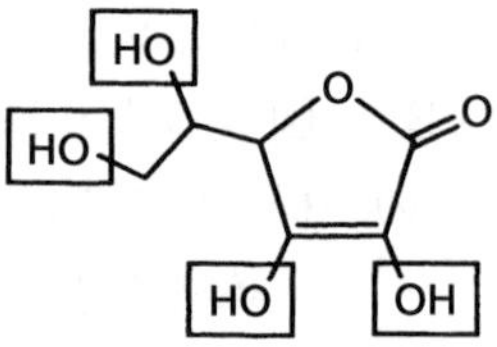

図１　ビタミンCの構造

食品の科学に興味を持ったA君は，高知県にゆずの香りのする卵があることを知り，香りがする理由についても調べてみました。ニワトリのエサにゆずの皮を混ぜることで，ゆずの香り成分が卵に移るというもので，②ゆずの香り成分であるリモネンという物質は水よりも油にとけやすい性質をもち，卵白《らんぱく》には油が存在するため，卵白にリモネンがとけるからです。

このように物質によって液体(水や油など)へのとけやすさに違いがあり，ある物質がとけやすい液体を用いて，その中に物質をとかし出す操作を抽出《ちゅうしゅつ》といいます。たとえば，お茶の葉にお湯を注ぐと，③葉に含まれるカテキンという物質がとけ出すのも身近な抽出の例と言えます。

問１　文中の（あ），（い）に当てはまる気体の名称《めいしょう》を答えなさい。なお，（あ），（い）はともに空気中に多く含まれる気体です。

問２　下線部①の「とける」と同じ意味で使われているものを，次のア〜オからすべて選び，記号で答えなさい。

ア．ハチミツが紅茶にとける。

イ．雪がとけると，春がやってくる。

ウ．食塩を800℃以上の高温にすると，とけて液体になる。

エ．高温にすると，水にとけるミョウバンの量は増加する。

オ．温めたエチルアルコールに葉を入れると，葉の緑色がとける。

問３　下線部②のリモネンの構造を，次のア～エから１つ選び，記号で答えなさい。

ア．

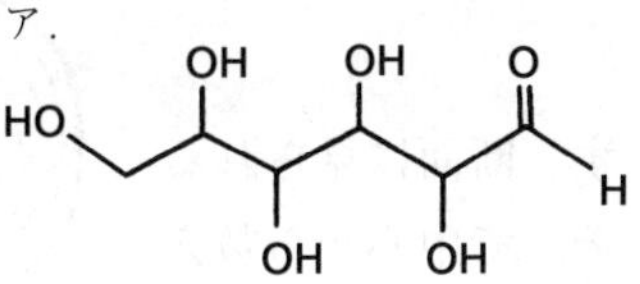

イ．

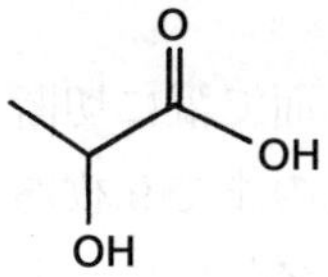

ウ．

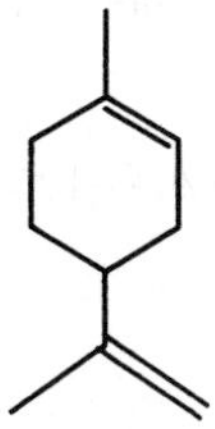

エ．

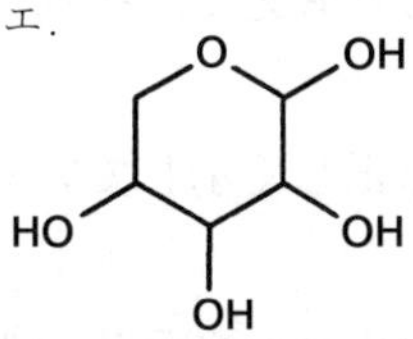

問４　下線部③のカテキンの構造を，次のア～エから１つ選び，記号で答えなさい。

ア．

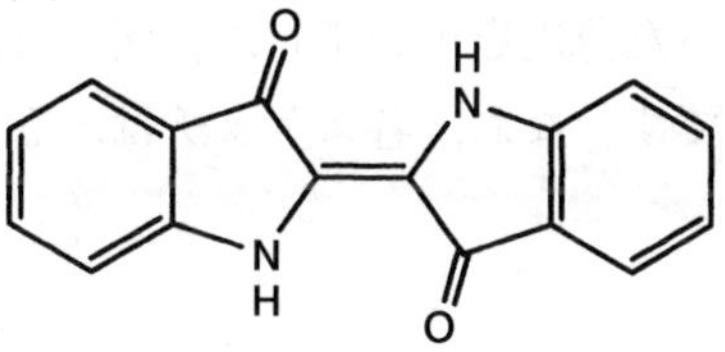

イ．

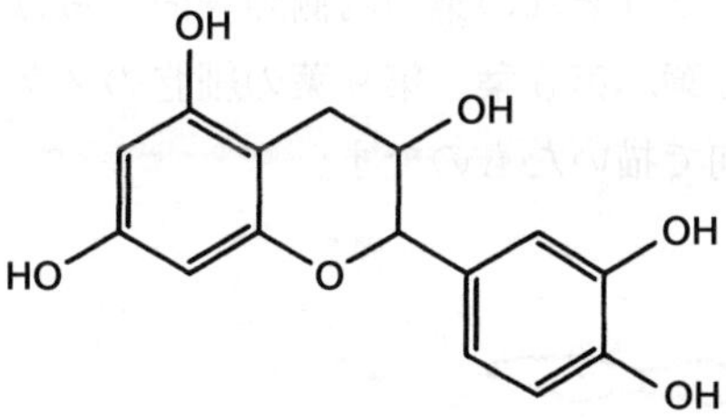

ウ．

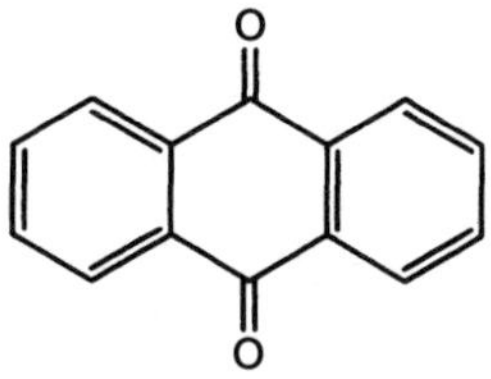

エ．

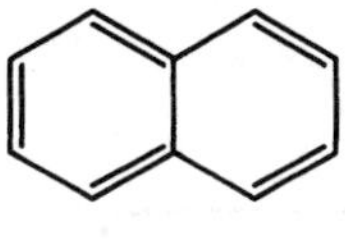

問５　ゆでたブロッコリーと電子レンジで加熱したブロッコリーでは，どちらがビタミンCを多く含んでいますか。理由を含めて説明しなさい。

3　植物の成長について，以下の問いに答えなさい。

植物のからだは，細胞《さいぼう》という小さな箱のようなものが集まってできています。玉ねぎを用いて，タマネギの細胞の成長について調べました。なお，玉ねぎはタマネギという植物を成長の途中《とちゅう》で収穫《しゅうかく》したものです。

玉ねぎを，中心を通る面で縦に２つに切断して，断面を観察しました。図１は，そのスケッチです。

図１

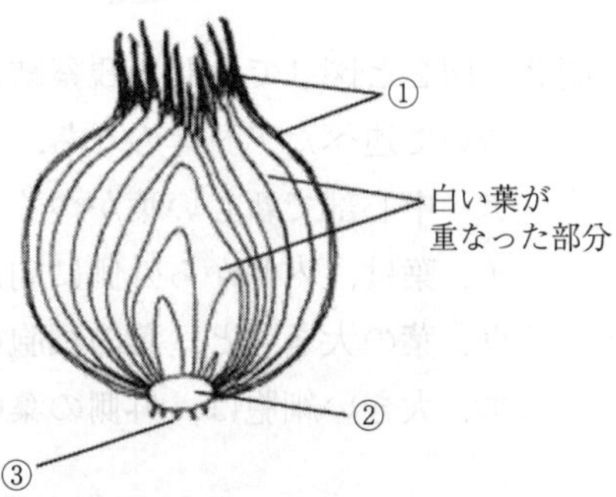

問１　図中の①～③の部分について正しく述べているものを，次のア～ウの中から１つずつ選び，記号で答

えなさい。

ア．根のこん跡《せき》

イ．短い茎《くき》

ウ．茶色い薄《うす》皮

図2

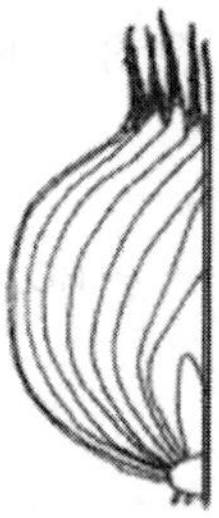

図2は，図1をさらに中心を通る面で縦に切断したものです。断面に見られる白い葉は，小さいものから大きいものまで9枚ありました。そこで中心から数えて，第1葉，第2葉，……第9葉と名付けました。

玉ねぎの中で葉が成長していると考えて，それぞれの葉を形づくっている細胞を顕微鏡《けんびきょう》で観察しました。

問2　顕微鏡における光の通る順を正しく示しているものを，次のア～エの中から1つ選び，記号で答えなさい。

ア．反射鏡→スライドガラス→カバーガラス→細胞→対物レンズ

イ．ステージの穴→反射鏡→対物レンズ→細胞→接眼レンズ

ウ．反射鏡→細胞→カバーガラス→対物レンズ→接眼レンズ

エ．ステージの穴→細胞→スライドガラス→接眼レンズ→対物レンズ

細胞の観察は，それぞれの葉の内側の表面からはぎ取った薄皮を用いました。図3は，同じ倍率で描《えが》いた第1葉，第5葉，第9葉の細胞のスケッチです。なお，各スケッチは，5つ並んだ細胞を同じ方向で描いたものです。

図3

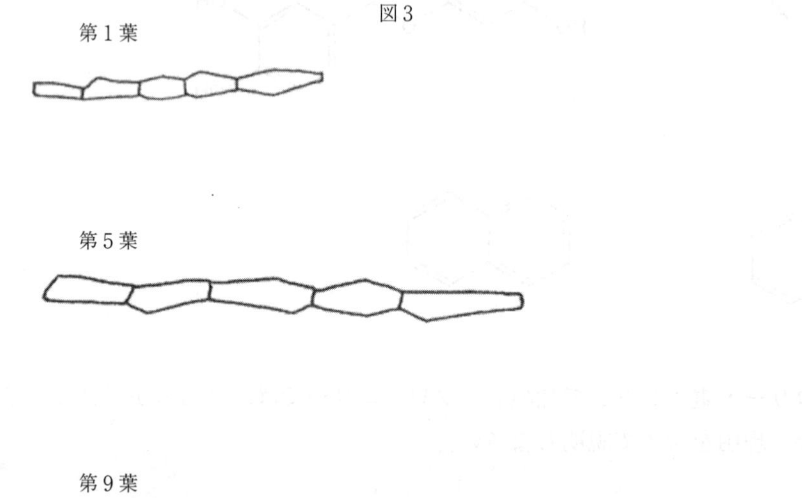

問3　図2と図3で示した観察結果から考えて，葉の成長と，葉を形づくっている細胞の成長について述べたア～エのうち，まちがった内容のものを1つ選び，記号で答えなさい。

ア．中心部で新しい葉がつくられる。

イ．葉は，内側から外側に向かって，大きくなっている。

ウ．葉の大きさと，葉の細胞の大きさには関係が見られない。

エ．大きい細胞は，外側の葉の方に多く見られる。

顕微鏡の接眼レンズ内に，測定用の目盛りをセットすると，細胞の様子と目盛りを同時に観察することができます。図４は，ある葉の細胞と目盛りのスケッチです。図４において，葉の細胞の長さ(図の横方向で示した大きさ)は22目盛り，幅《はば》(図の縦方向で示した大きさ)は６目盛りと表せます。この方法を用いて，第１葉から第９葉の葉の細胞の長さと幅を測定しました。表１は測定結果をまとめている途中のものです。

図４

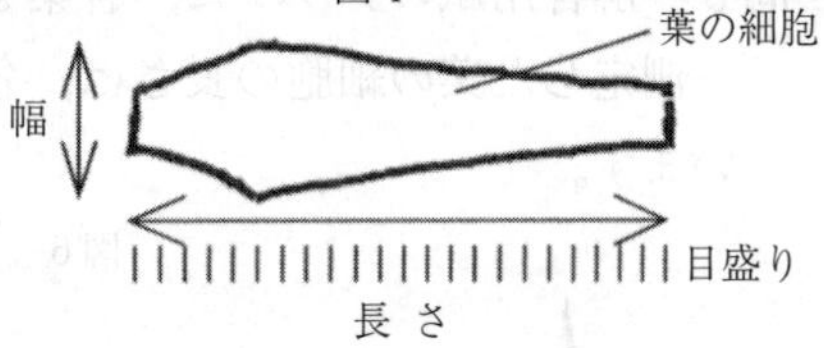

表１

葉の番号	薄皮までの距離《きょり》(mm)	細胞の長さ(目盛り)						細胞の幅の平均値(目盛り)
		細胞1	細胞2	細胞3	細胞4	細胞5	長さの平均値	
第１葉	0	13	10	8	9	10	10.0	2.5
第２葉	6	12	12	12	10	7	10.6	3.0
第３葉	12	12	12	11	12	13	12.0	3.8
第４葉	19	16	22	18	16	20	18.4	4.4
第５葉	24	23	18	22	18	22	20.6	5.0
第６葉	29	32	28	27	26	34	29.4	5.3
第７葉	35	32	30	43	35	32	34.4	7.2
第８葉	42	46	42	48	48	46	①	8.6
第９葉	46	54	36	48	55	45	②	9.7

問４　表１の中の空所①，②に入る数値を答えなさい。

表１を完成させた後，第１葉から第９葉における葉の細胞の成長を見るために，細胞の幅の変化を図５に示しました。グラフの縦軸《じく》は，葉の細胞の大きさの平均値(単位は目盛り)，横軸は中心とした部位からはぎ取った薄皮までの距離(単位はmm)です。

図５

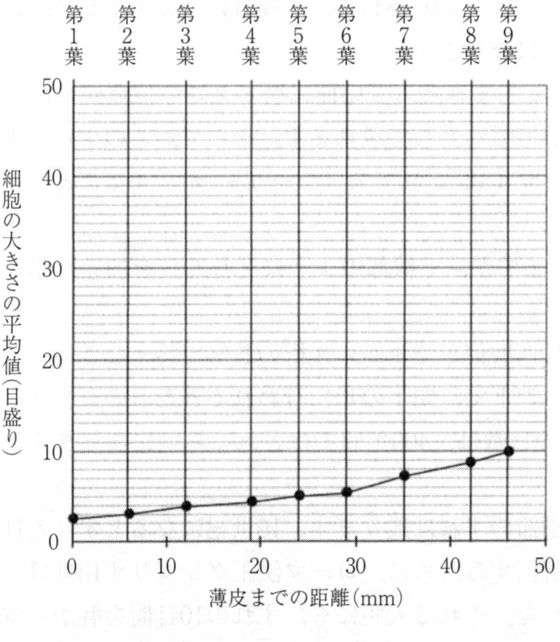

問5　解答用紙のグラフに，各葉を形づくっている細胞の長さの変化を書き加えなさい。

測定した葉の細胞の長さは，各葉の内側の薄皮の上下方向(次の図6の矢印の方向)で示しています。

図6

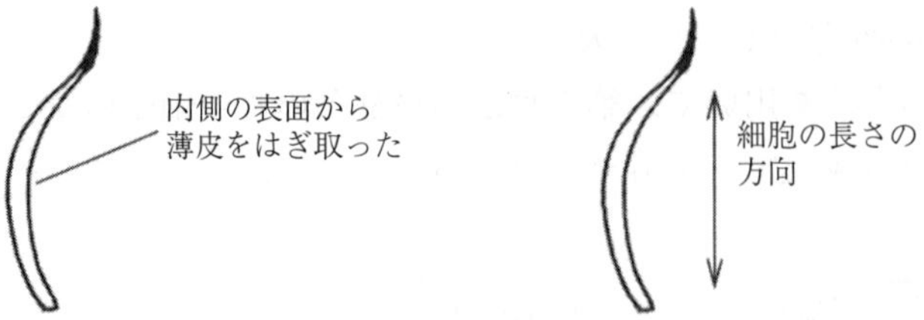

問6　表1と図5から，タマネギの葉の成長のしかたについて，言えることを述べなさい。

4　次の文章を読み，以下の問いに答えなさい。

私たちが使っている暦《こよみ》は，太陽の動きをもとに定められており，太陽暦《たいようれき》と呼ばれています。日本では明治6年から採用されました。

北極と南極を結ぶ線を軸《じく》として，地球が回転していることを自転といいます。毎日太陽が東から昇《のぼ》り西に沈《しず》んでいくように見えるのは，地球の自転が原因です。私たちが使っている「1日」は，太陽が真南の方向に見えたときから，翌日真南の方向に見えるまでの時間を指しています。

地球が太陽のまわりを回ることを公転といいます。公転にかかる時間を，地球が大きな円形の陸上競技のコースを周回しているとして考えてみましょう。地球が1年かけてコースを回り，スタートラインに戻《もど》ってくるには，正確には365.2422日の時間がかかります。1月1日0時にスタートし，12月31日24時で1年(＝365日)が経過した時点では，地球はまだスタートラインに戻ってきていないのです。スタートラインに戻るには，さらに0.2422日かかります。これは，時間の単位で表せば約6時間です。翌年の1月1日は，365日が経過した位置から始まるので，スタートラインに戻るには，2周目には2年プラス0.4844日，3周目には3年プラス0.7266日，4周目には4年プラス0.9688日かかることになります。

そのため，1年の日数を365日に固定してしまうと，長い間に暦と地球の位置がずれてきます。このずれは，私たちの生活に暦と季節のずれとして現れます。そこで，このずれを少なくするために，紀元前45年にユリウス・カエサル(ジュリアス・シーザー)が，4年ごとに，2月29日を加える調整方法を導入しました。

問1　1年の日数が365日の年を平年といいますが，下線部のように2月29日を加えた年を何と呼びますか。

問2　本日以降で，次に2月29日があるのは西暦何年ですか。4桁《けた》の数字で答えなさい。

問3　世界中から参加者が集まる大きなイベントで，問1の年に行われてきたものを答えなさい。

問4　下線部の方法で調整しても残るずれの日数は，400年間ではどれくらいになりますか。小数第2位までの数値で答えなさい。

下線部の方法では，問4のように暦と季節のずれは残ります。16世紀になるとずれの日数が10日になってしまったので，このずれを解消するために，ローマ法王グレゴリオ13世は，1582年に下線部の方法にさらに調整を加えました。それは大胆《だいたん》にも，ずれの10日間を暦から省き，

10月４日の翌日を15日とすると同時に，『400年の間に(　　　　)。』というものでした。この調整をすることで，400年を単位として調整が行われるようになり，暦と季節のずれは3000年ほどで１日のずれになりました。実用上はこれで十分な調整となったため，この方法は現在も使われています。

問５　上の文中の(　)にあてはまるものを次のア～エから１つ選び，記号で答えなさい。

ア．２月29日を３回増やす

イ．２月29日を３回減らす

ウ．２月29日を10回増やす

エ．２月29日を10回減らす

これまでの研究では，地球の公転の周期はほとんど変化をしていませんが，地球の自転の速さは，だんだん遅《おそ》くなってきていることがわかっています。また，何億年も昔のサンゴの化石を顕微鏡で調べると，１日の成長や１年の成長のようすが化石に残っていて，当時の１年間の日数を知ることができます。

問６　昔と比べると，現在の１年間の日数はどう変化したと考えられますか。

ウ　ヘレンは社会の一員になれないのではないかと心配し、彼女はこの先も人間らしく生きていけないだろうと失望する気持ち。

エ　ヘレンは社会の一員として生活できるのだろうかと心配し、やがてヘレンを人間社会の中に一人残していくことを悲しむ気持ち。

問五　――線部④について。「葛藤《かっとう》」は「二つの異なる感情がたがいにあらそう」ことである。ここでの異なる二つの感情とはどういうものか説明しなさい。

問六　本文中の[1]を補うのにふさわしいことばを二字で答えなさい。

問七　――線部⑤とは誰のことか。次の中から最もふさわしいものを選び、記号で答えなさい。

ア　自分を群れの中心にしてくれる自分

イ　自分を客観的な立場から見る自分

ウ　自分の行動が正しいと信じる自分

エ　自分をそのまま肯定《こうてい》してくれる自分

問八　――線部⑥について。ここでの「個人」と同じ意味を示す表現を本文中からぬき出しなさい。

問九　――線部⑦の説明として最もふさわしいものを次の中から選び、記号で答えなさい。

ア　自らが投げかけた言葉を相手がどう感じるか想像しながら、意見を通じ合わせる力。

イ　社会全体の利益のために他人の意見をむやみにとりいれ、自分の意見を否定する力。

ウ　個人の理想をもとにした発想が社会に通用するかどうかを根本的に疑ってかかる力。

エ　志を持ったうえで、自分や自分以外のものごとがどうあったらよいのかを考える力。

問十　本文中の[2]を補うのに最もふさわしいことばを本文中から五字でぬき出しなさい。

なたが、そういうことをせざるをえなかった、あなたの人生の歴史についてもだれよりも知っている。しかも、あなたの味方。いつだって、あなたの側《がわ》に立って考えてくれている。

そう。あなたの、ほんとうのリーダーは、⑤そのひとなんです。それはさっき私が言った、「自分のなかの目」、でもあります。同じひとです。そのひとにぴったりついていけばいい。

自分のなかの、埋《う》もれているリーダーを掘り起こす、という作業。それは、あなたと、あなた自身のリーダーを一つの群れにしてしまう作業です。チーム・自分。こんな最強の群れはない。これ以上にあなたを安定させるリーダーはいない。これは、個人、ということです。

そして、群れというのは本来、そういう個人が一人ひとりの考えで集まってできるものであるべきだと思っています。個人的な群れ、社会的な群れ、様ざまな群れがありますが、それに所属《しょぞく》する前に、個人として存在すること。盲目《もうもく》的に相手に自分を明け渡《わた》さず、考えることができる個人。

じゃあ、どうやったら⑥個人でいつづけられるか。自分のなかに自分のリーダーを掘り起こすって、どうやって?

一つには、自分でも受け容《い》れ難《がた》いことをやってしまったとき、ああ、やっちゃったよーとか、自分を客観視する癖《くせ》をつけることです。⑦批《ひ》判《はん》する力をつける。様ざまに批判する力をつけるなかで、自分自身にももちろん、批判する目を向ける。批判って、難癖《なんくせ》をつけるとか、文句ばかり言う、ということとは違います。正しい批判ｂセイシンを失った社会は、暴走していきます。批判することは、もっとよくなるはずと、理想を持っているからできること。社会を愛する気持ちと反対のものではないのです。客観的な目を持つ。つまり、そういう視点から自分をも見つめる、筋肉のようなものをつける。その目は自分をよく見ているから、自分にできないような無理なｃヨウキュウはしない。ちょっと頑張ったらできるはず、という線が引ける。頻繁《ひんぱん》にそういうことをしているうちに、それはできます。それを意識するということがつまり、今言うところの、［　2　］、という意味。そしてその目が、あなたのリーダー的役割をするものになる。

（梨木《なしき》香歩《かほ》『ほんとうのリーダーのみつけかた』による）

問一　＝線部ａ「セッ(して)」・ｂ「セイシン」・ｃ「ヨウキュウ」をそれぞれ漢字に直しなさい。

問二　――線部①とあるが、筆者は映画の具体的な場面からどのようなことを考えたのか。その内容を示す本文の一部として最もふさわしいものを次の中から選び、記号で答えなさい。

ア　彼女は、そういう、人と生きる上でのルールのようなものを教わることができなかった。

イ　あの子が、ナプキンを、たたんだ、と、何回か繰《く》り返し口にします。

ウ　ナプキンをたたむなんて、言ってみれば、どうでもいいようなことです。

エ　群れに入れない、入れる、それがこんなに絶望と希望を与えるものだということ。

問三　――線部②とはどういうことか。わかりやすく説明しなさい。

問四　――線部③の説明として最もふさわしいものを次の中から選び、記号で答えなさい。

ア　ヘレンは日常のささいなこともできないのではないかと心配し、彼女への家庭教育が甘すぎたのだと反省する気持ち。

イ　ヘレンはこれから一生口をきけないのではないかと心配し、ヘレン自身の思いを周りに伝えられないことをなげく気持ち。

かのルールにしたがって行動するけれども、彼女は、そういう、人と生きる上でのルールのようなものを教わることができなかった。自分の思うようにならないとかんしゃくを起こして手が付けられなくなるので、みな、彼女を刺激しないように a セッしていた。食事のときに椅子《いす》に座《すわ》らないのはもちろん、歩き回って好き勝手にだれかの皿から手づかみで好きなものを取って食べるようなことをしていた。②彼女に対する愛情と哀《あわ》れみと諦《あきら》めが、結局彼女をだめにするんだと言って、サリバン女史《じょし》は、二人きりで食堂にこもり、何時間もの凄《すさ》まじい取っ組み合いの末、とうとう彼女に椅子に座ってスプーンを持たせ、ナプキンをたたむことをさせるのに成功した。はらはらしながら外で待っていた母親は、彼女がナプキンをたたんだ、と聞いて、感動のあまり涙ぐみます。あの子が、ナプキンを、たたんだ、と、何回か繰《く》り返し口にします。ここもほんとうに感動的でした。③母親のそれまでの不安と悲しみまで一度に押し寄せ、ああ、このひとは、たった一人で社会を相手に我《わ》が子を守ろうと頑張《がんば》ってきたのだな、とわかるのです。ナプキンをたたむなんて、言ってみれば、どうでもいいようなことです。けれど、今まで獣《けもの》の世界にいた我が子が、ここで、自分たちの群れに帰ってきた、そんな感動が、伝わってくるんですね。群れの一員としてやっていけるかもしれない、という微《かす》かな光が見えた瞬間《しゅんかん》でした。群れに入れない、入れる、それがこんなに絶望と希望を与えるものだということ。理屈《りくつ》ではなく、人間の本能のようなところで、それは生死を分けるようなものなのでしょう。個人の主義主張とは関係なく、それは、もう、どうしようもなく。

ですから、みなさんのなかで、一匹狼《いっぴきおおかみ》でやっていけない自分、仲間に入れてもらおうと卑屈《ひくつ》になる自分、ということに嫌気《いやけ》がさしているひとがいたとしたら、仲間に入れてもらいたいと思う気持ちは、あたりまえのことなのだと伝えたいです。それは、私たちの本能なのだから、と。

問題は、それが自分のほんとうに入りたい「群れ」や仲間でないのに、そういう人間の本能に急《せ》かされて、犬が上位の犬の機嫌《きげん》をとろうとしてお腹《なか》を見せてひっくり返るような行動をとってしまうときの、自己嫌悪《けんお》感、ですね。

まず言えるのは、生きるって④そういう葛藤《かっとう》の連続ってこと。心から思っている言葉でないこと、相手を褒《ほ》めるときも、自分がそう思っていたらいいんだけれど、思ってもないのに、つい、相手の機嫌をとるようなことを言ってしまったり、やってしまったときの問題。

そういう自己嫌悪に陥《おちい》ってしまったら、それは若い頃はありがちなことなので、ああ、やっちゃったよー、しょうがないなあ、って、心のなかでためいきをついていればいいのです。まあ、しかたがないです。

でも、それはだれにもわからない。それがわかっているのは、あなたしかいません。あなたのなかで、自分を見ている目がある。いちばん大切にしないといけないのは、そしてある意味で、いちばん［1］を張《は》らないといけないのは、いいかっこしないといけないのは、じつは、他人の目ではなく、この、自分のなかの目です。

さて、ここから大切なことです。

そのとき、ああ、やってしまったよーとか、しょうがないなあ、とか、ためいきついているひとはだれ？

だれよりもあなたの事情をよく知っている。両親よりも、友だちよりも、いわんや先生たちよりもあなたのことをすべて知っている。あうだ。そのことに廉太郎が気付いていたと思われる一文をここより前の本文から探し、最初の五字をぬき出しなさい。

問三 ――線部③について。新聞屋はなぜ東京音楽学校に対して敵対心を抱《いだ》いているのか。わかりやすく説明しなさい。

問四 [A]文中の二ヶ所の□を補うのに最もふさわしいことばを次の中から選び、記号で答えなさい。

ア 演奏　イ 学問　ウ 生活　エ 病気

問五 ――線部④について。この動作が表す心情として最もふさわしいものを次の中から選び、記号で答えなさい。

ア おこっている　イ おどろいている

ウ こまっている　エ ばかにしている

問六 ――線部⑤とはどういうことか。次の中から最もふさわしいものを選び、記号で答えなさい。

ア 若くして人生を終える無念が表れすぎていて、曲調が平板になっている作品だということ。

イ 廉太郎が西洋音楽をきわめる前に人生を終えてしまったことが表れている作品だということ。

ウ 遺作というだけで、廉太郎がこれまでに作った他の名曲に比べれば平凡《へいぼん》な作品だということ。

エ 留学の成果として西洋的な響《ひび》きはあるが、日本的な印象はまったく受けない作品だということ。

問七 ――線部⑥について。このように新聞屋が感じた理由として最もふさわしいものを次の中から選び、記号で答えなさい。

ア 西洋音楽に圧倒されていたので、日本文化を単純に良いものとする歌をおめでたいものに感じたから。

イ 音楽にささげた廉太郎の人生を思うと、子どもが遊ぶことばかり考える歌をのんきなものに感じたから。

ウ 廉太郎の短い人生の意味について考えていたので、無邪気《むじゃき》に新年を待つ歌をのんきなものに感じたから。

エ 病人を抱《かか》えた貧《まず》しい暮らしをしているので、幸せな新年が訪《おとず》れるとする歌をおめでたいものに感じたから。

問八 ――線部⑦について。この時の新聞屋の心情について、「もういくつ寝ると…」の歌が廉太郎の作品だと気づいたことをふまえながら、くわしく説明しなさい。

問九 [A]文中の二ヶ所の〰〰線部について。後の場面では廉太郎のこの思いがかなったことがうかがえる。新聞屋がそのことを喜び、新聞屋自身も廉太郎の音楽を楽しんでいることがうかがえる一文を[B]文中から探し、最初の五字をぬき出しなさい。

問十 ═══線部a「ロトウ」・b「トド（く）」・c「テイド」・d「サッ（する）」・e「ジュウライ」をそれぞれ漢字に直しなさい。

二

次の文章を読んで、後の問に答えなさい。

先日、ひさしぶりでヘレン・ケラーの映画『奇跡《きせき》の人』を見ました。一九六二年公開の映画ですから、今から五十三年以上前に作られたということになります。見た人もいるかもしれませんし、話には聞いたこともあるかもしれません。この映画の印象的な場面は、なんと言っても、耳が聞こえず、目も見えず、口もきけないヘレンが、サリバン先生と出会い、最後にものには名まえがある、ということを理解するところです。ウォーターと言おうとして、ウォ、ウォ、と言い出すところです。そこもほんとうに感動的なのですが、今回、①べつのことがとても印象に残りました。

サリバンさんと出会う前の彼女は、だれともコミュニケーションがとれない、閉ざされた世界にいたわけですから、まるで動物と同じで、いえ、動物も、群《む》れのなかでマナーのようなものを教わって、そのな廉太郎のいた意味を見つけると幸田幸は言っていた。そんなこと、できるのだろうか。わずか二十四年足らずで途絶《とぜつ》した人生に意味を見出すことなんてできるのだろうか。

家に帰りついた頃には夕暮れの朱がさらに深い色に変じていた。

「帰ったぞ」

戸を開くと、中から笑い声、そしてたどたどしい歌声がした。

　もういくつ寝ると　お正月
　お正月には凧《たこ》上げて　独楽《こま》を回して遊びましょう
　早く来い来い　お正月

そんな、⑥能天気な曲だった。

歌っていたのは妹の鶴で、笑い声を上げていたのは病床《びょうしょう》にあった母親だった。狭《せま》い長屋の一室、腰高屏風《こしだかびょうぶ》で暑さ寒さを防ぐばかりの貧乏たらしい部屋の中は、驚くほどに温かだった。それは、歌を歌う鶴も、歌声を聴く母親も、等しく笑みを浮《う》かべているからだろうか。

「こら、鶴。母上を寝かしてやらんか」

寝床《ねどこ》の上で身を起こしている母親は首を振った。

「聴きたいとせがんだんだよ。学校で歌を教わったっていうから」

「学校で？」

「最近、教科書に載《の》ったばかりの曲だっていうから」

見れば、鶴は小さな冊子を開いて歌を口ずさんでいる。目を細め、実に楽しそうに。

ふと、新聞屋はあることに気づいた。この唱歌は口語体《こうごたい》で書かれている。それに、短い曲なのに几帳面《きちょうめん》に三部構成が取られ、eジュウライの唱歌と比べても曲調が速く明朗《めいろう》だ。もしやこれは――。

鈴木から貰《もら》った『幼稚園唱歌』をめくる。その中の一頁《ページ》に、鶴の歌っていたのと同じ歌詞の曲が収まっていた。

「鶴。この歌は好きか」

⑦鼻の奥につんとした痛みが走ったのを堪《た》えて話しかけると、鶴はゆっくり振り返り、小さく頷《うなず》いた。

「そうか、好きか」

新聞屋は鶴の頭を大きな手で撫《な》でつけた。鶴の黒い瞳《ひとみ》の奥《おく》に、西洋音楽の深奥《しんおう》に手を伸ばしながらもトドくことのなかった若き音楽家が目に宿していた輝《かがや》きを見つけ、誰《だれ》にともなく薄《うす》く笑った。

「あいつ、やりやがったのか」

鶴が変な顔をしていたが、特に説明もせずに立ち上がった。折しも、流しの総菜屋《そうざいや》の呼び声がした。新聞屋はわずかな銭《ぜに》を手に履物《はきもの》をつっかけて表に出た。

長屋の中から鶴の歌声が聞こえてくる。新聞屋も口三味線《くちじゃみせん》でその旋《せん》律《りつ》に寄《そ》り添いながら、総菜屋の声のほうに近づいていった。

（谷津矢車《やつやぐるま》『廉太郎ノオト』による）

＊**御大尽**…金持ちのこと。

道端の三味線師に怒鳴りかかっていた…この場面の前、酔《よ》った新聞屋が大道芸人の三味線師にからんでトラブルになっているところを、通りかかった廉太郎が助けた。その流れで、新聞屋は廉太郎を家に連れてきた。

破落戸《ごろ》…ごろつきのこと。記事のネタを得るために時に強引な取材もする新聞記者は、当時こう呼ばれることもあった。

『憾』…廉太郎の遺作の曲名。

千住宿…現在の東京都足立区千住付近のこと。

問一　――線部①について。三味線のこのような様子から新聞屋についてどのようなことがうかがえるか。これを説明した次の文の《　》を補いなさい。

・新聞屋がこの三味線を《　　》こと。

問二　――線部②について。新聞屋は実際に三味線の腕《うで》がたしかなよる者の手だ。だが、その指には絃楽器を扱《あつか》う人間にあってしかるべき胼胝《たこ》がない。

「当世《とうせい》、音楽は金持ちの余技《よぎ》か、芸者の飯の種だ。うちは金持ちじゃないし、妹にはまっとうな道に進んでもらいたいと思ってる。羽織*破落戸《ごろ》の俺とは違《ちが》ってな」

金持ちの余技。新聞屋はそう言ったが、本当にそうだろうか。音楽は、富貴《ふうき》な御大尽と貧乏な人々を分断してしまうものなのだろうか。今、確かに音楽はシャンデリアのぶら下がった大きなホールで演奏されるものだが、それはまだ普及《ふきゅう》していないからで、もっと音楽が身近なものになれば――。

廉太郎の中で、何かが爆《は》ぜた。そうして現れたものを、廉太郎はそのまま口にした。

「新聞屋さん、決めましたよ。僕は、いつか西洋音楽をこの国に根付かせます」

新聞屋は④鼻を鳴らした。

「そういうところが、おぼっちゃま育ちだってんだ」

何と言われても構わなかった。

たとえば、今こうして目の前で座っている、□のために手を荒《あ》らしている少女にさえｂトドくような音楽を作ろう。廉太郎はそう決めた。

［B］　聴《き》かされた*『憾《うらみ》』は、良い意味でも悪い意味でも廉太郎の人生を映していた。新聞屋はそこまで西洋音楽に詳《くわ》しいわけではないが、東京音楽学校のコンサートにも何度も足を運んでいるし、もともと三味線を修めているから音楽の素養《そよう》もある。だからこそ言えるのは、⑤廉太郎のこの曲は過渡作《かとさく》にすぎないということだった。新聞屋ｃテイドの耳でｄサッすることができるテイドのことを、幸田幸《こうだこう》や鈴木毅《き》一《いち》が理解していないはずはなかった。

なぜか胸が詰《つ》まった。目の前に高い壁《かべ》が現れたような錯覚《さっかく》に襲《おそ》われる。新聞屋は首を振《ふ》った。

「この曲が、瀧のすべてなんですかい。だとすりゃ、何も残さない人生だったってことじゃないですか」

思いのほか己の声が弱々しかったことに、他ならぬ新聞屋自身が驚《おどろ》いていた。

下を向いていた幸田幸がゆっくりと頭を振った。

「違うわ。わたしがそうさせない。わたしだけじゃない。わたしも、鈴木さんも、姉さんも。瀧君に関わった皆も。瀧君のいた意味をわたしたちが絶対に見つける。瀧君の遺《のこ》したものから、わたしたちはわたしたちの音楽を作り上げてゆく」

顔を上げた幸田幸の表情には、湿《しめ》ったものは一切《いっさい》残っていなかった。そこには、決然とした覚悟《かくご》を決めた一人の人の顔があった。

そうだ、と声を上げた鈴木が、ある冊子を差し出してきた。その表紙には、『幼稚園《ようちえん》唱歌』とある。

「こちら、進呈《しんてい》します」

「俺にか。受け取りたくねぇですよ」

「そうはいきませんよ。瀧さんからトドいた最期《さいご》の手紙に書いてあったんです。この本を渡《わた》してほしい、その際には『約束を果たした』と伝えてくれと」

約束――。以前、家に連れて行ったとき、あの男が何か口にしていた気がする。

「あなたも、瀧さんの生きた意味を見つけてください。我々と共に」

*千住宿《せんじゅしゅく》への帰り道が夕日に染まる中、新聞屋は冷たい風に羽織を揺《ゆ》らしながら自問していた。

二〇二一年度 桐朋中学校

【国　語】〈第二回試験〉（五〇分）〈満点：一〇〇点〉

一　**次の文章は『荒城《こうじょう》の月』などの唱歌の作曲者として知られる明治時代の音楽家、瀧廉太郎《たきれんたろう》を主人公にした小説の一節である。廉太郎は東京音楽学校（今の東京芸術大学）で学びながら、西洋音楽の手法を取り入れた児童向け唱歌の作曲にも取り組んでいた。周囲からも将来を期待され、官費《かんび》（国が負担する費用）でのベルリン留学まで果たしたが、肺結核《はいけっかく》のため二十三歳《さい》の若さで亡《な》くなった。［A］は東京音楽学校に対してなにかと批判《ひはん》的な記事を書いていた新聞記者（「新聞屋」）と廉太郎との生前のやりとりの場面である。［B］は廉太郎の死後、遺言《ゆいごん》にしたがい、友人の幸田と鈴木が新聞屋を招いて廉太郎の遺作《いさく》を演奏した場面である。これを読んで、後の問に答えなさい。**

［A］　小さな仏壇《ぶつだん》の横に三味線《しゃみせん》が飾《かざ》られていた。廉太郎に和楽器の知識はないが、楽器の良《よ》し悪《あ》しはなんとなくわかる。丁寧に漆《うるし》が塗《ぬ》られ、つんと澄《す》ました乙女《おとめ》のような雰囲気《ふんいき》を醸《かも》しているその姿は、このうらぶれた長屋《ながや》にはあまりに不似合いな逸品《いっぴん》だった。①ずっと大事に飾《かざ》ってあるとも見えない。皮の部分、絃《げん》の左手側が少し黒ずんでいる。右《みぎ》掌《てのひら》が当たるところだ。

眺《なが》めていると、廉太郎の横に腰《こし》かけた新聞屋は、不機嫌《ふきげん》そうに声を上げた。

「うちの家宝だ。なんでも、お殿様《とのさま》からいただいた拝領品らしい」

病人の枕元《まくらもと》に座《すわ》っていた少女が、その三味線を掲《かか》げるようにして新聞屋の許《もと》に運んできた。その三味線を受け取ると、新聞屋は糸巻きをいじりながら絃を鳴らして音の調整を始めた。その手つきは乱暴なようでありながら、正確に絃の音を調《ととの》えている。

「俺の家は、もともとさる藩《はん》のお抱《かか》え三味線師だったんだ。殿様が三味線狂《ぐる》いの人だったそうでな。俺の祖父が召《め》し抱えられて、親父も仕えたが、廃藩置県《はいはんちけん》をきっかけに追い出されて**a**ロトウに迷って、結局このざまさ。俺《おれ》は、大名家に仕えていた頃《ころ》のことは何にも知らない。最初っからしみったれた貧乏《びんぼう》生活だ。だが――」

新聞屋は貧乏長屋には不似合いな三味線を掲げた。

「親父は貧乏になってもなお三味線を手放そうとしなかった。三味線しか知らぬ男だからな。②俺にも三味線を仕込《しこ》んだが、まあ金にならない。俺が新聞社に潜《もぐ》り込んだ頃、親父はお陀仏《だぶつ》だ」

新聞屋は腰屏風《こしびょうぶ》の向こうで寝息《ねいき》を立て始めている老女を一瞥《いちべつ》しながら、抱《だ》いたままの三味線をいとおしげに撫《な》でた。

「うちの母親はもともと体が弱くてな。本当だったら、俺も三味線で身を立ててみたかったが、状況《じょうきょう》が許してくれなかった」

③新聞屋がなぜ東京音楽学校に対して敵対心を露《あら》わにしているのかを知った。音楽学校にいる者たちの多くは＊御大尽《おだいじん》の子弟だ。かく言う廉太郎とて家老の家の息子、金持ちのぼんぼんと言われても反論はできない。＊道端《みちばた》の三味線師に怒鳴《どな》りかかっていたのは、修業《しゅぎょう》のほどが足りないことに対する怒《いか》りらしかった。新聞屋は今でも、音楽に対する熱意を持っていて、持て余してしまっている。そんな鬱屈《うっくつ》した思いがこの男を突《つ》き動かしているのだろう。

何も言えずにいると、母親を寝かしつけたのか、鶴《つる》と呼ばれていた少女がこちらにやってきた。

「妹さんには、三味線を教えていないのですか」

鶴の小さな手は、あかぎれでがさついている。□をしてい

2021年度

桐 朋 中 学 校　▶解説と解答

算 数　＜第２回試験＞（50分）＜満点：100点＞

解 答

[1] (1) $\frac{2}{3}$　(2) 0.1　(3) 8　[2] (1) 62個　(2) 45才　(3) 12人　[3] (1) 1500円　(2) 75円　(3) 300円　[4] (1) 24cm²　(2) 6 cm²　[5] (1) 7000m　(2) **初めてすれちがった時刻**…午前９時35分，**２回目にすれちがった時刻**…午前10時45分　(3) ① 35　② $\frac{5}{24}$倍　[6] (1) 30分　(2) 308分　(3) 462分後　[7] (1) 594　(2) 16，32，64，88　(3) ① 521，531，9731　② 195，190，189，170

解 説

[1] 四則計算

(1) $2\frac{1}{3}-1\frac{2}{13}-\frac{20}{39}=\frac{7}{3}-\frac{15}{13}-\frac{20}{39}=\frac{91}{39}-\frac{45}{39}-\frac{20}{39}=\frac{26}{39}=\frac{2}{3}$

(2) $0.4-1.1\times2.1\div(13.2-5.5)=0.4-1.1\times2.1\div7.7=0.4-\frac{11}{10}\times\frac{21}{10}\div\frac{77}{10}=0.4-\frac{11}{10}\times\frac{21}{10}\times\frac{10}{77}=0.4-\frac{3}{10}=0.4-0.3=0.1$

(3) $\left(3.45-1\frac{1}{5}\right)\times\left(3\frac{1}{3}+\frac{2}{9}\right)=\left(3\frac{9}{20}-1\frac{4}{20}\right)\times\left(3\frac{3}{9}+\frac{2}{9}\right)=2\frac{5}{20}\times3\frac{5}{9}=2\frac{1}{4}\times3\frac{5}{9}=\frac{9}{4}\times\frac{32}{9}=8$

[2] 過不足算，年齢《ねんれい》算，平均

(1)　１人に５個ずつ配ると17個余り，７個ずつ配ると１個足りないので，１人に配る個数を，７－５＝２(個)増やすと，全体で必要な個数は，17＋１＝18(個)増える。よって，子どもの人数は，18÷２＝９(人)だから，おかしは全部で，５×９＋17＝62(個)ある。

(2)　母と子どもの現在の年齢の比は３：１，５年後の年齢の比は５：２であり，２人の年齢の差は何年たっても変わらない。そこで，現在と５年後の母と子どもの年齢の比の差を，３－１＝２と，５－２＝３の最小公倍数である６にそろえると，現在と５年後の母と子どもの年齢の比は右上の図１のように表せる。よって，そろえた比の，10－９＝１にあたる年齢が５才となるから，現在の母の年齢は，５×９＝45(才)とわかる。

図１

	母 子		母 子
現 在	３：１	×３ →	９：３
５年後	５：２	×２ →	10：４

(3)　クラス全体の平均点と男子の平均点，女子の平均点の関係は右の図２のように表せる。かげをつけた部分の面積は男子の合計点と女子の合計点の和を表し，太線で囲んだ部分の面積はクラス全体の合計点を表すので，これらの面積は等しい。よって，アとイの２つの長方形の面積も等しくなり，アとイの縦の長さの比は，(82－78)：(85－82)＝４：３なので，横の長さの比は，$\frac{1}{4}$：$\frac{1}{3}$＝３：４とわかる。したがって，男子の人数は，$28\times\frac{3}{3+4}=12$(人)と求められる。

図２

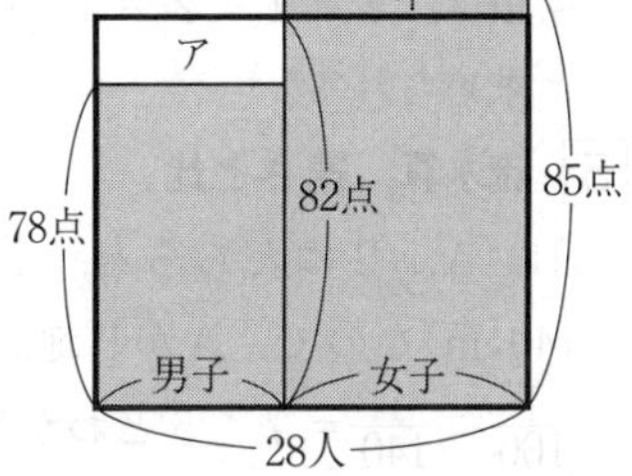

3 相当算，分配算，消去算

(1)　B，C，Dの残金の合計はAの残金の2.7倍だから，A，B，C，Dの残金の合計はAの残金の，1＋2.7＝3.7(倍)である。これが5550円なので，Aの残金は，5550÷3.7＝1500(円)と求められる。

(2)　B，C，Dの残金の合計は，5550－1500＝4050(円)である。また，４人の初めの所持金は同じで，Aは１冊，Bは２冊，Cは３冊，Dは４冊買ったから，４人の残金の関係は右の図１のようになる。図１より，Cの残金はB，C，Dの残金の平均になるので，Cの残金は，4050÷３＝1350(円)となる。また，AとCの残金の差は，1500－1350＝150(円)で，これはノート２冊の値段にあたるから，ノート１冊の値段は，150÷２＝75(円)とわかる。

図１

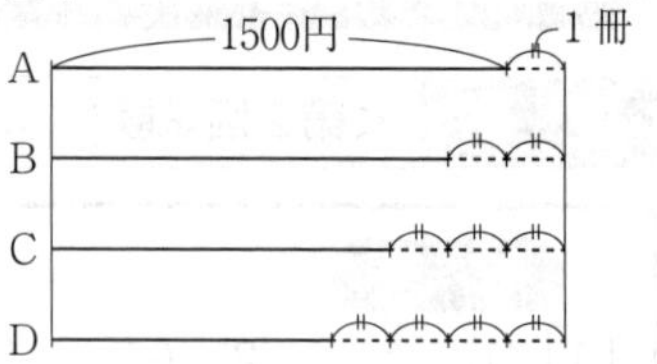

(3)　ノートを買った後のBの残金は，1350＋75＝1425(円)，Dの残金は，1350－75＝1275(円)である。ここで，ペンを買った後のBとDの残金をそれぞれ[1]，[3]とし，ペン１本の値段を①とすると，右の図２のア，イの式に表せる。アの式を３倍するとウの式になり，イとウの式の差を考えると，⑫－②＝⑩にあたる金額が，4275－1275＝3000(円)となる。よって，①にあたる金額，つまり，ペン１本の値段は，3000÷10＝300(円)と求められる。

図２

[1]＋④＝1425(円)…ア
[3]＋②＝1275(円)…イ
[3]＋⑫＝4275(円)…ウ

4 平面図形―面積

(1)　平行四辺形は２本の対角線を引くと，面積の等しい４つの三角形に分けられるので，右の図で，平行四辺形AEFGの面積は三角形ADGの面積の４倍になる。また，三角形AHGは直角二等辺三角形なので，HGの長さは３cmとなり，ADの長さは４cmだから，三角形ADGの面積は，４×３÷２＝６(cm^2)とわかる。よって，平行四辺形AEFGの面積は，６×４＝24(cm^2)と求められる。

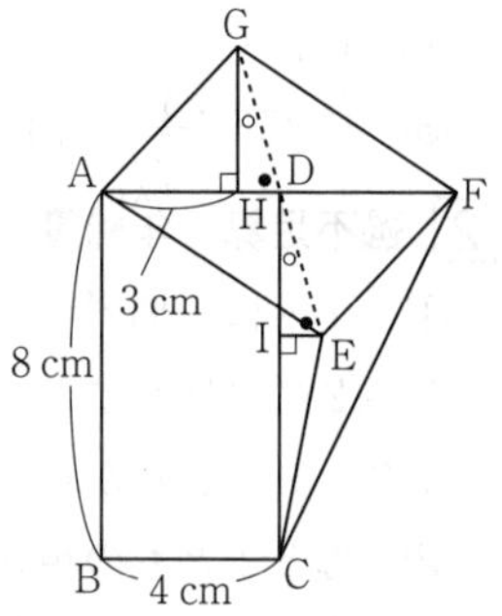

(2)　三角形ECFの面積は，三角形DCFの面積から三角形DEFと三角形DCEの面積をひくと求められる。まず，平行四辺形の対角線はそれぞれの真ん中の点で交わるから，DFの長さはADと同じ４cmであり，三角形DCFの面積は，４×８÷２＝16(cm^2)となる。また，三角形DEFの面積は三角形ADGの面積と同じ６cm^{2}である。さらに，点EからDCに垂直な直線EIを引くと，DHとEI，GHとDIがそれぞれ平行なので，同じ印をつけた角の大きさはそれぞれ等しくなり，GDとDEの長さも等しいことから，三角形GHDと三角形DIEは合同とわかる。よって，IEの長さはHDの長さと等しいので，４－３＝１(cm)で，三角形DCEの面積は，８×１÷２＝４(cm^2)とわかる。したがって，三角形ECFの面積は，16－６－４＝６(cm^2)と求められる。

5 流水算，速さと比

(1)　A，Bはどちらも，上りの速さが分速，120－20＝100(m)，下りの速さが分速，120＋20＝140(m)なので，AがP地からQ地まで上るのと，Q地からP地まで下るのにかかる時間の比は，$\frac{1}{100}:\frac{1}{140}=7:5$とわかる。また，Aが上りと下りにかかった時間の合計は，11時10分－９時－10分＝２時間＝120分だから，上るのにかかった時間は，$120\times\frac{7}{7+5}=70$(分)である。よって，P

地からＱ地までの道のりは，100×70＝7000(m)と求められる。

⑵　Ａ，Ｂはどちらも，Ｐ地からＱ地まで上るのに70分，Ｑ地からＰ地まで下るのに，120－70＝50(分)かかるので，Ａ，Ｂの進んだ様子をグラフに表すと，右の図のようになる。初めてすれちがった場所をＣ地とすると，ＡがＰ地からＣ地まで上るのにかかった時間(図のア)と，ＢがＣ地からＰ地まで下るのにかかった時間(図のイ)の比は，

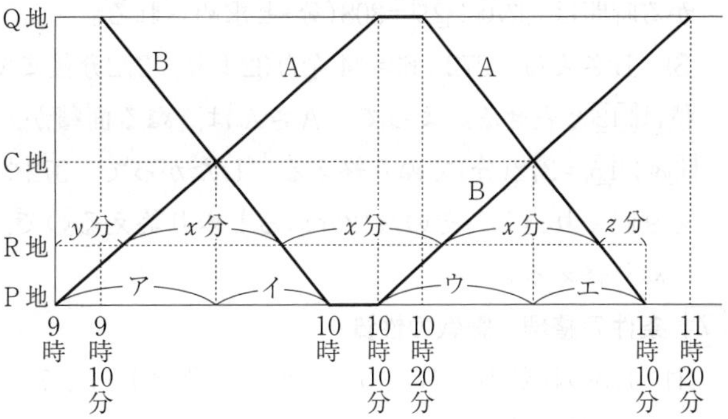

$\frac{1}{100}$：$\frac{1}{140}$＝７：５であり，その和が，10時－９時＝１時間＝60分なので，アの時間は，60×$\frac{7}{7+5}$＝35(分)となる。よって，初めてすれちがった時刻は，午前９時＋35分＝午前９時35分とわかる。同様に考えると，図のウとエの時間の比も７：５となり，その和は，11時10分－10時10分＝１時間＝60分だから，ウの時間は，60×$\frac{7}{7+5}$＝35(分)となる。したがって，２回目にすれちがった時刻は，午前10時10分＋35分＝午前10時45分とわかる。

⑶　①　Ｒ地を先に通過したのはＡなので，図のように，Ｒ地はＰ地とＣ地の間にある。ここで，図のように，船がＰ地からＲ地まで上るのにかかる時間をy分，Ｒ地からＰ地まで下るのにかかる時間をz分とすると，11時10分－９時＝２時間10分＝130分が，$y＋x×3＋z$(分)と等しくなる。また，ＢがＲ地を初めて通過してから２回目に通過するまでの時間は，$z＋10＋y＝y＋z＋10$(分)であり，これはx分と等しい。よって，$y＋(y＋z＋10)×3＋z＝(y＋z)＋(y＋z＋10)×3＝(y＋z)＋(y＋z)×3＋10×3＝(y＋z)×4＋30$(分)が130分にあたるから，$y＋z$＝(130－30)÷４＝25(分)とわかる。したがって，xは，$y＋z＋10$＝25＋10＝35(分)と求められる。

②　⑵と同様に考えると，$y：z$＝７：５とわかり，$y＋z$＝25(分)なので，y＝25×$\frac{7}{7+5}$＝$\frac{175}{12}$(分)である。よって，船がＰ地からＲ地まで上るのに$\frac{175}{12}$分かかり，Ｐ地からＱ地まで上るのに70分かかるから，Ｐ地からＲ地までの道のりは，Ｐ地からＱ地までの道のりの，$\frac{175}{12}$÷70＝$\frac{5}{24}$(倍)とわかる。

$\boxed{6}$ 仕事算

⑴　Ａさんは40分ぬって10分休むことをくり返すので，190÷(40＋10)＝190÷50＝３余り40より，190分後までに，40×３＋40＝160(分)ぬる。同様に，Ｂさんは，190÷(45＋15)＝190÷60＝３余り10より，190分後までに，45×３＋10＝145(分)ぬる。よって，ＡさんとＢさんが１分間にぬる面積をそれぞれ①，$\boxed{1}$とすると，壁の半分の面積は，$\textcircled{160}$＋$\boxed{145}$と表せるから，壁の面積は，($\textcircled{160}$＋$\boxed{145}$)×２＝$\textcircled{320}$＋$\boxed{290}$と表せる。また，386分後までに，Ａさんは，386÷50＝７余り36より，40×７＋36＝316(分)ぬり，Ｂさんは，386÷60＝６余り26より，45×６＋26＝296(分)ぬる。よって，壁の面積は，$\textcircled{316}$＋$\boxed{296}$と表すこともできるので，$\textcircled{320}$＋$\boxed{290}$＝$\textcircled{316}$＋$\boxed{296}$より，$\textcircled{320}$－$\textcircled{316}$＝④と，$\boxed{296}$－$\boxed{290}$＝$\boxed{6}$が等しくなる。したがって，①＝$\boxed{6}$÷４＝$\boxed{1.5}$より，⑳＝$\boxed{1.5}$×20＝$\boxed{30}$だから，Ａさんが20分でぬる面積をＢさんは30分でぬることができる。

⑵　⑴より，壁の面積は，$\textcircled{320}$＋$\boxed{290}$＝$\boxed{1.5}$×320＋$\boxed{290}$＝$\boxed{770}$となる。また，２人が休まずにぬると，

１分間にぬることのできる面積は，①＋$\boxed{1}$＝$\boxed{1.5}$＋$\boxed{1}$＝$\boxed{2.5}$と表せる。よって，ぬり終えるまでにかかる時間は，$\boxed{770}$÷$\boxed{2.5}$＝308(分)と求められる。

(3)　Ｂさんは，272÷60＝４余り32より，272分後までに，45×４＋32＝212(分)ぬるから，ぬる面積は$\boxed{212}$と表せる。よって，Ａさんは，ぬる面積が，$\boxed{770}$－$\boxed{212}$＝$\boxed{558}$になると，ぬり終えるから，$\boxed{558}$÷$\boxed{1.5}$＝372(分)でぬり終える。したがって，372÷40＝９余り12より，40分ぬって10分休むことを９回くり返し，その後12分ぬるとぬり終えるので，作業を始めてから，50×９＋12＝462(分後)にぬり終える。

7　条件の整理，整数の性質

(1)　175の約数のうち，10より小さい数は１，５，７だから，A＝751，B＝157となる。よって，P＝751－157＝594である。

(2)　どのような整数でも１は必ず約数になるので，Aの一の位の数は常に１となる。よって，P＝A－Bの一の位の数が３のとき，11－３＝８より，Bの一の位は８である。すると，Nの10より小さい約数のうち，最も大きいものは８となる。また，Nが８を約数にもつとき，１，２，４もNの約数になり，Pが４けたのとき，A，Bも４けただから，10より小さいNの約数は１，２，４，８の４つだけとなる。つまり，Nは８の倍数であり，３，５，６，７，９の倍数ではない数だから，２けたの整数では，８×２＝16，８×４＝32，８×８＝64，８×11＝88となる。

図１

A	アイ１
B	－１イア
P	３

図２

A	アイウ１
B	－１ウイア
P	３

図３

A	アイウエ１
B	－１エウイア
P	３

図４

A	アイウエオ１
B	－１オエウイア
P	３

(3)　①　まず，10より小さい約数が３個の場合，１以外の２個を大きい順にア，イとすると，Pを求める計算は上の図１のように表せる。このとき，くり下がりがあるから，Pの百の位が３のとき，ア－１＝４となり，アは，４＋１＝５とわかる。よって，イは２，３，４が考えられるが，４が約数のときは２も約数になるから，イが４となることはない。したがって，Aは521，531となる。次に，10より小さい約数が４個の場合，１以外の３個を大きい順にア，イ，ウとすると，Pを求める計算は上の図２のようになり，くり下がりがあるから，Pの百の位が３のとき，イ－ウ＝４となる。よって，(イ，ウ)は(８，４)，(７，３)，(６，２)が考えられる。しかし，４が約数のときは２も約数になり，６が約数のときは３も約数になるので，(イ，ウ)が(８，４)，(６，２)になることはない。すると，(イ，ウ)は(７，３)となり，８が約数のときは４や２も約数になるから，アは９となる。したがって，Aは9731となる。同様に考えると，10より小さい約数が５個，６個の場合，Pを求める計算はそれぞれ上の図３，図４のように表せるが，これにあてはまるものはなく，７個以上の場合もあてはまるものはない。以上より，Aとして考えられるものは521，531，9731となる。

②　A＝521のとき，10より小さいNの約数は１，２，５だけである。Nは１，２，５の最小公倍数である10の倍数だが，３，４，６，７，８，９の倍数ではないので，これにあてはまる200より小さいNは，10，10×５＝50，10×11＝110，10×13＝130，10×17＝170，10×19＝190となる。また，A＝531のとき，Nは１，３，５の最小公倍数である15の倍数だが，２，４，６，７，８，９の倍数ではないので，これにあてはまる200より小さいNは，15，15×５＝75，15×11＝165，15×13＝195となる。さらに，A＝9731のとき，Nは１，３，７，９の最小公倍数である63の倍数だが，

２，４，５，６，８の倍数ではないので，これにあてはまる200より小さいNは，63，63×３＝189となる。以上より，Nとして考えられるものを大きい順に４つ書くと，195，190，189，170となる。

社　会　＜第２回試験＞（30分）＜満点：60点＞

解　答

[1] **問１**　エ→イ→ウ→ア→カ→オ　**問２**　①　イ　②　カ　③　キ　④　オ　**問３**　う　**問４**　万葉集　**問５**　狂言　**問６**　(1)　三内丸山(遺跡)　(2)　(例)　木の実を煮炊きして食べることができるようになった。　**問７**　**A**　やみ市　**B**　青空　**問８**　(例)　規模の小さい工場にはこの法が用いられなかったうえに，労働時間や年齢の制限についても例外規定が設けられていたから。　[2] **問１**　い　**問２**　スイス　**問３**　え　**問４**　う　**問５**　山梨(県)　**問６**　高度経済成長期　**問７**　う　**問８**　(例)　1972年に沖縄県がアメリカから返還されたため。　**問９**　あ，い　**問10**　パリ協定　[3] **問１**　広島(市)　**問２**　①　ウ　②　イ　③　ア　**問３**　**設問１**　**日本**…う　**フランス**…い　**スウェーデン**…あ　**設問２**　ドイツ，ノルウェー　**問４**　**設問１**　介護　**設問２**　(例)　表３より，いずれの年においても女性と比べて男性の育児休業取得率が非常に低い。また，図３より，出産にさいして退職する女性が多く，また多くの場合その後も無職のままとなっている。ここから，育児が女性に任されていることがわかる。

解　説

[1]　各時代の歴史的なことがらについての問題

問１　アで述べられている寺子屋は，江戸時代の一般庶民《しょみん》の教育施設。イは律令制度における班田収授法について述べているのでおおむね奈良時代，ウは能(能楽)を大成した世阿弥《ぜあみ》について述べているので室町時代にあてはまる。エについて，土偶《どぐう》は，縄文時代にまじないのために用いられたと考えられる土人形である。オについて，空襲《くうしゅう》は昭和時代の戦時中に行われた。カについて，大阪紡績《ぼうせき》会社は，明治時代に実業家の渋沢栄一の指導により設立された。よって，時代の古い順にならべるとエ→イ→ウ→ア→カ→オとなる。

問２　①　律令制度のもとで，農民は租・庸《よう》・調などの税の納入を義務づけられたので，イがあてはまる。　②　国会開設を求める自由民権運動は明治時代のことなので，カがあてはまる。　③　島根県の出雲《いずも》をふくむ中国地方では，「四隅突出型墳丘墓《よすみとっしゅつがたふんきゅうぼ》」とよばれる墓が見られる。これは弥生時代中期からつくられたと考えられているものなので，あてはまるものがない。　④　国際連合は第二次世界大戦が終わった1945年の10月に，原加盟国51か国で発足した。これは昭和時代のことなので，オがあてはまる。

問３　江戸時代，武士の子弟は藩が設置した学問所である藩校で学んだ。日新館は会津藩(福島県)の藩校である。なお，「あ」の適塾は緒方洪庵《おがたこうあん》が大阪に開いた蘭学《らんがく》塾，「い」の足利学校(栃木県)は室町時代に上杉憲実《のりざね》が再興した学問所，「え」の開智学校(長野県)は明治時代に創建された旧制小学校。

問４　『万葉集』は奈良時代に編さんされた現存最古の和歌集で，大伴家持《おおとものやかもち》が編者と伝えられる。

天皇や貴族から農民・防人《さきもり》まで，はば広い身分の人びとのよんだ和歌約4500首が収められている。

問５ 能の合い間には，こっけいな仕草をまじえた庶民劇である狂言が演じられた。

問６ (1) 三内丸山遺跡(青森県)は縄文時代の大規模集落跡で，今からおよそ5500年前から約1500年にわたって営まれ，最盛期には500人程度の人びとが暮らしていたと推定されている。 (2) 縄文時代のはじめごろに土器が発明され，木の実や肉，魚介《ぎょかい》などを煮炊《にた》きして食べることができるようになると，食べられる食物の種類が大はばに増えたほか，食料の貯蔵も容易になった。

問７ A 第二次世界大戦後，都市部を中心に食料などの物資が圧倒的に不足し，人々は「やみ市」とよばれる非合法の市場で買い物をせざるを得なかった。 B 戦後，６・３制の義務教育がスタートして生徒数が大きく増えたが，空襲で校舎が焼けるなどして教室が不足したため，校庭での授業がいたるところで行われ，「青空教室」とよばれた。

問８ 資料にある法律は，女性やこどもを過重労働や長時間労働などから守ることを目的として，1911年に成立した工場法の条文である。しかし，第一条から，つねに15人以上の労働者を働かせている工場には適用されるが，規模の小さい工場には適用されないことがわかる。また，第二条に12才未満のこどもを働かせることはできない，第三条に15才未満の者や女子は12時間をこえて働かせてはならないとあるが，いずれも例外規定が設けられている。これを見てわかるように，いくらでも法律をすりぬける余地があった。

2 「国勢調査100年のあゆみ」を題材にした問題

問１ 予定されていた1905年には，日露戦争(1904～05年)があって延期となった。なお，日清戦争は1894～95年，日中戦争は1937～45年，西南戦争は1877年のできごと。

問２ スイスはヨーロッパの中央部に位置する内陸国で，永世中立国として知られる。

問３ 韓国(大韓民国)の首都ソウルと東京は温帯の温暖湿潤《しつじゅん》気候に属しているが，ソウルは東京よりも冬の寒さが厳しく，７・８月の降水量がきわだって多い。よって，「え」があてはまる。「あ」は東京，「い」は南半球にあって季節が逆のシドニー(オーストラリア)，「う」はアテネ(ギリシャ)の雨温図。

問４ 2015年の日本の人口は約１億2710万人なので，12710÷5596＝2.27…より，1920年の約2.3倍である。

問５ 「甲斐《かい》国」は，現在の山梨県の旧国名である。

問６ 1950年代後半から1970年代はじめにかけて，日本経済は著しい発展をとげ，1968年には国民総生産(GNP)がアメリカ(合衆国)についで第２位となった。この時期を高度経済成長期といい，家庭では電化製品が普及《ふきゅう》するなど生活が豊かになったが，第四次中東戦争(1973年)をきっかけに石油危機(オイルショック)が起こると，高度経済成長が終わった。

問７ 現在の日本の発電エネルギー源は火力発電が中心で，水力発電がこれにつぐ。原子力発電は東日本大震災(2011年)以降，原子炉《ろ》の再稼働《かどう》に厳しい規制が設けられたため，現在稼働している原子炉は少ない。よって，「う」が正しい。

問８ 第二次世界大戦後，アメリカの施政権下に置かれていた沖縄は，1972年に日本に返還された。これを受け，1975年の国勢調査は沖縄県をふくめた47都道府県で行われた。

問９ 「あ」は1970年，「い」は1966年のことで，いずれも昭和時代のできごと。「う」は大正時代の1923年，「え」は平成時代の2015年，「お」は令和時代の2019年秋のことである。なお，昭和時代は1926年末から1989年はじめまで続いた。

問10　パリ協定は地球温暖化を防止するための国際協定で，温室効果ガス削減《さくげん》についての世界全体での数値目標と，各国の削減目標の提出義務が明記されている。

3　女性の社会進出を中心とする問題

問１　1954年の第五福竜丸事件をきっかけに，翌55年，広島で第１回原水爆禁止世界大会が開かれた。広島は第二次世界大戦末期の1945年８月６日に人類史上はじめて原子爆弾が投下された都市で，核兵器廃絶に向けた国際世論を形成するうえで，広島で開催された意味は大きかった。

問２　①　女性活躍《かつやく》推進法は2015年に成立した法律で，あらゆる企業に女性が働きやすい環境の整備を求めている。よって，ウがあてはまる。　②　男女共同参画社会基本法は1999年に成立した法律で，家族生活の中で役割分担を男女平等にすることが求められている。よって，イがあてはまる。　③　男女雇用《こよう》機会均等法は1985年に成立した法律で，職場における男女差別を禁止している。よって，アがあてはまる。

問３　**設問１**　議会における女性議員の割合は日本が最も低く，スウェーデンが最も高い。よって，日本は「う」，フランスは「い」，スウェーデンは「あ」にあてはまる。　**設問２**　表２中の５か国のうち，ドイツはアンゲラ・メルケル首相，ノルウェーはエルナ・ソルベルグ首相(いずれも2020年４月時点)で，２人とも女性である。

問４　**設問１**　育児休業法は子育てにおける休業を認める法律で，その後，介護における休業を認めることがつけ加えられ，育児・介護休業法という略称でよばれる。　**設問２**　表３を見ると，女性は80％をこえているのに対し，男性はわずか２％前後と少ない。次に，図３を見ると，第１子で出産退職してしまう女性が約34％もおり，第２子で妊娠《にんしん》前から無職の女性が約57％にのぼる。この２つの資料から，育児が女性に任されており，男性の育児への関わりは少ないということが読み取れる。

理　科　＜第２回試験＞（30分）＜満点：60点＞

解　答

1　**問１**　600ｇ　**問２**　1200ｇ　**問３**　100cm　**問４**　360ｇ　**問５**　720ｇ　**問６**　420ｇ　**問７**　100cm　2　**問１**　**あ**　酸素　**い**　ちっ素　**問２**　ア，エ，オ　**問３**　ウ　**問４**　イ　**問５**　(例)　ゆでるとお湯にビタミンＣがとけ出すので，電子レンジで加熱したものの方がビタミンＣを多く含む。　3　**問１**　①　ウ　②　イ　③　ア　**問２**　ウ　**問３**　ウ　**問４**　①　46.0　②　47.6　**問５**　解説の図を参照のこと。　**問６**　(例)　葉の細胞が主に長さの方向にのびることで，外側の葉の成長が起こる。　4　**問１**　うるう年　**問２**　2024年　**問３**　(例)　夏季オリンピック，パラリンピック　**問４**　3.12日　**問５**　イ　**問６**　(例)　だんだんと少なくなってきた。

解　説

1　てこのつりあいについての問題

問１　棒①の左端《はし》につり下げたおもりの重さを□ｇとする。棒①をつるした位置を支点としててこのつりあいを考えると，300×(120－40)＝□×40より，□＝24000÷40＝600(g)と求められる。

問２　棒②において，問１より，棒②の右端は上向きに600gの力で引かれている。よって，つり下げたおもりの重さを△gとして，棒②の左端を支点としたときのてこのつりあいを考えると，600×120＝△×60より，△＝72000÷60＝1200(g)とわかる。

問３　棒②の左端を支点として，左端から720gのおもりをつり下げた位置までの距離《きょり》を◎cmとする。てこのつりあいを考えると，600×120＝720×◎より，◎＝72000÷720＝100(cm)となる。

問４，問５　棒③は一様な棒なので，重心(棒の重さが１点に集まっていると見なすことのできる点)は棒の中央にある。図３で，棒③の右端に180gの上向きの力をかけたときにつりあったので，棒③の重さを■gとしててこのつりあいを考えると，180×(120－40)＝■×(120÷２－40)となる。これより，■＝14400÷20＝720(g)と求められる。また，棒③の左端におもりをつり下げてつりあわせる場合，そのおもりの重さを▲gとして棒③をつり下げた位置を支点としたときのてこのつりあいを考えると，▲×40＝720×(120÷２－40)となるから，▲－14400÷40＝360(g)となる。

問６　右端につり下げるおもりの重さを●gとする。棒③をつり下げた位置を支点としたときのつりあいを考えると，1200×40＝720×(120÷２－40)＋●×(120－40)，48000＝14400＋●×80より，●＝(48000－14400)÷80＝420(g)になる。

問７　問４より，棒④の右端にかかる上向きの力は棒③の左端と同じ360gで，これが棒④をつり下げた位置を中心に反時計回りに回そうとするはたらきは，360×(120－40)＝28800である。一方，棒④の重さ720gが棒④をつり下げた位置を中心に時計回りに回そうとするはたらきは，720×(120÷２－40)＝14400になる。よって，240gのおもりは，棒④をつり下げた位置を中心に時計回りに回そうとするはたらきが，28800－14400＝14400になる位置につり下げられている。その位置は，棒④をつり下げた位置から右に，14400÷240＝60(cm)，左端からは，40＋60＝100(cm)のところである。

2　もののとけやすさについての問題

問１　酸化防止剤《ざい》の「酸化」とは，酸素と結びついて別の性質をもつ物質になる化学変化のことである。りんご果汁《かじゅう》の成分が酸化して変色してしまうのを防ぐためにビタミンCを加えることがある。また，空気中に最も多く含《ふく》まれているちっ素は，ほかの物質と非常に反応しにくいので，酸化を防ぐために装置や容器のすき間をちっ素で満たす方法もある。

問２　下線部①の「とける」は，物質が水にとけこんで水溶液《すいようえき》になるようすを指し，ア，エ，オもこれと同じ現象といえる。なお，イとウは温度の変化にともなう状態変化(気体・液体・固体のすがたの変化)である。

問３　問題文中で，OHを多く持つ物質は水にとけやすく，逆にOHを持たない物質は水にとけにくくて油にはとけやすいと述べられている。また，リモネンには油にとけやすい性質がある。よって，リモネンの構造にはOHがないと考えられるので，ウが選べる。

問４　お湯の中でお茶の葉からカテキンがとけ出すのだから，カテキンは水にとけやすく，OHを多く含んでいると考えられ，イが選べる。

問５　ビタミンCはOHを多く含み，水にとけやすいことから，ゆでた場合にはビタミンCがお湯にとけ出してしまい，調理後に残りにくいといえる。

3　タマネギの葉の成長についての問題

問１　①は白い葉が重なった部分を包む茶色い薄皮《うすかわ》，②はそこから白い葉がのびているので短い茎《くき》，③は茎から下にのびる根のこん跡《せき》である。

問２　顕微鏡《けんびきょう》における光の通る順は，反射鏡→ステージの穴→スライドガラス→細胞《さいぼう》→カバーガラス→対物レンズ→接眼レンズとなる。ステージの上に置くプレパラートは，スライドガラスの上に見たいもの(細胞)をのせ，上からカバーガラスをかけて作成する。

問３　中心から離《はな》れるほど葉は大きくなり，図３より，中心から離れるほど葉の細胞が大きくなっていることがわかるので，葉の大きさと細胞の大きさには関係性があるといえる。

問４　第８葉の細胞の長さの平均値は，(46＋42＋48＋48＋46)÷５＝46.0，第９葉の細胞の長さの平均値は，(54＋36＋48＋55＋45)÷５＝47.6と求められる。

問５　表１のそれぞれの値を黒丸(●)で印し，各点を折れ線で結ぶと，右の図のようなグラフがかける。

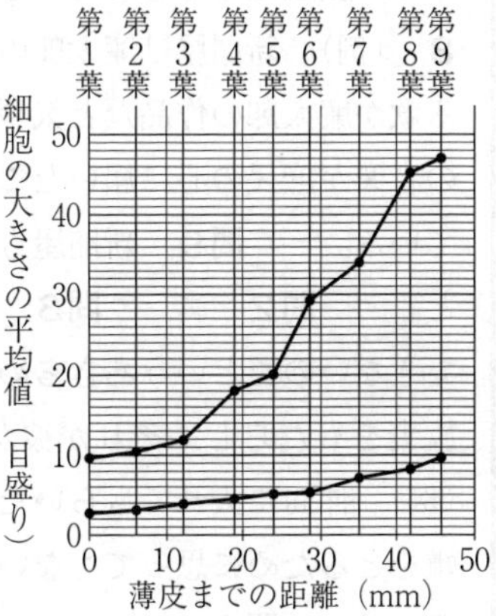

問６　問５で作成したグラフを見ると，細胞の幅《はば》の平均値の変化よりも，細胞の長さの平均値の変化の方が大きい(グラフのかたむきが大きい)ことがわかる。これより，タマネギの葉は主に細胞の長さの方向に大きく成長することで葉を大きくしていると考えられる。

4　うるう年についての問題

問１　１年の日数が365日の年を平年といい，２月29日を加えて１年を366日とする年をうるう年という。

問２　現在用いられている暦《こよみ》(グレゴリオ暦《れき》)では，西暦年が４で割り切れる年(４の倍数の年)をうるう年としている(ただし，あとの問いにあるように例外がある)。本試験は2021年２月に実施されたので，次のうるう年(２月29日がある年)は2024年になる。

問３　夏季オリンピックは1896年から始まった国際競技大会で，西暦年が４で割り切れる年(４の倍数の年)に開催《かいさい》されている(開催中止になったものなどもある)。なお，夏季オリンピックのあとには身体障がい者を対象としたパラリンピックも開かれる。冬季オリンピックは４で割り切れない偶《ぐう》数の年(たとえば2022年)に開催される。

問４　４年ごとに１日増やす方法では，４年間で，$1-0.9688=0.0312$(日)のずれを生じる。よって，400年間では，$0.0312\times\frac{400}{4}=3.12$(日)のずれになる。

問５　地球が４回公転するのに４年と0.9688日かかるので，４年に一度１日を加えてしまうと，４年間で0.0312日だけ暦の方が多くなってしまう。すると，400年間では3.12日も暦の方が多くなるので，これを調整するために400年間にうるう年を３回減らす必要がある。そこで，西暦年が100で割り切れる年は平年とするが，そのうち西暦年が400で割り切れる年はうるう年とするというルールを定めて，400年間にうるう年が97回あるようにしている。

問６　地球の公転周期はほとんど変わらず，自転周期が遅《おそ》くなっていくと，地球が１回公転する間に自転する回数，つまり１年間の日数が少なくなっていくことになる。

国　語　＜第２回試験＞（50分）＜満点：100点＞

解　答

一 **問１**　（例）　普段からよく弾いている　**問２**　その手つき　**問３**　（例）　音楽への熱意をいまだに抱えながらも貧しさのために音楽の道では生きられない自身の現実に対する鬱屈した気持ちから，金銭に恵まれ，苦労もなく気楽に音楽を学んでいそうな東京音楽学校の人々をうらやみ，腹立たしく思っているから。　**問４**　ウ　**問５**　エ　**問６**　イ　**問７**　ウ　**問８**　（例）　新聞屋は廉太郎の人生をかなしいものに感じていたが，鶴が楽しそうに口ずさんでいる歌が廉太郎の作品だと気づき，西洋音楽を日本に根付かせるという廉太郎の思いがかない，その音楽が庶民の心に届いたことを感じて心打たれるとともに，改めてその早い死に悲しみを覚えている。　**問９**　新聞屋も口　**問10**　下記を参照のこと。　**二** **問１**　下記を参照のこと。　**問２**　エ　**問３**　（例）　ヘレンへの愛情や哀れみが，それでも彼女をどうすることもできないのだというあきらめの境地にいたって，彼女を刺激せず，好きにさせようという教育の放棄をもたらし，それが彼女に悪影響を及ぼしているのだということ。　**問４**　ウ　**問５**　（例）　仲間に入れてもらいたいという本能のために卑屈になる気持ちと，群れのなかの相手の機嫌をとるために思ってもないことを言ってしまう自分を嫌悪する気持ち。　**問６**　みえ　**問７**　イ　**問８**　チーム・自分　**問９**　エ　**問10**　掘り起こす

●漢字の書き取り

一 **問10**　a　路頭　b　届（く）　c　程度　d　察（する）　e　従来
二 **問１**　a　接（して）　b　精神　c　要求

解　説

一 **出典は谷津矢車《やつやぐるま》の『廉太郎《れんたろう》ノオト』による。**若くして亡《な》くなった瀧《たき》廉太郎が音楽にどのような志を持っていたか，その志はどう成しとげられたのかを，新聞屋との関わりの中でえがいている。

問１　絃《げん》の左手側の皮が「黒ずんでいる」ことから，よく使われていることがわかる。これをもとに，「日ごろよく弾《ひ》いている」「日常的に演奏している」のようにまとめればよい。

問２　少し前に，「その手つきは乱暴なようでありながら，正確に絃の音を調《ととの》えている」とあることに注目する。そのようすを見た廉太郎は，新聞屋の三味線《しゃみせん》の腕《うで》前が確かなものだと気づいたのである。

問３　新聞屋の会話と，廉太郎の内心の推測を整理してまとめる。新聞屋は「三味線で身を立ててみたかった」が「貧乏《びんぼう》」なためにかなわなかったことを話している。一方，廉太郎には新聞屋が「今でも，音楽に対する熱意」を持て余し，「鬱屈《うっくつ》」しているように見える。そういう満たされない思いから，「御大尽《おだいじん》の子弟《してい》」たちが学ぶ「東京音楽学校」を敵視しているということになる。

問４　「あかぎれでがさついている」小さな手から，病気の母親に代わり，水仕事や家事全般《ぜんぱん》を担《にな》っている鶴《つる》のようすがうかがえるので，「生活」が入る。

問５　「鼻を鳴らす」は，鼻から息を出して「ふん」というような音を出すこと。あざけりや不満を表わすしぐさで，「ばかにしている」が合う。類義語に「鼻で笑う」などがある。新聞屋が，夢を語る「おぼっちゃま」の甘さをばかにしたようすを表している。

問６　ぼう線部⑤は，廉太郎の遺作《いさく》は，西洋音楽をきわめたものとはいえなかったことを意味している。廉太郎の望みは「西洋音楽」をこの国に根付かせることだったが，「二十四年足らず」で亡くなってしまい，遺《のこ》した作品は「過渡作《かとさく》」にすぎない出来だった。「過渡」は，古いものから脱《だっ》し，新しいものへ移り行く途中《とちゅう》。

問７　「能天気」は，何ごとも深く考えず，のんきなようす。鶴が歌っている歌は，近づいてくる正月を楽しみに待つ明るい歌である。一方，このときの新聞屋は，音楽への夢を持ちながら二十四年足らずで亡くなった廉太郎の人生に「意味を見出《みいだ》すことなんてできるのだろうか」と自問していた。そういう重苦しい気分の新聞屋に，明るい正月の歌が能天気に聞こえたのだから，ウが合う。

問８　新聞屋は廉太郎が夢半ばで短い一生を終えたことを悲しんでいた。しかし，鶴が「実に楽しそうに」歌っていたのは廉太郎の曲で，その日の暮らしに追われる人々にも届くような音楽をつくりたいという廉太郎の願いはかなっていたのである。それに気づいて新聞屋は，「あいつ，やりやがったのか」と感じ入っている。つまり，ぼう線部⑦は，西洋音楽を日本に根付かせるという廉太郎の志が目の前で実現していることに感動し，かつ廉太郎の短い人生をいたんで涙《なみだ》ぐんだようすということができる。

問９　廉太郎の志は，貧富に関係なく音楽を人々の身近なものにし，西洋音楽を日本に根付かせることだった。本文の最後に，長屋からは廉太郎の曲を歌う鶴の歌声が聞こえ，つられて「新聞屋も口三味線でその旋律《せんりつ》に寄り添《そ》いながら，総菜屋《そうざいや》の声のほうに近づいていった」と，廉太郎の曲を楽しむ新聞屋をえがいた場面がある。

問10　**a**　「路頭に迷う」で，“生活の手段や住む家がなくなってひどく困る”という意味。　**b**　“ある場所まで達する”という意味。　**c**　“そのくらい”という意味。　**d**　おしはかって考えること。　**e**　以前から今まで。これまで。

二　**出典は梨木香歩《なしきかほ》の『ほんとうのリーダーのみつけかた』による。**ヘレン・ケラーの映画『奇跡《きせき》の人』を見たことを切り口として，自分を導いてくれる「ほんとうのリーダー」について述べている。

問１　**a**　応対すること。　**b**　考えて判断する知力。　**c**　必要と思うものごとを求めること。

問２　この後，サリバン先生の特訓でヘレンが「ナプキン」をたためるようになり，それを聞いたヘレンの母親が感動のあまり涙《なみだ》ぐんだシーンをとりあげている。筆者はそこに，「今まで獣《けもの》の世界にいた我《わ》が子が～群《む》れに帰ってきた」という母親の安どを感じ，「群れに入れない，入れる」というだけで，「それがこんなに絶望と希望を与《あた》えるもの」なのかと考えているので，エが合う。

問３　目が見えず，耳が聞こえず，口もきけないヘレンに対する家族の，「愛情」「哀《あわ》れみ」「諦《あきら》め」がぼう線部②の前で述べられている。愛する子どもの障害を哀れんで甘《あま》やかしたため，ヘレンは手のつけられないほどのかんしゃく持ちになり，「人と生きる上でのルール」を教えることを諦めた結果，人として「群れ」に入れない不幸な存在になっていることをサリバン先生は指てきしている。

問４　「それまで」とは，ヘレンがナプキンをたたんだと聞くまでを指す。ヘレンがナプキンをたたんだと聞いたときの母親のようすから，筆者は，人が「群れに入れない，入れる」というだけで「それがこんなに絶望と希望を与えるもの」なのかと考えている。「絶望」とは，具体的には，人の社会で生きるのに必要なルールを学べないまま，これからも「群れの一員」としてやっていけないだろうヘレンを案ずる気持ちだから，ウが合う。エのやがてヘレンを「一人残していくこと」については述べられていない。

問５　前後に二つの感情が述べられている。一つは，私たちの本能である「仲間に入れてもらいたいと思う気持ち」。もう一つは，その群れや仲間がほんとうに入りたいものではなくとも，群れの一員になりたいという本能に急《せ》かされて，相手の機嫌《きげん》をとるような言動をとってしまう，「卑屈《ひくつ》」な自分への「自己嫌悪《けんお》感」である。

問６　「みえを張る」は，周りによく見られたくてうわべをかざること。類義語に「気取る」「体裁をつくろう」「格好《かっこう》をつける」などがある。

問７　自分の「ほんとうのリーダー」である「そのひと」を，筆者は次の文中で「自分のなかの目」と言いかえている。最後の段落では自分を客観視する癖《くせ》をつけることをすすめ，「客観的な目を持つ」べきだとも述べていることから，イが合う。

問８　ぼう線部⑥の二段落前で，「あなたと，あなた自身のリーダー」が「一つの群れ」になったものが「個人」なのだと筆者は述べている。つまり「個人」とは，「自分」のなかに「リーダー」がいる人，自分を見る「客観的な目」を持つ人である。これを，筆者は「チーム・自分」と名づけている。

問９　ぼう線部⑦の少し後に，「批判《ひはん》する」ことは「もっとよくなるはずと，理想を持っているからできる」と説明されている。したがって，志を持ち，客観的に，自分やそれ以外のものごとのあるべき姿を考える力ということができる。

問10　空らん２を含《ふく》む段落は，その前にある「自分のなかに自分のリーダーを掘《ほ》り起こすって，どうやって？」という問いかけへの答えにあたる。自分を見る「客観的な目」を持ち，「批判する力」をつけることが，自分のなかのリーダーを「掘り起こす」ということの意味なのである。

2020年度　桐　朋　中　学　校

〔電　話〕　(042) 577－２１７１
〔所在地〕　〒186-0004　東京都国立市中３－１－10
〔交　通〕　JR中央線－「国立駅」より徒歩15分
JR南武線－「谷保駅」より徒歩15分

【算　数】〈第１回試験〉（50分）〈満点：100点〉

1　次の計算をしなさい。

(1)　$4\frac{2}{3}-3\frac{4}{5}-\frac{5}{12}$

(2)　$2.4\times(7.2-5.7)-2.7\div1.8$

(3)　$1.6\times\frac{5}{6}+\left(3.75-1\frac{2}{3}\right)\div1\frac{7}{8}$

2　次の問いに答えなさい。

(1)　容器にジュースが入っています。兄は全体の30％を飲み，弟は残りの $\frac{2}{7}$ を飲んだところ，容器に残ったジュースは750mLでした。兄が飲んだジュースは何mLですか。

(2)　ある仕事を仕上げるのに８人で作業すると12日かかります。この仕事を，はじめに８人で作業して，途中から10人で作業したところ，仕上げるのに合計で11日かかりました。８人で作業したのは何日ですか。

(3)　３つの辺の長さが４cm，５cm，６cmの三角形があります。この三角形の外側を辺にそって半径１cmの円がすべらずに転がって１周します。このとき，円が通過した部分の図形の面積は何cm^2ですか。ただし，円周率は3.14とします。

3　２日間のお祭りで，ペットボトルのお茶を売りました。このお茶を，２日目は１日目よりも１本あたり18円値下げして売ったところ，２日目に売れた本数は，１日目に売れた本数よりも180本増え，１日目に売れた本数の $\frac{5}{3}$ 倍となりました。また，２日目の売り上げは１日目の売り上げよりも5940円増えました。２日目はこのお茶を１本いくらで売りましたか。答えだけでなく，途中の考え方を示す式や図などもかきなさい。

4　右の表のように，２つの袋A，Bに赤玉，青玉，黄玉が何個かずつ入っています。Aから青玉を９個取り出しBに入れ，Bから赤玉を５個と黄玉を２個取り出しAに入れると，Aに入っている赤玉，青玉，黄玉の個数の比とBに入っている赤玉，青玉，黄玉の個数の比は同じになります。表の㋐～㋓にあてはまる数はそれぞれいくつですか。

（単位　個）

	赤玉	青玉	黄玉	合計
袋A	㋐	㋑	50	223
袋B	95	96	㋒	㋓

5 右の＜図１＞で，㋐〜㋘に１から９までの整数を１つずつ書き入れます。㋐㋑㋒，㋒㋓㋔，㋔㋕㋖，㋖㋗㋐の順に並べてできる４つの３けたの整数の和を S とします。

＜図２＞では，４つの整数は569，982，237，715です。

㋐	㋑	㋒
㋗	㋘	㋓
㋖	㋕	㋔

＜図１＞

5	6	9
1	4	8
7	3	2

＜図２＞

(1) ＜図２＞で，３と４を入れかえると，入れかえた後の S の値は入れかえる前の S の値よりどれだけ大きくなりますか。

(2) ＜図２＞で，５と６を入れかえると，入れかえた後の S の値は入れかえる前の S の値よりどれだけ大きくなりますか。

(3) ＜図２＞で，１から９までの整数のうち，２つの数を入れかえたところ，入れかえた後の S の値は入れかえる前の S の値より30だけ大きくなりました。入れかえた２つの数はどれとどれですか。

(4) ＜図２＞で，１から９までの整数のうち，２つの数を入れかえたところ，入れかえた後の S の値は入れかえる前の S の値より182だけ小さくなりました。入れかえた２つの数はどれとどれですか。

6 右の図の長方形ABDCと長方形CDFEで，辺ABの長さは８cm，辺ACと辺CEの長さは３cmです。点Pは点Aを出発し，辺AB上を毎秒２cmの速さで点Bまで移動し，すぐに折り返して，辺AB上を同じ速さで点Aまで移動します。点Qは点Dを出発し，辺DC上を毎秒１cmの速さで点Cまで移動します。点Rは点Eを出発し，辺EF上を毎秒１cmの速さで点Fまで移動します。３点P，Q，Rは同時に出発し，点Pが点Aに着いたとき，３点は同時に止まります。

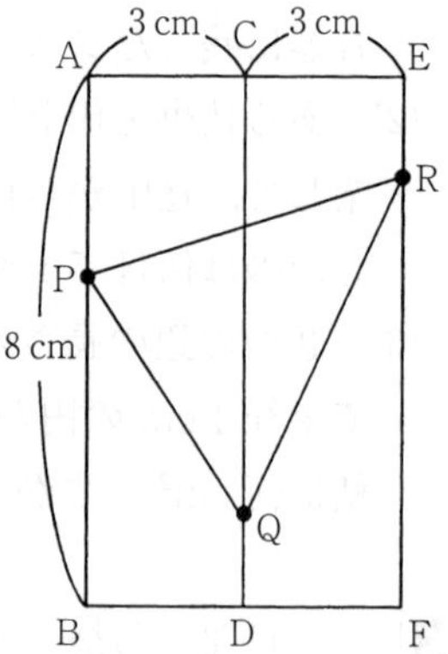

(1) 点Pが点Aを出発してから２秒後の三角形PQRの面積は何 cm^2 ですか。

(2) ３点P，Q，Rが１直線に並ぶのは，点Pが点Aを出発してから何秒後ですか。

(3) 三角形PQRの面積が $10cm^2$ となるのは，点Pが点Aを出発してから何秒後ですか。考えられるものをすべて書きなさい。

7 次の３つの条件㋐～㋒がすべて成り立つように，正方形を２本の直線によって４つの長方形に切り分けます。

> ㋐　長方形の辺の長さを cm で表すと，辺の長さの値はすべて整数となる。
> ㋑　４つの長方形の面積はすべて異なる。
> ㋒　４つの長方形の面積を小さい順に a cm², b cm², c cm², d cm² とすると，a と d の最大公約数は１，b と c の最大公約数も１である。

たとえば，正方形の１辺の長さが８cm のとき，右の図のように４つの長方形に切り分けると，a，b，c，d はそれぞれ３，５，21，35であり，３と35の最大公約数は１で，５と21の最大公約数も１です。

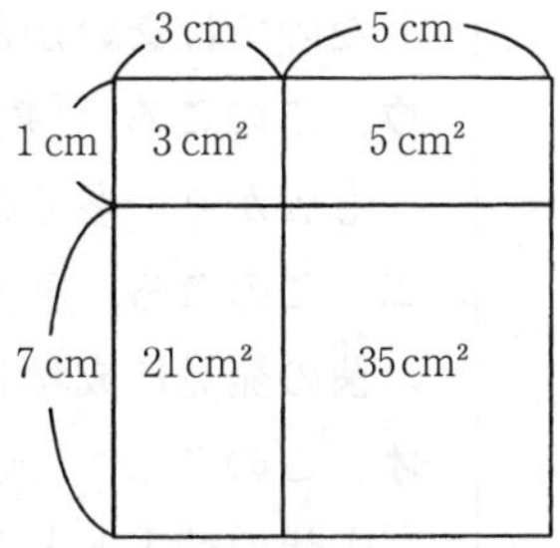

(1)　正方形の１辺の長さが 12cm のとき，d の値はいくらですか。

(2)　正方形の１辺の長さが 18cm のとき，d の値はいくらですか。考えられるものをすべて書きなさい。

(3)　d の値が255のとき，正方形の１辺の長さは何 cm ですか。

【社　会】〈第１回試験〉（30分）〈満点：60点〉

１　次の**ア**～**カ**の文を読み，問いに答えなさい。

ア．このころ，インフルエンザが世界的に流行し，日本でもスペインかぜと呼ばれて多くの人が亡くなりました。このとき，第一次世界大戦が行われていました。

イ．このころ，コレラが日本で流行しました。ちょうど日本が修好通商条約を各国と結び，異国船の往来がさかんなときだったので，人々のなかには，外国人がこの病をもたらしたのではないかと考える者もいました。

ウ．このころ，「疫瘡《えきそう》」（皮膚《ひふ》にできものができる病気）が流行しました。平城京の人々にも広がり，多くの役人や貴族が命を落としました。

エ．このころ，香港でペストが広まっており，原因調査におもむいた北里柴三郎はペスト菌《きん》の発見に成功しました。このとき，日清戦争が行われていました。

オ．このころ，「人々が病に苦しみ，これを銭病と呼んだ」という記録が残っています。宋銭の輸入とともに流行した病のため「銭病」と呼ばれたものと考えられています。このころ，平清盛を中心とする平氏が中央の政治をおこなっていました。

カ．このころの日本の流行病の様子を記録や文書から知ることはできませんが，人骨を調べてみると結核が流行していたことがわかっています。このころ，有力な者は古墳と呼ばれる墓に葬《ほうむ》られました。

問１．**ア**～**カ**の文を時代の古い方から順にならべかえて，記号で答えなさい。

問２．次の①～④の文が示す出来事は**ア**～**カ**の文のあらわす時代のどれと関係が深いか，記号で答えなさい。関係の深い文がないときは記号**キ**で答えなさい。

①　豪族《ごうぞく》たちが大和《やまと》政権をつくり，その中心となった人物は大王と呼ばれた。

②　日本の成り立ちをしめした「日本書紀」が完成した。

③　高倉天皇の子どもが安徳天皇として即位《そくい》した。

④　25才以上の男性すべてに選挙権が認められた。

問３．**ア**の文について。このころ，民衆運動が全国に広まって内閣が倒《たお》れました。この民衆運動を何というか，答えなさい。

問４．**イ**の文について。

(1)　修好通商条約にもとづいて貿易が開始された後，日本から欧米諸国に一番多く輸出された品物を答えなさい。

(2)　修好通商条約によって貿易港となった５港のうち，すでに和親条約で開かれていた港の名前を一つ答えなさい。

問５．**ウ**の文について。

(1)　平城京をつくるときに参考にしたといわれる唐の都の名前を答えなさい。

(2)　次のページの**図１**の平城京の復元模型をみて，**ア**の門の名前として正しいものを下の**あ**～**え**から一つ選んで記号で答えなさい。

図1

あ．南大門　　**い**．朱雀門　　**う**．天安門　　**え**．応天門

問6．**エ**の文について。日清戦争の直前に日本はイギリスと条約を結びました。この条約の内容について説明しなさい。

問7．**オ**の文について。平氏一族が厚く敬った神社の名前を答えなさい。

問8．**カ**の文について。日本最大の古墳の名前と，その古墳がある都道府県名を答えなさい。

2　次の文章を読み，問いに答えなさい。

『アイシャの1日』という動画を知っていますか。この動画は(1)ユニセフによって，水の大切さを伝えるためにつくられました。アイシャは［ 1 ］大陸東部にある(2)エチオピアで暮らす13才の少女です。彼女と家族は，(3)水道のない生活をしていて，近くで水を手に入れることもできません。そのため，(4)朝早くから往復8時間をかけて水くみに出かけますが，そこで手に入る水も茶色くにごった水です。

(5)日本は世界のほかの国々と比べて降水量が多く，(6)生活や文化などが水と深く関わっていると言えますが，世界には水資源に乏《とぼ》しい国もあります。国連は水の大切さを訴《うった》えるため，1992年の総会で毎年3月22日を「世界水の日」と定めました。国連広報センターのホームページによれば，2015年の時点で(7)世界人口の29％が安全に管理された飲料水の供給を受けていないとされています。

水資源の豊かな日本ですが，実は多くの「水」を輸入しています。例えば(8)小麦の多くを輸入していますが，小麦1キログラムを生産するのに約2000リットルの水が必要とされています。つまり小麦を栽培《さいばい》するために消費した水も，実際には輸入したとみなすことができます。これを仮想水，もしくは[2]ウォーターと呼んでいます。

1961年，人類として初めて有人宇宙飛行に成功した(9)ソ連(当時)の宇宙飛行士ガガーリンは,「地球は青かった」と表現しました。地球は水の惑星《わくせい》なのです。

問1．下線部(1)について。ユニセフが意味するものを次から選んで，**あ**～**お**の記号で答えなさい。

あ．国連教育科学文化機関　**い**．国連世界食糧《しょくりょう》計画

う．国連児童基金　**え**．国境なき医師団

お．青年海外協力隊

問2．[1]にあてはまる語句を答えなさい。

問3．下線部(2)について。エチオピアはコーヒーの原産地のひとつです。世界でもっとも多くのコーヒー豆が生産されているのはブラジルですが(2016年)，次に多いのは東南アジアのある国です。その国を下の**図2**から選び，**あ**～**お**の記号で答えなさい。

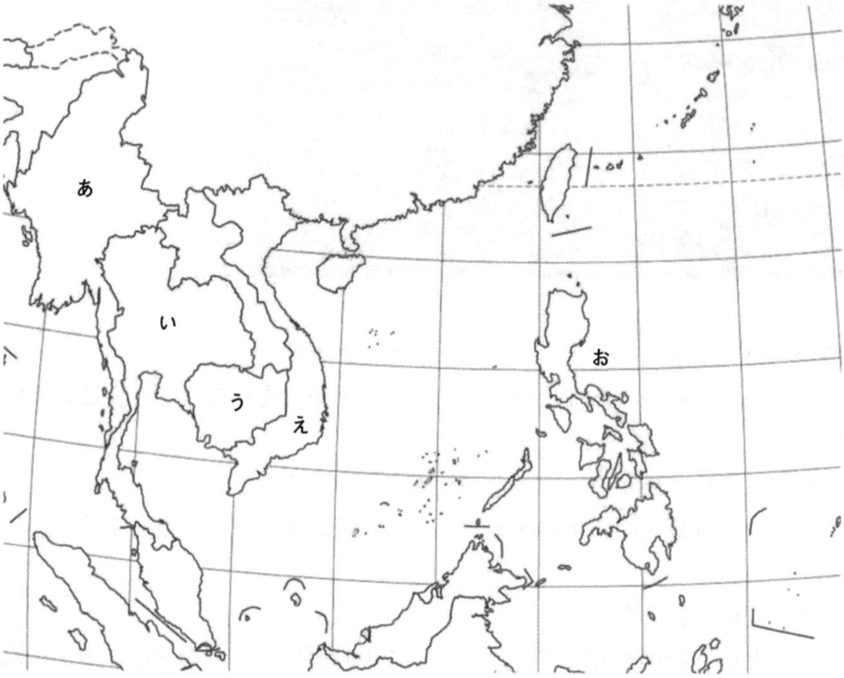

図2

問4．下線部(3)について。日本の水道普及《ふきゅう》率は100％に近く，必要不可欠なものとなっていますが，「平成」の間に相次いだ地震《じしん》などの自然災害による断水で，水道の大切さが改めて認識されました。**あ**～**う**の地震は，いずれも平成の間に発生したものです(気象庁が定めた名称《めいしょう》で，年号は省略した)。発生した順に古い方からならべかえて，記号で答えなさい。

あ．熊本地震

い．東北地方太平洋沖地震

う．兵庫県南部地震

問5．下線部(4)について。13才の子どもにとって，この水くみの問題点は何ですか，説明しなさい。

問6．下線部(5)について。次のページの**図3**に示した雨温図は，網走市，熊本市，那覇市，松本市のものです。このなかから松本市のものを選び，**あ**～**え**の記号で答えなさい。

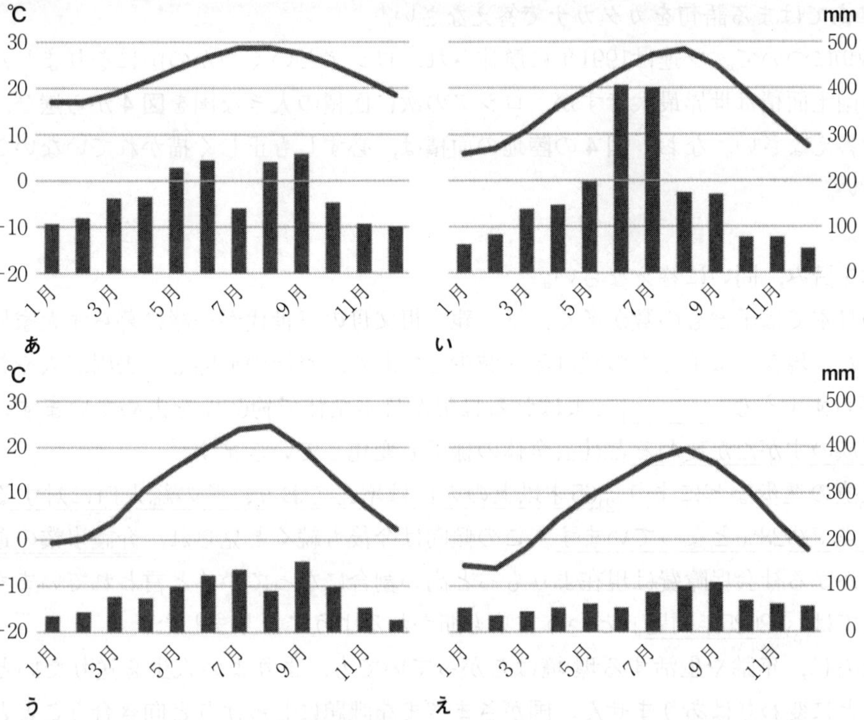

図３

（理科年表より作成）

問７．下線部(6)について。水資源の多い日本には，水害の危険性の高い地域も多く，水が生活と深く関わっています。濃尾平野の南西部では，水害から人々の生活を守るため家屋や耕地などを堤防《ていぼう》で囲んだ集落が見られます。こうした集落を何と呼びますか，答えなさい。

問８．下線部(7)について。2015年の世界人口は約73億4900万人で，世界人口の29％は約21億人となります。以下に示した国は世界の人口上位５か国です。このなかから人口の合計が21億人を超《こ》えるようになる二つの国を選び，**あ**～**お**の記号で答えなさい。

あ．アメリカ合衆国　　**い**．インド　　**う**．インドネシア

え．中華人民共和国　　**お**．ブラジル

問９．下線部(8)について。日本の小麦輸入先３位までの国(2017年。順位は問わない)を以下の**図４**からすべて選び，**あ**～**き**の記号で答えなさい。

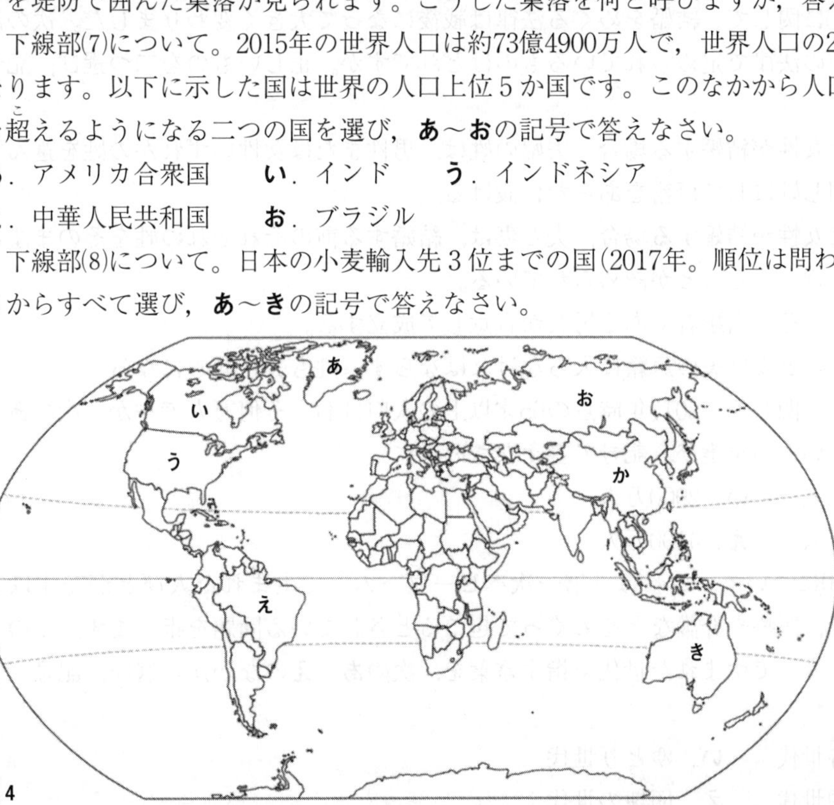

図４

問10．［ 2 ］にあてはまる語句をカタカナで答えなさい。

問11．下線部(9)について。ソ連は1991年に解体され，ロシアといくつかの国になりました。現在，ロシアの国土面積は世界最大ですが，ロシアの次に面積の大きな国を**図４**から選び，**あ**～**き**の記号で答えなさい。なお，**図４**の陸地の面積は，必ずしも正しく描《えが》かれていないことに注意しなさい。

3 次の文章を読み，問いに答えなさい。

かつての日本では子どもの数が多く，子・親・祖父母の三世代が一緒《いっしょ》に暮らす大家族が多く見られました。現在では子どもの数は年々減少しており，家族の形態も，夫婦二人や親と子の二世代で暮らすような［　　　］とよばれる世帯が日本全体で約60％を占《し》めています。このように，(1)家族のすがたが変わると社会全体の様子も変化していきます。

一方，医療《いりょう》の進歩などにより(2)65才以上の人口は増えており，その総人口に対する割合は2017年の時点で約28％となっています。この傾向《けいこう》は今後も続くと見られ，介護《かいご》事業の運営や高《こう》齢《れい》者医療にかかる社会保障費は現在よりもっと高い割合になっていくと言われています。そんななか最近では(3)「2025年問題」という言葉も聞かれるようになりました。

わたしたちは，年齢《ねんれい》や生活する環境《かんきょう》はちがっていても，よりよい人生を送りたいという願いがあることに変わりはありません。国がさまざまな課題にしっかりと向き合うこととあわせて，わたしたち一人ひとりが，すべての人が幸せになれる社会のしくみを考えていくことが，ますます求められています。

問１．文章中の［　　］にあてはまる最も適切な語を漢字３字で書きなさい。

問２．下線部(1)に関して。結婚《けっこん》をめぐる法律は戦後になって大きく変わりました。次の**あ**～**え**のうち，現在の法律で定められているものはどれですか。正しいものを二つ選び，記号で答えなさい。

あ．男性と女性が結婚する場合，夫婦の姓《せい》は，男性または女性いずれかの姓を選んで，夫婦ともに同じ姓にして戸籍《こせき》をあらたに設ける。

い．男性と女性が結婚する場合，夫と妻は，結婚する前のそれぞれの姓をそのまま用いて，戸籍上の姓とすることが認められている。

う．結婚は，その当事者である男女が合意して成立する。

え．結婚すると妻は夫の戸籍に入らなければならず，姓も夫と同じになる。

問３．下線部(2)に関して。2017年時点の65才以上の人口はおよそ何万人ですか。次の**あ**～**え**のなかから正しいものを選び，記号で答えなさい。

あ．2300万人　　**い**．2900万人

う．3500万人　　**え**．4100万人

問４．下線部(3)について。これは「第一次ベビーブーム」で生まれた人びとが75才以上となる2025年以降，医療や介護などをめぐって起こるとされている問題を指します。この「第一次ベビーブーム」で生まれた世代を指す言葉を，次の**あ**～**え**のなかから選び，記号で答えなさい。

あ．焼け跡《あと》世代　　**い**．ゆとり世代

う．新人類世代　　**え**．団塊《だんかい》の世代

問５．文中の二重下線部について。以下の設問に答えなさい。

設問１．介護などの高齢者福祉《ふくし》に関わる次の**ア**～**ウ**の文について，内容が正しいものには〇を，正しくないものには×を記入しなさい。

ア．高齢化が進むなか宿泊《しゅくはく》ができる介護施設《しせつ》が増えたため，日帰りで利用するデイサービスを使う人は近年減ってきている。

イ．ひとり暮らしの高齢者の家を訪問して，相談や援助《えんじょ》をおこなう民生委員は，法律にもとづき，厚生労働大臣からの委嘱《いしょく》を受けて仕事をしている。

ウ．政府による介護保険のしくみは，人口の高齢化が予想されるようになった1980年代に，年金保険のしくみの改正とあわせて，あらたに作られた。

設問２．以下の**表１**は，働き手の往来や商品の輸出入等を自由におこなうとする経済連携《れんけい》協定にもとづき，日本が受け入れた「看護師候補者」「介護福祉士候補者」の国籍《こくせき》とその人数を示したものです。**表１**のＡ・Ｂにあてはまる国名の組み合わせとして正しいものを，下の**あ**～**お**のなかから選び，記号で答えなさい。

表１　経済連携協定にもとづく看護師候補者と介護福祉士候補者の推移

(2008年度～2018年度　単位＝人)

入国年度		2008	2009	2010	2011	2012	2013	2014	2015	2016	2017	2018	累計《るいけい》
看護師候補者	Ａ	104	173	39	47	29	48	41	66	46	29	31	653
	Ｂ	−	93	46	70	28	64	36	75	60	34	40	546
	ベトナム	−	−	−	−	−	−	21	14	18	22	26	101
	合計	104	266	85	117	57	112	98	155	124	85	97	1300
介護福祉士候補者	Ａ	104	189	77	58	72	108	146	212	233	295	298	1792
	Ｂ	−	190	72	61	73	87	147	218	276	276	282	1682
	ベトナム	−	−	−	−	−	−	117	138	162	181	193	791
	合計	104	379	149	119	145	195	410	568	671	752	773	4265

(厚生労働省ホームページ資料による)

あ．Ａ＝インドネシア　Ｂ＝フィリピン

い．Ａ＝中国　Ｂ＝インドネシア

う．Ａ＝韓国　Ｂ＝フィリピン

え．Ａ＝中国　Ｂ＝ミャンマー

お．Ａ＝韓国　Ｂ＝ミャンマー

問６．文中の二重下線部について。右の**表２**・**表３**に関して，以下の設問に答えなさい。

設問１．**表２**からわかること，および**表３**からわかることについて，それぞれ答えなさい。

設問２．現在，日本の介護事業はどのような状況《じょうきょう》にありますか。設問１で答えたことについてふれながら，説明しなさい。

表２．介護施設で仕事をしている人の数

(いずれも10月１日時点の人数)

2001年	2006年	2011年	2016年
420,500人	507,794人	530,245人	566,747人

表３．介護が必要と認定された人の数

(年間の認定者数)

2001年度	2006年度	2011年度	2016年度
298万人	440万人	531万人	632万人

(**表２**・**表３**ともに『日本国勢図会』より作成)

【理　科】〈第１回試験〉（30分）〈満点：60点〉

1　次の文章を読み，以下の問いに答えなさい。なお，答えが割り切れない場合は，小数第２位を四捨五入し，小数第１位まで求めなさい。

「木片《もくへん》が水に浮《う》かび，鉄の釘《くぎ》が水に沈《しず》むのは，木片の方が鉄の釘より『軽い』からだ」と言われることがありますが，これは正しくありません。小さな鉄の釘と大きな材木を比べれば，小さな鉄の釘の方が『軽い』にもかかわらず，鉄の釘は水に沈み，材木は水に浮かびます。そのため，水に沈むか浮かぶかを考えるときには，そのものの『重さ』ではなく，『同じ体積で比べた重さ』を比較《ひかく》します。

１cm^3 あたりの重さを密度といい，g/cm^3 という単位で表します。水の密度は１g/cm^3 で，これより密度の小さい木片は水に浮き，密度の大きい鉄の釘は水に沈んでしまいます。

右の表はいくつかの金属について，体積と重さを測定し，密度を計算したものです。

	体積(cm^3)	重さ(g)	密度(g/cm^3)
金属①	5	55	11
金属②	10	79	(c)
金属③	(a)	90	9.0
金属④	20	(b)	7.9
金属⑤	30	81	2.7

問１　表の中の(a)～(c)にあてはまる数値を答えなさい。

問２　金属①～⑤のうちで，同じ体積で比べたときに最も重いものはどれですか，①～⑤から選び，番号で答えなさい。

問３　金属①～⑤のうちで，同じ重さで比べたときに最も体積が大きいものはどれですか，①～⑤から選び，番号で答えなさい。

問４　密度が異なるものは，別の物質と考えられます。金属①～⑤の中で，同じ物質と考えられるものはありますか。無いときには「×」，あるときには同じ物質の組み合わせを①～⑤の番号で答えなさい。

右の表はいくつかの木片について，体積と重さを測定したものです。

	体積(cm^3)	重さ(g)
木片⑥	100	40
木片⑦	150	75
木片⑧	150	105
木片⑨	200	160
木片⑩	200	140

問５　木片⑥～⑩のうちで，密度が最も大きいものはどれですか，⑥～⑩から選び，番号で答えなさい。

問６　木片⑥～⑩のうちで，密度が最も小さいものはどれですか，⑥～⑩から選び，番号で答えなさい。

金属①と木片⑥を貼《は》り合《あ》わせたものを物体Ａとします。このとき，全体では体積が105cm^3で重さが95gとなります。

問７　物体Ａは水に浮きますか，沈みますか，理由をつけて答えなさい。

金属②と木片⑦を貼り合わせたものを物体Ｂ
金属③と木片⑧を貼り合わせたものを物体Ｃ
金属④と木片⑨を貼り合わせたものを物体Ｄ
金属⑤と木片⑩を貼り合わせたものを物体Ｅとします。

問８　物体Ｂ～Ｅのうち，水に浮くものはありますか。無いときには「×」，あるときにはＢ～Ｅからすべて選び，記号で答えなさい。

問９　ピンポン球のように，内部に空洞《くうどう》があるアルミニウムでできた球があります。アルミニウムの球の重さは108gです。これが水に浮かぶとすると，内部にある空洞の体積は何cm^3より大きいと考えられますか。アルミニウムの密度は$2.7g/cm^3$とし，内部の空洞の空気の重さは無視して計算しなさい。

2　次の文章を読み，以下の問いに答えなさい。

気体が水に溶《と》けるとき，その溶ける量に関して，次の３つのことが知られています。

＜１＞　溶ける気体の量(重さ)は，水の量(重さ)に［　あ　］。

＜２＞　溶ける気体の量(重さ)は，水温が高いほど［　い　］なる。

＜３＞　溶ける気体の量(重さ)は，その気体の圧力(気圧)に比例する。

ただし，＜３＞の関係は，水に溶けにくい気体でのみ成り立ち，水によく溶ける気体では成り立ちません。また，圧力の大きさはhPa(ヘクトパスカル)という単位で表されます。

問１　文中の［あ］，［い］にあてはまる語句の組合せとして正しいものを次のア～カから選び，記号で答えなさい。

	あ	い
ア	比例する	大きく
イ	比例する	小さく
ウ	反比例する	大きく
エ	反比例する	小さく
オ	関係ない	大きく
カ	関係ない	小さく

問２　＜３＞の関係が成り立つ気体を次のア～オからすべて選び，記号で答えなさい。

ア．塩化水素　　イ．水素　　ウ．アンモニア　　エ．窒素《ちっそ》　　オ．酸素

次に，二酸化炭素が水にどれくらい溶けるかを考えてみましょう。ただし，二酸化炭素は＜３＞の関係が成り立つものとします。

空気の78％は［　う　］，20％は［　え　］，１％がアルゴンという気体で，二酸化炭素は0.04％含《ふく》まれています。空気全体の圧力が1000hPaのとき，二酸化炭素の圧力は，［　お　］hPaとなります。

ある温度において，１kgの水に溶ける二酸化炭素の重さは，二酸化炭素の圧力が1000hPaのとき，1.32gです。従って，この温度で１kgの水に1000hPaの空気が触《ふ》れているとき，水に溶ける二酸化炭素の重さは，［　お　］hPaの値を用いて計算すると［　か　］gとなります。

問３　文中の［う］，［え］にあてはまる気体を次のア～オから選び，それぞれ記号で答えなさい。

ア．塩化水素　　イ．水素　　ウ．アンモニア　　エ．窒素　　オ．酸素

問４　二酸化炭素を発生させるのに必要なものを次のア～クから２つ選び，記号で答えなさい。

ア．二酸化マンガン　　イ．銅　　ウ．アルミニウム　　エ．大理石

オ．水酸化ナトリウム水溶液《すいようえき》　　カ．塩酸　　キ．過酸化水素水　　ク．アンモニア水

問５　文中の［お］にあてはまる数値を答えなさい。ただし，次の式を用いて求めるものとします。

気体の圧力＝空気全体の圧力×その気体の割合

例　空気全体の圧力が200hPaのとき，アルゴンの圧力は200×0.01＝２hPa

問６　文中の[か]にあてはまる数値を答えなさい。ただし，[か]の値は，小数第５位を四捨五入し，小数第４位まで求めなさい。

問７　炭酸飲料のペットボトルの飲み口には，右の図のような溝《みぞ》が縦に入っています。この溝には，どのようなときに，どのような役割がありますか。二酸化炭素という言葉を使って説明しなさい。

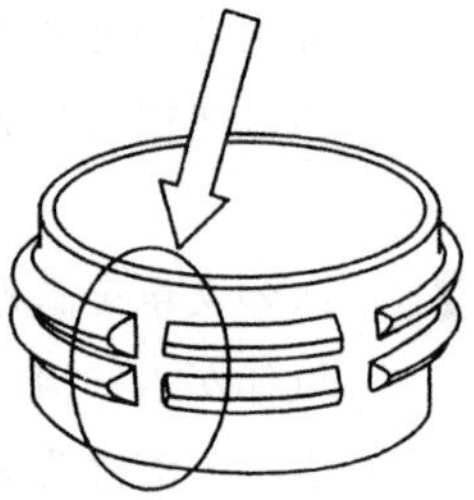

3　以下の問いに答えなさい。

背骨を持つ動物を脊椎《せきつい》動物といい，からだのつくりなどの特ちょうによって，ほ乳類・鳥類・は虫類・両生類・魚類の５つに分けられます。

問１　脊椎動物のうち体外受精であるものを，次のＡ～Ｅからすべて選び，記号で答えなさい。

Ａ．メダカ　　Ｂ．カエル　　Ｃ．スズメ　　Ｄ．イヌ　　Ｅ．トカゲ

問２　卵生《らんせい》ではなく，親と似た姿で生まれる生まれ方(たい生)であるものを，次のＡ～Ｅからすべて選び，記号で答えなさい。

Ａ．ツバメ　　Ｂ．ゾウ　　Ｃ．フナ

Ｄ．ヘビ　　Ｅ．サンショウウオ

問３　次の文章は，たい生であるヒトの生まれ方について説明した文章です。文中の(①)～(④)に入る語句を答えなさい。

受精卵《じゅせいらん》からたい児になる過程は，母親の腹部にある(①)で行われる。母親は，たい児の成長に必要な栄養分と呼吸に必要な(②)をたいばんに送り，たい児は(③)を通してそれらを受け取る。たい児は，いらない物質を(③)を通してたいばんに送り，母親に渡《わた》す。

母親の(①)から出てきたたい児は，成長に必要な栄養分を母乳から得るようになり，自分の(④)を使って(④)呼吸を行うようになる。

同種の生物間でもからだのつくりにはちがいがあり，性はその大きな要因の１つになります。動物の性がどのように決まるか，多くの動物を対象とした研究が行われ，性の決まり方にはいくつかあることがわかりました。例えば，ヒトなどの多くの動物では，精子と卵に含《ふく》まれる物質の組合せによって性が決まります。また，一部のは虫類では，卵の特定の時期の温度によって性が決まります。この一部のは虫類における性の決まり方を「温度依《い》存型《ぞんがた》性決定」といいます。

図１はアカミミガメにおける，性が決まる時期の温度とオスの出現率(生まれた子の中でのオスの割合)の関係を示したグラフです。

図１

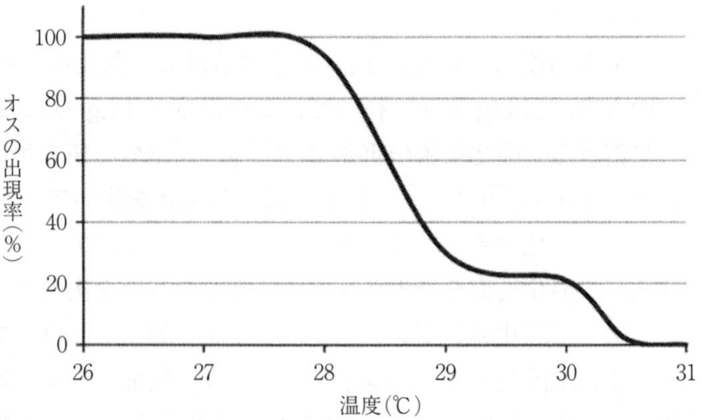

問４　図１において，正しいものを次のア～ウから１つ選び，記号で答えなさい。

ア．29℃のとき，メスの出現率は40％を下回る。

イ．31℃のとき，オスは出現せずにメスだけが出現する。

ウ．27℃のときのオスの出現率は，30℃のときの約4倍である。

図2はワニガメにおける，性が決まる時期の温度とオスの出現率の関係を示したグラフです。

図2

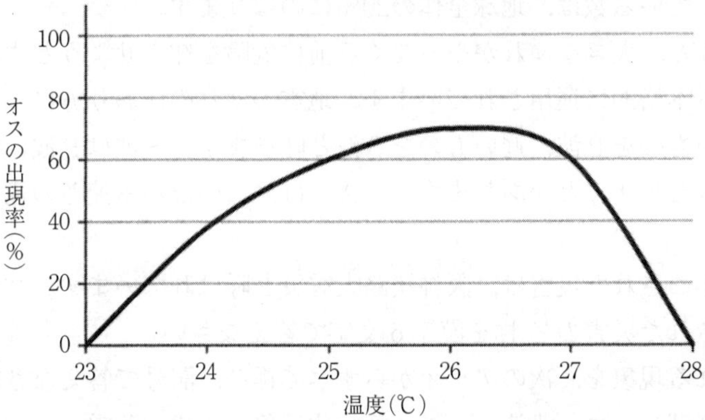

問5　図2において，正しいものを次のア～ウからすべて選び，記号で答えなさい。

ア．24℃のときと27℃のときのメスの出現率は同じである。

イ．24.5℃のとき，出現するオスとメスの個体数はほぼ同じになる。

ウ．温度に関《かか》わらず，メスは出現する。

図3はミシシッピーワニにおける，性が決まる時期の温度とオスの出現率の関係を示したグラフです。

図3

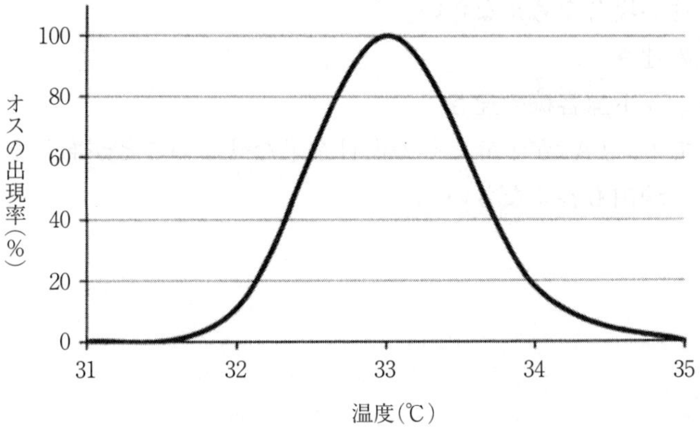

問6　図1～図3において，正しいものを次のア～エからすべて選び，記号で答えなさい。

ア．ミシシッピーワニと比べたとき，アカミミガメは低温でオスとなる。

イ．オスの出現率が50%を越える温度の範囲は，ミシシッピーワニよりワニガメの方が広い。

ウ．アカミミガメとミシシッピーワニは，31℃のときメスの出現率が0%となる。

エ．ミシシッピーワニは，温度が33℃から1℃変化するとメスの出現率が80%以上になる。

問7　「温度依存型性決定」によって性別が決まる種にとって，地球の温暖化や寒冷化は種の存続に悪い影響《えいきょう》を与《あた》えるのではないかと心配されています。この悪い影響として考えられることを説明しなさい。

4　次の文章を読み，以下の問いに答えなさい。

2011年３月11日，東北地方の太平洋沿岸で，観測史上４番目に大きな地震《じしん》が発生しました。この地震は，東北地方太平洋沖《おき》地震と名付けられました。

日本の面積は地球全体のわずか0.3％に満たない広さであるのに対して，マグニチュード６以上の大きな地震が日本で発生している数は，地球全体の20％にのぼります。

少しでも地震の被害《ひがい》を減らそうと，大きなゆれがやってくる前に危険を知らせようとする仕組みである（ Ａ ）が，2007年から本格的に運用されています。地震のゆれの伝わり方には，２種類あります。伝わる速さが速いものをＰ波，遅《おそ》いものをＳ波と呼びます。Ｓ波はＰ波に比べてゆれが大きく，大きな被害をもたらすことがあります。（ Ａ ）は，この伝わる速さの違いを利用しています。

問１　兵庫県南部地震により引き起こされた災害は，阪神淡路大震災《はんしんあわじだいしんさい》と呼ばれています。文中の下線部の地震により引き起こされた災害の名称《めいしょう》を漢字６文字で答えなさい。

問２　地震が発生した際に心配される現象を，次のア～オからすべて選び，記号で答えなさい。

ア．地盤沈下《じばんちんか》や隆起《りゅうき》　イ．高潮　ウ．津波《つなみ》　エ．液状化現象　オ．落雷《らくらい》

問３　文中の(Ａ)に入る最も適切な語句を，次のア～オから１つ選び，記号で答えなさい。

ア．大地震注意報　イ．避難《ひなん》指示　ウ．緊急《きんきゅう》地震速報

エ．大地震警報　オ．緊急地震警報

問４　140km離《はな》れた場所の地表付近で地震が発生しました。最初のゆれを感じてから，大きなゆれがやってくるまで何秒かかりますか。ただし，Ｐ波は秒速７km，Ｓ波は秒速４kmで地面の中を伝わるものとします。

問５　問４の地震のゆれが伝わる速さよりも遅いものを，次のア～エからすべて選び，記号で答えなさい。ただし，速さは最も速い場合を考えなさい。

ア．新幹線の速さ　イ．光の速さ

ウ．台風の進む速さ　エ．ジェット旅客機《りょかくき》の速さ

問６　私達が(Ａ)を受け取ったとしても，(Ａ)が十分にその役目を果たせないことがあります。それは，どのような場合ですか。理由も答えなさい。

た方がよいということ。

問四　――線部③について。「その笑顔」が「私」に何をもたらしたのか。本文中から一〇字前後でぬき出して答えなさい。

問五　――線部④について。これは他人に対するどのような接し方か。わかりやすく説明しなさい。

問六　――線部⑤について。私がそのような気持ちになった理由として、最もふさわしいものを次の中から選び、記号で答えなさい。

ア　その笑顔には苦しみが多い世の中を批判し、それを変えようとする意志があったことに気づいたから。

イ　その笑顔には他人に対する思いやりが込められており、それによって励《はげ》まされたことに気づいたから。

ウ　その笑顔には義務を果たし続けることの大切さが感じられ、それに教えられていることに気づいたから。

エ　その笑顔には世の中全体を考える視点があり、悩《なや》んでいるのは自分だけでないということに気づいたから。

問七　文中の【A】を補うのに最もふさわしいと思われる表現を、文中から七字でぬき出して答えなさい。

問八　――線部⑥について。言い換《か》えると「どういう時代」と考えられるか。次の中で最もふさわしいものを選び、記号で答えなさい。

ア　グローバル化が進んで多くの人々がめまぐるしく行き交《か》う時代。

イ　人々が激しく対立し、簡単に解決しないことが次々と出ている時代。

ウ　各地で大規模な自然災害が発生し、利害を越《こ》えた協力が必要な時代。

エ　科学が発達する一方、環境《かんきょう》が汚染されて人類生存の危機が叫《さけ》ばれる時代。

問九　文中の【B】を補うのに最もふさわしいと思われる表現を、次の中から選び、記号で答えなさい。

ア　頑固《がんこ》さ　イ　真面目《まじめ》さ　ウ　若々しさ

エ　柔軟《じゅうなん》さ　オ　貪欲《どんよく》さ

問十　――線部⑦について。私がそのように思っているのはなぜか。本文全体をふまえながら、また「その笑顔」がどういうものであるのかをあきらかにしつつ、説明しなさい。

てはいけない。他人に対しても親切にすること。ひとの生きるのを助け、自分の生きるのを助けること、これこそ真の慈愛《じあい》である。親切はよろこびだ」

ここまで「ねばならぬ」「【　A　】」という筋道でまとめられると、上機嫌も硬直《こうちょく》してしまいそうだし、思い出の笑顔は「親切」というようなものではなかった、もっと自然なあたたかさだったと思うけれど、世の中には「機嫌のよさ」というようなことに最上級の値打ちを見つけている人がいると知ったのは喜びだった。

とはいうものの、⑥9・11、アフガニスタン、イラク、パレスチナという時代に「上機嫌」を第一位にもって来るような道徳論はどうも穏和《おんわ》すぎて力のないもののようにも思え、いつの間にかそのアランを口にすることもなく、思い出の「笑顔」を人にいうことも少なくなってしまっていた。

シカゴのことがあってから五年後（一九六六年）、サルトルが日本へ来て一ヵ月ほど滞在《たいざい》した。

「日本で印象的なことのひとつは」と日本人たちとの座談会で、サルトルがいっている。

「多くの日本人の生活が苦しく、大衆の生活は非常にきびしいはずなのに、街で出会う顔の多くには微笑《ほほえ》みをたたえた陽気さが漂《ただよ》っていることです。フランスでは生活は同じくらいにきびしい、いや、ある点では日本より楽なのに、群衆は疲《つか》れきって、陰気《いんき》です」

さすが「機嫌のよさ」を道徳上の義務の第一位にあげたアランの国の話だけあって、相当群衆は陰気のようだが、日本も似たようなものではないかと思ったのを憶《おぼ》えている。まだ「戦後」の空気があちこちに残っていて、人々はとげとげしていて、ちょっとしたことで口論になったり、殴《なぐ》り合いになったり、酒を呑《の》むと自分をいじめるように泥《でい》酔《すい》する人が多かった。それを「陽気」だといえば、まあ一種の活気にはちがいないと今となっては思うけれど、「微笑みをたたえた陽気さ」なんて、どこにあるんだ、と思っていた。笑顔に飢《う》えていた。しかし、なにより私自身が見知らぬ人のしたことに咄嗟にいきいきと反応し、笑顔を向け、うなずいてみせるなどという【　B　】からは、ほど遠く、次第に「シカゴの笑顔」は、私の理想になっていた。

見知らぬ人に、さらりと笑顔を向けること。

それは難しい。とりわけ日本では難しい。

⑦しかし、私の中に四十数年、数秒の笑顔が消えずにいるところを見ると、小さなことに見えて、笑顔のあるなしは、相当大きなことなのかもしれない、と、いいつのりはしないが、今でも思い続けている。

（山田太一『夕暮れの時間に』による。
ただし、途中を省略した部分がある。）

［注］　アラン、サルトル…ともにフランスの哲学者。

問一　═線部**a**～**c**のカタカナを漢字に直して書きなさい。

問二　──線部①について。「私」はどのような態度でトイレに向かっていたか。本文中の表現を用いながら簡潔にまとめなさい。

問三　──線部②について。「私にうなずき」とあるが、ここで女性が伝えたかったことは様々に考えられる。次の説明の中で**ふさわしくない**ものをひとつ選び、記号で答えなさい。

ア　私の間違いは大きなことではないから心配しなくてもよいということ。

イ　私の間違いについては自分の胸にしまっておくから安心してよいということ。

ウ　私の間違いはたまに起こりうることだから、落ち込《こ》まなくてもよいということ。

エ　私の間違いはあまりにこっけいで、恥ずかしいことだと思っといっても、両方で立ち止まったというようなことはなく、たちまちすれちがったのだが、その女性がくるりと向きを変えた私を見て、五、六歩は離れていただろうか、とても可笑《おか》しそうに吹き出すように笑ったのである。自分はどうしたかは思い出せない。②ともあれ女性は笑いながら私にうなずき、たちまちすれちがって女性用に入ってしまった。

③その笑顔がとてもよかった。

邪気《じゃき》のない笑いで、それはたとえば、目の前で小学校三、四年の男の子が同じ間違《まちが》いをしてすまして引き返すのを見た大人の女性がつい笑ってその子にうなずくというような状況《じょうきょう》に近いけれど、そういう上下がなかった。もっとａタイトウで、友人が思わず笑ってうなずいたような親密さが過《よぎ》り、あっという間にいなくなってしまった。

あけっぴろげなのに、同時に目の中に節度もはじらいもあったように思うのは、あとから加えた空想かもしれないが、私は男性用に入りながら、たぶん笑顔になっていたと思う。小便をしながら、思いがけないほどの幸福感がこみあげて、また少し笑ったと思う。

その女性がとりわけ美人だったというようなことはない。ｂヨウシより何より、とてもいい人柄《ひとがら》とすれちがったという後味が残った。

そんなことは、どこにでもありそうだが、これがない。以後の欧米旅行でも、中国やインドでも。勿論《もちろん》日本でも、あの笑顔には出会わない。とりわけ東京では、見知らぬ人ｃドウシが微笑してうなずくなどということはほとんどないから、④同じようなことがあっても気づかぬふりをするか、「ドジ」というように避《さ》けて通るというような事ばかりである。咄嗟《とっさ》に楽しそうに笑ってうなずいてすれちがうというように、外側に気持ちがひらいていない。

と書きながらも、小さなことを大げさにいっているような気持ちになるが、数秒の笑顔が私の頭にとりついて四十年余りもたってしまった。その笑顔と、そのあとにこみあげた幸福感が、私をいくらか支配し続けているというように思う。

街を歩くのに、機嫌《きげん》よく歩こうと不機嫌に歩こうと無論自由だが、どちらかといえば機嫌よく歩いた方がいいのではないか、と思ってしまうところが、私にはある。その笑顔体験のせいだと思う。

暗い気持ちの人には、他人の機嫌のよさは不快かもしれないのだから、機嫌がよければいいというものではないと思うのだが、暗い顔で歩いている自分に気づくと、反射的に機嫌のよさを装《よそお》おうとしてしまうところがある。ごく些細《ささい》なことが、思いがけなく他人の気持ちの底に残るというようなことを考えるのも、いくらかその笑顔の記憶のせいだと思う。

ある時——といっても随分《ずいぶん》昔のことになるが、アランを読んでいたら、こんな文章に出会った。『人生論集』である。

「なにかのはめで道徳論を書かざるをえないことになれば、わたしは義務の第一位に上きげんをもってくるに違いない」（「上きげん」）

その時も、シカゴの女性の笑顔が甦《よみがえ》った。道徳かあ、道徳とまでは思わなかったけど、と⑤その笑顔で私の中に生まれた幸福感の意味がはっきりしたような気持ちになった。

アランは続けてこんなことをいっている。

「われわれは、なにかというとほんのささいな原因に対しても、すぐ不平をいう。そして、また、本当の苦しみを背負わなければならないような状況になると、それを示す義務があるかのように考える」しかし、われわれはもっと「悠然《ゆうぜん》と生命をとらえなければならぬ。大げさな悲劇的ないいまわしでわれわれ自身の心をひきさいたり、それを伝染させて他人の心をひきさいたり、しないようにしなければならぬ。それだけではない。すべては互《たが》いに関係あるのだから。人生のささいな害悪に対して、その話をしたり、それをみせびらかしたり、誇張《こちょう》し

ア　両親と血がつながっていないことだけは、何としても秘密にしておきたい気持ち。

イ　みんなと同じ日本の小学生だったふりをして、それで通用するのか試《ため》したい気持ち。

ウ　のみ込みが早くて特別に優《すぐ》れていることは、みんなにとけこむために隠《かく》したい気持ち。

エ　自分の生《お》い立ちがみんなと違っていることで、特別な存在になることをいやがる気持ち。

問五　本文中の【A】を補うのにふさわしいことばを、五字前後で考えて答えなさい。

問六　本文中の【B】を補う表現として、次の中ではどれが最もふさわしいか。記号で答えなさい。

ア　人間なんてちっぽけな存在で、くよくよする意味はない

イ　生まれたところの違いなんてたいしたことじゃない

ウ　国と国とが争うなんて、本当にばかげている

エ　この地球だけがすべてだと考えることはおろかだ

問七　――線部⑥に関連して。今から思うと「恵《めぐ》まれている」と考えられる過去のことがらを示す一文を本文中からさがし、最初の五字をぬき出して答えなさい。

問八　――線部⑦「そんな考え方もできるって気づけた」とあるが、それに対して以前はどういう考え方をしていたのか。その考えの内容を表現した一文を本文中からさがし、最初と最後の五字ずつをぬき出して答えなさい。

問九　本文中の【C】を補うのにふさわしい五字以内のことばを、本文中からぬき出して答えなさい。

問十　さて、君自身は、中一の最初の授業で問いかけられたとしたら、何をあずけたいと答えるだろうか。その理由とともに、くわしく述べなさい。（自分自身について考える力、君自身の内側から出てくる発想、それを伝える表現力を中心に採点します。）

問十一　＝線部a～cのカタカナを漢字に直して書きなさい。

二

次の文章を読んで、後の問に答えなさい。

いつでも、どこにでもありそうなことなのだが、七十年の歳月《さいげつ》を生きてみると、四十三年前に、たった一度だけだったという、忘れられない笑顔がある。

それはもう出来事ともいえない数秒の経験だが、その笑顔は私の目の裏に焼きついて、時がたっても消えず、むしろ次第《しだい》に濃《こ》くなって行くようなのである。

昭和三十六年（一九六一）のシカゴというところまではっきりしているのだが、そのビルがなんだったのかは記憶《きおく》にない。誰もが行き来できる公共のビル――たとえば大きな鉄道の駅のメインホールのようにも思うのだが、その時のシカゴで高架《こうか》を走る電車には乗ったが、大きな鉄道の駅に入った記憶がない。

ともあれ私は、ホールのようなところを横切って①トイレに向かっていた。まだアメリカの豊かさと日本の貧しさがくっきりしていた時代で、ほとんど日本人旅行者を見かけないアメリカを、二十代の私はいくらか白人にでもなったような気持ちで、バカにされまいと身構えてもいて、大股《おおまた》にトイレに向かっていった。

トイレは、古色のついた白いタイル貼りの大きなアーチ型の入り口があり、そこを入ると左右に男女それぞれの入り口があるのだが、そこまでもそれぞれゆったりとアプローチがある贅沢《ぜいたく》な造りで、私はどういうものか迷いもなく左に曲がって、入り口寸前でそれが女性用だと気づき、すましてくるりと向きを変えた。

するとあとからやって来た二十歳前後の女性と向き合う形になった。

たのです。ｂクンレンを続けながら出番を待つばかりだったのですが、運よく早い段階で行けることになりました。宇宙から地球を眺《なが》めるのが楽しみです。青いって本当でしょうか？　きっと地球はひとつの球体でしかなく、国境なんか見えないし、【　B　】と証明されるでしょう。

月に行く日が決まってから、「今こそあずかりやにあずけたいものはないか」と考えました。当時より、ものはいっぱい持っています。思い出もそれなりにできました。その中からこれはあれはと考えました。それでもやはり、あずけたいものはありませんでした。

ふと思ったんです。あずけたいものがないことは、恥ずべきことではないんじゃないかと。⑥ひょっとしたらぼくはものすごく幸せで、恵《めぐ》まれているのではないかと。

⑦そんな考え方もできるって気づけたことがうれしくて、先生に伝えたいと思い筆をとりました。

中一の時からぼくの中にはｃツネにあずかりやの存在がありました。「困った時はそこへ行こう」となぜだか思っていました。ふるさとのないぼくにとって、それにかわるような存在だったのかもしれません。他人のものを受け入れ、あずかってくれる場所がある。そのことが心に余裕《よゆう》のようなものをくれていたような気がします。思えばぼくを育ててくれた両親も、【C】なのですからね。

いつかあずかりやの店主と話をしてみたい。今はそんなふうに思っています。

先生に本当のことを伝えられて、すっきりしました。

では、行ってきます。

（大山淳子『あずかりやさん—桐島くんの青春—』による。）

［注］養子縁組…もともとは他人であるが、法律上、親子としての関係を結ぶこと。

問一　——線部①・②に関連して。「ぼく」の場合、国語が苦手で文章を書くのが苦手であると思っていたのは、どのような事情があるからなのだろうか。本文中のことばを使いながら、わかりやすくまとめなさい。

問二　——線部③について。みんながとまどった理由として、次の中ではどれが最もふさわしいか。記号で答えなさい。

ア　何かをあずけるなどということはこれまで考えたこともなく、簡単には答えが見つかりそうもないから。

イ　先生の問いかけがどこまで本気なのかわからず、変なことを言うと怒《おこ》られるかもしれないと思ったから。

ウ　「あずかりや」などというお店は現実感がなく、実際に存在するようにはとても考えられなかったから。

エ　一日で百円かかるということは、長い期間あずけると自分では払うことができなくなると想像したから。

問三　——線部④「先生は先生だから」ということばの説明として、次の中ではどれが最もふさわしいだろうか。記号で答えなさい。

ア　先生というものは、すべてのことを見ぬく目があるはずだから。

イ　先生というものは、必ず生徒の両親と話をしているだろうから。

ウ　先生は生徒と違《ちが》って、ある程度の情報を持っていただろうから。

エ　先生は生徒を区別するために、生徒の違いに敏感《びんかん》なはずだから。

問四　——線部⑤のように考えるのは、その根底にどのような気持ちがあるからだろうか。次の中で最もふさわしいものを選び、記号で答えなさい。

二〇二〇年度　桐朋中学校

【国　語】〈第一回試験〉（五〇分）〈満点：一〇〇点〉

一　次の文章を読んで、後の問に答えなさい。

先生、お元気ですか？

初めてお**a**タヨりします。ぼくは中学時代、先生に国語を教えてもらいました。

担任のクラスにはなったことはないし、ぼくはあまり優秀な生徒ではなかったので、先生はぼくのことを覚えてらっしゃらないと思います。

正直言うと、①国語は苦手な教科でした。でも先生の授業は覚えています。特に印象的だったのは、中一の最初の授業です。先生は、ちょっと変わったお店（あずかりや）の話をしてくれました。その店は一日百円で何でもあずかってくれるというのです。

さて君たちは何をあずけたい？

先生はぼくたちに問いかけました。そしてそれは宿題となりました。次の授業でひとりひとりが発表するのです。あずけたいものと、その理由。ひとりの持ち時間は一分です。原稿《げんこう》用紙一枚も要《い》らないくらいです。②文章を書くのが苦手なぼくにとっては、ありがたい分量でした。

③みんなその宿題にとまどいながらも、考えるのが楽しかったみたいで、昼休みに話題になりました。新学期だし、それがクラスのみんなへの自己紹介になります。だから、みんなをあっと言わせるような答えを考えて、笑いをとろうとするものもいました。実際、とても面白いことを言った奴《やつ》がいて、ぼくもみんなも大笑いしたのですが、今はそれが何だったのか、思い出せません。ちなみにそいつはそのあと学級委員になりました。

みんなあずけたいものはいろいろで、大好きなゲームを試験中だけあずけるとか、そういうのもありました。

ぼくは「ランドセル」と言いました。理由は「もう使わないから。親は処分すると言うけど、大切な思い出だから捨てられない」と言いました。あたりさわりのないことを言ったので、誰《だれ》の記憶《きおく》にも残ってないだろうけど、ぼくの記憶には残りました。罪悪感があったからです。

あれは嘘《うそ》です。ぼくはランドセルを持っていません。背負ったこともありません。④先生は先生だから知っていたかもしれないけれど、ぼくはよその国で生まれ育ちました。

十歳の時に養子縁組《ようしえんぐみ》をして日本にやってきました。二年間は両親のもとで日本語を学びました。ぼくはのみ込みが早くて、書くのは苦手だけどしゃべるのは大丈夫になったので、中学から公立の学校へ入学しました。ぼくはそれをクラスのみんなに知られたくなくて、⑤普通をよそおいたくて、嘘をつきました。

それに、あずけたいものがなかったんです。ぼくが持っているものは、すべて両親から与えられたもので、制服も靴《くつ》も鞄《かばん》も文房具《ぶんぼうぐ》も新品だし、とても大切に思えて、そばに置いておきたかったんです。

あずけたいものがないことをぼくは恥《は》じていました。【　A　】こともぼくは恥じていました。恥じているから、ずっと記憶に残ります。

それから毎年春になると、あずかりやのことを考えるようになりました。

なぜ今ごろになって、あれは嘘でしたとわざわざこうして手紙に書いているかというと、ぼくは来週、月に行くのです。これは嘘ではありません。いくつもの試験を通過して、二年前に宇宙飛行士に選ばれ

2020年度
桐朋中学校　▶解説と解答

算数　＜第１回試験＞（50分）＜満点：100点＞

解答

1 (1) $\frac{9}{20}$　(2) 2.1　(3) $2\frac{4}{9}$　**2** (1) 450mL　(2) 7日　(3) 42.56cm^2
3 60円　**4** ㋐ 73　㋑ 100　㋒ 62　㋓ 253　**5** (1) 10　(2) 91
(3) 1と4　(4) 3と5　**6** (1) 9 cm^2　(2) 3.2秒後　(3) $1\frac{13}{15}$秒後，$6\frac{2}{3}$秒後
7 (1) 77　(2) 143，187，221　(3) 28cm

解説

1 **四則計算**

(1) $4\frac{2}{3}-3\frac{4}{5}-\frac{5}{12}=4\frac{40}{60}-3\frac{48}{60}-\frac{25}{60}=3\frac{100}{60}-3\frac{48}{60}-\frac{25}{60}=\frac{52}{60}-\frac{25}{60}=\frac{27}{60}=\frac{9}{20}$

(2) $2.4\times(7.2-5.7)-2.7\div1.8=2.4\times1.5-1.5=3.6-1.5=2.1$

(3) $1.6\times\frac{5}{6}+\left(3.75-1\frac{2}{3}\right)\div1\frac{7}{8}=1\frac{3}{5}\times\frac{5}{6}+\left(3\frac{3}{4}-1\frac{2}{3}\right)\div1\frac{7}{8}=\frac{8}{5}\times\frac{5}{6}+\left(3\frac{9}{12}-1\frac{8}{12}\right)\div\frac{15}{8}=\frac{4}{3}+2\frac{1}{12}\div\frac{15}{8}=\frac{4}{3}+\frac{25}{12}\times\frac{8}{15}=\frac{4}{3}+\frac{10}{9}=\frac{12}{9}+\frac{10}{9}=\frac{22}{9}=2\frac{4}{9}$

2 **相当算，仕事算，図形の移動，面積**

(1) 右の図１で，兄が飲んだ後の残りの，$1-\frac{2}{7}=\frac{5}{7}$が750mLだから，兄が飲んだ後の残りは，$750\div\frac{5}{7}=1050$(mL)となる。これは，はじめの量の，100－30＝70(%)にあたるので，はじめの量は，1050÷0.7＝1500(mL)とわかる。よって，兄が飲んだ量は，1500×0.3＝450(mL)と求められる。

図１
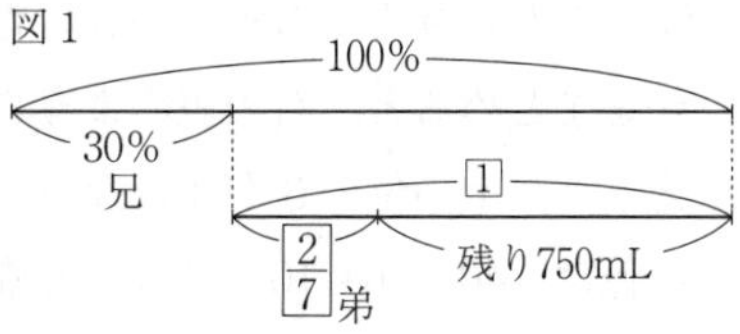

(2) １人が１日にする仕事の量を１とすると，この仕事全体の量は，１×８×12＝96と表せる。また，はじめに８人で作業し，途《と》中《ちゅう》から，10－８＝２(人)が加わったと考えると，はじめから作業した８人が11日でした仕事の量は，８×11＝88なので，途中から加わった２人がした仕事の量は，96－88＝８となる。よって，途中から加わった２人が作業した日数は，８÷２＝４(日)だから，８人で作業したのは，11－４＝７(日)とわかる。

(3) 三角形の外側を，半径１cm，つまり，直径２cmの円が辺にそって１周したときの様子は右の図２のようになり，円が通過した部分はかげをつけた部分となる。このうち，うすいかげをつけた３つの長方形の面積の和は，２×４＋２×５＋２×６＝８＋10＋12＝30(cm^2)である。また，こいかげをつけた３つのおうぎ形の部分を合わせると，半径２cmの１つの円になるので，面積の和は，２×２×3.14＝12.56(cm^2)である。よって，円が通過した部分の面積は，30＋12.56＝42.56(cm^2)と求められる。

図２
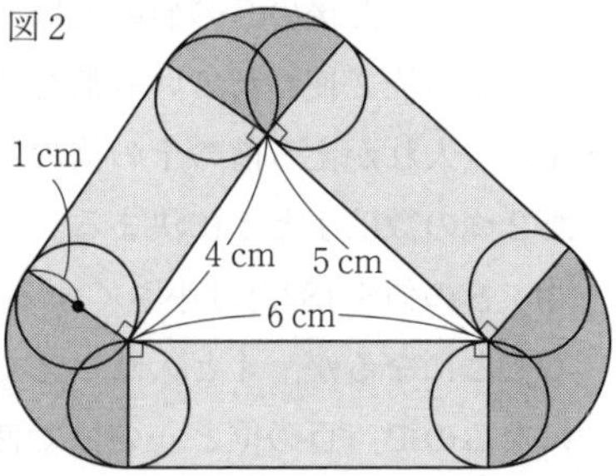

3 相当算，差集め算

２日目と１日目の売れた本数の差180本は，１日目に売れた本数の，$\frac{5}{3}-1=\frac{2}{3}$(倍)にあたるから，１日目に売れた本数は，$180\div\frac{2}{3}=270$(本)とわかる。よって，１日目も18円値下げして２日目と同じ値段で売ったとすると，１日目の売り上げは実際よりも，18×270＝4860(円)少なくなるので，２日目の売り上げは１日目よりも，5940＋4860＝10800(円)多いことになる。つまり，２日目と同じ値段で売るとき，売れる本数が180本増えると，売り上げが10800円増えることになるから，２日目の１本あたりの値段は，10800÷180＝60(円)と求められる。

4 比の性質

	赤玉	青玉	黄玉	合計
袋A	㋐ 5	㋑ 9	50 2	223
袋B	95	96	㋒	㋓

右の表より，玉を入れかえた後，Ｂの赤玉の個数は，95－５＝90(個)，Ｂの青玉の個数は，96＋９＝105(個)，Ａの黄玉の個数は，50＋２＝52(個)になる。このとき，ＡとＢで赤玉と青玉の個数の比が同じになったから，Ａの赤玉と青玉の個数の比は，90：105＝６：７である。また，㋐と㋑の和は，223－50＝173(個)なので，玉を入れかえた後の，Ａの赤玉と青玉の個数の和は，173＋５－９＝169(個)とわかる。よって，玉を入れかえた後の，Ａの赤玉の個数は，$169\times\frac{6}{6+7}=78$(個)，青玉の個数は，169－78＝91(個)だから，㋐＝78－５＝73(個)，㋑＝91＋９＝100(個)となる。さらに，玉を入れかえた後の，Ａの赤玉，黄玉の個数の比は，78：52＝３：２であり，Ｂの赤玉，黄玉の個数の比もこれと同じだから，Ｂの黄玉の個数は，$90\times\frac{2}{3}=60$(個)になったとわかる。したがって，㋒＝60＋２＝62(個)，㋓＝95＋96＋62＝253(個)である。

5 整数の性質，条件の整理

百の位と一の位	２，５，７，９
十の位	１，３，６，８
使われていない	４

⑴　１から９までの整数が３けたの整数のどの位に使われているかをまとめると，右の表のようになる。よって，３と４を入れかえると，十の位の３が４になり，それ以外は変わらないから，Sの値は，40－30＝10だけ大きくなる。

⑵　５と６を入れかえると，百の位と一の位の５が６になり，十の位の６が５になる。このとき，百の位と一の位は，６－５＝１だけ増え，十の位は，６－５＝１だけ減るから，Sの値は，100＋１－10＝91だけ大きくなる。

⑶　百の位と一の位で使われている数(２，５，７，９)どうしを入れかえてもSの値は変わらず，十の位で使われている数(１，３，６，８)どうしを入れかえてもSの値は変わらない。また，百の位と一の位で使われている数を，十の位で使われている数または４と入れかえると，入れかえる前と入れかえた後のSの値の差は，一の位が０にはならない。よって，Sの値が30だけ大きくなるのは，十の位で使われている数を４と入れかえた場合となる。このとき，入れかえた後の十の位の数４が，入れかえる前の十の位の数よりも３大きければ，Sの値は30だけ大きくなるから，入れかえた２つの数は１と４に決まる。

⑷　Sの値を182だけ小さくするには，百の位と一の位で使われている数を，ほかの数と入れかえることになるが，４と入れかえた場合，入れかえる前と入れかえた後のSの値の差は，十の位が０になるので，百の位と一の位で使われている数を十の位で使われている数と入れかえることになる。⑵より，差が１の２つの数を入れかえると，Sの値は91だけかわる。182は91の，182÷91＝２(倍)

だから，Sの値が182だけ小さくなるには，差が２の２つの数を入れかえて，百の位と一の位を２だけ減らし，十の位が２だけ増えればよいとわかる。よって，入れかえた２つの数としては３と５を選べばよい。

6 平面図形―点の移動，面積

(1)　２秒後までに，点ＰはＡから，$2\times2=4$(cm)，点ＱはＤから，$1\times2=2$(cm)，点ＲはＥから，$1\times2=2$(cm)動くので，２秒後の様子は下の図１のようになる。ここで，PRとCDの交わる点をＳとすると，三角形PQRの面積は，三角形PQSと三角形RQSの面積の和になる。また，PEとCDの交わる点をＴとすると，三角形APEと三角形CTEは相似で，CT：AP＝CE：AE＝３：６＝１：２だから，CT＝$4\times\frac{1}{2}=2$(cm)である。同様に，TS＝ER$\times\frac{1}{2}=2\times\frac{1}{2}=1$(cm)なので，CS＝$2+1=3$(cm)とわかる。よって，QS＝$8-3-2=3$(cm)より，三角形PQSと三角形RQSの面積はどちらも，$3\times3\div2=4.5$(cm^2)となるから，三角形PQRの面積は，$4.5\times2=9$(cm^2)と求められる。

(2)　３点Ｐ，Ｑ，Ｒが一直線上に並ぶとき，下の図２のようになり，点Ｐ，Ｑ，Ｒの速さの比は２：１：１だから，図２で，AP：DQ：ER＝２：１：１である。APの長さを２としてこの比を用いると，(1)と同様に，CT＝AP$\times\frac{1}{2}=2\times\frac{1}{2}=1$，TQ＝ER$\times\frac{1}{2}=1\times\frac{1}{2}=0.5$と表せるので，CQ＝$1+0.5=1.5$となる。よって，比の，$1.5+1=2.5$にあたる長さが８cmだから，比の１にあたる長さは，$8\div2.5=3.2$(cm)とわかる。したがって，３点Ｐ，Ｑ，Ｒが一直線上に並ぶのは，$3.2\div1=3.2$(秒後)である。

(3)　QSの長さを□cmとすると，三角形PQRの面積が10cm^{2}のとき，(1)と同様に考えて，$\square\times3\div2\times2=10$(cm^2)と表せるから，$\square\times3=10$より，$\square=\frac{10}{3}$(cm)となる。よって，QSの長さが$\frac{10}{3}$cmになる場合を考えればよい。まず，１回目にQSの長さが$\frac{10}{3}$cmになるとき，下の図３のようになる。このとき，(2)で考えたように，Ｐが動いた長さを２，Ｒが動いた長さを１とすると，Ｓの動いた長さは1.5と表せるから，ＰがＢに着くまでの間，Ｓは毎秒1.5cmの速さで下の方向に動くとわかる。したがって，点Ｑと点Ｓは１秒間に合わせて，$1.5+1=2.5$(cm)動き，１回目にQSの長さが$\frac{10}{3}$cmになるのは，点Ｑと点Ｓが合わせて，$8-\frac{10}{3}=\frac{14}{3}$(cm)動いたときなので，$\frac{14}{3}\div2.5=\frac{28}{15}=1\frac{13}{15}$(秒後)と求められる。次に，点ＰがＢに着くのは，$8\div2=4$(秒後)となる。このときの点Ｐ，Ｑ，Ｒ，Ｓは下の図４のようになり，DQ＝ER＝$1\times4=4$(cm)，CS＝$1.5\times4=6$(cm)だから，SD＝$8-6=2$(cm)，QS＝$4-2=2$(cm)である。ここで，図４のように，４秒後からさらに１秒後の点Ｐ，Ｒ，Ｓの位置をそれぞれＰ′，Ｒ′，Ｓ′とすると，PP′＝２cm，RR′＝１cm，R′F＝８－（４＋

図１

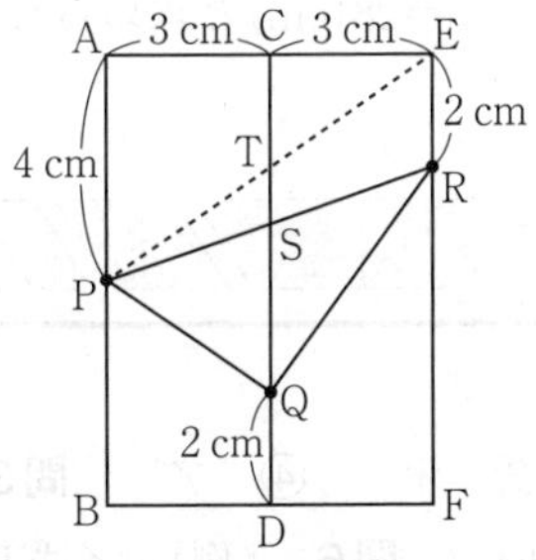

図２

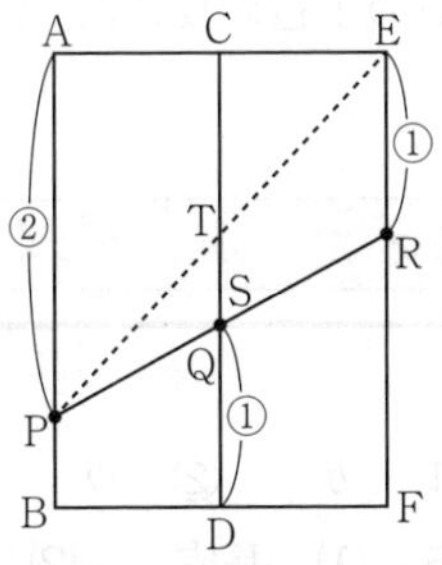

図３

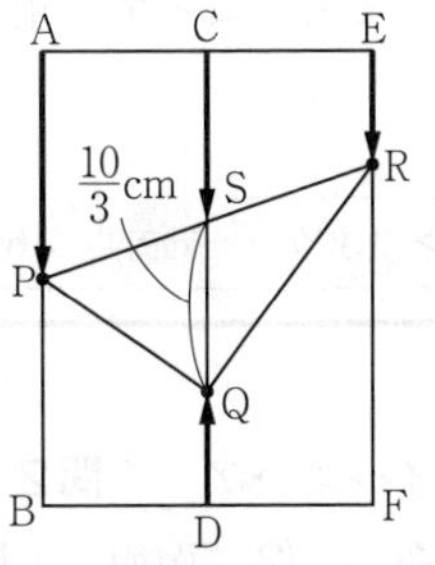

図４

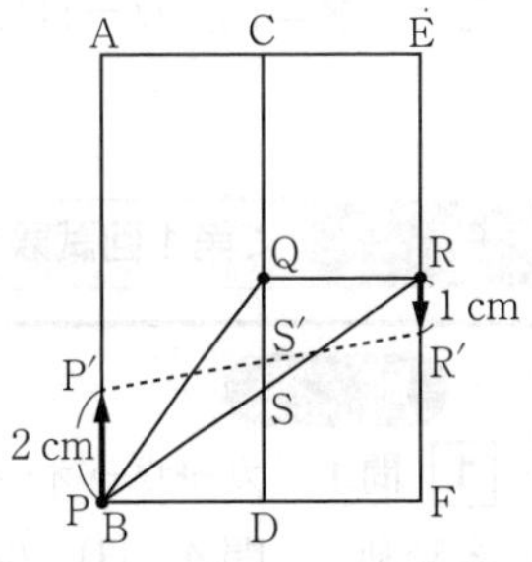

１）＝３(cm)より，DS′＝$2\times\frac{1}{2}+3\times\frac{1}{2}$＝2.5(cm)だから，SS′＝2.5－２＝0.5(cm)となる。このことから，４秒後以降，点Ｓは上の方向に毎秒0.5cmの速さで動くとわかる。ここで，QSが２回目に$\frac{10}{3}$cmになるのは，４秒後からQSの長さが，$\frac{10}{3}-2=\frac{4}{3}$(cm)増えたときであり，４秒後からQSの長さは１秒間に，１－0.5＝0.5(cm)の割合で増えるから，$4+\frac{4}{3}\div0.5=6\frac{2}{3}$(秒後)と求められる。

７ 整数の性質

⑴　右の図１で，ア＜イ，ウ＜エとなるように切り分けると，左上の長方形の面積がa cm²，右下の長方形の面積がd cm²となり，右上と左下の長方形の面積はb cm²かc cm²となる。また，問題文中の条件㋒より，(ア×ウ)と(イ×エ)の最大公約数は１だから，アとイ，アとエ，イとウ，ウとエはそれぞれ最大公約数が１となる。同様に，(イ×ウ)と(ア×エ)の最大公約数が１なので，アとイ，イとエ，アとウ，ウとエはそれぞれ最大公約数が１となる。よって，ア，イ，ウ，エのうち，どの２つの数を選んでも最大公約数は１となるから，１辺の長さが12cmのとき，考えられる(ア，イ)の組と(ウ，エ)の組は，どちらも(１，11)または(５，７)となる。したがって，(ア，イ，ウ，エ)の組は(１，11，５，７)または(５，７，１，11)だから，d＝イ×エ＝７×11＝77である。

図１
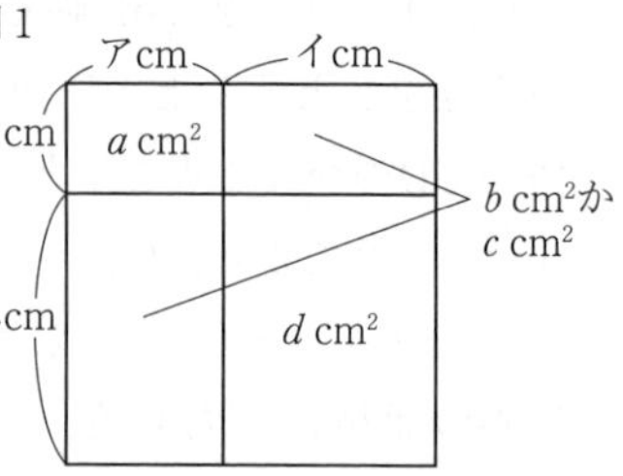

⑵　⑴と同様に考えると，考えられる(ア，イ)の組と(ウ，エ)の組は，どちらも(１，17)，(５，13)，(７，11)となる。そこで，縦と横が逆になるだけのものは区別しないことにすると，考えられる(ア，イ，ウ，エ)の組は，(１，17，５，13)，(１，17，７，11)，(５，13，７，11)となる。よって，考えられるdの値は，17×13＝221，17×11＝187，13×11＝143となる。

⑶　イ×エ＝255なので，考えられるイとエの組み合わせは(１，255)，(３，85)，(５，51)，(15，17)となる。しかし，(５，51)の場合，正方形の１辺の長さは，51＋１＝52(cm)以上となり，右の図２のように，255cm²の長方形の上か左に，255cm²より大きい長方形ができるから，条件に合わない。(１，255)，(３，85)の場合も同様のことがいえるので，イとエの組み合わせは(15，17)とわかる。ここで，イ＝15，エ＝17とすると，上の図３のようになり，ア＋15＝ウ＋17だから，アーウ＝17－15＝２となる。さらに，ア，イ，ウ，エのうち，どの２つの数を選んでも最大公約数は１になり，255cm²の長方形が最も大きいことから考えると，ア＝13，ウ＝11に決まる。よって，正方形の１辺の長さは，13＋15＝28(cm)と求められる。

図２
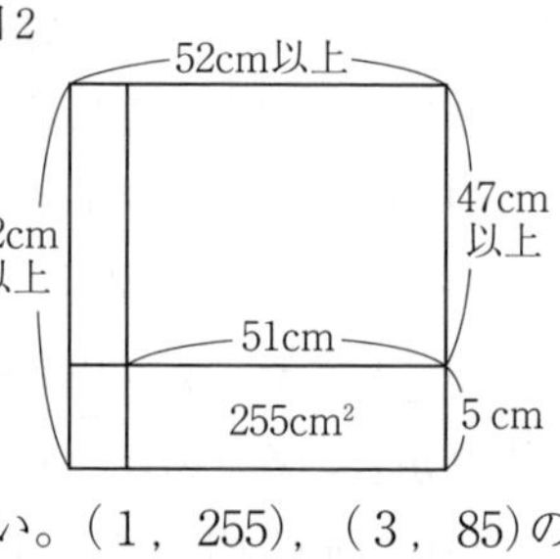

図３
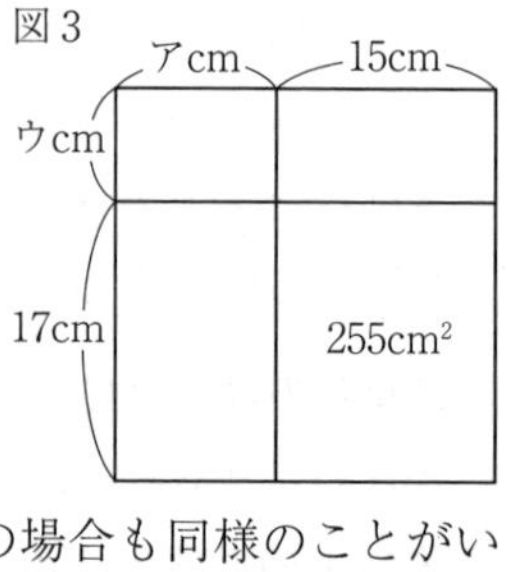

社　会　＜第１回試験＞（30分）＜満点：60点＞

解　答

１　**問１**　カ→ウ→オ→イ→エ→ア　**問２**　①　カ　②　ウ　③　オ　④　ア　**問３**　米騒動　**問４**　⑴　生糸　⑵　函館　**問５**　⑴　長安　⑵　い　**問６**　(例)　イギリ

スの日本に対する領事裁判権を撤廃すること。　**問７**　厳島神社　**問８**　大仙(大山)古墳，大阪府　　**2**　**問１**　う　**問２**　アフリカ　**問３**　え　**問４**　う→い→あ　**問５**　(例)　水くみに時間がかかり，学校に通えないこと。　**問６**　う　**問７**　輪中　**問８**　い，え　**問９**　い，う，き　**問10**　バーチャル　**問11**　い　**3**　**問１**　核家族　**問２**　あ，う　**問３**　う　**問４**　え　**問５**　**設問１**　ア　×　イ　○　ウ　×　**設問２**　あ　**問６**　**設問１**　**表２**…(例)　介護事業に従事している人は，この間，1.3倍強増えている。**表３**…(例)　介護を必要としている人は，この間，２倍強増えている。　**設問２**　(例)　介護事業に従事している人の増え方が，介護を必要としている人の増え方に追いついておらず，人手不足が心配される。

解　説

1　歴史上の伝染病を題材にした問題

問１　時代の古い順に，４～６世紀にあたる古墳時代について述べたカ→平城京に都が置かれていた710～784年(740～744年に一時離れる)のときの記述であるウ→平清盛が武士として初めて太政《だいじょう》大臣になり，平氏政権が確立した1167年ごろの記述であるオ→江戸幕府が欧米５か国と修好通商条約(安政の５か国条約)を結んだ1858年ごろの記述であるイ→北里柴三郎《しばさぶろう》が香港でペスト菌《きん》を発見し，日清戦争が開始された1894年のことを述べているエ→大正時代の1914年から1918年まで行われた第一次世界大戦のころの記述であるアとなる。

問２　①　古墳時代前期にあたる４世紀ごろ，奈良盆地南部に豪族《ごうぞく》の連合政権である大和《やまと》政権が成立した。支配者は大王《おおきみ》とよばれ，５～６世紀には氏姓《しせい》制度にもとづく政治が行われていた。　②　『日本書紀』は舎人《とねり》親王らが編さんし，奈良時代の720年に完成した歴史書で，神代から持統天皇までの皇室の発展を中心とした国家の成立史である。　③　平清盛のむすめの徳子は，1172年に高倉天皇のきさきになると，1178年に皇子を産んだ。皇子は1180年にわずか３歳で安徳天皇として即《そく》位《い》したが，1185年の壇ノ浦《だんのうら》の戦いで敗れた平氏一族とともに入水《じゅすい》して亡くなった。　④　大正時代末期の1925年，加藤高明内閣のもとで普通選挙法が成立し，25才以上のすべての男性に選挙権が認められた。

問３　1918年，シベリア出兵を見こした米商人が米の買い占《し》めや売りおしみを行ったため，米の価格が急上昇して国民の生活はそれまで以上に苦しくなった。同年７月，富山県の漁村の主婦らが米屋に押しかけて米の安売りなどを求める行動を起こすと，この事件が新聞で報道されたため，同じような騒《さわ》ぎが自然発生的に全国に広がり，政府は軍隊まで出動させてこれをしずめた。この民衆運動は米騒動《そうどう》とよばれ，寺内正毅《まさたけ》内閣が倒れるきっかけとなった。

問４　(1)　1858年に結ばれた修好通商条約にもとづいて欧米諸国との貿易が始まると，日本からは生糸が最も多く輸出された。生糸はその後も日本の主要輸出品となり，1909年には世界最大の生糸輸出国へと成長した。　(2)　1854年に結ばれた日米和親条約では，函館(北海道)と下田(静岡県)の２港が開港地とされた。1858年に結ばれた修好通商条約では，すでに開港地とされていた函館に加え，新潟・神奈川(横浜)・兵庫(神戸)・長崎が貿易港として開港されることになった。下田は，神奈川(横浜)の開港にともなって閉鎖された。

問５　(1)　元明天皇は，唐(中国)の都であった長安を手本として，奈良盆地北部に平城京をつくらせた。平城京は東西約4.3km，南北約4.8kmの長方形に加え，長安にはない外京がついており，710年に藤原京からここに都が移された。　(2)　平城京は，北部中央に天皇の住まいである内裏《だいり》や政務を行う大極殿《だいごくでん》，役所などがある平城宮が位置し，その中央から南へのびる朱雀《すざく》大路の出入り口には朱雀門がつくられた。朱雀大路の西側を右京，東側を左京とよび，朱雀大路と都の出入り口にあたる南の中央には羅城門《らじょうもん》が置かれた。

問６　日清戦争が始まるころ，イギリスはロシアの東アジア方面への勢力拡大を警戒《けいかい》し，これに対《たい》抗《こう》する必要が出たことや，法整備など日本の近代化が進んできたと判断したことから，不平等条約の改正に応じた。これを受け，日清戦争が始まる直前の1894年７月，外務大臣陸奥宗光《むつむねみつ》が日英通商航海条約を結んだことで，領事裁判権（治外法権）の撤廃《てっぱい》が達成された。

問７　厳島《いつくしま》神社（広島県廿日市《はつかいち》市）は，平安時代末期に平清盛が一族の繁栄《はんえい》と航海の安全を願い，守り神として厚く敬った神社である。厳島神社は，1996年にユネスコ（国連教育科学文化機関）の世界文化遺産に登録された。

問８　大阪府堺市にある大仙（大山）古墳（大仙陵《りょう》古墳，仁徳《にんとく》天皇陵古墳）は，墳丘の全長が486mにもおよぶ日本最大の前方後円墳で，５世紀ごろにつくられたとされている。2019年には「百舌鳥《もず》・古市古墳群」の構成資産の１つとして，ユネスコの世界文化遺産に登録された。

2　水資源を題材にした問題

問１　ユニセフ（UNICEF，国連児童基金）は，紛争や飢《う》えに苦しむ発展途上国のめぐまれない子どもたちを救済するための基金で，世界の人々の募金や各国の拠出金《きょしゅつきん》をもとに活動する国際連合の自立的補助機関である。

問２　エチオピアはアフリカ大陸東部に位置する内陸国で，アフリカでは最古の独立国として知られる。

問３　コーヒー豆はおもに熱帯地方で生産され，生産量はブラジルが世界第１位，「え」のベトナムが第２位，コロンビアが第３位で，エチオピアは第６位となっている。なお，「あ」はミャンマー，「い」はタイ，「う」はカンボジア，「お」はフィリピン。統計資料は『日本国勢図会』2019／20年版による（以下同じ）。

問４　「あ」は2016年，「い」は東日本大震災を引き起こした地震で2011年，「う」は阪神淡路大震災を引き起こした地震で1995年に発生した。よって，古い順に「う」→「い」→「あ」となる。

問５　下線部(4)に「朝早くから往復８時間をかけて水くみに出かけます」とある。早朝からの８時間を水くみにとられると，子どもたちは学校に行って勉強する時間的・体力的な余裕《よゆう》がなくなってしまう。衛生面に加え，十分な教育が受けられなくなるという点も，この水くみの問題点といえる。

問６　長野県松本市は，年間を通じて降水量が少なく，最暖月の平均気温は20℃台なかばに達するが，最寒月の平均気温は０℃を下回るというように年間の寒暖差が大きい中央高地の気候に属している。よって，「う」があてはまる。なお，「あ」は亜熱帯の気候に属する沖縄県那覇市，「い」は太平洋側の気候に属する熊本市，「え」は北海道の気候に属する網走《あばしり》市の雨温図。

問７　岐阜県と愛知県にまたがる濃尾平野南西部は低湿地帯となっており，木曽川・長良《ながら》川・揖斐《いび》川という木曽三川が集中して流れているため，昔から水害になやまされてきた。そうしたことから，家屋や耕地の周囲を堤防《ていぼう》で囲んだ集落である輪中が発達した。

問８　世界の国の中で人口が10億人を超《こ》えているのは，第１位の中華人民共和国（約14億1500万人），第２位のインド(約13億5400万人)だけで，これにつぐ第３位のアメリカ合衆国でも約３億3000万人である。なお，インドネシアは約２億6700万人で第４位，ブラジルは約２億1100万人で第５位。

問９　日本は小麦の多くを輸入にたよっており，「う」のアメリカ合衆国，「い」のカナダ，「き」のオーストラリアの３か国からの輸入がほぼ100％を占める。なお，「あ」はデンマーク領グリーンランド，「え」はブラジル，「お」はロシア連邦，「か」は中華人民共和国。

問10　「バーチャルウォーター(仮想水)」とは，農畜産物の生産に使われた水も，農畜産物の輸出入にともなって売買されたものとする考え方である。日本は小麦や大豆といった穀物や肉類を多く輸入しているため，その生産に使われた水の輸入量も多くなる。

問11　国土面積は「お」のロシアが世界最大で，第２位は「い」のカナダ，第３位は「う」のアメリカ合衆国，第４位は「か」の中華人民共和国，第５位は「え」のブラジルとなっている。

3　家族や人口，福祉《ふくし》についての問題

問１　子・親・祖父母の３世代が一緒に暮らす家族を大家族というのに対し，夫婦のみ，あるいは親と未婚の子だけの家族を核家族という。日本では，高度経済成長期に地方から都市へと移り住む人が増えたことで核家族化が進行した。近年では，単身世帯の割合も増加している。

問２　結婚について，日本国憲法は第24条で，両性の合意のみにもとづいて成立するとしている。また，家族について定めた民法は第750条で，結婚した場合の夫婦の姓はどちらかの姓を選び，夫婦は同姓でなければならないとしている。よって，「あ」と「う」が正しい。

問３　2017年の日本の総人口は約１億2678万人なので，この28％は，12678×0.28＝3549.84(万人)になる。

問４　日本では，太平洋戦争(1941～45年)が終わったあとの1947～49年ごろに出生数が大きく増加した。これを第一次ベビーブームという。この世代は，「大きなかたまり」を意味する「団塊《だんかい》の世代」とよばれ，この世代が子どもを産んだ1971～74年ごろには第二次ベビーブームが訪れた。

問５　**設問１**　**ア**　高齢化の進行に対して，介護施設《しせつ》や介護スタッフの拡充は追いついておらず，日帰りのデイサービスの利用者数は増加傾向《けいこう》にある。　**イ**　民生委員は，民生委員法にもとづいて厚生労働大臣から委《い》嘱《しょく》された非常勤の地方公務員である。よって，正しい。　**ウ**　介護保険制度は1997年に制定された介護保険法にもとづき，2000年から導入された。　**設問２**　日本は，2008～09年にかけて東南アジアのインドネシア，フィリピン，ベトナムと経済連携《れんけい》協定(EPA)を結んだ。これにもとづき，2008年にインドネシアから，2009年にフィリピンから，2014年にベトナムから，看護師と介護福祉士候補者の受入れが始まった。

問６　**設問１，設問２**　表２，表３のいずれにおいても人数は増えており，2001年(度)に比べて2016年(度)は介護施設で仕事をしている人の数が約1.35倍，介護が必要と認定された人の数が約2.12倍になっている。このように，介護施設で仕事をしている人の数よりも介護を必要とする人の数の増え方が大きいため，今後，介護にかかわる人手が不足するおそれがある。

理　科　＜第１回試験＞（30分）＜満点：60点＞

解　答

1 **問１** (a) 10　(b) 158　(c) 7.9　**問２** ①　**問３** ⑤　**問４** ②，④　**問５** ⑨　**問６** ⑥　**問７** （例）物体Ａの密度が１g/cm³より小さいので，物体Ａは水に浮く。**問８** Ｂ，Ｅ　**問９** 68cm³より大きい　2 **問１** イ　**問２** イ，エ，オ　**問３** **う** エ　**え** オ　**問４** エ，カ　**問５** 0.4hPa　**問６** 0.0005g　**問７** （例）ペットボトルのフタを開けるときに，二酸化炭素を逃してペットボトルのフタが飛んでしまうような危険を防ぐ役割。　3 **問１** Ａ，Ｂ　**問２** Ｂ　**問３** ① 子宮　② 酸素　③ へそのお　④ 肺　**問４** イ　**問５** イ，ウ　**問６** ア，イ，エ　**問７** （例）オスとメスの比率のかたよりが続き，子孫を残せなくなる。　4 **問１** 東日本大震災　**問２** ア，ウ，エ　**問３** ウ　**問４** 15秒　**問５** ア，ウ，エ　**問６** （例）地震がごく近くで発生した場合／**理由**…（例）大きなゆれが先に来たり，ゆれに対応する時間がとれないから。

解　説

1 物質の密度と水への浮《う》き沈《しず》みについての問題

問１ (a) (体積)＝(重さ)÷(密度)で求められ，90÷9.0＝10(cm³)である。　(b) (重さ)＝(密度)×(体積)で求められ，7.9×20＝158(g)である。　(c) (密度)＝(重さ)÷(体積)で求められ，79÷10＝7.9(g/cm³)である。

問２ 表で密度を比べると，金属①の密度(11g/cm³)が最も大きい。

問３ 同じ重さで比べたときに最も体積が大きい金属は，最も密度が小さい金属⑤である。

問４ 金属①，④の密度はどちらも7.9g/cm³なので，同じ物質であると考えられる。

問５，問６ 木片⑥の密度は，40÷100＝0.4(g/cm³)，木片⑦の密度は，75÷150＝0.5(g/cm³)，木片⑧の密度は，105÷150＝0.7(g/cm³)，木片⑨の密度は，160÷200＝0.8(g/cm³)，木片⑩の密度は，140÷200＝0.7(g/cm³)である。よって，密度が最も大きいものは木片⑨，最も小さいものは木片⑥である。

問７ 物体Ａの体積は105cm³，重さは95gで，体積(cm³)の数値よりも重さ(g)の数値のほうが小さい。よって，物体Ａの密度は水の密度(１g/cm³)よりも小さくなるから，物体Ａは水に浮く。

物体	Ｂ	Ｃ	Ｄ	Ｅ
体積(cm³)	160	160	220	230
重さ(g)	154	195	318	221
水への浮き沈み	浮く	沈む	沈む	浮く

問８ 物体の体積(cm³)の数値よりも重さ(g)の数値のほうが小さいと，物体の密度は水の密度(１g/cm³)よりも小さくなり，水に浮く。反対に，物体の体積(cm³)の数値よりも重さ(g)の数値のほうが大きいと，物体の密度は水の密度(１g/cm³)よりも大きくなり，水に沈む。物体Ｂ～Ｅについて調べ，体積と重さ，水への浮き沈みの関係をまとめると，右上の表のようになる。

問９ 球の体積(cm³)の数値よりも重さ(g)の数値のほうが小さいと，球の密度が水の密度(１g/cm³)よりも小さくなり，水に浮く。つまり，アルミニウムの球の重さは108gなので，水に浮くためには球全体の体積が108cm³よりも大きくなければならない。アルミニウム108gの体積は，108÷2.7＝40(cm³)なので，内部の空洞《くうどう》の体積が，108－40＝68(cm³)より大きいと水に浮く。

2 水に溶《と》ける気体の量についての問題

問１　水に溶ける気体の量(重さ)は，水の量(重さ)に比例する。つまり，水の量が多くなると，溶ける気体の量(重さ)は大きくなる。また，ふつう，水に溶ける固体の量(重さ)は，水温が高いほど大きくなるが，水に溶ける気体の量(重さ)は，水温が高いほど小さくなる。

問２　塩化水素やアンモニアは水に非常に溶けやすいので，圧力の大きさを２倍にしても，溶ける気体の量が２倍にならない。

問３　空気中に含《ふく》まれる気体の約78％は窒素《ちっそ》，約20％は酸素である。

問４　大理石に塩酸を加えると，大理石の主成分である炭酸カルシウムが塩酸と反応して二酸化炭素が発生する。なお，二酸化マンガンに過酸化水素水を加えると酸素が発生し，アルミニウムに塩酸や水酸化ナトリウム水溶液《すいようえき》を加えると水素が発生する。

問５　空気全体の圧力が1000hPa，空気中に含まれる二酸化炭素の割合は0.04％のとき，二酸化炭素の圧力は，(空気全体の圧力)×(その気体の割合)より，$1000\times\frac{0.04}{100}=0.4$(hPa)である。

問６　水に溶ける二酸化炭素の量(重さ)は，二酸化炭素の圧力に比例する。二酸化炭素の圧力が1000hPaのとき，水１kgに溶ける二酸化炭素は1.32ｇなので，二酸化炭素の圧力が0.4hPaのとき，水１kgに溶ける二酸化炭素は，$1.32\times\frac{0.4}{1000}=0.000528$(ｇ)より，小数第５位を四捨五入して，0.0005ｇである。

問７　炭酸飲料のペットボトルのフタを少しずつ開けていくと，飲料に溶けていた二酸化炭素が溝《みぞ》から少しずつ出ていくので，飲料がふきこぼれたり，ペットボトルのフタが飛んでしまったりすることを防ぐことができる。

3 脊椎《せきつい》動物の生態と生まれ方についての問題

問１　水中に生息するメダカやカエルは，メスが水中に生んだ卵《たまご》にオスが精子を出し，体外受精《じゅせい》を行うが，陸上に生息するスズメ，イヌ，トカゲは体内受精を行う。

問２　親と似た姿で生まれる生まれ方(たい生)であるのは，ゾウのようなホニュウ類である。鳥類のツバメ，魚類のフナ，ハチュウ類のヘビ，両生類のサンショウウオは，卵で生まれる生まれ方(卵生《らんせい》)である。

問３　受精卵が子宮にたどりつき，子宮のかべに取りこまれたあと，子宮の中にはたい児が成長するための環境《かんきょう》がつくられていく。母親からはたい児の成長に必要な養分や酸素がたいばんに出され，たい児はへそのおを通してそれらを受け取り，たい児からは不要なものが出されて母親にわたされる。母親の体内にいる間，たい児は呼吸に必要な酸素をへそのおを通して受け取っているので，肺呼吸をしていない。母親のからだから出てきた子は，大きな声で泣き(産声《うぶごえ》という)，肺で呼吸を行うようになる。

問４　ア　29℃のとき，オスの出現率は約30％なので，メスの出現率は，100－30＝70(％)である。
イ　31℃のとき，オスの出現率は０％なので，メスの出現率は100％となり，メスだけが出現する。
ウ　27℃のときのオスの出現率は100％，30℃のときのオスの出現率は約20％なので，27℃のときのオスの出現率は，30℃のときの，100÷20＝５(倍)である。

問５　ア　24℃のときのオスの出現率は約40％なので，このときのメスの出現率は，100－40＝60(％)である。また，27℃のときのオスの出現率は約60％なので，このときのメスの出現率は，100－60＝40(％)である。　イ　24.5℃のとき，オスの出現率は約50％なので，メスの出現率も約50

％である。よって，出現するオスとメスの個体数はほぼ同じになる。　ウ　オスの出現率が100％になる温度がないので，メスの出現率が０％になることはない。

問６　ア　図３より，ミシシッピーワニは約31.5℃から約35℃の範囲《はんい》でオスが出現するが，図１より，アカミミガメは31℃よりも低くなるとオスが出現し始める。よって，ミシシッピーワニと比べたとき，アカミミガメは低温でオスになるといえる。　イ　図３より，ミシシッピーワニは約32.3℃から約33.5℃の範囲でオスの出現率が50％を超《こ》えるが，図２より，ワニガメは約24.5℃から約27.2℃の範囲でオスの出現率が50％を超える。オスの出現率が50％を超える温度の範囲は，ミシシッピーワニよりワニガメの方が広いといえる。　ウ　図１，図３より，アカミミガメとミシシッピーワニは31℃のとき，オスの出現率が０％なので，メスの出現率は100％である。　エ　図３より，温度が33℃のときのミシシッピーワニのオスの出現率は100％である。そこから１℃下がって32℃になったとき，オスの出現率は約10％なので，メスの出現率は，100－10＝90(％)である。また，温度が33℃から１℃上がって34℃になったとき，オスの出現率は約20％なので，メスの出現率は，100－20＝80(％)である。よって，ミシシッピーワニは，温度が33℃から１℃変化するとメスの出現率が80％以上になるといえる。

問７　地球の温暖化や寒冷化が起こると，温度が変化し，オスとメスの出現率も変化するので，オスとメスの比率が大きくかたよってしまう。つまり，オスばかりになったりメスばかりになったりするので，子孫を残せなくなる可能性がある。

4　地震《じしん》についての問題

問１　東北地方太平洋沖《おき》地震により引き起こされた災害を東日本大震災といい，巨大な津波によっておもに東北地方の太平洋岸の地域に大きな被害が発生した。また，この津波にともない，福島第一原子力発電所で大量の放射性物質がもれ出す大きな事故が発生した。

問２　高潮は台風や発達した低気圧によって海面が上昇《じょうしょう》する現象である。また，落雷は地震とは関係がなく，発達した積乱雲によって起こることが多い。

問３　地震が発生すると，Ｐ波とＳ波の２種類の波が生じる。Ｐ波によるゆれは小さく，Ｓ波によるゆれは大きい。Ｐ波は伝わる速度が速く，Ｓ波は伝わる速度が遅《おそ》いため，この時間差を利用して，気象庁が瞬時《しゅんじ》にＳ波による大きなゆれを予測し，警戒《けいかい》を呼びかけるものが緊急《きんきゅう》地震速報である。

問４　震源から140km離《はな》れた地点にＰ波が伝わるまでの時間は，140÷７＝20(秒)，Ｓ波が伝わるまでの時間は，140÷４＝35(秒)なので，Ｐ波が伝わり，小さなゆれが発生してから，Ｓ波が伝わり，大きなゆれが発生するまでの時間は，35－20＝15(秒)である。

問５　新幹線の最高時速は約320km/時で，秒速に換算《かんさん》すると約89m/秒である。台風が移動する速さはだいたい自動車なみで，40km/時だとすると，秒速は約11m/秒である。ジェット旅客機が飛ぶときの時速は約850km/時なので，秒速に換算すると約236m/秒である。これらに比べ，Ｐ波は秒速７km，Ｓ波は秒速４kmだから，地震のゆれが伝わる速さの方が速いことがわかる。しかし，光の速さは秒速約30万kmで，地震のゆれが伝わる速さよりはるかに速い。

問６　震源から近い地点では，Ｐ波が伝わってからＳ波が伝わるまでの時間が短いので，緊急地震速報が発表される前に大きなゆれがきたり，緊急地震速報が発表されてから大きなゆれが起こるまでの時間が短かったりして，大きなゆれに対応できないことがある。

国語　＜第１回試験＞（50分）＜満点：100点＞

解答

一　**問１**　（例）　よその国で生まれ育ち，両親のもとで二年間だけしか日本語を学んでいないから。　**問２**　ア　**問３**　ウ　**問４**　エ　**問５**　（例）　嘘をついた　**問６**　イ　**問７**　ぼくが持っ　**問８**　あずけたい〜ていました(。)　**問９**　あずかりや　**問10**　（例）　僕は，五百枚以上集めたトレーディングカードをあずけたい。親からは，なぜそんな物のために小遣いを使ってしまうのかと言われている。けれど僕にとっては宝物。手に入れるために買い方も工夫したし，欲しいカードを持っている友達とは必死で交換の交渉をしてきた。でも，シリーズを全部集めたくなる気持ちがだんだんと強くなる。「物」を欲しがってばかりのようで，自分でも最近は少し変なのかなと感じる時がある。今は，集めてきた物を手放すのが恐ろしいけれど，少し距離をとって，自分にとって本当に大事なものかどうか，考えてみたい気もする。だから，自分をためすためにあずけたいと考えた。　**問11**　下記を参照のこと。　二　**問１**　下記を参照のこと。　**問２**　（例）　バカにされまいと身構えながら取り繕った態度。　**問３**　エ　**問４**　思いがけないほどの幸福感　**問５**　（例）　他人の失敗に対して，関わらないようにするか，見下し嫌悪するような態度。　**問６**　イ　**問７**　してはいけない　**問８**　イ　**問９**　エ　**問10**　（例）　その笑顔は他人の行動に気を配り，あたたかく見守る自然なもので，相手に幸福感を与えるものである。しかし，それは日常的に簡単に出会えるものではなく，自分自身も容易にできることではないと思い，あらためてその貴重さと意義を実感しているから。

●漢字の書き取り

一　**問11**　a　便(り)　b　訓練　c　常(に)　二　**問１**　a　対等　b　容姿　c　同士

解説

一　**出典は大山《おおやま》淳《じゅん》子《こ》の『あずかりやさん―桐島《きりしま》くんの青春』による。**先生から「あずかりや」に何をあずけるかという質問をされた「ぼく」は，長い年月を経て，その時に嘘《うそ》をついていたことを手紙の中で告白する。

問１　少し後に，よその国で生まれ育ち，「十歳《じっさい》の時に養子縁組《えんぐみ》をして日本」にやってきた「ぼく」は，二年間，両親のもとで日本語を学んだが，「しゃべるのは」問題なかったものの「書くのは苦手」だったと書かれていることをおさえる。つまり，外国人である「ぼく」は，日本語を学ぶ期間がとても短く，とりわけ「書く」ことに苦労していたため，「国語は苦手な教科」だったというのである。

問２　「あずかりや」の話の後，先生から「君たちは何をあずけたい？」とたずねられた「みんな」がとまどっていることに注目する。これまで何か大切なものをあずけた経験も，あずけたいと思ったこともなかったであろう「みんな」は，とっさに答えが思い浮《う》かばなかったものと考えられるので，アがふさわしい。

問３　「先生」とは，自分が受け持つ生徒の家庭の事情をある程度知っている存在だといえるので，「ぼく」がよその国からもらわれてきた養子であることを知っているかもしれないと考えたのである。よって，ウが正しい。

問４　よその国からやって来て，「日本」の両親の養子として育てられていた「ぼく」は，ほかの生徒たちに自分のそういう生《お》い立ちを知られ，特別視されるのが嫌《いや》だったため，「普通《ふつう》をよそおい」たかったものと考えられる。

問５　「中学時代」の記憶《きおく》の中で，「ぼく」が「恥《は》じている」ものを考える。「あずけたいものがなかった」ことのほかに，「普通」をよそおいたかったためにランドセルを預けたいなどという「嘘」をついたことを「ぼく」は「恥じて」いるのである。

問６　「中学時代」，「ぼく」は自分がよその国で生まれ育ち，養子縁組をして日本にやってきたことを隠《かく》していた。しかし，宇宙飛行士になった現在，宇宙から地球を眺《なが》めれば「きっと地球はひとつの球体でしかなく，国境なんか見えない」はずなので，自分がどこで生まれたかなどということは重要なことではないと証明されるのだろうと，今の「ぼく」は考えている。よって，イが選べる。

問７　「あずけたいものがなかった」中学時代の「ぼく」のようすに着目する。自分が「持っているものは，すべて両親から与《あた》えられたもので，制服も靴《くつ》も鞄《かばん》も文房具《ぶんぼうぐ》も新品だし，とても大切に思えて，そばに置いておきたかった」ため，当時の「ぼく」には「あずけたいものがなかった」のである。今振《ふ》り返ってみれば，そういう環境《かんきょう》で育ったことは「ものすごく幸せで，恵《めぐ》まれているのではないか」と考え直している。

問８　今では，「あずけたいものがないことは，恥ずべきこと」ではなく，むしろ「ものすごく幸せで，恵まれているのではないか」と「ぼく」は考えている。しかし，「中学時代」の「ぼく」は，「あずけたいものがないこと」を「恥じて」いたのである。

問９　自分にとって，「困った時はそこへ行こう」と思えるような存在だった「あずかりや」は，ふるさとにかわるような存在だったのかもしれないと「ぼく」は考えている。「他人のものを受け入れ，あずかってくれる場所がある」と思うことで，「心に余裕《よゆう》」を持てていたように，よその国で生まれた，他人の子どもである自分を育ててくれた両親もまた，自分にとって「あずかりや」のような存在だったのだろうと，「ぼく」はしみじみと感じている。

問10　「あずかりや」にあずける物は，手元に置くことはできないが，捨てたくはないものである。また，「中一」が，物をあずけるために「一日百円」という料金を長期間支払《しはら》い続けることは難しいだろうと考えられる。よって，短い期間，自分の手元からはなすことで何らかの利点が期待できるものを考えるとよいだろう。

問11　**a**　音読みは「ビン」「ベン」で，「郵便」「便利」などの熟語がある。　**b**　あることを習得させるために，それを実際に体験させてきたえること。　**c**　音読みは「ジョウ」で，「常備」などの熟語がある。訓読みにはほかに「とこ」がある。

二　**出典は山田太一《やまだたいち》の『夕暮れの時間に』による。**一九六一年のシカゴで，すれ違《ちが》いざまに，若い女性が浮《う》かべた笑顔《えがお》を紹介《しょうかい》し，その笑顔が自分にとってどのようなものだったかを説明している。

問１　**a**　相手との間に優劣《ゆうれつ》や上下がないこと。　**b**　顔だちと体つき。　**c**　“共通点のある仲間”という意味。

問２　続く部分に，「トイレ」に向かう「私」のようすが描《えが》かれている。昭和三十六年頃《ごろ》は，「まだアメリカの豊かさと日本の貧しさがくっきりしていた時代」だったので，「二十代の私はいくらか白人にでもなったような気持ちで，バカにされまいと身構えて」いた。そのため，少し格好をつけて「大股《おおまた》にトイレに向かっていった」のである。

問３　トイレの入り口を間違えてしまった「私」を見た「女性」は，「うなずき」ながら「とても可笑《おか》しそうに吹《ふ》き出すように笑っ」ていたのだから，こうしたささいな間違いはたまに起こりうるし，口外はしないので心配しなくてもよいといったことを「私」に伝えようとしたものと推測できる。反省をうながそうとしたとは考えにくいので，エが正しくない。

問４　「邪気《じゃき》」がなく，友人が思わず笑ってうなずいたような親密さを感じさせる「女性」の笑顔に接して，「私」は「思いがけないほどの幸福感」がこみあげてくるのを感じたとあるので，この部分がぬき出せる。

問５　「同じようなこと」とは，問３で検討したように，「私」が女性用のトイレに入りかけたようなこと，つまり，見知らぬ他人が何らかの失敗をするということを指している。そういうとき，「とりわけ東京」では失敗をした人とかかわり合いにならないようにするか，軽蔑《けいべつ》するような態度を取りがちだと言っている。

問６　アランの文章を読んだ「私」は，「シカゴの女性」が「上きげん」な笑顔を見せてくれたことは「道徳」に近いものだったのかもしれないと思うようになった。つまり，彼女《かのじょ》の笑顔にこめられた，他人に対して親切であろうとする「慈愛《じあい》」によって幸福感を覚えたことに「私」は気づいたのだから，イが選べる。

問７　続く部分で，「私」の思い出の笑顔は，もっと「自然」なあたたかさだったと述べられていることをおさえる。つまり，空らんには「硬直《こうちょく》」的な言い回しが入るものと想像できるので，「してはいけない」という表現があてはまる。

問８　「９・11」とは，2001年９月11日にイスラム過激派組織アルカイダがアメリカで起こした同時多発テロ事件のことを指す。アメリカは，それに対する報復として，イラクとアフガニスタンを攻撃《こうげき》している。また，「パレスチナ」は，イスラエルとパレスチナの間に長く続いている紛争《ふんそう》を指している。つまり，現代は宗教や民族が異なる者同士が互《たが》いに対立し，解決の道筋が見つからないまま激化している時代だといえるので，イが合う。

問９　一九六六年には，「まだ『戦後』の空気があちこちに残っていて，人々はとげとげして」いたため，サルトルの言う「微笑《ほほえ》みをたたえた陽気さ」など日本のどこにあるのかと思っていたが，「私」自身，「見知らぬ人のしたことに咄嗟《とっさ》にいきいきと反応し，笑顔を向け，うなずいてみせるなど」といったしなやかさを持ち合わせていなかったのだから，エが選べる。

問10　シカゴの女性の「笑顔」には，他人に対して親切にすることを自分の喜びだと考えるような「自然なあたたかさ」がこめられていたので，幸福を感じることができたのだと「私」は考えている。しかし，数十年たった今でも「私」は彼女のような「笑顔」に出会えておらず，自分自身もまた，そんな「笑顔」を浮かべることができずにいる。「シカゴの笑顔」は，自分にとって大きな価値と意義を持つことだったので，「私」は「笑顔のあるなしは，相当大きなことなのかもしれない」と「思い続けている」のである。

Dr.福井の

入試に勝つ！脳とからだのウルトラ科学

歩いて勉強した方がいい？

みんなは座って勉強しているよね。だけど，暗記するときには歩きながら覚えるといいんだ。なぜかというと，歩いているときのほうが座っているときに比べて，心臓が速く動いて（脈はくが上がって）脳への血のめぐりがよくなるし，歩いている感覚が背骨の中を通って脳をつつくので，頭が働きやすくなるからだ（ちなみに，運動による記憶力アップについては，京都大学の久保田名誉教授の研究が有名）。

具体的なやり方は，以下のとおり。まず，机の上にテキストを広げ，1ページぐらいをざっと読む。そして，部屋の中をゆっくり歩き回りながら，さっき読んだ内容を思い出す。重要な語句は，声に出して言ってみよう。その後，机にもどってテキストをもう一度読み直し，大切な部分を覚え忘れてないかをチェック。もし忘れている部分があったら，また部屋の中を歩き回りながら覚え直す。こうしてひと通り覚えることができたら，次のページへ進む。あとはそのくり返しだ。

さらに，この“歩き回り勉強法”にひとくふう加えてみよう。それは，なかなか覚えられないことがら（地名・人名・漢字など）をメモ用紙に書いてかべに貼っておくこと。ドンドン貼っていくと，やがて部屋中がメモでいっぱいになるハズ。これらはキミの弱点集というわけだが，これを歩き回りながら覚えていくようにしてみよう！　このくふうは，ふだんのときにも自然と目に入ってくるので，知らず知らずのうちに覚えることができてしまうという利点もある。

歴史の略年表や算数の公式などを大きな紙に書いて貼っておくのも有効だ。

Dr.福井（福《ふく》井《い》一成《かずしげ》）…医学博士。開成中・高から東大・文Ⅱに入学後，再受験して翌年東大・理Ⅲに合格。同大医学部卒。さまざまな勉強法や脳科学に関する著書多数。

2020年度　桐朋中学校

〔電　話〕　(042) 577－２１７１
〔所在地〕　〒186-0004　東京都国立市中３－１－10
〔交　通〕　JR中央線─「国立駅」より徒歩15分
JR南武線─「谷保駅」より徒歩15分

【算　数】〈第２回試験〉（50分）〈満点：100点〉

1　次の計算をしなさい。

(1)　$2\frac{1}{6}-1\frac{2}{3}+\frac{3}{4}$

(2)　$0.8\times9.5-(5.2-1.7)\div1.4$

(3)　$\left(1\frac{1}{5}+0.5\times1.35\right)\div\left(2\frac{1}{8}-1.75\right)$

2　次の問いに答えなさい。

(1)　兄と弟は，家から840ｍはなれた学校に歩いて行きました。弟が家を出発してから２分後に兄が家を出発したところ，２人は同時に学校に着きました。弟の速さが毎分60ｍのとき，兄の速さは毎分何ｍですか。

(2)　３つのみかんＡ，Ｂ，Ｃの重さを比べました。Ａの重さはＢの重さの $\frac{2}{3}$ 倍，Ｂの重さはＣの重さの $\frac{5}{4}$ 倍でした。ＡとＣの重さの差が17ｇのとき，Ｃの重さは何ｇですか。

(3)　右の図の直角三角形ABCで，BD：DC＝２：１で，三角形EBDの面積は28cm² です。AEとEDの長さの比を求めなさい。

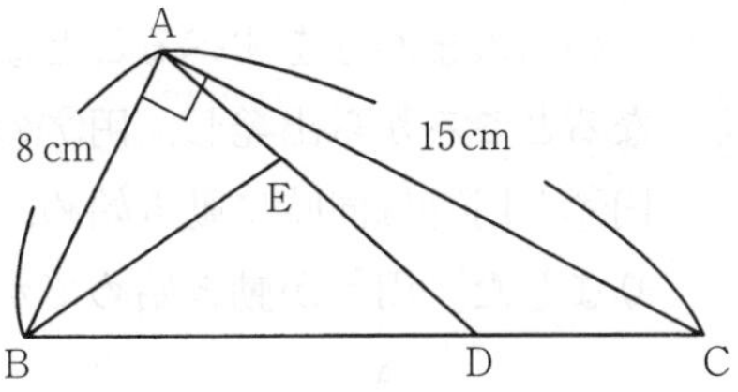

3　ある中学校では，全校生徒のうち，Ａ町に住んでいる生徒は50%，Ｂ町に住んでいる生徒は25%です。男子生徒のうち，Ａ町に住んでいる生徒は60%，Ｂ町に住んでいる生徒は16%です。女子生徒のうち，Ａ町に住んでいる生徒は149人，Ｂ町に住んでいる生徒は127人です。この中学校の全校生徒の人数は何人ですか。答えだけでなく，途中の考え方を示す式や図などもかきなさい。

4　異なる６つの整数

　　８，17，10，13，22，n

について考えます。これらの数のうち，最も大きい数と最も小さい数を除いた４つの数の平均をAとします。

(1)　nが14のとき，Aの値を求めなさい。

(2)　６つの数の平均がAの値と等しいとき，nの値を求めなさい。考えられるものをすべて書きなさい。

5 右の＜図＞のような直方体の形をした水そうがあり，ポンプAで水を入れ，ポンプBで水を出します。最初に，空の水そうにAだけを使って，水面の高さが水そうの高さの $\frac{3}{8}$ になるまで水を入れました。次に，Bだけを使って，15分間水を出しました。最後に，AとBを同時に使って，水そうを満水にしました。水そうに水を入れ始めてから満水にするまでにかかった時間は75分で，それまでの時間と水面の高さの関係をグラフに表すと，右の＜グラフ＞のようになります。

＜図＞

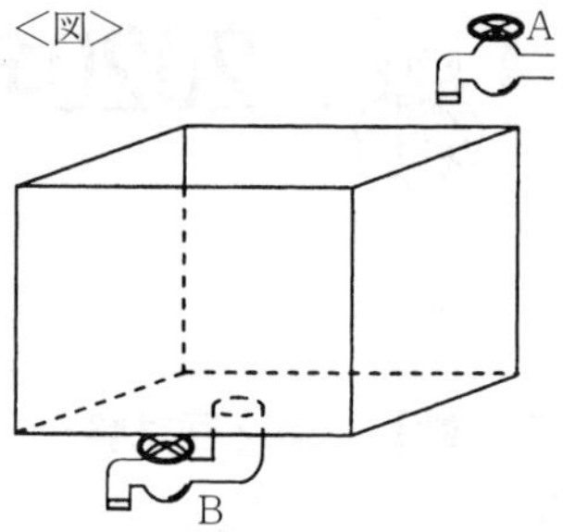

＜グラフ＞

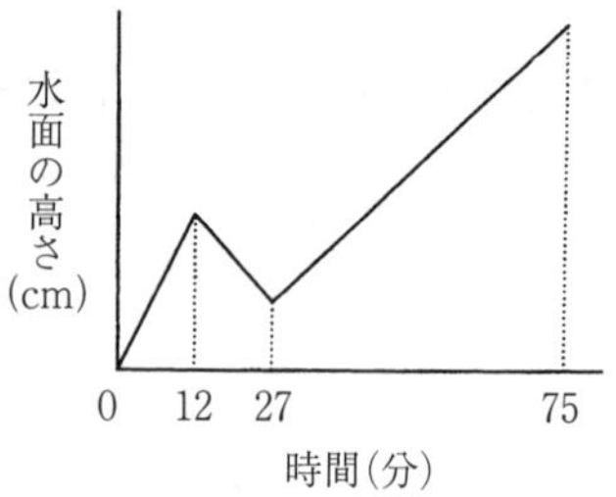

(1) ポンプAだけを使って空の水そうを満水にするのに何分かかりますか。

(2) ポンプBだけを使って満水の水そうを空にするのに何分かかりますか。

(3) 空の水そうに水を入れ始めてから27分後の水面の高さは18cmです。水そうの高さは何cmですか。

6 次の図のように，半径が20cmの円㋐，半径が５cmの円㋑，半径が５cmの円㋒があります。円㋑は円㋐の内側にあり，円㋒は円㋐の外側にあります。ABは円㋐の直径で，点P，Qはそれぞれ円㋑，㋒の周上にあります。円㋑は２つの点P，Aが重なるところから出発し，円㋐の周のまわりをすべることなく回転し，矢印の方向に動きます。円㋒は２つの点Q，Bが重なるところから出発し，円㋐の周のまわりをすべることなく回転し，矢印の方向に動きます。円㋑と円㋒は同時に動き始め，円㋑が動き始めてから点Pが点Aと初めて重なるまで24秒かかりました。円㋒が動き始めてから点Qが点Bと初めて重なるまで56秒かかりました。

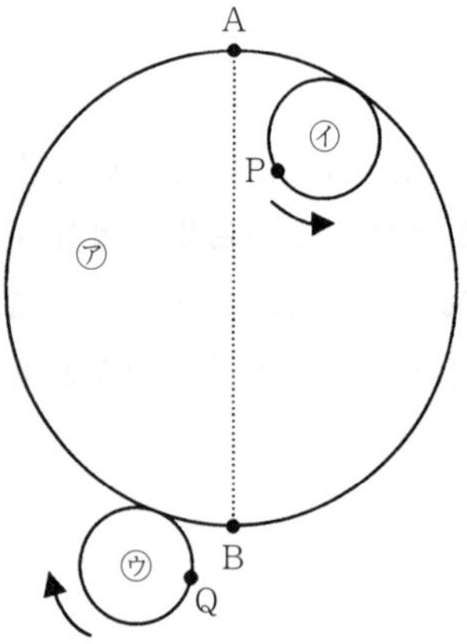

(1) 円㋑が動き始めてから56秒後までに，点Pは円㋐の周と何回重なりますか。

(2) ４つの点A，B，P，Qを頂点とする四角形が初めて正方形になるのは，円㋑と円㋒が動き始めてから何秒後ですか。

(3) 円㋐の中心，円㋑の中心，P，Qの４つの点が初めて一直線に並ぶのは円㋑と円㋒が動き始めてから何秒後ですか。

7 　１辺の長さが１cmの立方体がいくつかあります。これらのすべての立方体には，１つの面に５，その向かい側の面に４が書いてあり，残りの４つの面はすべて何も書いてありません。いくつかの立方体を，次の㋐，㋑が成り立つようにすき間《ま》なく並べ，１つの直方体をつくります。

㋐　同じ数字が書いてある面どうし，何も書いていない面どうしを重ねる。
㋑　直方体の６つの面のうち，数字が現れる面は２面だけにする。

つくった直方体について，表面に現れるすべての数の和をSとします。

たとえば，＜図１＞のような直方体をつくるとSの値は18となります。

＜図１＞

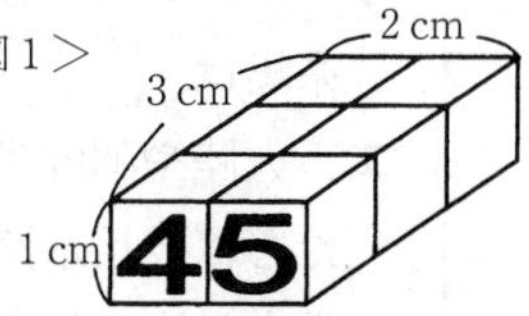

＜図２＞

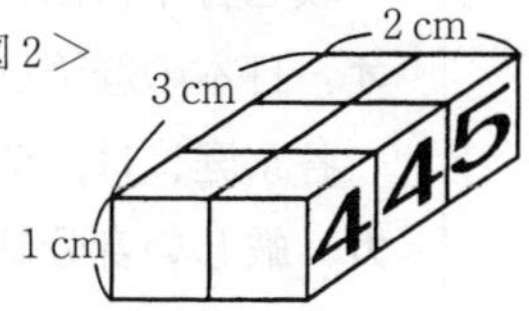

⑴　＜図２＞の直方体についてSの値を求めなさい。

⑵　縦４cm，横５cm，高さ６cmの直方体をつくったときに考えられるSの値のうち，最も大きいSの値と最も小さいSの値を求めなさい。

⑶　縦５cm，横８cm，高さ９cmの直方体をつくったところ，Sの値が430になりました。この直方体の表面に現れる５は全部で何個ですか。

⑷　縦３cm，横10cmの直方体をつくったところ，Sの値が180になりました。この直方体の高さは何cmですか。考えられるものをすべて書きなさい。

【社　会】〈第２回試験〉（30分）〈満点：60点〉

1　次の**ア**～**カ**の文を読み，問いに答えなさい。

ア．藤原氏によって平泉に中尊寺金色堂が建てられました。４本の巻柱《まきばしら》や仏像が並ぶ内部には，螺鈿《らでん》細工などのすぐれた工芸技術を生かした装飾《そうしょく》がほどこされていました。
イ．日本は明を征服《せいふく》しようとして，２度にわたり朝鮮に攻めこみました。朝鮮から日本に連れてこられた焼き物の職人によって，朝鮮の技術が伝えられました。
ウ．フランス人技術者ブリューナの指導のもと，富岡に製糸場が建設されました。この製糸場は，［　　　］機関を用いる最新式の機械を備え，世界でも最大規模の工場でした。
エ．大陸や朝鮮半島から，争いをのがれて，日本に多くの人が移住してきました。その人たちは，用水路やため池の作り方，はた織りや焼き物作りなどの技術，さらに漢字や仏教を日本に伝えました。
オ．日本の経済は急速に発展し，産業の各分野では，さまざまな技術革新がすすみました。各家庭には，テレビや洗濯《せんたく》機，冷蔵庫などの電化製品が普及《ふきゅう》しました。
カ．厳しい身分制度のもと，百姓や町人とは区別された人々がいました。この人たちは差別を受けながらも，皮革業などで，すぐれた技術を用いて生活に必要な用具を作り，社会を支えました。

問１．**ア**～**カ**の文があらわしている時代を古い方から順にならべかえて，記号で答えなさい。
問２．**ア**・**ウ**の文中の下線部「平泉」と「富岡」の位置を**図１**の**あ**～**き**から選び，それぞれ記号で答えなさい。

図１

問３．次の①～④の文は，**ア**～**カ**の文のあらわす時代のどれと関係が深いか，記号で答えなさい。関係の深い文がないときは，記号**キ**で答えなさい。
①　３月１日に，朝鮮独立をめざす人々のあいだで大きな抵抗《ていこう》運動がおきましたが，日本はこれを武力でおさえこみました。

② 全国各地から年貢米や特産物などが運びこまれた大阪は，商業の中心地となったことから，「天下の台所」とよばれました。

③ 岩倉具視らを中心とする使節団が，不平等な条約の改正を目的に，アメリカやヨーロッパに向けて出発しました。

④ 茶の湯が好まれ，大阪城内に金ぱくをはった茶室がつくられました。

問４．**ア**の文について。次の①～③は**ア**の文の出来事より前と後どちらのことですか。**ア**の文より前ならば**A**を，後ならば**B**を記入しなさい。

① 源頼朝は朝廷から征夷大将軍に任命されました。

② 藤原道長は娘３人を天皇のきさきにし，政治の実権をにぎりました。

③ 執権の北条時宗は御家人たちを九州に集めて，元の大軍と戦いました。

問５．**イ**の文について。その後，朝鮮との関係は対馬藩を通じて改善されました。日朝の交流中に日本が朝鮮からおもに輸入したもの，朝鮮におもに輸出したものを，次の**あ**～**お**からそれぞれ一つずつ選び，記号で答えなさい。

あ．鉄砲　**い**．黒砂糖　**う**．海産物

え．銅　**お**．木綿

問６．**ウ**の文について。□にあてはまる語句を答えなさい。

問７．**エ**の文について。こうした技術や漢字，仏教などを伝えた人々のことを何といいますか，答えなさい。

問８．**オ**の文について。経済が発展した日本は，その後，初めて国民総生産額が世界第２位となりました。このときの世界第１位の国を答えなさい。

問９．**カ**の文について。この差別された人々に関して，後の政府はどのような改革を行いましたか。また，改革の後も残った問題点は何ですか。それぞれ説明しなさい。

２ 次の文章を読み，問いに答えなさい。

日本の政治・経済の中心である東京と，(1)自動車工業がさかんな中京工業地帯の中心である名古屋との間には，東海道新幹線や東名高速道路等の高速交通網《もう》が整備されています。リニア中央新幹線が開業すると，二つの都市が約40分で結ばれることになります。

リニア中央新幹線は品川駅から，(2)神奈川・山梨・静岡・長野・岐阜の各県を通過し，名古屋駅へと向かいます。途中，静岡を除く各県に一つずつ駅が設置され，品川駅の次の駅は(3)神奈川県相模原市につくられる予定です。

山梨県の一部区間はすでに「山梨リニア実験線」として建設が完了し，営業運転に向けた走行試験が行われています。この区間の先には(4)甲府盆地があり，さらに甲府盆地の向こうには(5)南アルプスがそびえています。南アルプスを(6)トンネルでぬけながら，静岡県の北の端《はし》を通過して(7)長野県に入ります。長野県の駅は，天竜川流域にある飯田市に建設される予定です。飯田市を過ぎると，中央アルプスをぬけて(8)岐阜県南部を西へ進み，愛知県に到達《とうたつ》します。

リニア中央新幹線は名古屋駅まで開業した後，大阪市まで全線開業する予定です。全線開業後は，(9)品川駅から約440km離《はな》れた大阪市まで１時間ほどで到着できるようになります。こうした所要時間の短縮によって，東京・名古屋・大阪の各都市の結びつきが強化されることが期待されています。

問１．下線部(1)について，次の①・②の問いに答えなさい。

① 次の**ア**～**エ**の文は，日本の自動車産業について説明したものです。内容が正しいものには○を，正しくないものには×を記入しなさい。

ア．自動車組み立て工場では，自動車作りの全工程をロボットが担《にな》っている。

イ．自動車組み立て工場の周辺には，関連部品を製造する工場がみられる。

ウ．自動車を含《ふく》む輸送用機械の出荷《しゅっか》額が第一位の都道府県は，愛知県である。

エ．自動車会社は，すべての自動車の組み立てを日本国内で行っている。

② 下の**表１**は，自動車生産台数の上位５か国を示しています(2015年)。**あ**～**う**は，日本・中国・韓国のいずれかです。このうち，日本を示すものを一つ選び，記号で答えなさい。

表１

国名	乗用車	商用車	合計
あ	21143	3424	24567
アメリカ	4163	7943	12106
い	7831	1448	9278
ドイツ	5708	325	6033
う	4135	421	4556

(単位　千台)

(『データブック オブ・ザ・ワールド　2018』より作成)

問２．下線部(2)について。リニア中央新幹線が通過する県を**図２**の**あ**～**す**からすべて選び，通過する順に記号で答えなさい。なお，発着地の東京都と愛知県については，すでに解答らんに記されています。

図２

問３．下線部(3)について。神奈川県相模原市は，2010年４月に県内で三つめの政令指定都市となりました。神奈川県内にある相模原市以外の政令指定都市を次の**あ**～**お**から二つ選び，記号で答えなさい。

あ．小田原市　　**い**．鎌倉市

う．川崎市　　**え**．横須賀市

お．横浜市

問４．下線部(4)について。甲府盆地では果樹の生産がさかんに行われています。下の**表２**の**あ**～**え**は，ぶどう・みかん・もも・りんごの生産量上位５県と，その生産量を示しています(2015年)。このうち，ぶどうを示すものを一つ選び，記号で答えなさい。

表２

あ	
青森	470
長野	157
山形	51
岩手	49
福島	26

（単位　千トン）

い	
山梨	41
長野	28
山形	18
岡山	16
福岡	8

（単位　千トン）

う	
山梨	39
福島	27
長野	16
和歌山	9
山形	8

（単位　千トン）

え	
和歌山	160
愛媛	121
静岡	101
熊本	75
長崎	54

（単位　千トン）

（『データブック オブ・ザ・ワールド　2018』より作成）

問５．下線部(5)について，次の①・②の問いに答えなさい。

① 南アルプスと呼ばれる山脈の名《めい》称《しょう》を答えなさい。

② 南アルプスを含む「日本アルプス」の名称は，ヨーロッパにあるアルプス山脈に由来するものです。**図３**の**あ**～**え**からアルプス山脈を示すものを一つ選び，記号で答えなさい。

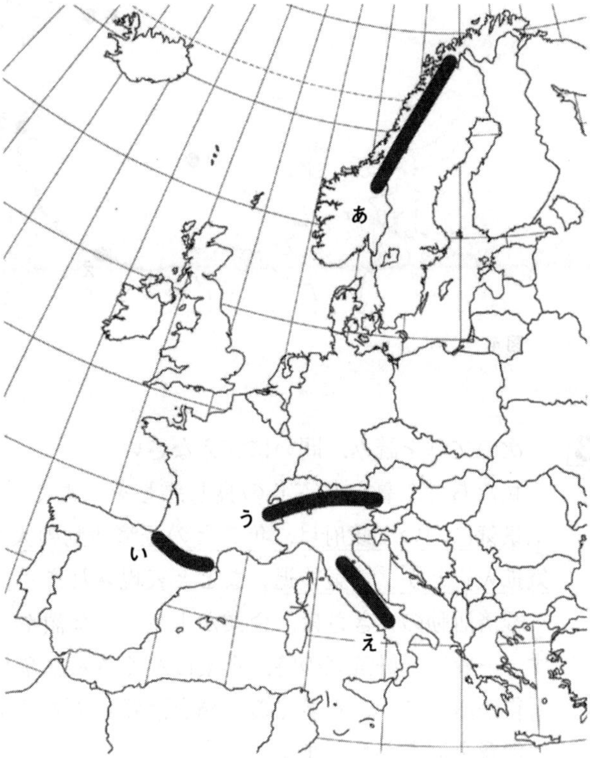

図３

問６．下線部(6)について。ヨーロッパのある二国間を結ぶユーロトンネルは，高速列車が通過するトンネルとして有名です。ユーロトンネルが結ぶ二つの国の組み合わせとして正しいものを一つ選び，記号で答えなさい。

あ．ドイツとフランス
い．スペインとフランス
う．イタリアとフランス
え．イギリスとフランス

問７．下線部(7)について。長野県の旧国名を解答らんに合うように漢字で答えなさい。

問８．下線部(8)について。岐阜県南部の多治見市や土岐市，となり合う愛知県北部の瀬戸市では，ある日用品がさかんに生産されてきました。ある日用品とは何か，次の**あ**～**え**から一つ選び，記号で答えなさい。

あ．毛織物
い．陶磁器《とうじき》
う．刃物《はもの》
え．和紙

問９．下線部(9)について。東京駅から，新幹線を使わずに鉄道で１時間かけて移動した場合，到達できる範囲《はんい》は約50kmです。東京駅から約50kmのところにある市として最もふさわしいものを次の**あ～え**から一つ選び，記号で答えなさい。

あ．熱海市　**い**．宇都宮市　**う**．高崎市　**え**．八王子市

問10．中国の上海市ではすでにリニア鉄道の営業運転が行われています。**図４**の**あ～え**から上海市を示すものを一つ選び，記号で答えなさい。

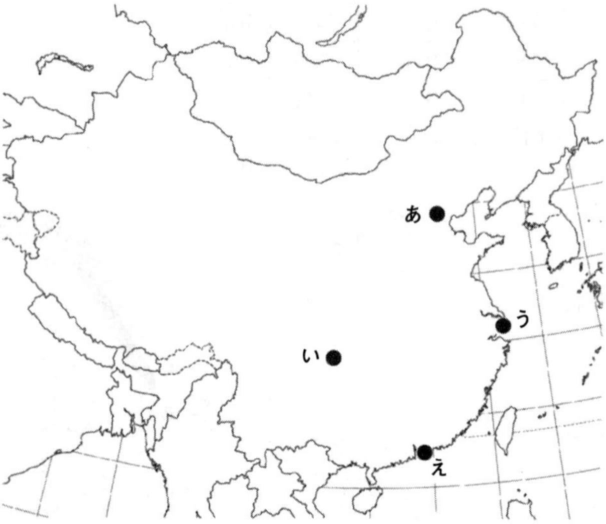

図４

3　次の文章を読み，問いに答えなさい。

私たちは，暮らしぶりの良し悪《あ》しを，よく「景気」という言葉を用いて表現します。この(1)景気について政府は，年ごとの経済活動の大きさを金額で算出しており，その変化は(2)「景気拡大」とか「景気後退」などと表現されます。

経済活動の大きさは，企業《きぎょう》が生産した金額や一般《いっぱん》家庭が消費した金額を足し上げて算出します。一般に，好景気の時，企業はたくさん生産してより多くの利益をあげますし，一般家庭は，所得が増えて，より多くの金額を消費します。逆に不景気の時，企業は生産を抑《おさ》え，一般家庭は消費を抑えたりします。

(3)政府は，企業が得た利益や個人が得た所得に税を課します。企業が，得られた利益から国に納める税金は法人税です。一方，個人が，得られた所得から国に納める税金は所得税です。また消費税は，取引全般《ぜんぱん》にかかる税金で，企業も個人も支払《しはら》います。

この(4)税金の制度について，(5)財務省は，少子高齢《こうれい》化がすすむ日本の将来を考えて，消費税率の引上げを柱とした税制の改革をする，としています。一方で，消費税は所得の低い人たちにとって負担感が強くなるので，生活必需《ひつじゅ》品など特定の取引については別途《べっと》の税率を設定すべきだ，という声も聞かれます。

私たちの社会を維持《いじ》していくうえで，税金はとても大切です。今後，どのような税制が望ましいのか，私たち一人ひとりが考えていかなければなりません。

問１．下線部(1)について。景気動向などの調査は，首相が主任の大臣を務めている国の行政機関

が担当しています。この行政機関の名称を，省略せずに漢字３字で答えなさい。

問２．下線部(2)について。以下は，戦後の日本の景気について記した文です。これらを古い方から順にならべかえて，記号で答えなさい。

あ．朝鮮戦争が始まったことにより，米軍から日本企業への仕事の発注が増えたため，好景気がもたらされた。

い．瀬戸大橋が開通したころ，株価や地価は大きく上昇《じょうしょう》し，この好景気は「バブル景気」と呼ばれた。

う．中東で起こった戦争をきっかけに，サウジアラビアなどの産油国が原油価格を大幅《おおはば》に引上げたことで世界経済が混乱し，翌年度の日本の経済活動は，前年度よりも小さくなった。

え．東京オリンピックの開催《かいさい》に向けて東海道新幹線などの社会資本の整備が進んでいき，好景気がもたらされた。

問３．下線部(3)について。日本国憲法のもとで納税は，「働くこと」「子どもに教育を受けさせること」とあわせて国民の義務とされています。一方，大日本帝国憲法のもとで国民の義務とされたことは，納税と，あともう一つは何ですか。

問４．下線部(4)について。以下は，税制に関する最近の動向について記した文です。内容が正しいものには○を，正しくないものには×を記入しなさい。

ア．2008年から始まった「ふるさと納税」とは，応援《おうえん》したい自治体に寄付をした時に，住民税や所得税の納税額が軽減される制度で，寄付先は出身地または現在住んでいる自治体に限られる。

イ．2019年１月から「国際観光旅客《りょかく》税」(通称《つうしょう》「出国税」)があらたに導入され，外国人・日本人にかかわらず，日本出国時に税金を払うことになった。

ウ．消費税率の10％への引上げはこれまで延期されていたが，2019年10月に実施《じっし》された。

問５．下線部(5)および次のページの**図５**・**図６**に関連して，以下の問いに答えなさい。

設問１．以下は，**図５**から読み取れる内容について記した文です。内容が正しいものをすべて選び，記号で答えなさい。

あ．５月３日に日本国憲法が施行されてから60年が経過した年度では，法人税の税収額は消費税の税収額を下回っていたが，この年度以降の３年間では，世界的な好景気を背景として法人税の税収額は増加した。

い．５月15日に沖縄が本土に復帰してから41年が経過した年度では，消費税の税収額と法人税の税収額の差は小さかったが，この翌年度から消費税率が引上げられたため，以後，両者の差は拡大した。

う．消費税は平成元年４月１日に導入され，その税率は導入から８年後に引上げられた。これにより，税率が引上げられた年度の消費税の税収額は増えた一方，法人税の税収額は前年度を下回ったので，両者の差は縮まった。

設問２．財務省は「社会保障の安定財源の確保と財政健全化の同時達成」への第一歩として，消費税率の引上げを柱とする税制改革を行う，としています。財務省が税制改革を実施するにあたり，消費税率の引上げを柱としようとしているのはなぜですか。**図５**および**図６**からわかることについてふれながら，「景気」・「税収」という言葉を必ず用いて説明しなさい。

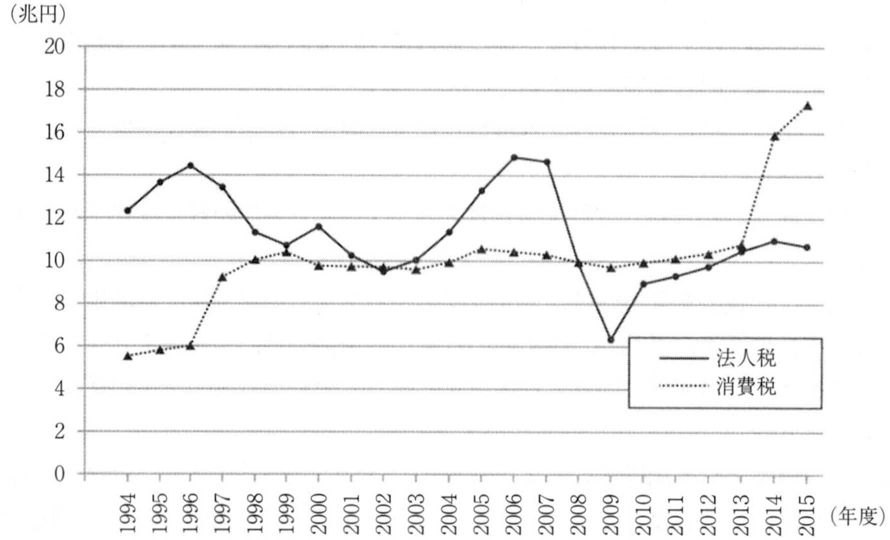

図５　法人税額と消費税額の推移　　(財務省ホームページより作成)

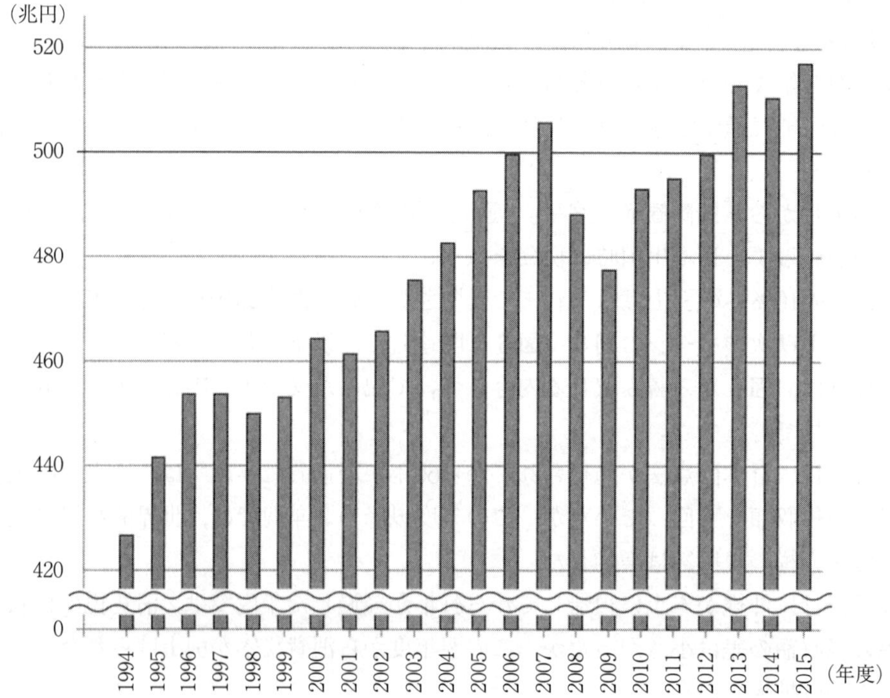

図６　日本の経済活動の大きさの推移　　(『日本国勢図会』より作成)

【理　科】〈第２回試験〉（30分）〈満点：60点〉

1　次の問いに答えなさい。なお，答えが分数のときは小数に直さず，約分して答えなさい。

均質で太さが一様で，長さと重さが等しい棒が何本かあります。そのうちの１本を図１のように，棒の中心を糸でつり下げたところ，棒が水平につりあいました。残りの棒のうち１本を半分の長さに切り分け，もう１本を $\frac{1}{3}$ の長さに切り分けました。

図１

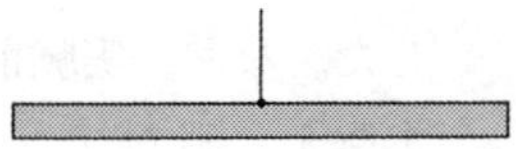

図２

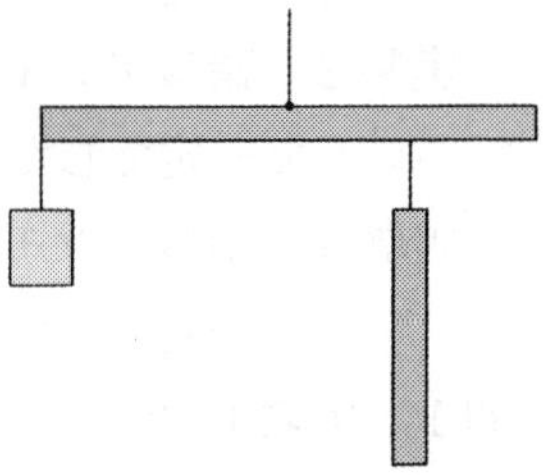

図３

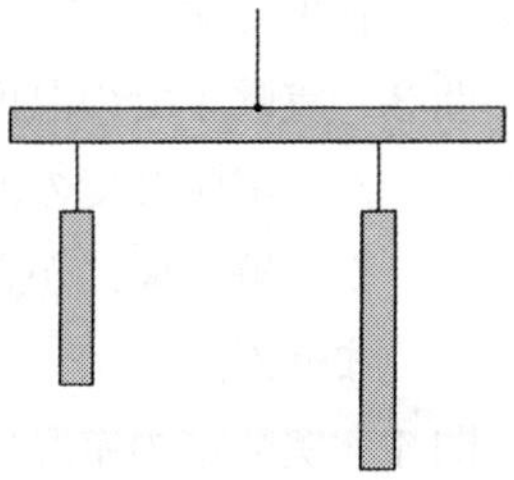

問１　半分の長さの棒を図２のように，中心から右に，棒の $\frac{1}{4}$ の長さの位置につり下げました。つりあわせるためには，棒の左端《はし》に，棒の重さの何倍のおもりをつり下げればよいですか。

問２　問１で左端につるしたおもりをはずし，図３のように，棒の左側に $\frac{1}{3}$ の長さの棒をつり下げてつりあわせました。棒の左端からつり下げる位置までの長さは，棒の長さの何倍になりますか。

問３　半分の長さの棒を，下の図４のように，棒の右側に横にしてのせ，もう１つの半分の長さの棒を左側につり下げて，つりあわせました。棒の左端からつり下げる位置までの長さは，棒の長さの何倍になりますか。

問４　図４の状態から，$\frac{1}{3}$ の長さの棒を右端をあわせて，半分の長さの棒の上に，下の図５のように置きました。

さらに，棒の左側に $\frac{1}{3}$ の長さの棒をつり下げてつりあわせました。棒の左端から $\frac{1}{3}$ の長さの棒をつり下げる位置までの長さは，棒の長さの何倍になりますか。

問５　図５の状態から，左側につり下げた２本の棒を，下の図６のように縦につないでつり下げてつりあわせました。棒の左端からつり下げる位置までの長さは，棒の長さの何倍になりますか。

図４

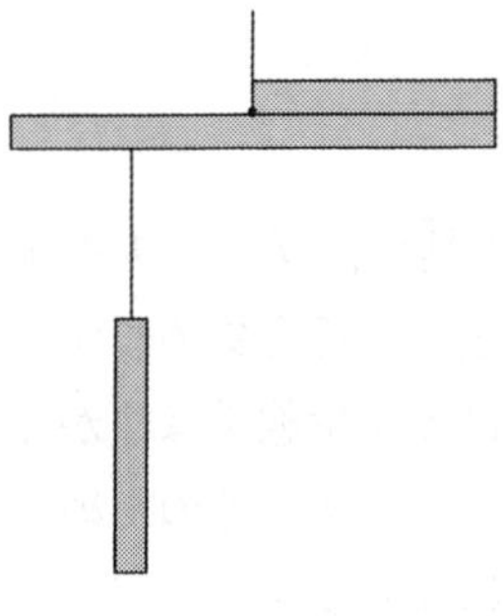

図５

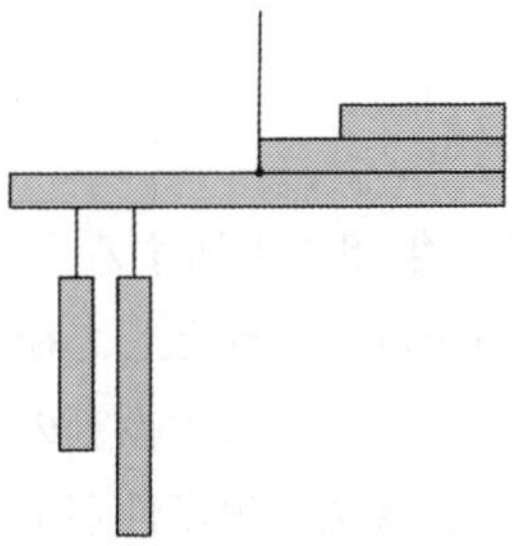

図６

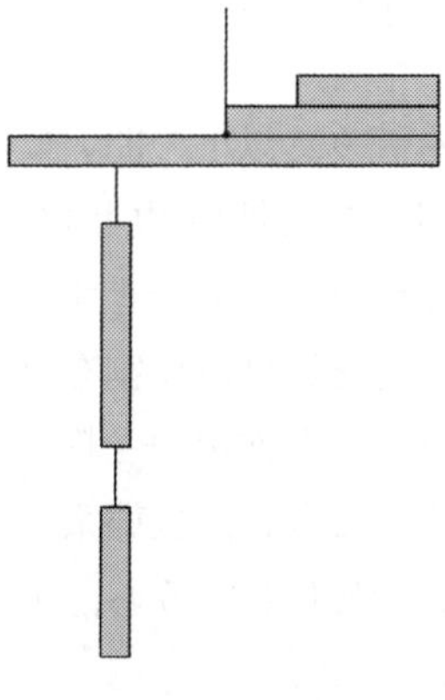

2 次の文章を読み，以下の問いに答えなさい。なお，答えが割り切れない場合は，小数第2位を四捨五入し，小数第1位まで求めなさい。

様々な物質を水に溶《と》かすと温度が変化することが知られており，以下のような実験を行いました。なお，実験前の水と実験器具の温度は，実験室の室温と同じだったとします。

実験1　硝酸《しょうさん》アンモニウム10gを水100gに溶かしたところ温度が下がり，3分後にはx℃で一定でした。

実験2　硝酸アンモニウム10gを水1000gに溶かしたところ温度が下がり，3分後にはy℃で一定でした。

実験3　硝酸アンモニウム40gを水1000gに溶かしたところ温度が下がり，3分後にはz℃で一定でした。

問1　実験1でつくった硝酸アンモニウム水溶液《すいようえき》の濃度《のうど》は，何％ですか。

問2　実験1でつくった水溶液55gと，実験3でつくった水溶液260gをまぜた水溶液の濃度は，何％ですか。

問3　実験1での温度変化のグラフは，右のようになりました。実験3での温度変化のグラフはどのようになりますか。解答欄《かいとうらん》にかきなさい。なお，定規を使う必要はありません。

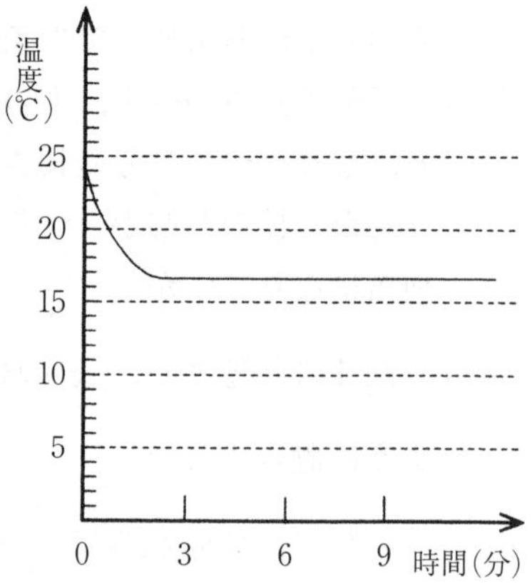

問4　実験室の室温は，何℃ですか。

問5　x～zの大小関係はどのようになりますか。正しいものを次のア～カからすべて選び，記号で答えなさい。

ア．xはyより大きい。　イ．yはxより大きい。

ウ．yはzより大きい。　エ．zはyより大きい。

オ．zはxより大きい。　カ．xはzより大きい。

実験4　気体の塩化水素を25Lとって，水1000gに溶かしたところ，温度が上がり，3分後にある温度になりました。

実験5　気体の塩化水素を3.7gとって，水1000gに溶かしたところ，温度が上がり，3分後に実験4と同じ温度になりました。

問6　塩化水素1Lの重さは，何gですか。

3 次の文章を読み，以下の問いに答えなさい。

ミツバチは，社会性昆虫《こんちゅう》と呼ばれる，集団で生活する昆虫の1種で，女王バチや働きバチのように役割が決まっています。働きバチは，エサとして植物の蜜《みつ》や花粉を集めます。その過程で植物の受粉を助ける役割を果たしています。この役割のおかげで，生態系は豊かで安定したものとなり，(A)<u>農作物</u>の受粉が助けられ農業の生産性が上がっています。そのため，ミツバチが減少してしまうと，生態系や農業に大きな被害《ひがい》を与《あた》えることになります。

問1　下線部(A)の農作物のうち，アブラナに最も近いものを次のア～エから1つ選び，記号で答えなさい。

ア．トマト　　イ．ソバ

ウ．ブロッコリー　　エ．リンゴ

働きバチは，蜜や花粉があるエサ場を見つけると，巣に戻《もど》りエサ場の方向を太陽の位置を基準に，他の働きバチに伝えます。その伝え方は特徴的《とくちょうてき》で，８の字を描《えが》きながら，まるで踊《おど》るように伝えるので，８の字ダンスと呼ばれています。この８の字ダンスは巣箱の垂直面で行われ，図１のように，垂直面の上向き方向(重力と反対の方向)と８の字の中央直進の方向がなす角度が，太陽とエサ場の角度(太陽を基準としたエサ場の方向)を示します。

図１

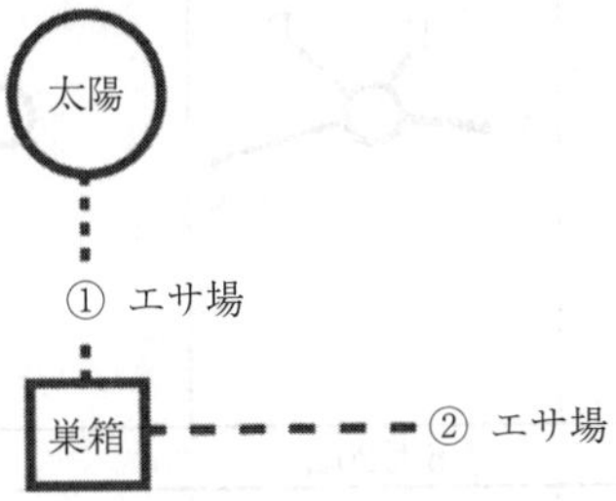

①　エサ場は，巣箱から見て太陽と同じ方向にある

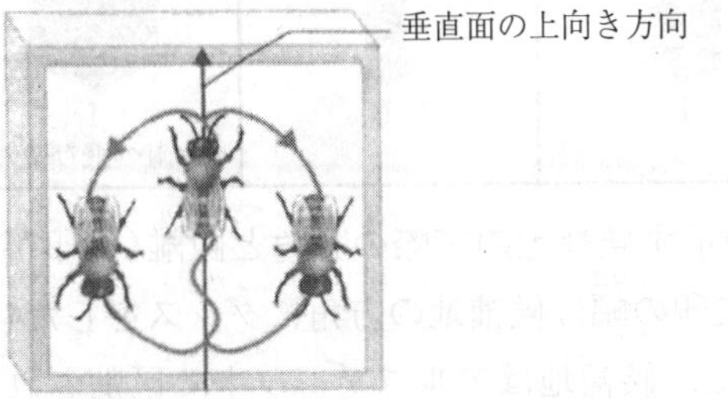

②　エサ場は，巣箱から見て太陽に対し 90° 右方向にある

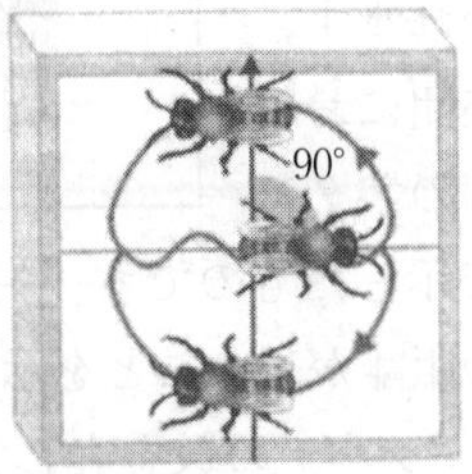

問２　(1)　巣箱から見て太陽と反対方向にエサ場があるときの８の字ダンスが示す方向を表す模式図として正しいものを次のア～カから選び，記号で答えなさい。

ア.

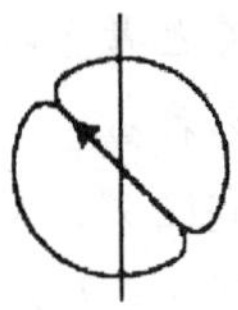

イ.

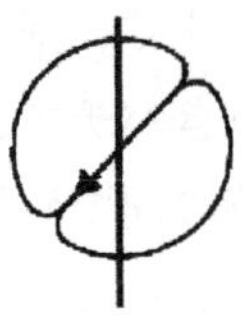

ウ.

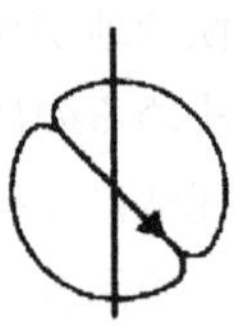

エ.

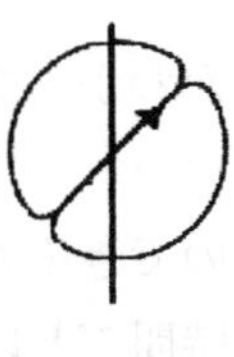

オ.

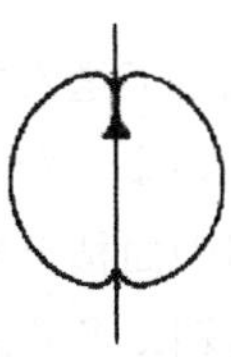

カ.

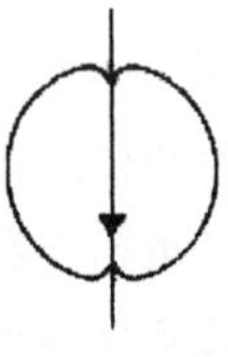

(2)　巣箱から見て太陽に対し 135° 左方向にエサ場があるときの８の字ダンスを(1)のア～カから選び，記号で答えなさい。

(3)　図１における①のような８の字ダンスを正午に行ったときのエサ場の方角を次のア～クから選び，記号で答えなさい。

ア．北　　イ．南　　ウ．東　　エ．西
オ．北西　カ．南西　キ．南東　ク．北東

図2

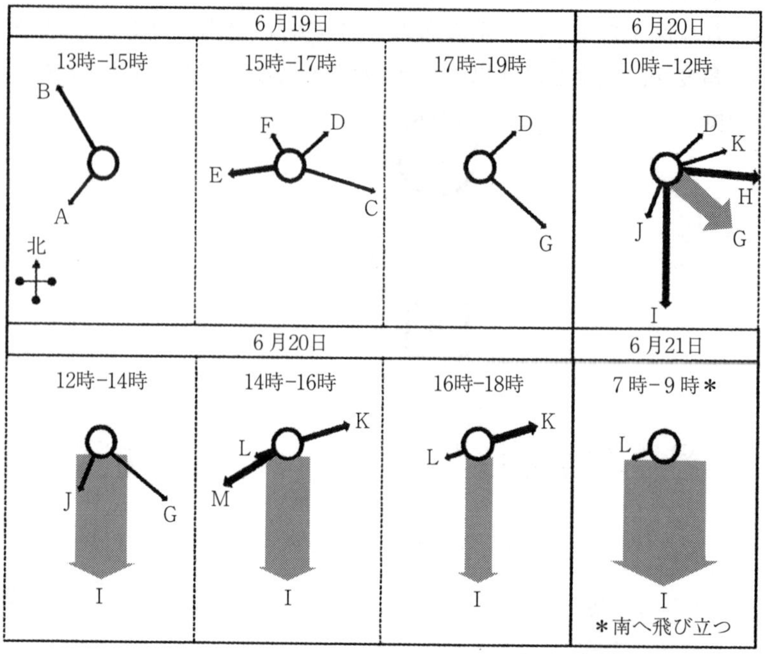

ミツバチは晩春から初夏にかけて集団を分けて別の巣を作ります(このことを分蜂《ぶんぽう》といいます)。巣を変えるミツバチは木の枝などに集まってかたまりをつくり，数時間から数日間一緒《いっしょ》にぶら下がっています。この間，働きバチが新しい巣の候補地を探して共有し，新しい巣を選びます。候補地を共有するときにも８の字ダンスが行われます。

図２はある集団における分蜂の際の８の字ダンスの結果を図で示したものです。矢印はダンスが示す候補地の実際の方角と距離《きょり》(矢印が長いと候補地までの距離が長いことを示します)を，矢印の幅《はば》は候補地の方角にダンスをした(候補地を支持した)ミツバチの数を表しています。また，候補地はアルファベットで区別されています。図２では，６月19日から分蜂が始まり６月21日に新しい巣が決まり，候補地Ｉがある南に飛び立っています。

問３　図２において，次のア～エの文章から正しいものを１つ選び，記号で答えなさい。

ア．新しい巣になり得る候補地が見つかったら，すぐに飛び立っていくと考えられる。

イ．最終的に新しい巣を決めるのはある１匹《ぴき》の働きバチであると考えられる。

ウ．６月20日の14時から16時に比べ16時から18時の間で候補地Ｉの方向にダンスしている数が少なくなるのは，多くの働きバチが候補地を訪《おとず》れているためだと考えられる。

エ．集団で新しい巣に飛んでいくのは大変なので，より近い候補地を選ぶと考えられる。

問４　図２において，６月20日10時から12時での新しい巣の最有力候補地がある方角を８方位で答えなさい。

上の調査からミツバチは新しい巣の候補地を評価して選んでいることがわかりました。次にミツバチが好む巣を調べるために，以下の実験を行いました。

異なる２つの地点Ｘ・Ｙに巣箱の容積と出入り口の面積を変えることのできる人工の巣箱を同じ時刻に置き，ある集団のミツバチがどちらの巣箱に多く訪れるかを時間ごとに調べる実験を行いました。その結果を次のページの図３に示します。図３中の縦の破線は地点Ｘと地点Ｙの両方または地点Ｘの巣箱の条件を変えた時刻を示します。なお，実験は用いた巣箱以外に新しい巣となる候補地が周囲にない環境《かんきょう》で行われています。

図３

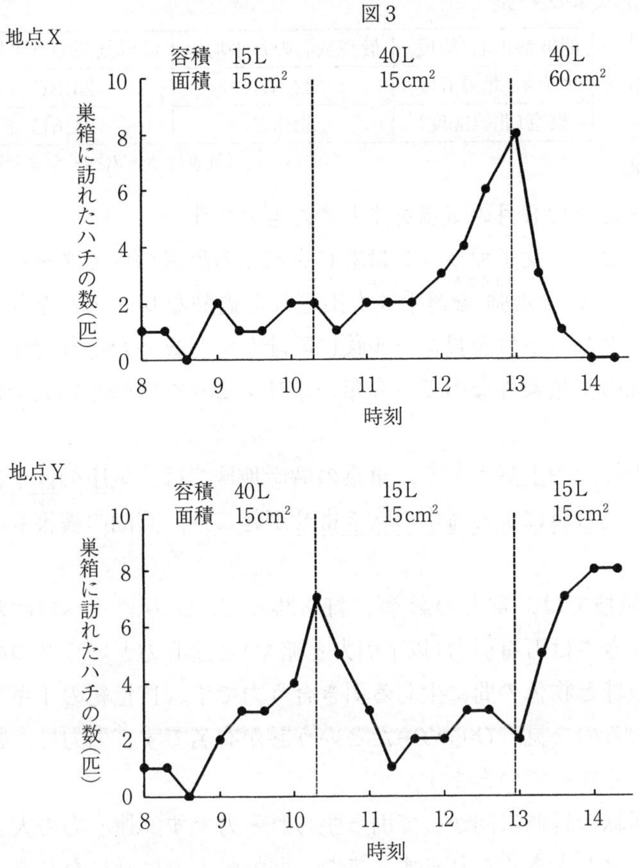

問５　図３において，次のア～オの文章から正しいものをすべて選び，記号で答えなさい。

ア．10時には，地点Ｙよりも地点Ｘに多くの働きバチが訪れている。

イ．１匹の働きバチにおいて，一度良い巣箱がないと判断した地点には再度訪れることはない。

ウ．巣箱の容積は15Ｌよりも40Ｌの方を好む。

エ．巣箱の出入り口は15cm²よりも60cm²の方を好む。

オ．巣箱の容積よりも出入り口の面積の方がミツバチにとって重要である。

現在，世界中で蜂群崩壊症候群《ほうかいしょうこうぐん》(CCD)と呼ばれるミツバチの減少が報告されていて，生態系や農作物への影響《えいきょう》が心配されています。1990年代にヨーロッパ諸国で始まったCCDは，アメリカ・中国・カナダでも報告されており，日本にも広がっています。

CCDの原因の１つに(B)ミツバチの神経がおかしくなり，方向感覚が乱れてしまい，巣に戻れなくなる働きバチが増加することが挙げられています。この考えの根拠《こんきょ》の１つとして，CCDが起きた巣では，女王バチやさなぎは残っていますが働きバチはいなくなってしまい，働きバチの死がいも見つからないという特徴があります。

問６　CCDの原因はいくつもあると考えられていますが，下線部(B)における原因として最も適切なものを次のア～エから選び，記号で答えなさい。

ア．天敵の増加　　イ．森林伐採《ばっさい》　　ウ．農家の減少　　エ．農薬の散布

4 次の文章を読み，以下の問いに答えなさい。

2020年７月24日～８月９日にオリンピック，そして８月25日～９月６日にパラリンピックが東京で開催《かいさい》されます。右の表はオリンピック開催都市であるアテネと東京の最近のある年の８月の気温をまとめたものです。

開催都市名(緯度)	最高気温の月平均値	最低気温の月平均値
アテネ(北緯37度)	32.8℃	23.8℃
東京(北緯36度)	32.5℃	24.6℃

(気象庁ホームページより引用)

同じ８月に行われたアテネオリンピック女子マラソンは35℃を超える酷暑《こくしょ》の中でスタートし，世界記録保持者ポーラ・ラドクリフといった強豪《きょうごう》選手達《たち》も出遅《でおく》れる過酷《かこく》なレースとなりました。湿度が高かったこともあり，メダリストは全員ゴール後に嘔吐《おうと》してしまったそうです。上の表を見ると，東京とアテネは同様の気象条件なので，今年のオリンピックは厳しい大会になると心配されています。

７月末から９月にかけては台風の接近や上陸が多く，東京の湾岸《わんがん》地域では，気圧の低下による海水面の吸い上げや，台風に吹《ふ》き込《こ》む風による海水の吹き寄せが起こり，高潮の被害《ひがい》も心配されます。

やり投げやハンマー投げなどの競技では，重力の影響《えいきょう》に打ち勝って，より遠くへ投げることが必要になってきます。重力の大きさは万有《ばんゆう》引力(以下引力と略す)と遠心力という２つの要素によって決まります。引力は，地球と物体の間に生じる引き合う力です。17世紀のイギリスの物理学者(　①　)が，リンゴが落ちるのを見てひらめいたという話が有名です。引力は，物体が地球の中心から遠ざかるほど小さくなっていきます。

遠心力は，回転している物体が回転の外側に向かって引っ張られる力です。遠心力の大きさは，回転軸《じく》からの距離《きょり》が大きくなるほど大きくなります。また，回転軸上では０になります。

地球の回転軸である自転軸は，(　②　)点と(　③　)点を通っているので，(　②　)点と(　③　)点では遠心力は生じません。一方赤道上では，自転による遠心力は地球上で最も(　④　)くなります。この引力と遠心力という２つの力では，圧倒的《あっとうてき》に引力の方が大きいので，(　②　)点や(　③　)点での重力の大きさに比べると，赤道上の重力の大きさは，わずかに(　⑤　)くなっています。

問１　８月の東京の気候を表す語句を２つ答えなさい。それぞれ漢字２文字で答えなさい。

問２　アテネオリンピックは，かなり気温が高い中で競技が行われましたが，前回2016年８月に開催されたリオデジャネイロオリンピックでは，暑さについてあまり心配されませんでした。その理由を説明しなさい。

問３　下線部について，これにどのような条件が重なると東京の湾岸地域の高潮の水位が，より上がることにつながりますか。２つ答えなさい。

問４　文中の(①)～(⑤)にあてはまる人名や語句を答えなさい。

問５　ウエイトリフティングや走り高跳《たかと》びなどの競技では，重力が小さいほど良い記録が出るとすると，地球上のどのような場所で競技会が行われると良い記録が出ると考えられますか。次のア～エから１つ選び，記号で答えなさい。

ア．極地方の海岸近くにある競技場　　イ．極地方の標高の高い場所にある競技場

ウ．赤道上の海岸近くにある競技場　　エ．赤道上の標高の高い場所にある競技場

て感じたから。

ウ　かけがえのない家族の葬儀にすら参列できない自分を情けなく思ったから。

エ　これからはいったい誰のために本を書けばいいのかわからなくなったから。

問十　――線部⑥とあるが、筆者が「がっかり」したのはなぜか。わかりやすく説明しなさい。

問十一【４】を補うのに最もふさわしいことばを次の中から選び、記号で答えなさい。

ア　涙　　イ　謝罪　　ウ　安心　　エ　感動　　オ　気落ち

決まってるじゃない。あぁ見えて泣き虫なんだから」と答えた。祖父はゆっくりと衰えていったので、父はある程度覚悟しているように見えた。だから母の返答は僕にとって意外だった。

「まじかよ、親父の泣き顔とか、見たくねぇな」

本音を言えば、仕事で葬儀にも法事にも行けないと知ったとき、僕は少しだけ【 4 】した。父の弱った姿を見ずに済むと思ったのだ。

タクシーの車内で訃報を受けたとき、父のことを一番に心配した。僕は父に、「父さん、気持ち大丈夫《だいじょうぶ》？」と返した。普段《ふだん》親父と呼んでいたはずが、なぜかそう呼べなかった。

父からは「大丈夫ですよ」と返信があった。なぜか敬語だった。

あぁ、なんか、家族っぽい。

タクシーの窓から東京の夜空を見上げ、僕はぼんやりそう思った。

（加藤シゲアキ『できることならスティードで・Ｔｒｉｐ４　岡山』による）

＊**訃報**…人が亡くなったという知らせ。
辟易…ひどく迷惑《めいわく》して、うんざりすること。
認知症…物事の判断がしづらくなり、物忘れなどが多くなってしまう症状のこと。
釈然とせず…迷いや疑いが晴れず、すっきりとしないこと。
サゲ…笑い話の締《し》めくくり。「落ち」。
鬼籍に入った…亡くなったこと。
予科練…旧日本海軍の練習生のこと。

問一　――線部**a**～**d**のカタカナを漢字に直して書きなさい。

問二　**【1】**を補うのに最もふさわしいことばを次の中から選び、記号で答えなさい。
ア　値しなかった　　イ　堪《た》えなかった
ウ　及ばなかった　　エ　見えなかった

問三　――線部①のような「父」の姿を、筆者はどのように受け止めているか。最もふさわしいものを次の中から選び、記号で答えなさい。
ア　本当は泣いてしまいたいはずなのに、それをこらえている「父」に気持ちの強さを感じている。
イ　衰えていく「祖父」の姿に寂《さび》しい気持ちを抱《いだ》きつつも明るく振《ふ》る舞《ま》う「父」を気の毒に思っている。
ウ　暗くなりがちな「僕《ぼく》」を笑わせ、なんとか元気づけようとしてくれている「父」を誇らしく思っている。
エ　「僕」を気遣《きづか》いながら、辛《つら》さを見せずに「祖父」の思わしくない状況《じょうきょう》を話す「父」に温かみを感じている。

問四　――線部②とあるが、「祖父」はここでどのような間違《まちが》いをしているのか。わかりやすく説明しなさい。

問五　**【2】**を補うのにふさわしいことばを考えて答えなさい。

問六　――線部③とあるが、かつてとは異なる「祖父」の姿をよく表すひと続きの二文がある。その部分を本文中から探し、最初の五字をぬき出しなさい。

問七　――線部④「伴侶《はんりょ》」の、ここでのことばの意味として最もふさわしいものを次の中から選び、記号で答えなさい。
ア　夫　イ　妻　ウ　父　エ　母　オ　子　カ　孫

問八　**【3】**を補うのにふさわしい十字以内のことばを本文中から探し、ぬき出しなさい。

問九　――線部⑤とあるが、その理由として最もふさわしいものを次の中から選び、記号で答えなさい。
ア　自分のことを本気でしかってくれる貴重な人がいなくなってしまったから。
イ　大切に思えるようになった「祖父」がもういないのだと改め

すると祖父がふと、祖母の方に布団から手を出した。それは祖母の手を求める仕草だった。祖母はそれに応え、そっと手を重ねた。

「おばあちゃんの手は変わらずあったかいのぉ」

「いろんなこと」を忘れても、何度も何度も触《ふ》れ、握《にぎ》った祖母の手の温もりだけは覚えているのだろう。

「おじいちゃんは昔から冷え性じゃったからなぁ」

窓から差し込む柔《やわ》らかい西日が二人を包んでいた。その姿を見る父の瞳は心なしか潤《うる》んでいた。そういう僕も、なるべく気づかれないよう目元を拭《ぬぐ》った。

祖父はそれから本当に眠《ねむ》った。祖母は手を重ねたまま、「困った人じゃのぉ」と呆《あき》れていた。仕方なく帰る準備をし、祖母が最後に「ほいじゃけ、帰るけぇの」と祖父に話しかけた。

寝《ね》ぼけ眼《まなこ》の祖父に僕も改めて「じゃあね、おじいちゃん」と声をかけると、祖父は僕を見て再び、「【　3　】」と言った。まるで落語の＊サゲのような返しに思わず笑ってしまった僕は、「また来るね」と言って明るい気分で施設を後にした。そして祖父が呟いた通り、「こんな日」は二度と来なかった。

これが祖父との最後の会話だった。そして祖父との最も濃《こ》い思い出になった。

その後も父は帰省する度よく祖父の写真を送ってくれた。写真で見る祖父は日に日に衰《おとろ》えていき、最後には口から物を食べられなくなるほどだった。

そしていよいよ介護施設から危篤《きとく》を伝えられた父は、すぐに岡山に戻った。到着後、最初に父から送られてきた祖父の写真は呼吸器をつけた姿で、意識はすでになかった。

数日後、祖父は静かに＊鬼籍《きせき》に入った。

訃報を受け、すぐにカレンダーで葬儀《そうぎ》や法事に行けそうか確認したが、どうにも調整がつかなかった。父にメールで「行けなくて申し訳ない」と伝えると、「お前の仕事柄《がら》そんなことは分かってる」とすぐに返事があった。それからも父は葬儀の様子を送ってくれた。棺《ひつぎ》に入った祖父は頬《ほお》にａワタを詰《つ》め、死化粧《しにげしょう》をしていた。それは今までに見たことないほど穏《おだ》やかで安らかな表情だった。怒りっぽかった祖父はもうどこにもいなかった。その写真を見たとき、好きではなかったはずの祖父のことが不思議と愛おしくなり、⑤また虚《むな》しくなった。

法事を終えた後、父から祖父について色々教えてもらった。戦時中、十六歳《さい》で＊予科練に志願した祖父は、終戦が一年遅《おそ》ければ特攻隊《とっこうたい》として出撃《しゅつげき》することになっていた。しかし戦後、日本が他国を傷つけたことにｂムネを痛め、戦争に関して改めて調べ直すことにした祖父は、硫黄島《いおうとう》、沖縄《おきなわ》、オーストラリアなどに直接足を運び、現地の人に話を聞いて慰霊《いれい》に回っていたという。赤十字とユニセフには若い頃から少額ながら毎年寄付し、死ぬまで続けていた。博打《ばくち》を嫌《きら》い、囲碁《いご》や将棋《しょうぎ》もできるがしない人だった。「優劣《ゆうれつ》が人を不平等にする」というｃシンネンの元だったという。

「じゃあなんであんなにいつも役所に怒りに行ってたん？」

「理不尽《りふじん》だったり、不平等なルールで自分や仲間が損していたりすると我慢《がまん》できない人だったんだよ。だから役所に話を聞きに行って納得できるまで戦ってくるんだ」

⑥自分が思っていた祖父とはあまりにもかけ離《はな》れていて、少しも本質を見抜《ぬ》けていなかった自分にがっかりする。と同時に、自分にそれほど素晴らしい祖父がいたことを喜ばしくも思った。祖父の話をする父も、どことなく誇《ほこ》らしげだった。

最後に岡山を訪れた日、父はそのまま残るというので、僕は母と二人でｄシンカンセンに乗って東京に帰った。その車内で、「じいちゃん亡くなったら親父、泣くかな」と僕が母に尋ねると、母は「泣くに方の孫が好きなようだった。

父はそういった話をいくつもしてくれたが、最後には必ず「【　２　】」と言った。僕自身も、実際に対面したら祖父は「歌って踊る方」と「書く方」のどちらだと思うのか単純に興味があったので、なるべく早いうちに会いに行こうと思っていた。

そして昨年、広島でライブを終えたあと地方に残り、両親と待ち合わせして五年ぶりに総社を訪れることにした。

岡山駅から車でおよそ一時間、その間に車窓からいくつもの桃《もも》や葡《ぶ》萄《どう》の木が目に入る。遠くに備中国分寺《びっちゅうこくぶんじ》の五重塔《とう》が覗《のぞ》けば到着《とうちゃく》は間近だ。実家の近くに川があり、そこでよくいとことザリガニ釣《つ》りをした。懐《なつ》かしい記憶《きおく》が一気に蘇《よみがえ》ってくる。

祖父に会いに行く前に、まず祖母を迎《むか》えに行った。祖母も、父や叔母がいない日は実家ではなく、祖父とは別の介護施設にいた。二人が違う介護施設に入居しているのは症状《しょうじょう》の違いや空き部屋の問題だそうで、祖父母が顔を合わせるのは今日のように父が来た時のみ、それも毎回ではなく、多くても月に一回ほどだという。

祖母は僕の顔を見るとにっこりと笑みを浮《う》かべ嬉《うれ》しそうに「ようきてくれたなぁ」と言った。介護職員の方も「いつもお孫さんの自慢をしていますよ」と言ってくれ、それだけでもわざわざ足を運んだ甲斐《かい》があった。

祖母を連れ、祖父の施設へと向かった。エントランスを潜《くぐ》るとテーブルでゆっくりとご飯を食べる一人の老人がいた。白い粥《かゆ》を掬《すく》うその腕《うで》は細く、背中は曲がり、視点は定まっていなかった。

父が「別人みたいやろ」とぼそっと言った。かつて漲《みなぎ》っていた覇気《はき》はどこにもなかった。祖父の姿に衝撃《しょうげき》を受けた僕は、どう声をかけていいのかわからず、父はそれに気づいたのか、僕を連れて祖父の元へ近づいた。そして耳元に口を寄せ、「親父、シゲが来たで」と大きな声で言った。

祖父が僕を見上げた。そしてじっと見つめ、静かな声でこう言った。

「どちらさまですか」

歌って踊る方でもなく、書く方でもなく、祖父は僕のことがわからなくなっていた。正直なところ、こうなると予想はついていた。つよがりではない。③祖父が変わったように、僕も祖父の知っている姿とはきっと変わっているのだ。

しかし、僕らの後ろから遅《おく》れて歩いてきた祖母の姿を見つけたときは違った。祖父は顔を綻《ほころ》ばせ、それまでぼんやりしていた瞳《ひとみ》を爛々《らんらん》とさせた。どれほどのことを忘れても、生涯《しょうがい》を共にした④伴侶《はんりょ》だけは認識できることに僕はうっかり感動した。

それから五人で祖父の部屋へ行き、家族写真を撮《と》った。そのときになってもなお、祖父は僕のことを認識できていないようだったので、父が改めて「あんたの孫じゃ」と祖父に説明した。すると「仕事は何しとるんじゃ？」と聞いてきたので、「歌ったり踊ったりかな」と答えた。祖父の顔は＊釈然《しゃくぜん》とせず、父が横から「本も書いとるんじゃ」と付け加えた。すると祖父の表情の変化から僕を思い出したことが窺《うかが》えた。

「そうじゃった。なんて言うたかのぉ、映画になった」「『ピンクとグレー』だよ」「本にはのぉ、映画になる本とならん本がある。映画になるっちゅーのは、すごいことじゃ」

そして祖父はこう言った。

「すまんのぉ、もういろんなことを忘れてしもーとるんじゃ」

それから「ねむとーなった」と言って横になった。まだ施設に来て十五分ほどしか経っていなかった。横たわる祖父は目をしばしばさせながら「みんな集まってくれて、こんな日は二度と来んじゃろな」と呟《つぶや》いた。

(1)　「この宿題」とはどのような内容か。五十字以内で説明しなさい。

(2)　いじめをなくす活動はそもそも中島さん自身が行っていたものであり、樹木さんの手紙はその活動を支えるものとは言いがたい面がある。それなのに、中島さんが「樹木さんから与えられたこの宿題」と表現しているのはなぜか。本文の冒頭《ぼうとう》の〜〜〜線部「希林さんは恩人です」にも着目しながら、わかりやすく説明しなさい。

問九　＝＝線部a〜cのカタカナを漢字に直して書きなさい。

二

次の文章は、歌手の加藤シゲアキさんが書いたものである。これを読んで、後の問に答えなさい。なお、＊印のあることばには注が付けてある。

父方の祖父が亡くなった。享年《きょうねん》九十一だった。その＊訃報《ふほう》を受けたのは六月下旬《げじゅん》の深夜、港区からタクシーで帰っている最中だった。

僕《ぼく》の親類は長寿《ちょうじゅ》の人が多く、身内の死を経験したのはこのときが初めてだった。どうしていいかわからず、僕はとりあえず目を瞑《つむ》り、手を合わせ、祖父のことを思った。

父方の祖父母は岡山《おかやま》県の総社《そうじゃ》市に住んでおり、僕が幼少期の頃《ころ》は夏になるとよく家族全員でその父の実家に帰省していた。中学に上がってからは学業と芸能の仕事でなかなか帰るタイミングがなかったが、それでも母方の実家である秋田よりは訪れる機会は多かった。

しかしながら祖父とした会話をほとんど覚えていない。思い出という思い出もあまりなかった。一緒《いっしょ》に風呂《ふろ》に入った際に戦争の話をされたことがあったが、それもどういった内容だったか全く思い出せず、今となってはとても後悔《こうかい》している。

もしかしたら僕は祖父が苦手だったのかもしれない。県庁職員として働いていた祖父は、とても活動的かつ感情的な人だった。定年退職してからもアパートを経営したり、兼業《けんぎょう》していた農業を続けたりといつも忙《せわ》しなくしていた。行政や社会に不満を募《つの》らせ、常に誰《だれ》かに怒《おこ》っていて、文句を言いに市役所に乗り込《こ》んだ、というのは日常茶飯事《さはんじ》で、そのことを自慢《じまん》げに話す祖父に家族は皆＊辟易《へきえき》していた。だからか祖父と父が衝突《しょうとつ》する場面も多々あり、しかも総社のきつい方言で罵《ののし》り合うので、その光景は見るに【　１　】。

父だけでなく、祖母とも叔母《おば》ともよく言い合いになっていた。

しかし祖父は僕にはとても優しかった。同年代のいとこたちはよく怒られていたのに、なぜか僕は一度もなかった。それでも祖父を好きになることがどうしてもできなかった。

とにかく激しい祖父だったが、介護施設《かいごしせつ》に入るほど弱ったと知ったのは、ほんの二、三年前だった。父方、母方含《ふく》めた祖父母四人の中で最も元気に思えたその祖父が、一番最初に介護施設に入居したのはあまりにも意外だった。

施設に入る前、祖父の体調が思わしくないとわかってから父は頻繁《ひんぱん》に帰省するようになり、神戸に住む叔母と交代で祖父母の面倒《めんどう》を見ていた。しかし祖父に＊認知症《にんちしょう》の気《け》が見られたため、いよいよ施設に預けざるを得なくなったそうだ。

弱りゆく父親を目《ま》の当たりにするのはきっと辛《つら》かったに違《ちが》いないが、①父は会ってくるたび祖父とのことを面白《おもしろ》可笑《おか》しく話し、茶化した。特に僕が気に入ったエピソードは、祖父が父に「お前の息子二人おるやろ。最近はどうしとんじゃ」と尋《たず》ねた話だった。僕は一人っ子なので、いよいよ孫の顔もわからなくなったと思った父は、「誰と間違えとるんじゃ」と言い返したところ、「②歌って踊《おど》る方と、書く方がおるじゃろ」と話したらしい。ちなみに祖父は読書家だったため、書くから与《あた》えられたこの宿題を、コツコツ最後までやり続けます」

（樹木希林さんの手紙）

中島啓幸さん

ひとりひとり違って生まれる　当然　差別がある

いじめは　ちがいから起きる

わたしも人をいじめたし　いじめられたし

それを亡くそうたって――ねぇ

はてしのない道のりです

二〇一六・八・五　樹木希林

追伸　じゃあさ　皆で　同じ形の　ロボット人間に――

――それじゃ　つまりませんネェ

（ＮＨＫ『クローズアップ現代＋』＋『知るしん』制作班 著

『樹木希林さんからの手紙　人生上出来！と、こらえて歩こう』による）

＊**クルー**…ここでは、「スタッフ」の意味。

「**全身がん**」…樹木希林さんは、二〇一三年に全身にがんが広がっていることを自ら公表していた。

療育…障害を持つ子どもが社会的に自立することを目的として行われる医療と保育。

撲滅…完全に絶やすこと。すっかりなくしてしまうこと。

森繁久彌…俳優（一九一三年～二〇〇九年）。

問一　［A］を補うのに最もふさわしいことばを次の中から選び、記号で答えなさい。

ア　往年　イ　積年　ウ　通年　エ　晩年

問二　［B］を補うのに最もふさわしいことばを次の中から選び、記号で答えなさい。

ア　囲む　イ　悲しむ　ウ　しのぶ　エ　いたわる

問三　――線部①について。「生半可」とは「中途半端《ちゅうとはんぱ》であること。不十分であること」という意味だが、中島さんは、どんなことに対してどういう点で「生半可じゃない」と思ったのか。わかりやすく説明しなさい。

問四　――線部②で、樹木さんはどんな思いを持っているのだろうか。その説明としてふさわしいものを次の中から二つ選び、それぞれ記号で答えなさい。

ア　困っている　イ　失望している　ウ　同情している

エ　心配している　オ　腹を立てている

問五　――線部③に関連して。中島さんは、いじめに関わる活動だけでなく、その他のことにも、「本気」で一生懸命《けんめい》に取り組む人であるようだ。その姿・行動がよく表われている部分を本文の【※】より前の部分から一文で探し、最初の五字をぬき出して答えなさい。

問六　――線部④について。この発言には省略された部分があり、わかりやすい表現とはなっていない。発言の意図を明確にするために、「そういう罪があるのよ」の前に三字以上七字以内のことばを補いなさい。

問七　［C］を補うのに最もふさわしい表現を次の中から選び、記号で答えなさい。

ア　みんな同じロボットなら、感情がないのでいじめは起きない

イ　みんな同じロボットなら、話し合いがなくてもわかり合える

ウ　いじめのもとである一人一人の違《ちが》いは、人間を生きづらくする

エ　いじめのもとである一人一人の違いは、人間の面白《おもしろ》さでもある

問八　――線部⑤について。

「いじめをテーマに、子どもたちへのメッセージを書いてほしい」

いじめをなくす活動に取り組む中島さん。樹木さん**b**ドクトクの言葉なら、子どもたちの心に響《ひび》くのではと期待していました。

しかし、樹木さんは②表情をくもらせました。

「中島さん、いじめをなくすってすごいことだけど、道が**c**キビしすぎるんじゃないですか、と。生きていること自体、いじめと差別がうようよしているんだから絶対になくならないよ、と言われました」

それでも中島さんは、いじめをなくすために何か行動したい、樹木さんなりの考えを書いてほしいと、お願いし続けました。

「③本気か?というのを必ず問いますからね、希林さんは。ナイフのような鋭《するど》さもある人でした。だから私も〝樹木希林に負けてたまるか〟と、挑戦的《ちょうせんてき》な目でにらみつけていたと思います」

中島さんの覚悟《かくご》にふれた樹木さん。和室に向かい、机の前に座り込《こ》み、静かに原稿《げんこう》と向き合い始めました。

じっと考え込んだり、立ち上がってうろうろしたり。別の用事を挟《はさ》みながらも、随分《ずいぶん》と長い時間また考え、最後は一気に手紙を書き上げました。

「まるで、一筆一筆、命がけで書いているようでした」

自分も人をいじめたことがある、と告白した手紙。

「樹木さんは学生の頃、不登校の時期があったと言っていました。芸能界に入ってからは、単なる上下関係ではないけど、いじめられたり、いじめたこともあったそうです。④そういう罪があるのよ、と」

中島さんは、手紙を書き上げた樹木さんにかけられた言葉が、今も忘れられないといいます。

「人間がいる限り、いじめや差別はなくならないのよ。それでもコツコツやっていれば、よい方向に向かうんじゃない。だから頑張《がんば》りなさいとおっしゃって、手紙を渡されました」

はてしのない道に挑《いど》もうとする、中島さんへのエールでした。

樹木さんが亡くなる直前の二〇一八年夏、中島さんは旭川市の教育委員会に樹木さんのメッセージを託《たく》しました。市内の小中学校に配り、樹木さんの言葉を子どもたちに考えてもらうためです。

私たちは中島さんと会った翌日、旭川市忠和中学校の生徒会を訪ねました。生徒たちは、樹木さんの言葉をどう受け止めたのか。八人の生徒全員が真っ先に反応したのは、「追伸《ついしん》」として添《そ》えられた短い言葉でした。

追伸　じゃあさ　皆《みな》で同じ形のロボット人間に――

――それじゃ　つまりませんネェ

「確かにみんなロボットなら、いじめは起きないかもしれないけど、考え方が違《ちが》うからこそ、生まれる何かもある」

「みんなそれぞれ違うから、みんな違う意見で、話し合いもできる。みんな同じロボットだったら、話し合いにならないよね」

［　C　］。それが、生徒たちが受け取った、樹木さんからのメッセージでした。生徒会のメンバーは、この言葉を全生徒にどう伝え、考えてもらうのか、一時間以上議論を重ねていました。

樹木さんからの手紙を預かった中島啓幸さん。残りの人生をかけ、いじめの問題と向き合い続ける覚悟です。

「どうせやるなら最後まで。どうせやるなら最後までと、樹木さんは常に言っていました。途中《とちゅう》でやめたらダメだと。だから、⑤樹木さん

二〇二〇年度　桐朋中学校

【国　語】〈第二回試験〉（五〇分）〈満点：一〇〇点〉

一　次の文章は、俳優の樹木希林《きききりん》さんが送った手紙について取材した、テレビ番組の制作ディレクターが書いたものである。これを読んで、後の問に答えなさい。なお、＊印のあることばには注が付けてある。

過去の映像、本、新聞などの資料を調べていると、意外な記事にたどり着きました。北海道新聞の、地域の人物を紹介《しょうかい》する小さな欄《らん》。樹木さんからの手紙を持った男性の写真が目に留まりました。旭川《あさひかわ》市で、いじめをなくすために活動しているという男性でした。

「樹木さんから手紙を受け取ったと新聞で**a**ハイケンしたのですが……」

「希林さんは恩人です。希林さんのことなら、何でも協力します」

連絡先《れんらくさき》を調べ、突然《とつぜん》電話をかけた私に対し、快く引き受けてくれた男性。中島啓幸さん（四十九歳）との出会いでした。

電話でおおまかな話を聞き、翌日さっそく＊クルーと共に旭川へ。九月中旬《ちゅうじゅん》の北海道はもう肌《はだ》寒く、空気も澄《す》み渡《わた》り、どこまでも青空が広がっていました。樹木さんは亡くなる一年前の二〇一七年九月、中島さんに会うため旭川を訪れていました。＊「全身がん」を抱《かか》えていた［Ａ］の樹木さんは、この広大な景色を見て何を思ったのか。そして、体調がよくない中でも会いに行った中島さんとは、どんな人なのか。

旭川空港から車を走らせ一時間。到着《とうちゃく》したのは、障害がある人たちの＊療育《りょういく》施設。すでに上着が欠かせない気温の下、額に汗《あせ》しながらひときわ大きな声で利用者に声をかける男性の姿……中島さんでした。

「私は幼い頃《ころ》、いじめられたことがあるんです。だから、弱い立場にある人の助けに、少しでもなれないかなって」

施設《しせつ》で介護《かいご》の仕事をしながら、地域のいじめ＊撲滅《ぼくめつ》活動にも取り組む中島さん。どうやって樹木さんと知り合ったのか。

「実は私、＊森繁久彌《もりしげひさや》さんと文通していたんです。熱烈《ねつれつ》なファンレターを送ったら返事をくれて、以来十七年間。で、森繁さんが亡くなったあと森繁さんを［Ｂ］イベントで希林さんにお会いして。

〝あなたのこと、森繁さんから聞いていました。十何年も文通していたなんてすごいわね〟と声をかけてもらい、それで交流が始まったんです」

初めての手紙のやりとりは二〇一三年。樹木さんはいつも、本名の「内田啓子」として手紙を送っていました。体調のこと、人生について……内容はさまざまだったそう。

「私が以前、ちらっと話した、介護の仕事で人をおぶったりするから、足がしびれてつらいという話を希林さんは覚えていて、それをとても気遣《きづか》ってくれました。お仕事も含《ふく》め、普段《ふだん》からたくさんの人々と交流がある希林さんですが、私の話をちゃんと覚えていてくれて、一人一人を大事にしてくれる。①生半可《なまはんか》じゃないですよね」

【※】

二〇一六年夏。樹木さんの自宅を訪ねた中島さんは、あるお願いをしました。

2020年度 桐朋中学校 ▶解説と解答

算数 ＜第２回試験＞（50分）＜満点：100点＞

解答

1 (1) $1\frac{1}{4}$　(2) 5.1　(3) 5　**2** (1) 毎分70m　(2) 102 g　(3) 3 : 7　**3** 748人　**4** (1) 13.5　(2) 2, 20, 23　**5** (1) 32分　(2) 72分　(3) 108 cm　**6** (1) 9回　(2) 42秒後　(3) 21秒後　**7** (1) 26　(2) **最も大きい*S***…300, **最も小さい*S***…160　(3) 70個　(4) 2 cm, 6 cm, 7 cm

解説

1 四則計算

(1) $2\frac{1}{6}-1\frac{2}{3}+\frac{3}{4}=\frac{13}{6}-\frac{5}{3}+\frac{3}{4}=\frac{26}{12}-\frac{20}{12}+\frac{9}{12}=\frac{15}{12}=\frac{5}{4}=1\frac{1}{4}$

(2) $0.8\times9.5-(5.2-1.7)\div1.4=7.6-3.5\div1.4=7.6-2.5=5.1$

(3) $\left(1\frac{1}{5}+0.5\times1.35\right)\div\left(2\frac{1}{8}-1.75\right)=\left(1\frac{1}{5}+\frac{1}{2}\times\frac{135}{100}\right)\div\left(2\frac{1}{8}-1\frac{3}{4}\right)=\left(\frac{6}{5}+\frac{27}{40}\right)\div\left(1\frac{9}{8}-1\frac{6}{8}\right)=\left(\frac{48}{40}+\frac{27}{40}\right)\div\frac{3}{8}=\frac{75}{40}\times\frac{8}{3}=5$

2 速さ，比の性質，辺の比と面積の比

(1) 弟が家から学校までかかった時間は，840÷60＝14(分)である。また，兄は弟よりも２分遅《おそ》く家を出発し，学校には弟と同時に着いたから，兄が家から学校までかかった時間は，14－２＝12(分)とわかる。よって，兄の速さは毎分，840÷12＝70(m)と求められる。

(2) Ｃの重さを１とすると，Ｂの重さは$\frac{5}{4}$で，Ａの重さは，$\frac{5}{4}\times\frac{2}{3}=\frac{5}{6}$だから，Ａ，Ｂ，Ｃの重さの比は，$\frac{5}{6}:\frac{5}{4}:1=\frac{10}{12}:\frac{15}{12}:\frac{12}{12}$＝10：15：12とわかる。この比の，12－10＝２にあたる重さが17 gとなるので，Ｃの重さ，つまり，比の12にあたる重さは，17÷２×12＝102(g)と求められる。

(3) 右の図で，直角三角形ABCの面積は，８×15÷２＝60(cm^2)で，三角形ABDと三角形ADCの面積の比は，BD：DCと同じ２：１になるから，三角形ABDの面積は，$60\times\frac{2}{2+1}$＝40(cm^2)となる。よって，三角形ABEの面積は，40－28＝12(cm^2)で，AE：EDは，三角形ABEと三角形EBDの面積の比に等しいから，12：28＝３：７とわかる。

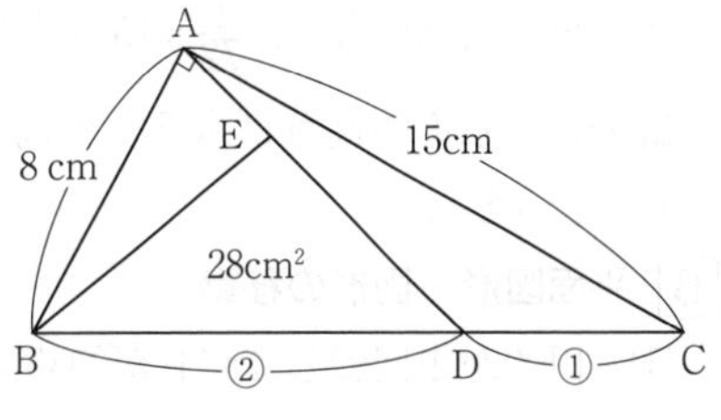

3 倍数算

男子生徒のうち，Ａ町とＢ町に住んでいる人数の比は，60：16＝15：４なので，それぞれの人数を$\boxed{15}$，$\boxed{4}$とすると，男女合わせて，Ａ町に住んでいる人数は，$\boxed{15}$＋149(人)，Ｂ町に住んでいる人数は，$\boxed{4}$＋127(人)となる。また，その人数の比は，50：25＝２：１だから，$\boxed{15}$＋149(人)と，($\boxed{4}$＋127)×２＝$\boxed{4}$×２＋127×２＝$\boxed{8}$＋254(人)が等しいので，$\boxed{15}$－$\boxed{8}$＝$\boxed{7}$が，254－149＝105(人)と

なる。したがって，$\boxed{1}$＝105÷７＝15(人)より，$\boxed{15}$＝15×15＝225(人)だから，Ａ町に住んでいる人数は，男女合わせて，225＋149＝374(人)とわかる。これが全校生徒の人数の50%にあたるから，全校生徒の人数は，374÷0.5＝748(人)と求められる。

4　平均とのべ

⑴　nが14のとき，最も大きい数は22，最も小さい数は８で，それらを除いた４つの数は10，13，14，17となるから，A＝(10＋13＋14＋17)÷４＝54÷４＝13.5である。

⑵　６つの数の平均が，最も大きい数と小さい数を除いた４つの数の平均と等しいので，その４つの数の平均，つまり，Aの値は，最も大きい数と小さい数の平均と等しくなる。まず，nが８以下のとき，最も小さい数はn，最も大きい数は22なので，A＝(８＋10＋13＋17)÷４＝48÷４＝12となる。よって，(n＋22)÷２＝12だから，n＝12×２－22＝２となる。次に，nが９以上21以下のとき，最も小さい数は８，最も大きい数は22で，その平均は，(８＋22)÷２＝15である。よって，(n＋10＋13＋17)÷４＝15だから，n＝15×４－(10＋13＋17)＝60－40＝20となる。さらに，nが22以上のとき，最も小さい数は８，最も大きい数はnなので，A＝(10＋13＋17＋22)÷４＝62÷４＝15.5となる。よって，(８＋n)÷２＝15.5だから，n＝15.5×２－８＝23となる。以上より，考えられるnの値は２，20，23である。

5　グラフ―仕事算，水の深さと体積

⑴　最初に，Ａだけで水そうの容積の$\frac{3}{8}$の水を入れるのにかかった時間は，問題文中のグラフより，12分とわかる。よって，Ａだけで空の水そうを満水にするのにかかる時間は，12÷$\frac{3}{8}$＝32(分)と求められる。

⑵　水そうの容積を１とすると，Ａから１分間に入れる水の量は，１÷32＝$\frac{1}{32}$である。また，満水になるまでに，Ａから水を入れた時間は，75－15＝60(分)なので，Ａから入れた水の量は，$\frac{1}{32}$×60＝$\frac{15}{8}$となる。よって，Ｂから出した水の量は，$\frac{15}{8}$－１＝$\frac{7}{8}$とわかる。また，Ｂから水を出した時間は，75－12＝63(分)だから，Ｂから１分間に出す水の量は，$\frac{7}{8}$÷63＝$\frac{1}{72}$である。したがって，Ｂだけで満水の水そうを空にするのにかかる時間は，１÷$\frac{1}{72}$＝72(分)と求められる。

⑶　最初の12分間でＡから入れた水の量は$\frac{3}{8}$である。また，12分後から27分後までの15分間に，Ｂから出した水の量は，$\frac{1}{72}$×15＝$\frac{5}{24}$だから，27分後の水そうの水の量は，$\frac{3}{8}$－$\frac{5}{24}$＝$\frac{1}{6}$となる。よって，27分後の水面の高さは水そうの高さの$\frac{1}{6}$であり，それが18cmだから，水そうの高さは，18÷$\frac{1}{6}$＝108(cm)となる。

6　平面図形―図形の移動

⑴　円㋑が１回転して点Ｐが初めて円㋐の周と重なったときの様子は下の図１のようになり，円㋑の転がった長さ(太線部分の長さ)は，円㋑の円周の長さと等しくなる。また，円㋐と円㋑の半径の比は，20：５＝４：１だから，円周の長さの比も４：１になる。よって，円㋐の円周と太線部分の長さの比は４：１となり，円㋑が円㋐の周上を１周するのに24秒かかるので，円㋑が動き始めてから図１のようになるまで，24÷４＝６(秒)かかる。したがって，点Ｐは６秒ごとに円㋐の周と重なるから，56秒後までには，56÷６＝９余り２より，点Ｐは円㋐の周と９回重なる。

⑵　Ａ，Ｂ，Ｐ，Ｑを頂点とする四角形が正方形になるのは，下の図２で，点Ｐ，Ｑのうち一方が

点Cと，もう一方が点Dと重なるときである。(1)より，点Pが初めて点Cと重なるのは６秒後で，初めて点Dと重なるのは，$6+6\times2=18$(秒後)，再び点Cと重なるのは，$18+6\times2=30$(秒後)，再び点Dと重なるのは，$30+6\times2=42$(秒後)，…のようになる。また，円㋒は円㋑と同じ半径なので，(1)と同様に考えると，点Qが円㋐の周と重なってから次に重なるまでに円㋒は円㋐の周上を$\frac{1}{4}$周する。よって，点Qは，$56\div4=14$(秒)ごとに円㋐の周と重なるので，点Qが初めて点Dと重なるのは14秒後，点Cと重なるのは，$14+14\times2=42$(秒後)となる。したがって，42秒後に点Pが点Dに，点Qが点Cと重なるから，A，B，P，Qを頂点とする四角形が初めて正方形になるのは42秒後とわかる。

(3)　円㋐の中心をO，円㋑の中心をO′とし，まず，O，O′，Pが一直線上に並ぶときを考える。O，O′，Pが初めて一直線上に並ぶのは，下の図３のように，O，O′を通る直線上に初めて点Pが重なるときで，このときまでに，円㋑が転がった長さは図３の太線部分の長さとなる。また，円㋑と円㋐の周が重なる点をEとすると，EもO，O′を通る直線上にあるから，点P，O′，Eは一直線に並んでおり，太線部分は半円の弧《こ》になっている。よって，図３の太線部分の長さは円㋑の円周の長さ，つまり，図１の太線部分の長さの半分だから，図３のようになるまでの時間は，$6\div2=3$(秒)とわかる。さらに，図３のようになってから，図１のようになるまでに，$6-3=3$(秒)かかり，図１のときも点O，O′，Pは一直線上に並んでいるから，点O，O′，Pは３秒ごとに一直線上に並ぶことがわかる。次に，点O，O′，Pが一直線上に並ぶとき，その直線は下の図４（○印の角の大きさはすべて等しい）の直線①～④のいずれかなので，点O，O′，P，Qが一直線上に並ぶためには，点Qが直線①～④のいずれかと重なる必要がある。ここで，図４のように，直線②，③と円㋐の周の交わる点をそれぞれF，Gとすると，円㋒が点Fと重なるまでに転がる長さ(図４の太線部分)は弧BFの長さに等しく，円㋒の円周の長さは弧BGの長さに等しいから，太線部分の長さは円㋒の円周の半分となる。よって，太線部分は半円の弧になっているから，円㋒が点Fと重なったとき，点Qは直線②上にある。この後，円㋒が点Gと重なったとき，点Qは点Gと重なるから，直線③上にある。したがって，点Qは，$14\div2=7$(秒)ごとに，直線①～④のいずれかと重なる。そこで，３と７の最小公倍数である21秒後について調べると，点Pも点Qも直線④と重なるから，点O，O′，P，Qが初めて一直線上に並ぶのは動き始めてから21秒後とわかる。

図１
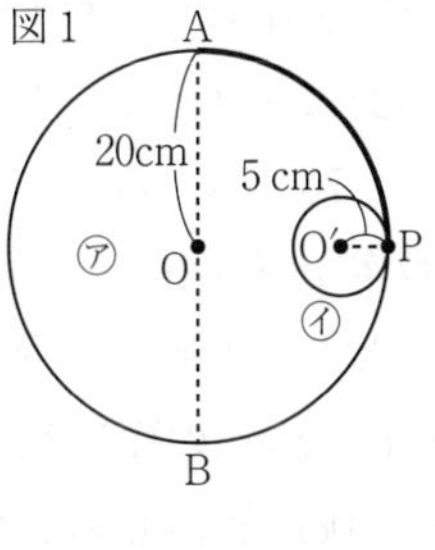

図２
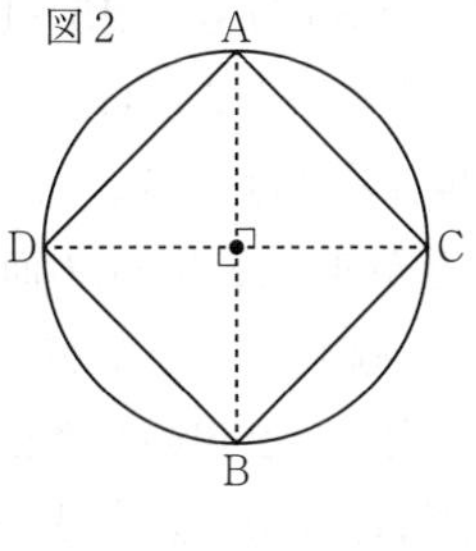

図３
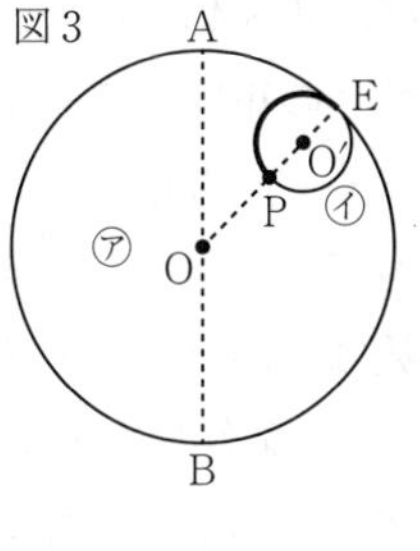

図４
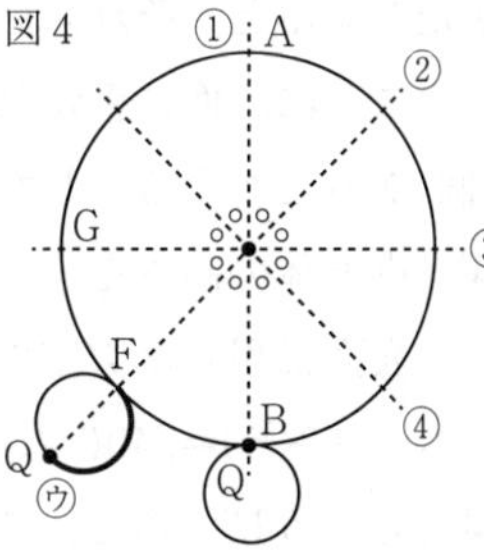

7　条件の整理，つるかめ算

(1)　右の図で，立方体は４の面と５の面が向かい合っており，同じ数字が書いてある面どうしを重ねるから，㋐，㋑，㋒の部分にはそれぞれ５の面，５の面，４の面が重なっている。よって，㋓の面の数字は４，㋔の面の数字は４，㋕の面の数字は５だから，

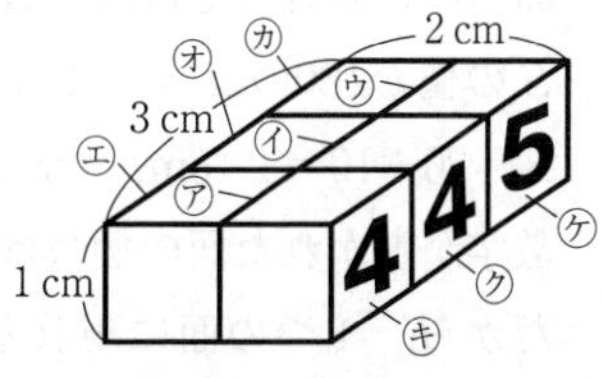

Sの値は，４＋４＋５＋４＋４＋５＝26となる。

(2)　(1)からわかるように，直方体で，ちょうど反対側にある数字が書かれた２つの面(例えば，図の㋓と㋖，㋔と㋗，㋕と㋘)は，それらの間の距離《きょり》(cm)が偶数《ぐうすう》のとき，同じ数字となり，奇数《きすう》のとき，異なる数字となる。縦４cm，横５cm，高さ６cmの直方体で，最も大きい面は２辺の長さが５cmと６cmの面で，その中に立方体の面は，５×６＝30(個)ある。また，５cmと６cmの２つの面の間の距離は４cm(偶数)だから，これらの面に書かれた数字をすべて５にすることができる。このときにSの値は最も大きくなるから，最も大きいSの値は，５×30×２＝300と求められる。次に，直方体で数字が書かれた２つの面以外の４つの面は，すべて数字が書かれていない面であり，これらの面と平行な立方体の面も，すべて数字が書かれていない面となる。このことから，１つの直方体の面の中で，数字の書かれた立方体の面が１つでもあれば，残りの面もすべて数字の書かれた面になることがわかる。ここで，縦４cm，横５cm，高さ６cmの直方体で，最も小さい面は，２辺の長さが４cmと５cmの面で，その中に立方体の面は，４×５＝20(個)ある。また，４cmと５cmの２つの面の間の距離は６cm(偶数)だから，これらの面に書かれた数字をすべて４にすることができる。このときにSの値は最も小さくなるから，最も小さいSの値は，４×20×２＝160と求められる。

(3)　２辺の長さが５cmと８cmの面に数字が現れるようにすると，数字が書かれた立方体の面の個数は，１つの直方体の面の中で，５×８＝40(個)となる。このとき，５cmと８cmの２つの面の間の距離は９cm(奇数)だから，ちょうど反対側にある40組の２つの数字はそれぞれ異なる数字となる。よって，面に書かれた数字は４と５が40個ずつとなるから，Sの値は，４×40＋５×40＝360となり，条件に合わない。次に，２辺の長さが８cmと９cmの面のすべてに数字が現れるようにすると，数字が書かれた面の個数は，８×９＝72(個)で，８cmと９cmの２つの面の間の距離は５cm(奇数)だから，面に書かれた数字は４と５が72個ずつとなる。よって，Sの値は，４×72＋５×72＝648だから，これも条件に合わない。さらに，２辺の長さが５cmと９cmの面のすべてに数字が現れるようにすると，数字が書かれた面の個数は，５×９＝45(個)で，５cmと９cmの２つの面の間の距離は８cm(偶数)だから，ちょうど反対側にある45組の２つの数字はそれぞれ同じ数字であり，１つの直方体の面に現れる数字の和は，430÷２＝215となる。もし，45個の数字がすべて４だとすると，それらの和は，４×45＝180となり，215よりも，215－180＝35少ない。５を１個増やすごとに，面に書かれた数字の和は，５－４＝１ずつ増えるから，１つの面に５は，35÷１＝35(個)あるとわかる。したがって，直方体の表面に現れる５は全部で，35×２＝70(個)ある。

(4)　直方体の高さを$x$cmとする。まず，２辺の長さが３cmと10cmの面に数字が現れるようにすると，表面に現れる数字の個数は全部で，３×10×２＝60(個)となるが，このときSの値は，少なくとも，４×60＝240になるので，条件に合わない。次に，２辺の長さが10cmと$x$cmの面に数字が現れるようにすると，１つの面に現れる数字の個数は，(10×x)個となり，10cmと$x$cmの２つの面の間の距離は３cm(奇数)だから，面に書かれた数字は４と５が(10×x)個ずつとなる。よって，Sの値が180のとき，４×(10×x)＋５×(10×x)＝180となるので，10×x＝180÷(４＋５)＝20，x＝20÷10＝２(cm)となる。さらに，２辺の長さが３cmと$x$cmの面に数字が現れるようにすると，数字が書かれた面の個数は，(３×x)個となり，３cmと$x$cmの２つの面の間の距離は10cm(偶数)だから，１つの面に現れる数字の和は，180÷２＝90となる。このとき，90÷４＝22.5，90÷５＝

18より，数字が書かれた面の個数は18個以上22個以下なので，xは，18÷３＝６，22÷３＝7.3…より，６cmか７cmとなる。x＝６のとき，数字が書かれた面の個数は，３×６＝18(個)となり，それらがすべて５だとすると，１つの面に現れる数字の和は，５×18＝90となるので，条件に合う。x＝７のとき，数字が書かれた面の個数は，３×７＝21(個)となり，(90－４×21)÷(５－４)＝６より，21個のうち，４が，21－６＝15(個)，５が６個のとき，１つの面に現れる数字の和は90となるので，条件に合う。以上より，考えられる直方体の高さは２cm，６cm，７cmである。

社 会　＜第２回試験＞（30分）＜満点：60点＞

解 答

1 **問１**　エ→ア→イ→カ→ウ→オ　**問２**　**平泉**…い　**富岡**…え　**問３**　①　キ　②　カ　③　ウ　④　イ　**問４**　①　B　②　A　③　B　**問５**　**輸入品**…お　**輸出品**…え　**問６**　蒸気　**問７**　渡来人　**問８**　アメリカ(合衆国)　**問９**　(例)「解放令」を出して新しく平民としたが，住む場所や結婚，就職などの差別はなくならなかった。

2 **問１**　①　**ア**　×　**イ**　○　**ウ**　○　**エ**　×　②　い　**問２**　(愛知県←)お←き←く←け←す(←東京都)　**問３**　う，お　**問４**　い　**問５**　①　赤石(山脈)　②　う　**問６**　え　**問７**　信濃(国)　**問８**　い　**問９**　え　**問10**　う　**3** **問１**　内閣府　**問２**　あ→え→う→い　**問３**　兵役の義務　**問４**　**ア**　×　**イ**　○　**ウ**　○　**問５**　**設問１**　い，う　**設問２**　(例)　図５・図６より，法人税は，景気がよくなると税収が増えていき，景気が悪くなると税収は減っていくことがわかる。一方，消費税は，景気のよしあしに左右されず税収が安定しており，法人税より財源確保の見通しが立てやすいから。

解 説

1 **各時代の工業製品を題材にした問題**

問１　時代の古い順に，はた織りや焼き物(須恵器)が伝わった５世紀ごろや，仏教が伝わった６世紀なかばごろのことを述べている(…エ)→奥羽藤原氏の初代清衡《きよひら》が平安時代後半の1124年に建てた中尊寺金色堂について述べている(…ア)→豊臣秀吉が安土桃山時代末の1592～93年(文禄の役)と1597～98年(慶長の役)の２度にわたって行った朝鮮出兵についての記述である(…イ)→百姓や町人という身分があり，さらに「えた・ひにん」とよばれた被差別層がいた江戸時代について述べている(…カ)→明治時代初めの1872年に開業した官営富岡製糸場についての記述である(…ウ)→白黒テレビ，電気洗濯《せんたく》機，電気冷蔵庫が「三種の神器」とよばれて普及《ふきゅう》した，昭和時代中期の1950～60年代の記述である(…オ)，となる。

問２　平泉は「い」の岩手県南部，富岡は「え」の群馬県南西部に位置する。なお，「あ」は函館(北海道)，「う」は佐渡島(新潟県)，「お」は奈良，「か」は広島，「き」は北九州の位置。

問３　①　大正時代初期にあたる1914年に第一次世界大戦が起こり，1918年に終結すると，国際的に民族自決の風潮が高まった。1910年の韓国併合によって日本の植民地となっていた朝鮮でも，日本からの独立を求める声が高まり，1919年３月１日に大規模な抵抗《ていこう》運動へと発展した。これを三・一独立運動といい，朝鮮総督《そうとく》府《ふ》は武力でこれをしずめた。あてはまる時代はないので，キになる。

② 江戸時代，大阪は幕府の直轄《ちょっかつ》地となって大名の蔵屋敷が立ち並び，各地の米や特産物が取り引きされて商業の中心地となったことから，「天下の台所」とよばれた。 ③ 明治時代初めの1871年，岩倉具視を大使，伊藤博文や大久保利通，木戸孝允らを副使とする使節団が，不平等条約改正の予備交渉《こうしょう》と視察を目的としてアメリカやヨーロッパに渡った。条約改正交渉は失敗に終わったが，彼らが目にした欧米の近代的な政治制度や文化は，その後の政治に大きな影響をあたえた。

④ 豊臣秀吉が政治を行っていたころには，豪華で壮大な桃山文化が栄え，秀吉が築いた大阪城には金ぱくをはった茶室がつくられた。また，この時代には千利休によって茶道が大成された。

問4 ①～③ アは1124年のできごと，①は1192年のできごとである。また，②について，藤原道長は1018年に三女の威子《いし》を後一条天皇のきさきとし，3人の天皇の外祖父となって政治の実権をにぎった。③は元寇《げんこう》とよばれ，1274年(文永の役)と1281年(弘安の役)の2回にわたるできごとである。

問5 江戸時代には対馬《つしま》藩(長崎県)の宗《そう》氏が幕府から朝鮮(李氏《りし》朝鮮)との貿易の独占権を認められ，朝鮮半島南部の釜山《プサン》に置かれた倭館《わかん》で貿易が行われた。朝鮮からは，中国産の生糸や薬用として重宝された朝鮮人参(高麗《こうらい》人参)，木綿などが輸入され，その代金は銀や銅で支払われた。

問6 18世紀後半にイギリスで始まった産業革命では，石炭を燃料とする蒸気機関の発達によって工業が機械化され，製品の大量生産が可能になった。日本では，明治政府が殖産興業政策のもと，官営工場に最新機械を導入したことから，19世紀後半に繊維工業で産業革命が達成された。

問7 4～6世紀の朝鮮半島や中国では争いが続いていたため，戦いをのがれて日本に渡る人が多かった。こうした人々は渡来人とよばれ，大陸の進んだ技術や文化を伝えるとともに，大和《やまと》政権で重く用いられ，政治にも参加した。

問8 1950年代後半から日本は高度経済成長とよばれる経済成長が続き，工業化が進んで国民生活が豊かになった。この間の1968年にはGNP(国民総生産)が当時の西ドイツをぬき，アメリカ合衆国についで先進国で第2位となった。

問9 江戸時代に「えた・ひにん」として差別された人々は，明治時代初めの1871年に出された解放令によって平民とされた。しかし，こうした人々は「新平民」などとよばれ，住む場所や結婚，就職など，生活のさまざまな場面で差別され続けたため，身分や出自をかくす人も多かった。

2 リニア中央新幹線を題材にした問題

問1 ① **ア** 自動車の生産では多くの工程で産業用ロボットが導入されているが，細かい部品の取り付けや点検など，人の手で行われる工程もある。 **イ** 自動車の生産では，効率化をはかるため，組み立て工場の周辺に関連部品を製造する工場が立地することが多い。よって，正しい。

ウ 愛知県豊田市には世界的な自動車メーカーであるトヨタ自動車の本社や多くの関連工場が立地し，愛知県の輸送用機器の出荷額は全国第1位となっている。よって，正しい。統計資料は『日本国勢図会』2019／20年版による(以下同じ)。 **エ** 自動車会社の多くは，海外にも生産拠点《きょてん》を持っている。 ② 世界の自動車生産台数は，近年急速な工業化をとげた中国(中華人民共和国)が世界第1位となっている。日本は2011年の東日本大震災のときに生産台数が減り，この後，アメリカ合衆国に生産台数がぬかれて世界第3位となった。なお，「う」には韓国があてはまる。

問2 リニア中央新幹線は時速500kmでの高速運転を行うため，東京都の品川駅から「す」の神奈川県北部，「け」の山梨県南部，「く」の静岡県北部，「き」の長野県南部，「お」の岐阜県南部をへて，「か」の愛知県の名古屋駅を結ぶよう，できるだけ直線に近いルートが設定された。

問３　神奈川県では，1956年に県庁所在地の横浜市が，大阪市・名古屋市・京都市・神戸市とともに全国で最初の政令指定都市に指定された。その後，1972年に川崎市が指定され，2010年には周辺の市町村との合併《がっぺい》をへて相模原《さがみはら》市が県内で３番目の政令指定都市となった。

問４　ぶどうは，甲府盆地の広がる山梨県が生産量全国第１位，隣接《りんせつ》する長野県が第２位となっており，マスカットの生産がさかんな岡山県も上位に入る。なお，「あ」にはりんご，「う」にはもも，「え」にはみかんがあてはまる。

問５　①　南アルプスは赤石山脈の通称で，山梨県西部と長野県南東部，静岡県北部にかけて南北に連なっている。赤石山脈は，飛驒《ひだ》山脈(北アルプス)，木曽山脈(中央アルプス)と合わせて，日本アルプスとよばれる。　②　アルプス山脈は西ヨーロッパ南部を東西にのびる山脈で，フランスやスイス，オーストリア，イタリアにまたがる。なお，「あ」はスカンディナビア山脈，「い」はピレネー山脈，「え」はアペニン山脈を示している。

問６　ユーロトンネルはイギリスとフランスの間にあるドーバー海峡《かいきょう》を通る鉄道専用の海底トンネルで，1994年に開通した。高速列車ユーロスターがこのトンネルを通り，イギリスの首都ロンドンと，フランスの首都パリやベルギーの首都ブリュッセルをつないでいる。

問７　長野県はかつて信濃国とよばれ，信濃川などにその名が残っている。

問８　多治見市や土岐《とき》市のある岐阜県南部はかつて美濃《みの》とよばれ，平安時代から焼き物づくりが始まっていたとされる。また，多治見市ととなり合う愛知県瀬戸市でも，同じころに焼き物づくりが始まっていたという記録がある。この地域でつくられる焼き物は「美濃焼」「瀬戸焼」という伝統工芸品として受けつがれてきただけでなく，近年はその技術を生かしたファインセラミックスの生産なども行われている。

問９　東京駅から鉄道で１時間の距離《きょり》が多くの人にとって通勤・通学圏《けん》内となることを考えると，東京都八王子市だと判断できる。なお，東京駅からの距離は，「あ」の熱海市(静岡県)が約90km，「い」の宇都宮市(栃木県)と「う」の高崎市(群馬県)が約100kmある。

問10　中国の上海《シャンハイ》市は国際的な貿易港を背景に発達した中国有数の大都市で，中国南部をおおむね東西に流れる長江(揚子江《ようすこう》)の河口付近に位置するので，「う」が選べる。なお，「あ」は北京《ペキン》市，「い」は重慶市，「え」は香港《ホンコン》の位置。

３　日本の景気動向や税制についての問題

問１　内閣府は内閣総理大臣(首相)が主任の大臣を務める行政機関で，内閣の重要政策に関する企画立案や総合調整などを担当している。

問２　「あ」は1950年から始まった朝鮮戦争によってもたらされた特需《とくじゅ》景気，「い」は1980年代後半に始まり，1990年代初めに終わったバブル景気(瀬戸大橋の開通は1988年のできごと)，「う」は第四次中東戦争によって起こった石油危機(オイルショック)とその後の経済の低迷(高度経済成長の終わり)，「え」は1964年に開催《かいさい》された東京オリンピックにともなう好景気であるオリンピック景気について述べている。よって，古い順に「あ」→「え」→「う」→「い」となる。

問３　大日本帝国憲法では国民は臣民とされ，納税と兵役が義務づけられた。なお，大日本帝国憲法の条文にはないが，1872年に出された学制によって，小学校教育も義務とされた。

問４　**ア**　「ふるさと納税制度」の対象には，現在自分が住んでいる自治体はふくまれない。

イ　「国際観光旅客税(出国税)」は，日本人・外国人を問わず日本を出国するときにかかる税で，

2019年に１人一律1000円で導入された。よって，正しい。　**ウ**　消費税率の８％から10％への引き上げは，当初2015年10月に実施される予定であったが，政府が景気の動向を判断した結果，2017年４月に延期された。さらに2019年10月へと再延期され，ようやく実施された。よって，正しい。
問５　設問１　あ　日本国憲法は1947年５月３日に施行された。その60年後にあたる2007年度には法人税の税収額が消費税の税収額を大幅に上回っていたが，翌年にリーマンショックが起こり，世界的に不景気になったことから，この年度以降の３年間で法人税の税収額は大きく減少した。よって，正しくない。　い　沖縄が本土に復帰したのは1972年のことで，その41年後にあたる2013年度は，法人税と消費税の税収額の差がほとんどない。しかし，2014年度に消費税率が５％から８％へ引き上げられたため，両者の差は拡大した。よって，正しい。　う　消費税は1989年に税率３％で導入され，その８年後の1997年には税率が５％へと引き上げられた。これによって消費税の税収額は増えたが，法人税の税収額は減り，1999年度には両者の差がほとんどなくなった。よって，正しい。　**設問２**　図５からわかるように，法人税の税収額は景気のよしあしに影響され，不安定である。図５と図６を比べても，法人税の税収額が減少した年度には，日本の経済活動が鈍っていることが読み取れる。一方で，消費税は原則としてすべてのものやサービスにかかるため，景気変動の影響が少なく，税率を上げれば税収額も増える。つまり，安定財源の確保や財政の健全化には，安定した税収が見こめる消費税のほうが適しているといえる。

理　科　＜第２回試験＞（30分）＜満点：60点＞

解　答

1　**問１**　$\frac{1}{4}$倍　**問２**　$\frac{1}{8}$倍　**問３**　$\frac{1}{4}$倍　**問４**　$\frac{1}{6}$倍　**問５**　$\frac{13}{60}$倍　**2**　**問１**　9.1％　**問２**　4.8％　**問３**　解説の図を参照のこと。　**問４**　24℃　**問５**　イ，ウ，オ　**問６**　0.148 g　**3**　**問１**　ウ　**問２**　(1)　カ　(2)　イ　(3)　イ　**問３**　ウ　**問４**　南東　**問５**　ウ，オ　**問６**　エ　**4**　**問１**　高温，多湿　**問２**　(例)　リオデジャネイロは南半球にあり，冬の時期の実施だったから。　**問３**　大潮の時期／満潮の時間帯　**問４**　①　ニュートン　②　北極　③　南極　④　大き　⑤　小さ　**問５**　エ

解　説

1　てこのつりあいについての問題

ここでは，もとの棒の重さを１，棒の長さを１として考える。また，太さが一様な棒の重心は棒の中心にあるので，棒の中心にすべての重さがかかっているものと見なす。
問１　図２の棒の長さと重さは下の図①のようになる。てこのつりあいを考えると，$\frac{1}{2}\times\frac{1}{4}\div\frac{1}{2}=\frac{1}{4}$より，おもりの重さは棒の重さの$\frac{1}{4}$倍である。
問２　図３の棒の長さと重さは下の図②のようになる。支点から$\frac{1}{3}$の長さの棒をつり下げる位置までの長さを□とすると，てこのつりあいより，$\frac{1}{3}\times\square=\frac{1}{2}\times\frac{1}{4}$となるので，支点からつり下げる位置までの長さ(□)は，$\frac{1}{2}\times\frac{1}{4}\div\frac{1}{3}=\frac{3}{8}$となる。よって，棒の左端《はし》からつり下げる位置までの長さは

棒の長さの，$\frac{1}{2}-\frac{3}{8}=\frac{1}{8}$(倍)と求められる。

問３　図４の棒の長さと重さは下の図③のようになる。支点から$\frac{1}{2}$の長さの棒をつり下げる位置までの長さを□とすると，てこのつりあいより，$\frac{1}{2}\times\square=\frac{1}{2}\times\frac{1}{4}$となるので，支点からつり下げる位置までの長さ(□)は，$\frac{1}{2}\times\frac{1}{4}\div\frac{1}{2}=\frac{1}{4}$となる。よって，棒の左端からつり下げる位置までの長さは棒の長さの，$\frac{1}{2}-\frac{1}{4}=\frac{1}{4}$(倍)である。

図①

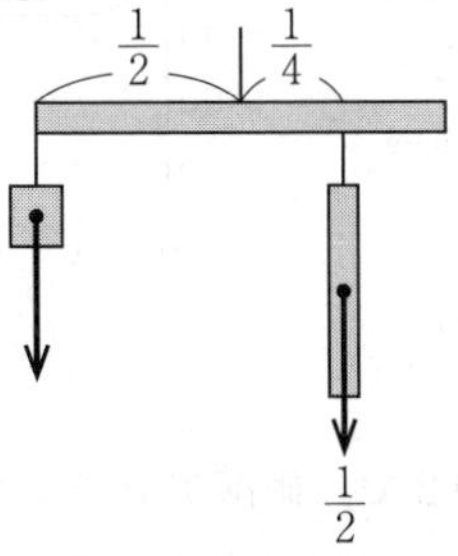

図②

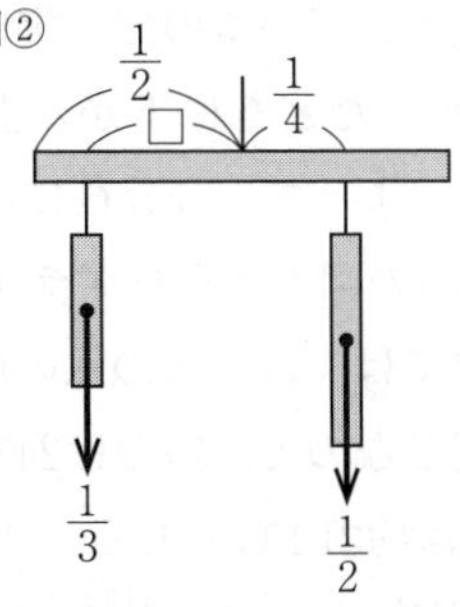

図③

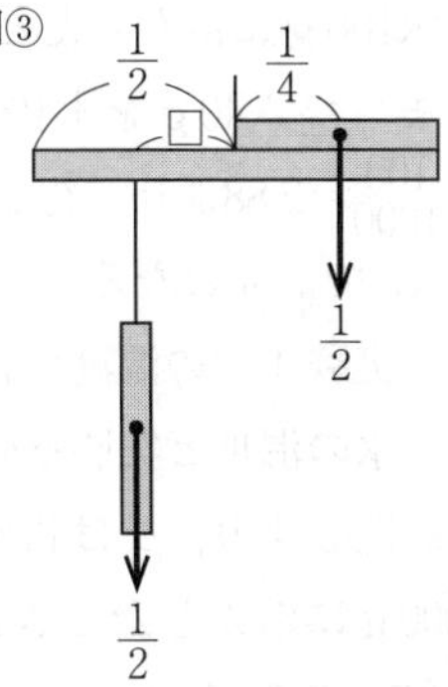

問４　右端をあわせた$\frac{1}{3}$の長さの棒の重心は支点から，$\frac{1}{2}-\frac{1}{3}\times\frac{1}{2}=\frac{1}{3}$，右端をあわせた$\frac{1}{2}$の長さの棒の重心は支点から，$\frac{1}{2}\times\frac{1}{2}=\frac{1}{4}$の長さの位置となるので，図５の棒の長さと重さは右の図④のようになる。右回りのモーメントの和が，$\frac{1}{2}\times\frac{1}{4}+\frac{1}{3}\times\frac{1}{3}=\frac{17}{72}$となるので，てこのつりあいを考えると，$\frac{1}{3}$の長さの棒による左回りのモーメントが，$\frac{17}{72}-\frac{1}{2}\times\frac{1}{4}=\frac{1}{9}$となればよいことがわかる。よって，棒の左端から$\frac{1}{3}$の長さの棒をつり下げる位置までの長さは棒の長さの，$\frac{1}{2}-\frac{1}{9}\div\frac{1}{3}=\frac{1}{6}$(倍)とわかる。

図④

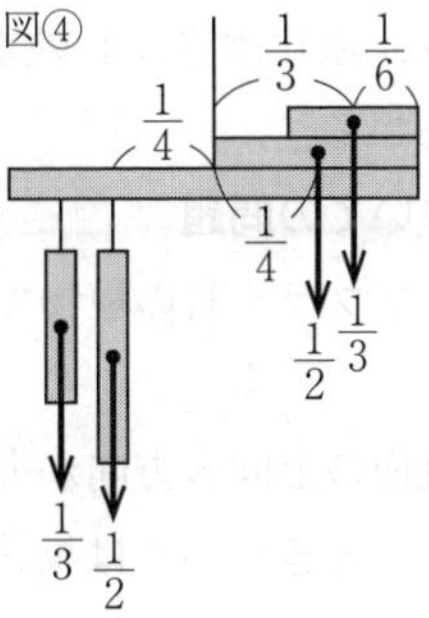

図⑤

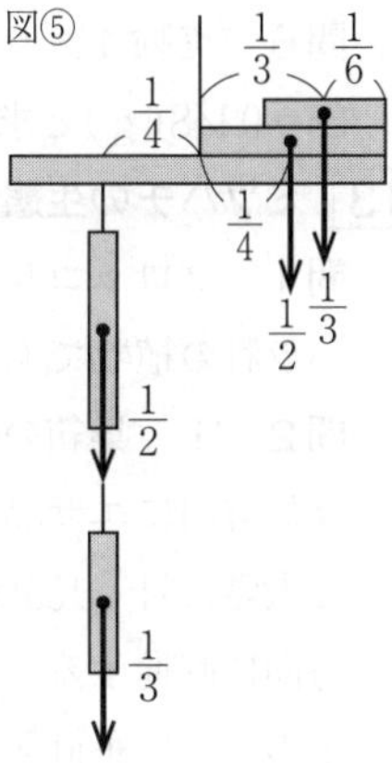

問５　問４と同様に考えると，図６の棒の長さと重さは右上の図⑤のようになる。右回りのモーメントの和は$\frac{17}{72}$だから，てこのつりあいを考えると，つり下げる棒による左回りのモーメントも$\frac{17}{72}$になればよい。よって，棒の左端から棒をつり下げる位置までの長さは棒の長さの，$\frac{1}{2}-\frac{17}{72}\div\left(\frac{1}{2}+\frac{1}{3}\right)=\frac{13}{60}$(倍)と求められる。

２　物質が水に溶《と》けたときの温度変化と水溶液《すいようえき》の濃度《のうど》についての問題

問１　硝酸《しょうさん》アンモニウム10ｇを水100ｇに溶かしたとき，できる水溶液の重さは，10＋100＝110(ｇ)だから，濃度は，$\frac{10}{110}\times100=9.09\cdots$より，9.1％である。

問２　実験１でつくった硝酸アンモニウム水溶液に含《ふく》まれる硝酸アンモニウムと水の重さの比は，10：100＝１：10なので，実験１でつくった水溶液55ｇに含まれている硝酸アンモニウムの重さは，$55\times\frac{1}{1+10}=5$（ｇ）である。また，実験３でつくった硝酸アンモニウム水溶液に含まれる硝酸アンモニウムと水の重さの比は，40：1000＝１：25なので，実験３でつくった水溶液260ｇに含まれている硝酸アンモニウムの重さは，$260\times\frac{1}{1+25}=10$（ｇ）である。よって，実験１でつくった水溶液55ｇと実験３でつくった水溶液260ｇをまぜた水溶液の濃度は，$\frac{5+10}{55+260}\times100=4.76\cdots$より，4.8％である。

問３　実験１での温度変化のグラフより，水溶液の温度は24℃からおよそ16.8℃まで，約7.2℃下がっている。つまり，硝酸アンモニウム10ｇを水100ｇに溶かしたときには約7.2℃下がるので，実験３で，硝酸アンモニウム40ｇを水1000ｇに溶かしたときに下がる温度は，$7.2\times\frac{40}{10}\times\frac{100}{1000}=2.88$より，約2.9℃となる。よって，３分後には，24－2.9＝21.1（℃）で一定になると考えられ，右の図のようなグラフがかける。

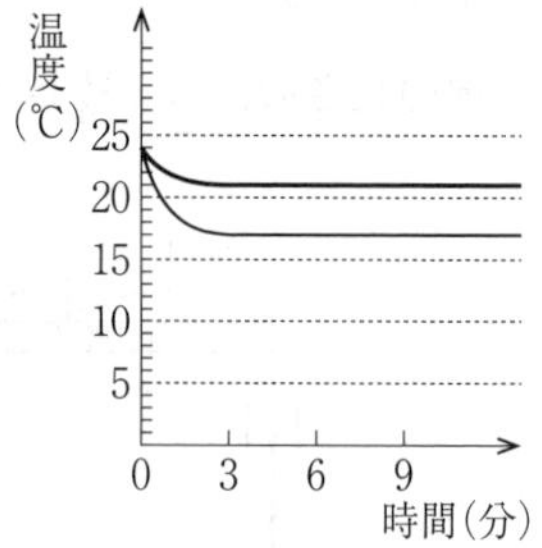

問４　実験１での温度変化のグラフでは，はじめの水の温度が24℃である。水の温度と実験室の室温は同じなので，室温は24℃である。

問５　問３より，xは約16.8℃，zは約21.1℃である。また，実験２で，硝酸アンモニウム10ｇを水1000ｇに溶かしたときに下がる温度は，$7.2\times\frac{100}{1000}=0.72$より，約0.7℃である。よって，$y$は，24－0.7＝23.3（℃）と求められるので，$y>z>x$とわかる。

問６　実験４，５より，塩化水素25Ｌの重さが3.7ｇといえるので，塩化水素１Ｌの重さは，3.7÷25＝0.148（ｇ）と求められる。

３　ミツバチの生態についての問題

問１　ブロッコリーはアブラナ科の植物である。なお，トマトはナス科，ソバはタデ科，リンゴはバラ科の植物である。

問２　⑴　巣箱の垂直面の上向き方向が太陽がある方向と一致《いっち》する。よって，巣箱から見て太陽と反対方向にエサ場があるとき，ハチは巣箱の垂直面の下向き方向に直進する。　⑵　巣箱から見て太陽に対し135度左方向にエサ場があるとき，ハチは巣箱の垂直面の上向き方向に対し，135度左方向に直進する。　⑶　正午に太陽は南にあるので，巣箱の垂直面の上向き方向が南になる。図１の①では垂直面の上向き方向に直進しているので，エサ場の方角は南である。

問３　ア　６月19日から分蜂《ぶんぽう》が始まり，６月21日に新しい巣が決まったので，新しい候補地が見つかったら，すぐに飛び立っていくとはいえない。　イ　６月20日には大多数のミツバチがＩの方向の候補地を支持し，６月21日に最終的にそこを新しい巣として決めていると考えられる。よって，最終的に新しい巣を決めるのは１匹《ぴき》の働きバチではないといえる。　ウ　６月20日の12時に多くのミツバチがＩの方向の候補地を支持していることから，その後ミツバチの多くがそこに向けて飛び立ち，そのため16時から18時の間でＩの方向にダンスしている数が少なくなっていると考えられる。　エ　Ａ～Ｉの矢印の長さにはばらつきがあることから，さまざまな距離《きょり》の候補地があると考えられる。そして，６月21日に決まった巣の距離を表す矢印の長さが最も短いわけではないので，より近い候補地を選ぶとはいえない。

問５　ア　10時には，地点Ｘよりも地点Ｙに多くの働きバチが訪れている。　イ　１匹の働きバチが一度訪れた巣箱に再度訪れるかどうかは，図３からは読み取ることができない。　ウ　地点Ｘにおいて，10時20分の前と後で比べると，巣箱の容積が40Ｌのときの方が多くの働きバチが訪れていることがわかる。また，地点Ｙにおいて，10時20分に巣箱の容積が15Ｌのものにかえると，訪れる働きバチの数は減少している。よって，巣箱の容積は15Ｌよりも40Ｌの方を好むといえる。
エ　地点Ｘにおいて，巣箱の出入り口の面積を60cm^2にかえると，巣箱を訪れる働きバチの数が減少しているので，巣箱の出入り口は60cm^2よりも15cm^2の方を好むといえる。　オ　出入り口の面積が15cm^2のときは，巣箱を訪れるハチの数が増加したり減少したりしているが，出入り口の面積が60cm^2のときは巣箱を訪れる働きバチの数が０匹になってしまう。よって，巣箱の容積よりも出入り口の面積の方がミツバチにとって重要であることがわかる。

問６　CCDの原因は農薬や殺虫剤《ざい》による中毒のほか，ダニやウィルスによる感染《かんせん》など，さまざまなものがからみ合っているのではないかと考えられている。

4　世界の気候と自転による現象についての問題

問１　夏には，太平洋上の高気圧(小笠原《おがさわら》気団)が発達し，シベリア地方に低気圧ができて，太平洋上の高気圧からシベリア地方の低気圧に向かって，南東の季節風が吹《ふ》く。この季節風が高温かつ多湿《しつ》であるため，東京では蒸し暑い日が続くことになる。

問２　ブラジルのリオデジャネイロは南半球にあるので，８月は冬の時期である。そのため，オリンピックが開かれたさいには暑さについてあまり心配されなかった。

問３　月からは，地球を引っぱる力(引力)がはたらいている。引力は近いところほど強くはたらくため，月に近いところの海面がもり上がり，月から遠いところも遠心力などの影響《えいきょう》で海面がもり上がる。そのため，海面に高いところと低いところができる。海面が高くなったときを満潮《まんちょう》，低くなったときを干潮《かんちょう》という。また，新月と満月のときは，月と太陽が一直線上に近く並び，月と太陽からの引力が合わさって強くなるため，満潮と干潮の差が大きくなる。これを大潮《おおしお》という。よって，大潮と満潮が重なったとき，高潮の水位がより上がることにつながる。

問４　重力の大きさは引力と遠心力という２つの要素によって決まる。引力は，17世紀のイギリスの物理学者ニュートン(…①)により発見され，物体が地球の中心から遠ざかるほど小さくなる力である。また，遠心力は，地球の北極点(…②)と南極点(…③)を通る自転軸から遠いところほど，自転による遠心力が大きくなる。よって，自転軸から最も遠い位置にある赤道上で，自転による遠心力が最も大き(…④)くなる。重力の大きさは，引力の大きさと遠心力の大きさの差で求められ，引力の大きさは地球上のどこでもほぼ同じ大きさであるから，遠心力が大きくなるほど重力は小さくなる。よって，赤道上の重力の大きさは，北極点や南極点に比べて小さ(…⑤)くなる。

問５　問４で述べたことより，極地方より赤道上の方が有利である。また，重力は地球の中心からはなれるほど小さくなるので，標高が高い方が有利といえる。

国　語　＜第２回試験＞（50分）＜満点：100点＞

解　答

一　**問１**　エ　　**問２**　ウ　　**問３**　（例）　樹木さんはたくさんの人々と交流があるのに，自分がちらっと話したことを覚えていて気遣ってくれたことに対して，一人一人を大事にするという姿勢が徹底しているという点で「生半可じゃない」と思った。　　**問４**　ア，エ　　**問５**　すで

に上着　**問６**　(例)　私にだって(そういう罪があるのよ)　**問７**　エ　**問８**　⑴　(例)　いじめをなくすのは大変むずかしいことだが，良い方向に向かうよう，あきらめずに取り組み続けること。　⑵　(例)　樹木さんは，いじめをなくす活動に否定的であるのに，中島さんの覚悟を知り，願いを聞き入れ，真剣に手紙を書き，エールも送ってくれた。中島さんは，樹木さんの言葉や手紙によって，自分の活動への理解を深めることができたし，樹木さんの期待に応えたいという思いも強くなった。その結果，人生をかけて取り組み続けるというほどに，覚悟を決めることができたから。　**問９**　下記を参照のこと。　二　**問１**　下記を参照のこと。
問２　イ　**問３**　エ　**問４**　(例)　歌手と執筆の仕事をしている孫が一人いるだけなのに，それぞれの仕事をする二人の孫がいると思いこんでいる間違い。　**問５**　(例)　だから会えるうちに会っとけ　**問６**　エントラン　**問７**　イ　**問８**　どちらさまですか　**問９**　イ
問10　(例)　自分の強い信念と他人を思いやる心とから，時として激しい振る舞いをすることもある「祖父」に対し，感情的で自分勝手な困った人であるという印象を持ち，理解しようともせずにいた自分のおろかさに気がついたから。　**問11**　ウ

●漢字の書き取り

一　**問９**　a　拝見　b　独特　c　厳(し)　二　**問１**　a　綿　b　胸　c　信念　d　新幹線

解　説

一　**出典はNHK『クローズアップ現代＋』＋『知るしん』制作班の『樹木希林《きききりん》さんからの手紙―人生上出来！と，こらえて歩こう』による。**いじめをなくすための活動をしている中島さんと樹木希林さんの出会いを紹介《しょうかい》し，中島さんが樹木さんから大きな影響《えいきょう》を受けたことを説明している。

問１　樹木さんは「亡くなる一年前の二〇一七年九月」，中島さんに会うため旭川《あさひかわ》を訪《おとず》れたのだから，「全身がん」を抱《かか》えていた樹木さんは「晩年」を迎《むか》えていたものと判断できる。なお，「晩年」は人生の終わりの時期を指す。

問２　森繁久彌《もりしげひさや》さんが亡くなった後，生前の森繁さんの人柄《ひとがら》をなつかしみ，その業績をたたえるイベントが開かれたのだから，ウが正しい。

問３　同じ段落の内容を整理する。樹木さんは，「お仕事も含《ふく》め，普段《ふだん》からたくさんの人々と交流がある」にもかかわらず，中島さんがちらっと話したことを覚えており，「とても気遣《きづか》ってくれ」た。そのことに対し，樹木さんが自分の知り合いの「一人一人を大事に」するという姿勢を貫《つらぬ》いている点で，「生半可じゃない」と中島さんは思ったのである。

問４　中島さんから，「いじめをテーマに，子どもたちへのメッセージを書いてほしい」と言われた樹木さんの心情を考える。続く部分で，樹木さんは「いじめをなくすってすごいことだけど，道が厳しすぎるんじゃないですか」と中島さんを心配しているので，エはよい。また，「いじめと差別」は「絶対になくならない」と考えている樹木さんは，中島さんが期待するような手紙は書けないのではないかと思い，困っているのだから，アも正しい。

問５　空らんＡの少し後に，「すでに上着が欠かせない気温」になっていたにもかかわらず，「障害がある人たちの療育施設《りょういくしせつ》」で「額に汗《あせ》しながらひときわ大きな声で利用者に声をかける」中島さんのようすが描《えが》かれていることに注目する。この部分から，中島さんは「施設で介護《かいご》の仕事」をし

ているときも「本気」で一生懸命《けんめい》に取り組んでいることがわかる。

問６　少し前の部分から，樹木さん自身，過去に「人をいじめた」経験があったことがわかる。つまり，樹木さんは「いじめをテーマに，子どもたちへのメッセージ」を書くという立場にいながら，自分にだって「人をいじめた」という「罪がある」のだと言っている。

問７　すぐ前に，「確かにみんなロボットなら，いじめは起きないかもしれない」が，「考え方が違《ちが》うからこそ，生まれる何かもある」ことや，「みんなそれぞれ違うから，みんな違う意見で，話し合いもできる」ことを樹木さんが生徒たちへのメッセージとして伝えていることをおさえる。つまり，「違い」があるからこそ，「面白《おもしろ》み」が生まれるというのだから，エがふさわしい。

問８　⑴「人間がいる限り，いじめや差別はなくならない」が，いじめをなくす活動を「コツコツやっていれば，よい方向に向かう」のではないかと樹木さんから言われたことを，中島さんが忘れられない言葉としてとらえていることをおさえる。つまり，残りの人生をかけ，いじめの問題が「よい方向に向かう」まで取り組み続けることが，樹木さんから与《あた》えられた中島さんにとっての「宿題」にあたる。　⑵　樹木さんは，「いじめや差別はなくならない」と信じており，いじめをなくすという中島さんの目標は達成できないだろうと考えていたが，中島さんが本気であることを知ると，その願いを聞き入れ，長い時間をかけて手紙を書いてくれている。その手紙を読み，樹木さんの言葉を聞いた中島さんは，自分の活動についてさらに考えを深めることができたし，世の中を「よい方向」に向けたいと思うようになった。その結果，「残りの人生をかけ，いじめの問題と向き合い続ける覚悟《かくご》」が決まったので，中島さんは樹木さんを恩人だと思い，自分の活動は「樹木さんから与えられた」宿題だ，と考えるようになったのである。

問９　**a**　「拝見」は「見る」の謙譲《けんじょう》語。　**b**　そのものだけに備わっていて，その特徴《とくちょう》になっていること。　**c**　音読みは「ゲン」「ゴン」で，「厳格」「荘厳《そうごん》」などの熟語がある。訓読みにはほかに「おごそ(か)」がある。

二　**出典は加藤《かとう》シゲアキの『できることならスティードで』所収の「Trip４　岡山」による。**亡くなる前の祖父と最後に会ったときのエピソードを紹介《しょうかい》し，父から聞いた祖父の人柄《ひとがら》をつづっている。

問１　**a**　音読みは「メン」で，「綿糸」などの熟語がある。　**b**　音読みは「キョウ」で，「度胸」などの熟語がある。訓読みにはほかに「むな」がある。　**c**　それが正しいと強く信じる心。　**d**　主要都市の間を結ぶ高速鉄道。

問２　祖父と父が衝突《しょうとつ》し，総社のきつい方言で罵《ののし》り合う光景は，とても見ていられるようなものではなかったのだから，「見るに堪《た》えなかった」とするのがよい。

問３　父自身，「弱りゆく」祖父を「目の当たりにするのはきっと辛《つら》かったに違いない」が，あえてそのようすを「面白可笑《おか》しく」話すことで，「僕《ぼく》」が心をいためないように気遣《きづか》ったものと想像できる。そんな父のことを，「僕」は思いやりのある優しい人だと感じているので，エがふさわしい。

問４　傍線部③の少し後にある，「祖父の部屋」での会話に注目する。祖父から仕事をたずねられた「僕」は「歌ったり踊《おど》ったりかな」と答えた後，父が「本も書いとる」とつけ加えている。つまり，「僕」は「歌って踊る」仕事と「書く」仕事の両方をしているが，祖父はそれぞれの仕事についている孫が一人ずついるものと思いこんでいたことがわかる。

問５　「祖父の体調が思わしくないとわかってから」，「頻繁《ひんぱん》に帰省」していた父は，祖父の死期が迫《せま》っていることを感じ取っていたものと推測できる。だから，「なるべく早いうちに会いに行こう」と思っていた「僕」に対し，祖父と会えるうちに会っておくよう言ったのである。

問６　昔の祖父は，「とても活動的かつ感情的な人」だったが，施設では「ゆっくりとご飯を食べ」，「腕《うで》は細く，背中は曲がり，視点は定まっていなかった」と書かれている。この部分が，「衝撃《しょうげき》」的なほど衰《おとろ》え，かつて漲《みなぎ》っていた覇気《はき》が失われてしまった祖父の姿にあたる。

問７　祖母の姿を見つけた祖父が，「顔を綻《ほころ》ばせ，それまでぼんやりしていた瞳《ひとみ》を爛々《らんらん》と」輝《かがや》かせたことをおさえる。「認知症《にんちしょう》」によってどれほど記憶《きおく》が失われたとしても，「生涯《しょうがい》を共にした」祖母だけは決して忘れることがなかったのだから，「伴侶《はんりょ》」は「妻」を指しているものと判断できる。

問８　前の部分に，祖父から「どちらさまですか」とたずねられた「僕」が，「歌ったり踊ったり」したり，「本」を書いたりしているという話をする中で，祖父に思い出してもらえたことをおさえる。わずかな会話であっても，「濃《こ》い」時間を過ごせたと思っていた「僕」だったが，帰りぎわに祖父からあらためて「どちらさまですか」と言われてしまったので，「まるで落語のサゲのような返し」だと感じて思わず笑ってしまったのである。

問９　父から送られてきた，「今までに見たことないほど穏《おだ》やかで安らかな表情」を浮《う》かべる祖父の「写真を見た」「僕」は，「好きではなかったはずの祖父のことが不思議と愛おしく」なったが，もうこの世にはいないのだと思うと「虚《むな》しくなった」のだから，イが選べる。

問10　「僕」が今まで祖父に対して抱《いだ》いていた印象と，父から聞いた祖父のエピソードからまとめる。「行政や社会に不満を募《つの》らせ」，ときには文句を言うために市役所に乗りこんでいたことをさも自慢《じまん》げに話す祖父を，「僕」は「感情的」で自分本位な人だと思っていたが，実際には「理不尽《りふじん》」で「不平等」なルールを許せない気持ちがあったことや，それで苦しんでいる仲間を思っての行動だったと父から聞いた。それだけでなく，「戦後，日本が他国を傷つけたことに胸を痛め，戦争に関して改めて調べ直」し，戦地に足を運び，「現地の人に話を聞いて慰霊《いれい》に回っていた」ことや，「優劣《ゆうれつ》が人を不平等にする」という信念のもと，「囲碁《いご》や将棋《しょうぎ》」もしない人だったと知り，「僕」は，そんな祖父をきちんと理解しようとしていなかった「自分にがっかり」したのである。

問11　父の「泣き顔」など見たくないと「僕」は思っていたが，「仕事で葬儀《そうぎ》にも法事にも行け」なくなったことで彼《かれ》の「弱った姿」を見ずに済んだので，少しだけ「安心」したのである。

2019年度　桐　朋　中　学　校

〔電　話〕 (042) 577－２１７１
〔所在地〕 〒186-0004　東京都国立市中３－１－10
〔交　通〕 JR中央線－「国立駅」より徒歩15分
JR南武線－「谷保駅」より徒歩15分

【算　数】〈第１回試験〉（50分）〈満点：100点〉

1　次の計算をしなさい。

(1)　$2.5\times1.4+0.75\div0.3$

(2)　$\frac{5}{8}\times\left(\frac{1}{3}+\frac{3}{5}\right)\div\left(1\frac{1}{6}-\frac{7}{9}\right)$

(3)　$\left(\frac{1}{2}+\frac{2}{3}-\frac{3}{4}\right)\times1.2-\frac{2}{5}\div3\frac{1}{5}$

2　次の問いに答えなさい。

(1)　15で割っても，24で割っても，７余る整数のうちで，2019に最も近い整数を求めなさい。

(2)　Ｔシャツが120枚ありました。全体の枚数の85％を定価で売り，残りはすべて定価の２割引きで売ったところ，売り上げの合計は93120円でした。Ｔシャツ１枚の定価はいくらですか。

(3)　ある中学校には560人の生徒がいます。この中学校の男子生徒の $\frac{1}{5}$ と女子生徒の $\frac{3}{14}$ が文化部に入っていて，その合計は115人です。この中学校の女子生徒の人数は何人ですか。

3　ある牧場に，牛を30頭放《はな》つと30日で牧草を食べつくし，牛を20頭放つと50日で牧草を食べつくします。この牧場に牛を何頭放つと75日で牧草を食べつくしますか。ただし，牧草は毎日一定の量だけ生え，どの牛も毎日同じ量の牧草を食べるものとします。答えだけでなく，途中の考え方を示す式や図などもかきなさい。

4　右の図で，四角形ABCDは長方形で，四角形BEFDは平行四辺形です。頂点Cは辺EF上の点で，EC：CF＝3：2です。

(1)　平行四辺形BEFDの面積は何cm² ですか。

(2)　三角形AEDの面積は何cm² ですか。

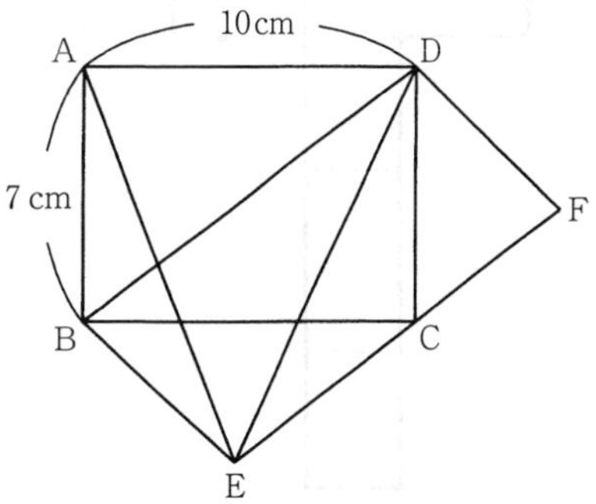

5　ある船が，川の下流のＰ地から上流のＱ地に行きました。はじめ，静水上での速さを分速300ｍにして進みましたが，途中で船のエンジンが４分間止まったので，下流に240ｍ流されました。再びエンジンが動いてからは，静水上での速さを分速360ｍにして進んだところ，はじめの速さで進み続けた場合と同じ時間でＱ地に着くことができました。

(1)　川の流れる速さは分速何ｍですか。

⑵　エンジンが止まったのは，Ｑ地まであと何ｍの地点ですか。

⑶　この船が，静水上での速さを分速300ｍにしてＱ地からＰ地に戻ったところ，行きにかかった時間よりも９分短い時間でＰ地に着きました。Ｐ地からＱ地までの道のりは何ｍですか。

6　右の＜図１＞のように，１，２，３と書いてある正方形が横に６個ずつ並んでいて，縦の列を左から順にＡ列，Ｂ列，Ｃ列，Ｄ列，Ｅ列，Ｆ列とします。

　１と書いてある正方形から１個，２と書いてある正方形から２個，３と書いてある正方形から３個を，縦にも横にも隣り合わないように選び，黒く塗《ぬ》ります。このとき，黒く塗られている正方形に書いてある数を列ごとに合計して左から順に並べ，その数をNとします。

　たとえば，＜図２＞の場合，Nは304232です。

⑴　Ａ列の１，Ｃ列の２が黒く塗られているとき，考えられるNをすべて書きなさい。

⑵　Nのうち最も大きい数を求めなさい。

⑶　Ａ列の２が黒く塗られているとき，考えられるNのうち奇数をすべて書きなさい。

A	B	C	D	E	F
1	1	1	1	1	1
2	2	2	2	2	2
3	3	3	3	3	3

＜図１＞

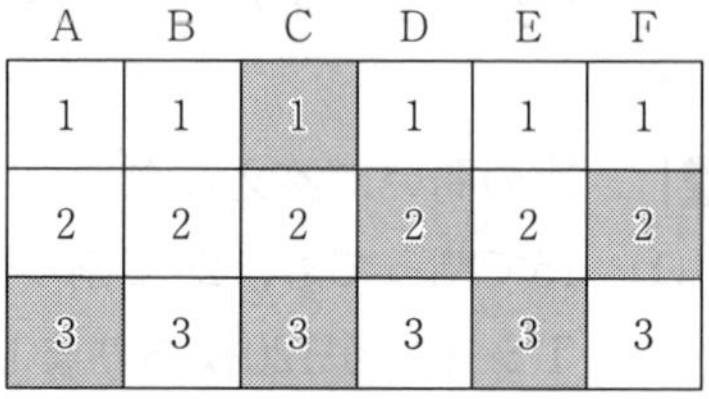

＜図２＞

7　縦２cm，横３cm，高さ$a$cmの直方体があります。この直方体の展開図の周の長さについて考えます。

⑴　＜図１＞の展開図の周の長さは，＜図２＞の展開図の周の長さより何cm長いですか。

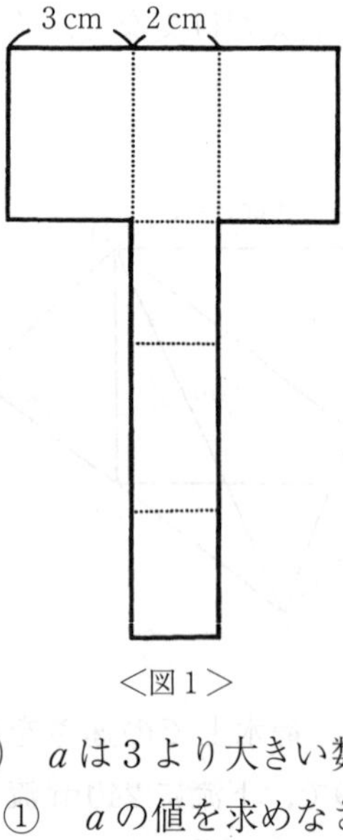

＜図１＞

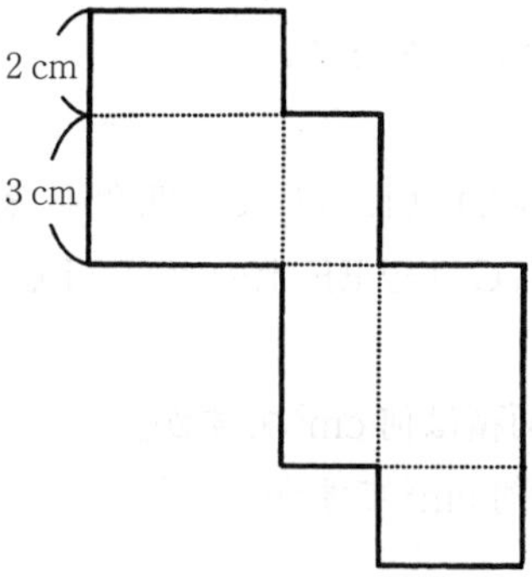

＜図２＞

⑵　aは３より大きい数です。すべての展開図のうち，周の長さの最も長いものが44cmでした。

①　aの値を求めなさい。

②　展開図の周の長さは全部で何通りありますか。

【社　会】〈第１回試験〉（30分）〈満点：60点〉

1　中学校１年生のタカオ君は，夏休みの自由研究のテーマを「多摩地区の歴史を探る」とし，７月に下調べ，８月に現地調査をしました。以下は，タカオ君の日記とその時に撮影《さつえい》した写真です。この日記と写真を見て，問いに答えなさい。

８月２日

玉川上水の取水口である羽村の堰跡《せきあと》に行った。(ア)この上水は，玉川兄弟が完成させたものだが，人口が急増する(1)江戸の水不足を補《おぎな》うために(2)幕府が計画したらしい。上水に沿ってしばらく歩いてみた。

８月４日

武蔵(3)国分寺・国分尼寺跡に行った。(イ)国分寺は，聖武天皇の命令で全国につくられた。いまでは想像もできないけれど，このあたりに七重の塔《とう》がそびえ，大きな門や建物があったんだなあ。

８月６日

味の素スタジアム近くの国道20号沿いにある，(ウ)(　　)年の東京オリンピックマラソン折返し地点記念碑《きねんひ》を見てきた。2020年の東京オリンピックのマラソンは，皇居や浅草雷門《かみなりもん》の方をまわるらしい。

８月７日

分倍河原駅前にある新田義貞の銅像を見てきた。(4)御家人であった義貞は，この付近で(5)鎌倉幕府軍を打ち破り，その後(エ)鎌倉幕府は滅《ほろ》んだということだ。

８月10日

調布の深大寺近くの小学校に行った。この小学校は，(オ)明治政府が学校制度をつくった翌年に創設された歴史ある学校らしい。できたころの学校名は「弘道学舎」だったことがわかった。

８月15日

終戦記念日の今日は，東大和南公園内にある旧日立航空機立川工場変電所に行った。(カ)アメリカ軍の空襲《くうしゅう》による被害《ひがい》を伝える建物を見て，ここが戦場だったのだなあとおそろしく感じた。

問１．日記の中の二重下線部(ア)～(カ)のできごとを，年代の古い順にならべかえ，記号で答えなさい。

問２．下線部(1)について。

① 江戸に住み，「古池や　蛙《かわず》飛び込む　水の音」などの有名な俳句を詠《よ》み，その後，東北を旅して『おくのほそ道』をあらわした人はだれですか。

② 江戸には，対馬藩を窓口にして，ある国から300～500人規模の使節団がやってきました。この使節を何といいますか。

問３．下線部(2)について。幕府に従った大名のうち，関ヶ原の戦いのあとに徳川氏に従った大名を何といいますか。

問４．下線部(3)について。国分寺・国分尼寺がつくられたころ，奈良の都には中国を通じ，海外の品物が多く伝わってきました。こうした品物のうち，右の写真のガラス製品はペルシャからもたらされたものと考えられています。ペルシャとは，現在の何という国ですか。

問５．二重下線部(**ウ**)について。(　)にあてはまる数字を次の**あ**～**え**から選び，記号で答えなさい。

あ．1960　　**い**．1964　　**う**．1968　　**え**．1972

問６．下線部(4)について。御家人は，将軍と「御恩と奉公」の関係で結ばれていました。このうち御恩とはどのようなものだったか具体的に説明しなさい。

問７．下線部(5)について。鎌倉幕府は，ある戦乱ののち，六波羅探題を設置して京都の警備や朝廷の監視《かんし》をおこないました。この戦乱を何といいますか。

問８．二重下線部(**オ**)について。明治政府が学校制度をつくったころは，文明開化政策が進んでいました。次の絵の中からうかがえる，文明開化の具体例を二つ答えなさい。

問９．二重下線部(**カ**)について。「アメリカ軍の空襲」が激しくなる中で，大都市では小学生を親元から離《はな》し，学校ごとに地方に避難《ひなん》させる取り組みがおこなわれました。このことを何といいますか。

2　次の①～④の文は，路面電車が走る国内の都市について述べたものです。これらの文を読み，問いに答えなさい。

①　中国地方最大の人口をかかえるこの都市には，20世紀の初めごろから路面電車が走っています。おもに市の中心部に広がる路線網《もう》は，[1]新幹線が停車する駅や，(1)瀬戸内海をわたるフェリーが発着する港などを結びます。また，(2)日本三景の一つである宮島へ向かう電車は，郊外《こうがい》では道路の上でなく，専用の線路を走行します。

②　日本海に面するこの都市には，(3)神通川や常願寺川などの河川《かせん》が流れ，平野部では(4)稲作が発達しています。現在，市内には[2]新幹線が停車する駅を中心として，南北に路面電車の路線網が広がっています。

③　(5)北海道の政治・経済の中心であるこの都市では，アジアで初めてとなる(6)冬季オリンピックが開催《かいさい》されました。毎年，雪の降るころには，「ササラ電車」とよばれる除雪車両が出動し，竹でできたブラシで路面電車の線路に積もった雪をはらいます。

④　この都市の中心部からは，湾《わん》をはさんで(7)桜島をのぞむことができます。路面電車は，中心部の繁《はん》華《か》街《がい》や[3]新幹線が発着する駅を通りながら，市内を南北に走っています。また，この都市は(8)イタリアのナポリなどと姉妹都市の関係を結んでいます。

問１．①～④の文が示している都市の位置を，次の**図１**の**あ**～**け**からそれぞれ選び，記号で答えなさい。

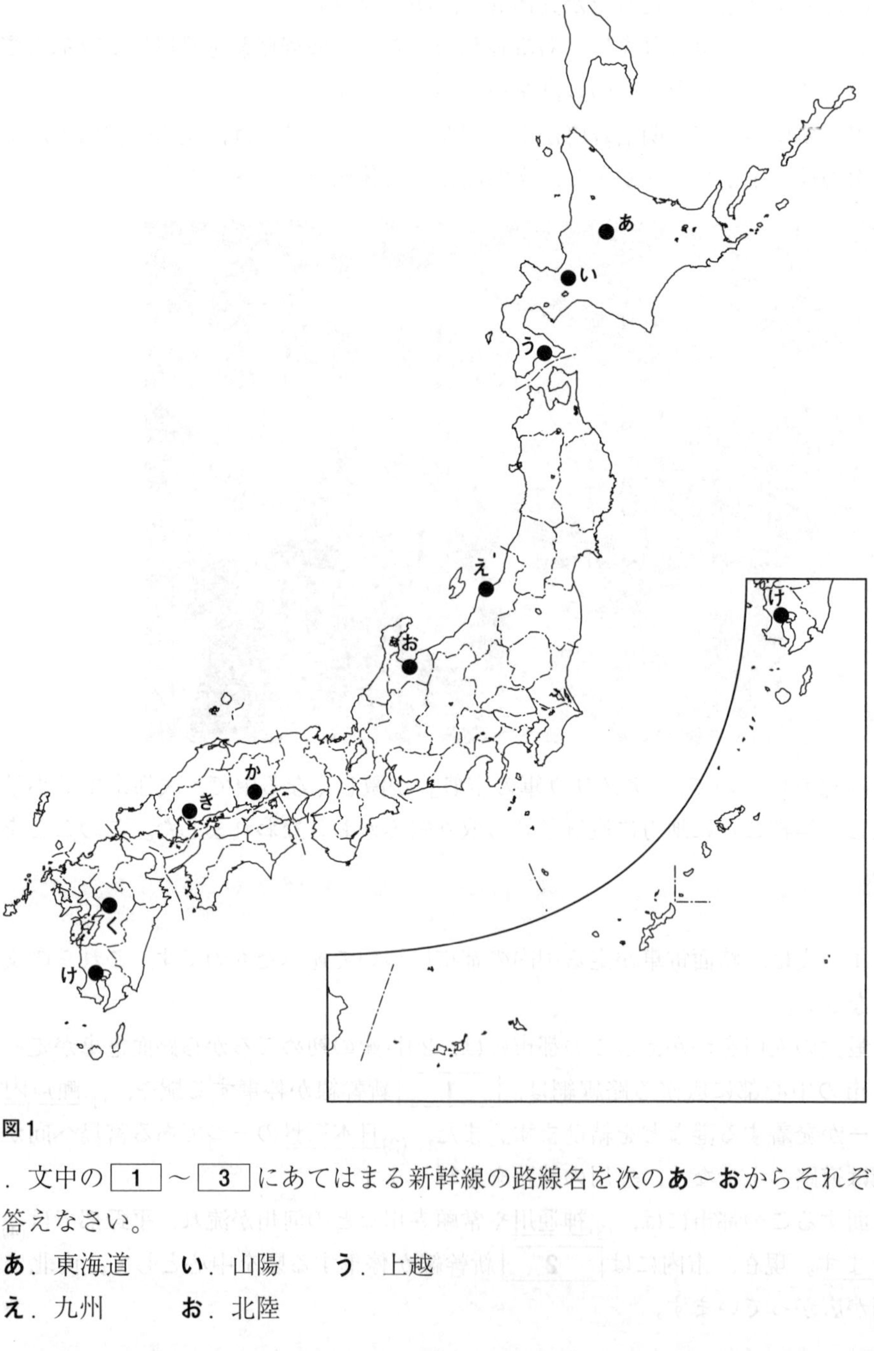

図１

問２．文中の[1]～[3]にあてはまる新幹線の路線名を次の**あ**～**お**からそれぞれ選び，記号で答えなさい。

あ．東海道　**い**．山陽　**う**．上越
え．九州　**お**．北陸

問３．下線部(1)について。瀬戸内海の沿岸部には，塩田や軍の施設《しせつ》の跡地に工場群がたてられて，瀬戸内工業地域が形成されました。右の**図２**は日本の工業地帯・地域別に製造品出荷《しゅっか》額等の割合を示しています(2014年)。**あ**～**え**は，北九州・瀬戸内・中京・東海のいずれかです。このうち，瀬戸内を示すものを一つ選び，記号で答えなさい。

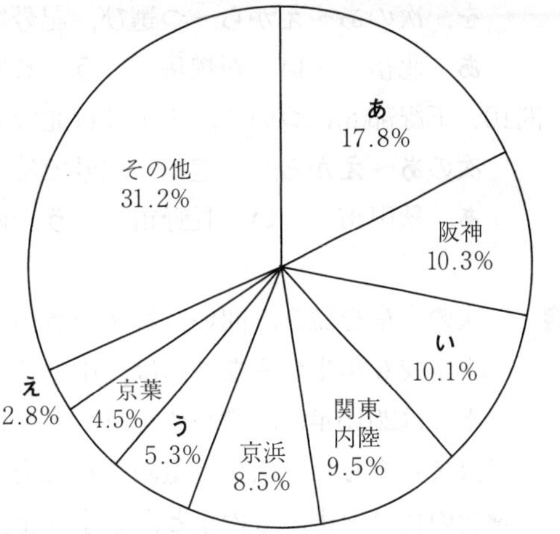

図２
(『データブック オブ・ザ・ワールド2018』より作成)

問４．下線部(2)について。日本三景には宮島のほか，天橋立と松島が含《ふく》まれています。このうち，松島がある県を次の**あ**～**え**から一つ選び，記号で答えなさい。

あ．青森県　　**い**．岩手県

う．福島県　　**え**．宮城県

問５．下線部(3)について。神通川の流域では，上流の鉱山から流れ出た廃水《はいすい》に含まれるカドミウムが原因となって，公害病が発生しました。この公害病を何というか答えなさい。

問６．下線部(4)について。次の**ア**～**エ**の文は，日本の稲作について述べたものです。正しいものには○を，正しくないものには×を記入しなさい。

ア．1960年と2010年を比較《ひかく》すると，米の生産量は増加している。

イ．カントリーエレベーターは，米などの穀物を保管する設備である。

ウ．田植えは３月から４月にかけておこなわれることが多い。

エ．山の斜面などにつくられた，階段状の水田を棚田《たなだ》という。

問７．下線部(5)について。下の**表１**の**あ**～**え**は，北海道での生産量が多い生乳・たまねぎ・ばれいしょ・メロンの生産量上位５道県と，その生産量を示しています(2015年)。このうち，生乳を示すものを一つ選び，記号で答えなさい。

表１

あ	
北海道	819
佐賀	119
兵庫	92
長崎	31
愛知	29

(単位　千トン)

い	
北海道	3871
栃木	326
熊本	253
群馬	251
千葉	217

(単位　千トン)

う	
北海道	1907
長崎	93
鹿児島	76
茨城	45
千葉	27

(単位　千トン)

え	
茨城	371
北海道	254
熊本	225
山形	126
青森	101

(単位　百トン)

(『データブック オブ・ザ・ワールド2018』より作成)

表２

国名	合計	金	銀	銅
[　　]	39	14	14	11
ドイツ	31	14	10	7
カナダ	29	11	8	10
アメリカ	23	9	8	6
オランダ	20	8	6	6

問８．下線部(6)について。右上の**表２**は2018年に開催された平昌《ピョンチャン》オリンピックでのメダル獲得《かくとく》数上位５カ国を示しています。表中の[　　]にあてはまる国を次の**あ**～**え**から一つ選び，記号で答えなさい。

あ．オーストラリア　　**い**．中国　　**う**．ノルウェー　　**え**．フランス

問９．下線部(7)について。④の都市がある県には，桜島のほかにも多くの火山がみられます。このうち，2018年３月に７年ぶりとなる爆発《ばくはつ》的噴火《ふんか》が起こった，霧島山の一部に含まれる火山

を，次の**あ**～**え**から一つ選び，記号で答えなさい。

あ．北岳　　**い**．新燃岳　　**う**．普賢岳　　**え**．由布岳

問10．下線部(8)について。ナポリは北緯《ほくい》40度付近に位置しています。北緯40度に最も近い都市を次の**あ**～**え**から一つ選び，記号で答えなさい。

あ．秋田市　　**い**．長野市　　**う**．函館市　　**え**．福岡市

3　次の文章を読み，問いに答えなさい。

小学校６年生のみなさんは，中学校に入ると生徒会の選挙に参加することになるでしょう。日本では2015年に，選挙権を持つ人を18歳《さい》以上の国民に改めることが公職選挙法という(1)法律で決まりました。法律で定められた選挙には(2)国会議員や都道府県知事，また市町村長や地方議会の議員を選ぶものなど，さまざまあります。

国や自治体が政治をおこなうにはお金がかかります。そのお金の多くは国民や住民が支《し》払《はら》った税金です。そのお金の使い道を一部の人たちが勝手に決めることがないよう，(3)国や自治体では予算が立てられ，議会での話し合いを通じてお金の使い道が決められます。

選挙は，(4)投票を通じてさまざまな人びとの意見を聞き，その意見を調整して社会を運営していくためのものです。しかし(5)日本では，選挙での投票率が年ごとに下がっている，と言われています。

よりよい政治をおこなうために選挙は大切です。私たち自身が選挙の意義をしっかり考えることが，いまあらためて求められています。

問１．下線部(1)に関連して。国会で作られる法律のなかには，広島市にのみ適用される広島平和記念都市建設法など，特定の自治体にだけ適用される特別法があります。以下の文は，この特別法を成立させるために必要な手続きを説明したものです。［A］・［B］にあてはまる言葉を，それぞれ答えなさい。

> 国会で法律案が可決されたあとで，［A］がおこなわれ，ここで［B］の賛成が得られたときに，正式な法律として公布される。

問２．下線部(2)について。立候補できる年齢《ねんれい》が参議院議員と同じものを次の**あ**～**お**から選び，記号で答えなさい。

あ．衆議院議員　　**い**．都道府県知事　　**う**．市町村長

え．市町村議会議員　　**お**．都道府県議会議員

問３．下線部(3)に関連して。右の**表３**は日本の国のお金の使い道について，表中の三つの年度で共通する上位三項目《こうもく》の金額とその割合を示したものです。**ア**～**ウ**にあてはまる項目名をそれぞれ次の**あ**～**お**から選び，記号で答えなさい。

あ．国債《こくさい》費　　**い**．公共事業費

う．地方自治体への援助《えんじょ》費　　**え**．社会保障費

お．防衛費

表３

	年度	1997	2007	2017
ア	金額(億円)	145,501	211,409	324,735
	割合	18.8%	25.5%	33.3%
イ	金額(億円)	168,023	209,988	235,285
	割合	21.7%	25.3%	24.1%
ウ	金額(億円)	154,810	149,316	155,671
	割合	20.0%	18.0%	16.0%

(財務省ホームページ資料より作成)

問４．下線部(4)について。投票に関する次の**あ**～**え**の文のうち，内容の正しいものを二つ選び，

記号で答えなさい。

あ．日本国憲法を改正するさいの国民投票では，18歳以上の国民でなければ投票できないと，法律で定められている。

い．日本国憲法では，裁判官が適任かどうか国民投票によって審査《しんさ》することが定められ，この審査は，すべての裁判所の裁判官についておこなわれる。

う．日本の法律では，選挙の投票日を選挙期日といい，この期日以外の日に投票することは認められていない。

え．オーストラリアなど，選挙で投票しないと罰金《ばっきん》を払わなければならない，と定めている国もある。

問５．下線部(5)について。次の**図３**は日本の衆議院議員総選挙における年代別(20代，40代，60代)および全体の投票率の推移をグラフにしたものです。また，次の**表４**は日本の年代別人口とその割合を，**図３**に示された選挙がおこなわれたそれぞれの年について示したものです。この**図３**と**表４**からどのようなことがわかりますか，説明しなさい。

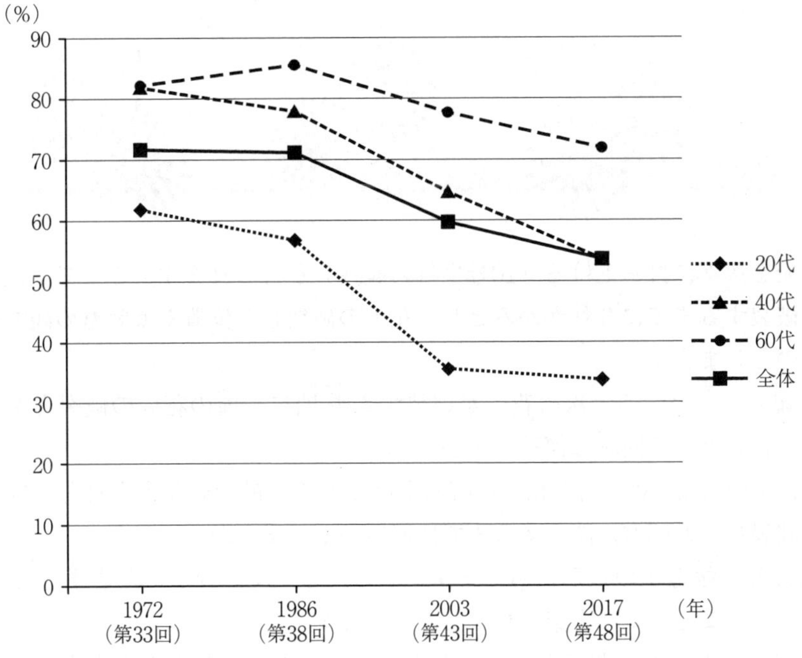

図３　衆議院議員総選挙における年代別投票率の推移

(総務省ホームページ資料より作成)

表４　日本の年代別人口の変化

		1972年	1986年	2003年	2017年
20代	人口(万人)	1993.5	1586.2	1696.8	1253.6
	割合	18.6%	13.0%	13.3%	9.9%
40代	人口(万人)	1433.3	1708.5	1578.8	1889.6
	割合	13.4%	14.0%	12.4%	14.9%
60代	人口(万人)	710.4	1001.3	1570.9	1764.3
	割合	6.6%	8.2%	12.3%	13.9%
全体	人口(万人)	10733.2	12167.2	12761.9	12671.4

(総務省ホームページ資料より作成)

【理　科】〈第１回試験〉（30分）〈満点：60点〉

1　次の文章を読み，以下の問いに答えなさい。

諏訪湖《すわこ》祭湖上花火大会は長野県諏訪市において，1949年から続く花火大会です。湖上に設置された打ち上げ台から４万発あまりの花火が夏の夜空を彩《いろど》ります。戦後の復興を祈《いの》り，毎年８月15日に開催《かいさい》されるこの大会を，太郎君は家族と一緒《いっしょ》に観《み》に行きました。ここで，音の伝わる速さ(音速)は秒速 340m とします。

問１　花火が破裂《はれつ》する様子が見えてから，ドーンという破裂音が太郎君に聞こえるまでに1.5秒の時間差がありました。花火の破裂した位置から太郎君までの距離《きょり》は何mですか。

図１

問２　太郎君から見て，花火の打ち上がった様子が図１のようでした。このとき，花火をはさんで，諏訪湖のちょうど反対側にいる人から見て，湖面に映る花火の様子として正しいものを次のア～エから１つ選び，記号で答えなさい。

ア

イ

ウ

エ

例年，10号玉５発を次々に打ち上げる「10号早打ち競技」が行われます。ここで，花火が打ち上げられてから破裂するまでに３秒かかるとし，花火の破裂した位置や太郎君の観ている場所は問１と同じものとします。

問３　(1)　太郎君が観ていたところ，次の花火が破裂する瞬間《しゅんかん》に，前の花火の破裂音が聞こえました。花火を打ち上げる間隔《かんかく》は何秒ですか。

(2)　ここで仮に，0.5秒間隔で５発の花火を打ち上げるとき，最初の花火を打ち上げてから最後の花火の破裂音が太郎君に聞こえるまでに何秒かかりますか。

諏訪湖は山に囲まれた盆地《ぼんち》状の地形にあります。そのため，反射音がこだまする音響《おんきょう》効果によって，腹に響《ひび》くような花火の音を楽しむことができます。

問４　図２のように花火・太郎君・花子さん・山が一直線上にあり，花火から山までの距離は３kmとします。ただし，太郎君は問１の場所から移動しました。

図２

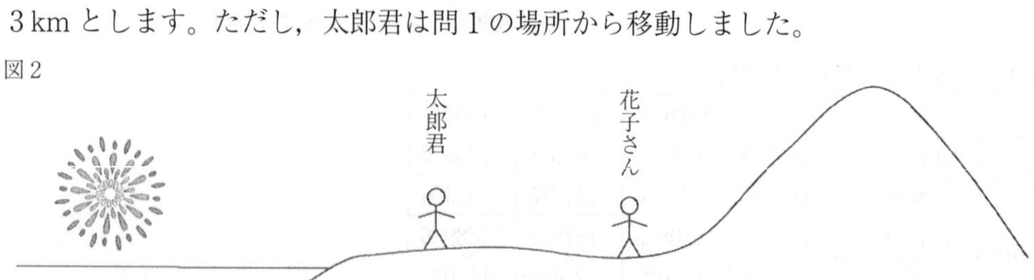

(1)　ある花火から直接届く破裂音が太郎君に聞こえてから，その反射音が聞こえるまでに８秒の時間差がありました。花火から太郎君までの距離は何mですか。

(2)　太郎君が花火を観ていたところ，花子さんから電話がかかってきました。ある花火Aが破裂してから，5.5秒後に次の花火Ｂが破裂しました。花火Ｂから直接届く音が太郎君に聞こえたのと同時に，電話からは花火Ａの反射音が聞こえました。太郎君と花子さんは何m離《はな》れていますか。

2　次の文章を読み，以下の問いに答えなさい。

もとの物質とは異なった物質に変化することを化学変化とよびます。(X)金属の中には，水溶《すいよう》液《えき》に入れると化学変化を起こすものがあります。また，水溶液ではなく，水に入れると化学変化を起こすものもあります。例えば，ナトリウムという金属を水に入れると，(A)水酸化ナトリウムと(　①　)が生じます。この変化では，(　①　)と空気中の(　②　)が混ざり，ナトリウムが水と反応したときの熱で火がつき爆発《ばくはつ》が起こります。このような危険な化学変化もありますが，工場においては身近な物質をつくるために化学変化が使われています。例えば，(B)食塩水に(　③　)を溶《と》かしたあとに(C)二酸化炭素を加えることで，(D)重そうを製造することができます。

問１　(①)～(③)に当てはまる気体を次のア～キから選び，それぞれ記号で答えなさい。なお，(①)は塩酸に鉄を加えることで発生する気体で，(③)はアルカリ性の気体です。

ア．アルゴン

イ．アンモニア

ウ．塩化水素

エ．塩素

オ．酸素

カ．水素

キ．ちっ素

問２　波線部(X)について，金属のうち，塩酸でも水酸化ナトリウム水溶液でも化学変化をしないものを１つ答えなさい。

問３　下線部(A)～(D)それぞれの物質の水溶液のうち，BTB 溶液を青色にする物質を(A)～(D)からすべて選び，記号で答えなさい。

問４　鉄７ｇを十分な量の塩酸と反応させると，気体が2.8L 生じました。鉄1.4ｇを十分な量の塩酸と反応させると，気体は何ｇ生じますか。ただし，気体の重さは１L あたり0.09ｇとします。答えは小数第３位を四捨五入し，小数第２位まで求めなさい。

問５　洗浄力《せんじょうりょく》の強い業務用洗剤《せんざい》を家庭で使うために，アルミ缶《かん》に入れ，密閉して持ち帰ったところ，帰宅途中《とちゅう》にアルミ缶が爆発する事故がありました。調べてみると，業務用洗剤には水酸化ナトリウムが含《ふく》まれていることが分かりました。なぜ爆発したのか説明しなさい。

問６　マグネシウムという金属をあつかう工場で火災が発生したときに，消火のために放水し，逆に爆発的に炎上《えんじょう》する事故がありました。この場合，どのように消火すべきでしたか。用いるものの名前を具体的に記すとともに，消火できる理由を，以下の書き方の例にならって答えなさい。ただし，消火器以外のものを用いることとします。

例　水を使って，発火点以下の温度に下げる。

3　ヒトの体のつくりやはたらきについて，以下の問いに答えなさい。
体の内部を調べるために特別な方法を使うと，体の断面を見ることができます。
次の図1～図3で示すように3つの方向で，体の断面を見ました。

図1　体を上下に分ける断面

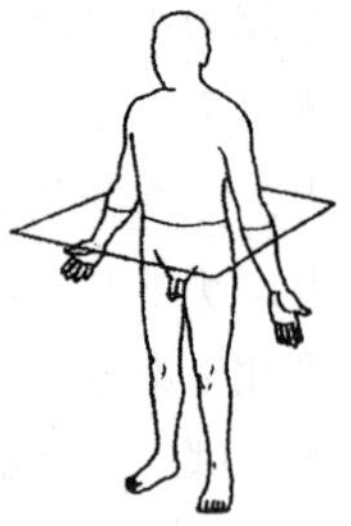

図2　体を左右に分ける断面

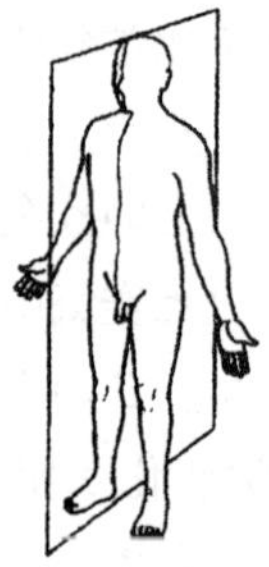

図3　体を前後に分ける断面

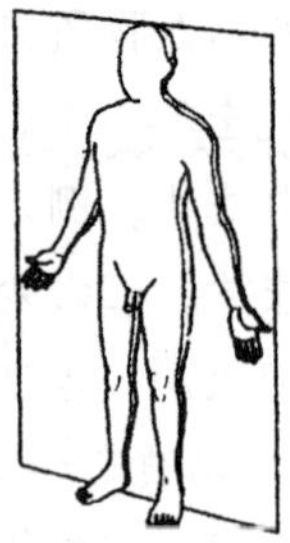

問1　次の図4は，体を図1のように切った断面の模式図を示しています。外側には筋肉や骨で包まれた部分があり，内部には内臓が存在する部分が見られました。図4の①，②で示された骨の名称《めいしょう》を答えなさい。

図4

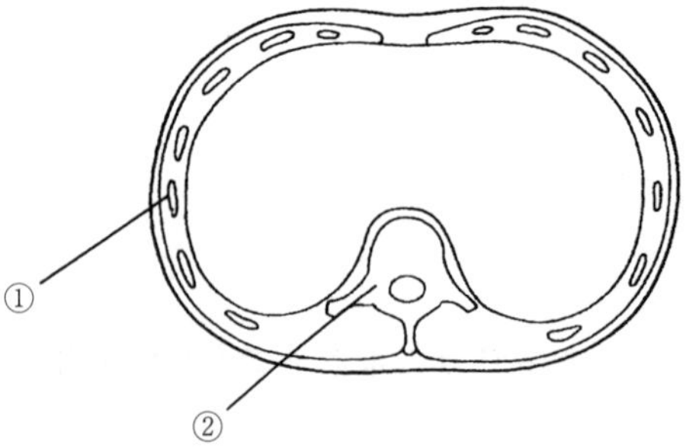

問2　図2のように体の中心を通る面で二分した場合，その切断面に見られない内臓はどれですか。次のア～オから選び，記号で答えなさい。

ア．大腸　　イ．かん臓
ウ．じん臓　　エ．胃
オ．ぼうこう

問3　図5のように頭部を前後に分けるア～ウの3つの断面で観察して，その断面をａ～ｃの模式図に示しました。ａは図5のア～ウのどこを観察したものですか。記号で答えなさい。

図5

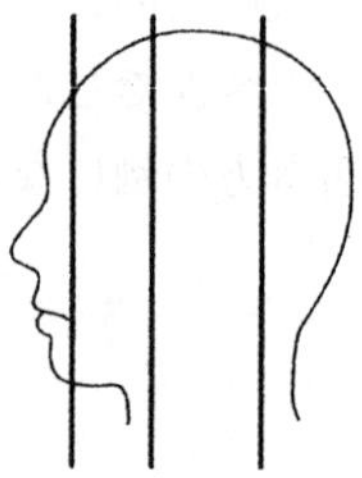

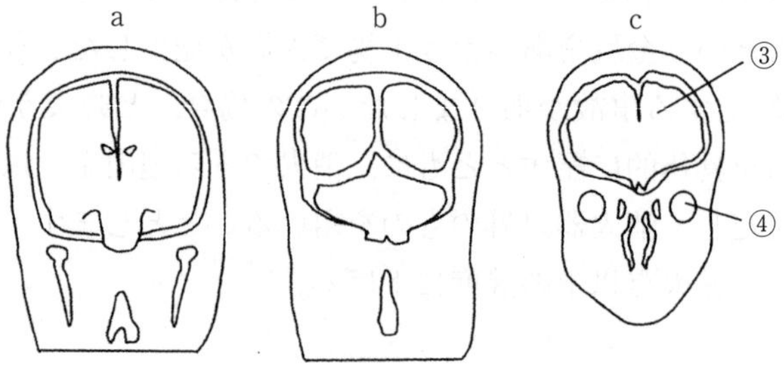

問4　上のｃの③，④で示された体のつくりの名称を答えなさい。

次の図6は，ある断面で切ったヒトの心臓の模式図です。断面には，心臓の上部に左右2つの空所(心房《しんぼう》)と，下部にあり壁《かべ》によって左右2つに仕切られている空所(心室)の4つの空所(図6のア～エ)が見られます。

図6

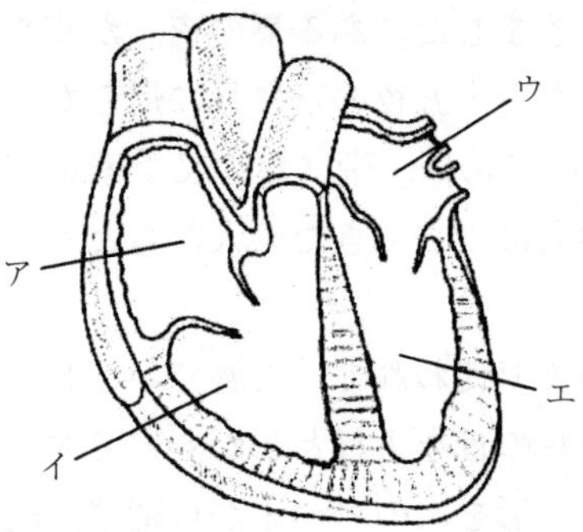

問5　図6の断面が見られるのは，前のページの図1～図3のどの方向で切ったものですか。次のア～ウから選び，記号で答えなさい。

ア．図1

イ．図2

ウ．図3

問6　血液を肺へ送り出す空所を図6のア～エから選び，記号で答えなさい。

次の表は，ヒトの心臓から送り出される1分毎の血液量のうち，体の各部に分配される血液量(これを毎分分配量といいます)と体の各部への血液の分配の割合(これを血液分配率といいます)を安静時と運動時について示したものです。

肺へ送られる流れ

	安　静　時		運　動　時	
	毎分分配量(mL)	血液分配率(%)	毎分分配量(mL)	血液分配率(%)
肺	5800	100	25000	100

体の各部へ送られる流れ

	安　静　時		運　動　時	
	毎分分配量(mL)	血液分配率(%)	毎分分配量(mL)	血液分配率(%)
筋肉	1200	20.7	22000	88.0
皮ふ	(X)	8.6	600	2.4
(ア)	750	12.9	750	3.0
かん臓や胃腸	1400	24.1	300	(Y)
じん臓	1100	19.0	250	1.0
(イ)	250	4.3	750	3.0
骨やその他	600	10.3	350	1.4

問7　運動時に筋肉へ大量の血液を送る理由を答えなさい。

問8　表中の(X)，(Y)にあてはまる数値を答えなさい。

問9　表中の(ア)，(イ)にあてはまる体のつくりの名称を答えなさい。

4　次の文章を読み，以下の問いに答えなさい。

竹取物語は，かぐや姫《ひめ》の話として親しまれている物語です。光り輝《かがや》く竹の中から生まれたかぐや姫は，美しい女性に成長し，５人の貴公子から結婚《けっこん》を申《もう》し込《こ》まれますが，無理難題をだして彼《かれ》らをあきらめさせます。帝《みかど》からも見そめられますが，会おうともしませんでした。そうしているうち，かぐや姫が月を見て悲しむことが多くなってきました。ある夏の夜，かぐや姫はおじいさんとおばあさんに「私は月の都からやってきました。十五夜の夜に月に帰らなければなりません。」と告げました。月に帰したくなかったおじいさんは，帝にたのんで家を守ってもらいましたが，そのかいもなく，かぐや姫は月からお迎《むか》えにやってきた天人たちとともに，月へと昇《のぼ》っていってしまいました。

問１　かぐや姫が月に帰る十五夜というのは，明治のはじめまで使われていた暦《こよみ》でいう８月15日のことです。この暦は，月の満ち欠けを基準にして，新月の日を１日としたものです。そのことから考えて，かぐや姫が帰った８月15日に見える月の形を次のア～オから選び，記号で答えなさい。

ア　　イ　　ウ　　エ　　オ

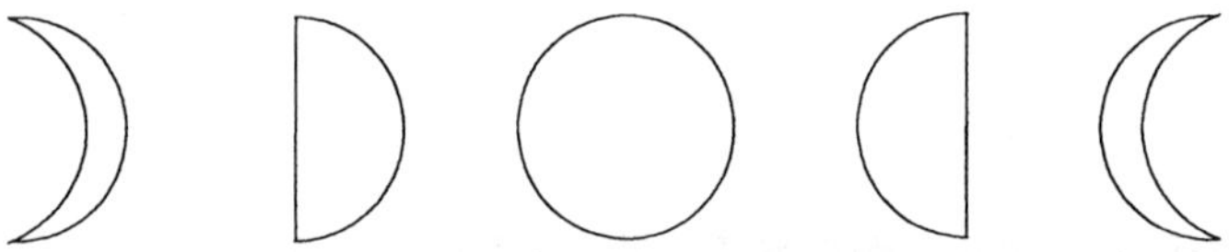

問２　十五夜の月は，いつごろ，どちらの方角から昇ってきますか。月の出の時間帯を次のア～エから記号で選び，昇ってくる方角を四方位で答えなさい。

ア．日の出の頃《ころ》　　イ．正午頃　　ウ．日の入りの頃　　エ．真夜中

問３　十五夜の次の日に昇ってくる月のことを十六夜《いざよい》の月といいます。「いざよい」という言葉には，「ためらう」という意味があり，月が何かをためらっている様子が語源であると言われています。十五夜の日以降の月が出る時刻は，日がたつにつれてどうなっていくか答えなさい。

問４　かぐや姫のお迎えについて考えていきましょう。ここでは月までの距離が36万 km で，月は地球の周りを円を描《えが》いて公転しているものとし，地球の公転は考えないものとします。また，かぐや姫のお迎えの乗り物の速さは時速500km とします。

(1)　かぐや姫のお迎えは月を背にして，十五夜の真夜中に姿を現しました。それはどの方角の空だったと考えられますか。

(2)　かぐや姫のお迎えが月を出発したのは十五夜の何日前だったか求めなさい。なお，割り切れなかった場合は，小数第１位を四捨五入して整数で答えなさい。

(3)　かぐや姫のお迎えが月を出発した日，かぐや姫の住まいから月はどのように見えたでしょうか。南の空に見える月の形を描きなさい。

であること。

エ　身分の高い人が、餓死していく人達がいることにおかまいなしであること。

問五　――線部④について。筆者は、田辺先生がどのような思いから「こんな反骨精神」を持つようになったと考えているのか。自分のことばで説明しなさい。

問六　――線部⑤「出征していくことの本当の意味」について述べた次の文の空欄にあてはまることばを答えなさい。[A]・[B]は、本文の【※】より後の部分から三字以内でぬき出し、[C]は自分で考えて五字以内で書くこと。

出征する者は、戦地に身を置く以上、死と背中合わせにならざるをえない[A]にあり、自分の大事な人たちと二度と会えないかもしれないのに、[B]という思いを[C]ことさえできないまま別れていかなくてはならないということ。

問七　～～線部について。この喜劇の「主役」だというのは、トンカチ兵のこっけいな姿が、どのようなことに目を向けさせるからだろうか。本文全体から考えて、わかりやすく説明しなさい。

に旗を持って待っていると、その列車がやってきました。
鯖江《さばえ》から舞鶴《まいづる》に向かい、船で外地に出征していくのです。
手を振る兵隊たちはみんな、もう一方の手に真新しい白布に包まれた鉄砲を持っていました。その鮮やかな白さが、今も目に焼きついています。

集まった人たちは、大人も、子どもも「万歳《ばんざい》！」「万歳！」と声をあげ、しきりに旗を振ったけれど、兵隊たちは、笑っている人はひとりもいなくて、誰も彼も、寂《さび》しい顔をしていました。
後に連なる貨物列車からは、軍馬が顔を突き出していて、馬でさえ寂しい長い顔をしているように見えました。
出征というのは、こんなにも寂しいものなのか。
そう思ったのは、どうやら僕だけではなかった。
いつもは戦争ごっこをしてはしゃぎまわっている子どもたちも、帰り道は、皆、おし黙《だま》って、しんとしていました。
運命という言葉もまだ知らなかったけれど、国民の模範《もはん》だと思っていた兵隊たちの静かな、厳しい表情から直感的に何かを感じとっていたのでしょう。
学校でどう教わろうと、そうして⑤出征していくことの本当の意味を、子どもたちでさえ無言のうちに見抜いていたのだと思います。
僕が、田辺先生のつくった劇でトンカチ兵を演じたのは、まさにこの頃のことなのです。見ようによっては、軍隊を揶揄《やゆ》しているととられかねない筋で、今思っても、よくあんな劇をやれたなあと驚《おどろ》いてしまいます。

（かこさとし『未来のだるまちゃんへ』による。
ただし、途中《とちゅう》を省略した部分がある。）

＊尋常《じんじょう》高等小学校一年…現在の小学校五年
＊揶揄《やゆ》…からかうこと

問一　＝線部**a**〜**c**のカタカナを漢字に直して書きなさい。

問二　——線部①の「母が編んだ縞のセーターを着て」「足下はやっぱり裸足だった」という表現から、どのような生活ぶりを思い出していることがわかるか。次の中で最もふさわしいものを選び、記号で答えなさい。
ア　母親の心遣いも知らないまま、身なりなど気にもしないで過ごしていたこと。
イ　友達と夢中で遊んでいるときは、物を大事にすることも忘れてしまったこと。
ウ　親から愛情は注がれていたが、他の子どもたちと同じように貧しかったこと。
エ　比較的豊かな家に生まれたものの、誰とも分け隔《へだ》てなくつきあっていたこと。

問三　——線部②「ワリにあわない」の意味は次のうちのどれか。記号で答えなさい。
ア　役柄《やくがら》にふさわしくない
イ　苦労しただけの甲斐《かい》がない
ウ　納得できない
エ　みっともない

問四　——線部③「痛烈な風刺」とあるが、どのようなことを遠回しに批判しているのか。次の中で最もふさわしいものを選び、記号で答えなさい。
ア　お腹のすいている兵が、隊長に対してそのことを言い出せないでいること。
イ　いつもいばっている人が、食べ物やお菓子を勲章だと勘違《かんちが》いしていること。
ウ　大人たちが、子どもと同じように食べ物やお菓子で争いがちくるりとあさっての方向に向きを変えるたびに、みんなにドッと笑われて「こんなはずではなかったのに」と憮然《ぶぜん》としていた。ようやく右左を覚えたところなのに、号令がかかる度、その反対をして、みんなの笑いものになるなんて②ワリにあわない。なんで自分だけがこんな目にあわなきゃならないんだと情けないやら、悔しいやら、釈然《しゃくぜん》としませんでした。

「隊長の役は一郎君の方がいいと思います」

そう言ったのは、代々続いている病院の一人娘でした。せっかく気分よく隊長を演じていた僕にすれば「あいつめ！　なんてことを言うんだ」とウラミ骨髄《こつずい》で、思わずにらみつけてしまったくらいです。

この劇の主役が、ほかでもない、僕が演じたこのトンカチ兵だったと気づいたのは、ずっと後のことです。

あの時のお芝居の原作はないかと探すうちに行きついたのが、宮澤賢治が花巻《はなまき》農学校の先生をしていた頃に書いた『飢餓《きが》陣営』という戯《ぎ》曲《きょく》でした。

そっくり同じ話というわけではないのですが、『飢餓陣営』もやっぱり兵隊が出てくるユーモラスな喜劇で、賢治の書いた戯曲の中でもよく知られた一作です。

兵隊たちは皆、くたびれておなかをすかせているのに、彼らをさんざん待たせて現れたバナナン大将だけは、どこかでごちそうを食べてきたようで、おなかいっぱい。それどころか、軍服に果物の肩章やお菓子の勲章《くんしょう》をぶらさげている。それを見た兵隊たちは「ぜひ勲章を見せてほしい」と頼んで、みんなでそれを食べてしまいます。

観客はそれを観て笑うわけですが、東北地方を長く、繰り返し襲った冷害は、時に餓死《がし》者が出るほどひどいもので、この戯曲が書かれた大正十一（一九二二）年の前年にも、大きな被害が出ています。花巻の農学校で教鞭《きょうべん》をとっていた宮澤賢治が、このことを知らなかったはずがありません。『飢餓陣営』は喜劇のbテイサイをとっているけれども、そこには③痛烈《つうれつ》な風刺《ふうし》がこめられていたのです。

だとすれば、僕が演じたトンカチ兵も、ただ笑わせるだけの喜劇ではなかったはずです。

昭和五（一九三〇）年から昭和九（一九三四）年にかけて東北地方を中心に発生した飢饉《ききん》は、昭和東北大飢饉と言われています。（中略）

思えば、飢えて死んでいく人たちを知らぬふりのバナナン大将の物語は、あの頃、まさに現実のものとなりつつあったのです。

劇の指導をしたのはもちろん担任の田辺先生でした。

赤ちゃんに優しくおっぱいをあげていたあの優しい先生の、④どこにこんな反骨精神が潜《ひそ》んでいたのか。いや、むしろ幼い子どものいる母親だからこそ思うところがあったのかもしれません。

【※】

僕が武生で育った大正十五（一九二六）年から昭和八（一九三三）年の八年間というのは、金融恐慌《きんゆうきょうこう》、張作霖爆死事件、満州事変、上海事変、国際連盟脱退と、時局はやがて日本が戦争へと突き進む前奏曲のような時期でした。（中略）「事変」と呼ばれていたけれど、それは明らかに戦争でした。

町内会の知らせで、戦地に向かう兵隊たちを見送りに行ったあの時のcコウケイを、僕は忘れることができません。

出征《しゅっせい》する兵隊たちを見送るのは、僕にとって初めてのことでした。

「何時の列車だから、近くの者は皆、駅に来るように」

学校でそう言われて、子どもたちは一旦《いったん》、家に帰ってから駅に向かいました。

寒い駅の裏側に、三十人くらいは集まっていたでしょうか。手に手の中で最もふさわしいものを選び、記号で答えなさい。

ア　匂いによって、オレンジ色のツツジだとイメージしていたから。

イ　自分の予想したとおり、ツツジで喜ばせることに成功したから。

ウ　たった一枝だけのツツジなのに、すぐに受け取ってくれたから。

エ　差し出したツツジが美しい色で、喜んでくれたとわかったから。

問七　本文中の《**A**》を補うのにふさわしい文を、自分で考えて書きなさい。

問八　本文中の《**B**》を補うのにふさわしい五字前後のことばを、自分で考えて書きなさい。

問九　本文中の《**C**》を補うのに最もふさわしいことばを、次の中から選んで記号で答えなさい。

ア　字を忘れる　　イ　内容が変わる

ウ　風が強くなる　　エ　太陽が沈む

問十　本文をよく読んだ上で、「手紙」というものの魅力《みりょく》について考えたことを、くわしく書きなさい。

問十一　＝線部**a**～**d**のカタカナを漢字に直して書きなさい。

二　次の文章を読んで、後の問に答えなさい。

僕の手元に、武生《たけふ》東尋常《じんじょう》高等小学校の一年生の頃のクラス写真が残っています。

今のように写真を撮《と》るのも撮られるのも日常的という時代ではありませんから、坊主頭、おかっぱの少年少女たちは、こちらをじっと見返すような顔で居住まいを正して、いささか緊張気味に写っています。そしてよく見ると、子どもたちは、みんな、裸足です。学校まではゴム靴を履《は》いてきても、校内や遊ぶ時は靴を脱《ぬ》いだのです。

当時のゴム靴は、親指のところが擦《す》れて、よく穴が開いてしまう。だからと言って、またすぐに新しいものを買ってもらえるはずもない。大事にしなきゃと思って、みんな、裸足になった。鬼ごっこなんかをする時も、まず靴を脱いで、裸足になって駆《か》けていきました。

セピア色の写真の中の僕は、①母が編んだ縞《しま》のセーターを着て、担任の田辺先生とともに神妙な顔で後列に写っていますが、足下《あしもと》はやっぱり裸足だったはずです。

着物姿でそっと首をかしげている田辺先生は、とても優しくて、いい先生でしたから、子どもたちにも人気がありました。

（中略）

一年生の終わりには、クラスで劇を上演することになりました。

「右向け、右！」

隊長役の子が号令をかけると、整列している兵隊たちは、一斉《いっせい》にくるりと向きを変えます。でも中にひとり、うすらとんかちがいて、間違えてみんなとは違う方向に向きを変える。

観客は、それを観て笑うわけです。

そして僕はなんの役だったかと言えば、最初は隊長の役だったのに、途中で**a**ヨケイなことを言う子がいて、うすらとんかちに格下げになりました。

それでいいですか？」

「もちろん」

私は言った。こんなにもじっくりと、いろんな人の気持ちを考えて便箋を選べるなんて……。タカヒコ君は、なんて紳士《しんし》なんだろう。私は、タカヒコ君の練習用に、何枚か、便箋と同じ大きさの紙を用意した。

それから、タカヒコ君を外の机へと案内する。その方が書きやすいんじゃないかと思って、ふだんは中に置いて使っている古い机を、外に出して準備していた。

「あぁ、ここに光がある」

タカヒコ君は、両方の手のひらで光を包み込むようにしながら、つぶやいた。

最初は、私がタカヒコ君の手にそっと手を重ねて一緒に書いて練習する。もう、書く内容はタカヒコ君の頭の中に入っている。

四枚も練習すると、タカヒコ君はほぼ自力で字が書けるようになった。書いているうちにだんだん《　**B**　》なってしまうので、そういう時だけ、私がそっと助言する。

「そろそろ、本番の便箋に書いてみる？」

私がたずねると、タカヒコ君はこくんとうなずいた。《　**C**　》前に、書き上げたい。私はもう一度、鉛筆《えんぴつ》を削《けず》り直した。それから、少しだけ先を丸くしてタカヒコ君の右手に握《にぎ》らせる。

「いい？」

タカヒコ君の肩《かた》にそっと手のひらをのせると、タカヒコ君は緊張《きんちょう》した面持《おもも》ちで、深呼吸を二回繰《く》り返した。私は、そのままタカヒコ君の肩に手をのせ続ける。

手のひらから、タカヒコ君にエールを送った。そして、タカヒコ君が道に迷いそうになる時だけ、鉛筆を持つタカヒコ君の手にそっと自分の手を添《そ》えるようにした。

タカヒコ君は、まぶたの裏でいちいち確認するように、一文字ずつ丁寧《ていねい》に書いては、太陽の方へ顔を向ける。その様子はまるで、タカヒコ君が太陽の神様と独特の言葉で会話しているようだった。

（小川　糸『キラキラ共和国』による。
ただし、途中《とちゅう》を省略した部分がある。）

問一　――線部①「見た目の印象」とは、どういう様子を指しているのか。次の中で最もふさわしいものを選び、記号で答えなさい。

ア　野球帽をかぶり陽によく焼けた、いかにも子どもらしい様子。
イ　とても大きな声を出し、はきはきしていて元気そうな様子。
ウ　店の前で緊張していて、まっすぐ立って話している様子。
エ　何かを探るかのように、言動がゆっくりしている様子。

問二　――線部②「逆に」とは、どういうことに対して「逆」だと言うのか。次の中で最もふさわしいものを選び、記号で答えなさい。

ア　とてもしっかりとした態度をとっていること。
イ　タカヒコ君の目が見えないのに気づいたこと。
ウ　安心して椅子に座れるように手伝いたいこと。
エ　「私」の方が対応できずに動揺していること。

問三　――線部③について。「顔を真っ赤にしている」のはなぜだろうか。わかりやすく説明しなさい。

問四　――線部④について。「大丈夫だという確信」を持ったのは、タカヒコ君のことをどんな少年だと思ったからだろうか。くわしく説明しなさい。

問五　――線部⑤について。「背筋を伸ばして」言ったのは、どういう気持ちを示そうとしたのだろうか。わかりやすく説明しなさい。

問六　――線部⑥について。このように言ったのはなぜだろうか。次

した。

年**c**ソウオウの手紙を書いて、母親にかっこいい自分を見せたいというタカヒコ君の男気を垣間《かいま》見るようで、私はすっかり、タカヒコファンになってしまった。

タカヒコ君には明日もう一度ツバキ文具店に来てもらい、一緒に練習してから本番の手紙を書くことになった。

「こんにちは」

昨日とほぼ同じ時間に、タカヒコ君がやってきた。

ツバキ文具店の入り口に立ち、野球帽を一度ぬいでから律儀《りちぎ》にお辞儀をする。そして、いきなり、

「これ、どうぞ」

ツツジを一枝差し出した。

「家の庭に、咲いていたんです。匂《にお》いでわかりました。色は、何色ですか？」

「とってもきれいな、オレンジ色」

「⑥あー、よかった」

タカヒコ君が、にっこり笑う。気温がぐんぐん上がっているので、暑かったのだろう。タカヒコ君のこめかみを、つーっと汗が流れ落ちる。

「どうもありがとう。今、冷たいお水を持ってきますね」

タカヒコ君にはいったん椅子に座ってもらってから、私は急いで冷蔵庫から冷えた水を出してきた。もらったツツジは、コップに活《い》け、台所に飾《かざ》っておく。

「まずは、便箋《びんせん》を選びましょう」

冷たい水を一気飲みしたタカヒコ君に、声をかける。午前中のうちに、あらかじめ店にあるレターセットの中から、今回使われそうなものを選んでおいた。それらをタカヒコ君の前に並べる。

タカヒコ君の手に渡《わた》し、一枚ずつ、紙の**d**シツカンと大きさを確かめてもらった。描いてある絵や罫線《けいせん》の有無については、私がなるべく具体的に言葉で説明する。

タカヒコ君は、何度も何度も、便箋の表面を手のひらで撫《な》で、指先で大きさなどをチェックしている。タカヒコ君は記憶力がとてもよくて、一度した説明は、すべて完璧《かんぺき》に覚えていた。

タカヒコ君が最後までどっちにするか迷っていたのは、左上に三羽の鳥のイラストが描いてある少し不規則な形をした便箋と、裏が地図になっているドイツの便箋だった。もう一度、タカヒコ君がドイツの便箋に手のひらを当てる。それはまるで、そこから何か大切なものを感じとっているかのような仕草《しぐさ》だった。

「これって昔、実際に地図として使われていた紙なんですよね？　どんな場所の地図なのか、教えてもらえますか？」

タカヒコ君が、おごそかな声で言う。

「えーっと、川と山がのっているみたい」

私が地図を見ながら答えると、

「山？」

便箋に手のひらを当てたまま、タカヒコ君が顔を上げる。それからタカヒコ君は、山そのものに触れているみたいなうっとりとした表情をした。そして、決断した。

「これにします。おかあさん、《　A　》。でも、僕が生まれてから、なかなか登れなくなっちゃって。僕としては、もっとたくさん旅行に行ったり、してほしいんですけど。それに、こっちだと、鳥が三羽しかいないから、妹がふくれるかもしれないし」

そう言いながら、タカヒコ君は鳥のイラストの便箋に軽く触れた。

「うちは四人家族だから、やっぱり鳥は四羽いた方がいいかな、って。

彼を愛情たっぷりに育てているかが伝わってきた。

「タカヒコ君は、おかあさんに、どんな手紙を書きたいの?」

私からの質問に、えーっと、とつぶやいてから、

「毎日、お弁当を作ってくれて、ありがとう、かな。あ、あと、」

タカヒコ君が、そこまで言って言葉を濁《にご》す。

「あと、なあに?」

優しく問いかけると、しばらくしてからタカヒコ君は妙《みょう》にもじもじしながら言った。

「おかあさんが、僕のおかあさんで、よかった、って」

私は思わず泣きそうになってしまった。タカヒコ君は、③顔を真っ赤にしている。

おかあさんが、僕のおかあさんで、よかった。

そんなことは、人生の晩年を迎えたり、親を失ってから、やっとそういうaシンキョウになれるのがふつうなんじゃないだろうか。私だって、先代が自分の祖母でよかったと思えたのは、先代が亡くなってからだ。タカヒコ君は、この若さで、もうそんな大事なことに気づいている。

「おかあさんは、優しい?　どんなおかあさんか、教えてくれますか?」

「おかあさんは、怒《おこ》るとめっちゃくちゃ怖《こわ》いです。でも、ふだんは優しくて、夏になると、河原《かわら》にメダカをとりに連れて行ってくれたり、あと、バーベキュー行ったり。でも、いくら僕の目が見えないからといって、いきなりほっぺにチューとかするのは、ちょっと勘弁《かんべん》してほしいけど」

タカヒコ君が、ぶっとふてくされる。きっとおかあさんは、こんなタカヒコ君が愛《いと》しくて、思わずチューをしてしまうのだろう。

「視力は、どんな感じ?」

④こんな質問をしても、タカヒコ君ならきっと大丈夫だという確信があった。

「太陽の明るさと、夜の暗さは感じることができます。だから、明るい場所にいると、世界が明るくなるんです。おかあさんは、あんまり日向《ひなた》にいると日射病とか熱中症になるんじゃないかって心配するんですけど、僕は太陽の下にいるのが好きなんです」

タカヒコ君の言葉通り、タカヒコ君には太陽に育てられたみたいな、ゆるぎのないbケンゼンさがあった。

「タカヒコ君、私、ひとつご提案があります」

⑤背筋を伸ばして、私は言った。きっと、タカヒコ君には、すべて見えているのだ。何も見えないということは、すべてが見えている、とも言えるのかもしれない。だからきっと背筋を伸ばす私の姿も、心の目には映っているに違いない。

「私が代書することは可能です。でも、今回は、タカヒコ君が自分で書いてみたらどうかと思いました。そのお手伝いを、私がするというのは、どうですか?」

何よりも、タカヒコ君本人の字がプレゼントになると思ったのだ。

「僕が?　自分で手紙を⁉」

タカヒコ君にとっては、予想外の提案だったらしい。

「もちろん、タカヒコ君が自分で書けないところは、私が責任をもってサポートします。そんなに長い手紙ではないし、少し練習すれば、タカヒコ君も書けると思うの」

しばらくして、タカヒコ君は、わかりました、と静かに答えた。

この日は、手紙に書く文章を決めるまでの作業をやった。タカヒコ君の希望は、なるべく漢字を使うことと、字を小さくして書くことだった。平仮名《ひらがな》を大きな字で書くことは、できるらしい。でもそれだと、子どもが書いたみたいで嫌《いや》なのだと、小学六年生のタカヒコ君は主張

二〇一九年度 桐朋中学校

【国語】〈第一回試験〉（五〇分）〈満点：一〇〇点〉

一　次の文章を読んで、後の問に答えなさい。

「私」（鳩子《はとこ》）は、育ててもらった祖母の跡を継《つ》ぎ、鎌倉《かまくら》にあるツバキ文具店の店主となり、そこで代書屋としての仕事をしている。代書とは、依頼を受けて、代わりに手紙などを書くことである。

少年がツバキ文具店に現れたのは、世の中がゴールデンウィークに入る直前の、ある晴れた日の午後のことである。

「こんにちは」

おなかの底から寄り道せずに声になったような、まっすぐな声がする。顔を上げると、野球帽をかぶった少年が立っていた。

「はじめまして、僕、鈴木タカヒコといいます。ちょっと代書の相談にのってもらいたくて、北鎌倉から来ました。

えーっと、雨宮鳩子さんで間違いありませんか？」

①見た目の印象よりも、ずっとしっかりしている。あともう少しで、声変わりしそうな声だった。

顔も手足も、よく陽《ひ》に焼けている。だから、私は最初、タカヒコ君の目が見えないことに全く気づかなかった。けれど、どうやらタカヒコ君は視力をすでに失っている。さっき、タカヒコ君が何かを探るようにしながら机の角に触《ふ》れている姿を見て、そうだと気づいたのだ。

「こちらに、どうぞ」

私は椅子《いす》を出した。

けれど、どうぞと言われても、果たして椅子の場所がわかるのだろうか。こんな時、とっさにどう手伝ってあげていいのかわからなくなる。急に体を触《さわ》られたら、②逆にびっくりしてしまうかもしれない。

「えーっと、なんとなく声のする方に歩いてますから、大丈夫です」

私の動揺が伝わったらしい。タカヒコ君が、落ち着いた声で言った。

商品の置かれた棚《たな》と棚の間をゆっくりと進みながら、タカヒコ君が私の方へと向かってくる。椅子に腰《こし》かける時だけ、ほんの少し介助した。

「ありがとうございます」

タカヒコ君は、とても礼儀《れいぎ》正しい少年だった。

「今、何か飲み物を用意してきますね。冷たいのとあったかいの、どっちがいいかしら？」

私からの問いかけに、タカヒコ君は少し考えてからしっかりとした口調で言う。

「水をくれますか？　今、ずっと歩いてきたので、ちょっとだけ喉《のど》が渇《かわ》いています」

私はなんだか、大人の人と話しているような気持ちになった。

タカヒコ君が水に口をつけてから、私は改めてたずねた。

「さてと、どんなご依頼《いらい》でしょう？」

タカヒコ君は、まっすぐに私の目を見て言った。

「僕、おかあさんに手紙を書きたいんです。もうすぐ、母の日なので、カーネーションと一緒に、手紙をおくりたくて。

僕は、ほとんど目が見えません。読むのは点字を使っているし、何かを伝えたい時は話して伝えます。だから、文字が書けなくても、ふだんはそんなに困りません。でも、おかあさんには、ふつうの子どもみたいに、手紙を書いてみたいんです」

タカヒコ君を見ているだけで、タカヒコ君のおかあさんがどんなに

2019年度

桐朋中学校 ▶解説と解答

算数 ＜第１回試験＞（50分）＜満点：100点＞

解答

$\boxed{1}$ (1) 6 (2) $1\frac{1}{2}$ (3) $\frac{3}{8}$ $\boxed{2}$ (1) 2047 (2) 800円 (3) 210人 $\boxed{3}$ 15頭 $\boxed{4}$ (1) 70cm^2 (2) 56cm^2 $\boxed{5}$ (1) 分速60m (2) 5760m (3) 6480m $\boxed{6}$ (1) 132323，402323 (2) 423230 (3) 230423，231323，232313，232403，240323，242303 $\boxed{7}$ (1) 4 cm (2) ① 3.5 ② 10通り

解説

$\boxed{1}$ 四則計算

(1) $2.5\times1.4+0.75\div0.3=3.5+2.5=6$

(2) $\frac{5}{8}\times\left(\frac{1}{3}+\frac{3}{5}\right)\div\left(1\frac{1}{6}-\frac{7}{9}\right)=\frac{5}{8}\times\left(\frac{5}{15}+\frac{9}{15}\right)\div\left(\frac{7}{6}-\frac{7}{9}\right)=\frac{5}{8}\times\frac{14}{15}\div\left(\frac{21}{18}-\frac{14}{18}\right)=\frac{5}{8}\times\frac{14}{15}\div\frac{7}{18}=\frac{5}{8}\times\frac{14}{15}\times\frac{18}{7}=\frac{3}{2}=1\frac{1}{2}$

(3) $\left(\frac{1}{2}+\frac{2}{3}-\frac{3}{4}\right)\times1.2-\frac{2}{5}\div3\frac{1}{5}=\left(\frac{6}{12}+\frac{8}{12}-\frac{9}{12}\right)\times1\frac{1}{5}-\frac{2}{5}\div\frac{16}{5}=\frac{5}{12}\times\frac{6}{5}-\frac{2}{5}\times\frac{5}{16}=\frac{1}{2}-\frac{1}{8}=\frac{4}{8}-\frac{1}{8}=\frac{3}{8}$

$\boxed{2}$ 整数の性質，売買損益，割合と比

(1) 15と24の最小公倍数は120だから，15で割っても24で割っても７余る整数は，120の倍数に７を加えた数になる。そこで，2019に最も近いものは，(2019－７)÷120＝16余り92より，７＋120×16＝1927か，1927＋120＝2047となる。したがって，2019－1927＝92，2047－2019＝28より，最も近いものは2047とわかる。

(2) 定価で売った枚数は，120×0.85＝102(枚)，２割引きで売った枚数は，120－102＝18(枚)である。また，定価を$\boxed{1}$とすると，定価の２割引きは，$\boxed{1}$－$\boxed{0.2}$＝$\boxed{0.8}$となるので，定価で売った分の売り上げは，$\boxed{1}$×102＝$\boxed{102}$，２割引きで売った分の売り上げは，$\boxed{0.8}$×18＝$\boxed{14.4}$と表せる。よって，$\boxed{102}$＋$\boxed{14.4}$＝$\boxed{116.4}$にあたる金額が93120円だから，$\boxed{1}$にあたる金額，つまり，定価は，93120÷116.4＝800(円)と求められる。

(3) 男子生徒の人数を㊚，女子生徒の人数を㊛とすると，右の図のア，イのように表せる。また，イの式を５倍するとウの式のようになる。よって，アとウの差を考えると，女子生徒の人数の，$\frac{15}{14}-1=\frac{1}{14}$(倍)が，575－560＝15(人)にあたるから，女子生徒の人数は，$15\div\frac{1}{14}=210$(人)となる。

㊚＋㊛＝560(人) …ア
㊚×$\frac{1}{5}$＋㊛×$\frac{3}{14}$＝115(人)…イ
㊚＋㊛×$\frac{15}{14}$＝575(人) …ウ

$\boxed{3}$ ニュートン算

牛１頭が１日に食べる牧草の量を$\boxed{1}$とすると，牛30頭が30日で食べる牧草の量は，$\boxed{1}$×30×30＝$\boxed{900}$である。また，牛20頭が50日で食べる牧草の量は，$\boxed{1}$×20×50＝$\boxed{1000}$となり，下の図のように

表せる。この図より，50－30＝20(日)で生える牧草の量は，1000－900＝100だから，１日に生える牧草の量は，100÷20＝5とわかる。さらに，はじめに生えている牧草の量は，900－5×30＝750だから，牛が75日で食べつくす牧草の量は，750＋5×75＝1125と求められる。よって，1125÷75＝15(頭)の牛を放つと，75日で食べつくすことがわかる。

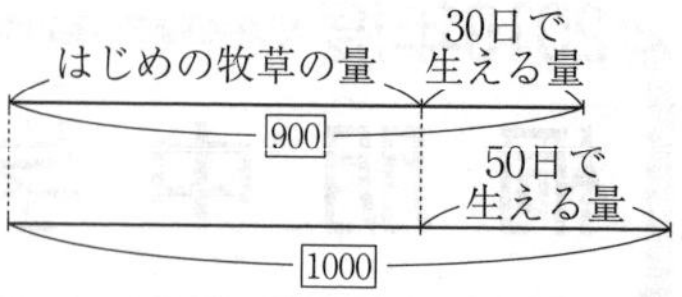

4　平面図形―面積，辺の比と面積の比

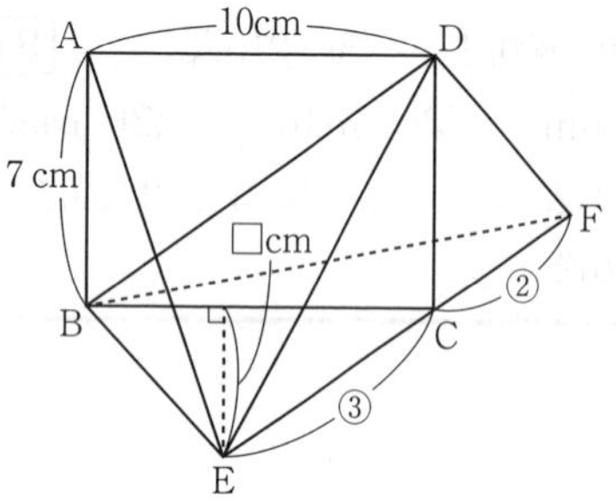

(1)　左の図で，三角形BCDの面積は，７×10÷２＝35(cm²)である。また，BDとEFは平行なので，三角形BCDと三角形BEDは底辺をBDとしたときの高さが等しい。よって，三角形BEDの面積は三角形BCDと同じ35cm²だから，平行四辺形BEFDの面積は，35×２＝70(cm²)となる。

(2)　三角形BEFの面積は35cm²で，三角形BECと三角形BCFの面積の比はECとCFの長さの比に等しく，EC：CF＝３：２だから，三角形BECの面積は，$35\times\frac{3}{3+2}$＝21(cm²)となる。よって，三角形BECで底辺をBCとしたときの高さを□cmとすると，10×□÷２＝21(cm²)と表せるので，□＝21×２÷10＝4.2(cm)とわかる。したがって，三角形AEDで底辺をADとしたときの高さは，７＋4.2＝11.2(cm)となるので，三角形AEDの面積は，10×11.2÷２＝56(cm²)と求められる。

5　流水算，速さと比

(1)　エンジンが止まっていた４分間で下流に240m流されたから，川の流れる速さは分速，240÷４＝60(m)である。

(2)　エンジンが止まった地点をR，再びエンジンが動いた地点をSとすると，船が進んだ様子は右の図のようになる。実際にＰ地からＱ地までにかかった時間は，はじめの速さで進み続けた場合と同じだったので，はじめの速さでR→Q(点線部分)を進むのにかかった時間と実際にR→S→R→Q(太線部分)を進むのにかかった時間は同じとわかる。また，船が上る速さは，はじめが分速，300－60＝240(m)，再びエンジンが動いてからは分速，360－60＝300(m)より，それぞれの速さでR→Qを進むのにかかった時間の比は，(１÷240)：(１÷300)＝５：４となる。さらに，分速300mでＳからＲまで上るのに，240÷300＝0.8(分)かかるから，R→S→Rと進むのにかかった時間は，４＋0.8＝4.8(分)で，これが比の，５－４＝１にあたる。そこで，分速300mでR→Qと進むのにかかった時間は，4.8×４＝19.2(分)と求められる。よって，エンジンが止まったのはＱ地まであと，300×19.2＝5760(m)の地点である。

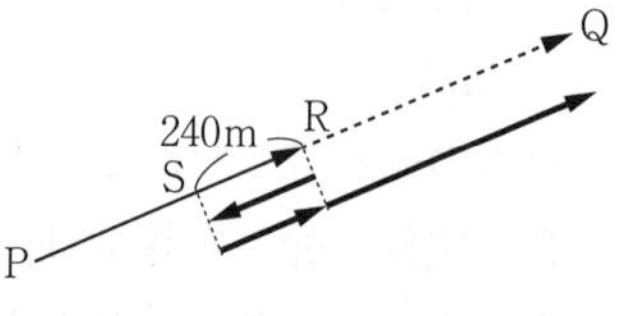

(3)　船がＱ地からＰ地まで戻《もど》ったときの速さは分速，300＋60＝360(m)であり，行きにかかった時間は，分速240mでＰ地からＱ地まで進む時間と同じだから，行きと戻りでかかった時間の比は，(１÷240)：(１÷360)＝３：２となる。この比の，３－２＝１が９分にあたるので，Ｑ地からＰ地まで戻るのにかかった時間は，９×２＝18(分)とわかる。よって，Ｐ地からＱ地までの道のりは，360×18＝6480(m)と求められる。

6 条件の整理

図①

A	B	C	D	E	F
1	1	1	1	1	1
~~2~~	~~2~~	**2**	~~2~~	2	2
3	3	~~3~~	3	3	3

図②

㋐

A	B	C	D	E	F
1	1	1	1	1	1
2	2	**2**	2	**2**	2
3	3	3	**3**	3	**3**

㋑

A	B	C	D	E	F
1	1	1	1	1	1
2	2	**2**	2	**2**	2
3	**3**	3	**3**	3	**3**

(1)　上の図①で，×をつけた部分には塗《ぬ》れないので，もう１個の２はＥ列かＦ列に塗ることになる。Ｆ列に塗ると，その下の３は塗れないから，Ａ，Ｂ，Ｄ，Ｅ列の３のうち３個を塗ることになるが，これでは横に隣《とな》り合わないように塗れないので，条件に合わない。よって，もう１個の２はＥ列に塗ることになる。すると，その下の３は塗れないので，Ａ，Ｂ，Ｄ，Ｆ列の３のうち３個を塗ることになり，横に隣り合わないように塗ると，塗り方は上の図②の㋐，㋑の２通りになる。㋐の場合，Nは402323，㋑の場合，Nは132323となる。

(2)　左からＡ列，Ｂ列，…の順に，塗られた数の和が最も大きくなるようにしていけばよい。まず，Ａ列の数の和が最も大きくなるのは，１と３を塗る場合である。このとき，Ｂ列の１と３には塗れないから，Ｂ列では２を塗ることになる。残りのＣ～Ｆ列では２を１個，３を２個，縦にも横にも隣り合わないように塗るから，Ｃ列で３を，Ｄ列で２を，Ｅ列で３をそれぞれ塗ると，右上の図③のようになり，このときNが最も大きい数となる。よって，その数は423230である。

図③

A	B	C	D	E	F
1	1	1	1	1	1
2	**2**	2	**2**	2	2
3	3	**3**	3	**3**	3

図④

A	B	C	D	E	F
~~1~~	1	1	1	1	1
2	~~2~~	2	~~2~~	2	~~2~~
~~3~~	**3**	~~3~~	**3**	~~3~~	**3**

(3)　Ａ列の２を塗ると，Ｂ～Ｆ列の３のうち３個を隣り合わないように塗ることになるので，上の図④のように，Ｂ，Ｄ，Ｆ列の３が塗られる。このとき，×をつけた部分には塗れないから，残り１個の２はＣ列かＥ列に塗ることになる。また，Ｆ列の１を塗ると，Nの一の位が，$1+3=4$で偶数《ぐうすう》になってしまうから，Ｆ列の１を塗ることはできない。よって，考えられる塗り方は，Ｃ列の２を塗るとき，下の図⑤の㋒，㋓，㋔の３通り，Ｅ列の２を塗るとき，図⑤の㋕，㋖，㋗の３通りになり，それぞれの場合でNは，242303，232403，232313，240323，231323，230423となる。

図⑤

㋒

A	B	C	D	E	F
1	**1**	1	1	1	1
2	2	**2**	2	2	2
3	**3**	3	**3**	3	**3**

㋓

A	B	C	D	E	F
1	1	1	**1**	1	1
2	2	**2**	2	2	2
3	**3**	3	**3**	3	**3**

㋔

A	B	C	D	E	F
1	1	1	1	**1**	1
2	2	**2**	2	2	2
3	**3**	3	**3**	3	**3**

㋕

A	B	C	D	E	F
1	**1**	1	1	1	1
2	2	2	2	**2**	2
3	**3**	3	**3**	3	**3**

㋖

A	B	C	D	E	F
1	1	**1**	1	1	1
2	2	2	2	**2**	2
3	**3**	3	**3**	3	**3**

㋗

A	B	C	D	E	F
1	1	1	**1**	1	1
2	2	2	2	**2**	2
3	**3**	3	**3**	3	**3**

7 立体図形―展開図，調べ

(1)　問題文中の図１，図２の展開図に長さを書きこむと，それぞれ下の図①，図②のようになる。

図①の展開図の周の部分には，a cmの辺が４本，３cmの辺が８本，２cmの辺が２本あり，図②の展開図の周の部分には，a cmの辺が４本，３cmの辺が４本，２cmの辺が６本ある。このとき，a cmの辺４本分の長さの合計はどちらも同じで，それ以外の辺の長さの合計は，図①では，$3\times8+2\times2=28$(cm)，図②では，$3\times4+2\times6=24$(cm)だから，図①の展開図の周の長さは，図②の展開図の周の長さよりも，$28-24=4$(cm)長い。

図①

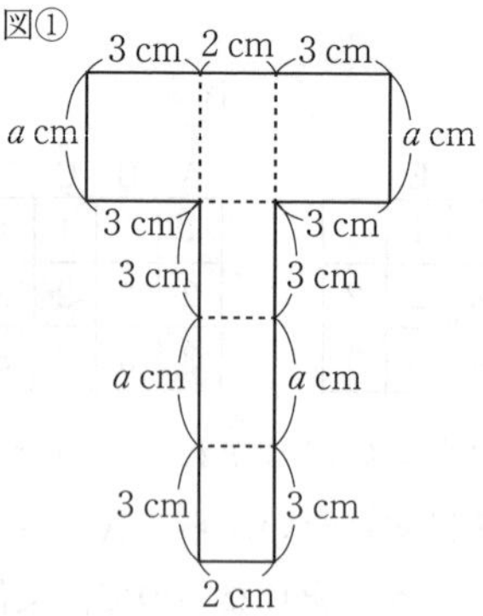

図②

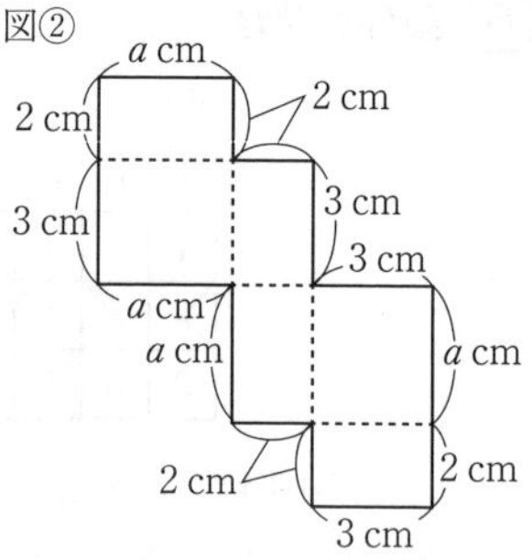

(2)　①　直方体の辺は３種類の長さの辺が４本ずつ，合わせて，$4\times3=12$(本)ある。また，展開図を作るとき，６つの面をつなぐために，$6-1=5$(本)の辺は切らずに残す必要があるので，$12-5=7$(本)の辺を切り開くことになる。よって，展開図の周の長さを最も長くするためには，最も長いa cmの辺を４本切り開き，残りは３cmの辺を２本，２cmの辺を１本切り開けばよい(３cmの辺を３本，２cmの辺を０本にはできない)。このとき，切った１本の辺は展開図では２本の辺となるから，展開図の周の部分には，a cmの辺が，$4\times2=8$(本)，３cmの辺が，$2\times2=4$(本)，２cmの辺が，$1\times2=2$(本)できる。したがって，$a\times8+3\times4+2\times2=44$(cm)と表せるから，$a\times8=44-(3\times4+2\times2)=44-(12+4)=44-16=28$より，$a=28\div8=3.5$(cm)とわかる。　②　まず，図①のように，展開図の周にある３種類の辺が(８本，４本，２本)のとき，(3.5cmの辺，３cmの辺，２cmの辺)＝㋐(８本，４本，２本)，㋑(８本，２本，４本)，㋒(４本，８本，２本)，㋓(４本，２本，８本)，㋔(２本，８本，４本)，㋕(２本，４本，８本)の場合がある。また，図②のように，展開図の周にある３種類の辺が(６本，４本，４本)のとき，(3.5cmの辺，３cmの辺，２cmの辺)＝㋖(６本，４本，４本)，㋗(４本，６本，４本)，㋘(４本，４本，６本)の場合がある。さらに，下の図③のように，展開図の周にある３種類の辺が(６本，６本，２本)のとき，(3.5cmの辺，３cmの辺，２cmの辺)＝㋙(６本，６本，２本)，㋚(６本，２本，６本)，㋛(２本，６本，６本)の場合がある。よって，㋐～㋛の場合で周の長さをそれぞれ計算すると右の図④のようになる。下線を引いた12個の数のうち，42と39が２つずつあるから，展開図の周の長さは全部で，$12-2=10$(通り)ある。

図③

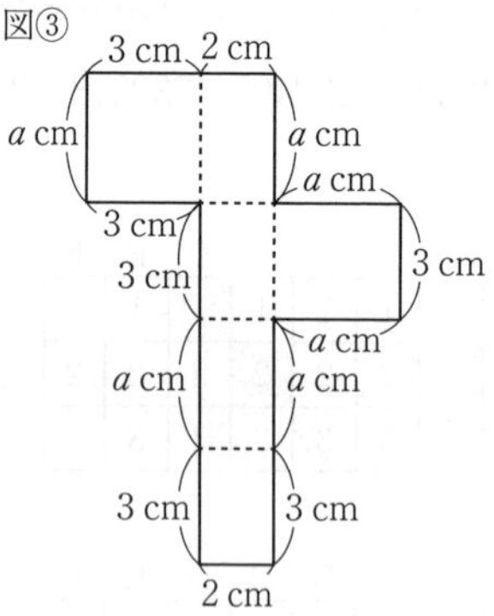

図④

㋐　$3.5\times8+3\times4+2\times2=\underline{44}$(cm)
㋑　$3.5\times8+3\times2+2\times4=\underline{42}$(cm)
㋒　$3.5\times4+3\times8+2\times2=\underline{42}$(cm)
㋓　$3.5\times4+3\times2+2\times8=\underline{36}$(cm)
㋔　$3.5\times2+3\times8+2\times4=\underline{39}$(cm)
㋕　$3.5\times2+3\times4+2\times8=\underline{35}$(cm)
㋖　$3.5\times6+3\times4+2\times4=\underline{41}$(cm)
㋗　$3.5\times4+3\times6+2\times4=\underline{40}$(cm)
㋘　$3.5\times4+3\times4+2\times6=\underline{38}$(cm)
㋙　$3.5\times6+3\times6+2\times2=\underline{43}$(cm)
㋚　$3.5\times6+3\times2+2\times6=\underline{39}$(cm)
㋛　$3.5\times2+3\times6+2\times6=\underline{37}$(cm)

社　会　＜第１回試験＞（30分）＜満点：60点＞

解　答

1　**問１**　(イ)→(エ)→(ア)→(オ)→(カ)→(ウ)　**問２**　①　松尾芭蕉　②　朝鮮通信使　**問３**　外様大名　**問４**　イラン　**問５**　い　**問６**　(例)　先祖から受けついだ御家人の領地の支配を認めることと，手がらをたてた御家人に新たな領地を認めること。　**問７**　承久の乱　**問８**　(例)　レンガづくりの建物がある。／洋服を着ている人がいる。　**問９**　学童疎開　**2**　**問１**　①　き　②　お　③　い　④　け　**問２**　**１**　い　**２**　お　**３**　え　**問３**　い　**問４**　え　**問５**　イタイイタイ病　**問６**　**ア**　×　**イ**　○　**ウ**　×　**エ**　○　**問７**　い　**問８**　う　**問９**　い　**問10**　あ　**3**　**問１**　**A**　(例)　住民による投票　**B**　過半数　**問２**　い　**問３**　**ア**　え　**イ**　あ　**ウ**　う　**問４**　あ，え　**問５**　(例)　図３から，近年20代・40代の若年層の投票率が大きく下落し，高齢層のほうが投票率が高くなっているとわかる。表４から読み取れる近年の少子高齢化と相まって，2017年の選挙では特に20代の投票者数が少なくなっており，若い世代の意見が政治にあまり反映されなくなっている。

解　説

1　**東京都多摩地区の歴史的建造物を題材にした問題**

問１　(ア)は江戸時代前半の17世紀なかば，(イ)は奈良時代の８世紀なかば，(ウ)は昭和時代(20世紀)の太平洋戦争終結後，(エ)は鎌倉時代末の14世紀，(オ)は明治時代前半の19世紀後半，(カ)は昭和時代の太平洋戦争末期のできごとである。よって，年代の古い順に(イ)→(エ)→(ア)→(オ)→(カ)→(ウ)となる。

問２　①　松尾芭《ば》蕉《しょう》は江戸時代前半の元禄《げんろく》文化を代表する俳人で，俳諧《はいかい》を芸術の域に高めたことで知られる。『おくのほそ道』は，芭蕉が1689年，弟子の曾《そ》良《ら》とともに江戸を出発して東北・北陸地方を旅し，大垣(岐阜県)にいたるまでのようすをまとめた俳諧紀行文である。なお，「古池や～」の句は，1686年に発表された『春の日』におさめられている。　②　豊臣秀吉の朝鮮出兵以来，朝鮮との国交はとだえていたが，徳川家康が対馬《つしま》藩(長崎県)の宗《そう》氏を通じて国交を回復し，1607年に最初の朝鮮通信使が江戸を訪問した。朝鮮通信使は数百人規模でほぼ将軍の代がわりごとに派遣され，第11代将軍徳川家斉《いえなり》のときまで12回を数えた。

問３　江戸時代の大名は，徳川氏の親戚《しんせき》である親藩，関ヶ原の戦い以前から家来であった譜代《ふだい》大名，関ヶ原の戦い以後に徳川氏に従った外様《とざま》大名に分けて統制された。譜代大名は石高は少ないが重要な地域に配置され，重要な役職に任じられた。一方，外様大名は信用がおけないとして江戸から遠い地域に配置され，重要な役職にはつけなかった。

問４　写真は白瑠璃碗《はくるりのわん》とよばれるガラス製品で，ペルシャからシルクロード(絹の道)を通って唐(中国)に伝わったものが，遣唐使船によって日本にもたらされ，東大寺(奈良県)の正倉院におさめられたと考えられている。ペルシャは３世紀初めから７世紀なかばにかけて現在のイランにあった国で，東西交流の要地として栄えた。

問５　1964年10月，アジアで初めてとなる夏季オリンピック大会が東京で開催された。このときのマラソンコースは，東京都新宿区の国立競技場をスタート・ゴール地点として，国道20号線(甲州街道)を中心に走るもので，東京都調布市に折返し地点が設けられた。

問６　鎌倉時代，将軍と御家人は土地を仲立ちとした御恩と奉公の関係で結ばれていた。このうち御恩とは，将軍が御家人の持っている先祖伝来の領地を保護・保障したり，手がらをたてた者に新しい領地や役職をあたえたりすることをいう。これに対し，御家人は鎌倉や京都の警護をし，戦のさいには命がけで将軍のために戦うという奉公で，将軍の御恩に報いた。

問７　1221年，後鳥羽《ごとば》上皇は鎌倉幕府から朝廷に政権を取りもどそうとして，全国の武士に第２代執権《しっけん》北条義時を討《う》つ命令を出したが，味方して集まる武士は少なく，幕府の大軍にわずか１か月で敗れ，上皇は隠岐《おき》(島根県)に流された。承久の乱とよばれるこの乱ののち，幕府は朝廷や公家の動きを監視《かんし》し，京都の警備にあたるため六波羅《ろくはら》探題を設置した。六波羅探題はのちに西国の御家人も統率したため，幕府の支配が西国にもおよぶようになった。

問８　明治時代になると，政府が積極的に近代化政策をおし進めたことから，教育や文化，国民生活などの全般にわたり，西洋の新しい文明が急速に入ってきた。これを文明開化といい，特に都市部のようすは大きく変化した。街には欧米風の建物が増え，人力車や馬車が走り，ガス灯がつけられるなどした。資料は明治時代初めの京橋(東京都中央区)と銀座通りのようすを描いた絵で，ガス灯や乗合馬車，レンガで舗装《ほそう》された車道，人力車，レンガづくりの建物，洋服を着ている人，洋傘《ようがさ》を持つ人など，文明開化のようすを表すものがいくつも描かれている。

問９　太平洋戦争後半の1944年７月，サイパン島の日本守備隊が全滅《ぜんめつ》し，アメリカ軍に占領されると，ここを起点としたアメリカ軍による日本本土への空襲《くうしゅう》が激化した。これを避《さ》けるため，都市に住む小学生などを集団で地方に避難《ひなん》させる学童疎開《そかい》が行われた。

2　**路面電車が走る都市を題材にした地理の問題**

問１　①「中国地方最大の人口をかかえる」とあるので，広島市である。広島市は県南西部に位置し，南部で瀬戸内海に面しているので，「き」となる。　②「神通《じんずう》川や常願寺川」が流れるとあるので，「お」の富山市があてはまる。富山市は県の中央北部に広がる富山平野に位置し，北で富山湾(日本海)に面している。　③　札幌市は北海道の道庁所在地で，北海道西部に広がる石狩平野に位置するので，「い」となる。　④　鹿児島県東部の大隅《おおすみ》半島とつながる活火山の「桜島」をのぞめるとあるので，「け」の鹿児島市だとわかる。　なお，「あ」は旭川市，「う」は函館市(いずれも北海道)，「え」は新潟市，「か」は岡山市，「く」は熊本市の位置。

問２　**１**　山陽新幹線は新大阪駅を出ると，瀬戸内海沿岸を兵庫県・岡山県・広島県・山口県の順に通り，福岡県の博多駅にいたる。　**２**　2015年，北陸新幹線の長野駅―金沢駅(石川県)間が開業した。長野駅を出た北陸新幹線は，新潟県・富山県を通って石川県にいたる。　**３**　2011年に全線開業した九州新幹線は，博多駅を出て福岡県や佐賀県，熊本県など九州地方西部の県を通ったのち，鹿児島市にある鹿児島中央駅にいたる。　なお，「あ」は東京駅―新大阪駅間を結ぶ新幹線。「う」は大宮駅(埼玉県)と新潟駅を結ぶ新幹線だが，列車は東北新幹線と線路を共用して東京駅まで乗り入れている。

問３　最も割合が大きい「あ」には，製造品出荷額等が最も多い中京工業地帯が，最も割合が少ない「え」には，戦後，工業地帯における地位が低下した北九州工業地帯(地域)があてはまると判断できる。残る２つのうち，静岡県のみに広がる東海工業地域のほうが，岡山・広島・山口・香川・愛媛の５県にまたがる瀬戸内工業地域よりも製造品出荷額等が少ないと考えられるので，「い」が瀬戸内工業地域，「う」が東海工業地域だとわかる。

問４　宮城県中部の太平洋側に広がる仙台湾の奥には松島湾があり，大小260ほどの島々が点在している。丘陵《きゅうりょう》が海に沈《しず》み，海上に残った部分が侵食《しんしょく》されたために見える白い岩壁や，島々に生える松の木々などが独特の景観を生み出している松島は，広島市の宮島，京都府の天橋立《あまのはしだて》とともに「日本三景」の一つに数えられる。

問５　富山県の神通川流域では，上流の神岡鉱山(岐阜県)の精錬《せいれん》所から流されたカドミウムを原因とするイタイイタイ病が発生した。イタイイタイ病は，水俣《みなまた》病，第二(新潟)水俣病，四日市ぜんそくと合わせて「四大公害病」とよばれる。

問６　**ア**　1960年代から，食生活の変化(西洋化)などにともなって日本では米の消費量が減り，米が余るようになってきた。そのため，政府は減反政策を実施して米の生産調整を行い，生産量を減らしてきた。よって，正しくない。　**イ**　カントリーエレベーターは穀物貯蔵庫なので，正しい。　**ウ**　３～４月には苗《なえ》づくりや田おこし，代かきなど田植えの準備が行われ，雪解け水が豊富に得られる５月に田植えが行われることが多いので，正しくない。　**エ**　棚田《たなだ》の説明として正しい。

問７　乳牛を育てて生乳をとったり乳製品をつくったりする酪農《らくのう》は，北海道のほか，大消費地の東京に近い栃木県や群馬県，千葉県でもさかんに行われている。よって，「い」があてはまる。なお，「あ」はたまねぎ，「う」はばれいしょ(じゃがいも)，「え」はメロンの生産量を示している。

問８　冬季オリンピックではスキーやスケートなどの競技が行われるため，雪が多く降る寒い国出身の選手の活躍《かつやく》が目立つ。よって，北ヨーロッパに位置する「う」のノルウェーだと判断できる。

問９　新燃岳は宮崎県と鹿児島県にまたがる霧島《きりしま》山中央部に位置する活火山で，2018年３月，2011年以来７年ぶりとなる爆発的な噴火を起こした。なお，「あ」は山梨県，「う」は長崎県，「え」は大分県にある山。

問10　北緯40度の緯線は，秋田市や中華人民共和国(中国)の首都北京《ペキン》，トルコの首都アンカラ，スペインの首都マドリード付近を通っている。なお，「い」の長野市はおおむね北緯37度，「う」の函館市はおおむね北緯42度，「え」の福岡市はおおむね北緯34度付近に位置している。

３　国民の政治参加についての問題

問１　法律は原則として国全体に適用され，国会で審議され制定される。しかし，ある特定の自治体だけに適用される特別法の場合，まずその自治体で住民による投票が行われ，過半数の賛成を得なければ，国会はこれを制定できないことが，日本国憲法第95条で規定されている。

問２　選挙に立候補する権利を被選挙権といい，衆議院議員，地方議会議員，市町村長は満25歳以上，参議院議員と都道府県知事は満30歳以上で認められる。

問３　年度を追うごとに割合が増加し，2017年において日本国のお金の使い道(歳出)の約３割を占《し》めて第１位となっているのは，「え」の社会保障費である。少子高齢化にともない，年金や医療《いりょう》，福祉にあてる社会保障費が増大している。これにつぐ出費となっているのが「あ」の国債《こくさい》費で，税収だけでは増加する社会保障費などをまかなえないため，国の借金にあたる国債を発行してこれを補っているが，その返済にあてる国債費の金額もじょじょに大きくなっている。第３位は「う」の地方自治体への援助費で，地方交付税交付金とよばれるもの。これは地方自治体間における税収の格差を是正《ぜせい》するため，国が使い道を定めずに配分する補助金で，税収の少ない地方自治体に多く配分される。

問４　憲法改正の国民投票権や選挙権は，満18歳以上の日本国民に認められている。また，日本では選挙で投票することは国民の権利だが，オーストラリアのように義務とされ，選挙で投票しないと罰金《ばっきん》が課される国もある。よって，「あ」と「え」の２つが正しい。なお，「い」について，国民による審査を受けるのは，最高裁判所の裁判官だけである。「う」について，選挙当日，仕事や旅行などで投票できないときには，事前に投票できる期日前投票の制度がある。

問５　図３を見ると，投票率は60代が最も高く，年代が下がるにしたがって低くなる傾向《けいこう》にあることがわかる。特に20代では，1986年から2017年にかけて大きく低下している。また，表４によると，20代の人口が減少し，人口に占める割合も低下しているのに対し，60代の人口は増加し，割合も増えており，少子高齢化が進行していることが読み取れる。こうした状況で候補者が当選するためには，人数も多く投票率も高い高齢者にとって有利な政策をかかげることが必要になってくる。その反面，人数が少なく投票率も低い若い世代の意見は政治に反映されにくくなり，かえって政治離れを進めるおそれもある。

理　科　＜第１回試験＞（30分）＜満点：60点＞

解　答

[1] **問１**　510m　**問２**　エ　**問３**　(1)　1.5秒　(2)　6.5秒　**問４**　(1)　1640m　(2)　850m　[2] **問１**　①　カ　②　オ　③　イ　**問２**　(例)　金　**問３**　(A)，(D)　**問４**　0.05ｇ　**問５**　(例)　アルミニウムと水酸化ナトリウムが反応して水素が発生し，内部の圧力が高まったため缶が破裂した。　**問６**　(例)　砂を使って，マグネシウムを空気とふれ合わないようにする。　[3] **問１**　①　ろっ骨　②　背骨　**問２**　ウ　**問３**　イ　**問４**　③　脳　④　目　**問５**　ウ　**問６**　イ　**問７**　(例)　筋肉の収縮に大量の酸素が必要だから。　**問８**　(X)　500　(Y)　1.2　**問９**　(ア)　脳　(イ)　心臓　[4] **問１**　ウ　**問２**　**時間帯**…ウ，**方角**…東　**問３**　(例)　だんだん遅くなっていく。　**問４**　(1)　南　(2)　30日前　(3)　解説の図を参照のこと。

解　説

[1] 花火の音の速さについての問題

問１　花火の音が太郎君に届くまでに1.5秒かかったので，この間に音が進んだ距離《きょり》は，340×1.5＝510(m)である。

問２　花火をはさんで，諏訪湖《すわこ》のちょうど反対側にいる人から見ると，図１の花火は左右が反対になって見える。この花火が湖面に映る花火の様子は右の図のようになる。

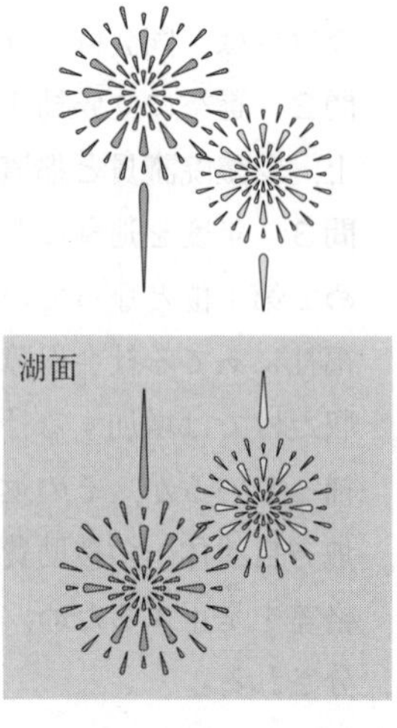

問３　(1)　ある花火が破裂《はれつ》し，その1.5秒後に破裂音が太郎君に届いたと同時に，次の花火が破裂したので，花火が破裂する間隔《かんかく》は1.5秒である。つまり，花火を打ち上げる間隔も1.5秒である。　(2)　１発目の花火を打ち上げてから５発目の花火を打ち上げるまでにかかる時間は，0.5×（５－１）＝２(秒)，５発目の花火を打ち上げてから破

裂するまでの時間は３秒，５発目の花火が破裂してから太郎君に届くまでの時間は1.5秒なので，最初の花火を打ち上げてから最後の花火の破裂音が太郎君に聞こえるまでの時間は，２＋３＋1.5＝6.5(秒)となる。

問４　(1)　太郎君を通過した花火の破裂音が山で反射し，再び太郎君まで届くのにかかる時間が８秒なので，破裂音が太郎君から山まで進むのにかかる時間は，８÷２＝４(秒)とわかる。破裂音が４秒間で進む距離は，340×４＝1360(m)だから，花火から山までの距離は3000m(３km)，太郎君から山までの距離が1360mなので，花火から太郎君までの距離は，3000－1360＝1640(m)と求められる。　(2)　太郎君が花火Ｂから直接届く音を聞いたとき，花火Ａの破裂音は花火Ｂの破裂音よりも5.5秒長く進み，進んだ距離が，太郎君→山→花子さんと進む分だけ長くなっている。太郎君から山までを往復するときの距離は，1360×２＝2720(m)だから，太郎君から花子さんまでの距離は，2720－340×5.5＝850(m)と求められる。

2　物質の化学変化についての問題

問１　①，②　ナトリウムを水に入れると，ナトリウムと水が反応して，水酸化ナトリウムと水素ができ，このときに熱を発する。この熱によって，発生した水素と空気中の酸素が結びつき，爆発《ばくはつ》が起こる。　③　重そうは炭酸水素ナトリウムと呼ばれる物質で，よごれを落とすのに使われたり，ベーキングパウダーとして調理に使われたりするなどの用途《ようと》がある。製法としては，食塩水にアンモニアを溶《と》かした後，二酸化炭素を加えることがあげられる。アンモニアは水に溶かすとアルカリ性を示す。

問２　金や銀，銅といった金属は，塩酸や水酸化ナトリウム水溶液《すいようえき》に入れても変化せず，気体も発生しない。

問３　BTB溶液を青色にするのはアルカリ性の水溶液である。水酸化ナトリウムが水に溶けた水酸化ナトリウム水溶液や，重そうが水に溶けた重そう水はアルカリ性の水溶液である。なお，食塩が水に溶けた食塩水は中性，二酸化炭素が水に溶けた炭酸水は酸性の水溶液である。

問４　鉄７ｇがすべて塩酸と反応すると2.8Ｌの気体が生じるので，鉄1.4ｇがすべて塩酸と反応したときに生じる気体の体積は，$2.8\times\frac{1.4}{7}=0.56$(Ｌ)になる。この気体１Ｌあたりの重さは0.09ｇだから，生じた気体0.56Ｌの重さは，0.09×0.56＝0.0504より，0.05ｇと求められる。

問５　業務用洗剤《せんざい》に含《ふく》まれる水酸化ナトリウムとアルミ缶《かん》のアルミニウムが反応し，水素が発生することでアルミ缶内の圧力が高くなり，アルミ缶がたえ切れなくなって爆発したと考えられる。

問６　燃えているマグネシウムに乾燥《かんそう》している砂をかけると，燃えているマグネシウムが空気中の酸素と十分にふれ合うことができなくなるので，消火できる。

3　ヒトの体の断面

問１　図４は，上側が正面，下側が背面になっている。①は内臓を守るろっ骨，②は体を支える背骨と考えられる。

問２　じん臓はこしより少し上の背中側に左右１個ずつあるので，図２のように体の中心を通る面で二分した場合，その切断面には見られない。

問３，問４　ａ，ｂ，ｃの図のそれぞれのつくりは下の図のようになる。ａは図５のイ，ｂは図５のウ，ｃは図５のアを観察したものである。

問５　図６は，ヒトの正面から見た心臓の断面の模式図なので，図３のように体を前後に分ける断

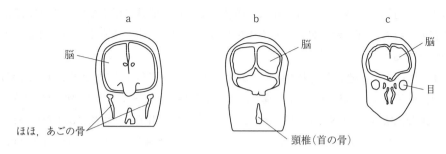

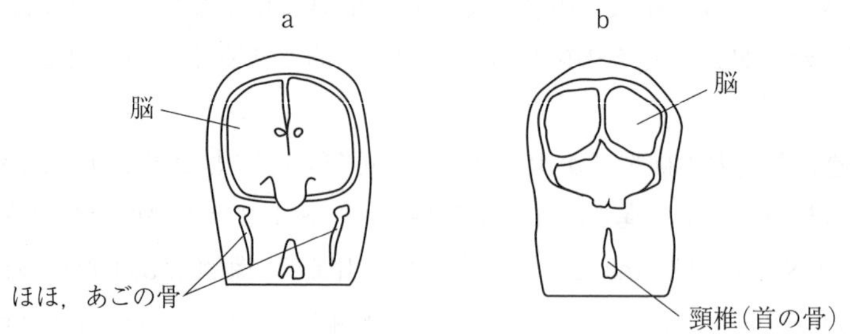

面に見られる。

問６　図６のアは右心房《しんぼう》，イは右心室，ウは左心房，エは左心室で，肺へ血液を送り出す空所はイとなる。なお，全身を通った血液が送りこまれる空所はア，肺を通った血液が送りこまれるのはウ，全身へ血液を送り出す空所はエである。

問７　運動時には，収縮するために筋肉で多くのエネルギーが消費される。筋肉でエネルギーを作り出すためには，大量の酸素と養分が必要である。

問８　(X)　肺を通過した血液は心臓に入ったあと，心臓から体の各部へ送られるので，肺を通過した血液の量と，体の各部へ送られる血液の量の合計は等しくなる。安静時の肺の毎分分配量は5800mL，安静時の体の各部の毎分分配量の，皮ふ以外の合計は，1200＋750＋1400＋1100＋250＋600＝5300（mL）なので，安静時の皮ふの毎分分配量は，5800－5300＝500（mL）と求められる。

(Y)　運動時の血液分配率100％での毎分分配量は25000mLで，このうち300mLがかん臓や胃腸に送られてきているため，その血液分配率は，300÷25000×100＝1.2（％）となる。

問９　(ア)　安静時，運動時にかかわらず，脳にはつねにおよそ一定量の血液が送られている。

(イ)　運動時の毎分分配量が，安静時の毎分分配量に比べて，750÷250＝３（倍）になっていることから，運動時により多くの血液を送るためにより多くのエネルギーが必要になる心臓があてはまる。

4　かぐや姫の話と月についての問題

問１　新月の日を１日としたとき，15日に見える月は満月である。なお，７～８日頃には上弦《じょうげん》の月，22～23日頃には下弦の月が見える。

問２　満月は日の入りの頃，東の空から昇《のぼ》り，真夜中に南中し，日の出の頃，西の空に沈《しず》む。

問３　地球が太陽のまわりを公転し，月が地球のまわりを公転するため，月が出る時刻は，毎日約48分ずつ遅れる。

問４　(1)　十五夜に見える月は満月で，真夜中に南中する。　(2)　360000kmの距離を時速500kmで進むのにかかる時間は，360000÷500＝720（時間）である。よって，720÷24＝30（日）前に出発している。　(3)　月は約30日周期で満ち欠けをくり返している。お迎《むか》えが月を出発してから30日後の月が満月だったので，お迎えが月を出発した30日前の月も右の図のような満月が見えている。

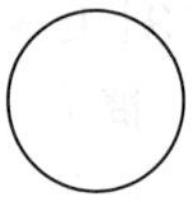

国語　＜第１回試験＞（50分）＜満点：100点＞

解答

一　**問１**　ア　**問２**　ウ　**問３**　（例）　母への素直な気持ちではあるのだが，自分で声に出して言うのは恥ずかしく，照れてしまうから。　**問４**　（例）　大切に育ててくれた母親に対して，感謝の気持ちを表せるほどに健全でまっすぐに成長していて，自分の目が見えない現実もしっかりと受けとめており，精神的に大人になっている少年だと思ったから。　**問５**　（例）　代書屋が提案するのは変に思われそうなことだが，真面目にそれが一番だと思って言おうとする気持ち。　**問６**　エ　**問７**　（例）　僕が生まれる前は山登りが好きで，よく登っていたみたいです　**問８**　（例）　字が大きく　**問９**　エ　**問10**　（例）　書くのには時間も手間もかかるが，普段は恥ずかしくて言いにくいことでも，じっくりと考えて言葉にすることができ，書く文字の一つ一つにも心をこめることになる。形のあるものなので，便せんなどにも思いをこめて工夫をこらすことができるし，もらった人が大切に受けとめてくれれば，いつまでも残り，何度でも心を通わせることが可能だといえる。　**問11**　下記を参照のこと。　**二**　**問１**　下記を参照のこと。　**問２**　ウ　**問３**　イ　**問４**　エ　**問５**　（例）　弱い者をいたわり守りたいという思いから。　**問６**　**A**　運命　**B**　寂しい　**C**　（例）　言葉にする　**問７**　（例）　トンカチ兵が一人だけ命令と逆のことをしてしまうのとは対照的に，餓死者を出すほどの厳しい生活が現実になりつつある中でも自分たちや軍隊が，上からの命令にしたがって，よく考えずに同じように行動し，戦争へと突き進もうとしていること。

●漢字の書き取り

一　**問11**　a　心境　b　健全　c　相応　d　質感　**二**　**問１**　a　余計　b　体裁　c　光景

解説

一　**出典は小川糸《おがわいと》の『キラキラ共和国』による。**代書屋も兼《か》ねているツバキ文具店の店主である鳩子《はとこ》のもとに，目の不自由な少年タカヒコ君が訪《おとず》れ，母の日の手紙を依頼《いらい》した場面である。

問１　少年の「見た目の印象」と，「しっかり」した受けこたえが対照されていることに着目する。前後に描《えが》かれているのは，「野球帽《ぼう》」をかぶり「顔も手足も，よく陽に焼けている」少年のようすである。こうした「見た目」から子どもらしさを感じることができるので，アが合う。

問２　目の不自由なタカヒコ君は「椅子《いす》の場所がわかるのだろうか」と疑問に思い，また，「どう手伝ってあげていいのかわからなくなる」と，鳩子が動揺《どうよう》している場面である。つまり，椅子の場所へ誘導《ゆうどう》してあげたいが，そのために「急に体を触《さわ》られたら，逆にびっくりしてしまうかもしれない」とためらっているので，ウが合う。

問３　「おかあさんに，どんな手紙を書きたいの？」という鳩子の質問に，タカヒコ君は「おかあさんが，僕《ぼく》のおかあさんで，よかった」と書きたいと答えている。このとき「顔を真っ赤に」したので，母親への愛情や感謝の気持ちを人前で言ったことに照れたのだとわかる。

問４　「視力」のことをタカヒコ君に聞いても「大丈夫だ」と，鳩子が確信した根拠《こんきょ》を読み取る。問３で検討したような，母親に感謝を伝えたいという健《すこ》やかな心や，「礼儀《れいぎ》正しい」ふるまいのできる「大人」びたようすのほか，「僕は，ほとんど目が見えません～でも，おかあさんには，ふつうの子どもみたいに，手紙を書いてみたい」という現状認識《にんしき》の確かさ，前向きな行動力などを整理して，タカヒコ君の人物像をまとめる。

問５　鳩子が「ご提案があります」と言ったときのようすである。「背筋を伸《の》ばす」は，“まじめにものごとに向かい合う”ときにとる姿勢。提案の内容は，タカヒコ君が手紙を自分で書き，鳩子は手伝いにまわるというものである。代筆が仕事である鳩子がこのような提案をしたのは，タカヒコ君の「心の目」には「背筋を伸ばす私の姿」も映っているという確信や，問４で検討したタカヒコ君の人柄《ひとがら》に対する信頼《しんらい》があったからである。タカヒコ君なら自分で手紙を書く方がいいし，また，書けるはずだと，率直《そっちょく》に伝えようという思いの表れた姿勢である。以上のことがらを整理して，「意外な提案だろうが，タカヒコ君なら自分で書けるはずだから，誠意をもって勧《すす》めようという気持ち」のようにまとめればよい。

問６　タカヒコ君が鳩子にツツジを差し出して「何色」か聞いた場面である。「とってもきれいな，オレンジ色」という返答を聞いて，「あー，よかった」と笑ったので，「きれいな」色だったこと，鳩子も気に入ったらしいことを喜ぶ気持ちが表れているとわかる。よって，エが合う。

問７　二人の会話から，タカヒコ君は登山好きの母親のために「山」が描かれた地図の便箋《びんせん》を選んだとわかる。タカヒコ君は「僕が生まれてから」母親は山に「なかなか登れなく」なったことを話しているので，自分が生まれる前は登っていたという趣旨《しゅし》でまとめる。

問８　手紙を自分で書くことを提案された場面に注目する。タカヒコ君は「平仮名を大きな字で書くことは，できる」が，それは子どもっぽくて嫌《いや》だから，できるだけ漢字を使い，「字を小さく」書きたいという希望を述べている。だから，練習を始めたタカヒコ君に鳩子が「助言」するのは，だんだん“字が大きく”なってきたときである。

問９　「太陽の下にいるのが好き」というタカヒコ君にとって，外の方が書きやすいだろうという鳩子の判断から，外の机で練習している。最後の段落に描かれた「まぶたの裏でいちいち確認するように，一文字ずつ丁寧《ていねい》に書いては，太陽の方へ顔を向ける」タカヒコ君のようすに注目する。こういう「確認」ができるのは，「太陽が沈《しず》む」前である。

問10　手紙に関するタカヒコ君の気持ちやようすをふまえて考える。まず，「おかあさんが，僕のおかあさんで，よかった」と口に出して言うときは「もじもじ」していたので，こうした大事な気持ちは，直接言うのが照れくさくても手紙なら伝えやすい。次に，便箋を選ぶとき，山好きの母親を思って決めている。さらに，小さな字でたくさん漢字を入れたかっこいい手紙にするために，鳩子のサポートで何枚も練習している。これらをもとに「書くのは時間がかかるけれど，感謝や好意など口で言うのが照れくさい内容も，よく考えて言葉を選べるし，心をこめて丁寧に書くことができる。また，相手が喜びそうな図柄《ずがら》の便箋やインクの色などで，見たときの印象を工夫《くふう》する楽しみがある。それに読み返したいほどすてきな手紙なら宝物になる」のように，自分の意見も加えてまとめるとよい。

問11　**a**　心の状態。　**b**　健やかで調和がとれているようす。　**c**　「～相応」は“～にふさわしい”という意味。　**d**　材料の性質から受ける印象。その素材に備わった風合い。

二　**出典はかこさとしの『未来のだるまちゃんへ』による**。筆者が尋常《じんじょう》高等小学校の一年生のときの，戦争へ突入《とつにゅう》しつつあった世相や，それを風刺《ふうし》するような劇をクラスで演じたことなどを語っている。

問１　a　「余計な」は，“むだな，不必要な”ということ。　b　それらしい形式。　c　目に見えるありさま。

問２　最初の三つの段落で，尋常高等小学校に通う子どもたちはみんな，学校までゴム靴《ぐつ》を履《は》いてきても「すぐに新しいものを買ってもらえるはずもない」ので，遊ぶとき「裸足《はだし》」になったと説明している。つまり，「僕」が裸足であったのは，ほかの子どもたちと変わらないのである。ただし，母の手編みのセーターを着ていたのだから，ウがよい。

問３　似た意味の言葉には，“間尺《ましゃく》に合わない”などがある。

問４　「風刺」は，人や世の中について，機知に富んだ表現で批判すること。ここでは，冷害の中で民衆が「飢《う》えて死んでいく」のに「知らぬふり」をする大将を皮肉っているので，エが合う。

問５　風刺劇を指導した田辺先生は，「幼い子ども」の母親である。「大飢饉《ききん》」の続いた当時，「戦争へと突《つ》き進む」時勢から「幼い子ども」を守りたいという気持ちが，「軍隊を揶揄《やゆ》しているととられかねない」劇にこめられていたことをおさえて，まとめる。

問６　A　「出征《しゅっせい》」は，戦地へ行くこと。兵役は義務であり召集《しょうしゅう》命令に背《そむ》くことはできなかったので，自分の意志をこえた人生のめぐり合わせを表す「運命」が入る。　B　見送る側は旗を振《ふ》って「万歳《ばんざい》！」と声をあげたが，兵隊たちは「誰《だれ》も彼《かれ》も，寂《さび》しい顔」だったと回想している。
C　家族と別れて戦地へ行く兵隊たちは誰もが「静かな，厳しい表情」で，寂しい思いをしていても表に出せなかったとわかる。できなかったことなので，「言葉にする」などが合う。

問７　問４，問５でも検討したように，大飢饉が続き，戦争へ突き進もうとしている世相が背景にある。隊長の「号令」で「一斉《いっせい》に」向きを変える兵隊たちの中で，一人だけ逆のことをするトンカチ兵の動作が観客の笑いを誘《さそ》っている。この仕かけによって，世の中が戦争の方向へ「一斉に」なだれていく危険に目を向けさせることをまとめればよい。

Memo

Memo

Memo

出題ベスト10シリーズ

①国語読解ベスト10

②漢字合格の2790題

③計算合格の820題

④図形問題ベスト10

■過去の入試問題から出題例の多い問題を選んで編集・構成。受験関係者の間でも好評です！

有名中学入試問題集

●男子校編

●女子校編

■中学入試の全容をさぐる!!
■首都圏の中学を中心に、全国有名中学の最新入試問題を収録!!

※表紙は昨年度のものです。

算数の過去問25年分

■筑波大学附属駒場
■麻布
■開成

○名門３校に絶対合格したいという気持ちに応えるため過去問実績No.1の声の教育社が出した答えです。

都立中高一貫校 適性検査問題集

■都立一貫校と同じ検査形式で学べる！

●自己採点のしにくい作文には「採点ガイド」を掲載。
●保護者向けのページも充実。
●私立中学の適性検査型・思考力試験対策にもおすすめ！

スーパー過去問の **解説執筆・解答作成スタッフ（在宅）募集！** ※募集要項の詳細は、10月に弊社ホームページ上に掲載します。

2025年度用
中学スーパー過去問

■編集人 声の教育社・編集部
■発行所 株式会社 声の教育社
〒162-0814 東京都新宿区新小川町8-15
☎03-5261-5061㈹ FAX03-5261-5062
https://www.koenokyoikusha.co.jp

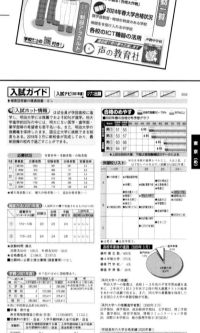

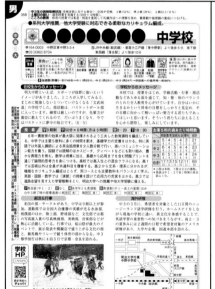

カコを追いかけ
ミライをつかめ

よくある解答用紙のご質問

01

実物のサイズにできない

拡大率にしたがってコピーすると，「解答欄」が実物大になります。配点などを含むため，用紙は実物よりも大きくなることがあります。

02

A3用紙に収まらない

拡大率164％以上の解答用紙は実物のサイズ（「出題傾向＆対策」をご覧ください）が大きいために，Ａ３に収まらない場合があります。

03

拡大率が書かれていない

複数ページにわたる解答用紙は，いずれかのページに拡大率を記載しています。どこにも表記がない場合は，正確な拡大率が不明です。

04

１ページに２つある

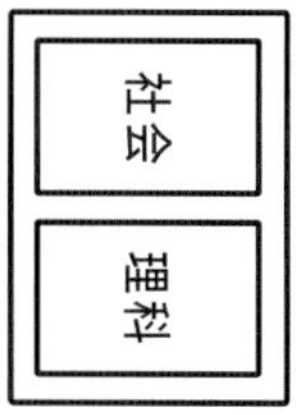

１ページに２つ解答用紙が掲載されている場合は，正確な拡大率が不明です。ほかの試験回の同じ教科をご参考になさってください。

桐朋中学校

【別冊】入試問題解答用紙編

解答用紙は本体からていねいに抜きとり、別冊としてご使用ください。

※　実際の解答欄の大きさで練習するには、指定の倍率で拡大コピーしてください。なお、ページの上下に小社作成の見出しや配点を記載しているため、コピー後の用紙サイズが実物の解答用紙と異なる場合があります。

●入試結果表

— は非公表

年度	回	項目	国語	算数	社会	理科	4科合計	合格者
2024	第１回	配点(満点)	100	100	60	60	320	最高点
		合格者平均点	—	—	—	—	—	—
		受験者平均点	49.6	55.1	42.7	30.7	178.1	最低点
		キミの得点						188
	第２回	合格者平均点	—	—	—	—	—	最高点 —
		受験者平均点	64.2	59.4	44.0	39.9	207.5	最低点
		キミの得点						217
2023	第１回	配点(満点)	100	100	60	60	320	最高点
		合格者平均点	57.6	68.3	44.3	38.8	209.0	—
		受験者平均点	51.2	56.4	39.9	33.9	181.4	最低点
		キミの得点						193
	第２回	合格者平均点	67.3	78.6	41.5	46.6	234.0	最高点 —
		受験者平均点	61.9	69.6	36.4	41.7	209.6	最低点
		キミの得点						216
2022	第１回	配点(満点)	100	100	60	60	320	最高点
		合格者平均点	68.7	65.6	46.5	37.2	218.0	—
		受験者平均点	63.5	57.5	41.9	33.7	196.6	最低点
		キミの得点						201
	第２回	合格者平均点	72.0	69.4	47.0	44.2	232.6	最高点 —
		受験者平均点	66.6	59.4	42.8	40.8	209.6	最低点
		キミの得点						206
2021	第１回	配点(満点)	100	100	60	60	320	最高点
		合格者平均点	59.5	71.8	42.4	43.4	217.1	—
		受験者平均点	57.6	62.1	38.5	38.2	196.4	最低点
		キミの得点						200
	第２回	合格者平均点	60.2	71.7	46.6	46.3	224.8	最高点 —
		受験者平均点	53.7	62.7	43.1	41.2	200.7	最低点
		キミの得点						204
2020	第１回	配点(満点)	100	100	60	60	320	最高点
		合格者平均点	69.7	67.8	42.2	39.5	219.2	—
		受験者平均点	63.5	54.8	38.1	34.7	191.1	最低点
		キミの得点						199
	第２回	合格者平均点	65.8	77.5	47.5	41.4	232.2	最高点 —
		受験者平均点	60.3	67.0	44.3	35.5	207.1	最低点
		キミの得点						211
2019	第１回	配点(満点)	100	100	60	60	320	最高点
		合格者平均点	61.5	63.0	43.6	38.5	206.6	—
		受験者平均点	57.1	51.4	40.5	33.9	182.9	最低点
		キミの得点						190

※　表中のデータは学校公表のものです。ただし、４科合計は各教科の平均点を合計したものなので、目安としてご覧ください。

声の教育社

２０２４年度　桐朋中学校

算数解答用紙　第１回

番号		氏名	

評点	／100

1

(1)		(2)		(3)	

2

(1)	円	(2)	m	(3)	cm

3

(1)	個

(2)　＜考え方＞

（答）赤玉　　　　個，青玉　　　　個

4

(1)	回目の得点が　　　点高い	(2)	点	(3)	点

5

(1)	分	(2)	分　　秒

6

(1)	最も長い時間　　秒	(2)	最も長い時間　　秒	(3)	最も長い時間　　秒
	最も短い時間　　秒		2番目に長い時間　　秒		2番目に長い時間　　秒

7

(1)		(2)		(3)	

（注）この解答用紙は実物を縮小してあります。Ｂ５→Ａ３（163%）に拡大コピーすると、ほぼ実物大の解答欄になります。

〔算　数〕100点（推定配点）

1，2　各５点×６　3　(1)　５点　(2)　考え方…５点，答…５点　4～7　各５点×11＜4の(1)は完答，6は各々完答＞

２０２４年度　桐朋中学校

社会解答用紙　第１回

番号		氏名		評点	/60

1

問１ □→□→□→□→□→□

問２ ①　②　③　④　⑤

問３ （１）　（２）

問４　　問５ 造

問６　　問７ 半島

問８

2

問１ ①　②　③　問２

問３　問４ 竿燈まつり　ねぶた祭

問５

問６　問８

問７

問９ 国の組み合わせ　果物の名称

問10

3

問１ １　２

３

問２

問３ ア　イ　ウ

問４　問５

（注）この解答用紙は実物を縮小してあります。172%拡大コピーをすると、ほぼ実物大の解答欄になります。

〔社　会〕60点(推定配点)

1 問１　２点＜完答＞　問２　各１点×５　問３～問７　各２点×６　問８　６点　2 問１～問４　各１点×７　問５～問８　各２点×４　問９　国の組み合わせ…１点，果物の名称…２点　問10　２点　3 問１，問２　各２点×４　問３　各１点×３　問４，問５　各２点×２＜問５は完答＞

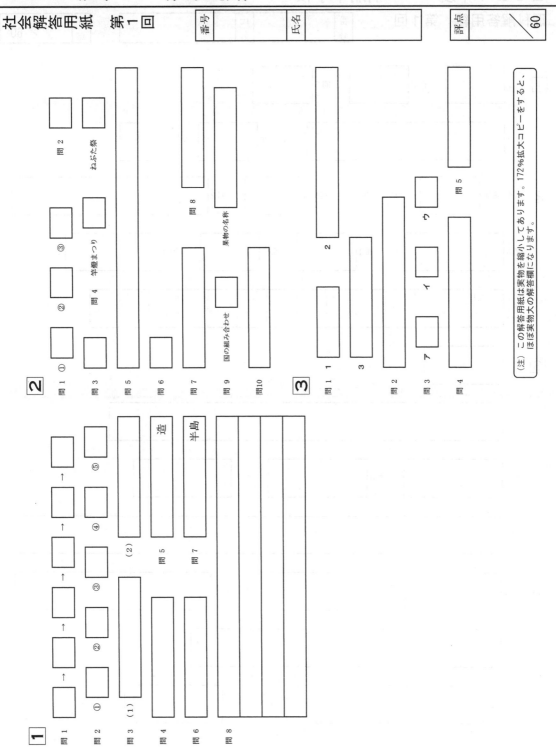

2024年度　　桐朋中学校

理科解答用紙　第１回

番号　　　氏名　　　評点　　／60

1

問1　　問2　　問3

問4　　問5 ①　　②

2

問1 塩酸　　水酸化ナトリウム水溶液　　問2

問3　　g　　問4　　問5　　問6　　g

問7

3

問1　　%

問2

問3　　問4　　問5

問6

4

問1　　問2　　問3

問4　　問5（1）　　万km²

問5（2）　　万km³　　（3）　　m

（注）この解答用紙は実物を縮小してあります。B５→A３(163%)に拡大コピーすると、ほぼ実物大の解答欄になります。

〔理　科〕60点(推定配点)

1, 2　各２点×14＜1の問４, 2の問２は完答＞　3　各３点×６＜問４, 問５は完答＞　4　各２点×７＜問２は完答＞

２０２４年度　桐朋中学校

国語解答用紙　第一回

番号　氏名　評点 /100

一

問一　問二　問三　問四

問五

問六

問七　問八

問九　a　れ　b　c

二

問一　a　b　c　d

問二

問三　問四　問五

問六

問七

問八

問九

問十

問十一　(1)　(2)

（注）この解答用紙は実物を縮小してあります。Ｂ５→Ａ３（163％）に拡大コピーすると、ほぼ実物大の解答欄になります。

〔国　語〕100点(推定配点)

一　問1～問4　各３点×4　問5　12点　問6　10点　問7，問8　各３点×2　問9　各２点×3　二　問1　各２点×4　問2　６点　問3～問7　各３点×5　問8　８点　問9，問10　各３点×2　問11　(1)　８点　(2)　３点

２０２４年度　　桐朋中学校

算数解答用紙　第２回

番号		氏名		評点	／100

1

(1)		(2)		(3)	

2

(1)	cm	(2)	倍	(3)	A　円	B　円

3

(1)	分　秒後

(2) ＜考え方＞

(答)　m

4

(1)	$a=$　, $b=$　, $c=$	(2)	毎秒　cm^3	(3)	個

5

(1)	cm^2	(2)	cm

6

(1)	枚	(2)	白いタイル　枚	黒いタイル　枚
(3)	Nの値	枚数の和　枚		

7

(1)		(2)	㋐	㋑	㋒	㋓
(3)						

(注) この解答用紙は実物を縮小してあります。Ｂ５→Ａ３(163%)に拡大コピーすると、ほぼ実物大の解答欄になります。

〔算　数〕100点(推定配点)

1, 2　各５点×６＜2の(3)は完答＞　3　(1)　５点　(2)　考え方…５点，答…５点　4～7　各５点×11＜4の(1)，6の(2)，(3)，7の(2)，(3)は完答＞

2024年度　桐朋中学校

社会解答用紙　第2回

番号　　氏名　　評点 /60

1

問1　→　→　→　→　→

問2　A　B　C　D　E　F

問3　①　②　③　④

問4

問5

問6

問7

問8

2

問1　①　②

問2

問3　ア　イ

問4

問5　①　②

問6

問7　①　②

問8

問9　①　約　km　②　ア　イ　ウ

3

問1　①　②

問2

問3　→　→　→　→

問4

問5　①　A　上がる　・　下がる

B　買い控《ひか》える　・　より多く買う

C　増える　・　減る

②

（注）この解答用紙は実物を縮小してあります。175%拡大コピーをすると、ほぼ実物大の解答欄になります。

〔社　会〕60点(推定配点)

1　問1　2点<完答>　問2，問3　各1点×10　問4～問7　各2点×4<問4は完答>　問8　3点　2　問1　①　1点　②　2点　問2～問4　各1点×4　問5　①　1点　②　2点　問6　1点　問7　①　1点　②　2点　問8　1点　問9　①　2点　②　各1点×3　3　問1～問4　各2点×5<問3は完答>　問5　①　2点<完答>　②　5点

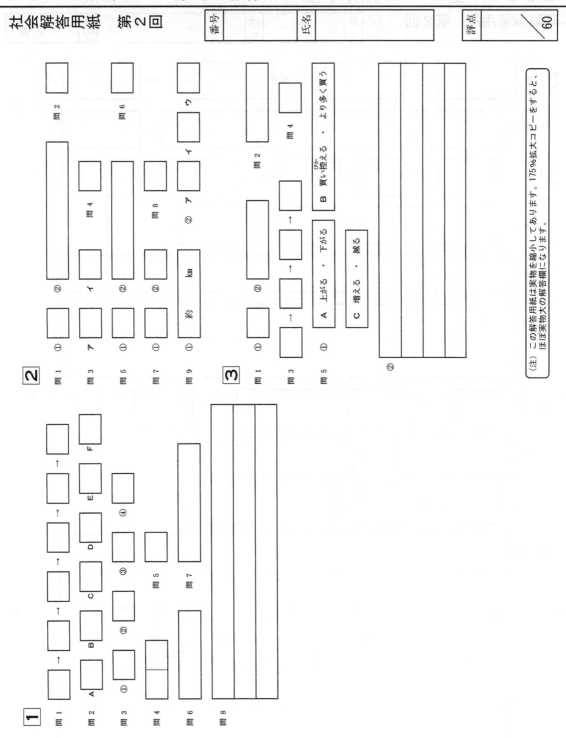

２０２４年度　桐朋中学校

理科解答用紙　第２回

番号		氏名		評点	／60

1
問１　kg　　cm　問２　cm　問３　g
問４ 式　答え　g

2
問１　X　Y　Z　問２（あ）（い）
問３（１）（２）（３）　問４　個分
問５
問６

3
問１　問２　問３
問４　問５
問６ ①　②　③　④

4
問１
問２　万年後　問３　問４
問５

（注）この解答用紙は実物を縮小してあります。167％拡大コピーをすると、ほぼ実物大の解答欄になります。

〔理　科〕60点(推定配点)

1　各３点×5＜問４は完答＞　2　問１，問２　各２点×5　問３　各１点×3　問４，問５　各２点×2　問６　３点　3　問１～問５　各２点×5＜問４，問５は完答＞　問６　①・②　２点　③・④　２点　4　問１　３点　問２～問５　各２点×4

2024年度　桐朋中学校

国語解答用紙　第二回

番号		氏名		評点	/100

一

問一

問二

問三

問四　問五　問六

問七

問八

問九　a　b　c　d

二

問一　a　b　c　d

問二　問三　I　II　III　IV　問四

問五

問六

問七

（注）この解答用紙は実物を縮小してあります。B5→A3（163%）に拡大コピーすると、ほぼ実物大の解答欄になります。

〔国　語〕100点(推定配点)

一　問1　7点　問2　3点　問3　9点　問4～問6　各3点×3　問7　12点　問8　3点　問9　各2点×4　二　問1　各2点×4　問2　3点　問3　各2点×4　問4　3点　問5，問6　各12点×2　問7　3点

2023年度　桐朋中学校

算数解答用紙　第1回

番号		氏名		評点	／100

1

(1)		(2)		(3)	

2

(1)	個	(2)	人	(3)	cm^2

3

(1)	分

(2)　＜考え方＞

(答)　　人以上

4

(1)	円	(2)	円

5

(1)	km
(2)	時　　分　　秒

(3)

R駅発	Q駅行き	P駅行き
5時		
6時		
7時		

6

(1)	$a=$　　, $b=$　　, $c=$	(2)		(3)	

7

(1)	①	②	③
(2)			

(注)　この解答用紙は実物を縮小してあります。B5→A3(163%)に拡大コピーすると、ほぼ実物大の解答欄になります。

〔算　数〕100点(推定配点)

1, 2　各5点×6　3　(1)　5点　(2)　考え方…4点，答…4点　4～6　各5点×8＜5の(3)，6の(1)，(3)は完答＞　7　(1)　各4点×3＜③は完答＞　(2)　5点＜完答＞

２０２３年度　桐朋中学校

社会解答用紙　第１回

番号　　氏名　　評点　／60

1

問１　□→□→□→□→□→□→□

問２　①　②　③　④　⑤

問３　□→□→□

問４

問５

問６

問７

問８

問９

2

問１　問２　問３

問４　問５

問６

問７　問８　問９

問10　問11　問12

3

問１　1　（法）　2

3　問２　ア　イ　ウ

問３

問４

そのため、父子世帯より母子世帯の方が平均収入が低くなっている。

（注）この解答用紙は実物を縮小してあります。175％拡大コピーをすると、ほぼ実物大の解答欄になります。

〔社　会〕60点（推定配点）

1　問１　２点＜完答＞　問２　各１点×５　問３～問８　各２点×６＜問３，問４は完答＞　問９　４点　2　問１～問３　各１点×３　問４，問５　各２点×２　問６　３点　問７　１点　問８　２点　問９　１点　問10～問12　各２点×３＜問10，問11は完答＞　3　問１　各２点×３　問２　各１点×３　問３　２点　問４　６点

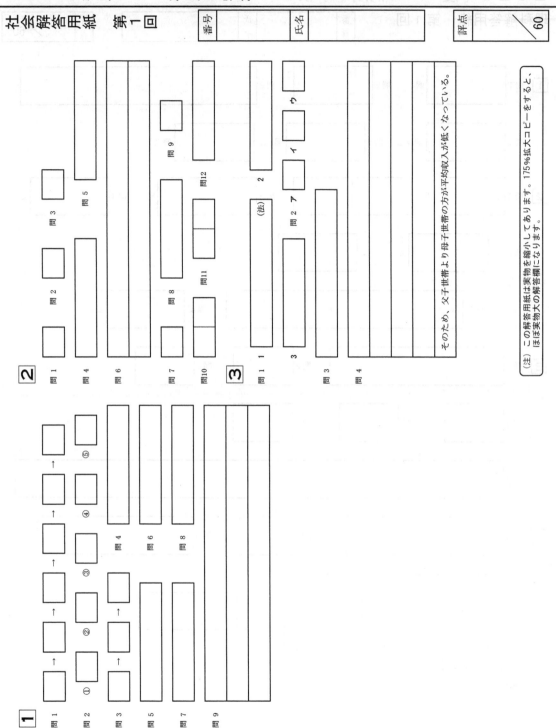

２０２３年度　桐朋中学校

理科解答用紙　第１回

番号		氏名		評点	／60

1　問１　　個　問２　　問３

問４　　個以上　問５　　個以上　　個以下

2　問１　　問２　　問３　　%　問４　　g

問５ (1)　　g　(2)　　g

(3) 名前　　温度　　℃

3　問１　　問２　　問３

問４　　問５　　問６

問７

4　問１　　問２　　問３

問４ A　　B　　C　　日

問５

（注）この解答用紙は実物を縮小してあります。Ｂ５→Ａ３(163%)に拡大コピーすると、ほぼ実物大の解答欄になります。

〔理　科〕60点(推定配点)

1　各３点×5＜問５は完答＞　2　問１～問４　各２点×4＜問２は完答＞　問５　(1)，(2)　各２点×2　(3)　３点＜完答＞　3　問１～問６　各２点×6＜問１は完答＞　問７　３点　4　問１～問４　各２点×6　問５　３点

二〇二三年度　桐朋中学校

国語解答用紙　第一回

番号　　氏名　　評点 /100

一

問一　問二　問三

問四

問五

問六

問七　問八

問九

問十　a　b　c　む

二

問一　a　b　c　く　d

問二

問三

問四

問五　問六　問七　問八

問九

問十

（注）この解答用紙は実物を縮小してあります。B５→A３（163%）に拡大コピーすると、ほぼ実物大の解答欄になります。

〔国　語〕100点（推定配点）

一　問1～問3　各3点×3　問4　11点　問5　7点　問6　5点　問7，問8　各4点×2　問9　3点　問10　各2点×3　二　問1　各2点×4　問2　3点　問3　8点　問4　6点　問5～問8　各3点×4　問9　11点　問10　3点

2023年度　桐朋中学校

算数解答用紙　第2回

番号		氏名		評点	／100

1

(1)		(2)		(3)	

2

(1)	分後	(2)	人	(3)	周の長さ cm	面積 cm^2

3

(1)	L	(2)	ウ ：	エ ：

4

(1)	g	(2)	円

(3) ＜考え方＞

(答) (B の重さ) : (C の重さ) = ：

5

(1)	a = ，b =	(2)	x = ，y =

6

(1)		(2)		(3)	

7

(1)	A = ，B =	(2)	
(3)	最も大きくなるとき A = ，B =	2番目に大きくなるとき A = ，B =	

(注) この解答用紙は実物を縮小してあります。B５→A３(163%)に拡大コピーすると、ほぼ実物大の解答欄になります。

〔算　数〕100点(推定配点)

1　各５点×3　2　(1)，(2)　各５点×2　(3)　各４点×2　3　各５点×2＜(2)は完答＞　4　(1)，(2)　各４点×2　(3)　考え方…４点，答…４点　5，6　各５点×5＜5は各々完答＞　7　各４点×4＜(2)は完答＞

2023年度 桐朋中学校

社会解答用紙 第2回

番号		氏名		評点	/60

1

問1 → → → → →

問2 ① ② ③

問3 ① ②

問4 ① の乱 ②

問5

問6

問7 学徒隊

問8 ①

問8 ②

2

問1 ① ②

問2

問3

問4

問5

問6

問7

問8 ドイツ 日本

問9

3

問1 1 2

問2 A B C

問3 → → →

問4 ア イ ウ

問5

（注） この解答用紙は実物を縮小してあります。175%拡大コピーをすると、ほぼ実物大の解答欄になります。

〔社　会〕60点(推定配点)

1 問1 2点＜完答＞ 問2 各1点×3 問3～問5 各2点×5 問6 1点 問7 2点 問8 ① 2点 ② 4点 2 問1 各2点×2 問2 3点 問3, 問4 各2点×2 問5 1点 問6, 問7 各2点×2＜問7は完答＞ 問8, 問9 各1点×3 3 問1 各2点×2 問2 各1点×3 問3 2点＜完答＞ 問4 各1点×3 問5 5点

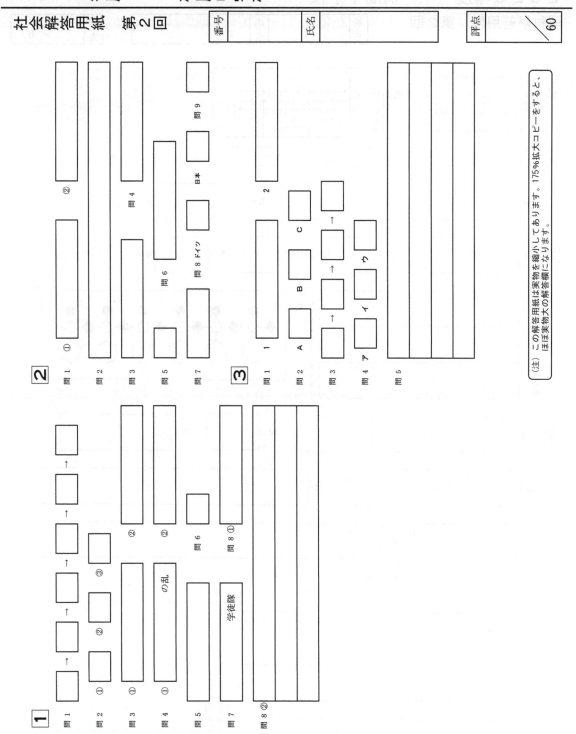

２０２３年度　　桐朋中学校

理科解答用紙　第２回

番号		氏名		評点	／60

1

問1　　g

問2

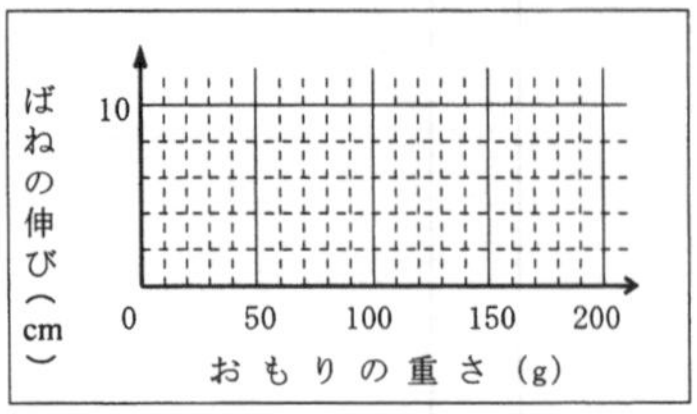

問3　　g

問4　　cm　　問5　　g　　問6　　cm

2

問1　　　問2

問3

問4　　問5　　種類

問6

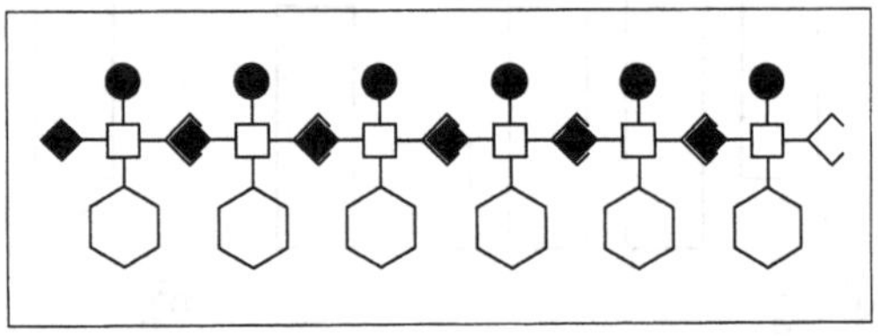

3

問1　a　　b　　c　　問2　　問3

問4　　問5　　問6

問7　　問8

4

問1　　問2　　問6

問3

問4　　問5

問7

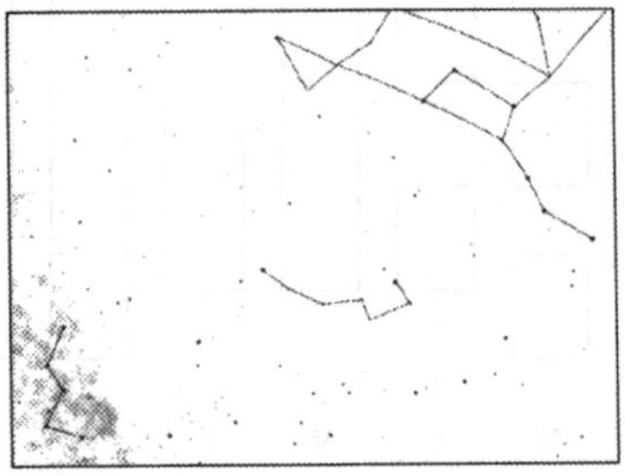

（注）この解答用紙は実物を縮小してあります。Ｂ５→Ａ３（163％）に拡大コピーすると、ほぼ実物大の解答欄になります。

〔理　科〕60点（推定配点）

1　問1～問3　各2点×3　問4～問6　各3点×3　2　問1～問3　各2点×3＜問1は完答＞　問4～問6　各3点×3　3，4　各2点×15＜3の問1，問3，問7，4の問4，問5は完答＞

二〇二三年度　桐朋中学校

国語解答用紙　第一回

番号		氏名		評点	/100

一

問一　問二　問三

問四

問五　問六 Ⅰ Ⅱ　問七　問八

問九

問十

問十一 A B C D E

二

問一 A B

問二

から。

問三 Ⅰ Ⅱ Ⅲ　問四

問五

問六

問七

（注）この解答用紙は実物を縮小してあります。Ｂ５→Ａ３（163%）に拡大コピーすると、ほぼ実物大の解答欄になります。

〔国　語〕100点（推定配点）

一　問１～問３　各３点×３　問４　７点　問５～問８　各３点×５　問９　９点　問10　各３点×２　問11　各２点×５　二　問１　各２点×２　問２　４点　問３　各３点×３　問４　４点　問５　９点　問６　３点　問７　11点

2022年度　桐朋中学校

算数解答用紙　第1回

番号		氏名		評点	／100

1

(1)		(2)		(3)	

2

(1)	枚	(2)	個	(3)	cm

3

(1)	本	(2)	m

4

(1) (A さんの速さ) : (B さんの速さ) = ：

(2) ＜考え方＞

(答)　m

5

㋐	㋑
㋒	㋓
㋔	㋕

6

(1) 長さ

(2)

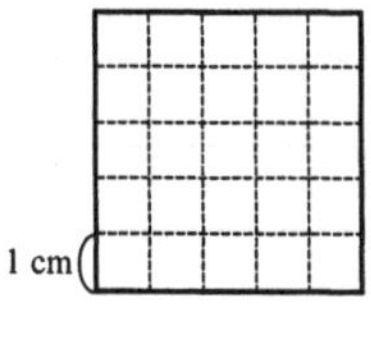

(3) 個数

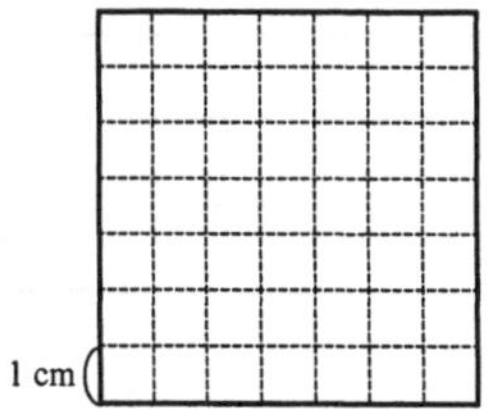

7

(1)		(2)	

(3)

（注）この解答用紙は実物を縮小してあります。Ｂ５→Ａ３(163%)に拡大コピーすると、ほぼ実物大の解答欄になります。

〔算　数〕100点(推定配点)

1～3　各5点×8　4　(1)　6点　(2)　考え方…6点，答…6点　5～7　各6点×7＜5，6の(1)，(3)，7の(3)は完答＞

２０２２年度　桐朋中学校

社会解答用紙　第１回

番号		氏名		評点	/60

1

問１　→　→　→　→　→

問２　①　②　③　④

問３　①　②

問４　①　②

問５　問６

問７

問８

2

問１　1　2　3　4

問２

問３　香川県　新潟県　山形県

問４　あ　お　か　問５

問６　ア　イ　ウ

問７　問８　①　②

3

問１　①　②

問２　①　②

問３　ア　イ　ウ

問４　①　②

（注）この解答用紙は実物を縮小してあります。179％拡大コピーをすると、ほぼ実物大の解答欄になります。

〔社　会〕60点(推定配点)

1　問１　２点＜完答＞　問２　各１点×４　問３　各２点×２　問４　①　２点　②　３点　問５～問７　各２点×３　問８　３点　2　問１　各１点×４　問２　２点　問３～問７　各１点×11　問８　①　１点　②　２点　3　問１　各２点×２　問２　①　１点　②　２点　問３　各１点×３　問４　各３点×２

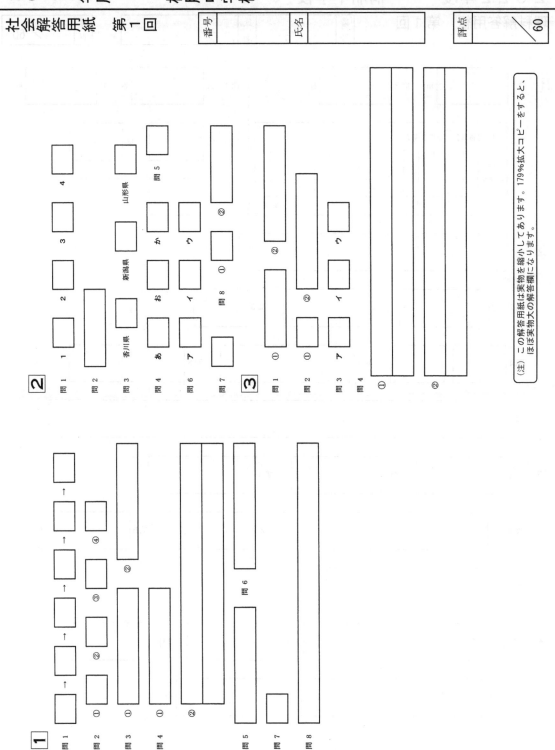

２０２２年度　　桐朋中学校

理科解答用紙　第１回

番号		氏名	

評点	／60

1　問１　　　m　問２　　　秒

問３
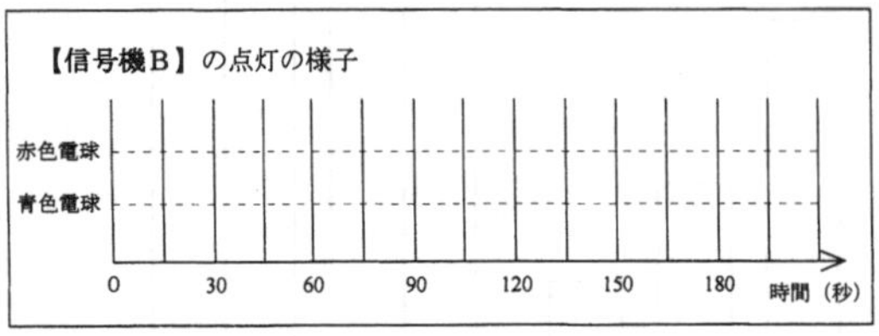

問４　Ａ　　　秒　Ｂ　　　秒

問５　①　　③　　②　　④

2　問１

問２　①　　②　　問３

問４　　問５　　問６

問７

3　問１　　問２　　問３

問４　Ｘ　　Ｙ　　Ｚ　　問５

問６　　問７

4　問１　　問２（１）　　（２）　　（３）

問２（４）　　問３　　問４　　　分

（注）この解答用紙は実物を縮小してあります。Ｂ５→Ａ３（163％）に拡大コピーすると、ほぼ実物大の解答欄になります。

〔理　科〕60点(推定配点)

1　問１，問２　各１点×２　問３～問５　各２点×４＜問５は完答＞　2　問１　２点＜完答＞　問２　各１点×２　問３～問７　各２点×７＜問５は完答＞　3，4　各２点×16＜3の問１，問２は完答＞

二〇二二年度　桐朋中学校

国語解答用紙　第一回

番号 | 氏名 | 評点 /100

一

問一

問二

問三　問四　問五　問六

問七　問八　問九

問十

問十一

問十二　a　b

二

問一　a　b　c　d

問二

問三

問四　問五　問六

問七　問八

問九

（注）この解答用紙は実物を縮小してあります。Ｂ５→Ａ３（163％）に拡大コピーすると、ほぼ実物大の解答欄になります。

〔国　語〕100点（推定配点）

一　問１　３点　問２　８点　問３～問６　各３点×４　問７　４点　問８，問９　各３点×２　問10　６点　問11　８点　問12　各２点×２　二　問１　各２点×４　問２　３点　問３　８点　問４，問５　各３点×２　問６　５点　問７　３点　問８　６点　問９　10点

２０２２年度　　桐朋中学校

算数解答用紙　第２回

番号		氏名		評点	／100

1

(1)		(2)		(3)	

2

(1)	個	(2)	cm	(3)	

3

(1)	さん	匹	(2)	匹

4

＜考え方＞

	個数	費用の合計
(答)	個，	円

5

(1)	cm	(2)	cm

6

(1)	(㋐の道のり)：(㋒の道のり) ＝　　：	(2)	分速　　m
(3)	㋐の道のり　　m	バスの速さ　分速　　m	

7

(1)		(2)	
(3)	キにあてはまる数字	コにあてはまる数字	

（注）この解答用紙は実物を縮小してあります。Ｂ５→Ａ３(163%)に拡大コピーすると、ほぼ実物大の解答欄になります。

〔算　数〕100点(推定配点)

1～3　各５点×8＜3の(1)は完答＞　4　考え方…4点，答…各３点×2　5～7　各５点×10＜7の(1)，(2)は完答，(3)は各々完答＞

2022年度 桐朋中学校

社会解答用紙 第2回

番号		氏名		評点	/60

1

問1 □→□→□→□→□→□

問2 ① ② ③ ④

問3 ① ② ③

問4

問5

問6 遺跡

問7

問8 ① ②

2

問1

問2

問3

問4 海里水域

問5

問6

問7

問8

問9

問10

3

問1 1 2

問2

問3 ア イ ウ

問4 ① A B C ②

（注）この解答用紙は実物を縮小してあります。182%拡大コピーをすると、ほぼ実物大の解答欄になります。

〔社　会〕60点(推定配点)

1 問1　2点＜完答＞　問2　各1点×4　問3　①　1点　②, ③　各2点×2　問4～問7　各2点×4 ＜問5は完答＞　問8　①　2点　②　3点　**2**　問1　2点　問2　各1点×2　問3, 問4　各2点×2 問5, 問6　各1点×4　問7～問10　各2点×4　**3**　問1, 問2　各2点×3　問3　各1点×3　問4　① 2点＜完答＞　②　5点

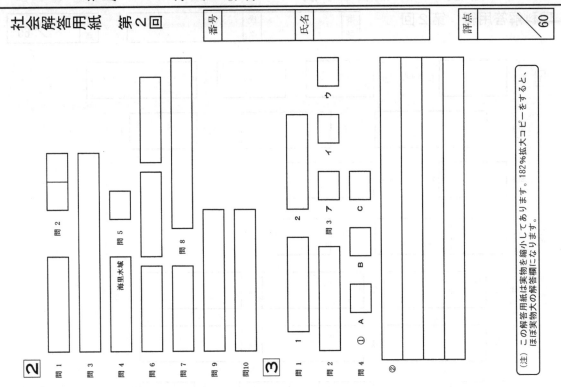

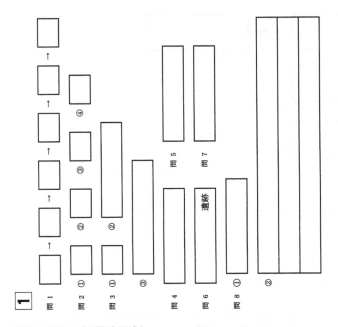

２０２２年度　　桐朋中学校

理科解答用紙　第２回

番号		氏名		評点	／60

1 問１ [　] 秒　問２ ① [　] ② [　] ③ [　]

問２ ④ [　]　問３ [　]　問４ [　] 秒

問５ [　] 秒　問６ [　]

2 問１ [　] [　]　問２ [　]

問３ ① [　] ② [　] ③ [　]

④ [　] ⑤ [　] ⑥ [　]

3 問１ [　]　問２ トカゲ [　] ネコ [　]　問３ [　]

問４ [　]　問５ [　]　問６ [　]

問７ [　]　問８ [　]

4 問１ [　]　問２ [　]

問３ ① [　] ② [　] ③ [　]

問４ [　]

問５ [　]

（注）この解答用紙は実物を縮小してあります。172％拡大コピーをすると、ほぼ実物大の解答欄になります。

〔理　科〕60点(推定配点)

1 問１　２点　問２　各１点×４　問３～問６　各２点×４<問３，問６は完答>　2 各２点×９　3 問１　１点　問２～問８　各２点×８<問６，問７は完答>　4 問１，問２　各２点×２<問１は完答>　問３　各１点×３　問４，問５　各２点×２

二〇二二年度　桐朋中学校

国語解答用紙　第一回

番号　　氏名　　評点　／100

一

問一

問二　問三　問四

問五　1　2

問六　Ⅰ　Ⅱ

問七

問八

問九

問十　A　B　C　D

二

問一　A　まり　B　C

問二　Ⅰ　Ⅱ　Ⅲ

問三

問四　問五

問六

問七　問八　1　2

問九

（注）この解答用紙は実物を縮小してあります。B５→A３（163%）に拡大コピーすると、ほぼ実物大の解答欄になります。

〔国　語〕100点（推定配点）

一　問１　４点　問２～問４　各３点×３　問５　１　２点　２　３点　問６　各３点×２　問７　10点　問８　７点　問９　３点　問10　各２点×４　二　問１　各２点×３　問２　各３点×３　問３　７点　問４　４点　問５　３点　問６　７点　問７～問９　各３点×４

２０２１年度　　桐朋中学校

算数解答用紙　第１回

番号		氏名		評点	／100

1

(1)		(2)		(3)	

2

(1)	個	(2)		(3)	mL

3

(1) ＜考え方＞

（答）分速　　　m

(2)	m

4

(1)	人	(2)	人	(3)		(4)	

5

(1)	AE：EB＝　　：	(2)	cm

6

(1)	g	(2)	g	(3)	分　　秒

7

(1)	①	②	(2)	
(3)				

（注）この解答用紙は実物を縮小してあります。Ｂ５→Ａ３（163％）に拡大コピーすると、ほぼ実物大の解答欄になります。

〔算　数〕100点（推定配点）

1，2　各４点×６　3　(1)　考え方…５点，答…５点　(2)　５点　4　各４点×４　5～7　各５点×９
＜7の(2)，(3)は完答＞

２０２１年度　桐朋中学校

社会解答用紙　第１回

番号 | 氏名 | 評点 ／60

1

問１ □→□→□→□→□→□

問２ ① ② ③

問３ (1) (2)

問４ 輸入 輸出 問５

問６ (1) (2) 県

問７

問８

2

問１ 農業 問２ 問３ ① ②

問４ A B

問５ ① エ カ ② ア オ

問６ 問７

問８ ① 米 肉類 ②

3

問１ 問２

問３ ア イ ウ

問４ 病

問５

（注）この解答用紙は実物を縮小してあります。175％拡大コピーをすると、ほぼ実物大の解答欄になります。

〔社　会〕60点(推定配点)

1 問１　２点＜完答＞　問２～問５　各１点×８＜問３の(2)は完答＞　問６，問７　各２点×３　問８　４点　2 問１～問５　各１点×10　問６～問８　各２点×５　3 問１～問４　各２点×６＜問２は完答＞　問５　８点

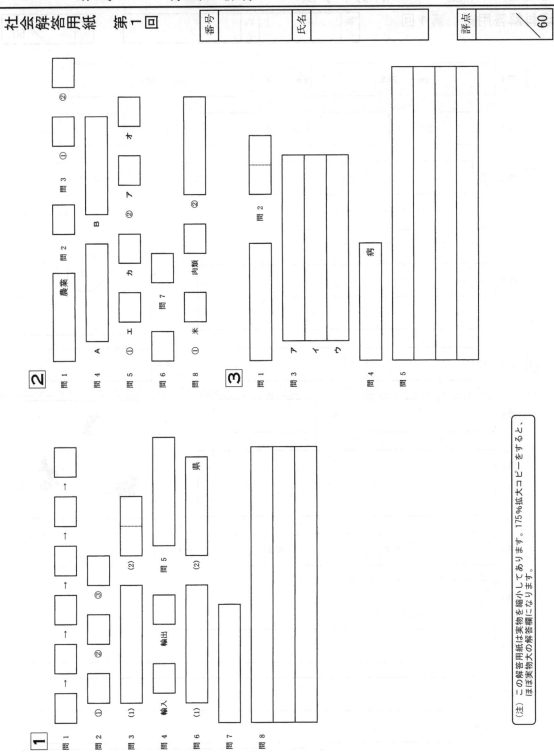

２０２１年度　桐朋中学校

理科解答用紙　第１回

番号		氏名		評点	／60

1　問１　　cm　問２　　cm　問３　　cm　問４

問５　　秒後　A　　cm　B　　cm　問６　　秒後

2　問１　①　　②　　問２　　問３

問４　(1)　　(2)　　%

問５

問６

3　問１　①　　②　　問５

問２　　　問３

問４

問６

4　問１　　問２　　問３　　問４　④　　⑤

問５

問６

問７　目的

方法

（注）この解答用紙は実物を縮小してあります。Ｂ５→Ａ３（163%）に拡大コピーすると、ほぼ実物大の解答欄になります。

〔理　科〕60点（推定配点）

1　問１～問３　各２点×３　問４　１点　問５，問６　各２点×４　2　問１～問３　各２点×４　問４　(1)　１点　(2)　２点　問５，問６　各２点×２　3　問１～問５　各２点×７＜問３，問５は完答＞　問６　１点　4　問１～問３　各２点×３　問４　１点＜完答＞　問５～問７　各２点×４

二〇二一年度　桐朋中学校

国語解答用紙　第一回

番号　　氏名　　評点 /100

一

問一

問二 1 2

問三 ・ ・

問四

問五

問六

問七　問八

問九

問十 a b c d e

二

問一 a b c

問二　問三　問四　問五

問六

問七

問八

問九 I II

（注）この解答用紙は実物を縮小してあります。Ｂ５→Ａ３（163%）に拡大コピーすると、ほぼ実物大の解答欄になります。

〔国　語〕100点(推定配点)

一 問1　3点　問2　各4点×2　問3，問4　各3点×3　問5　4点　問6　8点　問7，問8　各4点×2　問9　10点　問10　各2点×5　二 問1　各2点×3　問2～問4　各3点×3　問5，問6　各4点×2　問7　6点　問8　8点　問9　3点<完答>

２０２１年度　　桐朋中学校

算数解答用紙　第２回

番号		氏名	

評点	／100

1

(1)		(2)		(3)	

2

(1)	個	(2)	才	(3)	人

3

(1)	円	(2)	円

(3)　＜考え方＞

(答)　　　　円

4

(1)	cm^2	(2)	cm^2

5

(1)	m	(2)	初めてすれちがった時刻 午前　時　分	2回目にすれちがった時刻 午前　時　分
(3)	①	②　倍		

6

(1)	分	(2)	分	(3)	分後

7

(1)		(2)	
(3)	①	②	

（注）この解答用紙は実物を縮小してあります。Ｂ５→Ａ３（163%）に拡大コピーすると、ほぼ実物大の解答欄になります。

〔算　数〕100点（推定配点）

1, 2　各４点×６　3　(1), (2)　各４点×２　(3)　考え方…４点, 答…４点　4〜6　各４点×10　7　各５点×４＜(2)は完答, (3)は各々完答＞

２０２１年度　桐朋中学校

社会解答用紙　第２回

番号　　氏名　　評点　／60

1

問1　□→□→□→□→□→□

問2　①　②　③　④

問3　問4　問5

問6　(1)　遺跡　(2)

問7　A　B

問8

2

問1　問2　問3

問4　問5　県

問6　問7

問8

問9　問10

3

問1　市　問2　①　②　③

問3　設問1　日本　フランス　スウェーデン

設問2

問4　設問1

設問2

（注）この解答用紙は実物を縮小してあります。175％拡大コピーをすると、ほぼ実物大の解答欄になります。

〔社　会〕60点(推定配点)

1　問1　2点＜完答＞　問2，問3　各1点×5　問4　2点　問5　1点　問6　各2点×2　問7　各1点×2　問8　4点　2　各2点×10＜問9は完答＞　3　問1　2点　問2　各1点×3　問3　設問1　各1点×3　設問2　2点＜完答＞　問4　設問1　2点　設問2　8点

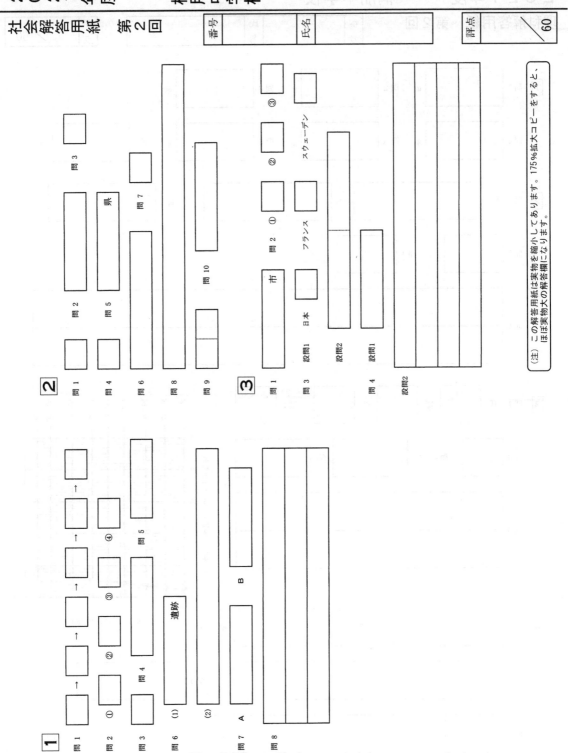

２０２１年度　　　桐朋中学校

理科解答用紙　第２回

番号		氏名	

評点	／60

1　問１　　g　問２　　g　問３　　cm

問４　　g　問５　　g　問６　　g　問７　　cm

2　問１　(あ)　　(い)　　問２

問３　　問４

問５

3　問１　①　②　③　問２

問３　　問４　①　②

問６

問５

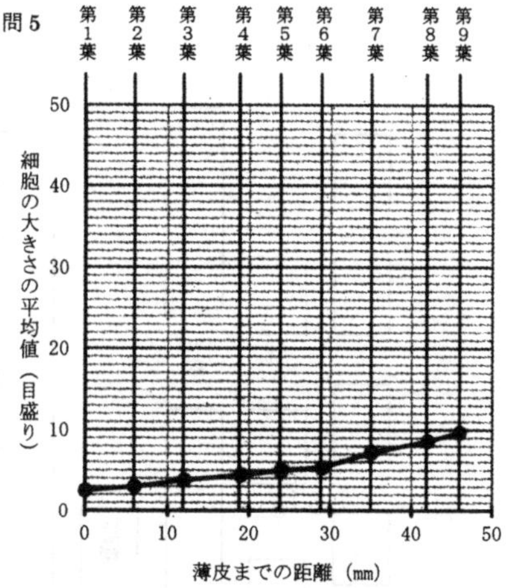

4　問１　　問２　　年

問３　　問４　　日

問５　　問６

（注）この解答用紙は実物を縮小してあります。Ｂ５→Ａ３(163%)に拡大コピーすると、ほぼ実物大の解答欄になります。

〔理　科〕60点(推定配点)

1　各２点×７　**2**　問１～問４　各２点×５＜問２は完答＞　問５　４点　**3**　問１～問４　各２点×７　問５，問６　各３点×２　**4**　各２点×６

二〇二二年度　桐朋中学校

国語解答用紙　第二回

番号　氏名　評点 /100

一

問一　問二　問三　問四　問五　問六　問七　問八　問九

問十　a　b　く　c　d　する　e

二

問一　a　して　b　c

問二　問三　問四　問五　問六　問七　問八　問九　問十

（注）この解答用紙は実物を縮小してあります。Ｂ５→Ａ３（163％）に拡大コピーすると、ほぼ実物大の解答欄になります。

〔国　語〕100点(推定配点)

一　問1，問2　各4点×2　問3　8点　問4～問7　各3点×4　問8　10点　問9　4点　問10　各2点×5　二　問1　各2点×3　問2　4点　問3　8点　問4　4点　問5　6点　問6～問10　各4点×5

２０２０年度　桐朋中学校

算数解答用紙　第１回

番号		氏名	

評点	／100

1

(1)		(2)		(3)	

2

(1)	mL	(2)	日	(3)	cm^2

3

＜考え方＞

円

4

㋐	㋑	㋒	㋓

5

(1)		(2)		(3)	と
(4)	と				

6

(1)	cm^2	(2)	秒後	(3)	

7

(1)		(2)	
(3)	cm		

(注) この解答用紙は実物を縮小してあります。Ａ３用紙に149％拡大コピーすると、ほぼ実物大で使用できます。(タイトルと配点表は含みません)

〔算　数〕100点(推定配点)

1, 2　各５点×6　3　考え方…５点，答え…５点　4　５点＜完答＞　5　(1)，(2)　各５点×2　(3)，(4)　各６点×2　6　(1)，(2)　各５点×2　(3)　６点＜完答＞　7　(1)　５点　(2)，(3)　各６点×2＜(2)は完答＞

２０２０年度　桐朋中学校

社会解答用紙　第１回

番号　　氏名　　評点　／60

1

問１　□→□→□→□→□→□

問２　①　②　③　④

問３

問４　(1)　(2)

問５　(1)　(2)

問６

問７

問８　古墳　都道府県

2

問１　問２

問３　問４　□→□→□

問５

問６　問７　問８

問９　問10　問11

3

問１　問２

問３　問４

問５　設問１　ア　イ　ウ　設問２

問６　設問１　表２　表３

設問２

(注) この解答用紙は実物を縮小してあります。Ａ３用紙に167%拡大コピーすると、ほぼ実物大で使用できます。(タイトルと配点表は含みません)

〔社　会〕60点(推定配点)

1　問１　２点＜完答＞　問２　各１点×４　問３，問４　各２点×３　問５　各１点×２　問６　３点　問７　２点　問８　各１点×２　2　問１　１点　問２　２点　問３　１点　問４　２点＜完答＞　問５　３点　問６　１点　問７　２点　問８　１点＜完答＞　問９，問10　各２点×２＜問９は完答＞　問11　１点　3　問１　２点　問２～問５　各１点×８　問６　設問１　各３点×２　設問２　５点

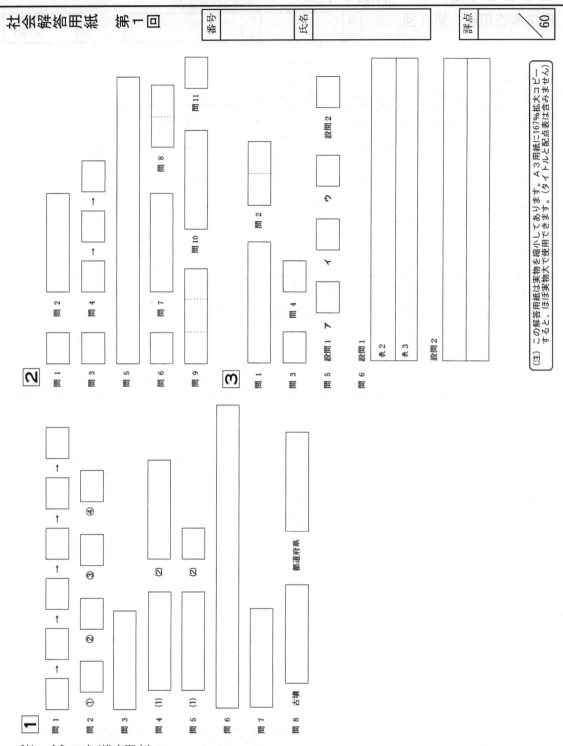

２０２０年度　　桐朋中学校

理科解答用紙　第１回

番号　　氏名　　評点　／60

1　問１（a）　（b）　（c）

問２　問３　問４　問５　問６

問７

問８　問９　cm^{3}より大きい

2　問１　問２　問３　う　え

問４　問５　hPa　問６　g

問７

3　問１　問２

問３　①　②　③　④

問４　問５　問６

問７

4　問1　問２　問３

問４　秒　問５

問６

理由

（注）この解答用紙は実物を縮小してあります。182％拡大コピーすると、ほぼ実物大で使用できます。（タイトルと配点表は含みません）

〔理　科〕60点(推定配点)

1　問１～問４　各１点×６　問５～問９　各２点×５＜問８は完答＞　2　問１，問２　各２点×２＜問２は完答＞　問３　各１点×２　問４～問６　各２点×３　問７　３点　3　問１，問２　各２点×２＜各々完答＞　問３　各１点×４　問４～問７　各２点×４＜問５，問６は完答＞　4　問１～問５　各２点×５＜問２，問５は完答＞　問６　どのような場合か…１点，理由…２点

二〇二〇年度　桐朋中学校

国語解答用紙　第一回

番号　　氏名　　評点 /100

一

問一

問二　問三　問四　問五　問六

問七　問八　〜　。

問九

問十

問十一　a　り　b　c　に

二

問一　a　b　c

問二

問三　問四

問五

問六　問七　問八　問九

問十

（注）この解答用紙は実物を縮小してあります。A３用紙に154%拡大コピーすると、ほぼ実物大で使用できます。（タイトルと配点表は含みません）

〔国　語〕100点(推定配点)

一　問１　６点　問２〜問４　各３点×３　問５　５点　問６　３点　問７〜問９　各５点×３　問10　10点　問11　各２点×３　二　問１　各２点×３　問２　５点　問３　３点　問４，問５　各５点×２　問６　３点　問７　５点　問８，問９　各３点×２　問10　８点

２０２０年度　　　桐朋中学校

算数解答用紙　第２回

番号		氏名		評点	／100

1

(1)		(2)		(3)	

2

(1)	毎分　　　　m	(2)	g	(3)	AE : ED = 　　：

3

＜考え方＞

人

4

(1)		(2)	

5

(1)	分	(2)	分	(3)	cm

6

(1)	回	(2)	秒後	(3)	秒後

7

(1)		(2)	最も大きいS	最も小さいS
(3)	個	(4)		

(注) この解答用紙は実物を縮小してあります。Ａ３用紙に147%拡大コピーすると、ほぼ実物大で使用できます。(タイトルと配点表は含みません)

〔算　数〕100点(推定配点)

1, 2　各５点×6　3　考え方…５点，答え…５点　4　(1)　４点　(2)　５点＜完答＞　5　(1)　４点　(2)，(3)　各５点×2　6　各５点×3　7　(1)，(2)　各４点×3　(3)，(4)　各５点×2＜(4)は完答＞

２０２０年度　桐朋中学校

社会解答用紙　第２回

番号		氏名		評点	/60

1

問１　□→□→□→□→□→□

問２　平泉 □　富岡 □

問３　① □　② □　③ □　④ □

問４　① □　② □　③ □

問５　輸入品 □　輸出品 □

問６ □

問７ □

問８ □

問９ □

2

問１　① ア □　イ □　ウ □　エ □　② □

問２　愛知県 → □ → □ → □ → □ → □ → 東京都

問３ □

問４ □

問５　① □ 山脈　② □

問６ □

問７ □ 国

問８ □

問９ □

問10 □

3

問１ □

問２　□→□→□→□

問３ □

問４　ア □　イ □　ウ □

問５　設問１ □

設問２ □

(注) この解答用紙は実物を縮小してあります。172%拡大コピーすると、ほぼ実物大で使用できます。(タイトルと配点表は含みません)

〔社　会〕60点(推定配点)

1　問１　２点＜完答＞　問２～問６　各１点×12　問７，問８　各２点×２　問９　５点　2　問１　各１点×５　問２　２点＜完答＞　問３，問４　各１点×３　問５　①　２点　②　１点　問６　１点　問７　２点　問８～問10　各１点×３　3　問１　１点　問２，問３　各２点×２＜問２は完答＞　問４　各１点×３　問５　設問１　２点＜完答＞　設問２　８点

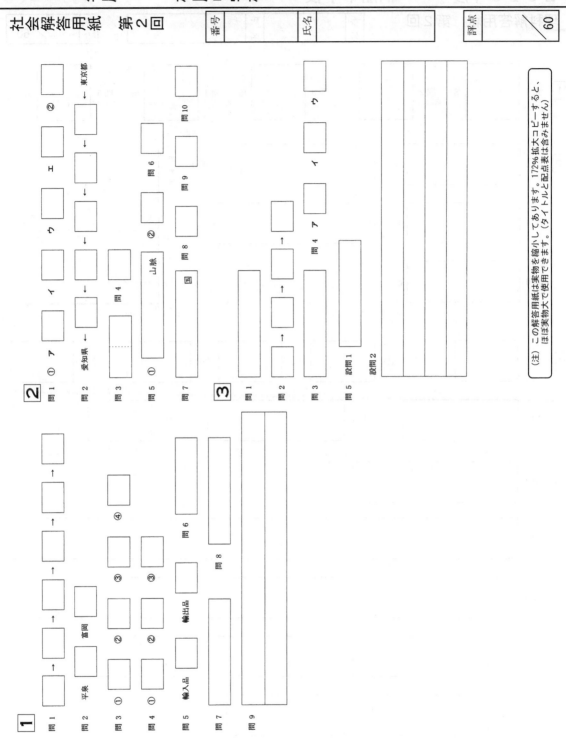

２０２０年度　　桐朋中学校

理科解答用紙　第２回

番号		氏名		評点	／60

1　問 1 □ 倍　問 2 □ 倍　問 3 □ 倍　問 4 □ 倍　問 5 □ 倍

2　問 1 □ %　問 2 □ %　問 3

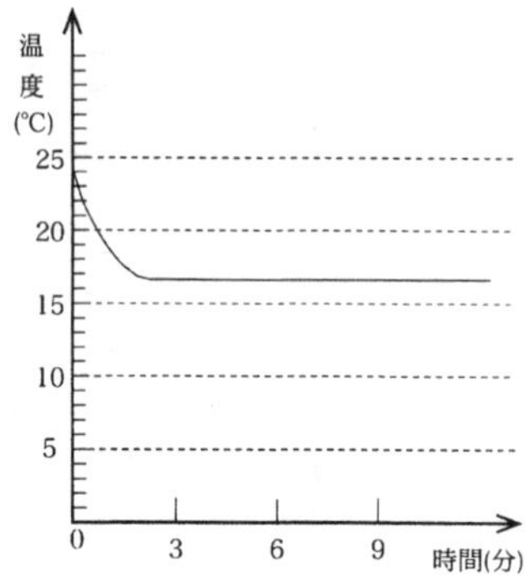

問 4 □ ℃　問 5 □

問 6 □ g

3　問 1 □　問 2 (1) □ (2) □ (3) □　問 3 □

問 4 □　問 5 □　問 6 □

4　問 1 □□ □□

問 2 □

問 3 □□

問 4 ① □ ② □ ③ □

④ □ ⑤ □

問 5 □

（注）この解答用紙は実物を縮小してあります。Ａ３用紙に152%拡大コピーすると、ほぼ実物大で使用できます。（タイトルと配点表は含みません）

〔理　科〕60点(推定配点)

1～4　各２点×30＜2の問５，3の問５は完答＞

二〇二〇年度　桐朋中学校

国語解答用紙　第二回

番号　　氏名　　評点　／100

一

問一　問二

問三

問四　問五

問六　そういう罪があるのよ　問七

問八 (1)

(2)

問九 a　b　c し

二

問一 a　b　c　d

問二　問三

問四

問五　問六

問七　問八　問九

問十

問十一

（注）この解答用紙は実物を縮小してあります。A３用紙に156％拡大コピーすると、ほぼ実物大で使用できます。（タイトルと配点表は含みません）

〔国　語〕100点(推定配点)

一　問1，問2　各3点×2　問3　6点　問4　各3点×2　問5，問6　各4点×2　問7　3点　問8　(1)　6点　(2)　10点　問9　各2点×3　二　問1　各2点×4　問2，問3　各3点×2　問4，問5　各5点×2　問6　4点　問7　3点　問8　4点　問9　3点　問10　8点　問11　3点

２０１９年度　　　桐朋中学校

算数解答用紙　第１回

番号		氏名		評点	／100

1

⑴		⑵		⑶	

2

⑴		⑵	円	⑶	人

3

＜考え方＞

頭

4

⑴	cm^2	⑵	cm^2

5

⑴	分速　　m	⑵	m	⑶	m

6

⑴		⑵	
⑶			

7

⑴	cm	⑵	①	②　　通り

（注）この解答用紙は実物を縮小してあります。Ｂ４用紙に143％拡大コピーすると，ほぼ実物大で使用できます。（タイトルと配点表は含みません）

〔算　数〕100点(推定配点)

1，**2**　各５点×６　**3**　考え方…５点，答え…５点　**4**　各６点×２　**5**　各５点×３　**6**　各６点×３＜(1)，(3)は完答＞　**7**　各５点×３

２０１９年度　桐朋中学校

社会解答用紙　第１回

番号　　氏名　　評点　／60

1

問1 　→　→　→　→　→

問2 ①　②

問3　問4　問5

問6

問7

問8

問9

2

問1 ①　②　③　④

問2 1　2　3

問3　問4　問5

問6 ア　イ　ウ　エ

問7　問8　問9　問10

3

問1 A　B

問2　問3 ア　イ　ウ

問4

問5

〔社　会〕60点(推定配点)

1　問1　2点＜完答＞　問2　各1点×2　問3，問4　各2点×2　問5　1点　問6　4点　問7　2点　問8　各3点×2　問9　2点　2　問1～問4　各1点×9　問5　2点　問6～問10　各1点×8　3　問1　各2点×2　問2，問3　各1点×4　問4　2点＜完答＞　問5　8点

２０１９年度　桐朋中学校

理科解答用紙　第１回

番号　　氏名　　評点　／60

1

問1　m　問2　問3（1）　秒（2）　秒

問4（1）　m（2）　m

2

問1①　②　③　問2

問3　問4　g

問5

問6

3

問1①　②　問2　問3

問4③　④　問5　問6

問7

問8(X)　(Y)　問9(ア)　(イ)

4

問1　問2 時間帯　方角

問3 月が出る時刻は、日がたつにつれて

問4（1）　（2）　日前　（3）

〔理　科〕60点(推定配点)

1　各2点×6　2　問1　各1点×3　問2～問4　各2点×3＜問3は完答＞　問5　3点　問6　2点　3　問1～問7　各2点×9　問8，問9　各1点×4　4　問1　2点　問2　各1点×2　問3，問4　各2点×4

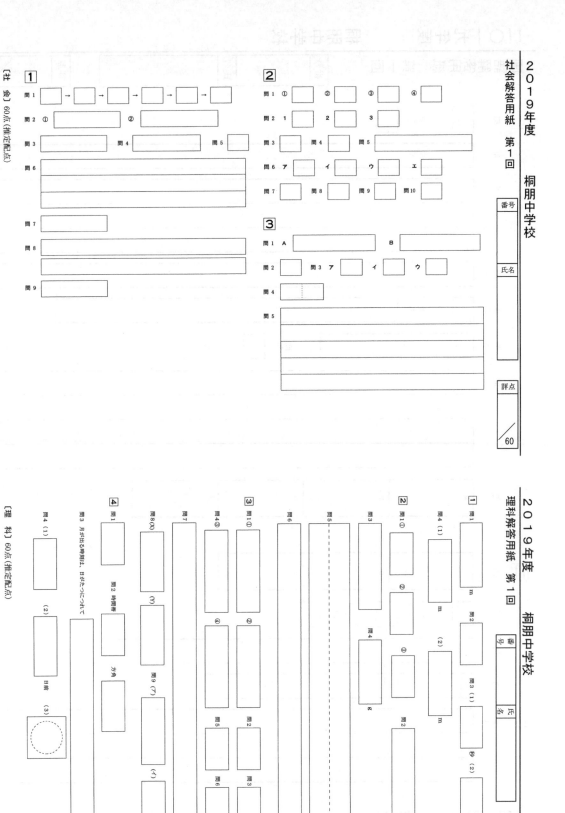

二〇一九年度　桐朋中学校

国語解答用紙　第一回

番号		氏名		評点	/100

一

問一　問二

問三

問四

問五

問六　問七

問八　問九

問十

問十一　a　b　c　d

二

問一　a　b　c

問二　問三　問四

問五

問六　A　B　C

問七

(注)この解答用紙は実物を縮小してあります。A３用紙に154%拡大コピーすると、ほぼ実物大で使用できます。(タイトルと配点表は含みません)

〔国　語〕100点(推定配点)

一　問1，問2　各3点×2　問3　6点　問4　9点　問5　6点　問6　3点　問7　6点　問8　5点　問9　3点　問10　10点　問11　各2点×4　二　問1　各2点×3　問2～問4　各3点×3　問5　5点　問6　各3点×3　問7　9点